金景芳全集

第三册

上海古籍出版社

《周易·繫辭傳》新編詳解

（據遼海出版社 1998 年版）

目　録

附　錄

高清海序

　　金景芳先生是我崇敬的師長，能爲金老著作作序，我感到很榮幸，同時不免又有點惶惑和膽怯。

　　我是專攻西方哲學、特別是馬克思的哲學的，對中國哲學沒有下過很深功夫，先秦著作雖然讀過，並未完全讀懂。至於《易》經，可以説很少問津，在我腦子裏總有神奇奧妙的觀念纏繞，常常是翻過幾頁讀不懂便擱下了。這就是我要爲本書寫序感到惶惑和膽怯的原因。

　　有幸的是，我讀了金老從"辯證法思想"對《繫辭傳》的講解，居然有點開竅了，自覺明白了許多，還有了一些體味，不再感到神妙莫測了，這樣也就增强了信心。當然，我能談的祇是限於本書體現的一般辯證法問題，關於《易》學研究本身金老的諸多創新貢獻，我就無能涉及了。

　　金老經過多年思考和研究得出的認識是："《周易》一書是用辯證法的理論寫成的，它所體現的是事物深層既對立又統一的辯證法本性；《易》與天地準，講三才，講天地人，實際目的在人身上。"我認爲這些看法很精闢，都是很對的。

　　談到《易》經，通常人們都把它看成卦書，算卦叫做"求神問卜"，於是便陷入神秘論。從辯證法解《易》，才能破除關於它的神秘觀念。仔細去探究，《易》經講"道"，講道的變化發展，然後從中引出人應該有的行爲方式，這裏正是體現了中國古代哲學從自然天地之道以追溯人生大義之原型的基本立場和態度，它是對自然的文化把握，並無什麽神秘之處。

　　"辯證法"作爲人類的哲學思想理論，反映的是事物内在的發展本性，表現的則是對待事物的屬人價值態度。我們通常講"辯證

法是關於自然、社會和思維的運動、發展的普遍規律"理論,這裏的
"規律"與科學理解的規律並不完全相同。科學的規律屬於事物的
自在客觀本性,辯證法的規律雖然也根源於事物的本性,但它同人
的認識和活動的實踐本性又是密切相關的。所說"普遍"於自然、
社會和思維的普遍含義,就其實質來說乃指"貫穿、溝通、融會、結
合"的意思,並非指自然、社會、思維共性的簡單抽象。因爲人性與
物性不同,所以才需要理論去溝通,以便在人的實踐行爲中達到二
者的一致和融合,即所謂"彌綸天地之道"。這是人的行爲宗旨,同
時也就是辯證法理論的根本意義。辯證法所以那樣看重"對立而
又統一"這個思想,在我看來要旨也正在於此。

　　所以"辯證法"問題主要不是個科學知識問題,而是一種理論
思想問題,有無辯證法不在於辯證法的名稱,應該主要看人如何對
待自己和世界的思想關係和行爲態度。辯證法可以說本質上是人
作爲"人"自覺了的本能思維方式和行爲方式,當作人已意識到自
己爲人,並試圖要用人的眼光看待自己、對待世界,開始追求人的
生活和行爲方式之時,不論東方或西方,都會産生出辯證法理論
來。西方古代希臘的哲學家公認多數都具有自發辯證法思想,人
們承認他們有辯證法並不是根據他們最早使用了辯證法名稱,赫
拉克利特被稱爲"古代辯證法的奠基人",其實那時他根本還不知
道"辯證法"爲何物。辯證法一詞是他之後的柏拉圖創立的,而且
它的最初含義與我們今天理解的"辯證法"也大不相同。所以說
"《易》經是用辯證法的理論寫成的",我看不出有何不妥,希臘人說
得,爲什麼中國人就不可以? 問題應該看它實際上是有還是沒有,
這才是實事求是的態度。

　　我記得五十年代金老研究孔子思想,當時提出孔子有辯證法、
也有唯物論,在那時"左"的學術氛圍中,這是犯了大忌,被一些人
指斥美化孔子爲"辯證唯物論",無疑是對馬克思的公然褻瀆。在
他們的觀念裏,"辯證唯物"已是一種專利,以前的人都注定逃不脱

唯心論和形而上學,若是有點可以稱道的思想因素也祇能或者辯證、或者唯物,不能二者同時兼有。這不是實事求是的科學態度。"辯證法"如上述,"唯物論"也並無奥秘,按照恩格斯的説明,唯物論"不過是對自然界本來面目的樸素的瞭解",①祇要實事求是地去看待事物、對待自己,就能够是唯物論。馬克思自己也承認,古希臘的一些哲學家已經自發地達到了辯證法的唯物論。至於在西方後來的歷史發展中辯證法與唯物論分離了,那是有其歷史和認識的原因的,它同西方機械唯物論的發展有着直接關係。

說辯證法是自覺爲人的本能思想,這並不意味人人都能把握並理解辯證法。辯證法表達的是人性與物性在相互作用中深層的對立統一關係,它並非漂浮在事物表面,祇要自覺爲人便能睁眼看到、伸手摸到的東西。辯證思想作爲人性的自覺本能與人的天然本能不是一回事。辯證觀念與人的常識觀念往往是恰相否定的,認識這種本性不但需要生命體驗的深厚根基,還要有理論深思的高超悟性,經過一思、再思、三思方能把握得到。達到辯證認識的如此難度,正是表明了"辯證法理論"在人生命活動中的巨大作用和意義。這也就是《周易》這部辯證法著作值得我們特別寶貴的巨大價值所在。

談到辯證法理論的源頭,人們都習慣於"言必稱希臘"。這在西方來説是對的,因爲希臘是西方哲學思想的發源地。就人類總體的哲學思想而言,中國哲學產生的時間要更早。赫拉克利特是公元前6世紀人,希臘哲學最早能往前再追溯一個世紀;按照金老的論定,《周易》是周文王所作,時間是在公元前11世紀,依此而論中國哲學的産生至少早過西方哲學四百年。

產生時間祇是問題的一個方面,更重要的還在於它的内容和風格。現在人們都公認,人類文化有東方和西方兩大系統。東方

---

① 《馬克思恩格斯全集》第20卷,第539頁。

文化和西方文化各有自己特色，關於它們的不同人們做了許多的研究，有着各種不同的看法和説法。東方文化具有的特殊形式和品格，可以肯定和《周易》所發軔的以天道論人道、天地人一體的思想傳統有着直接的密切關係。從這一意義完全可以説，《周易》是人類哲學思想發源的東方搖籃，隨着人們研究的進一步深入會發現它愈來愈重要的價值和意義。

就辯證法思想的内容和形式説，《周易》也有着獨具的特色。赫拉克利特講"邏各斯"，《易》經講"道"。邏各斯和道都具有"規律"的涵義，也都有着本源和遍在的性質，這是中西哲學的共同之處。但前者更偏重於理性、思想的方面，因而西方後來注重分析性的研究，最後演化出黑格爾的概念辯證法。"道"則不同，它側重天地人一體的内在本性，具有更爲廣闊和深邃的内涵，從它引申出的陰—陽、乾—坤、健—順、剛—柔等種種概念，形成了中國哲學表達自然關係和人倫關係的一系列獨特範疇體系。這應該看作中國哲學對人類思想做出的特殊貢獻，按照它們特有的思維方式去開掘它們特具的思想内涵，定會大大豐富人類辯證法思想的寶庫。

中國作爲古老文明的大國，賦有豐富的辯證法思想傳統，我們不能不承認，對於這方面的思想資源過去我們開掘得很不够。這裏的原因有多方面，其中"思想障礙"不能不認爲是一個重要因素。我們往往局限於辯證法、哲學的名稱、詞語而遮蔽了它的特有内容和實質，對《周易》的認識狀況就説明了這點。我認爲金景芳先生以辯證法解《易》是做了一件極爲重要的開拓性工作，它定會在未來的思想史上結出豐厚的碩果。

金老治《易》七十餘年，今已九十六歲高齡了，令人慶幸的是他心身健壯，仍在不懈耕耘，而且不斷有創新思想問世。我們祝願金老在跨入新世紀之際爲人類做出更新的貢獻。

高清海

1998 年 5 月於長春

吕紹綱序

　　金師景芳先生治《易》，七十餘年孜孜求索，繼繼深入，解決一個個難題，走出一個個迷宮。如今年屆九十有六，頭腦猶健，思考不少歇，新近完成的《〈周易·繫辭傳〉新編詳解》這部著作，文不足十萬，學術含量卻有千斤重。我敢斷言，人們不久會發現，這部書在易學研究史上將有似一塊里程碑。昔日王引之用"精鋭鑿破混沌"、阮元用"石破天驚"評價焦循"易學三書"，我看不免名未副實，若用以衡量先生此書，倒很貼切實在。

　　書中對前人未曾解決的老大難問題，給以精鋭突破，真正是"鑿破混沌"、"石破天驚"。具體而言，先生此書做了三件事，均可謂前無古人。

　　第一，徹底整理《繫辭傳》，恢復《繫辭傳》原貌。《繫辭傳》義蘊深奥，文字蕪雜，古今公認難讀。王弼、程頤注《易》，舍《繫辭傳》不注。歐陽修敢於大膽探索，作《易童子問》，察覺《繫辭傳》文字多繁衍叢脞，觀點往往自相乖戾，不像出自聖人手筆，但他也祇是簡單地作出《繫辭傳》非孔子作的結論了事，進一步求真求實的工作他不曾做。今之學者不少人接着歐陽修的錯誤結論往下説，忙於把《繫辭傳》劃歸道家，誤入歧途日遠。就我所知見的範圍而言，能安安靜靜地坐下來給繁衍叢脞、自相乖戾的《繫辭傳》做一番徹底清理工作的，目前祇有先生一人。

　　先生積數十年之深思熟慮，改"錯簡"，補"闕文"，删"誤增"，指"可疑"，移回被移入《説卦傳》的"昔者聖人之作《易》也……故《易》六位而成章"兩段文字，完成《繫辭傳》新編，皆鑿鑿可以信據。例

如《繫辭傳下》"古者包犧氏之王天下也"及其以下至"蓋取諸夬"一
大段文字,先生斷定是後人"誤增",應予刪除。提出四條理據:一、
包犧既稱"氏",就不該説"王"天下。"王天下"是夏商周三代用語。
二、仰觀俯察云云是形象思維的方法,與八卦使用邏輯思維方法者
不同。三、"服牛乘馬,引重致遠,以利天下,蓋取諸隨"等等,顛倒
了器物與卦象的關係。事實是先有井、鼎之實物而後有井、鼎之卦
象,而絶非相反。四、"《易》窮則變,變則通,通則久"三句話,前兩
句合乎辯證法,後一句違背辯證法,與《繫辭傳》的總體思想不合。
《繫辭傳》刪去"古者包犧氏之王天下也"一大段枝蔓,使主幹燦然
鮮亮,人們才有可能探明其底蘊。

　　先生此書"新編"與"詳解"二事互爲前提,兩相促進。"詳解"
了才能"新編","新編"了才有"詳解"。"錯簡"、"闕文"、"誤增"、
"誤改"、"脱字"、"存疑"、"移入"諸問題解決之後,先生便融會貫通
地把《繫辭傳》講個通體深切著明,讓人得以整體地體悟《繫辭傳》
的真諦。從此《繫辭傳》可以理解了。

　　第二,徹底揭開了《説卦傳》的奥秘。《説卦傳》自古及今未見
有人真正講明白,宋人邵雍以伏羲八卦、文王八卦、先天之學、後天
之學妄説《説卦傳》,引人入迷津。先生八十年代作《周易講座》和
與我合寫《周易全解》時,對《説卦傳》的真義尚不甚了然。今先生
爲尋覓《歸藏》舊説,乃細讀《説卦傳》,反復翻閲,悉心思索,發現
《歸藏》、《連山》遺説不在别處,就在《説卦傳》中。《説卦傳》並非祗
講《周易》,還有《歸藏》、《連山》的遺説,而《周易》與《歸藏》、《連山》
根本不同。人們不解,祗按《周易》讀《説卦傳》,矛盾重重,讀不懂。

　　先生認爲從"天地定位"到"坤以藏之",是《歸藏》遺説。此"坤
以藏之"之"藏"字,與下文"萬物之所歸也"之"歸"字連結起來,正
是《歸藏》一名。從"帝出乎震"到"然後能變化,既成萬物也",强調
艮,説艮是"萬物之所成終而所成始",是《連山》遺説。

　　先生繼而發現《周易》與《歸藏》、《連山》二《易》有同有異。它

們都講八卦、六十四卦,都講萬物生成問題,這是三《易》的共同點。《周易》與《歸藏》、《連山》根本不同之處,於八卦,二《易》強調六子,《周易》強調乾坤。於萬物生成,及其發展變化,《連山》說"帝出乎震"、"萬物出乎震"、"神也者,妙萬物而爲言者也",顯然以帝、神爲主宰。又說"動萬物者莫疾乎雷,撓萬物者莫疾乎風……故水火相逮,雷風不相悖,山澤通氣,然後能變化既成萬物也",強調震、巽、坎、離、兌、艮六子在萬物發展中的作用,而不及乾坤。《歸藏》說"天地定位,山澤通氣,雷風相薄,水火不相射,八卦相錯",又說"雷以動之,風以散之,雨以潤之,日以烜之,艮以止之,兌以說之",也是重在六子,天地(乾坤)的作用祇是"定位"而已。表面祇言六子未言帝與神,而實際上還是認爲帝與神在背後起作用。《周易》則不然,《周易》以乾坤爲首,六子由乾坤生成,強調生成、發展變化的根據是乾坤,不是帝、神,也不是六子。

　　把《說卦傳》弄明白,是《易》學研究的一項重大突破。讀懂《說卦傳》,才有可能讀懂《周易》。先生自謂讀懂《說卦傳》仿佛有發現新大陸的感覺,是可信的。

　　第三,既讀懂讀通《繫辭傳》、《說卦傳》,又進而論定《周易》是講辯證法的書。《周易》有辯證法思想,這一認識先生早在30年代寫《易通》時已經有了。今又有兩點新發現,首先,認定《周易》是周文王針對殷王朝的指導思想——《歸藏》——寫的辯證法著作。文王囚羑里之前,思想是"三分天下有其二,以服事殷",之後發生根本性變化,由"以服事殷"轉化爲一心推翻殷王朝,乃用一種新的理論——《周易》——取代反映殷商指導思想的《歸藏》。文王在改造《歸藏》爲《周易》的過程中,不知不覺地創造了辯證法。

　　其次,發現《周易》辯證法的核心是對立統一,但強調統一,不強調對立。先生認爲《繫辭傳》"《易》與天地準"一語蘊含極深,它反映《周易》辯證法以乾坤哲學爲基本。《周易》六十四卦,爲首的乾坤兩卦當然"與天地準"。其餘六十二卦,屯卦是"剛柔始交",既濟是"剛柔正而位當"。剛柔即乾坤,剛柔始交即乾坤始交。既然屯卦是乾坤始交,則六十二卦都是乾坤相交的結果。六十二卦的序列實質是乾坤相交的過程,應包括在乾坤二卦的範圍內。乾坤就是天地,故云"《易》與天地準"。"《易》與天地準"表明天地既對立又統一,故對立統一是《周易》辯證法的核心。這一點與西方辯證法是一樣的。《周易》辯證法的特殊之處,是強調統一,不強調對立,乾坤總是相交不分,共在一體,不是坤否定乾,乾再否定坤。

《周易》講辯證法,這話有人説過。《周易》辯證法的核心是對立統一,且強調統一不強調對立,則未見誰有過明確的論證。先生此書是第一次。

《繫辭傳下》有三處傳文,向稱難講。第一處:"吉凶者,貞勝者也。天地之道,貞觀者也。日月之道,貞明者也。天下之動,貞夫一者也。"第二處:"《易》曰:'憧憧往來,朋從爾思。'子曰:'天下何思何慮? 天下同歸而殊塗,一致而百慮。天下何思何慮? 日往則月來,月往則日來,日月相推而明生焉。寒往則暑來,暑往則寒來,寒暑相推而歲成焉。往者屈也,來者信也。屈信相感而利生焉。'"第三處:"天地絪縕,萬物化醇。男女構精,萬物化生。《易》曰:'三人行則損一人,一人行則得其友。'言致一也。"

這三處傳文,向來無人講到正處。先生指出此三處傳文都是講辯證法的合二而一,亦即強調對立統一之統一一面,而且都由合二而一的具體實例抽象出合二而一的一般理論。先生説,"吉凶"是二,"勝"是一;"天地"是二,"觀"是一;"日月"是二,"明"是一;"寒暑"是二,"歲"是一;"往來"是二,"利"是一;"天地"是二,"醇"是一;"男女"是二,"生"是一,這些是合二而一的具體實例。"天下之動,貞夫一者也","天下同歸而殊塗,一致而百慮","三人行則損一人,一人行則得其友。言致一也",這幾句話是由合二而一的具體實例抽象出來的合二而一的一般理論。辯證法"一分為二"、"合二而一"這兩個命題互為前提,密不可分。《周易》重視"合二而一","一分爲二"即寓於"合二而一"之中。把這一點看透,是先生此書一大貢獻。

1997 年 6 月我參加新加坡國立大學舉辦的"儒學與世界文明"國際學術會議。論文題目是《〈周易〉——辯證法的源頭》,文中提出辯證法的源頭在《周易》不在希臘的新認識。根據有二:一是《周易》辯證法的産生比希臘早四五百年,二是《周易》辯證思維的水平高過希臘。今讀先生書,很是激動,我想的竟與先生如出一轍。先生此書專門研究《繫辭傳》,辯證法源頭問題不在思考範圍,然而我講的兩條先生都明確地涉及到了,祇是未便把辯證法的源頭在《周易》不在希臘這層意思點破而已。

以上三點突破,乃就其大要而言。先生此書新意多多,不勝枚舉。

先生撰寫此書,心得隨時告知我,書的内容我早知道。而當書稿殺青賜我先睹時,我還是感到震驚。思想之深刻,理路之清晰。見解之精卓,語言之凝煉,簡直爐火純青,無與倫比。不但我不能望其項背,恐怕年未逾九十的人都難以企及。而學者一旦跨入九十大關,腦力又往往驟衰,能獨力撰述者罕見。

今先生高壽九十有六,形神强健依舊,著述不懈依舊,實乃學界之奇迹,國人之福祥。先生這人和先生這書,都是國家之瑰寶,吾人自當珍重之,寶藏之。

我生性魯鈍,爲學難日益,學《易》尤淺淺如也,安敢妄議先生大作。怎奈讀後感奮不已,不發不能平静,乃一氣寫下上面許多話,允當與否,還望海内外師友不吝指正。是爲序。

1998 年 5 月 20 日學生呂紹綱拜手
謹識於吉林大學教師公寓

金景芳自序

最近,我與我的已取得博士學位的研究生張全民合寫《〈周易·繫辭傳〉新編詳解》一書(我講述,他整理)。書寫成後,我反復審閲,可喜的是我學《易》七十多年,於行年已九十有六之際,竟有所突破。今爲本書作序,謹將我所謂"突破"的具體內容列爲八目,逐一申釋如下:

一

"《易》與天地準"句,我最近有了新的認識,認爲這句話對於學《易》來説,至關重要,甚至可以説瞭解不瞭解它,是瞭解不瞭解《周易》的試金石。當然,從字面上看這句話很容易理解,問題在把它具體化或者落到實處。我認爲真正瞭解它,需與"乾坤其《易》之緼邪"合看。這就是説"《易》與天地準"有自己的特點。具體説,《易》六十四卦,爲首的乾坤兩卦當然是與"天地準",其餘六十二卦,屯卦《象傳》説"剛柔始交",既濟卦《象傳》説"剛柔正而位當",即從"屯"到"未濟"實際是乾、坤兩卦的發展,也應包括在乾、坤兩卦的範圍以內,即所謂"乾坤其《易》之緼"嘛!另外,説"二篇之策萬有一千五百二十,當萬物之數也",裏面當然包括六十四卦全部的策數。而在前面祇説"乾之策二百一十有六,坤之策百四十有四,凡三百有六十,當期之日",而不説其他六十二卦之策,其意義就是因爲其他六十二卦是乾坤兩卦的發展,應該包括在乾坤兩卦裏面,這裏就不必説了。"凡三百有六十,當期之日"就表明是乾坤兩卦變化的一個周期,其他六十二卦是乾坤兩卦變化的若干周期。又乾坤兩卦有用九、用六,有《乾文言》、《坤文言》,而其他各卦都沒有,也應當是這個道理。這是第一點。

　　另外所謂"《易》與天地準","乾爲天,坤爲地"包括兩個方面,一方面乾與坤是對立的,另一方面乾與坤又是統一的。例如,"天尊地卑,乾坤定矣"就是説乾與坤是對立的,"在天成象,在地成形,變化見矣"就是説乾與坤是統一的;"乾陽物也,坤陰物也"是説乾與坤是對立的,"陰陽合德"是説乾與坤是統一的。所謂"《易》與天地準"表明天地是對立的,又是統一的。這和西方哲學中辯證法的對立統一是辯證法的核心這一點全同。因而可以説《周易》一書是用辯證法的理論寫成的。這是第二點。

　　《周易》所講的辯證法不是強調對立,而是強調統一。例如,泰卦《象傳》説"天地交而萬物通也,上下交而其志同也,內陽而外陰,內健而外順,內君子而外小人,君子道長,小人道消也",而否卦《象傳》説"天地不交而萬物不通也,上下不交而天下無邦也,內陰而外陽,內柔而外剛,內小人而外君子,小人道長,君子道消也",顯然是強調統一而不是強調對立。這是第三點。

二

　　最近我明確地瞭解到《周易》是由蓍和卦兩個對等的平行的部分組成的。蓍用數。蓍爲什麽用數? 因爲數有抽象性。例如,數字一,可以是一個人,一匹馬,一頭牛,等等;數字二,可以是兩個人,兩匹馬,兩頭牛,等等。因而它又具有普遍性。蓍由天一、地二、天三、地四、天五、地六、天七、地八、天九、地十開始,因爲這十個數字具有普遍性,所以今人稱爲"基數",古人稱爲"盈數"。爲什麽稱爲天一、地二呢? 這與"《易》與天地準"有關。卦用"━"畫表示陽,用"╌╌"畫表示陰,也是這個意思。這十個數字今人稱爲"基

數”，古人稱爲“小盈”，説明在應用時，它還不够。所以，古人把
“萬”稱爲“大盈”，故《繫辭傳》説“二篇之策萬有一千五百二十”時
用“萬”字。但在這裏，用“五十有五”就够了。“五十有五”是把這
十個數字作基礎，用“五位相得而各有合”的辦法組成的。“五十有
五”就是“天地之數”，也就是“大衍之數”，筮法就用它來“成變化”，
“行鬼神”。用大衍之數經過“四營而成易，十有八變而成卦”，這就
是“成變化”。又因爲用大衍之數揲著，事先不知道成的是什麽卦，
所以稱爲“行鬼神”。

卦爲什麽用象？也和著用數的意義略同。我讀《繫辭傳》，見
有“聖人有以見天下之賾，而擬諸其形容，象其物宜，是故謂之象”
等同樣兩段文字，我認爲這是卦用象的最好説明。什麽是“天下之
賾”呢？我認爲是説天下的萬事萬物極爲紛繁複雜。由於天下的
萬事萬物紛繁複雜不好説明，祇好用象來説明，把它簡單化。“而
擬諸其形容，象其物宜”是什麽意思？是説八卦根據它的性質，即
“乾健也，坤順也，震動也，巽入也，坎陷也，離麗也，艮止也，兑説
也”等八種性質來取象。“象其物宜”，這個“物”，如“乾爲馬”，馬就
是物，“坤爲牛”，牛就是物。爲什麽叫“物宜”？是説取象要取得合
適。乾爲馬，因爲馬日行千里是健，所以就合適；坤爲牛，牛是順，
所以就合適。“擬諸其形容”就是説馬和乾，因爲馬是健，所以用它
模擬乾是合適的。乾爲馬，又可以爲天，爲父，等等，那麽乾可以取
象很多事物；坤爲牛，也可以爲地，爲母，等等很多事物。同樣震、
巽、坎、離、艮、兑也可以取象很多事物。這樣八卦的象就很全面，
也具有普遍性。所以八卦又稱爲“小成”。“成”表明它是比較全面
的。“小”表明它在應用時還不够，它必須“引而伸之”變成六十四
卦。它用什麽辦法“引而伸之”呢？就是把八卦作爲基礎，用“因而
重之”的辦法。“因”，就是因八卦，“重之”，就是在八卦的每一卦上
又重八卦，就變成了六十四卦。八卦是“小成”，變成六十四卦就意
味着“大成”了。變成六十四卦以後，就能用它“以體天地之撰，以

通神明之德"了。這與蓍的"大衍之數"能够"成變化"、"行鬼神"是一樣的。

蓍與卦的不同,在於蓍是"知來"的,卦是"藏往"的。

附帶談一句,講漢《易》的先生們,號稱象數派,其實他們既不懂得象,也不懂得數。爲什麽說他們不懂得象呢?因爲他們如王弼所說是"定馬於乾,按文責卦"。爲什麽說他們不懂得數呢?因爲他們不懂得"大衍之數五十"有闕文,乃是"天地之數五十有五",而胡說一氣。

三

我讀《繫辭傳》,見到"聖人有以見天下之動,而觀其會通,以行其典禮"這段文字出現了兩次,意識到它的重要性。但是,什麽是"會"?什麽是"通"?什麽是"以行其典禮"?爲什麽和"天下之動"聯繫起來?卻不好懂。後來,我覺得用"化而裁之謂之變,推而行之謂之通,舉而錯之天下之民謂之事業"能够解釋它。我認爲"會"所說的就是"化而裁之謂之變","通"所說的就是"推而行之謂之通","以行其典禮"所說的就是"舉而錯之天下之民謂之事業"。爲什麽它與"天下之動"聯繫起來呢?因爲它說的是爻、是變,是說乾坤的統一,乾坤的變化發展,也就是乾坤變化發展的規律。用辯證法來說,"會"就是質變,"通"就是量變。那麽質變的"會"爲什麽說"化而裁之"?量變的"通"爲什麽說"推而行之"?後來我讀《雜卦傳》,其中說"革,去故也;鼎,取新也",始融會貫通。因爲革是"去故",也就是"化而裁之",所以是"會";鼎是"取新",也就是"推而行之",所以是"通"。例如,我們過年說除舊布新,除舊就是"去故",布新就是"取新"。所以"除舊"就是"會",是質變,"布新"就是"通",是量變。我讀《繫辭傳》,見有"夫《易》,聖人之所以極深而研幾也。唯深也,故能通天下之志;唯幾也,故能成天下之務"這段話,什麼是"深"呢? 怎麼"深"就能"通天下之志"? 什麼是"幾"呢?
怎麼"幾"就能"成天下之務"? 後來我瞭解到,"幾"所説的就是
"會",就是質變;"深"所説的就是"通",就是量變。量變是"通",所
以能"通天下之志";質變是"會",所以能"成天下之務"。我因而想
到革卦,孔子在《象傳》説:"天地革而四時成,湯武革命順乎天而應
乎人,革之時大矣哉!"在這段話裏應當注意的有兩點:第一,是"革
命"二字,今天常用,實際它是孔子創造的;第二,孔子把湯武革命
比作"天地革而四時成"。"天地革而四時成",這是自然規律,把湯
武革命比成像自然規律是不可避免的一樣,這個思想發生在兩千
五百年以前是多麼難得啊!"革之時大矣哉",意思是説所謂革命
必須符合時代要求,不符合時代要求就不能叫做革命。

四

　　過去楊獻珍在世時,我國哲學界討論過"一分爲二"和"合二而
一"的問題。當時,人人都知道《繫辭傳上》所説的"易有太極,是生
兩儀,兩儀生四象,四象生八卦"是"一分爲二"。但是,《繫辭傳下》
也説過"合二而一",卻不見有人提出。最近,我讀《繫辭傳下》看出
有三處傳文説到"合二而一"。第一處傳文説:"吉凶者,貞勝者也。
天地之道,貞觀者也。日月之道,貞明者也。天下之動,貞夫一者
也。"第二處傳文説:"《易》曰:'憧憧往來,朋從爾思。'子曰:'天下
何思何慮? 天下同歸而殊塗,一致而百慮。天下何思何慮? 日往
則月來,月往則日來,日月相推而明生焉。寒往則暑來,暑往則寒
來,寒暑相推而歲成焉。往者屈也,來者信也,屈信相感而利生
焉。'"第三處傳文説:"天地絪緼,萬物化醇。男女構精,萬物化生。
《易》曰:'三人行則損一人,一人行則得其友。'言致一也。"綜觀這
三處傳文,都是利用個別的具體的事實作例子,遵照邏輯推理而得
出一般的抽象的理論,即"合二而一"。具體説,第一處傳文説的

"吉凶者，貞勝者也"，"吉凶"是"二"，"勝"是"一"；"天地之道，貞觀者也"，"天地"是"二"，"觀"是"一"；"日月之道，貞明者也"，"日月"是"二"，"明"是"一"。根據這三個例子而得出一般的抽象的理論："天下之動，貞夫一者也"，即"合二而一"。第二處傳文說的"日往則月來，月往則日來，日月相推而明生焉"，"日月"是"二"，"明"是"一"；"寒往則暑來，暑往則寒來，寒暑相推而歲成焉"，"寒暑"是"二"，"歲"是"一"；"往者屈也，來者信也，屈信相感而利生焉"，"往來"是"二"，"利"是"一"。根據這三個例子而得出一般的抽象的理論："天下同歸而殊塗，一致而百慮"，即"合二而一"。第三處傳文說的"天地絪縕，萬物化醇"，"天地"是"二"，"醇"是"一"；"男女構精，萬物化生"，"男女"是"二"，"生"是"一"。根據這兩個例子，而得出一般的抽象的理論："《易》曰：'三人行則損一人，一人行則得其友。'言致一也"，即"合二而一"。可見《繫辭傳下》是說過"合二而一"。"合二而一"和"一分爲二"一樣，在哲學上是最高的根本性的理論，而生在兩千五百多年以前的孔子居然已認識到，真不簡單啊。

五

　　我爲本書作"前言"時，說"《周易》一書實際是用辯證法的理論寫成的"，在《易》經中隨便舉出八條言論作爲證明。在寫"後語"時，覺得說《周易》一書是用辯證法的理論寫的，實際是說中國在殷周之際已經創造了辯證法，會使人驚訝，不相信。於是我把它作爲一個科研課題進行研究，研究的結果認爲《史記》說文王"拘羑里，演《周易》"是可信的。但是文王被囚在羑里，爲什麽"演《周易》"呢？我又進行研究，認爲文王被囚羑里時，思想發生了根本變化。被囚以前，是《論語》所說的"三分天下有其二，以服事殷"，被囚以後，是《尚書》所說的"西伯戡黎"。即文王被囚以後，思想發生了根本的變化,他想推翻殷商的王權,因而也想推翻殷商王權的指導思想,即殷商哲學《歸藏》易。由於改造《歸藏》易爲《周易》,不知不覺的在事實上已經創造了辯證法。這種情況頗似俗話所說的瞎猫碰着死耗子,耗子是真的,但不是捉來的,而是碰着的。

六

我在本書《傳》後的附錄中列入《〈説卦傳〉略説》一篇,其原因是我認爲今行世的《説卦傳》,除篇首"昔者聖人之作《易》也"兩段文字是講《周易》的,應依照長沙馬王堆漢墓出土帛書移入《繫辭傳》裏去,其餘都是孔子爲《周易》作《傳》時保存下來的《連山》、《歸藏》二《易》遺説。這一點,我爲本書作"後語"時已道及。《連山》、《歸藏》二《易》與《周易》比較當然有不足之處,但是,在二《易》書中已經談到"其經卦皆八,其別皆六十有四",並對八卦取象作了詳悉的解説,創始之功不可泯。可惜前人對《説卦傳》一向缺乏説明,致使宋人邵雍乘隙造作謬説,毫無根據地説是什麽伏羲八卦、文王八卦、先天之學、後天之學。程頤不理睬,是對的。而大思想家朱熹卻深信不疑,爲之吹大喇叭,於所著《周易本義》中,既推尊,又繪圖,大肆宣揚,遂使這一謬説得以不脛而走,廣泛流傳,爲害甚大。今作《略説》,削去邵氏謬説,於其可解者加以訓釋,其不可解者不強作解人,留待後之知者詳焉。

七

《周易·繫辭傳》作於兩千年以前,流傳日久,其中有錯簡、闕文、誤增、誤改和脱字之處,是不足怪的。但是,需要進行辨認,並作適當處理,否則,不但影響對《繫辭傳》的理解,而且會走到邪路上去。關於處理的是哪些問題以及爲什麽處理,怎樣處理,詳見本書《傳》後附録的《新編説明》，此不具述。

八

最近，我讀《繫辭傳下》自"《易》之興也"至"此之謂《易》之道也"一章（按本書分章應是下篇第九章），認爲這是孔子爲《周易》一書所作的全面評論。此章共分三節。自"《易》之興也"到"是故其辭危"爲第一節，是説《周易》的産生；自"危者使平"到"百物不廢"爲第二節，是説《周易》的内容；自"懼以終始"到"此之謂《易》之道也"爲第三節，是説學《易》應有的效果。

具體説，"《易》之興也"，是説《周易》的産生。"其當殷之末世周之盛德邪"，是從時代上説《周易》作於殷周之際。"當文王與紂之事邪"，是從事實上説《周易》作於文王被殷紂囚於羑里之時。"是故其辭危"，"其"指《周易》，"辭危"是説《周易》的文辭是危的，原因在於文王被囚於羑里。"危者使平，易者使傾"，這是《周易》的思想，其來源就是文王被囚於羑里時的思想。文王被囚，是"危者"，希望平安脱險，故曰"危者使平"；紂王高高在上，得意忘形，是"易者"，文王的思想是使紂王傾覆滅亡，故曰"易者使傾"。文王在此時作《周易》，他的思想就變成了《周易》的思想了。如果用孔子對《否》卦九五爻"其亡其亡，繫于苞桑"的解釋來説明，這種思想表現得再清楚不過了。"其亡其亡"，是説眼看就要滅亡了，形勢十分危險；"繫于苞桑"，是説繫于堅固不拔之處，轉危爲安。孔子對此的説明是："子曰：危者安其位者也，亡者保其存者也，亂者有其治者也。是故君子安而不忘危，存而不忘亡，治而不忘亂，是以身安而國家可保也。"孔子認爲，安與危，存與亡，治與亂，都是相互依存、相互轉化的。危自安來，亡自存來，亂自治來，亦猶屈自伸來，君子知此理，則當居安思危，存而不忘亡，心中恒懼"其亡其亡"，就能像"繫于苞桑"一樣穩固。這是什麽思想呢？我看就是辯證法思想。儘管作《周易》的文王不懂得什麽是辯證法,爲《周易》作傳的孔子也不懂得什麽是辯證法,但是我們學習了馬克思主義理論以後,知道《周易》的思想在事實上就是辯證法,没有問題。那麽,我爲本書作"前言"時説"《周易》一書是用辯證法的理論寫成的",看來是對的,是符合實際的。

"其道甚大,百物不廢。""其道",是説上述"危者使平,易者使傾"的道理。"甚大",即很大,大到什麽程度呢? 大到《易》與天地準",可以"彌綸天地之道"。"百物不廢",指天下紛繁複雜的萬事萬物都需要用這個理論來説明。孔子用"其道甚大,百物不廢"來稱贊《周易》的思想,就是在稱贊辯證法。

"懼以終始",是説《周易》文辭自始至終都是危懼的。"其要无咎",是説主要是无咎。无咎,即善補過。用《論語》孔子的話説"加我數年,五十以學《易》,可以無大過矣"來解釋,无咎就是"無大過"。《周易》是講辯證法的,是懂得規律的,爲什麽衹是"無大過",而不是百分之百的正確呢? 這個道理可用恩格斯所説的必然性和偶然性來説明。因爲規律是必然性,但它並不排除偶然性。所以要做到百分之百的正確很難,甚至説不可能,能做到"無大過",也就可以了。

細繹"此之謂《易》之道也"一語,我悟到這段文字是孔子爲《繫辭傳》全文所作的結語。現在的最末一章不是結語,而是狗尾續貂。爲什麽這樣説呢? 仔細分析這一章,第一,"夫乾,天下之至健也,德行恒易以知險。夫坤,天下之至順也,德行恒簡以知阻",這兩句話前無所因,後無所承,孤零零地置於篇首。到底"德行恒易以知險"和"德行恒簡以知阻"有什麽根據,在這裏説什麽問題,無從知曉。第二,"定天下之吉凶,成天下之亹亹者",很明顯是從前文"探賾索隱,鈎深致遠,以定天下之吉凶,成天下之亹亹者,莫大乎蓍龜"中摘録來的,放在這裏與上下文毫無關係,同樣使人無法明白是要説明什麽問題。第三,"是故變化云爲,吉事有祥,象事知器"和"人謀鬼謀,百姓與能",用的是什麽觀點,説明的是什麽問題? 面貌可疑。特別是最末一段,説"將叛者其辭慚,中心疑者其辭枝,吉人之辭寡,躁人之辭多,誣善之人其辭游,失其守者其辭屈",這段話與《周易》沒有絲毫關係。總的看來,這一章文字語無倫次,雜亂無章,肯定不是孔子作的。本書爲了慎重起見,把它原封不動地保存下來,但是作爲存疑,不加解釋。

以上我所説的"突破",實際是我的學《易》心得,不敢自秘,而願公諸同好,以冀能得到方家的批評和指正。

我已篤老,兼患目疾,端賴我的學生、博士研究生張全民、朱紅林二同志參加我的工作,特此致謝。

1998 年 4 月金景芳序
時年九十有六

前　言

我學《易》七十多年，如今行年九十有六，始認識到《周易》一書實際是用辯證法的理論寫成的。爲什麼這樣說呢？請列八證：

證　一

《繫辭傳上》說：“《易》與天地準，故能彌綸天地之道。”“《易》與天地準”，就是說《易》是依照天地寫的，天地是原型，《易》是摹寫本。“故能彌綸天地之道”，“道”是規律，“天地之道”是自然規律，“彌綸”可以譯爲完全反映。“故能彌綸天地之道”，就是說它所以能完全反映自然規律。爲什麼能完全反映自然規律呢？是因爲天地包括兩方面：一方面是對立，另一方面是統一。毛澤東同志在《矛盾論》結論中說：“矛盾統一的法則，即對立統一的法則，是自然和社會的根本法則，因而也是思維的根本法則。”正因爲對立統一是自然的根本法則，所以才能完全反映自然規律。

證　二

《繫辭傳下》說：“子曰：‘乾坤其《易》之門邪？乾，陽物也。坤，陰物也。陰陽合德而剛柔有體，以體天地之撰，以通神明之德。”“乾，陽物也。坤，陰物也”，這說明乾坤是對立的。“陰陽合德”，是說乾坤是統一的。在辯證法中，對立統一是核心，所以我說《周易》是用辯證法的理論寫成的。

證　三

乾、坤二卦,乾六爻皆陽,坤六爻皆陰,表明乾坤是對立的。《乾》卦辭是"元亨利貞",《坤》卦辭是"元亨利牝馬之貞",表明乾、坤二卦是統一的。爲什麼說是統一的? 卦辭的"元亨利貞"和"牝馬之貞"不好懂,需加以解釋。先說"元亨利貞"。用四時來說,"元"是開始,可以看成是春天;"亨"是亨通、發展,可以看成是夏天;"利"是成熟,可以看成是秋天;"貞"是冬藏,可以看成是一個周期的終結。西方人說《周易》是代數學。"元亨利貞"可以看成是公式,它可以代進春夏秋冬,也可以代進仁禮義智。

再說"元亨利牝馬之貞"。"牝馬之貞"不好講。《黑韃事略》說:"其牡馬,留十分壯好者做移剌馬種,外餘者多騸了,所以無不強壯也。移剌者,公馬也,不曾騸,專管騍馬群不入騸馬隊。騸、騍馬各自爲群隊也。又其騍馬群,每移剌馬一匹管騍馬五六十匹,騍馬出群,移剌馬必咬踢之使歸。或它群移剌馬逾越而來,此群移剌馬必咬踢之。"乾好比移剌馬,坤好比騍馬。騍馬要服從移剌馬管理,所以坤雖也是元亨利貞,但卻要聽從乾。孔子作《彖傳》,解釋乾卦說:"大哉乾元,萬物資始,乃統天。"爲什麼說萬物資始呢? 意思是說春天到了,天氣暖了,萬物開始要產生了。"乃統天",表明它是"元亨利貞"的開始。坤卦的《彖傳》說:"至哉坤元,萬物資生,乃順承天。"坤的元,萬物資之以生。因爲乾天氣暖了,地有了光和熱,才能產生萬物。"乃順承天",即"利牝馬之貞"。這表明萬物的產生靠乾坤統一。乾、坤二卦既對立又統一,所以它可以看成是辯證法的核心。

證　四

《易》有泰、否二卦。泰是地在上天在下，即坤在上乾在下。《泰》卦辭爲："小往大來，吉亨。"《象傳》説："泰，小往大來，吉亨。則是天地交而萬物通也，上下交而其志同也。内陽而外陰，内健而外順，内君子而外小人。君子道長，小人道消也。"在《周易》中，陰爲小，陽爲大，下爲内，上爲外。"小往"，外爲坤，小的走了；"大來"，内爲乾，大的來了。坤上乾下，"天地交而萬物通"，這是自然現象；"上下交而其志同"，即官民同，則是社會現象。"内陽而外陰，内健而外順，内君子而外小人"，表明乾坤是統一的，所以"吉亨"。

否是天上地下，乾上坤下。《否》卦辭爲："否之匪人，不利君子貞，大往小來。"《象傳》説："否之匪人，不利君子貞，大往小來。則是天地不交而萬物不通也，上下不交而天下無邦也。内陰而外陽，内柔而外剛，内小人而外君子。小人道長，君子道消也。"這表明乾坤是對立的。光是對立，没有統一，是不能生長萬物的。

泰、否二卦可以證明《易》經有辯證法的思想。

證　五

《繫辭傳上》説："天尊地卑，乾坤定矣……在天成象，在地成形，變化見矣。""天尊地卑，乾坤定矣"，天在上地在下，乾坤對立。"在天成象"，韓康伯注"日月星辰"，這是對的。"在地成形"，韓康伯注"山川草木"，不確，應解爲五行。我認爲，《國語·魯語》展禽批評臧文仲祭祀海鳥爰居，引了古人許多祭祀。其中，説古人祭天是祭"三辰"，即祭日月星，祭地是祭"五行"，即祭水火木金土。所以，"成形"解釋爲山川草木，不如解釋爲水火木金土。"在天成象，在地成形,變化見矣",則是講乾坤統一。天主要有太陽,發出光和熱;地有土壤和水。萬物生長,光有光和熱而沒有土和水,不行;光有土和水而沒有光和熱,也不行。祇有二者相結合,才能產生萬物。既講統一,又講對立,可見《易》講辯證法。

證 六

《繫辭傳上》説:"乾坤其《易》之緼邪?乾坤成列而《易》立乎其中矣。乾坤毀則无以見《易》。《易》不可見,則乾坤或幾乎息矣。""乾坤其《易》之緼邪",是説全部《易》經都蘊藏在乾坤二卦中。"乾坤成列",是説乾、坤擺在六十四卦的行列裏。"而《易》立乎其中矣",是説《易》就存在於裏邊了。爲什麼這麼説?可以看屯卦。《彖傳》説:"剛柔始交而難生。""剛柔始交"就是乾坤始交,因爲《雜卦傳》説"乾剛坤柔"嘛!屯是乾坤二卦開始相交,這説明以下許多卦都是乾坤相交產生的。"乾坤毀則无以見《易》"是説什麼?説的是第六十三卦既濟,説明既濟是乾坤變化一個周期的終結。乾、坤一個是純陽,一個是純陰,最不平衡;既濟一半陰一半陽,陰陽都當位,陰在陰位,陽在陽位,表明一個周期變化已經完結。開始最不平衡,這時已平衡,好像開始一個是酸性,一個是鹼性,現在已經中和了。所以説"乾坤毀則无以見《易》",即乾坤毀滅了,《易》就沒有了。"《易》不可見,則乾坤或幾乎息矣",説的是未濟。《易》不可見,乾坤幾乎停止。幾乎停止實際是説沒有停止,而且不可能停止。《序卦傳》"物不可窮也,故受之以未濟終焉",正説明這個問題。總起來看,正是説《易》經的全部內容都蘊藏在乾坤二卦中。當然全《易》內容是用辯證法的理論寫成的。

證　七

　　《繫辭傳上》説:"闔户謂之坤,闢户謂之乾。一闔一闢謂之變,往來不窮謂之通。"這段話的意思是説,乾坤並不難懂,可以用户(即獨扇門)作比喻來説明。"闔户謂之坤",是説關上門就叫作坤。"闢户謂之乾",是説打開門就叫作乾。這分明是説乾、坤是對立的。"一闔一闢謂之變",就是又關上又打開,這叫作變。這分明是説乾坤相交或統一。"往來不窮謂之通",是説乾坤相交以後的變化、發展。"往來"是一往一來,也可以看作是一正一反。從《易》經來看,乾坤相交以後,屯卦是正,蒙卦是反;需卦是正,訟卦是反;師卦是正,比卦是反,等等。"謂之通"是叫作通,是説這樣發展下去就通行無阻了。總之,用獨扇門作比喻來説明乾坤,也就是説明辯證法。

證　八

　　《繫辭傳上》説:"子曰:'夫《易》何爲者也?'夫《易》開物成務,冒天下之道,如斯而已者也。"這段話不易理解,朱熹説"開物成務,謂使人卜筮,以知吉凶,而成事業",不可從。據我理解,這也是説"《易》與天地準,故能彌綸天地之道"。爲什麽這樣説?請看六十四卦的排列,是以乾、坤兩卦居首,既濟、未濟兩卦殿末。繼續乾、坤兩卦的是屯卦。《序卦傳》説:"有天地然後萬物生焉,盈天地之間者唯萬物,故受之以屯。屯者盈也,屯者物之始生也。"屯卦《象傳》説:"剛柔始交而難生。""剛柔始交"就是説乾坤始交。從六十四卦的排列來看,乾坤兩卦相交發展爲屯,一直到既濟、未濟。這樣説,屯就是"開物"。既濟,《象傳》説:"剛柔正而位當。"《雜卦傳》説:"既濟,定也。"從全《易》來説,既濟就是"成務"。開物、成務代表事物發展周期的兩端，具有普遍性。例如，一年有春夏秋冬，是一個周期。春就是"開物"，冬就是"成務"。一個事物有發生、發展、衰退、消亡。發生就是"開物"，消亡就是"成務"。因爲"開物成務"反映普遍規律，所以說是"冒天下之道"。"冒天下之道"，就是覆蓋天下之道，也就是把自然規律包括無遺。"如斯而已"，是說《易》經就是講這個的，沒有別的。用辯證法來看，就可以説《周易》一書實際是用辯證法的理論寫成的。

　　由此八證可以相信，《周易》一書是用辯證法的理論寫成的是千真萬確的事實，無可懷疑。同時，這個事實昭昭在人耳目。縱有持異議者，也無法説成是穿鑿附會。

繫辭傳 上

第一章

【傳文】

　　天尊地卑，乾坤定矣。卑高以陳，貴賤位矣。動靜有常，剛柔斷矣。方以類聚，物以群分，吉凶生矣。

　　在天成象，在地成形，變化見矣。是故剛柔相摩，八卦相盪。鼓之以雷霆，潤之以風雨。日月運行，一寒一暑。乾道成男，坤道成女。

　　乾知大始，坤作成物。乾以易知，坤以簡能。易則易知，簡則易從。易知則有親，易從則有功。有親則可久，有功則可大。可久則賢人之德，可大則賢人之業。易簡而天下之理得矣。天下之理得，而成位乎其中矣。

【詳解】

　　第一章開宗明義對《周易》全書作了全面的、綱領性的介紹和說明。共分三節：從"天尊地卑"到"吉凶生矣"是第一節，根據"《易》與天地準"，說明《易》中的乾、坤是對立的，兼及《易》中的其他有關問題；從"在天成象"到"坤道成女"是第二節，根據《易》與天地準"，由天地的統一及變化，說到乾坤的統一和變化；從"乾知大始"到"而成位乎其中矣"是第三節，把乾坤的哲學思想應用於社會。總之，全章的大意，用《易》經本身的話說，就是講天道、地道和人道；用現代哲學語言說，就是講自然規律和社會規律。以下對三節傳文逐一加以說明。

第一節

天尊地卑，乾坤定矣。

　　這句話是説，乾坤和天地一樣，也是一尊一卑。"天尊地卑"包括兩層意思：一層意思是一高一下，是對立的；另一層意思是一主一從，也是對立的。

卑高以陳，貴賤位矣。

　　"陳"，是排列的意思。這句話是説，在自然界中，事物是由卑到高排列的；在《易》經中，六十四卦每卦六爻的位置也是由卑到高即由初到上排列的。各爻的位置不同，貴賤也就不一樣。

動靜有常，剛柔斷矣。

　　"動靜"説的是自然界，自然界事物有動有静，産生變化。"剛柔"説的是六爻，六爻有剛有柔，與自然界有動有静是一樣的。

　　爲什麽説它是講六爻的呢？因爲"動静"説的是變化，"剛柔"説的也應是變化。根據《繫辭傳》："象者言乎象者也，爻者言乎變者也。"及《説卦傳》："觀變於陰陽而立卦，發揮於剛柔而生爻。"爻正是言變的。所以，它是講六爻，不是講卦。

　　這句話實際上是説，自然界事物有動有静，在《易》中，六爻有剛有柔，象徵自然界中的動静。

方以類聚，物以群分，吉凶生矣。

　　《周易本義》説："方，謂事情所向，言事物善惡各以類分。"朱熹把"方"、"物"解釋爲"事物"，這是不錯的。實際上，這講的是社會上的問題。"物"作人物講，"事"作事業講。人物是有群的,有男有女,有貴有賤,可分出許多群,這叫做"物以群分"。從事業來説,有讀書的、做工的、務農的,有許多種類,同類的聚在一起,這叫做"方以類聚"。但是,這衹是相對的,不是絕對的。説"物以群分",從同群來看,則是合的;説"方以類聚",而類與類則是有分別的。它表明什麼呢? 事物有相同的,有不同的,即表示同異。有同異,就有是非;有是非,就有利害;有利害,就有得失。而在《易》中,得失用吉凶作標誌,因而,由於客觀事物的異同,便產生了吉凶。

總之,這段話是説,事物有同異,因而有利害,有得失,在《易》經中,吉凶就產生了。

第二節

在天成象,在地成形,變化見矣。

"在天成象","象"是什麼? 我認爲"象"是三辰,就是日月星。

"在地成形","形"是什麼? 我認爲"形"是五行,就是水火木金土。

《繫辭傳下》説:"天地之大德曰生。"這就是説天地最大的功德是產生萬物。萬物是怎麼產生的呢? 既要有天的三辰,首先是太陽的光和熱;又要有地的五行,首先是土壤與水分。沒有天不行,但是光有天也不行;沒有地不行,但是光有地也不行。必須是天地結合,正如泰卦《象傳》所説:"天地交而萬物通也。"

"變化見矣",是説天地產生萬物和萬物自身的變化。

是故剛柔相摩,八卦相蕩。

朱熹説:"此言《易》卦之變化也。"這話是對的。因爲它既講"剛柔",又講"八卦"嘛! 但是朱熹又説:"六十四卦之初,剛柔兩畫而已。兩相摩而爲四，四相摩而爲八，八相盪而爲六十四。"這樣説則不確。

　　我疑"剛柔相摩"是説乾坤相交而産生六子，《説卦傳》説"乾天也，故稱乎父；坤地也，故稱乎母。震一索而得男，故謂之長男；巽一索而得女，故謂之長女；坎再索而得男，故謂之中男；離再索而得女，故謂之中女；艮三索而得男，故謂之少男；兑三索而得女，故謂之少女"是其證；"八卦相盪"是説八卦相交而産生六十四卦，《繫辭傳下》説"八卦成列，象在其中矣。因而重之，爻在其中矣"是其證。

鼓之以雷霆，潤之以風雨。日月運行，一寒一暑。乾道成男，坤道成女。

　　這段話，我認爲可以用《論語》"子曰：'天何言哉！四時行焉，百物生焉。天何言哉'"這句話來解釋。實際上，"鼓之以雷霆，潤之以風雨。日月運行，一寒一暑"，講的就是"四時行焉"；"乾道成男，坤道成女"，講的就是"百物生焉"。

　　"鼓之以雷霆，潤之以風雨"，如果用屯卦《象傳》"雷雨之動滿盈"相對照，就可以看出，這是説乾坤開始相交時有雷有電，颳風下雨。

　　"日月運行，一寒一暑"，就是《繫辭傳下》第三章中所説的"日往則月來，月往則日來，日月相推而明生焉。寒往則暑來，暑往則寒來，寒暑相推而歲成焉"。

　　"乾道成男，坤道成女"，是説乾坤統一以後産生的萬物有男有女。"男""女"可以看成是雌雄、牝牡，而不是指人類。因爲草木、禽獸也有男、女。萬物産生，得於乾道的成男，得於坤道的成女。

第三節

乾知大始，坤作成物。

　　"知"字有兩種解釋：有人訓作"主"，有人解作"知覺"、"知見"。我研究這個問題，認爲"知"當"知識"、"認識"講是對的。因爲從下文"知周乎萬物而道濟天下，故不過。旁行而不流。樂天知命，故不憂。安土敦乎仁，故能愛"及"知崇禮卑，崇效天，卑法地"來看，"知"都是"知識"的意思。

　　"大始"就是乾卦《彖傳》所説的"大哉乾元，萬物資始"。"乾知大始"，就是説乾能認識萬物産生的開始。

　　"坤作成物"，講的是行的問題。坤能作成物，也就是坤卦《彖傳》所説的"至哉坤元，萬物資生"的意思。

乾以易知，坤以簡能。

　　"易"是容易，"簡"是簡單，"知"是知識，"能"是做。這句話的意思是説，乾用容易來知，坤以簡單去做。

　　晉人韓康伯注《繫辭傳》説："天地之道，不爲而善始，不勞而善成，故曰易簡。"我看韓康伯講得好。《易》講易、簡，實際是講自然。這就涉及到天地和萬物生成的問題。這是個大問題，古人對此有許多看法。

　　《説卦傳》所保存的《連山》、《歸藏》二易遺説，認爲"帝出乎震"，"萬物出乎震"，"神也者，妙萬物而爲言者也"。這是説天地及萬物生成靠的是上帝或神。

　　老子則説，"有物混成，先天地生，寂兮寥兮，獨立不改，周行而不殆，可以爲天下母。吾不知其名，字之曰道"，"道生一，一生二，二生三，三生萬物"，"人法地，地法天，天法道，道法自然"，"天下萬物生於有，有生於無"。可見，老子講"道"，雖没講神，實際卻是神。因此，老子的思想是唯心的。

　　　　對天地和萬物的生成，古人也有持懷疑者，如《莊子·天運》說"天其運乎，地其處乎，日月其爭於所乎？ 孰主張是，孰維綱是，孰居無事推而行是？ 意者其有機緘而不得已邪。意者其運轉而不能自止邪"，就曾對天地的生成表示了懷疑。

　　　　外國人講第一推動力，講上帝或"絕對精神"。而《周易》認爲是自然，不是上帝或神，也不是"道"。由此可見，《周易》是唯物論。

易則易知，簡則易從。

　　　　"易則易知"，就是說人心地直率、坦白，就容易認識。如果城府很深，就不容易認識。

　　　　"簡則易從"，"簡"是簡單，與複雜繁瑣對立。這句話是說，簡單了人家就容易跟從。繁瑣了人家就不容易跟着照辦。

易知則有親，易從則有功。

　　　　"易知則有親"，意思是說如果人心口如一、光明磊落，人家就容易親近。反之，如果居心叵測，人家誰會親近？

　　　　"易從則有功"，意思是說如果有群衆，做事情就容易成功。反之，如果是孤家寡人，事情就辦不成。

有親則可久，有功則可大。

　　　　這句話承上而來，是說有人親近，事業才能長久；有了成功，事業才能越來越大。

可久則賢人之德，可大則賢人之業。

　　　　"可久"、"可大"是賢人的德操、事業。這是把上面天地、自然的思想應用到社會。

易簡而天下之理得矣。天下之理得，而成位乎其中矣。

　　　　"易簡而天下之理得矣"，是說能做到易簡，天下的道理就得着了。天下的道理，不過易簡而已。

　　"天下之理得，而成位乎其中矣"，意思是説，得着了天下的道理，就能與天地相參，與天地有同樣的地位了。實際上，這是把乾坤易簡的思想應用到社會。自然講易簡，社會也講易簡。

第二章

【傳文】

聖人設卦觀象繫辭焉而明吉凶。剛柔相推而生變化。是故吉凶者失得之象也,悔吝者憂虞之象也。變化者進退之象也,剛柔者晝夜之象也。六爻之動,三極之道也。

是故君子所居而安者,《易》之序也,所樂而玩者,爻之辭也。是故君子居則觀其象而玩其辭,動則觀其變而玩其占。是以自天祐之,吉无不利。

【詳解】

本章可分爲兩節:第一節從"聖人設卦觀象繫辭焉而明吉凶"到"六爻之動,三極之道也",第二節從"是故君子所居而安者,《易》之序也"到"是以自天祐之,吉无不利"。第一節是講説《易》,第二節是應用《易》。現逐句解説如下。

第一節

聖人設卦觀象繫辭焉而明吉凶。

這句話從表面上看很好懂,"設卦"就是聖人設立了卦,"觀象"就是觀察卦的象,"繫辭焉"就是加上文字説明,這些最後都説明吉凶。其實,對於"設卦"、"觀象"、"明吉凶",還需作進一步解説。

首先説"設卦"。卦當然包括八卦與六十四卦,這是第一點。第二點，這個卦是《周易》的卦，而不是《連山》、《歸藏》的卦。《周禮》說《連山》、《歸藏》二易："其經卦皆八，其別皆六十有四。"雖然《連山》、《歸藏》也有卦，但在這裏，孔子是說《周易》，不是說《連山》、《歸藏》。

其次說"觀象"。"觀象"是聖人觀象。"象"是《易》經裏的象，是卦的象。但怎麼觀象？這裏還有些問題，應該講一講。要講清這個問題，我想引兩條材料來加以說明：一條材料在《說卦傳》裏，另一條材料是王弼《周易略例·明象》。

《說卦傳》說："乾健也，坤順也，震動也，巽入也，坎陷也，離麗也，艮止也，兌說也。"又說："乾爲馬，坤爲牛，震爲龍，巽爲雞，坎爲豕，離爲雉，艮爲狗，兌爲羊。乾爲首，坤爲腹，震爲足，巽爲股，坎爲耳，離爲目，艮爲手，兌爲口。"

"乾健也，坤順也"等等，講的是八卦的性質。乾性質是健的，坤性質是順的，等等。"乾健也"等，用的是"也"字，"也"是"是"的意思。"乾健也"，意思是說乾就是健。這表明八卦的性質是不變的。

"乾爲馬，坤爲牛"等等，講的是八卦的取象。在某種情況下，乾可以取象爲馬，坤可以取象爲牛，等等。"乾爲馬"等，用的是"爲"字，"爲"是"做"、"化"的意思。這表明八卦的取象是可變的，不是一定的。

用八種動物來區分，乾可以表示馬，坤可以表示牛；以人的身體部位作比方，乾就可以爲首，坤就可以爲腹。而且，乾還可以爲父，可以爲君，等等。總之，隨着情況的改變，八卦的取象就不同。漢人講《易》，由於不知道《說卦傳》講八卦取象用"爲"是表示可變的這一點，因而產生了"定馬於乾，案文責卦"的錯誤。王弼《周易略例·明象》批評漢《易》說："觸類可爲其象，合義可爲其徵。義苟在健，何必馬乎？類苟在順，何必牛乎？爻苟合順，何必坤乃爲牛？義苟應健，何必乾乃爲馬?"這個批評是正確的。

"觀象"的"象",是指八卦的取象,它是可變的,不是一定的,這一點必須明白。

再次説"明吉凶"。《周易折中》引《朱子語類》説:"《易》當初衹是爲卜筮而作,《文言》、《彖》、《象》,卻是推説作義理上去,觀乾坤二卦便可見。孔子曰'聖人設卦觀象繫辭焉而明吉凶',不是卜筮,如何明吉凶?"我認爲朱熹這話是錯的,應加以批評。古人説:"狂者東走,逐者亦東走。"意思是説,瘋子朝東跑,是瞎跑,無明確的目的;追逐的人朝東跑,是要找瘋子,有明確的目的,同是向東跑,差別非常大。同樣,《周易》雖然也卜筮,但卜筮衹是形式,它與求神有本質不同。《周易》問的不是上帝或神,而是辯證法。光看問吉凶,不看問的是誰,這是不對的。朱熹把《周易》看成是單純的卜筮之書,很能迷惑人,對此,我們要予以揭露和批評。

剛柔相推而生變化。

這句講的是六爻,不是卦。這從"剛柔"可以看出。因爲《説卦傳》説:"觀變於陰陽而立卦,發揮於剛柔而生爻。"六爻有剛有柔,實際上是有陰有陽。

剛柔是講變化的,《繫辭傳上》説"象者言乎象者也,爻者言乎變者也"是其證。

"相推"即互相推動。剛柔互相推動,從而産生變化。剛可以變柔,柔也可以變剛。

是故吉凶者失得之象也,悔吝者憂虞之象也。

"吉凶"是什麼? 吉凶是失得的象徵。"失得"即成功失敗,並没有禍福。

《易經》卦、爻辭有講"悔"、"吝"的。"悔"、"吝"都是處在中間狀態。"悔",要是後悔了,原來凶就趨於吉。"吝",要是堅持不改,原來吉就變成凶。

　　"憂",是憂愁、憂慮。"虞",是歡娛、歡樂。"憂"講的是
"悔","虞"講的是"吝"。

　　朱熹説:"吉凶相對,而悔吝居其中間。悔自凶而趨吉,吝
自吉而向凶也。"干寶説:"憂虞未至於失得,悔吝不入於吉凶。
事有大小,故辭有緩急,各象其意也。"兩人講得都很好。

變化者進退之象也,剛柔者畫夜之象也。

　　"變化"包括兩個意思,有變進,有變退。比如,"日往則月
來"是日退月進,"月往則日來"是月退日進,"寒往則暑來"是
寒退暑進,"暑往則寒來"是暑退寒進。

　　"剛柔者畫夜之象也",是説剛象白天,柔象夜間。

六爻之動,三極之道也。

　　變是由於動,不動就不變。"六爻之動"就是六爻發生變
化。朱熹説:"六爻:初、二爲地,三、四爲人,五、上爲天。動,
即變化也。"朱熹的講解講得很對。

　　"三極"是三才,就是天地人。"三極之道",也就是天地人
的道。

第二節

是故君子所居而安者,《易》之序也,所樂而玩者,爻之辭也。

　　《易》之序是什麽?韓康伯講是:"《易》象之次序。"説得倒
是不錯,但不很清楚。我看説的是卦的次序。因爲下句"所樂
而玩者爻之辭也",講的是爻。"爻之辭"的"爻"與《易》之序"
的"易"看來是相對待的,所以"《易》之序"説的是卦,而不是
爻。朱熹説:"《易》之序,謂卦爻所著事理當然之次第。"即認
爲是卦爻之序,這是不確切的。比較起來,卦是静的,爻是變

的。王弼《周易略例・明卦適變通爻》說:"夫卦者,時也;爻者,適時之變者也。"講得挺好。從六十四卦來看,每個卦代表一個時代,孔子作《序卦傳》正是要說明卦的次序,所以這裏的"《易》之序"應理解爲六十四卦的次序。

"君子所居而安者,《易》之序也",意思是說君子處在什麽地位,就安於什麽地位。在《易》經來說,就要安於《易》經的次序,即六十四卦的次序。《中庸》說:"君子素其位而行,不願乎其外。素富貴,行乎富貴;素貧賤,行乎貧賤;素夷狄,行乎夷狄;素患難,行乎患難。君子無入而不自得焉。"孔子、曾子都曾說:"思不出其位也。"講的也是這個道理。

"所樂而玩者,爻之辭也",就是說君子樂而反復玩味的是爻的辭。爻講的是動,《繫辭傳》說"爻者言乎變者也"是其證。究竟怎麽動? 應仔細玩味爻辭。因爲爻與卦一動一静,所以君子才一"玩"一"安",有所不同。

這兩句話實際上都是講學《易》的。

是故君子居則觀其象而玩其辭,動則觀其變而玩其占。

這兩句話是說君子平居無事的時候,看卦的象,玩味象的文辭;而要有行動的時候,就看爻的變化,玩味爻的占。

"是故",是申事之詞。這兩句話是進一步申述用《易》的問題。不過,《荀子・大略》說"善《易》者不占",管輅也說過"善《易》者不言《易》",都與這裏的動則玩占有所不同。

是以自天祐之,吉无不利。

這句話過去沒有人講,朱熹未講,《周易折中》也未講。爲什麽"自天祐之"? 因爲"《易》與天地準",是仿照天地作的,所以,天就保祐,都是吉,沒有不利。

第三章

【傳文】

象者言乎象者也,爻者言乎變者也。吉凶者言乎其失得也,悔吝者言乎其小疵也。无咎者善補過也。

是故列貴賤者存乎位。齊小大者存乎卦。辯吉凶者存乎辭。憂悔吝者存乎介。震无咎者存乎悔。

是故卦有小大,辭有險易。辭也者,各指其所之。

【詳解】

本章對《周易》常用詞的意義作了確切的解釋。共分三節:第一節從"象者言乎象者也"到"无咎者善補過也",講象、爻、吉凶、悔吝、无咎等幾個詞;第二節從"是故列貴賤者存乎位"到"震无咎者存乎悔",講對貴賤、小大等如何辨認;第三節從"是故卦有小大"到"各指其所之",是說卦講什麼,辭也就講什麼。現逐一加以說明。

第一節

象者言乎象者也,爻者言乎變者也。

"象者言乎象者也",象辭就是卦辭,卦辭是講卦的象的。這裏就沒有動,沒有變化。

"爻者言乎變者也",爻是六爻,六爻是講變的。這和卦不一樣。下面《繫辭傳上》第十章說:"蓍之德圓而神,卦之德方以知,六爻之義易以貢。"六爻是"易",即變的,講的也是同樣的意思。

　　我們讀《易》時，往往對卦、爻的區別分不清。這樣講，就使人容易分清了。

吉凶者言乎其失得也，悔吝者言乎其小疵也。

　　這兩句是解釋"吉凶"與"悔吝"。"吉凶"講的是失得，也就是成功、失敗，這是事物的兩端。而"悔吝"就不是這樣，講的是小小有點疵累，既没到吉，也没到凶，而是中間狀態。

无咎者善補過也。

　　這句的意思是説，本來有咎，如果能改悔，善於補過，就變成无咎。

　　《易經》常用"吉凶"表示事情的兩端，用"悔吝"表示中間狀態，用"无咎"表示善能補過。

　　在學習《易經》時，人們總是很重視"吉凶"，而對"无咎"不重視。這是不對的。從表面上看，"吉"很好，但要做到吉很難。《易經》六十四卦祇有謙卦六爻皆吉。所以《易經》很重視"无咎"。《繫辭傳下》説："懼以終始，其要无咎，此之謂《易》之道也。"即每件事都完全正確，《易經》認爲這是不可能的。爲什麼呢？因爲《易經》講的是"道"，也就是規律。用中國古人的話來説，規律也叫做"命"。這個東西不是絕對的，應該是相對的。所以，《莊子·列禦寇》講"命"有兩種：有"遭命"，有"隨命"。《孟子·盡心上》也講"命"有"正命"，有"非正命"，並説："知命者不立乎巖墻之下。"恩格斯講有必然性，有偶然性。規律可看做必然性。但事情也常有偶然性。有時，偶然性還破壞了必然性。因此，一個人做事一貫正確，這是不可能的。《孫子·謀攻》説："百戰百勝，非善之善者也。"所謂"百戰百勝"，實際上很難做到。學《易經》就是學習辯證法理論，也就是認識規律。但認識規律不等於不犯錯誤，想一點錯誤都没有，事實上辦不到；能做到無大過，就不錯了。正因爲如此，孔子才説："假我數年，五十以學《易》，可以無大過矣。"

第二節

是故列貴賤者存乎位。

"列貴賤"就是分貴賤，"存乎位"即在六爻的位。在六爻中，初、二是賤，四、五是貴。

齊小大者存乎卦。

"齊"，是分別、辨別的意思。在《易經》中，陽爻叫大，陰爻叫小。分辨這個在乎卦，即看卦是什麼卦。

辯吉凶者存乎辭。

"辭"，是指《易經》的卦辭、爻辭。這句話的意思是説，辭講吉凶。

憂悔吝者存乎介。

"介"，韓康伯解釋爲"纖介"。我看不見得對。介是中介。這句話意思是説，"悔吝"介乎吉凶之間。悔是由凶變吉，吝是由吉變凶，都是中間狀態，没有發展到吉凶兩端。

震无咎者存乎悔。

這句話的意思是説，悔就无咎，不悔就不會无咎。

第三節

是故卦有小大，辭有險易。辭也者，各指其所之。

"險"，是"難"的意思。"是故卦有小大，辭有險易"，就是説所以卦有小卦、大卦，解釋卦的辭也就有難有易。

"其所之"，是卦的所往。"辭也者，各指其所之"，就是説卦有小大的不同，辭也就跟着不同，因爲辭是解釋卦的。

第四章

【傳文】

《易》與天地準，故能彌綸天地之道。仰以觀於天文，俯以察於地理，是故知幽明之故。原始反終，故知死生之說。精氣爲物，遊魂爲變，是故知鬼神之情狀。

與天地相似，故不違。知周乎萬物而道濟天下，故不過。旁行而不流。樂天知命，故不憂。安土敦乎仁，故能愛。範圍天地之化而不過，曲成萬物而不遺。通乎晝夜之道而知。故神无方而《易》无體。

一陰一陽之謂道。繼之者善也，成之者性也。仁者見之謂之仁，知者見之謂之知。百姓日用而不知，故君子之道鮮矣。

顯諸仁，藏諸用。鼓萬物而不與聖人同憂。盛德大業至矣哉。富有之謂大業，日新之謂盛德。生生之謂《易》。成象之謂乾，效法之謂坤。極數知來之謂占。通變之謂事。陰陽不測之謂神。

【詳解】

本章主要是講《易》與天地準。共分四節，從幾個方面來談《易》與天地準的問題。

"《易》與天地準"，從文字表面上來看，是很容易懂的，但落到實處，就不易懂了。我認爲，《易》與天地準，對於學《易》來說非常重要。甚至可以說，懂不懂"《易》與天地準"，是懂不懂《周易》的決定性關鍵。當然，韓康伯解釋說的"作《易》以準天地"的話是對的，但從落到實處來看，他就不見得對。爲什麼乾、坤兩卦有"用九"、

"用六"而別的卦没有？爲什麽乾、坤兩卦有《文言》而別的卦没有？爲什麽講筮法但説"乾之策二百一十有六，坤之策百四十有四，凡三百有六十，當期之日"而没有説別的卦？對於這些地方他都置而不談，説明他還没有能夠真正瞭解"《易》與天地準"的意義。

　　我認爲，要真正瞭解"《易》與天地準"，就應當將它與下文《繫辭傳上》第十三章所説的"乾坤其《易》之緼邪"，聯繫起來看。"乾坤其《易》之緼邪"，意思是説整個《易》經就是講乾坤，也就是講天地。《易》經頭兩卦是乾、坤，其他六十二卦都是乾、坤的發展。正因爲這樣，所以講了乾、坤"用九"、"用六"就夠了，作乾、《坤文言》就行了，他的卦就用不着再講了。而且，"《易》與天地準"，不光是指卦與天地準，還指蓍與天地準。蓍與卦是對應的。卦重視乾、坤，蓍也有這個意思。乾、坤是春、夏、秋、冬四時，也就是一年三百六十天，所以，講筮法時才説"乾之策二百一十有六，坤之策百四十有四，凡三百有六十，當期之日"。上述這些思想意識和涵義，光看"《易》與天地準"是不會瞭解的，必須結合"乾坤其《易》之緼邪"才能看得清楚。也祇有與"乾坤其《易》之緼邪"聯繫起來看，才能將"《易》與天地準"落到實處。孤立地看"《易》與天地準"，是看不明白的。

　　下面按四節逐一加以説明。

第一節

《易》與天地準，故能彌綸天地之道。

　　　　這句話的意思是説，《易》與天地相準，所以天地的規律都
　　　　包括在裏面了。

仰以觀於天文，俯以察於地理，是故知幽明之故。

　　　　"仰以觀於天文"，是説抬頭看天，即《易》中有天文。"天
　　　　文"是什麽？是三辰，即日月星。

　　"俯以察於地理"，是説低頭看地，即《易》中有地理。"地理"是什麽？是五行，即水火木金土。

　　有日、月，就是光明；没有日、月，就變黑暗。"幽明之故"指的就是這個。"幽明"没有更深的意思，並不是指陰曹地府、玉皇大帝。

原始反終，故知死生之説。

　　"原始"即看它的開始，講的是生，是産生，即事物由無變有；"反終"講的是死，是消亡，即事物由有返回無。這句話實際上是講：由無變成有，由有變成無。

　　有、無是相對的，不是絶對的。世界上没有絶對的有、無。山海都在變，由有變成無；反過來，物質不滅，又由無變成有。這樣，有變無，無變有，世界時刻都在變。

　　老子講"有無相生"，是對的。又講"天下萬物生於有，有生於無"，"道"先天地生，把"無"看成是絶對的，這就不對了。所謂"生"、"死"，不過是由無變有、由有變無。佛教有輪回之説，認爲人死後變人，牛死後變牛，固然不對。道教説人可以不死，長久存在，變成神仙，也是不可能的。由此可見，孔子説："原始反終，故知死生之説。"這該是多麽深刻的見解啊！

精氣爲物，遊魂爲變，是故知鬼神之情狀。

　　朱熹説："陰精陽氣，聚而成物，神之伸也；魂遊魄降，散而爲變，鬼之歸也。"講得不錯。"物"是由精氣聚在一起，魂魄散了就成爲"變"。"鬼"就是"變"，"神"就是"物"。孔子認爲"變"、"物"即是鬼神，這實際上是不相信有上帝、有小鬼與閻王爺，也就是不認爲有鬼神。由此可見，孔子是個無神論者。

第二節

與天地相似，故不違。知周乎萬物而道濟天下，故不過。旁行而不流。

"與天地相似"，是説《易》與天地準。

"知周乎萬物"，講的是天。"知"就是"乾知大始"的"知"。這是説，天能爲萬物始。

"道濟天下"，講的是地。"道"就是行。這是説"坤作成物"，所以地能利濟天下。

"旁行而不流"，朱熹《周易本義》説："旁行者，行權之知也；不流者，守正之仁也。"用"行權"解"旁行"，用"守正"解"不流"，講得挺好。

那麼，"行權"是什麼意思呢？權本是杆秤的秤砣。稱量東西時，秤砣要不停地移動，而不是固定於一處，所以權就有了"變通"、"權變"的意思。行權即講變通，這很重要。《孟子·離婁上》説："男女授受不親，禮也；嫂溺援之以手者，權也。"《盡心上》也説："孟子曰：'楊子取爲我，拔一毛而利天下，不爲也。墨子兼愛，摩頂放踵利天下，爲之。子莫執中。執中爲近之。執中無權，猶執一也。所惡執一者，爲其賊道也，舉一而廢百也。'"可見孟子對行權很重視。《中庸》講"中"，又講"和"，也是這個意思。做事情有"經"，還有"權"；有"常"，也有"變"。如果祇知"經"、"常"而不知"權"、"變"，就會犯"刻舟求劍"、"膠柱鼓瑟"之類的錯誤。以戰争爲例，打仗講究"以正合，以奇勝"。《孫子·軍争》所説的"堂堂之陣"、"正正之旗"，這是正；而《始計》所説的"攻其無備，出其不意"，這就是奇。可見打仗也有"經"、"權"。交戰時，不僅要知"經"，而且要知"權"。《孫子·謀攻》説"十則圍之，五則攻之，倍則分之，敵則能戰之,少則能逃之,不若則能避之。故小敵之堅,大敵之擒也",毛澤東講遊擊戰的打法是"打得贏就打,打不贏就走",也是這個道理。宋襄公在泓之戰中,以"不重傷,不禽二毛"、"不鼓不成列"的古老戰法與楚交戰,這是知經而不知權,也就是被毛澤東諷刺爲奉行"蠢豬式的仁義道德"。因此,必然會失敗。又比如,黨的政策要不左不右,這是原則。然而,有原則性,還要有靈活性。有時在具體問題上,就要左一點或右一點,這就是靈活性,也就是行權。

在《易經》中,"旁行"即行權,"不流"即守正,也就是符合禮。行權不越禮,就是"旁行而不流"。所謂"不違"、"不過",是講天地所作所爲都是對的。用今天的哲學語言說,就是符合真理,沒有違背真理。

樂天知命,故不憂。

"命"是什麼? 我看命就是規律。今天叫規律,古時叫"命"。天有春夏秋冬四時,這就是規律。"知命"就是知規律,知規律就有預見性,做事就很好。我們今天做預算,是知規律;江澤民十五大報告講到 21 世紀,也是知規律。

有人批評"命",說"命"都是宿命論。這是不對的。這裏所說的"命"不同於算卦。算卦是宿命論,因爲它把"命"看成是不變的。實際上,"命"是相對的,不是絕對的。正如規律是必然性,但也不排斥偶然性。"知命"即知規律,也就知將來怎麽發展,故不憂不愁,故"樂"。白居易叫白樂天,可能即與此有關。

安土敦乎仁,故能愛。

"安土",即安於土。"土"實際就是地,安於土即安於地,也就是隨遇而安。"敦"是厚的意思。"敦乎仁"是一直地行仁。

　　　"故能愛"，意思是説能像地似的利天下、濟天下，所以能愛。

　　　這一段，從自然講到人，講到社會。《易》與天地準，講三才，講天地人，實際目的在人上。

範圍天地之化而不過，曲成萬物而不遺。

　　　這兩句話進一步強調《易》是與天地準的，是按天地之化行事的，所以無過錯；而且委曲成就萬物，沒有遺漏的。這裏有大、廣的意思。

通乎晝夜之道而知。

　　　這句話的意思是説，看到白天變黑夜，黑夜變白天，從而知道事物是變化的。

故神无方而《易》无體。

　　　這裏的"神"，不是"鬼神之情狀"的"神"，而是指與"物質"相對的精神。"神"不是一定的。所以説"神无方"，即神沒有方所。《繫辭傳》下面講的"陰陽不測之謂神"、"蓍之德圓而神"，也是這個意思。

　　　"《易》无體"，是説《易》沒有形體。這説明《易》是變化的。

第三節

一陰一陽之謂道。

　　　"一陰一陽"，實際上既講對立，又講統一。從《易經》上看，主要是乾、坤兩卦。"道"是規律。這句話的意思是説，對立統一就是規律。

繼之者善也，成之者性也。

　　　"繼之者善也"，是説能繼承道就是善，也就是説，能繼承對立統一這個辯證法的核心，什麼事都會成。

　　“成之者性也”，是講“性”。“成”就是“坤作成物”的“成”。

　　這裏應該特別注意，“成之者”與“繼之者”是兩回事，“性”與“善”在孔子看來意思是不同的。孟子、子思講人性善，可能對此有誤解。實際上，“繼之者善也”講的是“命”，“成之者性也”講的是“性”。“性”與“命”有聯繫，但卻是兩個概念。《易》經多次講到“性”、“命”。乾卦《彖傳》說“乾道變化，各正性命”，《說卦傳》也說聖人作《易》是“窮理盡性以至於命”，“將以順性命之理”，都沒有把“性”、“命”說成是一回事。《大戴禮記》說：“分於道謂之命，形於一謂之性。”對於“性”、“命”區分得很清楚。總之，“命”就是天命，“性”就是萬物各自的性。萬物承天命而生，但天地生成萬物後，萬物即各自有性。可見，“繼之者”與“成之者”，“命”與“性”，既有聯繫，又有區別。對此，我們應區分清楚。

仁者見之謂之仁，知者見之謂之知。

　　這兩句話意思是說，仁者看到天地，就將它叫做“仁”；知者看到天地，就將它叫做“知”。孔子認爲這兩種認識都有片面性，因而是不正確的。實際上，天地即是乾、坤。“乾知大始”，可見天是“知”；“坤作成物”，可見地是“仁”。

百姓日用而不知，故君子之道鮮矣。

　　這句話是說，百姓天天涉及天地的事而不知，所以君子之道就很少有人知道了。

　　所謂“君子之道”，就是指《易經》。“君子之道鮮矣”，也就是說全面地懂《易經》的人很少。因爲“《易》與天地準”，主要是講乾、坤，講辯證法，這不是人人都能懂的。

　　司馬遷說：“孔子以《詩》、《書》、《禮》、《樂》教，弟子蓋三千焉，身通‘六藝’者七十有二人。”這就是說孔門弟子雖有三千人之多，但通“六藝”即兼懂得《易經》和《春秋》經的祇有七十二人。可見《易經》是很難懂的。正因爲《易》是講"道"的,不容易懂,所以孔子才説"朝聞道,夕死可也",子貢也才有"夫子之文章,可得而聞也;夫子之言性與天道,不可得而聞也"的感嘆。

第四節

顯諸仁,藏諸用。

　　"顯諸仁",講的是地。因爲"坤作成物",所以地的仁愛顯露出來。

　　"藏諸用",講的是天。因爲"乾知大始",所以天的作用没有明顯顯露出來,而是通過地來發揮,這就是"藏",即藏其作用於地。

　　這兩句話實際是講天地的作用。由於"《易》與天地準",因而也是講《易》。

鼓萬物而不與聖人同憂。

　　"鼓萬物",是説天地鼓動萬物,能使萬物生長。

　　"不與聖人同憂",是説天地是自然的,與聖人憂天下不一樣。

　　朱熹《周易本義》引程子的話説:"天地無心而成化,聖人有心而無爲。""天地無心而成化"是對的,"聖人有心"也是對的,但"無爲"就不一定對了。文王"自朝至於日中昃,不遑暇食",何等勤勞? 周公"一沐三握髮,一飯三吐哺",怎麼能説是"無爲"呢? 可見真正的聖人,不僅"有心",而且"有爲"。天地自然地生長萬物,而聖人則憂勞天下,這就不一樣了。

盛德大業至矣哉。

　　這句話是贊美天地。從上文來説,"藏諸用"是"盛德",

"顯諸仁"是"大業"。"至"是到極點的意思。這句話是說，天地的盛德大業到了極點。

富有之謂大業，日新之謂盛德。

這句話是解釋"盛德大業"的。意思是說：什麼都有就叫"大業"，一天比一天進步就叫"盛德"。

生生之謂《易》。

"生生之謂《易》"，就是說生之又生，不斷變化，就叫"易"。

《繫辭傳下》說"天地之大德曰生"，而《易》是與天地準的，所以《易》講的也是"生"。從乾、坤到屯、蒙，一直到既濟、未濟，都是不斷發展、變化的。

成象之謂乾，效法之謂坤。

"成象之謂乾"，是說乾是成象的，這裏的"象"就是卦象。

"效法之謂坤"，是說坤是效法的，即坤是繼續乾來做的，也就是"順承天"的意思。

這兩句話實際上是講乾、坤各自的特點：乾健坤順，乾主坤從。

極數知來之謂占。

這句話的意思是說，極數知來就是卜筮。因爲《易》是由蓍得卦，而得卦是爲了"知來"的事，所以卜筮就是"極數知來"。

通變之謂事。

這句話應依據本《傳》下文第十三章"化而裁之謂之變，推而行之謂之通，舉而錯之天下之民謂之事業"來作解。舉例來說，共產黨改國民黨的中華民國爲中華人民共和國，這就是"變"。廢止三民主義，實行社會主義，這就是"通"。建立新的制度，施行於全國，這就是"事"。

陰陽不測之謂神。

　　"神"是與物質相對的精神。精神是思維意識活動,與物
質不同,不能直接知道,因此是"不測"。

　　這句話的意思是説,精神是變化的,是陰是陽並不一定。
因爲事先不知道是陰是陽,所以叫"神"。這與上文"神無方"
講的是同樣的意思。

第五章

【傳文】

夫《易》廣矣大矣。以言乎遠則不禦,以言乎邇則静而正,以言乎天地之間則備矣。夫乾,其静也專,其動也直,是以大生焉。夫坤,其静也翕,其動也闢,是以廣生焉。廣大配天地,變通配四時,陰陽之義配日月,易簡之善配至德。

子曰:"《易》其至矣乎!"夫《易》,聖人所以崇德而廣業也。知崇禮卑,崇效天,卑法地。天地設位,而《易》行乎其中矣。成性存存,道義之門。

【詳解】

本章共分兩節。第一節從"夫《易》廣矣大矣"到"易簡之善配至德",贊美《易經》的廣大;第二節從"子曰:'《易》其至矣乎!'"到"道義之門",是説聖人用《易》崇德廣業。現逐句加以解釋。

第一節

夫《易》廣矣大矣。

這第一句是贊美詞,意思是説,《易》是很寬廣、偉大的。

以言乎遠則不禦,以言乎邇則静而正,以言乎天地之間則備矣。

"禦"是抵擋、抵禦的意思。這三句話是説:從遠來講,没有東西能抵擋它;從近來講,它"静而正",没有邪僻;從天地之間來説,它很完備,什麼都包括在内,什麼都有。

　　　實際上,這是對"夫《易》廣矣大矣"的進一步説明。"以言乎遠則不禦,以言乎邇則静而正",是講《易》之"廣";"以言乎天地之間則備矣",是講《易》之"大"。

夫乾,其静也專,其動也直,是以大生焉。

　　　"其静也專",是説乾静止的時候是專一的,没有人主宰,没有人推動。

　　　"其動也直",是説它動起來以後,没有東西干擾,一直往前。這裏的"動",實際上是説四時的變化。我國位於北半球,處於温帶,由於太陽的南北移動,從而有春、夏、秋、冬的季節變化。

　　　"其静也專,其動也直",表明乾的"動"、"静"都是自然的,這與"乾以易知"的意思是相同的。

　　　"是以大生焉",也就是"大哉乾元"、"乾知大始"的意思。

夫坤,其静也翕,其動也闢,是以廣生焉。

　　　"其静也翕",是説坤静止的時候是翕斂的。天地閉,天地不交,就是翕。從四時來説,就是秋冬。

　　　"其動也闢",是説動起來就展開了。天地合,天地相交,就是闢。從四時來説,就是春夏。

　　　"其静也翕,其動也闢",是説坤的"動"、"静"是順承乾的動、静,而生萬物。

　　　"是以廣生焉",也就是"至哉坤元,萬物資生"、"坤作成物"的意思。

　　　從"夫乾,其静也專"至此,是講乾、坤的"大"、"廣"。乾、坤即是天地,而《易》與天地準,所以,這一段實際上還是講《易》的廣大。

廣大配天地,變通配四時,陰陽之義配日月,易簡之善配至德。

　　　上文所説的乾"大",實際上就是天"大";坤"廣",實際上就是地"廣"。因此,"廣大"可以配天地。

"變通配四時",是説《易》的"變通"可與天地的"四時"相配。在《易經》中,"變通"是講變化的,變化有"變"有"通"。在自然界中,四時也在不斷更替。春變夏,夏變秋,秋變冬,冬又變春,周而復始,永不停止。這與《易》中的"變通"是可以相配的。

"陰陽之義配日月",意思是説白天有太陽,黑夜有月亮,"日月"可以與"陰陽之義"相配。

"易簡之善配至德"的"易",是"乾以易知"的"易";"簡",是"坤以簡能"的"簡"。"易簡之善",就是天地的善。"至德",是至上的美德,講的是社會的事。因爲"易簡而天下之理得矣",所以説"易簡之善配至德"。

第二節

子曰:"《易》其至矣乎!"

"子",孔子。這句話是孔子對《易》的贊美。"《易》其至矣乎",就是説《易》真是完善完美到了極點啦!

夫《易》,聖人所以崇德而廣業也。

"夫",發語詞。"夫《易》,聖人所以崇德而廣業也",就是説聖人用《易》來崇德廣業。

在這裏,"德"、"業"相連。"德",朱熹在《論語》注中解釋説"德者,得也。行道而有得於心",是對的。"崇德",即使品德越來越高尚。"業",是事業。"廣業",即使事業越來越廣大。

知崇禮卑,崇效天,卑法地。

"知崇禮卑"的"知"與"乾知大始"的"知"一樣,是"知識"

的意思。

　　"知崇"講的是"崇德","禮卑"講的是"廣業"。這句話意思是説,崇德、廣業要傚法天地。

天地設位,而《易》行乎其中矣。

　　這句話的意思是説,自然界有天地,而《易》與天地準,是跟天地一樣的。

成性存存,道義之門。

　　"成性",就是"成之者性也"的意思。《繫辭傳下》説"天地之大德曰生",即天地産生萬物。萬物産生以後,即各有各的性,這就是"成性"。

　　"存存",即將天地的善道存之又存,惟恐失之。

　　這兩句話意思是説,能够"成性存存",就進入"道義"的大門,就能學到道、學到義。

第六章

【傳文】

聖人有以見天下之賾，而擬諸其形容，象其物宜，是故謂之象。聖人有以見天下之動，而觀其會通，以行其典禮，繫辭焉以斷其吉凶，是故謂之爻。

言天下之至賾而不可惡也。言天下之至動而不可亂也。擬之而後言，議之而後動，擬議以成其變化。

【詳解】

本章可分兩節：第一節從"聖人有以見天下之賾"到"是故謂之爻"，講什麼叫象和爻；第二節從"言天下之至賾而不可惡也"到"擬議以成其變化"，講怎麼樣説明象和爻。本章雖很短，但其內容在《易》經中卻是非常重要的。現逐句解説如下。

第一節

聖人有以見天下之賾，而擬諸其形容，象其物宜，是故謂之象。

"賾"，朱熹解作"雜亂"，講得大致不錯。"天下之賾"，即是説天下萬事萬物紛繁複雜。

"擬諸其形容"，意思是用八卦模擬它的形容。

"象其物宜"，就是用合適的物來進行取象。

舉例來説，《説卦傳》説："乾爲馬，坤爲牛。"這是講乾、坤的取象。牛、馬就是用來取象的"物"。爲什麼乾要取象爲馬，

坤要取象爲牛呢？這是按八卦的性質來取象的。《説卦傳》上
文説：“乾健也，坤順也。”這講的是八卦的性質。馬日行千里，
性質是健的，所以將乾取爲馬；牛性是順的，所以將坤取爲牛。
可見，卦的象實際是象天下複雜的事物。因爲乾可以爲馬，可
以爲首，可以爲君，可以爲父，即卦的象具有普遍性，所以能象
天下紛繁複雜的事物。

　　“是故謂之象”的“象”，講的是卦象。

　　總之，這段話是説，聖人看到天下萬事萬物最爲紛繁複
雜，便用八卦模擬它的形容，用合適的物來進行取象，這就叫
卦象。

聖人有以見天下之動，而觀其會通，以行其典禮，繫辭焉以斷其吉
凶，是故謂之爻。

　　“聖人有以見天下之動”的“動”，就是變。卦是講象的，一
卦有六爻。《繫辭傳》説：“象者言乎象者也，爻者言乎變者
也。”可見，相對來説，卦講静止，爻講變動。“天下之動”，即帶
有普遍性。天下一切事物都這樣動，所以説“天下之動”。

　　“觀其會通”的“會”，是“聚會”的意思；“通”，是“通行”的
意思。實際上，“會”指關節，也就是辯證法所説的質變；“通”
就是辯證法所説的量變。《易》講“窮則變，變則通”，意思是量
變“窮”則發生質變，質變發生就“通”了。“觀其會通”，就是説
觀察它動時有“會”有“通”。

　　“以行其典禮”，實際是做事情。夏、商、周有不同的典禮，
後代有不同的政治制度，這就是“通變之謂事”的“事”，也就是
“舉而錯之天下之民謂之事業”的“事業”。

　　“繫辭焉以斷其吉凶”，就是用文字説明來斷它的吉凶。

　　這段話是説，聖人看出天下的變，不是一直變下去，而是
有階段性，有周期，有關節，有“會”有“通”，然後施行典禮，用
文字説明來斷它的吉凶，這就是爻。

第二節

言天下之至賾而不可惡也。

　　這句話是說，卦的象要象天下紛繁複雜的事物，要象得對，不對不行。

言天下之至動而不可亂也。

　　這句話是説，天下事物的變化是有規律的，爻所言的變化不可亂。因爲祇有觀察出"會"、"通"，才能"行其典禮"，如果亂了，就不行了。

擬之而後言，議之而後動，擬議以成其變化。

　　"擬之而後言"，意思是取象先模擬好而後言。

　　"議之而後動"，意思是先討論好而後動。

　　"擬議以成其變化"，意思是用"擬議"成《易》經的變化。

第七章

【傳文】

"鳴鶴在陰,其子和之。我有好爵,吾與爾靡之"。子曰:"君子居其室,出其言善,則千里之外應之,況其邇者乎? 居其室,出其言不善,則千里之外違之,況其邇者乎? 言出乎身,加乎民;行發乎邇,見乎遠。言行,君子之樞機。樞機之發,榮辱之主也。言行,君子之所以動天地也,可不慎乎?"

"同人,先號咷而後笑"。子曰:"君子之道,或出或處,或默或語。二人同心,其利斷金。同心之言,其臭如蘭。"

"初六,藉用白茅,无咎"。子曰:"苟錯諸地而可矣,藉之用茅,何咎之有? 慎之至也。夫茅之爲物薄,而用可重也。慎斯術也以往,其无所失矣。"

"勞謙,君子有終,吉"。子曰:"勞而不伐,有功而不德,厚之至也。語以其功下人者也。德言盛,禮言恭。謙也者,致恭以存其位者也。"

"亢龍有悔"。子曰:"貴而无位,高而无民,賢人在下位而无輔,是以動而有悔也。"

"不出戶庭,无咎"。子曰:"亂之所生也,則言語以爲階。君不密則失臣,臣不密則失身,幾事不密則害成,是以君子慎密而不出也。"

子曰:"作《易》者其知盜乎?《易》曰:'負且乘,致寇至。'負也者,小人之事也。乘也者,君子之器也。小人而乘君子之器,盜思奪之矣。上慢下暴,盜思伐之矣。慢藏誨盜,冶容誨淫。《易》曰:

'負且乘,致寇至。'盗之招也。"

【詳解】

　　本章可以看做是孔子的讀《易》示例。孔子從七個卦中每卦抽出一條進行解釋,作爲學《易》的示範。孔子的這些解釋,有的與爻辭的文義相符;有的則不一樣,是對它的發揮。這説明,在讀《易》時,《易》經原文的意思應弄懂,解釋時則可以從另外的角度看問題,不要拘泥於原文的本義。現簡單解説如下。

第一節

"鳴鶴在陰,其子和之。我有好爵,吾與爾靡之"。子曰:"君子居其室,出其言善,則千里之外應之,況其邇者乎? 居其室,出其言不善,則千里之外違之,況其邇者乎? 言出乎身,加乎民;行發乎邇,見乎遠。言行,君子之樞機。樞機之發,榮辱之主也。言行,君子之所以動天地也,可不慎乎?"

　　"鳴鶴在陰,其子和之。我有好爵,吾與爾靡之",這是中孚九二的爻辭。朱熹《周易本義》説:"九二中孚之實,而九五亦以中孚之實應之,故有鶴鳴子和、我爵爾靡之象。'鶴在陰'謂九居二,'好爵'謂得中,'靡'與'縻'同。言懿德人之所好,故好爵雖我之所獨有,而彼亦係戀之也。"朱熹這樣解釋爻辭的原意是對的。孔子沒有按照原文進行解釋,而是對它加以發揮,另出新意。爻辭本來是説誠信可以感通同類,孔子卻發揮説言行好有好影響,不好則有壞影響,應該謹言慎行。

第二節

"同人,先號咷而後笑"。子曰:"君子之道,或出或處,或默或語。

二人同心，其利斷金。同心之言，其臭如蘭。"

　　"同人先號咷而後笑"，是同人九五爻辭的一部分。九五要跟六二同，中間有九三、九四隔着，所以"先號咷"。因爲"大師克相遇"，所以"後笑"。"號咷"講的是異，"笑"講的是同。孔子沒有拘泥於解釋原文，而是把它作爲同心來解釋。雖然剛開始有"出"與"處"、"默"與"語"的不同，但後來同心了，其利能截斷金屬，其臭有如蘭香。

第三節

"初六，藉用白茅，无咎"。子曰："苟錯諸地而可矣，藉之用茅，何咎之有？慎之至也。夫茅之爲物薄，而用可重也。慎斯術也以往，其无所失矣。"

　　"初六，藉用白茅，无咎"，是大過初六爻辭。"藉"是鋪上的意思。爻辭祇説了鋪上白茅，沒有過錯。孔子進一步解釋道：祭祀時把物品放到地上就可以了，鋪上茅，有什麼錯呢？這是非常謹慎的。如果按這道理去做，就沒有失誤了。也就是説，孔子從這條爻辭中總結出做事應謹慎的道理。

第四節

"勞謙，君子有終，吉"。子曰："勞而不伐，有功而不德，厚之至也。語以其功下人者也。德言盛，禮言恭。謙也者，致恭以存其位者也。"

　　"勞謙，君子有終，吉"，是謙九三爻辭。"勞謙"，既有功勞而又保持謙德。孔子進一步説明"勞謙"指的是有勞苦不自我夸張，有功績不自己以爲德，立了功卻甘居人下。

第五節

"亢龍有悔"。子曰："貴而无位,高而无民,賢人在下位而无輔,是以動而有悔也。"

　　"亢龍有悔",是乾上九爻辭。孔子的解釋旨在説明爲什麼"動而有悔"。"貴而无位",是説在最上而没有政治地位。"高而无民",是説在最高卻没有人民群衆。"賢人在下位而无輔",是説處於九五以下位置的賢人不來輔助。因爲這樣,所以"動而有悔"。

第六節

"不出戶庭,无咎"。子曰："亂之所生也,則言語以爲階。君不密則失臣,臣不密則失身,幾事不密則害成,是以君子慎密而不出也。"

　　"不出戶庭,无咎",是節初九爻辭。孔子的解釋講的是保密的問題,指出言語應慎密,言語泄露則容易出毛病。

第七節

子曰："作《易》者其知盜乎?《易》曰:'負且乘,致寇至。'負也者,小人之事也。乘也者,君子之器也。小人而乘君子之器,盜思奪之矣。上慢下暴,盜思伐之矣。慢藏誨盜,冶容誨淫。《易》曰:'負且乘,致寇至。'盜之招也。"

　　"負且乘,致寇至",是解六三爻辭。孔子的解釋旨在説明爲什麼"負且乘"會"致寇至"。

　　"負也者,小人之事也","負"是背東西,這是小人的事。

　　"乘也者,君子之器也","乘"是坐車,古時有地位的人才能坐車，所以説車是"君子之器"。

"小人而乘君子之器，盜思奪之矣"，意思是説背着東西的小人卻乘着車，盜賊就想奪過去了。

"上慢下暴，盜思伐之矣"，意思是説對於上慢下暴的人，盜賊就想攻伐了。

"慢藏誨盜，冶容誨淫"，是講藏東西没藏好，就容易被盜竊；女的把自己打扮得太妖冶，就容易發生淫亂。

"盜之招也"的"招"，就是幌子、招牌的意思。"盜之招也"，是説讓盜來搶。

第八章

【傳文】

天一,地二,天三,地四,天五,地六,天七,地八,天九,地十。天數五,地數五,五位相得而各有合。天數二十有五,地數三十,凡天地之數五十有五。此所以成變化而行鬼神也。

大衍之數五十有五,其用四十有九。分而爲二以象兩。掛一以象三。揲之以四以象四時。歸奇於扐以象閏。五歲再閏,故再扐而後掛。是故四營而成易,十有八變而成卦。八卦而小成。引而伸之,觸類而長之,天下之能事畢矣。顯道神德行。是故可與酬酢,可與祐神矣。

乾之策二百一十有六,坤之策百四十有四,凡三百有六十,當期之日。二篇之策萬有一千五百二十,當萬物之數也。

【詳解】

按:關於這一章文字,今通行本《繫辭傳》既有錯簡,又有脫文。脫文處是:"大衍之數"應爲"五十有五",通行本則爲"大衍之數五十",脫失"有五"二字。今爲之補闕,其詳,可見本章詳解第二節"大衍之數五十有五"句下的解説。

錯簡有三:一是"天一,地二……天九,地十",錯置於第十章之首;二是"天數五,地數五……凡天地之數五十有五。此所以成變化而行鬼神也",錯置於"大衍之數五十(有五)……五歲再閏,故再扐而後掛"之後;三是"乾之策二百一十有六,坤之策百四十有四……二篇之策萬有一千五百二十,當萬物之數也",錯置於"是故四營而成易……是故可與酬酢,可與祐神矣"之前。對於錯簡的改正,其詳,可見本章詳解第二節的"是故四營而成易,十有八變而成卦"句及《傳》後附錄的《新編説明》。

本章是説蓍。蓍和卦在《易》經中是對等的兩個組成部分。蓍用數,卦用象。爲什麼蓍用數? 因爲數是抽象的,可以代表一切。例如,"一"可以代表一個人,也可以代表一棵樹,還可以代表一匹馬、一頭牛,等等,具有普遍性。這與現在的珠算的算盤珠子利用數字的抽象性的道理是相同的。爲什麼卦用象呢? 因爲象也跟數一樣,有抽象性,可以代表一切。比如,乾可以爲馬,可以爲首,又可以爲父,可以爲君,其取象並不是固定的。蓍與卦的關係是由蓍產生卦。"《易》與天地準",不光包括卦,也有蓍在内。

本章可分三節:第一節從"天一,地二"到"此所以成變化而行鬼神也",講大衍之數的構成;第二節從"大衍之數五十有五"到"可與祐神矣",講大衍之數的應用;第三節從"乾之策二百一十有六"到"當萬物之數也",講蓍也是與天地準的。現作解説如下。

第一節

天一,地二,天三,地四,天五,地六,天七,地八,天九,地十。

這段話,前人的解釋紛紛紜紜,莫衷一是。鄭玄説:"天一生水於北,地二生火於南,天三生木於東,地四生金於西,天五生土於中。陽無耦,陰無配,未得相成。地六成水於北,與天一並;天七成火於南,與地二並;地八成木於東,與天三並;天九成金於西,與地四並;地十成土於中,與天五並。"虞翻以爲"天一"是"水甲","地二"是"火乙","天三"是"木丙","地四"是"金丁","天五"是"土戊","地六"是"水己","天七"是"火庚","地八"是"木辛","天九"是"金壬","地十"是"土癸"。朱熹説:"此言天地之數,陽奇陰耦,即所謂'河圖'者也。其位

一、六居下，二、七居上，三、八居左，四、九居右，五、十居中。就此章而言之，則中五爲衍母，次十爲衍子，次一二三四爲四象之位，次六七八九爲四象之數。二老位於西北，二少位於東南，其數則各以其類交錯於外也。"這些看法都是錯誤的。鄭玄將十個數字與五行、五方聯繫起來，這是受《洪範》講"五行"所說"一曰水，二曰火，三曰木，四曰金，五曰土"的影響。其實，《洪範》說的是序數，與此沒有關係。虞翻將十個數字與五行、天干相對應，朱熹用"河圖"、"洛書"來解釋，也不對。

　　我認爲，這裏的"天"與"地"並沒有什麽神秘的，其意義與陰陽、奇偶是一樣的。天數是奇數，地數是偶數，表示自然數中包含的兩種性質的數。這與卦中用"一"表示陽爻、用"--"表示陰爻，現代物理學用"＋"表示正電、用"－"表示負電，其道理是相同的。那麽，爲什麽從"天一，地二"講到"天九，地十"就止了呢？因爲，在古人看來，"十"是一個很重要的數字。《左傳》莊公十六年說："不可使共叔無後於鄭。使以十月入，曰，良月也，就盈數焉。"杜預於"盈數"注說："數滿於十。"同書僖公四年說："十年尚猶有臭。"孔穎達疏說："十是數之小成。"又，閔公元年說："萬，盈數也。"孔穎達疏說："數至十則小盈，至萬則大盈。"這個"盈數"到底是什麽意思呢？可引前蘇聯學者柯斯文《原始文化史綱》的話來說明。他說："在許多落後部落的語言中，'二'這個數目僅僅意味着一件整體東西的兩半。"又說："這些部落從事計數時，往往祇能到三爲止。"又說："安達曼人和其他一些落後的部落能够計數到十，十以上的數目就一概稱之爲'多'或'很多'。"證明我國古人計數知識也有到十爲止的一個階段。這個階段仍殘存在後人的意識中，所以稱十爲"盈數"。稱萬爲"盈數"，說明萬也標誌古人計數知識發展的一個重要階段。大衍之數之所以以十爲起點，顯然是視十爲盈數，把十看作是一個小天地，可以用來說明問題。

天數五，地數五，五位相得而各有合。天數二十有五，地數三十，凡
天地之數五十有五。此所以成變化而行鬼神也。

　　"天數五"，是指一、三、五、七、九。"地數五"，是指二、四、
六、八、十。"五位相得"，就是一與二相得，三與四相得，五與
六相得，七與八相得，九與十相得。"各有合"，是說五個天數
合在一起得二十五，五個地數合在一起得三十。這與八卦變
六十四卦所采用的"因而重之"的方法基本上是一樣的。

　　"天數二十有五，地數三十，凡天地之數五十有五"，意思
是說一、三、五、七、九，五個奇數相加得二十五；二、四、六、八、
十，五個偶數相加得三十；二十五加上三十等於五十五，這就
是"天地之數"。由於"五十有五"這個天地之數，可以用來產
生八卦，所以說它能"成變化而行鬼神"。

　　《繫辭傳下》說："陰陽合德而剛柔有體，以體天地之撰，以
通神明之德。"所謂"成變化"，就是"以體天地之撰"的意思；
"行鬼神"，也就是"以通神明之德"的意思。

第 二 節

大衍之數五十有五，其用四十有九。

　　關於"大衍之數"，通行本《周易·繫辭傳》爲"大衍之數五
十"。京房爲之解釋說："五十者謂十日、十二辰、二十八宿
也。"這是以日、辰、宿之數來解釋。馬融說："《易》有太極，謂
北辰也。太極生兩儀，兩儀生日月，日月生四時，四時生五行，
五行生十二月，十二月生二十四氣。"這種說法是將北辰、兩
儀、日月、四時、五行、十二月、二十四節氣湊成五十。荀爽說：
"卦各有六爻，六八四十八，加乾、坤二用，凡有五十。"這是以
卦爻拼數來解釋五十之說。鄭玄認爲："天地之數五十有五，
以五行氣通，凡五行減五。"便得出五十。王弼則以爲："演天

地之數，所賴者五十也。"等等，這些説法都是錯誤的。朱熹《本義》説："大衍之數五十，蓋以河圖中宮天五乘地十而得之。"這個解釋也不對。

我認爲，通行本《繫辭傳》"大衍之數五十"一句有闕文，原文應是"大衍之數五十有五"，後來在傳鈔過程中脱失了"有五"二字。事實非常明顯，上文自"天一，地二，天三，地四，天五，地六，天七，地八，天九，地十"至"凡天地之數五十有五。此所以成變化而行鬼神也"一大段文字，正是爲這個"大衍之數"所做的説明。即於數來説，這個"五十有五"是天地之數；於蓍來説，這個"五十有五"是"大衍"之數。否則此"五十"爲無據，而前面一大段文字爲剩語，此必無之事。正因爲"大衍之數"即是能够"成變化而行鬼神也"的"天地之數"，也就是五個天數與五個地數的總和，所以，它應該是"五十有五"，而不是"五十"。

對這個問題，我在1939年寫的《易通》一書，就已經闡述了，並指出漢魏唐宋諸《易》家所釋"大衍之數五十"之非。當時曾得到高亨先生認同。但時至今日，海内談《易》之書如汗牛充棟，而"大衍之數五十"之誤卻仍然如故。儘管我於1956年又寫成《易論》，1985年寫成《説易》，1987年寫出《周易講座》，1989年寫出《周易全解》等論文或書，都曾反復予以指明，但識得此誤者仍是寥若晨星，因此，本書祇好再次予以説明。

好在我的學生在這個問題的發掘上，有了新的進展。他們在古書中發現識得"大衍之數五十有五"者，不自我始。

我的學生郭守信（現爲遼海出版社編審），在1986年整理《八旗文經》一書時，就見到清人有識得"大衍之數五十有五"者。如納蘭成德在《易九六爻大衍數解》文中就曾説過："又如，'大衍之數五十，其用四十有九'，先儒曰：'數所賴者五

十.’又曰：‘非數而數以之成.’是説也，予尤疑之。夫數貴一
定，而曰‘所賴五十’、‘非數而數’，不大誕謬哉？嘗深思而斷
之曰：此脱文也。‘天一地二天三地四天五地六天七地八天九
地十’，數正五十有五，故乾坤之策始終此數。《繫辭》明曰：
‘天數二十有五，地數三十.’五十有五豈不顯然？而何獨於
此，滅其五數，以另爲起例哉？”

　　從我學習過的另一學生郭鴻林（現爲天津市歷史博物館
研究館員），則於清人書中得知宋人陸秉也有關於“大衍之數
五十有五”的解説。其文爲：“陸秉曰：此脱文也，當云‘大衍之
數五十有五’。蓋‘天一地二天三地四天五地六天七地八天九
地十’，正五十有五。而用四十有九者，除六虚之位也。古者
卜筮，先布六虚之位，然後揲蓍而六爻焉。如京房、馬季長、鄭
康成以至王弼，不悟其爲脱文，而妄爲之説，謂‘所賴五十’，殊
無證據；又曰‘不用而用以之通，非數而數以之成’，此語尤誕。
且《繫辭》曰‘天數二十有五，地數三十，凡天地之數五十有
五’，豈不顯然哉！又乾坤之策自始至終無非五十有五數也。”
郭鴻林就此曾撰寫《評宋人陸秉對〈周易〉“大衍之數”的解説》
一文，發表於《周易研究》1992 年第 1 期上。

　　而郭守信在這個問題上於清人宋人的解説，意猶不足，又
窮索古書，有幸於史籍中查找到明言“大衍之數五十有五”之
文者。如《舊唐書·禮儀志二》載唐高宗就明堂規制所下的詔
書中，就有“堂心八柱，各長五十五尺。按《河圖》，八柱承天，
故置八柱。又按《周易》，大衍之數五十有五，故長五十五尺。
聳兹八柱，承彼九間，數該大衍之規，形符立極之制”之文和
“檐，去地五十五尺。按《周易》，大衍之數五十有五，故去地五
十五尺。所以擬大《易》之嘉數，通惟神之至賾，道合萬象，理
貫三才”之文。這一篇詔書中關於明堂之制涉及的數字，有依
《河圖》者，有依《周易》者，有依《尚書》者，有依《月令》者，有依

《周禮》者,有依《漢書》者,有依《道德經》者,有依《禮記》者,有依《史記》者,有依《文子》者,有依《莊子》者,有依《淮南子》者,等等,用意是在說明明堂規制數出必須有據,以爲國典,則擬詔之人斷不敢誤寫。是隋唐之時,必有"大衍之數五十有五"的《周易》傳本存在,且爲官方所本。這於《通典》卷四十四於"堂心八柱,長五十五尺"句下杜佑注"按《河圖》八柱承天也,大衍之數五十有五以爲柱之長也"和"四檐去地五十五尺"句下杜佑注"大衍之數五十五",可以得到證明。因而撰寫了《周易大衍之數五十有五辨》一文,爲《遼寧教育學院學報》刊發。

我的學生陳恩林(現爲吉林大學古籍研究所教授、博士導師),在這個問題上還做了通檢,對自漢魏以來諸《易》學名家對"大衍之數"的解說進行了全面的評析。1997 年爲第三屆海峽兩岸《周易》學術討論會撰寫了《關於〈周易〉"大衍之數"的問題》論文,由《中國哲學史》雜誌刊載於 1998 年第 3 期上。該文從兩個方面予以論證:其一是論證了"大衍之數"就是天地之數,指明了今通行本《繫辭傳》所說的"大衍之數五十"實爲"大衍之數五十有五"之誤;其二是論證了漢魏以來多數《易》學家,如漢鄭玄、魏王弼、三國姚信、董遇、虞翻、唐崔憬、李鼎祚等人也是承認"大衍之數"是承"天地之數"而來,從而使京房、馬融、荀爽以及朱熹的穿鑿之說不攻自破。論證堅實,證據確鑿,不可更易。至此,還"大衍之數"爲"五十有五"可成定論。及門諸君的努力,使我暮年心喜,嘆爲後繼有人,故附記於此,與讀者共享之。

"其用四十有九",是說占筮的時候祇用四十九根蓍草。爲什麼這樣做呢? 過去京房、馬融、荀爽、鄭玄、姚信、董遇、王弼、朱熹、姚配中等曾作過種種解釋,但他們或牽強附會《圖》、《書》,或雜以《老》、《莊》,或憑臆穿鑿,皆毫無根據。其實,這並沒有什麼深意。用四十九根蓍草,經過分二、挂一、揲四、歸奇之後，能得出七、八、九、六這四個數字。如果五十五根蓍草全用，就不能得出七、八、九、六這四個數字，就無法成卦。

分而爲二以象兩。

這是筮的第一個步驟，即將四十九根蓍草信手分爲兩部分。實際上，它是講"一分爲二"的問題。未分之前的四十九根蓍草是一個整體，是"一"，象徵"太極"。"兩"即天地，也就是"兩儀"，實際上就是對立的統一。世界上一切事物都是一分爲二的。古人認爲天地是由太一分出的，是最大的兩儀，最大的分而爲二，所以説"分而爲二以象兩"。

挂一以象三。

這是筮的第二個步驟。"挂一"，是從分爲兩部分後的任一部分蓍草中抽出一根，放到另一處，成爲第三部分。"象三"是"象三才"的省語，"三才"即天地人。"挂一以象三"，表明《易》經的作者和孔子已經充分認識到人的作用，把人放到與天地相參的重要地位。

揲之以四以象四時。

這是筮的第三個步驟。"揲"是動詞，數的意思。"揲之以四"，即四個四個地數。具體地説，是將分爲兩部分的四十八根蓍草，四個四個地數。數過的蓍草就拿出去。數完一部分，再用同樣的辦法數另一部分。每一部分都會有一個餘數。餘數不是一就是二，不是二就是三。如果剛好數盡沒有餘數，就可將餘數視爲四。這一部分若餘四，則另一部分必然也餘四；若餘三，則另一部分必然餘一；若餘二，則另一部分必然也餘二；若餘一，則另一部分必然餘三。

"四時"即春、夏、秋、冬四季，也就是"四象"。宋人畫☰（老陽）、☲（少陰）、☳（少陽）、☷（老陰）來表示，是對的。《繫辭傳》説："《易》有太極，是生兩儀，兩儀生四象，四象生八卦。"

筮法實際也是這樣。"揲之以四以象四時"，講的就是"兩儀生四象"的意思。

歸奇於扐以象閏。五歲再閏，故再扐而後挂。

這是筮的第四個步驟。"奇"是每次經過揲後的餘數，"扐"也是零餘的意思。"歸奇於扐"，是說把每次經過揲餘下的數作爲"扐"，另外放在一邊。"以象閏"，意思是説象曆法上的置閏。

"五歲再閏"，是說什麽呢？在中國古代的曆法中，按太陽曆則一年有三百六十五又四分之一天，按太陰曆則祇有三百五十四天，相差十一天多。這樣，三年就差一個多月，五年相差近兩個月，所以，必須三年置一次閏月，五年置兩次閏月。否則，二十四節氣就錯亂了。

"再扐"，即兩個餘數。分而爲二後的兩部分蓍草，每一部分都要經過"揲之以四"，都有一個餘數。兩部分蓍草，就有兩個餘數，所以叫"再扐"。"而後挂"，是說經過分二、挂一、揲四、歸奇這四個步驟，一易宣告完成。接着還須按同樣的方法進行兩次，才能得出一個爻。

筮的目的是得爻，而得爻的實質性意義就是確定陽爻或陰爻。但筮不能直接得出陽爻或者陰爻的符號，祇能得出七、八、九、六這四個數，用來代表陽爻和陰爻。筮每三變，即進行過"三易"之後，就能得出七、八、九、六這四個數的一個數。七叫少陽，八叫少陰，九叫老陽，六叫老陰。得出七或九，就畫陽爻。因爲七、九是奇數，奇數是陽數。得出六或八，就畫陰爻。因爲六、八是偶數，偶數是陰數。

筮每三變，究竟怎樣得出或七或八或九或六這四個數呢？是這樣得出的：四十八根蓍草，減去三變餘數的總和，再除以四，就會得到七、八、九、六這四個數的一個數。四十八這個數是一定的，四這個數也是一定的。不一定的是三變的餘數是多少。三變的餘數的總和有四種可能。即二十四、十二、十六、二十這四個數。四十八減去二十四,除以四,得六,是爲陰爻。四十八減去十二,除以四,得九,是爲陽爻。四十八減去十六,除以四,得八,是爲陰爻。四十八減去二十,除以四,得七,是爲陽爻。

　　那麼,二十四、十二、十六、二十這四個數又是怎樣得出的呢?它們是三變餘數的總和。將四十九根蓍草信手分作兩部分,"挂一"即抽出一根,還有四十八根。四十八根分爲兩部分,每部分各除以四,即"揲之以四",餘數各有一、二、三、四這四種可能。若一部分餘四,則另一部分必定也餘四,加起來爲八。若一部分餘一,另一部分必餘三,加起來爲四。若一部分餘二,另一部分必定也餘二,兩部分餘數相加的和得四。這就是説,第一變時兩部分蓍草揲四後餘數之和,非八即四。第二變時蓍草總數是四十或四十四根,兩部分蓍草揲四後的餘數之和,也非八即四。第三變時蓍草總數是三十二或三十六根、四十根,兩部分蓍草揲四後的餘數之和,又非八即四。三變餘數之和,必然祇有四種情況,即三個八、三個四、兩個四一個八、兩個八一個四,也就是二十四、十二、十六、二十。四十八減去二十四,爲二十四;四十八減去十二,爲三十六;四十八減去十六,爲三十二;四十八減去二十,爲二十八。這四個數分別除以四,即得六、九、八、七。這樣,經過三變,得出了一個爻。

是故四營而成易,十有八變而成卦。

　　首先,需要説明的是,關於《易》經筮法的錯簡。宋人有的地方已作了改正,有的地方則未改。宋人依照《漢書·律曆志》所引,將"天一,地二"至"天九,地十",接以"天數五,地數五"至"此所以成變化而行鬼神也",並移到"大衍之數五十(有五)"至"再扐而後挂"的前面,這是對的。但在"再扐而後挂"

與"是故四營而成易"之間插入"乾之策二百一十有六"一段，這就錯了。實際上，自"乾之策二百一十有六"到"當萬物之數也"，應移到"是故可與酬酢，可與祐神矣"之後。今特作改正。

"營"，是經營的意思。"易"，是變的意思。"四營"，即分二、挂一、揲四、歸奇，四個步驟。完成這四個步驟，就是一"易"，也就是變了一次。因爲一卦有六爻，而一爻需經三變才能得出，所以說"十有八變而成卦"。

八卦而小成。引而伸之，觸類而長之，天下之能事畢矣。

"八卦而小成"，就是說八卦衹是"小成"，不能完全包括天下的萬事萬物。因此，需要變爲六十四卦。

"引而伸之"，與《繫辭傳下》"因而重之"的意思相同，講的是八卦變爲六十四卦的問題。

"觸類而長之"，講的則是六十四卦變成三百八十四爻的問題。

"天下之能事畢矣"，是講"引而伸之，觸類而長之"的意義。它與"成變化而行鬼神"、"以體天地之撰，以通神明之德"實際上表達的是同樣的意思。

這一段的"八卦而小成"，是《易》的初級階段，與蓍對應，相當於數的天一到地十，即所謂"數滿於十"、"十是數之小成"階段。但伸之、長之，也就是"因而重之"之後，八卦變爲六十四卦，便發展爲高級階段了。六十四卦共三百八十四爻，陽爻陰爻各半。而《周易》占筮，陽爻用九，陰爻用六。乾卦說的用九，坤卦說的用六，即指此。因此在用數說爻時，就以九代表陽爻，以六代表陰爻。而陽爻陰爻都是"揲四"而成，故陽爻的策數爲三十六，陰爻的策數爲二十四，則三百八十四爻總策數爲萬有一千五百二十，與盈數萬相當。即六十四卦相當於數的發展"至萬則大盈"階段，因此，就能包括天下的萬事萬物了，所以說是"天下之能事畢矣"。

顯道神德行。

　　"顯"、"神"都是動詞,"道"是客觀的規律,"德行"指人的德行。這句話的意思是說,《易》能將隱藏在客觀世界中的規律顯示出來,也能把表現在人身上的德行顯示出來。

是故可與酬酢,可與祐神矣。

　　"酬酢"即應對。古時飲酒,有一定的禮節。主人先向賓敬酒,這叫"獻";賓回敬主人,這叫"酢";主人再回敬,這叫"酬"。

　　"可與祐神"的"祐",是助的意思。"神"即"陰陽不測之謂神"的"神",指的是與物質相對的精神,而不是指鬼神。

第三節

乾之策二百一十有六,坤之策百四十有四,凡三百有六十,當期之日。

　　"策"即蓍,也就是籌、碼的意思。"期"是一周、一年的意思。在《易經》的占筮中,乾卦使用的蓍草有二百一十六根,坤卦使用的蓍草有一百四十四根。乾、坤兩卦所用蓍草共三百六十根,正好與一年的日期相當。這與"乾、坤其《易》之縕邪"表達的是同樣的意思。

　　《易》就是講乾、坤的。從屯、蒙到既濟、未濟,不過是乾、坤的發展。因此,《易經》祇在乾卦講"用九",在坤卦講"用六",也祇有乾、坤兩卦才有《文言》。同樣,在講筮法時,說"乾之策二百一十有六,坤之策百四十有四",也祇講乾、坤兩卦,別的卦都不講。

二篇之策萬有一千五百二十,當萬物之數也。

　　"二篇之策"即《易》的上下經所有的卦總共用的策。全

《易》六十四卦，共三百八十四爻，陽爻有一百九十二，陰爻也是一百九十二。陽爻一百九十二乘以三十六，得六千九百一十二策。陰爻一百九十二乘以二十四，得四千六百零八策。兩數相加，得萬有一千五百二十，約當萬物之數。

　　"萬物"的"萬"，是概指，而不是實指。《左傳》閔公元年說："萬，盈數也。"這表明在古人看來"萬"是大數。"萬物"也就指天地間的一切事物。《易》的上下經所用策數與萬物之數相當，這表明《易》可以"冒天下之道"、"彌綸天地之道"。

　　總之，本章是講蓍的。蓍在《易經》中非常重要，學《易經》，不懂蓍是不行的。過去，人們祇講卦，而忽略了蓍，這是不對的。

第九章

【傳文】

子曰："知變化之道者，其知神之所爲乎！"是以君子將有爲也，將有行也，問焉而以言。其受命也如響，无有遠近幽深，遂知來物。非天下之至精，其孰能與於此？參伍以變，錯綜其數。通其變，遂成天地之文；極其數，遂定天下之象。非天下之至變，其孰能與於此？《易》无思也，无爲也，寂然不動，感而遂通天下之故。非天下之至神，其孰能與於此？

夫《易》，聖人之所以極深而研幾也。唯深也，故能通天下之志；唯幾也，故能成天下之務；唯神也，故不疾而速，不行而至。子曰："《易》有聖人之道四焉者，此之謂也。"

【詳解】

按：關於這一章的傳文，疑今通行本《繫辭傳》的文字既有闕文，又有增文。增文爲"子曰'知變化之道者，其知神之所爲乎！'"之下的"《易》有聖人之道四焉：以言者尚其辭，以動者尚其變，以制器者尚其象，以卜筮者尚其占"這麼一段文字。這段文字所說的"四焉"都算不上是聖人之道，且剔除它，前後文意緊密相連。因此，這段文字當屬後人誤增的，應予刪除。其詳，見本章詳解第二節"子曰：'《易》有聖人之道四焉者，此之謂也。'"句下的解說及《傳》後附錄的《新編説明》。

本章總的講"知變化之道者，其知神之所爲乎"！實際上這是孔子在說了筮法以後講卜筮的效用。本章可分兩節：第一節從"子

曰:'知變化之道者,其知神之所爲乎!'"到"非天下之至神,其孰能
與於此",第二節從"夫《易》,聖人之所以極深而研幾也"到"子曰:
'《易》有聖人之道四焉者,此之謂也。'"以下逐句加以説明。

第一節

子曰:"知變化之道者,其知神之所爲乎!"

　　這句話實際是講卜筮。大衍之數的變化能産生八卦,孔
子將這看成是"神"在起作用。

　　所謂"神",並不是鬼神,而是"陰陽不測之謂神"的"神"。
事實上,占筮時,"分而爲二以象兩"的"分而爲二"是信手分的,
兩部分蓍草各有多少根並不一定。因此,再經過"挂一"、"揲
四"、"歸奇"之後得出七、八、九、六就不一定,得出的爻是陰是
陽也就不一定。"神之所爲"就是這麽回事,没有什麽神秘。

是以君子將有爲也,將有行也,問焉而以言。其受命也如響,无有
遠近幽深,遂知來物。非天下之至精,其孰能與於此?

　　這段話意思是説,君子將有所作爲,將到哪兒去,問於卜
筮,它就告訴你。并且馬上就答應,就像響之應聲一樣,不管
多遠多深,都能知道將來是什麽樣子。不是天下最精微的,誰
能做到這樣?

參伍以變,錯綜其數。通其變,遂成天地之文;極其數,遂定天下之
象。非天下之至變,其孰能與於此?

　　"參伍以變,錯綜其數",講的是占筮時用數的變化。這段
話意思是説,按照這個方法運算,就能通其變,變的時候能通,
就能成就天下的事業;依照這個數,就能定天下的象。不是天
下最變的,誰能做到這樣?

《易》无思也,无爲也,寂然不動,感而遂通天下之故。非天下之至

神,其孰能與於此?

　　這段話意思是説,《易》是無思無爲的,寂然不動的,經過卜筮,天下的事物它都知道。不是天下最神的,誰能做到這樣?

　　從"是以君子將有爲也"至此,把卜筮講得神乎其神,贊美《易》"至精"、"至變"、"至神"。當時可能真是這樣認爲的,今天看來卻並没有什麼。

第二節

夫《易》,聖人之所以極深而研幾也。唯深也,故能通天下之志;唯幾也,故能成天下之務;唯神也,故不疾而速,不行而至。

　　這段話裏有幾個問題很不好解釋。"深"是什麼?"幾"又是什麼?爲什麼"深"就能"通天下之志"?爲什麼"幾"就能"成天下之務"?

　　對於"深"和"幾",韓康伯注説:"極未形之理則曰深,適動微之會則曰幾。"這是對的。

　　"適動微之會"的"會",就是前文"觀其會通,以行其典禮"的"會",也就是"通變之謂事"、"化而裁之謂之變"的"變"。這表明"幾"講的是辯證法上的質變。

　　"幾"從字面上看是幾微的意思,其實就是前文所説"言行,君子之樞機"的"機"。過去人們釋"樞"爲門軸,"機"爲弩牙,這是不對的。"樞機"應是一個意思,指的是門上的轉軸。因爲"機"可以開又可以合,而在《易》經中,"闔户謂之坤,闢户謂之乾,一闔一闢謂之變"。"一闔一闢",就是一合一開。所以這裏的"幾",事實上是講質變。

　　與"幾"相對,"深"就是講量變,就是"觀其會通"、"通變之謂事"、"推而行之謂之通"的"通"。

　　《雜卦傳》説:"革,去故也;鼎,取新也。"實際上,"幾"講的就是"去故"，"深"講的就是"取新"。"故"就是過去、往，"新"就是將來、來，而"故"易懂，"新"難懂。所以下文《繫辭傳上》第十章說："神以知來，知以藏往。"《說卦傳》也說："數往者順，知來者逆。"

因爲"幾"是講"去故"，而所謂"成天下之務"，就是下文《繫辭傳上》第十章所說的"定天下之業"，也就是"成務"，講的也是要發生質變、除去舊制的問題，所以說"唯幾也，故能成天下之務"。

因爲"深"是講"取新"，而所謂"通天下之志"，意思是通天下人的思想，就是下文《繫辭傳上》第十章所說的"開物"，講的也是發生量變、建立新制的問題，所以說"唯深也，故能通天下之志"。

這段話是說，聖人用《易經》來研究未形之理與細微未著的事物，唯其"極深"，所以能通天下人的思想；唯其"研幾"，所以能成就天下的事業；唯其"神也"，所以不用着急就能快，不用走就到了。

子曰："《易》有聖人之道四焉者，此之謂也。"

這裏說"《易》有聖人之道四焉"，而從上文來看，不論是"精"、"變"、"神"，還是"深"、"幾"、"神"，都祇能算三個，而不是四個。勉强可以說，"精"、"變"、"神"加上"極深研幾"，湊成四個。但究竟是不是這樣？還說不定。我認爲，這裏恐怕有闕文。至於所闕之文，現在已經不知道了。後人給補上"《易》有聖人之道四焉，以言者尚其辭，以動者尚其變，以制器者尚其象，以卜筮者尚其占"這麼一段文字，放置到"是以君子將有爲也"之前，這是不對的，要不得的，故刪去。

總之，本章一定是孔子講的原文，不是後人杜撰的。自今天看來，把卜筮說得這樣神乎其神，沒什麼大意義。孔子是否真相信這些，也不得而知。

第十章

【傳文】

　　子曰："夫《易》何爲者也?"夫《易》開物成務,冒天下之道,如斯而已者也。是故聖人以通天下之志,以定天下之業,以斷天下之疑。

　　是故蓍之德圓而神,卦之德方以知,六爻之義易以貢。聖人以此洗心退藏於密,吉凶與民同患。神以知來,知以藏往。其孰能與於此哉?古之聰明睿知神武而不殺者夫!

　　是以明於天之道,而察於民之故,是興神物,以前民用。聖人以此齋戒,以神明其德夫。

　　是故闔戶謂之坤,闢戶謂之乾,一闔一闢謂之變,往來不窮謂之通。見乃謂之象,形乃謂之器,制而用之謂之法,利用出入民咸用之謂之神。

【詳解】

　　本章總的講《周易》的主要内容和它的作用。應分四節:第一節從"子曰:'夫《易》何爲者也?'"至"以斷天下之疑",第二節從"是故蓍之德圓而神"到"古之聰明睿知神武而不殺者夫",第三節從"是以明於天之道"到"以神明其德夫",第四節從"是故闔戶謂之坤"到"利用出入民咸用之謂之神"。現逐句加以解説如下。

第一節

子曰："夫《易》何爲者也?"

這句話的關鍵是"爲"字。過去人們都認爲這是孔子問《易經》是幹什麼的,現在看來,這種理解錯了。"何爲者也",是問怎麼變動,怎麼發展。

《易經》是用辯證法的理論寫成的,包括對立、統一兩個方面:"天尊地卑,乾坤定矣",這是講對立;"在天成象,在地成形,變化見矣",這是講統一。"何爲者也",問的是怎麼變化發展,也就是問變化發展的規律。其實祇問了統一的方面,而沒有問對立的方面。

原先人們以爲問的是《易經》所講內容的全部,這顯然是不對的。正因爲這樣,下文才說《易》是"開物成務"的,祇講了從屯到既濟這麼一個乾、坤變化發展的周期,而沒有講乾坤或天地本身。

夫《易》開物成務,冒天下之道,如斯而已者也。

"開物成務",講的是變化發展的規律,即事物的發展變化有周期性。"開物"是變化的開始,"成務"是一個周期的結束。

從《易經》來說,六十四卦的排列,乾坤兩卦居首,其他六十二卦都是它們的變化發展。屯卦的《象傳》說:"剛柔始交。"剛柔始交,就是乾坤始交,表明它是乾坤發展變化的開始,所以,屯是"開物"。既濟的《象傳》說:"剛柔正而位當。"剛柔正而位當,標誌着乾坤的發展變化已完成了一個周期,所以,既濟是"成務"。到了未濟,又開始了新一輪的發展變化,這個規律是有普遍性的。

比方說,在一年的四季當中,春是"開物",因爲春天"萬物資始",是四季變化的開始,開始進行量變;冬是"成務",因爲冬天是四季變化一個周期的結束,再發展就要發生質變,進入下一個周期了。

總之,"開物成務",講的是事物按照質變量變的規律向前變化發展。

"冒天下之道","道",是規律。"冒天下之道"即"彌綸天地之道",意思是說包括天下所有的規律。

"如斯而已者也","斯",此也,代詞。"如斯而已者也",意思是說《易經》就是這些,沒有講別的。

是故聖人以通天下之志,以定天下之業,以斷天下之疑。

這三句話的意思是說,所以聖人用"開物"來通天下之志,用"成務"來定天下之業,用《易》來斷吉凶,解決疑難的事。

第二節

是故著之德圓而神,卦之德方以知,六爻之義易以貢。

《易經》由著、卦兩部分組成,而每卦又包括六爻,因此,這幾句傳文是從正面講《易經》的主要內容。

"德",是性質的意思。韓康伯注說:"圓者運而不窮,方者止而有分。"這是對的。也就是說,"圓"是動的,"方"是不動的、靜止的,"神"是"陰陽不測之謂神"的"神","知"是知道的意思。

因為著用數,用四十九根著草的變化得出七、八、九、六這四個數。在占筮時,情況不斷發生變化,並不能預先知道最終結果是陰爻還是陽爻,所以說著的性質是"圓而神"的。

卦是用象的,由著得出卦後,卦象就是靜止不變的,可以根據性質知道它的取象,所以說卦的性質是"方以知"。

"六爻之義易以貢"是講什麼呢?《繫辭傳下》說:"八卦成列,象在其中矣。因而重之,爻在其中矣。"當八卦發展到六十四卦後,每卦便有六爻。"易"是變的意思,"貢"是告訴的意思。爻講的是動,是變。"爻者言乎變者也"、"爻也者,效天下之動者也"、"聖人有以見天下之動,而觀其會通,以行其典禮,繫辭焉以斷其吉凶,是故謂之爻",説的都是這個意思。正因爲這樣,所以説"六爻之義易以貢",即六爻的意義是用變來告訴的。

聖人以此洗心退藏於密,吉凶與民同患。

"洗心",應讀作"先心"。古有太子洗馬之官,"洗馬"即"先馬",正與此同。《經典釋文》引京房、荀爽、虞翻等説都作"先",是對的。

這兩句話意思是説,在不用的時候,聖人將它放到一邊,一旦人民遇事有疑難,聖人就將自己所知的吉凶告訴他們,從而跟人民同患難。

神以知來,知以藏往。

"神",説的是蓍,即"蓍之德圓而神"的"神";"知",説的是卦,即"卦之德方以知"的"知"。

這兩句話是説蓍是"知來"的,即預知未來;卦是"藏往"的,即知道過去。

其孰能與於此哉?

這句話的意思是説,誰能做出這樣的東西來呢?

古之聰明睿知神武而不殺者夫!

"聰明",是耳聰目明。"睿知",指的是心聰慧。"神武而不殺",意思是雖勇武定亂卻不殺伐,而是采用"神道設教"的方式。

這是孔子對作《易》者的贊美。

第三節

是以明於天之道，而察於民之故，是興神物，以前民用。

　　"明於天之道"，是説懂得自然規律。"察於民之故"，是説瞭解社會規律。

　　"是興神物"，即創造出"神物"。這裏的"神物"指的是蓍。因爲蓍能知來，所以稱"神物"。

　　"是興神物"有前提條件，這就是"明於天之道，而察於民之故"，即既懂得自然規律，又瞭解社會規律。由此看來，"神物"本身並不"神"，真正"神"的是人。不是蓍既懂自然，還懂社會，而是人"明於天之道，而察於民之故"。因爲蓍是人創造出來的。這與今天的電腦雖然神通廣大，但它卻是人設計、發明出來的，在道理上是一樣的。

　　"以前民用"，意思是説讓人民在做事之前都問它。

聖人以此齋戒，以神明其德夫。

　　"此"，不是指"神物"，而是指"明於天之道，而察於民之故"。"齋戒"，是古人在祭祀以前，進行三天齋、七天戒，顯示自己心地潔净。《禮記·祭義》説："齋之日，思其居處，思其笑語，思其志意，思其所樂，思其所嗜。齋三日，乃見其所爲齋者。"這表明齋戒的目的是爲了與神相接。這裏是借用祭祀時的"齋戒"，來表示專誠之意。

　　"以神明其德夫"，就是使德更神明，也就是提高認識水平、加強修養的意思。

第四節

是故闔户謂之坤，闢户謂之乾，一闔一闢謂之變，往來不窮謂之通。

"户"，是獨扇門。"闔户謂之坤，闢户謂之乾"，是説關上門就叫做坤，打開門就叫做乾。這裏用"户"這一眼前習見的東西作比喻，來説明乾、坤是對立的。

"一闔一闢謂之變"，是説關上門又打開就叫做變，這實際上是講乾、坤的相交或統一。乾坤相交就是天地相交，天地由對立變統一，從而發生變化。

"往來不窮謂之通"，是説乾坤相交以後的變化、發展。"往來"，是講變化發展的規律是一往一來。《繫辭傳下》説"日往則月來，月往則日來，日月相推而明生焉。寒往則暑來，暑往則寒來，寒暑相推而歲成焉。往者屈也，來者信也，屈信相感而利生焉"，講的就是這個道理。所謂"往來"，就是一往一來，也可以看成是一正一反。從《易經》來看，乾坤相交以後，屯卦是正，蒙卦是反，需卦是正，訟卦是反，師卦是正，比卦是反，等等，所有卦的排列都是一正一反，也可以證明變化發展的規律是一往一來。總之，這句話是説事物按一往一來的規律向前發展，這樣下去就通行無阻了。

見乃謂之象，形乃謂之器，制而用之謂之法，利用出入民咸用之謂之神。

這段話的意思是，從户的可見角度説，就是"象"；從户的有形角度説，就是"器"；根據象與器而有所制作、有所應用，就是"法"；百姓在日常生活中都應用它，這就是"神"。

這一節實際上是孔子在講了蓍、卦以後，將"乾"、"坤"、"變"、"通"等概念通俗化。用眼前習見的獨扇門做比喻，把本來很難、很抽象的東西講得很明白。

第十一章

【傳文】

是故《易》有太極，是生兩儀。兩儀生四象，四象生八卦。八卦定吉凶，吉凶生大業。

是故法象莫大乎天地，變通莫大乎四時。縣象著明莫大乎日月。崇高莫大乎富貴。備物致用，立成器以爲天下利，莫大乎聖人。探賾索隱，鈎深致遠，以定天下之吉凶，成天下之亹亹者，莫大乎蓍龜。

是故天生神物，聖人則之。天地變化，聖人效之。《易》有爻象，所以示也。繫辭焉，所以告也。定之以吉凶，所以斷也。

【詳解】

按：關於這一章傳文，今通行本《繫辭傳》既有誤增之文，又有誤改之處。誤改處是第三節的“《易》有爻象”，通行本爲“《易》有四象”，誤改“爻象”爲“四象”。今爲之改正，詳見“《易》有爻象”句下的詳解及《傳》後附錄的《新編説明》。

誤增之文爲：“天垂象，見吉凶，聖人象之；河出圖，洛出書，聖人則之。”這一段話，原在通行本《繫辭傳》“天地變化，聖人效之”之後，“《易》有四(爻)象”之前。今刪去，原因詳見《傳》後附錄的《新編説明》。

本章主要講八卦的産生與應用。應分三節：第一節從“是故《易》有太極”到“吉凶生大業”，第二節從“是故法象莫大乎天地”到“成天下之亹亹者，莫大乎蓍龜”，第三節從“是故天生神物”到“定之以吉凶,所以斷也"。現逐句加以解説如下。

第一節

是故《易》有太極,是生兩儀。

　　"太極"是什麼? 前人有兩種截然不同的解釋。

　　許慎在《説文解字》的"一"字下説:"惟初太極,道立於一,造分天地,化成萬物。"虞翻也説:"太極,太一。"這是對的。"太極"就是"太一"。太一是整體的一,絶對的一。

　　韓康伯注説:"太極者,無稱之稱,不可得而名,取其有之所極況之太極者也。"這是用《老子》的觀點來解釋《周易》,是不對的。

　　因爲《周易》關於世界本原的觀點和《老子》是根本對立的。《老子》説:"道生一,一生二,二生三,三生萬物。"又説:"天下萬物生於有,有生於無。"《老子》所説的"一"和"有",相當於《周易》的"太極'。《老子》在"一"與"有"之前加上"道"與"無",認爲"一"是由"道"産生,"有"是由"無"産生,世界的本原是"道"與"無",而不是"一"與"有",這就與《周易》的觀點大相徑庭了。

　　恩格斯認爲,判斷一種思想是唯物的還是唯心的,關鍵看它承認存在第一性還是承認意識第一性。對照這個標準,我們可以看出,《周易》的思想是唯物的,而《老子》的思想則是唯心的,二者相去甚遠。宋人不明白這一點,試圖用《老子》中的"無"來解釋《周易》中的"太極",如陳摶將太極畫成圓圈。周敦頤説"無極而太極",都犯了與韓康伯所犯相同的錯誤。

　　"兩儀"是什麼?《詩·鄘風·柏舟》:"實維我儀。"毛傳:"儀,匹也。"可見,"儀"有匹配的意思。"兩儀"就是一對兒,就是事物對立統一着的兩個方面。太極生兩儀,就是毛澤東所説的"一分爲二"。

兩儀生四象,四象生八卦。

太極一分爲二産生兩儀後,兩儀還得發展,還要一分爲二,這樣就産生了"四象"。

在《易經》中,"兩儀"就是陰陽,分別用--、一來表示。兩儀一分爲二,就出現了☳(少陽)、☷(太陰)、☰(太陽)、☵(少陰)四象。

"四象生八卦",即四象一分爲二,就變成了☰(乾)、☷(坤)、☳(震)、☴(巽)、☵(坎)、☲(離)、☶(艮)、☱(兌)八卦。

八卦定吉凶,吉凶生大業。

"八卦定吉凶",實際上是六十四卦定吉凶。八卦祇是基礎組織,並不能定吉凶。八卦"引而伸之",即用"因而重之"的方法發展成六十四卦以後,就能對天下的萬事萬物進行説明,這樣才能"定吉凶"。

"吉凶生大業",是講人們知道行動的未來結果是吉是凶後,就能趨吉避凶,這樣就能成就廣大的事業。

辯證法講量變、質變,而《易》經在講"變"、"通"之外,特別強調"事"。如,"通變之謂事","舉而錯之天下之民謂之事業",都表明《易》對"事"、"業"非常重視。這是《易》經的一大特點。

第二節

是故法象莫大乎天地,變通莫大乎四時。

"法象莫大乎天地","天地"是最大的兩儀。這句話意思是説,人們傚法的東西沒有比天地更大的。

"變通莫大乎四時","四時"相當於四象。四時是天地的一種變化、發展。在《易經》中，變化、發展有"變"有"通"。在四時中，春、夏、秋，是"通"，到了冬，就要"變"。因爲過年時要除舊歲迎新春，除舊布新，將要發生質變。四時的更替，正好反映了《易經》所總結的"窮則變，變則通"的變化、發展規律。所以說"變通莫大乎四時"。

縣象著明莫大乎日月。

"縣象著明"應包括上述法象、變通兩方面，在這兩方面表現最顯著的則莫過於日月。本傳前文說"陰陽之義配日月"，講的也是這個意思。

崇高莫大乎富貴。

這句話與《繫辭傳下》所說的"聖人之大寶曰位"有相同的地方，都反映了孔子的人生觀。

在孔子看來，富貴了，就有了"大寶"，才能做一番事業。可見，孔子做官是爲國家、爲人民，不是爲自己。孔子的思想是入世的。他說"天下有道則見，無道則隱"，"用之則行，舍之則藏"，"不義而富且貴，於我如浮雲"，都表明了這一點。

而佛、道兩家則與此不同。佛、道的思想是出世的。佛教講修身養性的目的是要達到涅槃的境界，這固然是爲了自己。道家也是這樣，《莊子·讓王》說"道之真以治身，其緒餘以爲國家，其土苴以治天下"，即可爲證。

總之，祇有聯繫孔子的人生觀，才能深入理解"崇高莫大乎富貴"的含義。

備物致用，立成器以爲天下利，莫大乎聖人。

"備物"，是把原來沒有的東西具備了，這實際上是發明創造。"聖人"，指作《易》的人。這句話的意思是說，作《易》的人把"天之道"、"民之故"的信息輸入到卦、爻中去，供人們隨時使用。這就是"備物致用，立成器以爲天下利"。

探賾索隱，鈎深致遠，以定天下之吉凶，成天下之亹亹者，莫大乎蓍龜。

　　"賾"，雜亂。"隱"，隱僻。"探"，探究。"索"，尋求。"深"謂不可測。"遠"謂不易至。"鈎"謂曲而取之。"致"謂推而求之。"探賾索隱，鈎深致遠"，意思是說無論怎樣雜亂深遠、幽隱難明的問題，它都能探取之、搜索之、鈎出之。這講的是蓍，因爲"蓍之德圓而神"，"神以知來"。

　　"以定天下之吉凶"，是"以斷天下之疑"的意思。"亹亹"，猶勉勉。"成天下之亹亹"，實際就是"成天下之務"、"定天下之業"。因爲"吉凶生大業"，所以這裏先説"定天下之吉凶"，後説"成天下之亹亹"。

　　"莫大乎蓍龜"的"龜"，是襯字。卜用龜。而《易》用蓍，並不用龜，祇是爲了凑足音節，才加上個"龜"字。

第三節

是故天生神物，聖人則之。

　　"神物"指蓍，"聖人"指作《易》的人。這兩句話是說，所以天生蓍這個神物，聖人傚法它。

天地變化，聖人效之。

　　"天地變化"，即"在天成象，在地成形，變化見矣"，講的是天地統一。因爲"《易》與天地準"，所以説"天地變化，聖人效之"。

　　通行本《繫辭傳》原文在"天地變化，聖人效之"之後，還有"天垂象，見吉凶，聖人象之。河出圖，洛出書，聖人則之"這麼幾句話。我認爲，這是後人誤增的衍文，今删去。原因詳見《傳》後附録的《新編説明》。

《易》有爻象，所以示也。繫辭焉，所以告也。定之以吉凶，所以斷也。

　　"《易》有爻象"，通行本《繫辭傳》原作"《易》有四象"。我認爲這是後人根據上文"兩儀生四象，四象生八卦"而誤改，今據文義加以改正。因爲"四象"相當於四時，祇是八卦形成過程中的一個階段。

　　《易》講的是爻象，而不是四象。《繫辭傳下》説："爻也者，效此者也。象也者，像此者也。爻象動乎内，吉凶見乎外。功業見乎變。聖人之情見乎辭。""爻象動乎内，吉凶見乎外"，跟這裏的"《易》有爻象，所以示也……定之以吉凶，所以斷也"一樣，都表明《易》是用"爻象"顯示吉凶的。所以，正確的説法應該是"《易》有爻象"，而不是"《易》有四象"。

第十二章

【傳文】

《易》曰："自天祐之,吉无不利。"子曰："祐者助也。天之所助者順也,人之所助者信也。履信思乎順,又以尚賢也。是以自天祐之,吉无不利也。"

【詳解】

本章是孔子對大有上九爻辭的解釋。朱熹疑是錯簡,認爲應在第七章"鳴鶴在陰"那些連續講中孚、同人、大過、謙、乾、節、解等七卦的七條爻辭的文字之後。今録之,可供讀者參考。現對本章解説如下。

《易》曰："自天祐之,吉无不利。"子曰："祐者助也。天之所助者順也,人之所助者信也。履信思乎順,又以尚賢也。是以自天祐之,吉无不利也。"

"自天祐之,吉无不利",是大有上九的爻辭。孔子認爲,這實際上説的是六五。

六五爻辭説："厥孚交如,威如,吉。"六五"厥孚交如",能够履信;居中用賢,能够思順;以一柔有五剛,上九獨在其上,六五能尚之,能够尚賢。既履信思順又尚賢,所以能得天之祐助而吉無不利。

六五的這個意思,是通過上九表現出來的。六五是大有的成卦之主,六五之吉就是大有之吉;上九是大有之終,大有之吉於上九完成。因此,上九之吉實乃大有全卦之吉,"自天祐之,吉無不利"也就反映了大有全卦的卦義。

第十三章

【傳文】

　　子曰："書不盡言,言不盡意。"然則聖人之意其不可見乎？子曰："聖人立象以盡意。設卦以盡情僞。繫辭焉以盡其言。變而通之以盡利。鼓之舞之以盡神。"乾坤其《易》之縕邪？乾坤成列而《易》立乎其中矣。乾坤毀則无以見《易》。《易》不可見,則乾坤或幾乎息矣。是故形而上者謂之道,形而下者謂之器。化而裁之謂之變,推而行之謂之通。舉而錯之天下之民謂之事業。是故夫象,聖人有以見天下之賾,而擬諸其形容,象其物宜,是故謂之象。聖人有以見天下之動,而觀其會通,以行其典禮,繫辭焉以斷其吉凶,是故謂之爻。極天下之賾者存乎卦,鼓天下之動者存乎辭。化而裁之存乎變,推而行之存乎通。神而明之存乎其人。默而成之,不言而信,存乎德行。

【詳解】

　　本章講《易經》的内容和作用。内容是:卦、爻。作用是:卦講象,爻講變。本章在全《易》中是非常重要的。現逐句解説如下。

子曰："書不盡言,言不盡意。"

　　　　"書不盡言,言不盡意"的意思是説,書册是記録言語的,但書册有局限性,並不能把所有的言語都記録下來;語言是表達思想的,但語言也有局限性,不可能把思想完全表達出來。

然則聖人之意其不可見乎？

　　這句話是承上兩句"書不盡言，言不盡意"而發問的，意思是説，那麽聖人的思想就不能表現出來嗎？

子曰："聖人立象以盡意。

　　"聖人"，指作《易》的人。這句話是説，聖人立象，就能把思想完全表達出來。本來，世界上的萬事萬物極爲紛繁複雜，聖人立象，就都能將其表達出來。

　　這是爲什麽呢？因爲象有普遍性。比如，《説卦傳》説："乾，健也；坤，順也。"這表明乾的性質是健，坤的性質是順。按照"健"取象，乾可以爲天，可以爲馬，可以爲首，可以爲父，等等。按照"順"取象，坤可以爲地，可以爲牛，可以爲腹，可以爲母，等等。這樣，聖人立象，就能對全部問題進行説明。

　　孔子看出了"象"的意義，這在當時是很不簡單的。

設卦以盡情僞。

　　"情"是真實，"僞"是虛僞。"設卦以盡情僞"，是説真真假假的種種情況卦裏都講出來了。這反映出卦有普遍性。

繫辭焉以盡其言。

　　"辭"指卦辭與爻辭。《易經》的卦、爻都繫有文辭，對卦象與爻象進行説明。一般地説，"書不盡言，言不盡意"。但因爲這裏的"辭"是説卦、爻的象，與一般的"書"不同，所以能"盡其言"，從而也能盡意。

變而通之以盡利。

　　在《易經》中，變化、發展有"變"有"通"。"窮則變，變則通"，"變"是質變，"通"是量變。"變而通之"就能"通天下之志"、"定天下之業"，把"利"都表達出來，所以説"變而通之以盡利"。

鼓之舞之以盡神。"

　　"鼓之舞之"，指行筮求卦時擺弄那四十九根蓍草的動作，也就是揲蓍求卦。《莊子·人間世》説"鼓筴播精，足以食十人"，崔譔注説"鼓筴，揲蓍"，可以爲證。

　　"以盡神"的"神"，就是"陰陽不測之謂神"的"神"。占筮的結果是得到陰爻或陽爻，但事先並不能預知，這就是"神"。行筮求卦的目的和作用就是把"神"的精義充分表現出來，所以説"鼓之舞之以盡神"。

乾坤其《易》之緼邪？

　　這是説，全部《易經》都蘊藏在乾、坤裏面。這句話雖然用疑問的口氣，但其實是詞疑而意不疑。

乾坤成列而《易》立乎其中矣。

　　這句話，實際上是對上一句話的申釋。"乾坤成列"，是説乾、坤列在六十四卦的隊伍裏；"而《易》立乎其中矣"，是説《易》就存在於裏邊了。

　　爲什麼這麼説？可以看屯卦。屯卦的《彖傳》説："剛柔始交而難生。""剛柔始交"，就是乾坤始交。因爲《雜卦傳》説："乾剛坤柔"。可以證明"剛柔"是指乾坤。屯是乾坤二卦開始相交，這説明以下許多卦都是乾坤相交產生的。從屯、蒙到既濟、未濟，都不過是乾坤的變化、發展。

乾坤毀則无以見《易》。

　　這句話的意思是説，乾坤毀滅了，《易》也就沒有了。實際上，這説的是第六十三卦既濟。既濟的《彖傳》是："剛柔正而位當。"《雜卦傳》説："既濟，定也。"説明既濟是乾坤變化、發展一個週期的終結。

　　乾、坤，一個是純陽，一個是純陰，最不平衡；既濟，一半陽一半陰，陰陽都當位，已經平衡。這表明，由屯到既濟，乾坤變化、發展已完成了一個週期。

《易》不可見，則乾坤或幾乎息矣。

　　　這句話説的是第六十四卦未濟。"或幾乎息"，實際上是沒有息。乾坤的變化、發展並没有完全停止，而且也不可能完全停止，所以，《序卦傳》指出："物不可窮也，故受之以未濟終焉。"因爲未濟卦雖然也是一半陰一半陽，但陰陽都不當位。

是故形而上者謂之道，形而下者謂之器。

　　　這句話是説，"道"是抽象的，無形的，不能用感官來認識；"器"是具體的，有形的，可以用感官來認識的。

化而裁之謂之變，推而行之謂之通。舉而錯之天下之民謂之事業。

　　　"化而裁之"，就是"去故"，也就是"成天下之務"。講的是質變。

　　　"推而行之"，就是"取新"，也就是"通天下之志"。講的是量變。

　　　這裏的"變"、"通"，就是"窮則變，變則通"、"通變之謂事"的"變"、"通"，也就是"觀其會通"的"會"、"通"。

　　　"舉而錯之天下之民"，就是將它施行於天下的人民。這裏的"事業"，就是"通變之謂事"的"事"，也就是"觀其會通，以行其典禮"的"典禮"。

是故夫象，聖人有以見天下之賾，而擬諸其形容，象其物宜，是故謂之象。聖人有以見天下之動，而觀其會通，以行其典禮，繫辭焉以斷其吉凶，是故謂之爻。

　　　這段話，在前面的第六章中已經講過了。因爲全部《易》經就是講爻與象的，這一段文字非常重要，所以在這裏又講一遍。對此，孔穎達説："於此更復言者何也？爲下云：'極天下之賾存乎卦，鼓天下之動存乎辭。'爲此，故更引其文也。"朱熹《本義》指出："重出，以起下文。"即這一段話是本章整體之一部分，承上啓下，不可或缺。雖然與第六章重文，但不可不講，故重言之，與"化而裁之"、"推而行之"同焉。

極天下之賾者存乎卦，鼓天下之動者存乎辭。

　　"極"，是窮盡。"鼓"，是鼓動、闡發。"辭"，指爻辭。這兩句話意思是説，卦象能把天下紛繁複雜的事物都窮盡，爻辭能闡發天下的變動。這實際上是講卦與爻的作用。

化而裁之存乎變，推而行之存乎通。

　　這兩句話是針對用《易》者説的。"存乎變"、"存乎通"，是用《易》的變通，不是説《易》的本身有"變"有"通"。而上文"化而裁之謂之變"、"推而行之謂之通"，則是針對作《易》者而言。

神而明之存乎其人。

　　這句話的意思是説，人們在用《易》時，對《易》的分析見仁見智，看法不一。怎樣才能做到"神而明之"，這就在人而不在《易》了。

默而成之，不言而信，存乎德行。

　　"默"，是不聲不響。"成"，是成就。"不言而信"，是説對《易》理解深透，其思想與《易》理暗合。《荀子·大略》所説的"善爲《易》者不占"，大概就是這個意思。

　　"存乎德行"，是説用《易》者之所以能做到這樣，就在於平日的修養。

繫辭傳 下

第一章

【傳文】

八卦成列,象在其中矣。因而重之,爻在其中矣。剛柔相推,變在其中矣。繫辭焉而命之,動在其中矣。吉凶悔吝者,生乎動者也。剛柔者,立本者也。變通者,趣時者也。

吉凶者,貞勝者也。天地之道,貞觀者也。日月之道,貞明者也。天下之動,貞夫一者也。

夫乾確然,示人易矣。夫坤隤然,示人簡矣。爻也者,效此者也。象也者,像此者也。爻象動乎內,吉凶見乎外。功業見乎變。聖人之情見乎辭。

【詳解】

本章主要講爻的產生及其所起的作用。可分三節:第一節從"八卦成列,象在其中矣"到"變通者,趣時者也",第二節從"吉凶者,貞勝者也"到"天下之動,貞夫一者也",第三節從"夫乾確然,示人易矣"到"聖人之情見乎辭"。現逐句加以解說。

第一節

八卦成列,象在其中矣。

這句話的意思是說,八卦組成行列,象就在裏邊了。因為根據《説卦傳》"乾，健也；坤，順也"所反映的乾、坤的性質，就可以將乾取象爲馬、爲首、爲父，將坤取象爲牛、爲腹、爲母。所以説"八卦成列，象在其中矣"。

因而重之，爻在其中矣。

"因"，是因八卦。"因而重之"，就是在八卦的每一卦上面再加上八卦，這樣就成爲六十四卦。六十四卦的每卦都有六爻，所以説"爻在其中矣"。爻是專講變化的，《繫辭傳上》説的"爻者，言乎變者也"，就是這個意思。

剛柔相推，變在其中矣。

"推"，是你推我，我推你，互相推動。"剛柔相推"，是説剛可以變柔，柔也可以變剛。八卦變爲六十四卦後，便有了爻。有爻以後，就發生變化。變化的原因在於"剛柔相推"，也就是剛、柔的互相轉化。《説卦傳》説"觀變於陰陽而立卦，發揮於剛柔而生爻"，講的也是這個意思。

繫辭焉而命之，動在其中矣。

這句話的意思是説，在爻下加上文辭進行説明，那麼動就在裏邊了。

吉凶悔吝者，生乎動者也。

《易經》常講吉凶悔吝。爲什麼會產生吉凶悔吝呢？原因就在於由剛柔相推產生的"動"。

剛柔者，立本者也。

這句話的意思是説，《易》的根本是剛、柔。

變通者，趣時者也。

"變"，是指質變。"通"，是指量變。"趣時"的意思，是該怎麼着就怎麼着。王弼《周易略例·明卦適變通爻》説："夫卦者，時也；爻者，適時之變者也。"認爲每卦代表一個時代，爻要適應時代的變化。講得挺好。其實，王弼就是根據《繫辭傳》的"變通者，趣時者也"這句話而言的。

第二節

吉凶者，貞勝者也。天地之道，貞觀者也。日月之道，貞明者也。天下之動，貞夫一者也。

這段話的關鍵是"貞"字。朱熹《本義》說："貞，正也，常也，物以其所正爲常者也。"講得雖差不太遠，卻不太切實。韓康伯注："貞者，正也，一也。"釋"貞"爲"一"，不行。釋作"正"，挺好，祇是沒作進一步說明。

"吉凶者，貞勝者也"，"勝"是"得"的意思。這句話是說吉凶所正的是得，是吉。因爲人們做事總是要趨吉避凶。

"天地之道，貞觀者也"，意思是說天地正的是爲天下人所仰望。

"日月之道，貞明者也"，是說日月正的是明。

"天下之動，貞夫一者也"，意思是說天下一切事物的發展，正的是"一"。

這裏實際上講的是合二而一的問題。"吉凶"是二，"勝"是一；"天地"是二，"觀"是一；"日月"是二，"明"是一。由上述三個個別的、具體的事例，經邏輯推理，得出天下之動都是合二而一的這麼一個一般的、抽象的結論。

《繫辭傳上》說《易》有太極，是生兩儀，兩儀生四象，四象生八卦"，這是講一分爲二的問題。這裏又說"天下之動，貞夫一者也"，講的則是合二而一。可見，《易》經認爲事物的發展、變化，既是一分爲二，又是合二而一的。

第三節

夫乾確然,示人易矣。夫坤隤然,示人簡矣。

　　"確然",指剛健。"隤然",指柔順。剛健、柔順是乾、坤的
"德",也就是它們的性質。"易"、"簡"是它們的作用。"乾以
易知,坤以簡能",實際講的是行動。

爻也者,效此者也。象也者,像此者也。

　　爻,傚的是剛柔。因爲爻是講變化的,"爻者,言乎變者
也",而變化是由"剛柔相推"産生的。象,像的是健順。因爲
根據健的性質,就可以將乾取象爲馬;根據順的性質,就可以
將坤取象爲牛。

爻象動乎内,吉凶見乎外。

　　這兩句的意思是說,《易》有爻象,爻象在裏面變動,吉凶
就表現在外邊。

功業見乎變。

　　"功業",就是事業,有正、反兩個方面。因爲"變"有吉有
凶,所以,不能認爲"功業"都是功。

聖人之情見乎辭。

　　這是說聖人的思想都表現在卦爻辭上。

第二章

【傳文】

天地之大德，曰生。聖人之大寶，曰位。何以守位？曰仁。何以聚人？曰財。理財正辭，禁民爲非，曰義。

是故《易》者，象也。象也者，像也。彖者，材也。爻也者，效天下之動者也。是故吉凶生而悔吝著也。

陽卦多陰，陰卦多陽。其故何也？陽卦奇，陰卦耦。其德行何也？陽一君而二民，君子之道也；陰二君而一民，小人之道也。

【詳解】

按：這一章傳文，是將通行本《繫辭傳下》第一章中最後的“天地之大德曰生”至“理財正辭禁民爲非曰義”這一段文字同通行本第三章、第四章兩章文字合并組成的。而將第二章“古者包犧氏之王天下也”的整章文字删掉。删除的原因，詳見《傳》後附録的《新編説明》。

本章可分三節：第一節從“天地之大德，曰生”到“理財正辭，禁民爲非，曰義”，主要講天地生萬物、聖人養萬民的問題；第二節從“是故《易》者，象也”到“是故吉凶生而悔吝著也”，主要講象與爻；第三節從“陽卦多陰”到“小人之道也”，主要講陽卦多陰、陰卦多陽的問題。現逐句加以解説。

第一節

天地之大德,曰生。

　　這句話的意思是説,天地最大的功德是生長萬物。

聖人之大寶,曰位。

　　"位",指君位。這句話的意思是説,聖人最大的寶貝得有位。孔子有德而無位,就不能對人民有大的好處。因爲《易》經講的是天地人,既講自然,也講社會。講自然是爲了講社會。人得傚法天地,所以在講了"天地之大德曰生"後,緊接着就講"聖人之大寶曰位"。

何以守位? 曰仁。

　　這句話的意思是説,用什麼保住位置? 得靠"仁"。這裏的"仁",既可當"仁義"的"仁"講,也可當"人民"的"人"講。從下文"何以聚人曰財"來看,好像是人民的"人",因爲古時"仁"與"人"可以通假。然而,與下文"理財正辭,禁民爲非,曰義"聯繫起來看,又好像是仁義的"仁"。

何以聚人? 曰財。

　　這句話的意思是説,用什麼聚集人民? 得靠"財"。孔子看得很明白,要團結民衆,得有錢財,即有經濟實力。

理財正辭,禁民爲非,曰義。

　　"理財",即講經濟,得有錢。"正辭",屬思想文化統治。"禁民爲非",是説不讓老百姓幹壞事。做到這三條,就叫"義"。

　　通行本《繫辭傳》原文在"理財正辭,禁民爲非,曰義"之後,還有一大段文字。其文爲:"古者包犧氏之王天下也,仰則觀象於天,俯則觀法於地,觀鳥獸之文與地之宜,近取諸身,遠取諸物，於是始作八卦，以通神明之德，以類萬物之情。作結繩而爲罔罟，以佃以漁，蓋取諸離。包犧氏没，神農氏作，斲木爲耜，揉木爲耒，耒耨之利，以教天下，蓋取諸益。日中爲市，致天下之民，聚天下之貨，交易而退，各得其所，蓋取諸噬嗑。神農氏没，黄帝、堯、舜氏作，通其變，使民不倦，神而化之，使民宜之。《易》窮則變，變則通，通則久，是以自天祐之，吉无不利。黄帝、堯、舜垂衣裳而天下治，蓋取諸乾坤。刳木爲舟，剡木爲楫，舟楫之利，以濟不通，致遠以利天下，蓋取諸涣。服牛乘馬，引重致遠，以利天下，蓋取諸隨。重門擊柝，以待暴客，蓋取諸豫。斷木爲杵，掘地爲臼，臼杵之利，萬民以濟，蓋取諸小過。弦木爲弧，剡木爲矢，弧矢之利，以威天下，蓋取諸睽。上古穴居而野處，後世聖人易之以宫室，上棟下宇，以待風雨，蓋取諸大壯。古之葬者，厚衣之以薪，葬之中野，不封不樹，喪期无數，後世聖人易之以棺椁，蓋取諸大過。上古結繩而治，後世聖人易之以書契，百官以治，萬民以察，蓋取諸夬。"

我認爲，這一大段文字統統是後人加的，不是孔子《易傳》的原文。那麽，它是什麽時候加的呢？這段文字雖不是孔子作的，但也是很早就有的。馬王堆漢墓所出帛書《周易》的《繫辭傳》已有，即可爲證。我估計它可能出現在戰國之時。因爲"包犧氏"這個稱呼，《論語》中並没有，而《管子》、《荀子》、《戰國策》中已經出現了。而且，從這段文字所隱含的"五德終始"思想來看，它可能是戰國時陰陽家鄒衍之徒搞的。現在，我們把它從正文中删掉，理由詳見《傳》後附録的《新編説明》。

第二節

是故《易》者，象也。

這句話的意思是説，《易》就是象。象是《易》的重要特徵，

《易》用象表達思想。離開象,《易》便不成其爲《易》了。

象也者,像也。彖者,材也。爻也者,效天下之動者也。

　　"彖",是彖辭,也就是卦辭。"材",是樸,是原木。"彖者,材也",就是説彖是一卦總的説明,表示一卦之材。

　　"爻也者,效天下之動者也",就是説爻是仿傚天下的變動的。這與《繫辭傳上》"彖者言乎象者也,爻者言乎變者也"表達的是同樣的意思。

是故吉凶生而悔吝著也。

　　這句話的意思是説,因爲動,所以産生了吉凶,悔吝也就由隱變顯了。

第三節

陽卦多陰,陰卦多陽。其何故也? 陽卦奇,陰卦耦。其德行何也?陽一君而二民,君子之道也;陰二君而一民,小人之道也。

　　"耦"同偶。這一段話的意思是説,陽卦中陰爻多,陰卦中陽爻多。舉例來説,震爲陽卦,震仰盂,卦畫爲☳,包括兩個陰爻一個陽爻,這就是"陽卦多陰"。巽爲陰卦,巽下斷,卦畫爲☴,包括兩個陽爻一個陰爻,這就是"陰卦多陽"。這是爲什麼呢? 因爲陽卦是奇,陰卦是偶。

　　陽卦與陰卦各有什麼德行呢? 陽卦一君而二民,表現的是君子之道;陰卦二君而一民,表現的是小人之道。因爲在《易》經中,陽爻是君,陰爻是民。"陽卦多陰",一個陽爻兩個陰爻,所以説是"一君而二民"。"陰卦多陽",兩個陽爻一個陰爻,所以説是"二君而一民"。

第三章

《易》曰："憧憧往來,朋從爾思。"子曰："天下何思何慮? 天下同歸而殊塗,一致而百慮。天下何思何慮? 日往則月來,月往則日來,日月相推而明生焉。寒往則暑來,暑往則寒來,寒暑相推而歲成焉。往者屈也,來者信也,屈信相感而利生焉。尺蠖之屈,以求信也;龍蛇之蟄,以存身也。精義入神,以致用也;利用安身,以崇德也。過此以往,未之或知也。窮神知化,德之盛也。"

《易》曰："困于石,據于蒺藜,入于其宮,不見其妻,凶。"子曰:"非所困而困焉,名必辱;非所據而據焉,身必危。既辱且危,死期將至,妻其可得見耶!"

《易》曰:"公用射隼于高墉之上,獲之无不利。"子曰:"隼者禽也,弓矢者器也,射之者人也。君子藏器於身,待時而動,何不利之有? 動而不括,是以出而有獲,語成器而動者也。"

子曰:"小人不恥不仁,不畏不義,不見利不勸,不威不懲。小懲而大誡,此小人之福也。《易》曰:'屨校滅趾,无咎。'此之謂也。"

"善不積不足以成名,惡不積不足以滅身。小人以小善爲无益而弗爲也,以小惡爲无傷而弗去也。故惡積而不可揜,罪大而不可解。《易》曰:'何校滅耳,凶。'"

子曰:"危者安其位者也,亡者保其存者也,亂者有其治者也。是故君子安而不忘危,存而不忘亡,治而不忘亂,是以身安而國家可保也。《易》曰:'其亡其亡,繫于苞桑。'"

子曰:"德薄而位尊,知小而謀大,力小而任重,鮮不及矣。

《易》曰:'鼎折足,覆公餗,其形渥,凶。'言不勝其任也。"

子曰:"知幾其神乎? 君子上交不諂,下交不瀆,其知幾乎? 幾者動之微,吉凶之先見者也。君子見幾而作,不俟終日。《易》曰:'介于石,不終日,貞吉。'介如石焉,寧用終日? 斷可識矣。君子知微知彰,知柔知剛,萬夫之望。"

子曰:"顏氏之子,其殆庶幾乎? 有不善未嘗不知,知之未嘗復行也。《易》曰:'不遠復,无衹悔,元吉。'"

"天地絪縕,萬物化醇。男女構精,萬物化生。《易》曰:'三人行則損一人,一人行則得其友。'言致一也。"

子曰:"君子安其身而後動,易其心而後語,定其交而後求。君子脩此三者,故全也。危以動則民不與也,懼以語則民不應也,无交而求則民不與也,莫之與則傷之者至矣。《易》曰:'莫益之,或擊之,立心勿恒,凶。'"

【詳解】

本章是孔子的讀《易》示範。孔子從咸、困、解、噬嗑等卦中抽出十一條爻辭,逐一加以解釋,從而教人們如何學《易》。根據孔子對十一條爻辭的解釋的內容,本章可以分十一節。下面就逐節進行說明。

第一節

《易》曰:"憧憧往來,朋從爾思。"

這一句是咸卦九四爻辭。

子曰:"天下何思何慮? 天下同歸而殊塗,一致而百慮。天下何思何慮?

"塗"同途。這段話及下面幾段話是孔子就咸卦九四爻辭所作的發揮,意思是說,做事應順應自然,用不着營營思慮。

儘管天下事物千差萬別,所行的路塗不一樣,而所歸則是相同
的;儘管人們所應接的事物不同,所發的思慮也各種各樣,而
所達到的結果則祇有一個。這實際上反映了合二而一的思
想。世界上所有事物的發展、變化,統統是一分爲二,又統統
是合二而一。

日往則月來,月往則日來,日月相推而明生焉。寒往則暑來,暑往
則寒來,寒暑相推而歲成焉。往者屈也,來者信也,屈信相感而利
生焉。

　　“信”與“伸”同。這段話大意是説,日月一往一來,互相推
動,從而產生了明;寒暑一往一來,互相推動,從而形成了年;
屈伸互相感應而產生了利。這是對上文“天下同歸而殊塗,一
致而百慮”的證明,講的還是合二而一的問題。日、月是二,明
是一;寒、暑是二,歲是一;屈、信是二,利是一。這與“天下之
動,貞夫一者也”表達的是同樣的思想。

尺蠖之屈,以求信也;龍蛇之蟄,以存身也。

　　“尺蠖”,是一種蟲子,又叫量天尺。這兩句話是説,尺蠖
在爬行時蜷曲身體,是爲了求得伸展;龍蛇的冬眠,是爲了保
存身體。

精義入神,以致用也;利用安身,以崇德也。

　　這兩句話的意思是説,人的修養達到最高的境界,是爲了
出而致用。利其用而安其身,就可以使自己的德行更加崇高。

過此以往,未之或知也。

　　這句話的意思是説,除了這以外,就不知道了。因爲可以
證明往來、屈信的關係的東西實在是太多了。比如,動物既要
呼氣,又要吸氣;人要吃飯、喝水,還得排泄;在《周易》的六十
四卦中,所有卦的排列都是一正一反,等等。

窮神知化,德之盛也。"

　　"神",是精神。"化",是變化。這句話是説,窮盡事物的
精神,知道其發展變化,這就是盛大的德行。

　　從"《易》曰:'憧憧往來,朋從爾思。'"到"屈信相感而利生
焉",是本節的第一段,講合二而一的問題。從"尺蠖之屈,以
求信也"到"窮神知化,德之盛也",是本節的第二段,專講往來
是規律。

第二節

《易》曰:"困于石,據于蒺藜。入于其宫,不見其妻,凶。"

　　這句話引的是困卦六三爻辭,意思是説,既受困於堅石,
又坐在帶刺的蒺藜上面。可見處境之窘迫。

子曰:"非所困而困焉,名必辱;非所據而據焉,身必危。既辱且危,
死期將至,妻其可得見耶!"

　　這是孔子對困卦六三爻辭的解釋,旨在説明,爲所不宜
爲,做所不當做,走到了"利用安身"的反面,所以落得個名辱
身危、不可挽救的下場。

第三節

《易》曰:"公用射隼于高墉之上,獲之无不利。"

　　這引的是解卦上六爻辭,講如何除去居高位的小人問題。
"隼",是鷹。"高墉",即高墙。"隼于高墉之上",意思是説陰
鷙的小人居於高位。

子曰:"隼者禽也,弓矢者器也,射之者人也。君子藏器於身,待時
而動,何不利之有? 動而不括,是以出而有獲,語成器而動者也。"

這段話是孔子對解卦上六爻辭的解釋,旨在説明要想解決問題,既要有本事,即"藏器";又要善於捕捉時機,即"待時"。衹有二者兼備,才能取得好的效果,無往而不利。

第四節

子曰:"小人不耻不仁,不畏不義,不見利不勸,不威不懲。小懲而大誠,此小人之福也。《易》曰:'屨校滅趾,无咎。'此之謂也。"

"屨校滅趾,无咎",是噬嗑初九爻辭。"屨",鞋。這裏作動詞用。"校",是木制的刑具。"屨校滅趾,无咎",是説脚上戴着"校"這種刑具,遮住了脚趾尖,没有咎。孔子的解釋旨在説明,當小人犯有輕微過失時,及時給予適當的懲罰,使之改惡遷善,不致釀成大禍,這就是"小懲而大誠"。這樣做,其實挽救了小人,是小人之福。

第五節

"善不積不足以成名,惡不積不足以滅身。小人以小善爲无益而弗爲也,以小惡爲无傷而弗去也。故惡積而不可揜,罪大而不可解。《易》曰:'何校滅耳,凶。'"

"何校滅耳,凶",是噬嗑上九爻辭。"何"與"荷"同,肩負曰荷,是肩上扛戴着的意思。"何校滅耳,凶",是説肩上扛戴着"校"這種刑具,遮住了耳朵,凶。孔子的解釋旨在説明,善惡都是積小成大、積少成多的,所以對惡應防微杜漸。到了"惡積而不可揜,罪大而不可解"的時候,後悔都來不及了。

第六節

子曰："危者安其位者也，亡者保其存者也，亂者有其治者也。是故君子安而不忘危，存而不忘亡，治而不忘亂，是以身安而國家可保也。《易》曰：'其亡其亡，繫于苞桑。'"

　　"其亡其亡，繫于苞桑"，是否卦九五爻辭。"其"，表示疑問。"繫"，是綁上。"苞"，是叢的意思。否卦九五這句爻辭的意思是説，心裏老想着"其亡其亡"，害怕滅亡，因此小心謹慎，結果不但沒有亡，反而更加牢固。孔子的解釋旨在説明，危與安，亡與存，亂與治，雖然對立，但也可以轉換。祇有居安思危，才能安身保國。

第七節

子曰："德薄而位尊，知小而謀大，力小而任重，鮮不及矣。《易》曰：'鼎折足，覆公餗，其形渥，凶。'言不勝其任也。"

　　"鼎折足，覆公餗，凶"，是鼎卦九四爻辭。"鼎折足，覆公餗"，是説鼎足折了，把鼎中的好肉好菜都給傾覆了。

　　對於"形渥"，前人有不同的解釋。朱熹《本義》引晁氏説："形渥，諸本作刑剭，謂重刑也。"程頤認爲："形渥，赧汗也。"王弼注説："渥，霑濡之貌也。"查慎行説："形渥乃覆公餗之象，謂鼎旁汁沈淋漓也。"我認爲，查説較爲合理。孔子的解釋着重説明不勝其任的問題。

第八節

子曰："知幾其神乎？君子上交不諂，下交不瀆，其知幾乎？幾者動之微,吉凶之先見者也。君子見幾而作,不俟終日。《易》曰:'介于石,不終日,貞吉。'介如石焉,寧用終日?斷可識矣。君子知微知彰,知柔知剛,萬夫之望。"

"介於石,不終日,貞吉",是豫卦六二爻辭。孔子的解釋着重強調"知幾"的問題。

"幾者動之微,吉凶之先見者也"這句話,今通行本《繫辭傳》爲"幾者動之微,吉之先見者也"。即"吉"字後面的"凶"字,在流傳過程中脱掉了。因爲"幾",是幾微,事物的發展剛剛開始,結果還看不清楚,不見得都是吉,也應該有凶,所以説是"吉凶之先見者也"。

什麼是"知幾"呢?"知幾"就是看出事物發展的苗頭與趨勢。比方説,范蠡與文種都臣事越王勾踐,滅吴成功後,范蠡看出勾踐"不可與樂成",於是就泛舟游五湖,全身而退;文種没看到這一點,繼續留在勾踐身邊,結果被殺。又如,孔子見季孫氏未給他送來祭祀的膰肉,便主動出走。孔子、范蠡是"知幾"的,文種則不"知幾"。

由於"幾"是"動之微",這時事物的發展趨勢還不明顯,不容易看清,所以孔子説"知幾其神乎"?那麼,怎樣才算"知幾"呢?具體點説,與上級交往不諂媚,對下級不隨便欺壓,并且,要見幾就行動,不等一天過完。君子見微則知彰,見柔則知剛,能知幾如是,必得天下萬民的仰望。

第九節

子曰:"顏氏之子,其殆庶幾乎?有不善未嘗不知,知之未嘗復行也。《易》曰:'不遠復,无祗悔,元吉。'"

"不遠復,无祗悔,元吉",是復卦初九爻辭,意思是説失之不遠而復,則不至於悔,大善而吉也。

"顏氏之子"，指顏回。"庶幾"，是差不多的意思。孔子的解釋是稱贊顏回具有"有不善未嘗不知，知之未嘗復行"的品德。

第十節

"天地絪縕，萬物化醇。男女構精，萬物化生。《易》曰：'三人行則損一人，一人行則得其友。'言致一也。"

　　"三人行則損一人，一人行則得其友"，是損卦六三爻辭。這段話與前文"天下之動，貞夫一者也"、"天下同歸而殊塗，一致而百慮"一樣，講的都是合二而一的問題。

第十一節

子曰："君子安其身而後動，易其心而後語，定其交而後求。君子脩此三者，故全也。危以動則民不與也，懼以語則民不應也，无交而求則民不與也，莫之與則傷之者至矣。《易》曰：'莫益之，或擊之，立心勿恒，凶。'"

　　"莫益之，或擊之，立心勿恒，凶"，是益卦上九爻辭，意思是說沒有人支持它，卻有人攻擊它，立心不恒久，凶。孔子的解釋主要是講如何處理好己與人的關係問題。

第四章

【傳文】

子曰：“乾坤其《易》之門邪？”乾，陽物也；坤，陰物也。陰陽合德而剛柔有體。以體天地之撰，以通神明之德。其稱名也雜而不越。於稽其類，其衰世之意邪？

夫《易》彰往而察來，而微顯闡幽。開而當名辨物，正言斷辭，則備矣。

其稱名也小，其取類也大。其旨遠，其辭文，其言曲而中，其事肆而隱。因貳以濟民行，以明失得之報。

【詳解】

本章講的是整個《易》經的內容。可分三節：第一節從“子曰：‘乾坤其《易》之門邪？’”到“其衰世之意邪”，第二節從“夫《易》彰往而察來”到“正言斷辭，則備矣”，第三節從“其稱名也小”到“以明失得之報”。現逐句加以解釋。

第一節

子曰：“乾坤其《易》之門邪？”

這句話的意思是說，乾坤是《易》經的門户。這句話與“乾坤其《易》之緼邪”一樣，把乾、坤兩卦看得很特殊。《易》與天地準，乾坤就是天地，全部《易》經就是講乾坤。六十四卦的開始兩卦是乾、坤，從屯、蒙到既濟、未濟，都是乾坤的變化、發展，也應歸到乾、坤裏，所以説乾坤是"易之門"。

乾，陽物也；坤，陰物也。

　　這句話的意思是説，乾是純陽的，坤是純陰的。用門（即兩扇門）來比方，一扇是陽門，一扇是陰門。陰與陽是一對矛盾，因此，"乾，陽物也；坤，陰物也"實際上是講乾與坤的對立。

陰陽合德而剛柔有體。

　　從《易》經來説，"陰陽合德"講的是卦，即象；"剛柔有體"講的是爻。因爲《説卦傳》説："觀變於陰陽而立卦，發揮於剛柔而生爻。"從乾、坤來説，"陰陽合德"是講統一，"剛柔有體"是講變化。《易》經雖然講對立，但更講統一，重視發展，強調變、動這一方面。"闔戶謂之坤，闢戶謂之乾，一闔一闢謂之變，往來不窮謂之通"主要講的是統一與變化，"陰陽合德而剛柔有體"還是強調統一與變化。

以體天地之撰，以通神明之德。

　　"撰"，韓康伯注"數也"，不見得對。實際上，"天地之撰"指的是天地的變化，是外部表現。"體天地之撰"，就是"成變化"的意思。"德"是内部性質。"通神明之德"，就是"行鬼神"的意思。

其稱名也雜而不越。

　　這句話，韓康伯以爲是"況爻彖之辭"，可以信從。"其稱名也雜而不越"，意思是説爻辭雖雜亂，但卻不逾越。

於稽其類，其衰世之意邪？

　　"於"，發語辭。"稽"，是考。這兩句話意思是説，考察六十四卦卦爻辭的事類，大概是衰亂之世講的吧！所謂"衰世"，與下文"《易》之興也，其當殷之末世、周之盛德邪"一樣，都是指殷周之際。

第二節

夫《易》彰往而察來,而微顯闡幽。

　　《繫辭傳上》説:"神以知來,知以藏往。""知來"即"察來",是蓍的功用;"藏往"即"彰往",是卦的功用。《易》經由蓍與卦兩個對等的部分組成,所以説《易》的作用既能"彰往"又能"察來"。

　　"而微顯闡幽"這句話,韓康伯注"微以之顯,幽以之闡",不見得對。"微顯闡幽",意思是説,對顯的微,對幽的闡。這與《史記·司馬相如列傳》所説的"《春秋》推見至隱,《易》本隱以之顯",表達的大概是同樣的意思。

開而當名辨物,正言斷辭,則備矣。

　　"開",是展開的意思。對於"當名辨物,正言斷辭",《周易折中》引郭雍説:"當名,卦也。辨物,象也。正言,彖辭也。斷辭,繫之以吉凶者也。"講得大體上不錯。祇是把"辨物"當取象,不見得對。實際上,"物"指的是陰陽,"辨物"就是"觀變於陰陽"的意思。

第三節

其稱名也小,其取類也大。

　　這句話的意思是説,六十四卦的卦名雖然常常很小,很具體,如井卦、鼎卦等;但其取類則是很大的,所反映的思想内容的涵蓋面很廣。因爲《易》經的卦名祇是符號,每個卦名都代表一類事物,有抽象性。

其旨遠,其辭文,其言曲而中,其事肆而隱。

　　這段話是説明《易》經卦爻辭的特點。從文字的表面看，是很有文采的，其所包含的旨意則是深遠的；許多話雖不是直接説出的，但仔細考察卻很恰當、很對；《易》經講許多事情都很明顯，很具體，而裏面卻隱藏着深邃的思想。

因貳以濟民行，以明失得之報。

　　“貳”，指吉凶。因爲下面緊接着講“明失得之報”，而《繫辭傳上》説“吉凶者失得之象也”，“吉凶者言乎其失得也”，所以説“貳”就是吉凶。這兩句話的意思是説，《易》用吉凶來指導人們的行動，來報告人們的失得。

第五章

【傳文】

《易》之興也，其於中古乎？作《易》者其有憂患乎？是故履，德之基也。謙，德之柄也。復，德之本也。恒，德之固也。損，德之脩也。益，德之裕也。困，德之辨也。井，德之地也。巽，德之制也。

履，和而至。謙，尊而光。復，小而辨於物。恒，雜而不厭。損，先難而後易。益，長裕而不設。困，窮而通。井，居其所而遷。巽，稱而隱。

履以和行。謙以制禮。復以自知。恒以一德。損以遠害。益以興利。困以寡怨。井以辨義。巽以行權。

【詳解】

本章主要講九德。因爲孔子共講了三遍，所以後人稱之爲“三陳九德”。孔子的三陳九德可分爲三個層次：一陳是講九德的實質，二陳是講九德的應用，三陳是講九德的作用。在這裏孔子講了九個卦。孔子講得到底對不對？由於沒有別的材料加以證明，我們也無法知道。孔子這麼講，我們祇能隨文解義，將其講通而已。全章可分三節：第一節從“《易》之興也，其於中古乎”到“巽，德之制也”，第二節從“履，和而至”到“巽，稱而隱”，第三節從“履以和行”到“巽以行權”。下面就逐句加以解釋。

第一節

《易》之興也，其於中古乎？

　　"中古"，指殷周之際。"《易》之興也"的"興"字值得注意，它是復興的意思。朱熹《周易本義》說："夏商之末，《易》道中微。文王拘於羑里而繫彖辭，《易》道復興。"講得很對。

作《易》者其有憂患乎？

　　"其"字，表示推測。"作《易》者"，指文王。文王被商紂囚於羑里，所以說"有憂患"。孔子在後文三陳九德，即與此有關。憂患是原因，九德是結果。

　　"《易》之興也，其於中古乎？作《易》者其有憂患乎"？與後文"《易》之興也，其當殷之末世、周之盛德邪？當文王與紂之事邪"一樣，都是指文王於殷周之際演《周易》，使《易》道復興之事。

是故履，德之基也。

　　"履"，在古代既可當動詞"踐履"講，又可作名詞"禮"用。這裏的"履"就是"禮"。《說文·示部》"禮，履也"是其證。履卦的《大象》說："上天下澤，履。君子以辯上下，定民志。"所謂"辯上下"，就是維護尊卑貴賤有別的等級制度。所謂"定民志"，就是要做到"思不出其位"、"素其位而行"。正因爲這樣，所以說"履，德之基也"，也就是說禮是德的基礎。

謙，德之柄也。

　　這句的意思是說，修德的關鍵是謙，應當執謙以待人。謙，自卑而尊人，六爻皆吉。《彖傳》說："天道虧盈而益謙，地道變盈而流謙，鬼神害盈而福謙，人道惡盈而好謙。"可見謙德的重要。

復，德之本也。

　　這句的意思是説，復是道德的根本。《易》有十二消息卦，用復、臨、泰、大壯、夬、乾、姤、遯、否、觀、剝、坤十二卦來代表從十一月到十月這十二個月。復卦震下坤上，一陽爻上有五陰爻，代表十一月冬至之時一陽復生。復卦卦辭説"反復其道，七日來復，利有攸往"，就是按十二消息卦來講復的。邵雍詩云"冬至子之半，天心無改移。一陽初動處，萬物未生時。玄酒味方淡，大音聲正希。此言如不信，更請問庖犧"，解釋得更爲清楚。因爲在《易》經中，陽爲君子，陰爲小人，在復的時候，陽進陰退，君子道長，小人道消，所以説復是道德的根本。

恒，德之固也。

　　"恒"，是久的意思。這句話是説，能長久，德就鞏固了。

損，德之脩也。

　　損卦的《大象》説："山下有澤，損，君子以懲忿窒欲。""懲忿窒欲"，正是修德的重要表現。

益，德之裕也。

　　這句的意思是説，每天都增加於德有益的東西，道德就有餘裕了。

困，德之辨也。

　　這句的意思是説，困境可以辨別一個人的品德。孔子説"君子固窮，小人窮斯濫矣"，正是這個意思。

井，德之地也。

　　井卦的《象傳》説："井，養而不窮也。"表明井有養人利物的功用，所以説是"德之地"。

巽，德之制也。

　　巽卦的《象傳》説："重巽以申命。"《大象》説："君子以申命行事。"表明巽是制定命令往下發,所以説是"德之制"。

第二節

履,和而至。

　　"至",是至於中的意思。"履和而至",就是説禮貴和,和
宜中。那麼,什麼是"和"呢?"男女授受不親",這是禮;"嫂
溺,援之以手",這就是"和"。

謙,尊而光。

　　"尊",非尊高之義。王引之《經義述聞》説:"尊讀撙節退
讓之撙。尊之言損也,小也;光之言廣也,大也。尊而光者,小
而大。"其義與謙卦《象傳》所言"天道下濟而光明"相同。講得
很好。

復,小而辨於物。

　　"小",指"陽始見"。"辨",王引之説:"辨讀曰遍,古字辨
與遍通。"很對。這句的意思是説,復之時,陽雖小卻能遍及萬
物。

恒,雜而不厭。

　　"雜",王引之《經義述聞》説:"雜當讀爲帀。帀,周也,一
終之謂也。恒之爲道,終始相巡而無已時,故曰帀而不厭。"講
得很好。這句的意思是説,恒就是終而復始,永不停止。事物
能够"恒",即能長期不斷;直綫發展不行,必須是一個週期一
個週期地向前發展,終而復始。這其實也就是列寧所説的螺
旋曲綫式向前的發展規律。

損,先難而後易。

　　現在的機構精簡,也是先難而後易的。現在是機構臃腫,
人浮於事。俗話説:"一個和尚挑水吃,兩個和尚抬水吃,三個

和尚没水吃。"目前的情況就是"三個和尚没水吃"。要改變這種局面,剛開始當然是很難的,但到後來,人們看到了精簡的好處,事情就容易辦了。

益,長裕而不設。

　　　"設",韓康伯解爲"虛設",朱熹釋爲"造作"。朱熹講得較好。這句的意思是説,能有長久好處,就一仍舊慣,不必改作。

困,窮而通。

　　　這句的意思是説,困窮而後通達。

井,居其所而遷。

　　　井是不動的,而井裏的水則可以遷,所以説"居其所而遷"。

巽,稱而隱。

　　　"隱",就是不知道。巽是講從事申命的工作。這句的意思是説,稱揚命令而百姓聽從。

第三節

履以和行。

　　　"履",是禮。禮之用,和爲貴。所以説"履以和行"。

謙以制禮。

　　　謙,自卑而尊人,能以禮待人。所以説"謙以制禮"。

復以自知。

　　　這句的意思是説,用復來對照自己,就能不遷怒,不貳過。所以説"復以自知"。

恒以一德。

　　　這句的意思是説,能守常,就會使德行專一。所以説"恒以一德"。

損以遠害。

　　這句的意思是說，能做到損，就會遠離危害。所以說"損以遠害"。

益以興利。

　　這句的意思是說，能做到益，就會帶來好處。所以說"益以興利"。

困以寡怨。

　　這句的意思是說，人處於困窘之時，不能傷人，也就無人怨恨。所以說"困以寡怨"。

井以辨義。

　　這句的意思是說，井作爲養人的東西，能看出義來。所以說"井以辨義"。

巽以行權。

　　這句的意思是說，巽是掌握制命的，爲了使制命更切合，在發佈命令時可以行權，有與實際情況不一致之處，應該靈活處理。所以說"巽以行權"。

第六章

【傳文】

《易》之爲書也，不可遠。爲道也屢遷，變動不居。周流六虛，上下无常，剛柔相易。不可爲典要，唯變所適。其出入以度外內，使知懼。又明於憂患與故。无有師保，如臨父母。

初率其辭而揆其方，既有典常。苟非其人，道不虛行。

【詳解】

本章主要講爻的變動。可分兩節：第一節從"《易》之爲書也，不可遠"到"无有師保，如臨父母"，第二節從"初率其辭而揆其方"到"道不虛行"。現逐句加以解釋。

第一節

《易》之爲書也，不可遠。

這句話意思是說，對於《易》，不應當離之太遠，應常放在身旁、左右。這句話應和下文"无有師保，如臨父母"聯繫起來，是說《易》沒有師保，好像父母親臨其境來教育一樣，不應該離之太遠。

爲道也屢遷，變動不居。

這兩句話的意思是一樣的，都是講變。"道"，就是規律。"屢遷"，就是"不居"。"爲道也屢遷，變動不居"，即是說《易》作爲道來說，是屢屢遷變的，是變動不止的。程頤《易傳》第一句話就説"《易》,變易也,隨時變易以從道也",講的正是這個意思。

周流六虛,上下无常,剛柔相易。

這三句話是講變動不居的具體情況。

"六虛",指六位。《易》的每卦有六爻,因此就有初、二、三、四、五、上六位。

"上下无常",是説爻的上下位置不一定。比如,"泰"是小往大來,"否"是大往小來。

"剛柔相易",是説爻的剛柔性質也互相變易。剛可以變柔,柔也可以變剛。

不可爲典要,唯變所適。

"適",是從的意思。"唯變所適",就是適變,也就是從變。這兩句話意思是説,没有哪個東西是典要能遵守不變的,因爲《易》本身就是"唯變所適"的。

其出入以度外内,使知懼。

"度",是經過。"外",指外卦。"内",指内卦。"出入",是説爻有時由内卦出到外卦,有時又由外卦入到内卦。"其出入以度外内",是講變。

"使知懼",與否卦九五爻辭"其亡其亡,繫于苞桑"表達的是同樣的意思。孔子解釋説:"危者安其位者也,亡者保其存者也,亂者有其治者也。是故君子安而不忘危,存而不忘亡,治而不忘亂,是以身安而國家可保也。"其意思是説,處危時要懼,居安時也要懼。

又明於憂患與故。

"故",是指過去、歷史,其義同於《荀子·勸學》《詩》、《書》故而不切"的"故"。這句話的意思是説,又明白憂患以及歷史。范仲淹《岳陽樓記》説的"居廟堂之高則憂其民,處江湖之遠則憂其君。是進亦憂,退亦憂,然則何時而樂耶? 其必曰:先天下之憂而憂,後天下之樂而樂",正與《易》經思想相符。現代新儒家常講憂患思想,認爲人應常知懼,總有憂患,才能有所作爲,也可能與此有關。

无有師保,如臨父母。

"師保",即《周禮》所説的師氏、保氏,掌管教育之事。這兩句話意思是説,《易》經裏雖然沒有師保,但是就像父母親臨其境進行教育一樣。

第二節

初率其辭而揆其方,既有典常。

"率",是循、依照的意思。"揆",是揣度的意思。"初率其辭而揆其方",是説初看爻的辭,循着爻的辭,揆度辭的方向,即尋找其規律。

"既有典常","典"是常法,意思是説變不是亂變,而是有典常,有不變的東西,因爲萬變不離其宗。

苟非其人,道不虛行。

這兩句話意思是説,道自己不能行,得人行道、守道,人如果不行,光有道還是不行。

總之,這一章第一節講變、變易,第二節則是講不變、不易。這看似矛盾,其實不然,因爲變中自有不變存在。爻在《易》經中很重要,《易》對爻講得也多。爻是講變化的,《繫辭傳》兩次講到"聖人有以見天下之動,而觀其會通",可見《易》強調變化、發展,并且重視統一的一面。對此,我們應加以注意。

第七章

【傳文】

《易》之爲書也，原始要終以爲質也。六爻相雜，唯其時物也。其初難知，其上易知，本末也。初辭擬之，卒成之終。若夫雜物撰德，辨是與非，則非其中爻不備。噫亦要存亡吉凶，則居可知矣。知者觀其彖辭，則思過半矣。

二與四同功而異位，其善不同。二多譽，四多懼，近也。柔之爲道不利遠者，其要无咎，其用柔中也。三與五同功而異位，三多凶，五多功，貴賤之等也。其柔危，其剛勝邪？

【詳解】

本章主要講六爻的特點。可分兩節：第一節從“《易》之爲書也，原始要終以爲質也”到“知者觀其彖辭，則思過半矣”，第二節從“二與四同功而異位”到“其柔危，其剛勝邪”。現逐句進行解釋。

第一節

《易》之爲書也，原始要終以爲質也。

“原始要終”，就是推原其始，要約其終。“原始要終”，是講一卦之中的問題。“始”，是初。“終”，是上。“以爲質”的“質”，韓康伯釋爲“體”，是對的。這兩句話意思是說，《易》之爲書，是以推原其始、要約其終作爲體質的。

“原始要終”，究竟是講什麼呢？它實際上是講由量變到

質變的發展、變化過程。《易》講變、通，又講會、通，認爲量變
到了極點就會發生質變，質變過後又要進行量變。"原始要
終"表達的也是這個意思。

六爻相雜，唯其時物也。

　　一卦有六爻，六爻相雜，雜的是時、物兩項。"時"，指的是
爻位，其發展是由初到上。"物"，應以"乾，陽物也；坤，陰物
也"作解，指的是剛柔、陰陽。其變化是剛可以變柔，柔也可以
變剛。

其初難知，其上易知，本末也。

　　這句話的意思是説，初爻是什麽，不容易知道，到了上爻
就容易知道了，因爲初、上是本末的關係。

初辭擬之，卒成之終。

　　這句話的意思是説，初爻的辭一旦擬定，上爻就是講經過
發展變成結果的問題了。這還是講初與上的關係。

若夫雜物撰德，辨是與非，則非其中爻不備。

　　"中爻"，指除初、上以外的二、三、四、五。有人認爲僅指
二、五，是不對的。"雜物撰德"，是説有剛有柔，陰陽相雜，其
德也各不相同。這幾句話的意思是説，事物有剛有柔，陰陽相
雜，其德也各不相同，要辨別它們的是與非，光有初、上，沒有
二、三、四、五等中爻，就不完備。

噫亦要存亡吉凶，則居可知矣。

　　王引之《經義述聞》説"噫與抑通，字或作意，又作懿"，是
對的。《易經》的卦有了初與上，又有中爻，這就完備了，吉凶
存亡的問題也就居然可知了。

知者觀其彖辭，則思過半矣。

　　"知者"，是聰明睿智之人。"彖辭"，即卦辭。這兩句話意

思是説,聰明的人祇看一卦的卦辭,不必看爻辭,就能知道一半以上了。爲什麼這麼説呢?因爲卦辭是説明一卦的,是總的説明;爻辭祇是説明一爻的,是部分的説明。

第二節

二與四同功而異位,其善不同。

　　"二與四",指一卦中的第二爻與第四爻。二爻與四爻,都是偶數,處陰位,所以説"同功";但二在内卦中爻,四在外卦下爻,所以説"異位"。實際上,"同功"是就性質言,"異位"是就遠近言。這兩句話意思是説,二與四雖同處陰位,但因爲位置不同,二在下,四在上,所以好壞不一樣。

二多譽,四多懼,近也。

　　這是説在六十四卦中,二多半是譽,好;四多半是懼,不好。四爲什麼"多懼"呢?因爲四近五,五爲君位,接近君位必有所戒懼。

柔之爲道不利遠者,其要无咎,其用柔中也。

　　這是講"二多譽"的原因。二是陰位,所以稱"柔"。"柔中",就是既處柔位又得中。所謂"得中",是指居於一卦的中位。在六爻中,祇有二、五爲得中。這幾句話的意思是説,二距五遠,本來是不利的,但是二在大多數情況下還是无咎的。這是因爲它用柔而得中,即既是陰位又居内卦之中。

三與五同功而異位,三多凶,五多功,貴賤之等也。

　　這是説,三爻與五爻雖然都是奇數,處陽位,但由於位置不同,三在内卦上爻,五在外卦中爻,所以三多半是凶,五多半有功。這是什麼原因呢?因爲貴賤等級不同,五是君,貴;而三則是臣,賤。

其柔危,其剛勝邪?

這是説,三與五是陽位,如果柔爻居之,就有危難;如果剛爻居之,便可勝任而無危。

第八章

【傳文】

　　《易》之爲書也，廣大悉備。有天道焉，有人道焉，有地道焉。兼三材而兩之，故六。六者非它也，三材之道也。

　　道有變動，故曰爻。爻有等，故曰物。物相雜，故曰文。文不當，故吉凶生焉。

【詳解】

　　本章講了《易》全書的内容及爻的特點這麼兩個問題。全章可分兩節：第一節從“《易》之爲書也，廣大悉備”到“六者非它也，三材之道也”，第二節從“道有變動，故曰爻”到“文不當，故吉凶生焉”。現逐句加以解釋。

第一節

《易》之爲書也，廣大悉備。

　　　　這句話的意思是説，《易》經這部書，無論從廣來看，還是從大來看，都是完備俱全的。這與“彌綸天地之道”、“冒天下之道”一樣，都是指《易》經無所不包。

有天道焉，有人道焉，有地道焉。兼三材而兩之，故六。六者非它也，三材之道也。

　　　　一卦有六爻，初、二兩爻在下，爲地；五、上兩爻在上，爲天；三、四兩爻在中間，爲人。天、地、人是三才，“兩之”便成六爻。這段話的意思是説，《易》既有天道、地道，又有人道，兼備天、地、人三才；每才由兩爻代表，所以一卦有六爻；六爻不是別的，就是天、地、人這三才之道。

這段話所講的“天道”等等很重要，可惜過去的人多看不懂。子貢説過“夫子之文章，可得而聞也；夫子之言性與天道，不可得而聞也”，可見“天道”實在不容易懂。韓康伯講陰陽是氣，剛柔是形，也没有真正弄懂。現在，我們學了馬列主義，學了辯證法，就容易懂了。所謂天道、地道，是指自然規律；所謂人道，是指社會規律。毛澤東説：“矛盾統一的法則，即對立統一的法則，是自然和社會的根本法則，因而也是思維的根本法則。”可見，《易》所説的天道、地道與人道，用今天的話説就是自然規律與社會規律，實際上是講辯證法的。過去，人們認爲《周易》的個別地方有辯證法的思想，現在，我認爲整個《易》經就是用辯證法的理論寫成的。

第二節

道有變動，故曰爻。

這是説，因爲“道”有變動，所以才有爻。戴震《原善》説：“道者，行也。氣化流行，生生不已也。”可見“道”是有變動的。爻是講變的，“爻也者，言乎變者也”，爻講的正是道的變化、發展，所以説“道有變動，故曰爻”。

爻有等，故曰物。

這是説，爻是有等類的，所以有“物”，也就是有剛柔、陰陽的不同。

物相雜，故曰文。

“文”，是與“質”相對立的。“物相雜，故曰文”，即是説爻的剛柔、陰陽相互錯雜，於是便形成了"文"。

文不當，故吉凶生焉。

　　這句話的意思是說，文有當有不當，當就吉，不當就凶。

第九章

【傳文】

《易》之興也，其當殷之末世、周之盛德邪？當文王與紂之事邪？是故其辭危。

危者使平，易者使傾。其道甚大，百物不廢。

懼以終始，其要无咎。此之謂《易》之道也。

【詳解】

本章是對全《易》的總結，共分三節：第一節從"《易》之興也"到"是故其辭危"，講《周易》的產生；第二節從"危者使平"到"百物不廢"，講《周易》的內容；第三節從"懼以終始"到"此之謂《易》之道也"，講學《易》以後應有的效果。下面就逐句進行解釋。

第一節

《易》之興也，其當殷之末世、周之盛德邪？當文王與紂之事邪？

"《易》之興"，是指《周易》的產生。《周易》是什麼時候產生的？從時代來說，是在殷周之際；從事實來看，正當文王與商紂之事。也就是說《周易》是文王被商紂囚於羑里之時產生的。《史記‧周本紀》："西伯蓋即位五十年。其囚羑里，蓋益《易》之八卦爲六十四卦。"司馬遷的這一記載，記的就是"《易》之興也"這件事的。

是故其辭危。

　　"其辭危"，是説《周易》的文辭多半是危懼的。其原因是因爲《周易》是文王被商紂王囚羑里時所作，多憂患危懼之辭，所以説"是故其辭危"。

<h1 style="text-align:center">第二節</h1>

危者使平，易者使傾。

　　這兩句話顯然是講《周易》的思想，而《周易》的思想又來源於周文王。周文王思想有兩方面：一方面是想安全脱險，這就是"危者使平"；另一方面是想傾覆商紂王，這就是"易者使傾"。這也就是説，"危者使平，易者使傾"，既是《周易》的思想，也是文王的思想。這兩句話應結合否卦九五爻辭"其亡其亡，繫于苞桑"來理解。孔子解釋説："危者安其位者也，亡者保其存者也，亂者有其治者也。是故君子安而不忘危，存而不忘亡，治而不忘亂，是以身安而國家可保也。"今天看，這就是辯證法。儘管周文王作《易》，孔子作《傳》，並不知道辯證法這個詞。但今天我們學習馬列主義，一看就知道這確實是辯證法。

其道甚大，百物不廢。

　　"其道甚大"，是指"危者使平，易者使傾"的理論很大。"百物不廢"，即是説天下萬事萬物都離不開它，在任何時候都要應用它。實際上，這是講辯證法"大"，辯證法"百物不廢"。孔子這兩句話是贊美《周易》的，但在我們今天看來，實際上是在贊美辯證法。

<h1 style="text-align:center">第三節</h1>

懼以終始，其要无咎。

"懼以終始"，這句話是説，《周易》自始至終都是懷有危懼的。

"其要无咎"，是針對學《易》而言的。學習《易》經，主要的是做到"无咎"。《繫辭傳上》説："无咎者，善補過也。"《論語·述而》："子曰：'加我數年，五十以學《易》，可以無大過矣。'"可見《論語》與《繫辭傳》一致。

學《易》經，即學辯證法，懂規律，按理説做事懂辯證法應該百分之百正確，怎麼衹要求無大過呢？因爲，規律用恩格斯的話講就是必然性，用我國古人的話説就是"命"。事物的發展雖然由必然性左右，但也不排除偶然性。《莊子·列禦寇》講"命"有"隨"有"遭"，《孟子》講"命"有"正命"有"非正命"，也是講這個道理。比如，一個人身體健壯，本可長壽，卻遇到了地震、車禍等天災人禍，導致死亡。又如，在農業生產中，從選種、購肥到各項農活都做得不錯，本應豐收，卻由於蟲、旱等自然災害而導致減產。這些都是偶然性在發揮作用。所以，一個人做事一貫正確，百分之百正確，是很難的，甚至可以説根本不可能。《孫子·謀攻》所説的"百戰百勝"，事實上並不存在。任何人都會犯錯誤。毛澤東一輩子講辯證法，用辯證法指導了大大小小的戰爭，晚年還犯了錯誤，發動了"文化大革命"。毛澤東這樣的偉人尚且不能例外，更何況其他人呢？正因爲偶然性無法避免，一個人做事不可能絕對不出錯，所以孔子才説學《易》經能做到無大過，也就不錯了。

此之謂《易》之道也。

這句話的意思是説，學《易》的結果能達到无咎，就是《易》之道。

"此之謂《易》之道也"，我體會是孔子作《易》的一個結語。"天尊地卑"章是開始，是綱領；這一章則對全《易》作一總結。

第十章

【傳文】

夫乾,天下之至健也,德行恒易以知險。夫坤,天下之至順也,德行恒簡以知阻。能說諸心,能研諸侯之慮,定天下之吉凶,成天下之亹亹者。是故變化云爲,吉事有祥,象事知器,占事知來。天地設位,聖人成能;人謀鬼謀,百姓與能。八卦以象告,爻象以情言,剛柔雜居,而吉凶可見矣。變動以利言,吉凶以情遷。是故愛惡相攻而吉凶生,遠近相取而悔吝生,情僞相感而利害生。凡《易》之情,近而不相得則凶,或害之,悔且吝。將叛者其辭慚,中心疑者其辭枝,吉人之辭寡,躁人之辭多,誣善之人其辭游,失其守者其辭屈。

【詳解】

本章爲通行本《繫辭傳下》最末的一段話。這一段話,語無倫次,雜亂無章,似非孔子所作,或許爲後人雜續的文字。然而這一段話在馬王堆漢墓所出帛書《周易》的《繫辭傳》中已有,祇是個別處的文字略有參差不同。因此,對於它,我們姑且存疑,不作解釋。至於其具體原因,詳見《傳》後附錄的《新編說明》。

第十一章

【傳文】

昔者聖人之作《易》也，幽贊於神明而生蓍。参天兩地而倚數。觀變於陰陽而立卦。發揮於剛柔而生爻。

和順於道德而理於義。窮理盡性以至於命。

【詳解】

按：這一章及下一章文字，原在今通行本《周易》的《説卦傳》首段。而馬王堆漢墓所出帛書《周易》的《易之義》中，也有這兩章文字。除此而外，今通行本《周易》的《繫辭傳下》中的第六章、第七章、第八章、第九章、第十章、第十一章，也見於帛書《周易》的《易之義》中，而不見於帛書《周易》的《繫辭傳》。有鑒於馬王堆漢墓帛書《周易》的出現，並根據這兩章文字的文義及所講述的內容，我認爲這兩章文字應屬《繫辭傳》文。所以將其從《説卦傳》中移出，歸入於《繫辭傳》文內，而置於《繫辭傳下》之末，爲第十一章和第十二章。

本章所講的是，蓍、卦、爻的產生以及卦、爻的作用。可分兩節：第一節從“昔者聖人之作《易》也”到“發揮於剛柔而生爻”，第二節是“和順於道德而理於義。窮理盡性以至於命”。現逐句進行解釋。

第 一 節

昔者聖人之作《易》也，幽贊於神明而生蓍。

“蓍”，是一種草。有人説取乎孔林，像蒿子。爲什麼筮用蓍呢？《論衡·卜筮》載："子路問孔子曰：'猪肩羊膊可以得兆，藋葦藁芼可以得數，何必以蓍龜？'孔子曰：'不然，蓋取其名也。夫蓍之爲言耆也，龜之爲言舊也，明狐疑之事當問耆舊也。'"這表明，在孔子看來，卜筮之所以用龜蓍，是因爲龜、蓍有耆舊之義。實際上，占筮用的蓍草祇是記數的工具。從這個意義上說，它與策、籌、碼、算没有什麽不同。"筮"字從竹從巫，可以想像早期占筮是用竹，後來才用草。張良在劉邦面前用箸（即筷子）講六國後的情況，也與此一樣。《儀禮·士冠禮》賈公彦疏唐人占課用金錢，唐人詩云"衆中不敢分明語，暗擲金錢卜遠人"，方法就更爲簡便。這與卜本用龜，而殷墟所見的卜辭也可刻於牛骨之上，是同樣的道理。

　　"幽"，是暗中的意思。"贊"，是贊助的意思。"幽贊於神明而生蓍"，即是說暗中贊助神明才產生了蓍。蓍本來並不神，因爲暗中贊助神明，所以就神了。

參天兩地而倚數。

　　"倚"，是立。"倚數"，就是立數，也就是確定下來一個數。這個被確定下來的"數"，指的是"五十有五"，它是天地之數，又叫大衍之數。"五十有五"這個數，是怎麽構成的呢？它是由天數、地數相加而成的。《繫辭傳上》說"天一，地二，天三，地四，天五，地六，天七，地八，天九，地十。天數五，地數五，五位相得而各有合。天數二十有五，地數三十，凡天地之數五十有五"，可以爲證。

　　"參天兩地"，没有更深的意義，祇是說五個天數與五個地數相加，建立了大衍之數，用大衍之數產生出卦。

觀變於陰陽而立卦。

　　在筮法中，經過分二、挂一、揲四、歸奇以後，產生了七、八、九、六這四個數，這就產生出了陰陽。七叫少陽，八叫少

陰，九叫老陽，六叫老陰。《連山》、《歸藏》用七、八，《周易》則
用九、六。"觀變於陰陽而立卦"，即是説看數的陰陽變化就産
生了卦。

發揮於剛柔而生爻。

　　有了卦，用六爻表示卦的變動。爻稱"剛柔"，卦稱"陰
陽"，實際上是一回事，都表示奇偶。

　　總之，第一節講《易》經組成主要是蓍、卦，卦又分出爻，爻
屬於卦。這一段與《繫辭傳上》所説的"蓍之德圓而神，卦之德
方以知，六爻之義易以貢"，表達的是同樣的意思。

第二節

和順於道德而理於義。

　　六十四卦都有卦有爻，卦、爻都繫有辭作文字説明。卦、
爻辭的内容極爲複雜，且互相矛盾。有的可説是"和"於道德，
有的可説是"順"於道德。"和順"，就像中和、經權。以禮作比
方，"順"是"男女授受不親"，"和"就是"嫂溺援之以手"。看似
矛盾，實則並不矛盾。"義"，是宜的意思。這句話即是説，雖
有和於道德與順於道德的不同，但總的來説都理於義，也就是
説不管怎樣都是正確的。

窮理盡性以至於命。

　　"理"，應是事理。"性"，是人性。"命"，是天命。"人性"
是社會規律，"天命"就是自然規律。窮盡事理與人性，最終要
歸於知天命。即由每一卦的事理，上升到人性，再上升到天
命，達到"與天地合其德，與日月合其明，與四時合其序，與鬼
神合其吉凶。先天而天弗違，後天而奉天時"的程度。

第十二章

【傳文】

昔者聖人之作《易》也,將以順性命之理。是以立天之道曰陰與陽,立地之道曰柔與剛,立人之道曰仁與義。兼三才而兩之,故《易》六畫而成卦。分陰分陽,迭用柔剛,故《易》六位而成章。

【詳解】

本章主要講《易》就是講三才之道的,也就是講自然規律與社會規律,實際就是講辯證法。現逐句加以解釋。

昔者聖人之作《易》也,將以順性命之理。

"順",是遵循的意思。"性",是人性。"命",是天命。這兩句話的意思是說,過去聖人作《易》經,用它來遵循人性、天命的道理。正因爲這樣,所以才"立天之道曰陰與陽,立地之道曰柔與剛,立人之道曰仁與義"。

是以立天之道曰陰與陽,立地之道曰柔與剛,立人之道曰仁與義。

這段話是具體地講三才之道。"立天之道曰陰與陽",是說天道就是陰與陽。《繫辭傳》說"在天成象","象"就是三辰,即日月星,其中主要是日月。又說"陰陽之義配日月",所以,"立天之道曰陰與陽",是就日月來說的。

"立地之道曰柔與剛",是說地道就是柔與剛。《繫辭傳》說"在地成形","形"就是五行,即水火木金土。那麼,"柔與剛"究竟是什麼呢? 我認爲,柔與剛,一個是水,一個是土。

《中庸》說："仲尼祖述堯舜，憲章文武，上律天時，下襲水土。"
所謂"祖述堯舜，憲章文武"，是指人道的仁、義而言；"天時"，
即是指"陰與陽"，是天道；"水土"，即是指"柔與剛"，是地道。
天地的變化，用《繫辭傳》的話說，就是"陰陽合德"。在天，萬
物資始，靠太陽；在地，萬物資生，靠水土。所以說"立天之道
曰陰與陽，立地之道曰柔與剛"。

　　"立人之道曰仁與義"，是說人道就是仁與義。所謂"天
道"、"地道"，就是自然規律；所謂"人道"，就是社會規律。什
麽是"仁"、"義"呢？《中庸》說："仁者人也，親親爲大；義者宜
也，尊賢爲大。"這意思是說，仁是講處理人與人之間的關係要
相親相愛，這種仁愛是從"親親"開始的；義是講辦事正確，主
要是尊賢。"仁"的施行要靠推廣，具體方法是"老吾老以及人
之老，幼吾幼以及人之幼"、"親親而仁民，仁民而愛物"。"義"
最重要的是尊賢使能，使賢者在位，能者在職。祇有這樣，國
家才能治，否則就會亂。

　　那麽，爲什麽說"立人之道曰仁與義"呢？因爲社會是由
人構成的。由原始社會進化爲國家後，便由血族團體變爲地
區團體。這時，人們之間有的有血緣關係，有的無血緣關係。
維繫前者的關係要靠"仁"，維繫後者的關係則要靠"義"。可
見，維持社會要靠"仁"、"義"。"仁"，其實屬於恩格斯所說的
人類自身的生產的範疇，有人類就得有"仁"。"義"，實際上是
強調等級差別，有社會就得有"義"。因爲人智力、體力都各不
相同，所以絕對平等根本辦不到。《孟子·滕文公上》說："夫
物之不齊，物之情也……比而同之，是亂天下也。"等級與階級
不是一回事，階級有剝削、壓迫，所以必須消滅，等級則不能取
消。中國共產黨講黨員間的平等，但也有上下級之分，下級要
服從上級。外國有人強調平等，可總統與平民能完全一樣嗎？
過去人們將等級與階級混同，從而犯了吃"大鍋飯"的錯誤。

可見,國家可消亡,階級可消滅,等級卻不可能取消。因此人道的仁義也就必然存在。

兼三才而兩之,故《易》六畫而成卦。

　　這句話是說,《易》兼有天、地、人三才,每才由兩爻代表,所以每卦由六爻構成。

分陰分陽,迭用柔剛,故《易》六位而成章。

　　這最後一句話的意思是說,一卦六爻,從位置來看有陰有陽,從性質來看有柔有剛,這就構成了一個段落,就像音樂的一個樂章一樣。

後　語

　　辯證法這個概念，不是中國固有的，而是近代從西方傳入的。毛澤東著《矛盾論》，於結論説："對立統一的法則，是自然和社會的根本法則，因而也是思維的根本法則。"證明辯證法在哲學上何等重要！而説中國在三千年前，殷周之際産生的《周易》，居然是用辯證法的理論寫成的，這個問題能不令人感到驚訝嗎？它是怎麼産生的呢？如果没有真憑實據，無論怎麼説，也很難使人相信。最近，我把這個問題作爲重要課題進行研究，可喜的是，很快我就得出滿意的結果。現在，就把我研究的過程和所得的結果撮述如下：

　　首先説我研究這個課題，是從《繫辭傳》"《易》之興也，其於中古乎？"和"《易》之興也，其當殷之末世、周之盛德邪？當文王與紂之事邪？"開始的。通過"殷之末世、周之盛德"、"文王與紂之事"與"作《易》者其有憂患"，我認爲《史記》"文王拘而演《周易》"是可信的。因爲文王被殷紂王囚於羑里，當然是有憂患。另外，《易》之興也，朱熹《周易本義》説"夏商之末，《易》道中微。文王拘於羑里而繫彖辭，《易》道復興"是有道理的。就是説，在《周易》作出以前，已經有《連山》、《歸藏》二易存在。那麼，文王被囚，爲什麼演《周易》呢？歷史上被囚的人很多，誰也没演《周易》。考察當時的歷史，文王在被囚以前，如《論語》所説，"三分天下有其二以服事殷"。因爲紂王接受崇侯虎"西伯積善累德，諸侯皆向之，將不利於帝"的讒言，所以囚文王於羑里。文王被囚以後，思想發生了根本變化，由"以服事殷"一變而爲西伯戡黎。由此可見，文王拘，於憂患中而作《周易》，一定與推翻殷商政權有關，而决不是想做學究。但是，《周易》是一種哲學，它衹能作"批判的武器"，而不能作"武器的批判"。那麼，利用它怎麼能推翻殷商政權呢？我說不然。文王正可以利用這個"批判的武器"來推翻殷商政權的指導思想。殷商政權的指導思想是什麼呢？我研究了三條材料，而得出結論：就是《歸藏》易或者《坤乾》易。第一條材料是《禮記·表記》。《表記》說："殷人尊神，率民以事神。"第二條材料是《尚書·西伯戡黎》。《西伯戡黎》記載殷商大臣祖伊聽到西伯戡黎，驚惶失措，認爲將有亡國的危險，奔告殷紂王，而殷紂王卻說："我生不有命在天？"第三條材料是《禮記·禮運》。《禮運》說："孔子曰：'我欲觀夏道，是故之杞，而不足徵也，吾得《夏時》焉；我欲觀殷道，是故之宋，而不足徵也，吾得《坤乾》焉。《坤乾》之義，《夏時》之等，吾以是觀之。'"孔子得《坤乾》，就可以觀殷道，證明《坤乾》就是殷商政權的指導思想。

說文王作《周易》是爲了推翻殷商政權的指導思想《歸藏》或《坤乾》，有什麼證據呢？《歸藏》、《連山》二易，亡佚已久，無從知曉。過去，宋人邵雍解釋《説卦傳》首章，認爲是伏羲八卦、文王八卦、先天之學、後天之學。我說這是不知妄作。我一向認爲，《説卦傳》首章是舊《易》遺説。今天，我尋找《歸藏》遺説，乃細讀《説卦傳》，反復翻閱，悉心思索。一日，我不禁狂喜，仿佛發現新大陸。我發現《連山》、《歸藏》的遺説，就在《説卦傳》中。怎麼見得呢？我認爲從"天地定位"到"坤以藏之"，是《歸藏》的遺説。"坤以藏之"的"藏"字，與下文"萬物之所歸也"的"歸"字，透露出"歸藏"一名的痕迹，所以説這一段是《歸藏》遺文。從"帝出乎震"到"然後能變化，既成萬物也"，我認爲是《連山》遺説。這段話強調"艮"，説"艮"是"萬物之所成終而所成始"，而《連山》首艮，因此可以斷定是《連山》遺説。

再看《連山》、《歸藏》二易遺説與《周易》相對比，有哪些相同？有哪些不同？相同點在於，第一，如《周禮·春官·大卜》所説，"掌三易之法，一曰《連山》，二曰《歸藏》，三曰《周易》。其經卦皆八，其別皆六十有四"。第二，都講萬物的發生與成長。從《連山》來看，

"萬物出乎震,震東方也","然後能變化,既成萬物也",都是講萬物的生成。這和《周易》是相同的。不同之處在於,第一,《連山》講萬物的出生是由於上帝的主宰。它説"帝出乎震",又説"萬物出乎震",意思是有了上帝的主宰,萬物才産生。這裏有上帝,《周易》則没有。《連山》易還説"神也者,妙萬物而爲言者也",認爲有神在起作用。《周易》則不講神,《周易》中的"神"不是神靈的神。第二,《連山》、《歸藏》都講萬物的變化不是靠天地或乾坤,而是靠雷、風、水、火、山、澤等乾坤六子。從《連山》易來説,"動萬物者莫疾乎雷,橈萬物者莫疾乎風,燥萬物者莫熯乎火,説萬物者莫説乎澤,潤萬物者莫潤乎水,終萬物始萬物者莫盛乎艮,故水火相逮,雷風不相悖,山澤通氣,然後能變化,既成萬物也"。這表明萬物的變化、成長,靠的是八卦中的六子,而不是乾坤。從《歸藏》易來看,"天地定位,山澤通氣,雷風相薄,水火不相射,八卦相錯"。"八卦相錯",是説八卦相交錯。"天地定位"是乾、坤交錯,"山澤通氣"是艮、兑交錯,"雷風相薄"是震、巽交錯,"水火不相射"是坎、離交錯。在這裏天地衹是"定位",没有起作用。起作用的是八卦中的六子,即"雷以動之,風以散之,雨以潤之,日以烜之,艮以止之,兑以説之"。文王作《周易》,是要推翻殷商政權的指導思想,即改造《歸藏》哲學爲《周易》哲學。《歸藏》認爲在背後起主宰作用的是帝和神,而表面上起作用的是六子。文王把帝、神的作用改成天地自身的作用,把六子的作用歸屬於乾坤。那麼,天地怎麼能生長萬物呢? 主要在天地相交。天地是對立的,天地交則是統一的。文王用天地的對立統一作《周易》,本來是爲了反對《歸藏》,事實上就變成了創造辯證法。今天,我們學習辯證法,知道對立統一是辯證法的核心。文王雖不知有辯證法,卻無意中與辯證法暗合,不是自覺地,而是自發地産生了辯證法。這樣,文王作《周易》,便成了文王創造辯證法。

　　上述看法,前賢似無道及者,能否成立,願質之於海内外研《易》的大方之家。

附　録

《繫辭傳》新編説明

一、錯簡

　　今通行本《周易·繫辭傳》原文有錯簡,本書在《繫辭傳上》篇第八章爲之訂正。其中朱熹《周易本義》已根據《漢書·律曆志》的引文作了更正,將原在第十章首句的"天一,地二,天三,地四,天五,地六,天七,地八,天九,地十",接以"天數五,地數五"至"此所以成變化而行鬼神也",並移到"大衍之數"至"再扐而後卦"的前面。但今天看來,還應該把"是故四營而成易,十有八變而成卦。八卦而小成。引而伸之,觸類而長之,天下之能事畢矣。顯道神德行。是故可與酬酢,可與祐神矣"前移,與"五歲再閏,故再扐而後挂"相銜接;而把"乾之策二百一十有六,坤之策百四十有四,凡三百有六十,當期之日。二篇之策萬有一千五百二十,當萬物之數也"移到後面。

二、闕文

　　本書上篇第八章"大衍之數"之文,今通行本《周易·繫辭傳》爲"大衍之數五十",有闕文,應作"大衍之數五十有五"。爲什麼呢?因爲前面從"天一,地二,天三,地四,天五,地六,天七,地八,天九，地十”到“凡天地之數五十有五。此所以成變化而行鬼神也”說的就是“大衍之數”。如果説“大衍之數”不是“天地之數”，那麽這個“五十”就没有來歷了。

三、誤增

1. 今通行本《繫辭傳上》（按照本書分章應是上篇第九章）有“《易》有聖人之道四焉：以言者尚其辭，以動者尚其變，以制器者尚其象，以卜筮者尚其占”一段文字，是後人誤增的。理由有四：

第一，“其辭”、“其變”、“其象”、“其占”都是指《易》經有辭、有變、有象、有占，指《易》經的卦、爻裏有這些東西。這些東西是具體的、專門的；而“以言”、“以動”、“以制器”、“以卜筮”都是一般的。例如“言”，可以談歷史，也可以談時事，可以講童話，也可以講小説，它没有必要崇尚《易》經的辭，崇尚卦爻的辭。

第二，“以制器者尚其象”，講的是制器與卦象的關係問題。實際上是先有器，後有卦象，所以不能够照着卦象制器。例如，《易》經有鼎卦，鼎是實物，鼎卦是卦象，是先有實物，後有卦象，卦象取象於實物，怎麽能够照着卦象制器呢？這是不可能的。

第三，“《易》有聖人之道四焉”，這個“四”無論是辭、象、變、占、制器、卜筮，都不算“聖人之道”。我看這裏説的“聖人之道四焉”，是覺着下文有“聖人之道四焉”一語，没講出來“四”是什麽，因而想在這裏作補充。其實都是錯誤的，不能成立的。

第四，從文意來看，“子曰：知變化之道者，其知神之所爲乎！”是與下文“是以君子將有爲也，將有行也，問焉而以言”緊密相連。後人誤增入“《易》有聖人之道四焉”一段話將其隔開，現在應該删掉。

2. 今通行本《繫辭傳上》（按照本書分章應是上篇第十一章）有“天垂象，見吉凶，聖人象之；河出圖，洛出書，聖人則之”一段話，是後人誤增的。理由是：

第一，上文説"八卦定吉凶"，《易》經講的也都是"八卦定吉凶"，這裏説"天垂象，見吉凶"，與之相矛盾，所以不會是《易》經原來有的。

第二，"河出圖，洛出書，聖人則之"。河圖洛書，歷史上聚説紛紜，莫衷一是。孔子給《易》經作傳，《易》經中没有提到河圖洛書，當然這裏也不應當提到河圖洛書。同時上文已説過"聖人則之"，這裏亦無需再有"聖人則之"了。因此這一段話是後人誤增，目的是篡改《繫辭傳》，現在應該删掉。

3. 今通行本《繫辭傳下》（按本書分章應是下篇第二章）有這樣一段文字："古者包犧氏之王天下也，仰則觀象於天，俯則觀法於地，觀鳥獸之文與地之宜，近取諸身，遠取諸物，於是始作八卦，以通神明之德，以類萬物之情。作結繩而爲罔罟，以佃以漁，蓋取諸離。包犧氏没，神農氏作，斲木爲耜，揉木爲耒，耒耨之利，以教天下，蓋取諸益。日中爲市，致天下之民，聚天下之貨，交易而退，各得其所，蓋取諸噬嗑。神農氏没，黄帝堯舜氏作，通其變，使民不倦，神而化之，使民宜之。《易》窮則變，變則通，通則久，是以自天祐之，吉无不利。黄帝堯舜垂衣裳而天下治，蓋取諸乾坤。刳木爲舟，剡木爲楫，舟楫之利，以濟不通，致遠以利天下，蓋取諸涣。服牛乘馬，引重致遠，以利天下，蓋取諸隨。重門擊柝，以待暴客，蓋取諸豫。斷木爲杵，掘地爲臼，臼杵之利，萬民以濟，蓋取諸小過。弦木爲弧，剡木爲矢，弧矢之利，以威天下，蓋取諸睽。上古穴居而野處，後世聖人易之以宫室，上棟下宇，以待風雨，蓋取諸大壯。古之葬者，厚衣之以薪，葬之中野，不封不樹，喪期无數，後世聖人易之以棺椁，蓋取諸大過。上古結繩而治，後世聖人易之以書契，百官以治，萬民以察，蓋取諸夬。"我認爲這一大段文字是後人誤增，應删除。理由有四：

第一，"古者包犧氏之王天下也"這個命題不能成立。因爲包

犧氏稱"氏",是氏族社會的人;"王天下"是國家產生以後,才能稱
"王天下",像夏商周一樣。正如《左傳》所説"今之王,古之帝也"。
説包犧氏"王天下"是不能成立的。戰國時,陰陽家鄒衍之徒主張
五德終始,認爲伏羲氏以木德王,這句話很可能出自他們之口。

　　第二,"仰則觀象於天,俯則觀法於地,觀鳥獸之文與地之宜,
近取諸身,遠取諸物,於是始作八卦"。這種説法是把畫八卦當成
是藝術品,像繪畫雕刻一樣。實際上作八卦不是像藝術品一樣,用
現在的話説,不是用形象思維,而是用邏輯思維。把具體東西變成
抽象東西,這是哲學。這是抽象與具體的關係,不是照猫畫虎的關
係。

　　第三,説"蓋取諸離"、"蓋取諸益"、"蓋取諸噬嗑"、"蓋取諸乾
坤"、"蓋取諸涣"、"蓋取諸隨"、"蓋取諸豫"、"蓋取諸小過"、"蓋取
諸睽"、"蓋取諸大壯"、"蓋取諸大過"、"蓋取諸夬"等等,是把器物
與卦象的關係弄顛倒了。事實上是先有器物,後有卦象,所以不可
能制造器物取法於卦象。

　　第四,"《易》窮則變,變則通,通則久",這句話不確。事實上,
《易》經不可能"通則久"。《易》經"通"之後,還要"窮",還要"變",
還要"通",一直發展下去。按照列寧講的辯證法,事物是按照螺旋
曲綫向前發展的。"通則久"就變成了直綫向前發展,因而是形而
上學。誤增人篡改了《易》經的辯證法,使之變成形而上學,是有害
的,應予以删除。

四、誤改

　　今通行本《繫辭傳上》(按照本書分章應是上篇第十一章)有
"《易》有四象,所以示也。繫辭焉,所以告也"一段話,其中"四象"
應爲"爻象","四象"是後人所改。理由是:《易》經經文裏没有講太
極、兩儀、四象的文字,依《繫辭傳下》稱"爻象動乎内",故知此處

"四象"原文應爲"爻象","四象"是後人所改。

五、脱字

今通行本《繫辭傳下》(按照本書分章應是下篇第三章)有"幾者動之微,吉之先見者也"一句話,我認爲應是"吉凶之先見者也","吉"下脱"凶"字,理由是:"幾者,動之微",不應該祇先見"吉",也應該先見"凶"。故"吉"下所脱"凶"字應予補上。

六、存疑

今通行本《繫辭傳下》最後一章(按照本書分章應是下篇第十章),經仔細分析,第一,"夫乾,天下之至健也,德行恒易以知險。夫坤,天下之至順也,德行恒簡以知阻",這兩句話前無所因,後無所承,孤零零地置於篇首,到底"德行恒易以知險"和"德行恒簡以知阻"有什麼根據,在這裏說什麼問題,無人知曉。

第二,"定天下之吉凶,成天下之亹亹者",很明顯是從前文"探賾索隱,鈎深致遠,以定天下之吉凶,成天下之亹亹者,莫大乎蓍龜"中摘錄來的,放在這裏與上下文毫無關係,同樣使人無法明白是要說明什麼問題。

第三,"是故變化云爲,吉事有祥,象事知器"和"人謀鬼謀,百姓與能",用的是什麼觀點? 說的是什麼問題? 面貌可疑。

特別是最末一段,說"將叛者其辭慚,中心疑者其辭枝,吉人之辭寡,躁人之辭多,誣善之人其辭游,失其守者其辭屈",這段話與《周易》没有絲毫關係。總的看來,這一章文字語無倫次,雜亂無章,肯定不是孔子作的。本書爲了慎重起見,把它原封不動地保存下來,但是作爲存疑,不加解釋。

七、移入

今通行本《説卦傳》篇首從"昔者聖人之作《易》也"到"故《易》六位而成章"兩段文字，應依長沙馬王堆漢墓出土帛書移入《繫辭傳》中，作爲最後兩章。

《説卦傳》略説

我認爲《説卦傳》是孔子爲《周易》作傳時,有意識地保存下來的《連山》、《歸藏》二易遺説。内分兩章。

第一章

【原文】天地定位,山澤通氣,雷風相薄,水火不相射。八卦相錯。數往者順,知來者逆,是故《易》逆數也。雷以動之,風以散之,雨以潤之,日以烜之,艮以止之,兑以説之,乾以君之,坤以藏之。

帝出乎震,齊乎巽,相見乎離,致役乎坤,説言乎兑,戰乎乾,勞乎坎,成言乎艮。萬物出乎震,震,東方也。齊乎巽,巽,東南也。齊也者,言萬物之絜齊也。離也者,明也,萬物皆相見,南方之卦也。聖人南面而聽天下,嚮明而治,蓋取諸此也。坤也者,地也,萬物皆致養焉,故曰致役乎坤。兑,正秋也,萬物之所説也,故曰説言乎兑。戰乎乾,乾,西北之卦也,言陰陽相薄也。坎者,水也,正北方之卦也,勞卦也,萬物之所歸也,故曰勞乎坎。艮,東北之卦也,萬物之所成終而所成始也,故曰成言乎艮。

神也者,妙萬物而爲言者也。動萬物者莫疾乎雷,橈萬物者莫疾乎風,燥萬物者莫熯乎火,説萬物者莫説乎澤,潤萬物者莫潤乎水,終萬物始萬物者莫盛乎艮,故水火相逮,雷風不相悖,山澤通氣,然後能變化,既成萬物也。

【略説】本章可分爲三節。第一節從"天地定位,山澤通氣"到"乾以君之,坤以藏之",是《歸藏》易遺説。第二節從"帝出乎震"到

"故曰成言乎艮"，是《連山》易遺說。第三節從"神也者,妙萬物而
爲言者也"到"既成萬物也",爲《連山》、《歸藏》二易遺說。兹依次
説明如下。

第一節

首段是説"八卦相錯",即八卦相交錯。

"天地定位",即乾坤相交錯。乾三畫皆陽,坤三畫皆陰;乾爲
天,坤爲地;乾爲父,坤爲母。乾坤交錯,是"天地定位"。"天地定
位",即天在上,地在下,所謂"天尊地卑,乾坤定矣"。

"山澤通氣",是艮兑交錯。艮一陽在上,兑一陰在上;艮爲山,
兑爲澤;艮爲少男,兑爲少女。"山澤通氣",是古人的看法,可能是
看見高山上有天池嘛。

"雷風相薄",是震巽交錯。震一陽在下,巽一陰在下;震爲雷,
巽爲風;震爲長男,巽爲長女。震巽交錯是雷風相搏擊。

"水火不相射",是坎離交錯。坎一陽在中,離一陰在中;坎爲
水,離爲火;坎爲中男,離爲中女。"水火不相射",孔穎達説是"水
火不相入",實際上也就是水火不相容。

"數往者順,知來者逆,是故《易》逆數也",這一段話是説,《易》
用以卜筮是知來的。

"數往者順",説的是卦。"卦之德方以知","知以藏往"嘛。

"知來者逆",説的是蓍。"蓍之德圓而神","神以知來"嘛。

"是故《易》逆數也",説明《易》用以卜筮是"知來"的。《周禮》
中《連山》、《歸藏》、《周易》三易皆爲春官大卜所掌嘛。

"雷以動之,風以散之,雨以潤之,日以烜之,艮以止之,兑以説
之,乾以君之,坤以藏之"的"之"字,是代詞,是代萬物的。這段話
是説對萬物的生長變化起作用的是震、巽、坎、離、艮、兑六卦,而
乾、坤兩卦處於無爲之地。

有人説無爲而無不爲，不對。《歸藏》易的乾坤是"無爲"，《周易》的乾坤才是"無不爲"。這裏説"坤以藏之"，透露出《歸藏》得名的一點信息。

第二節

"帝出乎震"至"勞乎坎，成言乎艮"，似乎是《連山》易的正文。"萬物出乎震，震，東方也"至"艮，東北之卦也，萬物之所成終而所成始也，故曰成言乎艮"，似乎是解釋正文的。這段文字有若干不可解，但大體上説可以得出四點結論：

第一點，用"萬物出乎震"來解釋"帝出乎震"，可以看出是認爲萬物的出生和成長是由上帝來主宰的。

第二點，説"萬物出乎震，震東方也"，顯然和《堯典》的"平秩東作"有聯繫，可以看出中國《易》經的産生不會在《堯典》以前。

第三點，説"艮，東北之卦也，萬物之所成終而所成始也"，從這裏可以透露出《連山》得名的一點信息。

第四點，《周易》坤卦卦辭説："利西南得朋，東北喪朋。"蹇卦卦辭説："利西南，不利東北。"解卦卦辭説："利西南。""西南"、"東北"，在《周易》裏找不到説明，祇有在這裏能找到説明。可以看出，孔子保留《連山》遺説是有道理的。

第三節

這一節主要説明兩點。

第一點，"神也者，妙萬物而爲言者也"，"妙"通"眇"，是説萬物成長隱約由神來主宰。

第二點是説"能變化，既成萬物"的不是乾、坤，而是震、巽、坎、離、艮、兑六子。這一點與《周易》的本質大異其趣。

第二章

【原文】乾，健也；坤，順也；震，動也；巽，入也；坎，陷也；離，麗也；艮，止也；兌，說也。乾爲馬，坤爲牛，震爲龍，巽爲雞，坎爲豕，離爲雉，艮爲狗，兌爲羊。乾爲首，坤爲腹，震爲足，巽爲股，坎爲耳，離爲目，艮爲手，兌爲口。

乾，天也，故稱乎父。坤，地也，故稱乎母。震一索而得男，故謂之長男。巽一索而得女，故謂之長女。坎再索而得男，故謂之中男。離再索而得女，故謂之中女。艮三索而得男，故謂之少男。兌三索而得女，故謂之少女。

乾爲天，爲圜，爲君，爲父，爲玉，爲金，爲寒，爲冰，爲大赤，爲良馬，爲老馬，爲瘠馬，爲駁馬，爲木果。坤爲地，爲母，爲布，爲釜，爲吝嗇，爲均，爲子母牛，爲大輿，爲文，爲衆，爲柄，其於地也爲黑。震爲雷，爲龍，爲玄黃，爲旉，爲大塗，爲長子，爲決躁，爲蒼筤竹，爲萑葦，其於馬也爲善鳴，爲馵足，爲作足，爲的顙，其於稼也爲反生，其究爲健，爲蕃鮮。巽爲木，爲風，爲長女，爲繩直，爲工，爲白，爲長，爲高，爲進退，爲不果，爲臭，其於人也爲寡髮，爲廣顙，爲多白眼，爲近利市三倍，其究爲躁卦。坎爲水，爲溝瀆，爲隱伏，爲矯輮，爲弓輪，其於人也爲加憂，爲心病，爲耳痛，爲血卦，爲赤，其於馬也爲美脊，爲亟心，爲下首，爲薄蹄，爲曳，其於輿也爲多眚，爲通，爲月，爲盜，其於木也爲堅多心。離爲火，爲日，爲電，爲中女，爲甲胄，爲戈兵，其於人也爲大腹，爲乾卦，爲鱉，爲蟹，爲蠃，爲蚌，爲龜，其於木也爲科上槁。艮爲山，爲徑路，爲小石，爲門闕，爲果蓏，爲閽寺，爲指，爲狗，爲鼠，爲黔喙之屬，其於木也爲堅多節。兌爲澤，爲少女，爲巫，爲口舌，爲毀折，爲附決，其於地也爲剛鹵，爲妾，爲羊。

【略說】我認爲本章是《連山》、《歸藏》二易遺說，《周易》還繼續應用。本章可分爲三節。

第一節

　　從"乾，健也；坤，順也"到"艮爲手，兌爲口"。

　　"乾，健也；坤，順也；震，動也；巽，入也；坎，陷也；離，麗也；艮，止也；兌，説也"，講的是八卦的性質。

　　"乾爲馬，坤爲牛，震爲龍，巽爲鷄，坎爲豕，離爲雉，艮爲狗，兌爲羊。乾爲首，坤爲腹，震爲足，巽爲股，坎爲耳，離爲目，艮爲手，兌爲口"，講的是八卦的取象。

　　"乾，健也"是説乾就是健。"乾爲馬"是説乾可以爲馬。"也"的意思同"是"，表明是不變的。"爲"的意思同"化"，表明是可變的。乾爲馬，坤爲牛等是根據八卦的性質。因爲乾是健的，所以取象爲馬；因爲坤是順的，所以取象爲牛。

第二節

　　從"乾，天也，故稱乎父"到"兌三索而得女，故謂之少女"。這是講八卦的另一種取象。

第三節

　　從"乾爲天，爲圜，爲君，爲父"到"其於地也爲剛鹵，爲妾，爲羊"。這是對八卦取象的舉例。

《尚書·虞夏書》新解

金　景　芳
吕　紹　綱　著

（據遼寧古籍出版社 1996 年版）

目　録

《尚書新解》序

《尚書》和《周易》是中國最古老、最寶貴的兩部古籍。

"《尚書》獨載堯以來",是中國自有史以來的第一部信史。《周易》是繼《連山》、《歸藏》之後,更加完善的用於卜筮而具有哲學内容現存於世唯一的一部奇異之書。然而當二書未被大思想家孔子光顧以前,前者是存放於官府中的塵封故檔,後者是流散於民間的普通筮書。祇是經過大思想家孔子光顧之後,原來的塵封故檔經過整理、編次,遂列爲六藝之一,而傳於後世;原來的普通筮書以其内容古奧,經過孔子讀《易》韋編三絕,著成"十翼",亦列爲六藝之一,而傳於後世。惜經秦火,《尚書》變成殘缺不完,精義亦多有喪失;《周易》雖以卜筮之書得傳,然而巫史故習,歷久不革,其結果與《尚書》的命運,幾無以異。

我早歲嗜《易》,遍讀説《易》之書,然於其中若干關鍵性問題,依然瞶瞶。祇是於抗日戰争期間,流寓巴蜀,值國共合作,讀到列寧《談談辯證法問題》,受到啓示,於是嚮日所謂疑難問題,不久即涣然冰釋。因以新得,寫成《易通》一書。及解放後,讀了較多的馬列主義的書,又有進益,因繼續寫了《易論》、《説易》幾篇專題論文。至 1989 年,我行年已八十有七,垂垂老矣,因念我的薄有所得,來之不易,有必要留下,以備後生參考,遂與我的助手吕紹綱同志合著《周易全解》一書。深知缺點尚多,但自審大方向是對的,有些重要問題,亦基本上解決了。

今年我已九十有二,仍願以炳燭餘光,把積年我對於《尚書》所讀所得思與我的助手吕紹綱同志協力寫成《尚書新解》一書問世。

需要説明,吾二人此次合著與《周易全解》合著不同。由於我年更老,吕紹綱同志下的研究功夫更大更深,書稿由他獨力完成,書中許多的觀點應屬於他。

考《尚書》秦火後,書雖殘缺不完,並不是無人研究,衹是漢代惑於五行災異,六朝以後,又受《僞古文尚書》的騷擾,清人用力較多,成就亦大,但缺點是注意一字的訓詁考證,而對於全句全章全文的瞭解不够。至於晚近以來,則由疑古而薄古,在全國範圍内,治《尚書》者已寥若晨星。當然有少數青年人能勇敢地把全書譯成白話,我看譯不如不譯,徒費人力物力。《尚書》佶屈聱牙,古奧難懂,很難翻譯準確。你不譯,人家讀原文,慢慢體會,雖一時不解,但不至於錯;你譯了,一旦譯偏,貽害無窮。

現在我國正在進行現代化建設,據説已把弘揚傳統文化列爲内容之一,我聞之額手稱慶,頓覺我們的工作不僅有益於後世,也有益於當代了。

我們撰寫《尚書新解》計劃分爲四册,虞夏書一册,商書一册,周書二册。第一册虞夏書部分今已脱稿,由遼寧古籍出版社付印問世。我們這個作品之所以稱爲新解,並不是不接受前人研究成果,而是因爲我們用馬克思主義、毛澤東思想新觀點作指導,歷史地全面地看問題。例如解《堯典》,我們認爲帝堯制定新曆具有劃時代的意義。我們開始對於制定新曆的重要性並没有明確認識,衹是首先我們讀《論語·泰伯》"子曰:'大哉,堯之爲君也!巍巍乎,唯天爲大,唯堯則之。蕩蕩乎,民無能名焉。巍巍乎,其有成功也;焕乎,其有文章!'"感到驚異。孔子平生不輕許人,爲什麽獨對堯這樣稱頌,簡直把最美好的詞句都用上了。爲什麽提到天大?"則天"是什麽意思?及與《堯典》對照,才瞭解到這個天固然是自有人類以前就有,但是人的認識,並不是始終如一的。例如在堯制新曆以前,據《左傳》襄公九年説,是"祀大火,而火紀時焉",即視二十八宿中的心宿二紀時,心宿二當然不能代表天。而制新曆是"曆

象日月星辰”,日月星三辰就能代表天了。堯曆象日月星辰制曆是
“則天”,制曆以後,依曆行事也是“則天”。《堯典》說“期三百有六
旬有六日,以閏月定四時成歲,允釐百工,庶績咸熙”,就是依曆行
事,而達到“巍巍乎!其有成功也;煥乎!其有文章”。又,堯制新
曆以前,長時期以火紀時,人們知有春秋,不知有冬夏。《尚書·洪
範》說:“日月之行,則有冬有夏。”不知道日月之行,怎能知道有冬
有夏呢!即還不知道有四時,不知道有閏月,不知道一歲是三百六
旬有六日。又,以火紀時之時如《國語·楚語》所說:“顓頊受之,乃
命南正重司天以屬神,命火正黎司地以屬民。”即在以火紀時時期
視天爲神的世界。而制定新曆以後,不同了。瞭解天是以日月星
爲主體,在天上起作用的是日月星,特別是日。《禮記·郊特牲》
說:“郊之祭也,迎長日之至也,大報天而主日也。”是其證明。正因
爲這樣,人們知道天的主體是日月星,特別是日,而不是神;起作用
的,與人生有重大關係的,也是日月星,特別是日,而不是神。這在
無形中人們的觀念悄悄地就改變有神論爲無神論了。由此可見,
堯的廢棄舊曆,改制新曆,是何等重要!無怪孔子論次《尚書》以
《堯典》居首,而以最美好的詞句來稱頌堯了。

　　又如《皋陶謨》,即《尚書》第二篇(我們遵依《今文尚書》篇次),
《尚書大傳》記孔子說:“《皋陶謨》可以觀治。”是《皋陶謨》是談政治
的。

　　我們認爲這篇作品的中心內容是“在知人,在安民”六字。從
事政治工作,人的問題頭等重要。孔子說:“爲政在人。”又說:“文
武之政,布在方策。其人存,則其政舉;其人亡,則其政息。”(《中
庸》)是經驗之談。楚漢相爭,項羽是楚將項燕之孫,力拔山,氣蓋
世,而劉邦出身於農家,又是酒色之徒,然而爭鬥的結果是劉邦勝
利,項羽失敗。劉邦之所以勝利,就是由於他能任用張良、韓信、蕭
何三傑;項羽之所以失敗,就是由於他有一范增而不能用。人是重
要,但人有各種各樣的人,所以知人善任尤爲重要。《皋陶謨》所注

意討論的,正是知人善任的問題。

皋陶曰:"都!亦行有九德。亦言其人有德,乃言曰載采采。"這是皋陶對知人提出用九德鑒別的方法。最後,還强調一句,就是説所謂九德是看實踐,是看具體表現,而不是僅憑虚譽。九德的具體内容是"寬而栗,柔而立,愿而恭,亂而敬,擾而毅,直而温,簡而廉,剛而塞,彊而義"。用這個九德的方法來鑒別人,可謂既精當,又詳密。仔細考查,不難發現,貫穿其中有一條主綫,這條主綫就是一個中字,可以説,它是堯以"允執其中"傳舜這個"中"字的具體化。至於"日宣三德","日嚴祗敬六德","九德咸事"這一段話,則屬於善任的問題了。"在安民"對於政治來説,與"在知人"同等重要。因爲祗有安定,人們才有幸福可言,如果天下大亂,祗有民不聊生,哪有幸福可言?

現在我國改革開放總設計師鄧小平同志倡導改革開放,始終不忘穩定,這一點是成功的,爲中外人士所嘆服。而在三千年前居然有人注意及此,那麽,有人主張"把中國古史縮短二三千年",能够説是對的嗎?

《皋陶謨》下篇是《禹貢》。《禹貢》是中國最古老,最完善并且可以信賴的地理書。後世言地理者,如《漢書·地理志》、《水經注》等,無不以此書爲藍本。本書内容極豐富而有條理。我們認爲,篇首"禹敷土,隨山刊木,奠高山大川"十二字是全書綱領。"禹敷土"三字亦見於《詩·商頌·長發》及《荀子·成相》,足見其重要。然而向來説者紛然,莫衷一是。我們認爲《長發》説:"洪水芒芒,禹敷下土方,外大國是疆,幅隕既長。有娀方將,帝立子生商。"文字較多,可供尋繹。大概《禹貢》所述,是治水以後的事。原來堯舜禹的部落聯盟僅處在冀州一隅。以治水爲契機,堯舜禹這個部落聯盟的勢力已延伸到兖青徐揚荆豫梁雍八州,但是由於當時的歷史條件限制,還不能把八州存在的部落聯盟、部落、氏族等等以血緣爲紐帶的大小共同體并入自己的部落聯盟。如馬克思《摩爾根〈古代社會〉一書摘要》所説："阿兹特克聯盟並没有企圖將所征服的各部落並入聯盟之内，因爲在氏族制度之下，語言上的分歧是阻止實現這一點的不可克服的障礙；這些被征服的部落們受他們自己的酋長管理，並可遵循自己古時的習慣，有時有一個貢物征收者留駐於他們之中。"《禹貢》兖青等八州有貢，而冀州無貢，就是證明。有人説《禹貢》是秦統一中國以後的僞作。不思三十六郡是秦的疆域，而堯舜禹部落聯盟的疆域仍在冀州，兖青等八州並不在堯舜禹部落聯盟的疆域之内。敷土的"敷"，應是擴大的意思，鄭玄釋敷土爲"廣大其境界"，基本上是對的。

《甘誓》作爲《虞夏書》最末一篇，也具有重要的歷史意義，因爲啓殺益奪權，變民主爲君主，開創歷史上一個新時代。

《淮南子·齊俗》説："昔者有扈氏爲義而亡，知義而不知宜也。""有扈氏爲義"，是爲什麼義？顯然是以爲過去的民主制不應侵犯，應當維護。"不知宜"的宜是什麼？"宜"是説在當時變民主制爲君主制，是符合歷史發展規律的。馬克思説："世襲繼承制在凡是最初出現的地方都是暴力（篡奪）的結果，而不是人民的自由許可。"因此，有扈氏以爲啓以暴力奪權是不義，而不知道啓這個以暴力奪權是符合歷史發展規律的，是"宜"不是不義。也就是説有扈氏不服，起來反啓，是反錯了，結果遭到失敗。此篇《墨子·明鬼》作《禹誓》，錯了。《書序》説："啓作《甘誓》。"《史記·夏本紀》作"有扈氏不服，啓伐之，大戰於甘。將戰，作《甘誓》"。應是依據孔子删定《尚書》原意，是對的。

《甘誓》篇中"有扈氏威侮五行，怠棄三正"二語最難解。我們以爲"威侮五行"，可與《洪範》"鯀陻洪水，汩陳其五行"合看，蓋當時人們已瞭解了五行的性質，即"水曰潤下，火曰炎上，木曰曲直，金曰從革，土爰稼穡"。"鯀陻洪水，汩陳其五行"，就是説鯀治洪水，用築堤的辦法，違反水潤下的性質，結果罪至殛死。"有扈氏威侮五行"就是説有扈氏完全違反五行的性質，等於破壞生産，所以

罪行更大。"怠棄三正",可與"在璿璣玉衡,以齊七政"合看,"七
政",《尚書大傳》釋爲"春秋冬夏天文地理人道","三正"的正,應讀
爲政。三政,即天地人三政。"怠棄三正"就等於不理朝政,放棄職
權。

　　復旦大學中國歷史地理研究所鄒逸麟教授對本書《禹貢》篇之
有關歷史地理問題提出不少寶貴意見,在此謹表衷心的感謝。

　　我們的工作,當然不可能盡善盡美,尚祈海内外大方之家惠予
指正。

金景芳於吉林大學,時年九十有二

《堯典》新解

【序説】

今文《尚書》有《堯典》無《舜典》,《舜典》是後世人從《堯典》分出去的。孔子"論次"《尚書》將《堯典》列爲首篇,有極深遠的意義。《史記·五帝本紀》説:"學者多稱五帝尚矣,然《尚書》獨載堯以來,而百家言黄帝,其文不雅馴,薦紳先生難言之。"以爲孔子因堯以前史事,古説多誕妄無明據,故不取,可能是對的,但是孔子"論次"《尚書》取《堯典》作第一篇,堯以前事不取,還有更深一層的意義。從《堯典》的内容看,有三項是主要的,一是制曆,二是選賢,三是命官。而第一項制曆是劃時代的大事。這件大事是堯完成的。

在堯的時候,人們對天的認識發生了根本性的變化。孔子説:"唯天爲大,唯堯則之。"(《論語·泰伯》)這話有兩層意思,一是説天的概念發生變化,以前的天是個狹小的世界,它屬於神,現在的天廣大無比,包括日月星辰,它是自然。二是説這樣的天概念是堯建立起來的,唯有堯能够遵循自然之天的規律制定新曆法,指導人們的生産與生活,堯以前的人辦不到。堯是一個偉大的人物。

堯時代關於天概念的變化是劃時代的。它既影響到人們的社會經濟生活,也關係到人們的意識形態。堯以前,先有占星術,由占星術發展爲"火曆"。"火曆"通過觀察二十八宿之心宿二即大火在昏時的中、流、伏、内等表象確定季節,即《左傳》襄公九年所謂"以火紀時焉"。此時日月的運行人們不説看不見,但是不理解。據《國語·楚語下》説,顓頊時期,"命南正重司天以屬神,命火正黎司地以屬民",叫做"絶地天通",即把天與人分開。南正重專管天,

天是神的世界，火正黎專管地，地是人的世界。此時人們祇把天視
作神。至帝嚳時發生變化，開始對天的自然性質有所認識。《大戴
禮記·五帝德》說：“高辛氏曆日月而迎送之。”《國語·魯語上》說：
“帝嚳能序三辰以固民。”高辛氏即帝嚳，三辰即日月星。帝嚳欲制
以日月運行爲主體的新曆，但未完成。新曆在堯時制定，故《堯典》
說：“乃命羲和，欽若昊天，曆象日月星辰，敬授人時。”又說：“期三
百有六旬有六日，以閏月定四時成歲。”堯的新曆所認識的天已是
孔子說的“四時行焉，百物生焉”的天，即自然之天，不再是“南正重
司天以屬神”的神的天。

　　堯時自然之天的天概念產生，前此就有的神之天的天概念依
然存在。唯物論的世界觀由此開端。唯物論與唯心論兩種世界觀
的鬥爭亦發生於此時。《論語·堯曰》記堯對舜說：“咨爾舜，天之
曆數在爾躬，允執其中，四海困窮，天祿永終。”“允執其中”的“中”，
朱熹引子程子說：“不偏之謂中”，是錯誤的。“執中”應以孔子講的
“時中”和孟子講的“行權”爲正解，即在事物的矛盾兩方面中不執
一，不調和，而依據時變把握矛盾的主要方面。這是中國人最早的
辯證法思想。中國古代哲學的歷史應當追溯到堯這裏。《堯典》是
中國最古老的哲學史資料。《周易》是講辯證法的書，而《易》的八
卦恰是產生於堯之時或稍後，伏犧氏畫八卦的說法不足信據。《周
易》的辯證法不會早於堯。說中國古代辯證法始於《老子》，唯物論
的世界觀至《荀子》才有，是不對的。

　　《堯典》雖記載堯舜時事，但是它顯然是後世人所追記，篇首說
“曰若稽古帝堯”就是證明。整個《尚書》二十九篇當寫成於周平王
東遷以後，其原始的材料是歷代傳下來的官方檔案，下限應止於秦
穆公。至孔子“論次詩書”時，《尚書》之二十九篇已經具備，而且實
際篇數要大大多於二十九。《堯典》尤其必定成書於孔子之前，《史
記·孔子世家》講孔子“追迹三代之禮，序《書傳》，上紀唐虞之際，
下至秦穆，編次其事”，就是證明。孔子編《書》，已有唐堯虞舜的內

容,那豈不就是《堯典》!

疑古派學者斷言《堯典》是戰國儒家搜集材料精工編造而成。陳夢家作《尚書通論》甚至認定伏生所傳二十九篇乃秦時齊魯儒生所更定。《堯典》更被判定"非先秦之舊","其編定成本當在秦并六國之後"。根據是《堯典》所記"十有二州","協時月正日同律度量衡"、"五載一巡守"諸事,皆秦并六國後力行之法,先秦必不能有。其實不然,"十有二州"以及"同律度量衡"、"巡守",這類事情肯定是堯時歷史的紀實。堯時華夏自身的部落聯盟所據區域大約在中原冀州一帶,當然不會很大,但是據史載,它的活動涉及的範圍相當廣泛,除今日之西藏、新疆以外,幾乎都有堯舜禹的足迹。當時洪水泛濫,治水的問題迫使四方部落與華夏部落聯盟發生緊密聯繫。有的自動來服,有的則武力征服。征服之後不可能實行像後世那樣的有效統治,但需納稅、進貢而已。這就是說,堯舜禹作爲華夏族部落聯盟的首長,其控制的範圍絕不限於本聯盟活動的狹小地域。州是個地理概念,沒有行政意義。十二這個數字多少帶有主觀色彩,可是禹治水涉及的九州,還是符合實際的。所以在《堯典》文叫"十有二州",之後便改稱"九州"了。既然控制的地面有九州之廣,華夏族部落聯盟首長定期巡守各地,爲什麽不可能!"協時月正日","同律度量衡",秦時有,堯時也當有,因爲華夏族各部落與四裔部落事實上存在着各種社會交往,時月日及律度量衡,有必要"協"、"同"。袛是"協"、"同"的程度與歷史意義和秦時不一樣。以爲《堯典》所記事凡沾秦的邊,就是秦漢人依照秦法僞造,不是先秦舊物,是錯誤的。這種無端疑古的方法尤不足取。

說堯時活動範圍不限於華夏族所在之中原地區,包括廣大的所謂"天下"、"四海",有足夠的文獻依據。《堯典》本身有"協和萬邦"說。《左傳》哀公七年有"禹合諸侯於塗山,執玉帛者萬國"的記載。《國語·魯語下》記有"禹致群神於會稽之山,防風氏後至,禹殺而戮之"之事。《戰國策·齊策四》說"古大禹之時,諸侯萬國",

"及湯之時，諸侯三千"。《魏策二》說"禹攻三苗，而東夷之民不起"。《尚書大傳》說"天下諸侯之悉來進受命於周而退見文武之尸者千七百七十三諸侯"。《漢書·賈山傳》說"昔者周蓋千八百國"。《逸周書·殷祝》說"湯放桀而復薄，三千諸侯大會"。諸多古書記載不約而一致，絕不能說毫無根據。衹是"國"、"邦"是借用後世的名詞而已。"萬"也不必是實數，但是堯舜禹時之氏族、胞族、部落多得數以千計肯定是事實。湯時尚有三千，周初且千八百，那麼，堯舜禹時有萬邦、萬國，實屬理之當然。所謂萬邦萬國，必然包括堯舜禹所在華夏族部落聯盟之外的廣大區域。禹合諸侯之塗山地望何處，古人有今浙江會稽、今安徽當塗、今安徽懷遠三說，即便是懷遠，也遠在堯舜禹所居之冀州之外。東夷非華夏，三苗更遠在長江之南。禹致群神之會稽山，據韋昭注，即越王勾踐栖於會稽之會稽山，在今浙江紹興。至於為禹刑殺的防風氏，據說是守封山、嵎山之汪芒氏的頭頭。韋昭注說二山在吳郡永安縣，即今江蘇蘇州一帶。遠不在華夏族部落聯盟範圍之內。這些材料證明，堯舜禹的"天下"很廣大，由於治水的需要，相互關係至為密切。《堯典》所記"十有二州"、"同律度量衡"、"五載一巡守"諸事，必是堯時史實之反映，載入簡策流傳下來，絕不是到秦并六國之後由某人照抄秦制而造成。

　　竺可楨作《論以歲差定堯典四仲中星之年代》，利用現代方法據歲差推算出"鳥、火、虛三星至早不能為商代以前之現象，星昴則為唐堯以前之天象"，論定《堯典》作成於西周初年。這個結論也有問題，四中星的年代顯然自相牴牾，鳥、火、虛既是商或商之後的現象，何以能夠與堯之前的中星昴作為同時的天象寫入《堯典》！作《堯典》的人必不懂歲差，不能推算，四仲中星必據實測記錄而來。誰實測呢？堯時的人。留下了材料，後世人寫入書中。遠古的人對星宿非常熟悉，所以《洪範》說"庶民惟星"。庶民百姓生活與生產不靠上頭頒的朔政，衹靠自己仰觀星宿定時節。現代的普通人對於古人星宿知識的豐富程度簡直無法想象。早在堯之前人們已有占星術，又發明"以火紀時"的火曆，與星宿打過長期的交道，至堯時實測出四仲中星不應當成爲問題。

那麼《堯典》寫成於何時？《堯典》開篇言"曰若稽古"，説明是後世人追寫的，不是堯舜禹時所作。但是材料是當時傳下來的。材料很多，有些也不完全一致。我們以爲，周平王東遷以後，包括《堯典》在内的許多《書》篇，經某個大學者之手纂修而成。篇目數量要多於今傳的 29 篇。其中必有堯舜以前的東西，孔子"論次"《詩》、《書》時給舍棄了。不然，司馬遷何必説"《尚書》獨載堯以來，而百家言黄帝，其文不雅馴"！

《堯典》所記堯舜禹的史迹基本上是可信的。説堯舜禹是神話人物，《堯典》是戰國秦漢人精心編造的，古代中國的歷史是層累地造成的，這一觀點我們認爲是錯誤的。《堯典》有重要的史料價值，研究中國古代史舍《堯典》不用，是極大的失誤。

【新解】

曰若稽古帝堯，

　　"曰若稽古"，漢人馬融釋作"順考古道"，鄭玄釋作"稽古同天"，都是錯誤的。蔡沈《書集傳》以"曰若稽古帝堯"爲句，"帝堯"屬上，則是正確的。"帝堯"屬上爲什麼對，它説明帝堯是古人，《堯典》是後人追記的，不是帝堯時的記録。曰、粵、越三字古通用。《召誥》"越若來三月"，《漢書·律曆志》引佚《武成》"粵若來二月"，《漢書·王莽傳》"粵若翌辛丑"，《盂鼎》"粵若翌乙亥"，其"越若"、"粵若"與"曰若"同，都是發語辭，不爲義。稽，考。稽古，考古，即考察古人帝堯。有人釋作考察古代傳説，没有根據。"曰若稽古"，是寫成《堯典》的人開篇交代所敍述的是古代的人和事。

曰放勳。

　　　　“堯”與“放勳”二者是名是字是謚是號，前人説法不一。
我們認爲堯是名，放勳是號。證據有《戰國策·魏策三》記周
訢對魏王説：“宋人有學者，三年反而名其母。其母曰：‘子學
三年，反而名我者，何也?’其子曰：‘吾所賢者無過堯舜。堯
舜，名。’”此不必實有其事，但可以證明戰國時人以堯舜爲名。
《史記·秦始皇本紀》：“朕聞太古有號毋謚。中古有號，死而
以行爲謚。”始皇此説當有根據。《禮記·檀弓》明白説“幼名，
冠字，五十以伯仲，死謚，周道也”。所以以爲“堯”、“放勳”是
字或謚是錯誤的。孔穎達《尚書正義》所云“因上世之生號，陳
之爲死謚”，是對的。但堯不是號而是名。上古無謚，故馬融
以爲“堯”是謚的説法係出於附會，不可從。至於堯名前冠以
“帝”字，這個“帝”字當與黄帝、帝嚳之稱帝一例，都表明它們
是軍事民主制時代部落聯盟首長的稱號。《左傳》僖公二十五
年卜偃説：“今之王，古之帝也。”正説明三王的王與五帝的帝
雖名稱不同，而地位一樣。地位一樣，表明都是一個大的群體
的首長；名稱不同，則表明帝是原始社會部落聯盟首長的名
稱，而王是文明社會一國君主的名稱。正因爲這樣，《爾雅·
釋詁》“林、烝、天、帝、皇、王、后、辟、公、侯，君也”，釋帝爲君，
是對的。

欽明文思安安，允恭克讓。

　　　　這兩句話漢人訓釋極其瑣細，如馬融説“威儀表備謂之
欽，照臨四方謂之明，經緯天地謂之文，道德純備謂之思”，鄭
玄説“寬容覆載謂之晏”（晏即安），“不解於位曰恭，推賢尚善
曰讓”。清人的説解更是反復糾纏，不厭其煩。其實這兩句話
很簡單，不過給堯做個總結性評價而已。“欽明文思安安”是
説堯的資質如何的問題，“允恭克讓”是説堯如何對己對人的
問題。意謂堯這個人很偉大，寬厚溫良，大度明智，品格很高，

對自己的職責認真不懈，對賢人善事能舉能讓。

光被四表，

　　“光被四表”與下文“格于上下”兩句言堯的德行和成就影響非常廣大。“光被四表”這一句關鍵在於光字和表字怎麼理解。《詩·噫嘻》孔疏引鄭玄注曰：“言堯德光耀及四海之外。”鄭釋光爲光耀，釋四表爲四海，並誤。王引之《經義述聞》訓光爲廣，以爲光、廣字異而聲義相同，是對的。沈子琚《綿竹江堰碑》曰“廣被四表”，《藝文類聚》樂部引《五經通義》曰“舞四夷之樂，明德澤廣被四表也”，就是證明。釋四表爲四海之外，亦殊爲無據。經文但曰“四表”而不曰“四海之表”，釋“四表”爲“四海之表”等於增字釋經，不可取。俞樾《群經平議》以爲此表字以衣爲喻，“以其在極外而言則曰四表，猶衣之有表也。以其在極末而言則曰四裔，猶衣之有裔也”。

　　按，俞説是。《説文》衣部：“表，上衣也。”段注：“衣之在外者也。”又：“裔，衣裾也。”段注：“《方言》、《離騷》注皆曰‘裔，末也’。《方言》又曰‘裔，夷狄之總名’。郭云‘邊地爲裔’。”表在衣之外，裔在衣之下，衣之末，引申爲邊遠。“光被四表”，意謂堯之德澤廣及四邊夷狄。這正説明堯作爲華夏族部落聯盟首長，其勢力雖不能與後世中央集權的秦漢帝王相比，但是其統攝的範圍絶不僅限於中原地區，四裔少數民族肯定也在他的影響之内。

格于上下。

　　《説文》人部引《堯典》作“假于上下”。格與假古通用。漢代今文《尚書》皆作假，古文諸經作假亦作格。今本《堯典》作格，由來已久。《爾雅·釋詁》：“格，至也。”《詩·雲漢》毛傳、《詩·烝民》鄭箋並同。蔡沈《書集傳》：“上天下地也。”“格于上下”，謂堯的德澤與事業偉大無比，上至於天，下至於地。

“光被四表”與“格于上下”兩句是對言。前句從橫向的角度說
堯的偉大,其影響不僅及於中原華夏,四裔的少數民族也包括
在內。後句從縱向的角度說堯的偉大,其事業不僅解決人類
社會自身的問題,而且及於天和地。這樣說實不爲夸大,從
《堯典》所記堯的活動來看,堯在中國古代歷史上的確是第一
個劃時代的偉大人物。孔子說“唯天爲大,唯堯則之”(《論
語·泰伯》),是有確實根據的。

克明俊德,

　　　這句話古人大抵有兩種解釋。一種解釋說是堯自明其
德。《禮記·大學》引《康誥》“克明德”、《大甲》“顧諟天之明
命”、《帝典》“克明峻德”,而總釋之曰:“自明也。”《荀子·正
論》在力倡主道利宣利明的時候,引用《康誥》“克明明德”文,
亦謂“明德”是自明。《論衡·程材篇》說:“堯以俊德致黎民
雍。”《講瑞篇》說:“然而唐虞之瑞必真是者,堯舜之德明也。”
是王充以爲“克明俊德”是堯自明其德。《漢書·平當傳》:“昔
者帝堯南面而治,先克明俊德以親九族而化及萬國。”是平當
亦以“克明俊德”之德是堯自身之德。以爲“克明俊德”是堯自
明其德的說法是正確的。“明德”是自明其德,這在《左傳》中
也能找到旁證。成公二年引《周書》“明德慎罰”句而釋之曰:
“文王所以造周也。明德,務崇之之謂也。慎罰,務去之之謂
也。”成公八年引《周書》“不敢侮鰥寡”句,以“所以明德也”釋
之。宣公十五年記晉侯賞中行桓子和士伯,羊舌職說:“《周
書》所謂‘庸庸祇祇’者,謂此物也夫! 士伯庸中行伯,君信之
亦庸士伯,此之謂明德矣,文王所以造周不是過也。”《左傳》三
引《周書》(《康誥》)“文王克明德”,都是取人君如何自明其德
之義。宣公十五年引“庸庸祇祇”句,看似講人君應用能用人
者,敬能敬人者,是明他人之德,其實質還是人君明自己的德。
竹添光鴻《左氏會箋》說:“人君之德,莫明於尊賢。”至爲確當。

這是一種解釋。

　　另一種解釋是説"克明俊德"是堯能明"俊"者之德，即明他人之德。僞孔傳："能明俊德之士，任用之。"鄭玄注："俊德，賢才兼人者。"（孔疏引）孔疏："言堯之爲君也，能尊明俊德之士，使之助己施化。"皆以爲"克明俊德"是任用賢才，並誤。因爲"克明俊德"以下數句整個意思顯然是説堯首先解決自身的問題，而後及於九族，及於百姓，及於萬邦。是一個由身及外，由近及遠，由血親集團及廣大社會的過程。如果以爲"克明俊德"是任用俊德之士，則這過程便缺少一個重要環節，況且任用賢能之士的問題在上文"允恭克讓"句中已包括，無須在此贅言。鄭玄和孔穎達對此語的理解亦並非明確無疑。鄭注《禮記·大學》"《帝典》曰'克明峻德'，皆自明也"句云："皆自明明德也。"孔穎達疏云："皆是人君自明其德也，故云'皆自明也'。"與他們釋《堯典》之語自相牴牾。

　　關於"克明俊德"四字的義訓，克訓能，無歧説。明訓顯訓昭，亦無歧説。唯俊字古説多歧，作峻則訓大，作俊則訓美，大與美義亦相近。《史記·五帝本紀》作"能明馴德"，《集解》引徐廣曰："馴，古訓字。"《索隱》："《史記》馴字徐廣皆讀曰訓。訓，順也。言聖德能順人也。"段玉裁《古文尚書撰異》："《今文尚書》'五品不訓'，《史記》作'不馴'，然則馴、訓古通用。"王先謙《尚書孔傳參正》則進一步引《洪範》"於帝其訓"與《宋微子世家》引作"於帝其順"相對照，説"馴、順、訓三字通用"。是知徐廣釋訓爲順，以爲"言聖德能順人也"，近是。

以親九族。

　　堯"克明俊德"，能够昭明宏揚自身之順德，以此便可以"親九族"。九族不論作何解，是指有血親關係的一定規模的血緣團體，則是無疑的。"親九族"是使九族範圍内的人親密團結和睦，亦即理順九族的關係。這裏固然有堯本人與九族親的意思，但是據下文"九族既睦"看，"以親九族"主要的意思是說使九族內的人們關係和睦。

"九族"何指，古有二説。一説九族爲上自高祖下至玄孫。《經典釋文》曰："上自高祖下至玄孫。"馬融、鄭玄及僞孔傳説同。另一説九族爲父族四、母族三、妻族二。許慎《五經異義》引《戴禮》、《尚書》歐陽説云："九族乃異有親屬者。父族四，五屬之內爲一族，父女昆弟適人者與其子爲一族，己女昆弟適人者與其子爲一族，己之女子適人者與其子爲一族。母族三，母之父姓爲一族，母之母姓爲一族，母女昆弟適人者爲一族。妻族二，妻之父姓爲一族，妻之母姓爲一族。"《白虎通義·宗族篇》説與《尚書》歐陽説同，唯合母之父族、母族爲一族而增母之昆弟一族，與歐陽説微異，其實質是一致的。兩説相比較，《尚書》歐陽説爲可取。

自漢迄清多數學者主歐陽説而駁古文家説。許慎《五經異義》説"禮，緦麻三月以上，恩之所及。禮，爲妻父母有服，明在九族中，九族不得但施於同姓"，是主《尚書》今文家説而以古文家説爲不然。《左傳》桓公六年杜預注曰"九族謂外祖父、外祖母、從母子及妻父、妻母、姑之子、姊妹之子、女子之子並己之同族"，實贊成《尚書》歐陽氏之今文家説。孔穎達《左傳正義》與杜注説同，而駁鄭尤爲有力，孔氏云："鄭玄爲昏必三十而娶，則人年九十始有曾孫，其高祖、玄孫無相及之理，則是族終無九，安得九族而親之！"清人程瑤田《儀禮喪服足徵記》以爲《白虎通義》釋《尚書》九族之義與《喪服》説同，而論證至爲明晰，程氏云："《喪服》自斬衰三年上殺之至於齊衰三月，自齊衰期下殺之至於緦麻，又旁殺之亦至於緦麻，非所謂父之姓爲一族乎！《喪服》姑之子緦麻，非所謂父女昆弟適人者有子爲二族乎！《喪服》甥緦麻，非所謂身女昆弟適人有子爲三族乎！《喪服》外孫緦麻，非所謂身女子子適人有子爲四族乎！

《喪服》爲外祖父母小功，非所謂母之父母爲一族乎！《喪服》
舅與舅之子皆緦麻，非所謂母之昆弟爲二族乎！《喪服》從母
小功，從母之子緦麻，非所謂母之女昆弟爲三族乎！《喪服》妻
之父母皆緦麻，非所謂妻之父爲一族，妻之母爲二族乎！"俞樾
《九族考》亦贊同《尚書》歐陽今文家説，但是於九族之具體指
稱則以男系爲主另立新説：父族四，爲高祖之族、曾祖之族、祖
之族、父之族；母族三，爲母之曾祖族、母之祖族、母之父族；妻
族二，爲妻之祖族、妻之父族。

　　歐陽氏九族説及俞樾九族説皆以異姓有服者爲據，駁之
者則以母、妻之族稱黨不稱族爲辭。其實這兩個根據皆不足
爲據。同姓不婚乃周制，遠在氏族社會末期的堯舜時代，恐怕
是以同姓通婚爲常，同姓不婚可能是偶然現象。既然同姓通
婚爲常，則所謂母族、妻族實與父族無異，因而無所謂異姓的
問題。稱黨稱族的區別更屬無義。《堯典》"以親九族"的九族
不過指與自己有較近親屬關係的九個血緣實體而已。

　　親九族，是説堯在"克明俊德"即解決了自身的品德問題
的前提下進一步解決自己所在的血緣團體的人們之間的關係
問題。這個問題對於堯來説至關重要。當時是原始社會，"禮
義有所錯"的文明時代尚未開始，人們是按血緣團體組織成社
會的，地域團體是以後的事。堯是部落聯盟首長，不同於後世
的帝王或地方行政長官，他是部落聯盟的首長，必然也是本部
落本氏族的代表。他若要解決好部落聯盟的問題，必須先把
自己所在的血緣團體的事情辦好，否則他的一切便没了根底。
總之，我們不可以周秦的制度衡量堯舜，否則不會得要領。清
人魏源已經看出了一點端倪，他在《書古微》中説："同姓昏姻
不通，始於周制。自周以前，堯舜同出黄帝，而堯二女妻舜，是
妻族即父族、母族均出帝胄邦君，伯叔甥舅無甚懸隔。豈得據
漢制夷九族之刑，駁唐虞上古數姓旁通之典乎？"魏説極是。

九族既睦，平章百姓。

　　既，已。睦，親，和。此句起過渡的作用，九族既已親和，便該解決百姓的問題了。

　　"平章百姓"這句話的關鍵詞是百姓。百姓指稱什麽人，蔡沈《書集傳》説是"畿內民庶"。説"畿內"是對的，畿內即堯所在的部落聯盟内，不包括本聯盟以外的其他部落。説"民庶"則不對。"民庶"一詞相當於後世與官府、官吏對言的平民百姓。在堯的時代没有這種階級的劃分，人們都生活在一定的血緣團體之内。血緣團體按姓氏劃分。就是説，每個人都有自己的姓氏。屬於同一個氏的人們，領導者與一般成員，其身份是相同的。這裏説的百姓，所指是堯的部落聯盟以内除堯的直近親屬即所謂九族以外的所有血緣團體，那些血緣團體中的所有的人，領導者和一般成員，都含蓋在内。

　　僞孔傳："百姓，百官。"孔穎達疏："經傳'百姓'或指天下百姓。此下有黎民，故知百姓即百官。"説百姓是民庶，不對；説百姓是百官，也不對。堯時是原始氏族社會，人們生活在血緣紐帶維繫着的血緣團體之中，不存在官員和民庶的對立。如果説百姓就是百官，便把各氏族中的一般成員排斥在百姓之外了。況且堯的部落聯盟内的氏族很多，在聯盟中擔任官職的氏族畢竟衹是一部分，如果説百姓就是百官，則未在聯盟中擔任職務的氏族便不在百姓之内了。既不是堯的"九族"之親，更不是下文所説的"萬邦"，又不在"百姓"之内，那麼算什麼呢！鄭玄注説"百姓"是"群臣之父子兄弟"。"群臣"當然就是"百官"。鄭氏不説百姓是百官，而説是百官的父子兄弟。意思是説百姓是官僚貴族們的不在官的子弟。這是用漢代的情形比況遠古社會，當然不恰當。

　　又，近人王國維説："此句（平章百姓）極可疑，後人之疑《堯典》者亦多因此句。因古書中無姓字，而姓氏之制至周始成,且皆女人用之。唯金文中多生字,此'百姓'亦當作'百生'。'百生'者百官也。此與下'黎民於變時雍'之'黎民'對文。"(吳其昌《王觀堂先生〈尚書〉講授記》)王氏此語兩個論點都可商榷。第一,古書中無姓字,姓氏之制至周始成。這一説法不符合歷史實際。《左傳》昭公三十二年:"三后之姓,於今爲庶。"杜預注:"三后,虞、夏、商。"散見於各書引用的《世本》佚文,關於黃帝至堯舜禹時期人們的姓氏問題有大量的記載。堯舜禹時期不是沒有姓氏,而是與西周時的姓氏制度有所不同。堯舜禹時期的姓氏乃自然長成,且姓與氏的區分並無嚴重的意義。周代的姓氏制度如《左傳》隱公八年所説:"天子建德,因生以賜姓,胙之土而命之氏。諸侯以字爲謚,因以爲族。官有世功,則有官族。"與宗法、分封之制有關,姓是天子根據血緣關係"賜"的,氏則是天子、諸侯根據人爲的政治原因命的,姓與氏區分至爲嚴格,各有不同的意義。一個人可以因爲諸種原因失去姓氏,如《左傳》襄公十一年所記"俾失其民,隊命亡氏,踣其國家"者是。説堯的時代沒有周代那種姓氏制度可,説堯時代根本沒有姓氏則大不可。第二,王氏説"百姓"與下文之"黎民"對文,故百姓即百官。這一觀點源自孔穎達疏,用後世階級社會官與民對立的情形加諸原始社會,不足取。説已見上。

　　以上説"百姓"。以下説"平章"。平字《史記·五帝本紀》作便。王引之《經義述聞》説馬融本作平,鄭玄本作辯。《詩·采菽》孔疏説《書傳》(即《尚書大傳》)作辨。《後漢書·蔡邕傳》、《白虎通義·姓名篇》、曹植《求通親親表》引《堯典》皆作平。《後漢書·劉愷傳》、班固《典引》、《東觀漢記》引《堯典》皆作辨。古平便辨辯四字聲近義通。平章二字,章字訓明,向無異義。平字鄭玄作辯,訓爲別,僞孔傳訓爲和,蔡傳訓爲均。《説文》:"辯,治也。"《公羊傳》隱公元年何休注、《淮南子·時

則訓》高誘注並曰："平,治也。"《詩·采菽》"平平左右",毛傳
曰："平平,辯治也。"王引之《經義述聞》以爲"平章"之平"訓爲
辯治可也"。以上平字四訓,訓和訓均,於經義皆未爲妥。別
治二訓,自上下文義看,鄭玄訓別義長。若訓治,則"平章百
姓"釋作治明百姓,於義扞格難通。下文"協和萬邦"之"協和"
是兩個同類動詞組成的並列式詞,"平章百姓"之"平章"應與
"協和"屬於同一情況。"平章百姓",意謂把本部落聯盟內堯
之近親九族之外所有不同姓氏的血族團體區分明確,使各行
其事,各盡其責,無有紊亂。

百姓昭明,協和萬邦。

　　　　百姓,說見上。昭,明。昭明就是明,與上文"平章百姓"
之"平章"義近。"百姓昭明"是"平章百姓"的結果。意思是
說,經過堯的長期治理,部落聯盟內各不同姓氏的血族團體的
混亂不清的問題解決了,"百姓"由不昭明達到了昭明。《國
語·楚語下》觀射父所說"民神雜糅,不可方物,夫人作享,家
爲巫史"的局面就是堯之前百姓不昭明的一種表現。故《堯
典》"平章百姓,百姓昭明"的記載,絕非虛美無根之語。蔡傳
說:"昭明,皆能自明其德。"離題遠甚。經文無德字,釋作"自
明其德",不但於事理有礙,增字解經亦不足取。

　　　　"萬邦"與上文之"九族"、"百姓"屬於同一類型的詞。"九
族"範圍最小,指堯自己父、母、妻三方面九支直近親屬。"百
姓"的範圍比"九族"大得多,包括九族之外、部落聯盟之內所
有不同姓氏的血族團體。"萬邦"更在堯所在的部落聯盟之
外,即上文"光被四表"的四表中生存的後世稱爲夷狄的氏族、
部落或部落聯盟,先時數量相當的多,後來逐漸減少,稱作"萬
邦",可能不虛。《左傳》哀公七年"禹合諸侯於塗山,執玉帛者
萬國",《戰國策·齊策四》"古大禹之時,諸侯萬國",《逸周
書·殷祝》"湯放桀而復薄,三千諸侯大會",《尚書大傳》"天下

諸侯之悉來進受命於周而退見文武之尸者千七百七十三諸侯"等等記載就是證明。

"諸侯"是後世人追記時用的詞彙，不是堯舜禹當時的實際用語。堯舜禹等中原華夏族部落聯盟的首長與四表萬邦的關係雖不會像周天子和衆諸侯那樣緊密，更不是秦漢中央集權國家皇帝與各地方長官那種絕對的君臣隸屬關係，但是堯舜禹與"四表"的"萬邦"肯定有相當密切的聯繫，"萬邦"要受中原華夏族部落聯盟的制約，堯舜禹的活動必不限於本部落聯盟之內。這有兩個歷史的因素起作用，一個是堯舜禹時實行的是軍事民主制，對外的武力征服不可避免，一個是當時正處於世界性的洪水時代，治水事業客觀上要求整個黃河、長江兩大流域中生存的人類有一個統一的指揮。實現這種聯繫的手段是征服伴隨着納貢。這是有文獻記錄可查的。"禹之裸國，裸入衣出，因也"（《呂氏春秋·貴因》），"禹致群神於會稽之山，防風氏後至，禹殺而戮之"（《國語·魯語下》），"禹攻三苗，而東夷之民不起"（《戰國策·魏策二》），證明禹爲了治水曾遠離中原，而且必要時不惜采取強力辦法。據此，《史記·五帝本紀》舜"南巡狩，崩於蒼梧之野，葬於江南九疑，是爲零陵"的記載，實不爲無據。據《五帝本紀》，堯也把注意力放到四裔，竭力改變那裏的落後狀態，曾"流共工於幽陵，以變北狄；放驩兜於崇山，以變南蠻；遷三苗於三危，以變西戎；殛鯀於羽山，以變東夷。四罪而天下咸服"。這些行動，可能就是堯"協和萬邦"的實際內容。邦即國。古文《尚書》的本子作邦，今文《尚書》的本子作國。《史記·五帝本紀》、《漢書·地理志》、《論衡·藝增篇》皆作"萬國"，蓋本於今文《尚書》，非爲避高祖諱。漢人規矩，《詩》、《書》不諱，不改經字。

"協和萬邦"《史記·五帝本紀》作"合和萬國"，下文之"協時月正日"，《五帝本紀》作"合時月正日"。是史公訓協爲合。

鄭玄注《周禮·秋官·鄉士》曰："協,合也,和也。"《論衡·齊世篇》引經作"叶和萬國"。《說文》叶字云："古文協,從口十。叶或從日。"協字云："同衆之和也,從劦十。"是協叶古今字。僞孔傳："協,合也。"是古人訓協爲合,沒有異義。合是分的反義,和是乖的反義。"協和萬邦",是把中原華夏部落聯盟以外的"萬邦",即所有的氏族、部落或部落聯盟聯合起來,建立合和的關係。

黎民於變時雍。

從上下文的文勢看,這句話是對"克明俊德"以下數語的總括。堯"克明俊德","以親九族","平章百姓","協和萬邦",深遠影響表現在"黎民於變時雍"上。"黎民於變時雍"不是堯采取的行動措施,而是他采取的諸多行動措施產生的積極後果。

"黎民"是這句話的關鍵詞。《爾雅·釋詁》:"黎,衆也。"郝懿行《爾雅義疏》:"黎庶者,民之衆也。《說文》云:'黔,黎也。秦謂民爲黔首,謂黑色也。'按'黎民'見《堯典》,非起於周,民不皆黑色,舉其衆多而言也。"《釋訓》:"廱廱,和也。"廱亦作雍,《文選·笙賦》注引《爾雅》作"雍雍,和也"。于,舊作於。《釋詁》:"于,於也。"郝疏:"於與于同,亦語詞也。"《釋詁》"於,是也。"郝疏:"是者語詞也。時者是聲之輕而浮者也。古人謂是爲時,今人謂時爲是。是時一聲也,時是一義也。"王引之《經傳釋詞》:"於,語助也。《書·堯典》曰:'黎民於變時雍。''於變'與'時雍'對文。'於'字《釋文》無音,蔡沈以爲嘆美辭,非是。"郝氏據《爾雅》釋《堯典》"黎民"爲民之衆,黎字爲舉其衆多而言,極是。郝氏、王氏並釋"於"、"時"二字爲語助詞,亦甚得當。應劭曰:"黎,衆也。時,是也。雍,和也。言衆民於是變化,用是太和也。"(《漢書·成帝紀》注)僞孔傳:"黎,衆也。於,語聲。時是雍和也。言衆民從化而變,用是大和。"

二説大抵正確。

　　"黎民"應當是泛指自堯之直近親屬"九族"至本部落聯盟内之"百姓"以及四裔之"萬邦"的所有人們，即與堯有血緣關係或没有血緣關係，血緣關係較近或血緣關係較遠的全天下所有氏族、部落的成員。一般的成員在内，負有職責的氏族、部落或部落聯盟的領導者也在内。那時是原始社會，與人民群衆相脱離的强力機構和統治者還未出現。"黎民"即衆多的民衆，他們經過堯的幾十年的工作，發生了變化，變得融洽合和了。

　　《漢書·成帝紀》陽朔二年詔曰："昔在帝堯立羲和之官，命以四時之事，令不失其序。故《書》云'黎民於蕃時雍'，明以陰陽爲本也。今公卿大夫或不信陰陽，薄而小之，所奏請多違時政。"擬詔書的人把"時"字理解爲四時的時，從而把全句屬下，説成爲明陰陽之事，誤甚，不可從。

乃命羲和，

　　堯在解決了"親九族"、"平章百姓"、"協和萬邦"的問題之後乃命羲和負責解決"曆象日月星辰"的問題。羲和是重黎之後，古人皆如是説，幾無異辭。最重要的根據是《國語·楚語下》記觀射父説："及少皞之衰也，九黎亂德……顓頊受之，乃命南正重司天以屬神，命火正黎司地以屬民，使復舊常，無相侵瀆，是謂絶地天通。其後，三苗復九黎之德，堯復育重黎之後，不忘舊者，使復典之。"揚雄《法言》："羲近重，和近黎。"鄭玄注説："堯育重黎之後羲氏和氏之子賢者，使掌舊職天地之官。"（賈公彦《周禮正義序》引）僞孔傳説："重黎之後，羲氏和氏世掌天地之官。"又《吕刑》僞孔傳説："重即羲，黎即和。"《國語》韋昭注："堯繼高辛氏，平三苗之亂，紹育重黎之後，使復典天地之官，羲氏和氏是也。"以上揚、鄭、僞孔、韋諸家皆據《國語》認定羲和爲重黎之後。

　　至於重黎、羲和究竟各是一氏或一人抑或各是二氏或二人的問題，古説不一，或云重與黎、羲與和各爲一氏或一人。上舉諸家皆主此説。此説的根據是《左傳》昭公二十九年的一段話："少皞氏有四叔，曰重曰該曰脩曰熙，實能金木及水，使重爲句芒……顓頊氏有子曰犁，爲祝融。"犁即黎字之異文。據此，重出於少皞，黎出於顓頊，重與黎非一氏或一人，明甚。但是，《史記·五帝本紀》云："帝顓頊高陽者，黄帝之孫而昌意之子也。"高陽生稱，稱生卷章，卷章生重黎。以爲重黎爲一人，且是顓頊之曾孫。《晉書·宣帝紀》云："其先出自帝高陽之子重黎，爲夏官祝融。"亦以爲重黎爲一人，但説是顓頊之子，不説是顓頊之曾孫。清人顧炎武《日知録》贊同重黎爲一人之説，盛百二《尚書釋天》贊同重黎爲二人之説。今日看來，顧説非，盛説是。《國語·鄭語》記史伯既云荆子熊嚴爲重黎之後，似以重黎爲一人，又云："夫黎爲高辛氏火正"，顯然又以黎爲一人，重爲一人，自相牴牾。盛百二《尚書釋天》解釋説："史伯明言'黎爲高辛氏火正'，則楚子之先黎也，而兼言重，蓋天地雖分，事實一貫，猶羲和雖分，欽若之職一也。"盛説極是。另，重與黎古人總是視作兩個具體的個人，其實是世掌天地之官的兩個氏族。氏族是常存的，而人祇生一世。把氏族當成個人，所以才産生一會兒説重黎是顓頊之子，一會兒又説是顓頊之曾孫的混亂。《國語·鄭語》説"黎爲高辛氏火正"，高辛氏即帝嚳。《楚語下》又説顓頊"命火正黎司地以屬民"。這一矛盾如果用黎是氏族之名來解釋，極順。因爲黎作爲一個氏族，顓頊時爲火正，不妨帝嚳時也爲火正。若以黎是一個人，則很難説通。況且《楚語下》説"重黎氏世敍天地"，"世敍"一詞堪注意，既云世世代代掌天地之官，則重黎是氏族之名無疑。實際上中國原始父系氏族社會，特別在晚期軍事民主制時期，部落聯盟之公職都以氏族的名義擔任，而且大多數以氏族的名義世襲。祇有部落聯盟首長，因爲太重要，不能固定由某一氏族（甚至某一部落）的人擔任，而采取禪讓的辦法從聯盟內各氏族、部落的個人中選優解決。所以少皡、顓頊、帝嚳、堯、舜、禹等等必是個人的名稱。重黎是兩個氏族的名稱，羲和是重黎之後，當然也是兩個氏族的名稱。

欽若昊天，

　　自此以下至"以閏月定四時成歲，允釐百工，庶績咸熙"一大段文字，全是説堯命羲和二族要做的事情。這些事情至關重要，尤其"欽若昊天，曆象日月星辰，敬授人時"這幾句話，具有劃時代的意義，它標誌着人們對天的認識發生了根本的變化。

　　在堯之前實行火曆，對自然之天的認識相當狹窄，僅限於星宿。日月之運行不能看不見，但是不認識。那時的天是神的世界。到了堯時，"乃命羲和欽若昊天"之後，一個以日月運行爲主的廣闊的自然之天展現在人們面前。從此主宰之天的天概念之外又產生了自然之天的天概念。主宰之天的天概念是哲學唯心論的萌生土壤，自然之天的天概念是哲學唯物論的先聲。後世孔子及儒家學派由此繼承并發展了唯物論的哲學。中國古代哲學唯心論和唯物論的對立從堯時開始，中國哲學史應當從堯時寫起。這是從意識形態的角度看"欽若昊天，曆象日月星辰"的意義。

　　若從當時部落聯盟的管理上説，此事也是第一重要的，故《漢書·食貨志》説："堯命四子以敬授民時，是爲政首。"《爾雅·釋詁》："欽，敬也。"《釋言》："若，順也。"《史記·五帝本紀》"欽若"作"敬順"。欽若釋作敬順，是對的。堯要求羲和嚴肅認真地對待天的事情，不可苟且馬虎。

　　"昊天"，許慎《五經異義》："《今尚書》歐陽説：'春曰昊天，夏曰蒼天，秋曰旻天，冬曰上天，總爲皇天。'《爾雅》亦然。《古尚書》説云：'天有五號，各用所宜稱之。尊而君之，則曰皇天。元氣廣大，則稱昊天。仁覆憫下，則稱旻天。自天監下，則稱上天。據遠視之蒼蒼然，則稱蒼天。'"許氏按説："《尚書》堯命羲和'欽若昊天'，總勑四海，知昊天不獨春。《春秋左氏》曰：'夏四月己丑，孔子卒'稱'旻天不弔'，時非秋也。"許氏説《爾雅》與《今尚書》説同，其實大同而小有異。今文《尚書》説"春曰昊天"，《釋天》説"夏爲昊天"，此略有不同也。鄭玄《駁五經異義》云："《爾雅》者孔子門人作，以釋六藝之文，言蓋不誤矣。春氣博施，故以廣大言之。夏氣高明，故以遠大言之。秋氣或殺或生，故以閔下言之。冬氣閉藏而清察，故以監下言之。昊天者，其尊大號。六藝之中諸稱天者，以己情所求言之，非必於其時稱之。浩浩昊天，求天之博施，蒼天（疑天當爲蒼）蒼天，求天之高明。旻天不弔，則求天之殺生當得其宜。上天同云，求天之所爲當順其時。此之求天，猶人之説事，各從主耳。若察於是，則堯命羲和'欽若昊天'，孔子卒稱'旻天不弔'，無可怪耳。"其實《爾雅》説、《尚書》今文歐陽説、《尚書》古文説對"欽若昊天"之"昊天"的説解都是對的。許鄭二氏之認識也都極得要領。把天按四時變化稱爲昊天、蒼天、旻天、上天以及總稱皇天等等，説明不把天視作神，而是視天爲自然。"欽若昊天"之"昊天"是浩浩廣大的自然之天，這是他們的一致看法。有了這一點，他們其餘的分歧都可忽略不計。

曆象日月星辰，

　　　這一句至關重要，是"乃命羲和，欽若昊天"的主要內容。"欽若昊天"必須落實到"曆象日月星辰"上才有意義。"曆象日月星辰"，標誌古代天文曆法至此已發展到一個新階段。先前實行火曆，不問日月，觀察大火即心宿二昏時所見之中、流、伏、內等不同天象確定時節，這是當時人人可行的，不必由聯盟的管理機構統一授時。現在不看大火，而是看日月在二十八宿經星上的運行規律，不是人人能够辦到的，所以此時不但要觀象，還須向下授時。

實行以日月運行爲主要内容的新曆法，并且觀象授時，這是一個突破性的進步。有人説這時實行的衹是曆，尚談不上曆法，曆法是從戰國四分曆開始的。其實不然，有曆則必有曆之法，没有一定的法，曆則無從産生。戰國四分曆的確嚴密、科學，是以前之曆法不能比擬的，但是不能因此説四分曆産生之前無曆法，以前的曆法衹是相對簡單、疏闊而已。

在堯命羲和"曆象日月星辰"之前，實行火曆，是有文獻可徵的。《左傳》襄公九年説："古之火正，或食於心或食於咮，以出内火。是故咮爲鶉火，心爲大火。陶唐氏之火正閼伯居商丘祀大火，而火紀時焉。"《鄭語》："黎爲高辛氏火正。"《楚語下》：顓頊氏"命火正黎司地以屬民"。言及大火，言及火正，言及火紀時，顯然堯以前實行的曆法是火曆。不過，據《大戴禮記·五帝德》"高辛氏曆日月而迎送之"和《魯語上》"帝嚳能序三辰以固民"的記載以及韋昭"三辰，日月星"的注文，知在堯之前人們已意識到日月在曆法上的重要性，而籌劃創制新曆。堯命羲和"曆象日月星辰"以制定新曆的活動並非突然出現。堯制定以日月星辰爲内容的新曆之後，舊時的火曆也没有消失，社會的上層使用陰陽曆，一般民衆則仍依賴火曆，即觀察星星安排生産與生活。《洪範》"庶民惟星"一語説的就是這種情況。陰陽曆必須專家通過"曆象"得出，然後向下"授時"。然而"授時"之難以普及，不要説古代，就是在解放前舊中國的邊遠地區，民衆不看皇曆看星星的情況也是司空見慣的事。

現在説羲和之"曆象日月星辰"。它與先前的火曆大不一樣，火曆極簡單，衹須憑經驗用肉眼看而已，盯住昏時大火（心宿二）的中、流、伏、内等動向即可，不須"曆象"。而新的陰陽曆的對象是日月運行，要根據日月運行推算出年、月、日、四時甚至閏月來，簡單的觀察辦不到，非"曆象"不可。

那麼"曆象"是什麼呢？蔡沈《書集傳》："曆，所以紀數之書；象，所以觀天之器。如下篇璣衡之屬是也。"於下篇"璿璣玉衡"句釋曰："猶今之渾天儀也。"蔡説顯然錯誤，把曆釋作書，把象釋作器，於理不合，堯時怎會有紀數之書，怎會有觀天之器？於文亦不通，"曆象"必是謂語，表示動作，書和器在此作謂語，講不通。《史記·五帝本紀》作"數法日月星辰"。《索隱》："《尚書》作'曆象日月'，則此言'數法'，是訓'曆象'二字，謂命羲和以曆數之法觀察日月星辰之早晚，以敬授人時也。"《正義》："曆數之法，日之甲乙，月之大小，昏明遞中之星，日月所會之辰，定其天數，以爲一歲之曆。"史遷釋作數法是對的，但是《索隱》將"數法"釋作"曆數之法"，謂"曆象"爲"以曆數之法觀察"云云則不確。"曆象"應是兩個同類性質的詞組成的並列動詞，即曆是一詞，象是一詞。梅文鼎《曆學源流論》謂"曆者算數也，象者圖也，渾象也"。沈彤《尚書小疏》謂"曆謂以數推之，象謂以法窺之。數即九數中差分贏不足旁要諸數，法即渾天圖象與諸測驗之器，凡皆所以爲定時之本也"。梅、沈二説義同，釋曆爲算數，爲以數推之，是對的；釋象爲圖象，爲測驗之器，則迂曲不通。僞孔傳："星，四方中星。辰，日月所會。曆象其分節，敬記天時，以授人也。"孔穎達疏："命羲和令以算術推步，累曆其所行，法象其所在，具有分數節候參差不等，敬記此天時以爲曆而授人。"僞孔傳强調"曆象"的對象是日月星辰之"分節"，孔疏釋"曆象"爲以算術推步，僞孔傳所云"分節"爲日月星辰之分數節候參差不等，都是對的。但是有欠簡捷。王安石説："曆者步其數，象者占其象。"（盛百二《尚書釋天》引）要言不煩，最爲的當。其實曆就是計算亦即推步，象就是察看亦即觀象，"曆象"的對象必是"日月星辰"，"日月星辰"有必要"曆象"。

　　若在堯之前之天文曆法,先是一般占星術,後來是火曆,祇須肉眼觀象而已,無須推步計算。觀象的內容主要是天象,其次是物象、氣象。天象在當時主要指星象,即二十八宿經星之象,不包日月在內。《國語·周語中》所記"夫辰角見而雨畢,天根見而水涸,本見而草木節解,駟見而隕霜,火見而清風戒寒",就是遠古時代占星術所能掌握的天象、物象、氣象實況。此天象、物象、氣象,觀之可也,不須計算。後來有了火曆,觀象的對象集中到"火"上。火即大火,古書也叫辰,即二十八宿之心宿二,實際上是一連三個星,所以又叫三星。按照中國古人的傳統排法,它屬於東方蒼龍七宿。火在遠古中國人的生活中曾經扮演過重要的角色。古書有記載,如《左傳》莊公二十九年:"火見而致用。"昭公四年:"火出而畢賦。"昭公三年:"火中寒暑乃退。"哀公十二年:"火伏而後蟄者畢。"僖公五年:"火中成軍。"昭公六年:"火未出而作火。"昭公九年:"今火出而火陳。"昭公十七年:"今除於火,火出必布焉。""火出而見,今茲火出而章,必火入而伏。""火出於夏爲三月。""若火入而伏。"昭公十八年:"火始昏見。"哀公十二年:"今火猶西流。"《詩·七月》:"七月流火。"《夏小正》:"初昏大火中。大火者心也。心中,種黍菽糜時也。""五月大火中。""八月辰則伏。辰也者謂星也,伏也者入而不見也。""九月內火。內火也者大火。大火也者心也。""主夫出火。主夫也者,主以時縱火也。"《禮記·月令》:"季夏之月昏火中。"等等舉不勝舉,都是後世人對古時實行火曆情況的追述。也說明自堯時制定陰陽曆之後,火曆並未消失,在人們的生活中仍起作用。

　　火曆的基本特點是用肉眼直接觀察昏時(日落後三刻或二刻半)大火的出、中、流、伏、內等不同位置,借以確定歲首和春種秋收的季節。歲、四季、月份、節氣的概念全沒有。它與先前的一般占星術一樣祇須觀象,不須推步計算。不同於早期占星術的是它集中在一個心宿二上，形成了一定的規律，可以叫做"曆"了。

一旦人們的觀象活動由二十八宿的領域進入日月的時候，觀象的手段便不够了，還必須進行計算亦即"曆"。《大戴禮記·五帝德》説帝嚳"曆日月而迎送之"，這個"曆"字不簡單，頗堪注意。占星術和火曆是無須"曆"的，衹須"象"而已。衹有對日月，既須"象"，又須"曆"，即又觀象又計算。《堯典》講"曆象日月星辰"，"曆象"二字首先表現出新曆法在制曆手段上的變化。"曆象日月星辰"，這句話的"日月"應特別注意，今人對日月太熟悉，已經司空見慣，讀起來極易不以爲然。而在當時，日月正式進入人們的生活領域，其實是中國古代天文曆法史和認識史上的一次偉大的革命。以前衹看星星，現在則曆象日月，日月成爲曆法的真正主角，星星衹是在曆象日月的過程中起輔助作用時才有意義。

"日月星辰"是什麽？日月不成爲問題。星辰是什麽，古説不一。《白虎通義·聖人篇》："堯曆象日月璇璣玉衡。"以"璇璣玉衡"取代《堯典》之"星辰"，是以星辰爲北極及斗建。這當然不對。《周禮·春官·大宗伯》"以實柴祀日月星辰"句鄭玄注："星謂五緯，辰謂日月所會十二次。"五緯是金、木、水、火、土五星。賈公彥疏："《堯典》云'曆象日月星辰'，《洪範》五紀亦云'星辰'，鄭皆星辰合釋……此文皆上下不見祭五星之文，故分星爲五緯，與辰別解。"是鄭玄僅於《大宗伯》文釋星爲五緯，於《堯典》、《洪範》諸文則一概合釋"星辰"爲"日月所會十二次"。"日月所會十二次"的説法大體正確。有《左傳》昭公七年："何謂辰？日月之會是謂辰，故以配日。"作爲證明。鄭玄以爲"曆象日月星辰"之"星辰"爲一物，而釋爲"日月所會十二次"，那麽此星與辰究竟是怎樣的關係？賈公彥於《大宗伯》疏説："二十八星，面有七，不當日月之會直謂之星。若日月所會則謂之宿,謂之辰,謂之次,亦謂之房。故《尚書·胤征》云'辰弗集於房,'孔注云'房,日月所會'是也。"孔穎達於《堯典》疏説:"日行遲,月行疾,每月之朔,月行及日而與之會,其必在宿分。二十八宿是日月所會之處。辰,時也。集會有時,故謂之辰。日月所會與四方中星俱是二十八宿,舉其人目所見,以星言之;論其日月所會,以辰言之。其實一物,故星辰共文。"又,僞孔傳説:"星,四方中星。"孔穎達疏:"二十八宿布在四方,隨天轉運更互,在南方每月各有中者。《月令》每月昏旦唯舉一星之中,若使每日視之,即諸宿每日昏旦莫不常中,中則人皆見之,故以中星表宿。四方中星,總謂二十八宿也。"賈公彦和孔穎達對"星辰"的解釋正確而且透闢。他們的核心思想是星即指二十八宿,不包括其他。星在作爲日月相會的時空坐標時又稱作辰。"日月星辰",實質祇有日月星,不是日月星之外另有辰。四中星是二十八宿的代表,所以説"日月星辰"之星是四方中星,亦可。

　　根據孔穎達的認識,我們必引導出以下的合理結論:所謂"曆象日月星辰",其實是曆象日月。宿次辰房和中星都是爲曆象日月服務的。堯的新曆法若離開日月、二十八宿或者中星,便失去意義。這是堯時新曆法與以前的火曆的本質區別。關於"星辰"的其他任何解釋,祇要不符合這一結論便是錯的。《漢書·律曆志下》:"辰者,日月之會而建所指也。"説"日月之會"是對的,説"建所指也"則爲蛇足。蔡沈《書集傳》:"星,二十八宿。衆星爲經,金、木、水、火、土五星爲緯,皆是也。"説星是二十八宿,是對的。説星包括金、木、水、火、土五星則誤。這説明《漢志》作者和蔡傳的作者並未真正理解堯命羲和"曆象日月星辰"的意義。《漢書·律曆志上》引《堯典》"曆象日月星辰",顏師古注曰:"星,四方之中星也。辰,日月所會也。"沈彤《尚書小疏》謂師古説"最是。星不必兼歲星斗星,辰不必兼建所指"。顏説是,沈説尤精卓。

　　然而對"曆象日月星辰"的解釋最切中要害的是盛百二的
《尚書釋天》。盛氏云:"蓋曆象在授人時,授人時在歲月日時
之正,正日之長短必以日出入之早晚,正月之朔望必以日與月
之冲合,正時之春秋冬夏必以日之長短與昏之中星,昏之中
星,二十八宿也。正歲必以日之周天與月會日之常數及其閏,
而五緯於數者並無所用。"意謂堯之新曆法目的是確立歲月日
時的概念(這是前所未有的),而確立這些概念必須"曆象"日
月運行的規律和數字,做到這些則離不開二十八宿。二十八
宿之外的東西則都不需要。

　　附帶説一下二十八宿名目出現的問題。今所傳二十八宿
名目最早見於《淮南子·天文訓》和《漢書·律曆志》。《史
記·曆書》雖詳備二十八宿名目,但與今所傳二十八宿名稱略
有不同。更早的文獻如《禮記·月令》僅記二十六宿,《爾雅·
釋天》則僅有十七宿。《周禮·春官·馮相氏》記馮相氏掌"二
十有八星之位",而其名目不詳。《周禮》一書據我們考證,大
約寫定於平王東遷之後即春秋初年。本世紀七十年代在湖北
隨縣出土一隻戰國箱蓋,其上繪有二十八宿,其實這並不是二
十八宿概念出現的上限,《周禮》的記載應當先於它。《堯典》
寫定於平王東遷之後不久,但所記史事當是堯時代的實録無
疑。《堯典》既已提出星、火、虛、昴四宿名稱,而且是作爲四仲
月中星提出的,那麼當時絶不至於祇知道此四宿,其餘一概不
知。在堯命羲和"曆象日月星辰"之前人們對星星已積累了豐
富的知識,《洪範》説"庶民惟星"就是證明。否則到堯時便無
從制定以日月爲紀的新曆法,因爲曆象日月是離不開二十八
宿經星的。雖然目前尚無確證證明堯時已有完整的二十八宿
概念,但是也不能説堯時沒有具備二十八宿概念和名目的可
能性。

敬授人時。

　　"敬授人時"是"曆象日月星辰"即制定以日月爲紀之新曆法的直接目的。堯之前實行火曆，部落聯盟内雖設有專職官員火正，但文獻不見有授時的記載。授時自堯時起施行。

　　蔡沈《書集傳》："人時謂耕穫之候，凡民事早晚之所關也。"蔡氏説耕穫之候是"人時"，不確切。首先，"人時"二字宜分别説，人是人，時是時。人字是有一定意義的。段玉裁《古文尚書撰異》謂自來《尚書》無作"人時"者，注疏本《洪範》僞孔傳、《皋陶謨》正義皆云"民時"，治古文《尚書》的《尚書大傳》鄭玄注、《鄭語》韋昭注、徐偉長《中論·曆數篇》和治今文《尚書》的《史記·五帝本紀》、《漢書》之《律曆志》、《食貨志》、《藝文志》、《李尋傳》、《王莽傳》、漢《孫叔敖碑》亦皆引作"民時"。唐天寶三載衛包奉命改定經文時將"民時"誤改作"人時"。按段説誤，作"人時"是，作"民時"非。人與民二字在經典中意義有别，《詩經·假樂》有"宜民宜人"句，《皋陶謨》有"在知人，在安民"句，《洪範》有"厥庶民無有淫朋，人無有比德"句，皆民有民義，人有人義。民是一般老百姓，"治於人"和"食人"的勞動者，人則是有地位的統治階級人士。堯時是原始氏族社會的軍事民主制時代，國家尚未産生，當然談不上統治階級和被統治階級的劃分，但是畢竟有氏族、部落酋長與一般氏族成員之别。堯命羲和"曆象日月星辰"之後"敬授人時"，是授時給本部落聯盟内各部落、氏族以及"萬邦"的領導人而不是授給氏族的一般成員。所以，當作"人時"，不當作"民時"。時字蔡氏以爲是指確定耕穫之候及與民事相關者，亦未的。確定耕穫之候是授時的目的之一，但不是"時"的本身。時是什麽，籠統地説，這個時就是堯命羲和通過"曆象日月星辰"而制定的新曆法，具體地説，應當就是《洪範》九疇中第四疇五紀之"一曰歲，二曰月，三曰日，四曰星辰，五曰曆數"。這五紀在堯時當已初步産生。授時就是授這個。堯以前的火曆時代没有這五紀，授時是談不上的。

其次，這"敬授人時"實際上是朔政制度的先驅。朔政制度在後來夏商周三代成爲中央政治集團的權力標誌，《禮記·大傳》"聖人南面而治天下"，必"改正朔，易服色"，《春秋》文公十六年"公四不視朔"，《論語·八佾》"子貢欲去告朔之餼羊。子曰'賜也，爾愛其羊，我愛其禮'"等記載正是古代實行朔政制度的遺迹。堯施行"敬授人時"是朔政制度的開始，從《論語·泰伯》"唯天爲大，唯堯則之"和《堯曰》"咨爾舜，天之曆數在爾躬"中能够得到證明。《論語》"唯天爲大"之天與《堯典》"欽若昊天"之天一樣，是自然之天。《論語》之"天之曆數"與《堯典》"敬授人時"之"時"含義相同，都指堯所制定的新曆法而言，即歲、月、日等等。祇是文勢略有區別，言"時"，是從部落聯盟的工作角度出發，言"曆數"則强調它是部落聯盟軍事民主制首長的權力標誌。"敬授人時"即頒朔的具體辦法，最早的記載應是《洪範》"王省惟歲，卿士惟月，師尹惟日"。王制定並頒發一年的朔政，王之大臣、列國諸侯管各個月份，以下大夫士等管每天。餘如《周禮·春官·大史》"正歲年以序事，頒之于官府及都鄙，頒告朔于邦國"，蔡邕《明堂月令論》"古者諸侯朝正於天子，受月令以歸而藏諸廟中。天子藏之於明堂，每月告朔朝廟，出而行之"，記述更爲詳明。雖然所用皆後世詞語，但是關於授時頒朔的基本情形當與堯時無異。

分命羲仲，

"分命"與上文"乃命羲和"之"乃命"係相對而言。"乃命羲和"雖不言"總"，其實有"總"的意思在内。意謂命令羲和二氏總管"曆象日月星辰，敬授人時"之事，"分命"，意謂在命羲和二氏之後具體地命令羲仲做具體的曆象工作。據此，知上文"乃命羲和，曆象日月星辰，敬授人時"與此言"分命羲仲"以及"申命和叔"等四項實爲一事,不是二事。堯欲制定以日月爲紀的新曆法並頒布施行,任務交由羲和二氏完成。"曆象日月星辰,敬授人時",是這項工作的總提法,此云"分命羲仲"等等是這項工作的具體落實或者説具體分工。"分命羲仲"等等所爲不是別的,就是"曆象日月星辰"之事。

至於"羲仲"以及下文"羲叔"、"和仲"、"和叔"與上文"羲和"的關係,羲與和既是兩個氏族也是兩個氏族酋長的名稱,則應當説羲仲、羲叔、和仲、和叔是羲和兩氏族中的另外四個能人或者地位低於酋長的領導人。不必因此稱仲稱叔而連及羲和爲羲伯和伯,從而説他們各是伯仲叔的昆弟關係。仲、叔其實是後世寫定《堯典》者使用的當時用語。

"分命羲仲"以下至"允釐百工,庶績咸熙"這一大段文字詳盡説明"曆象日月星辰"的具體活動,又是看四仲中星,又是寅賓出日、寅餞納日、平秩南訛、平在朔易,又是察民析、民因、民夷、民隩和鳥獸生態變化,可見堯對創新曆的事情看得極重,想得極細,下的功夫極大,安排得極爲周密。後世制曆的工作,核心問題是解決歲差、里差,堯時當然不可能有自覺的歲差、里差觀念,但是他幹的這些事情很對路,已經不自覺地在向這方面努力。《周禮疏序》引鄭玄云:羲仲"官名,蓋春爲秩宗,夏爲司馬,秋爲士,冬爲共工,通稷與司徒,是六官之名見也。仲、叔亦羲和之子,堯既分陰陽爲四時,命羲仲、和仲、羲叔、和叔等爲之官,又主方岳之事,是爲四岳掌四時者。曰仲叔,則其掌天地者伯乎!"《經典釋文》引馬融云:"羲氏掌天官,和氏掌地官,四子掌四時。"馬、鄭以羲和與四仲叔爲六官,缺乏根據,不足信。馬説依據《國語·楚語下》觀射父對楚昭王曰:"顓頊受之,乃命南正重司天以屬神,命火正黎司地以屬民。"但是,重司天屬神,黎司地屬民,是針對當時民神雜糅采取的措施,不同於後世之天官地官。堯時之羲和與四仲叔之所職掌乃一事,即都是管天文曆法。若一定説是官,也衹是一官,根本談不上六官。仲叔四子也絶不是四岳掌四時者。馬、鄭説並誤。

宅嵎夷,曰暘谷。

　　《爾雅·釋言》:"宅,居也。"《史記·五帝本紀》作"居郁夷"。蓋史遷以訓詁代經文。是宅訓居。"宅嵎夷"之宅字今文《尚書》皆作度。如蔡邕石經作度,蔡邕石經是今文。又《周禮·縫人》鄭注引此經下文"宅西曰昧谷"作"度西作柳谷"。賈公彦疏以爲鄭注引是伏生《尚書大傳》文,是伏生之《尚書》作度。江聲《尚書集注音疏》引舊解云:"宅爲居,今文宅皆爲度。宅度字同,讀當從度。"揚雄《方言》:"度,居也。東齊海岱之間或曰度。"《詩·皇矣》"爰究爰度"毛傳:"度,居也。"是作宅作度皆訓居。居,居處。"宅嵎夷,曰暘谷",謂命羲仲居住在嵎夷暘谷那個地方。牟庭《同文尚書》謂"古書宅度通用",據《王制》注曰'度,量也',《晉語》注曰'度,揆也'",訓度爲揆度,而以爲"羲仲掌天官於帝都而揆日景於東表,非居治東方之官也"。牟氏訓度爲揆,於經文窒礙難通。經文明言"宅嵎夷,曰暘谷",宅的賓語是嵎夷暘谷,怎可將"宅嵎夷"釋作揆日景! 憑臆想釋經,斷不可從。

　　嵎夷,古文《尚書》作"堣夷",今文《尚書》作"禺銕"。段玉裁《古文尚書撰異》:"古文《尚書》,字本從土,轉寫誤從山。《説文》土部'堣夷',山部'封嵎',二字畫然。《玉篇》土部曰'堣夷,日所出',《虞書》'分命羲仲宅嵎夷'本亦作嵎。蓋有堣嵎二本,後人舍是而從非耳。"嵎夷指何處,古人説不一。偽孔傳:"東表之地稱嵎夷。暘,明也,日出於谷而天下明,故稱暘谷。暘谷嵎夷一也。"孔穎達疏:"《禹貢》青州云:'嵎夷既略。'青州在東,界外之畔爲表,故云'東表之地稱嵎夷'也。據日所出謂之暘谷,指其地名即稱嵎夷,故云'暘谷嵎夷一也'。"是偽孔傳以爲嵎夷暘谷是一地二名，地在東方青州界外之畔。《經典釋文》引馬融説：“嵎，海嵎也。夷，萊夷也。暘谷，海嵎夷之地名。”是馬融以爲嵎夷指稱居住在海邊上的少數民族萊夷，暘谷是萊夷居處之地名。僞孔傳與馬融説大同小異。李光地《尚書七篇解義》：“嵎夷，九州之極東處。”大方向亦與僞孔傳、馬融説一致。僞孔傳、馬融、李光地這一説依據《禹貢》“海岱惟青州，嵎夷既略，濰淄其道”，大體可信。自今日看來，嵎夷應當説是地名，它在山東半島一帶，靠海之邊，是萊夷居住的地方。暘谷是嵎夷這塊地方裏面一個具體地點，羲仲在此測日出，定中國之日出時間。就是説，嵎夷是個大地名，暘谷是個小地名。

“宅嵎夷，曰暘谷”，曰字是語助詞，不爲義。全句意謂羲仲居住在東方海邊嵎夷之暘谷這個地方做測日出的工作。僞孔傳説嵎夷與暘谷是一個地方的兩個名稱，不對。另外還有兩説。一、胡渭《禹貢錐指》據《後漢書·東夷列傳》贊曰“宅是嵎夷，曰乃暘谷。巢山潛海，厥區九族”之説，以爲嵎夷爲古朝鮮。盛百二《尚書釋天》贊同之，説：“朝鮮古屬青州，與山東登州府隔海相對，正合孔傳‘東表’之語。”蔣廷錫《尚書地理今釋》説同。二、《説文》山部：“嵎，首嵎山也，在遼西。一曰嵎銕嵎谷也。”又土部：“堣，堣夷，在冀州暘谷。立春日，日值之而出。”段玉裁注：“一曰嵎銕嵎谷，‘一曰’猶一名，非有二物。遼西正在冀州。然則《堯典》之堣夷，非《禹貢》青州之嵎夷。”對此《後漢書》和《説文》二説，王鳴盛《尚書後案》駁之甚力，王氏云：“二説大同小異。但‘寅賓出日’自當於正東之青州，似不必就冀州之遼水東西。兹處大約北極出地已三十六度，恐當以馬説爲是。蓋青州上言‘嵎夷’，下言‘萊夷’。上言‘既略’者，總指海隅之地及萊夷而言。下言‘作牧’者，就中抽出萊夷而言（指《禹貢》文）。”王説是。暘谷之暘字，《説文》日部引作

“暘”，是出古文《尚書》，山部引作“崵”，是出今文《尚書》。蓋許氏稱引經書多用古文，但是亦不廢今文。

寅賓出日，

　　寅，《尚書》古本多作夤字。寅是夤的假借字。《説文》夕部：“夤，敬惕也。”《爾雅·釋詁》：“寅，敬也。”段玉裁《古文尚書撰異》據《文選》永平九年策秀才文李善注引《爾雅》“夤，敬也”，考《爾雅》古文亦作夤。段説是。賓，讀曰儐。古儐字通用賓。《周禮·司儀》“賓亦如之”，鄭玄注：“賓當爲儐。”《説文》人部：“儐，導也。”段注：“導者，導引也。”《史記》引錄《尚書》多以訓詁代經文。《五帝本紀》於此經文作“敬道日出”。《正義》：“道音導。”“寅賓出日”，意謂羲仲去東方嵎夷之暘谷地方認認真真地迎接日出，以測定日躔到達春分的時間。他事先並不知春分在何時，必須大約在春分前後的日子裏多次觀測日出，然後才能確定春分的時日。故“寅賓出日”不得理解爲僅僅春分那一天的事。是不知春分而通過多次觀測出日定春分，不是已知春分而觀測春分之出日。

　　觀測的辦法是立表測影。沈彤《尚書小疏》：“暘谷立表正當卯位，昧谷立表正當酉位。故必出日之影當表西，納日之影當表東，於南北皆無少攲邪！則日躔正值卯酉之中，而春秋分可定。此賓餞二句確疏也。”沈氏此解極是。沈氏的理解很明白，他説冬至夏至看日影短長，必在中午，春分秋分看日影偏正，必在日出日落。朝暮日影正東正西，絲毫不偏南不偏北，那便是春分秋分日。

　　漢唐人的解釋幾乎全錯。《堯典》孔穎達疏：“鄭玄云‘寅賓出日’謂春分朝日，又以‘寅餞納日’謂秋分夕月也。”江聲《尚書集注音疏》釋鄭玄“春分朝日”説：“朝之言朝，言‘出日’則是朝矣。下言‘日中’，則是春分。故鄭云‘謂春分朝日’。”是鄭玄把“寅賓出日”釋作春分那天的日出之時。

於"春分朝日"什麼人幹什麼事呢？《尚書大傳·略説》："古者帝王躬率有司百執事，而必正月朝迎日於東郊。"又："《堯典》曰'寅賓出日'，此之謂也。"鄭玄注："迎日謂春分迎日也。"《禮記·玉藻》：天子"玄端而朝日於東門之外。"鄭玄注云："朝日，春分之時也。"據此，知鄭玄以爲"寅賓出日"是羲仲敬導帝堯春分朝日於東郊迎日之事。鄭玄於此有兩個錯誤，一是誤把古代天子東郊迎日之事在立春之日説成在春分。《尚書大傳》明言"正月朝迎日於東郊"。正月祇能是立春，不會有春分，鄭玄卻注云"春分迎日"；《玉藻》經文不言時日，鄭則云"春分之時"，而《月令》明言"立春之日，天子親帥三公九卿諸侯大夫，以迎春於東郊"，鄭玄祇好支吾不注。二是移花接木，硬把古代天子於立春之日東郊迎日之事加到堯時羲和在東方嵎夷之暘谷測日影偏正以定春分的頭上。一個是天子的政治活動，一個是曆官的制曆工作，根本不相關涉。況且《堯典》明明説羲仲"宅嵎夷，曰暘谷"，是遠在東海邊，怎能與東郊、東門之外一概而論。此外，《史記·五帝本紀》張守節《正義》云："三春主東，故言日出；耕作在春，故言東作。命羲仲恭勤道訓萬民東作之事。"僞孔傳云："東方之官敬導出日，平均次序東作之事，以務農也。"二説亦皆不得要領。

平秩東作。

此句古人大抵有兩種解釋，一説是春起耕作之事，一説是制曆之事，類似後世劃定二十四節氣之所爲。從上下經文看，後説是。

僞孔傳謂"歲起於東"，東字代表春天，是對的。鄭玄説"作，生也"（孔穎達《堯典》疏引），也是對的。《詩·天作》"天作高山"，毛傳亦訓作爲生。《禮記·樂記》"春作夏長"、"秋斂冬藏"，作與長、斂、藏並言，也是生的意思。此經"春作"當與《堯典》之"東作"義同，謂春天萬物發生。春天萬物發生是自然現象,非謂人爲之農耕之事。故僞孔傳説"歲起於東",東字代表春天,是。説"歲起於東而始就耕……平均次序東作之事,以務農也",則非是。

秩,壁中古文作䥯。《説文》豐部云:"䥯,爵之次弟也。"且引《堯典》"平䥯東作"。是僞孔傳訓秩爲序,是對的。平與辨、辯通用,辨當訓爲分。僞孔傳訓平爲均,非是。"平秩"一詞當與上文"平章百姓"之"平章"同例。"平秩東作",意思是劃分春天萬物發生過程的次序。進一步的意思是,"寅賓出日"而確定春分日之後,要根據春天萬物發生的自然有序的過程劃分春季的其餘節氣。堯時還不能説已知道二分二至之外的節氣,但是既有二分二至的確切觀念,則繼續尋索其餘節氣的朦朧欲求,不能没有。蔡傳説:"蓋以曆之節氣早晚均次其先後之宜。"恰好把關係説反了。是根據萬物發生之先後確定節氣之早晚,而不是相反。因爲羲仲的任務本是制曆,不是有曆在胸,用以指導農事。至於説羲仲用已知的節氣知識去平均秩序春天萬物發生的早晚,尤其没有道理。林之奇《尚書全解》説,"平秩東作、南訛、西成,平在朔易者,陰陽四時之氣,運於天地之間,造化密移,莫不有序。平秩者,平均次序也。在,察也。所以候其節氣之早晚,如後世分定二十四節氣之類是也。孔傳論'東作'謂'歲起於東而始就耕,平均次序東作之事,以務農也'。此但謂萬物發生於東耳,非取於農作之事也"。林氏此説除"平,均也"可商以外,其論平秩東作、南訛、西成及平在朔易之意義,至爲精卓。

日中星鳥,

這是《堯典》所記四仲月中星之一。這四個字僅從字面看包括三個意思。第一,日中指春分這一天。這一天晝夜一樣長,故曰"日中"。第二,鳥指二十八宿之所謂南方朱鳥(一名朱雀)七宿,即井(東井)、鬼(輿鬼)、柳、星(七星)、張、翼、軫。

二十八宿每一宿的具體名稱是後世文獻中出現的,《堯典》中未見。第三,星指朱鳥七宿裏叫做星的那一宿。所以"日中星鳥"的星字不是泛稱,是具體指稱一個星宿。三個意思連起來,是説春分這一天,朱鳥七宿之星這宿出現了。

這是單從字面看。其實重要的意思更在字面以外。第一它是中星,第二它出現在日入之後的初昏之時。《堯典》記載四個中星,除"日中星鳥"這一個在春分之日的初昏時出現以外,下文還有"日永星火"、"宵中星虛"、"日短星昴"三個。它們分別出現在夏至、秋分、冬至的初昏之時。古人對此有解釋。馬融、鄭玄都説:"星鳥、星火謂正在南方,春分之昏,七星中。仲夏之昏,心星中。秋分之昏,虛星中。冬至之昏,昴星中。皆舉正中之星,不爲一方盡見。"(《堯典》孔穎達疏引)他們説得很對,《堯典》記載的四中星正是這樣。"日中星鳥"謂春分這一天的初昏時刻朱鳥七宿的星宿(即七星)在南方天空的正中間出現。出現在南方正中的祇是一宿,不是一方七宿都出現。僞孔傳説:"日中,謂春分之日。鳥,南方朱鳥七宿。"這是對的。但是僞孔傳又説:"春分之昏,鳥星畢見。"就不對了。鳥星是朱鳥七宿,朱鳥七宿不能畢見,見的祇是其中之星那一宿。

什麼叫中星呢? 陳師凱《書傳旁通》:"自北南面望之,則昏時某星正值管之南端,在南正午之地,故謂之中星。"陳説是。爲什麼要在昏時出現?《書經傳説匯纂》:"恒星(按即二十八宿)在午(按午即正南方),自人視之,爲天之中,故曰中星。蓋因晝有日光而不見星,故於初昏測之。"測中星的意義是什麼? 意義不在中星自身,而在通過中星測知太陽運行的踪迹,即所謂日躔。陳氏説:"中星者所以正四時日行之所在。"《匯纂》説:"測中星亦以測日也。"又説:"既得中星,計至日入度分加入昏刻所行,而太陽之真躔乃得確據。"實際上一年之内月月乃至日日昏時都有中星可見,《堯典》爲什麼衹記載春分、夏至、秋分、冬至即二至二分的中星呢？盛百二《尚書釋天》説：“正日躔爲作曆之本,而分至爲測日之根。試以發斂之,二至者南北之極,二分者南北中也。以表影言之,二至者長短之極,二分者長短均也。以晷漏言之,二至者永短之極,二分者永短中也。以氣化言之,二至者陰陽之極,二分者陰陽交也。故玄鳥司分,伯趙司至。《保章氏》‘冬夏致日’,謂二至也。‘春秋致月’,謂二分也。歷代相傳,一定之法也。”盛氏所言極是,唯所引《周禮》文屬《馮相氏》,誤引爲《保章氏》。

據《堯典》記載,堯時“曆象日月星辰”,主要做了測日影(即“寅賓出日”、“敬致”、“寅餞納日”)和考中星(即“日中星鳥”、“日永星火”、“宵中星虛”、“日短星昴”)兩件事。這兩件事在中國古代天文曆法史上具有奠基的意義。自古迄今,制曆的天象依據是恒星、太陽、月亮和五星,制曆的基本手段是算數、圖象和儀器,制曆的最大難題是歲差和里差(亦稱視差)。堯時儀器談不到,歲差更不曉得,制曆的方法遠不及後世之精密,但是求差的基本方法卻已不自覺地摸到了。梅文鼎《曆學源流論》説：“不能預知者,差之數。萬世不易者,求差之法。古之聖人以日之所在不可以目視而器窺也,故爲之中星以紀之鳥火虛昴,此萬世求歲差之根數也。又以日之出入發斂不可以一方之所見爲定也,故爲之嵎夷、昧谷、南交、朔方之宅以分候之,此萬世求里差之法也。”梅氏的結論是：“世愈降,曆愈密,而其大法則定於唐虞之時。”梅氏的結論是對的。唯説堯時用器窺天象,缺乏根據,説求差之法萬世不變,亦有失武斷、絕對。

以殷仲春。

《爾雅·釋言》：“殷,中也。”郭璞注：“《書》曰‘以殷仲春’。”《堯典》馬融、鄭玄注皆訓殷爲中。是“以殷仲春”之殷字是中的意思。又,《廣雅》云"殷,正也",《堯典》偽孔傳亦云"殷,正也"。《史記·五帝本紀》錄"以殷仲秋"作"以正中秋"。《史記》錄《尚書》多以訓詁代經文。故"以殷仲春"之殷字訓中亦訓正,中正義同。《堯典》孔穎達疏釋"以殷仲春"曰:"以此天時之候調正仲春之氣節。"直把殷字釋作調正。"以殷仲春"之仲字,《史記·五帝本紀》錄作中。古字多以中爲仲,古文《尚書》本亦作中,作仲是後人改的。此言"日中星鳥,以殷仲春"與下文言"日永星火,以正仲夏","宵中星虛,以殷仲秋","日短星昴,以正仲冬",合釋二分二至在制曆上的重要意義。

　　二分二至把握準確之後,便可據以確定四個仲月,從而確定四個孟月和四個季月,同時春夏秋冬四時也可因此而有定準。二分二至是中氣,中氣必在本月,絕對不可入前月。春分必在仲春二月,春分定了,仲春二月也就定了。夏至必在仲夏五月,夏至定了,仲夏五月也就定了。秋分必在仲秋八月,秋分定了,仲秋八月也就定了。冬至必在仲冬十一月,冬至定了,仲冬十一月也就定了。制曆時務必注意掌握這一原則,如果發現二分二至有超入前月的現象,就要置閏解決。《左傳》昭公二十年:"春王二月己丑,日南至。梓慎望氛曰……"據張汝舟《春秋經朔譜》,春秋昭公時是建子爲正,即以建子之月(十一月)爲正月。日南至(冬至)應當在仲冬十一月,現在卻跑到季冬十二月(即春王二月)來,就是應置閏而未置閏的緣故。《漢書·律曆志》說這是"失閏,至在非其月"。由於失閏而發生冬至不在仲冬十一月的問題。假如不知道冬至一定在仲冬十一月,則年月的問題便是一筆糊涂帳,無法弄清,就像堯之前施行火曆時一樣。可見堯時確定二分二至多麼重要。

　　二分二至是地球繞太陽運行一周的時間內日躔走動的四個曆點。自此一冬至點到下一個冬至點,是一歲,即一個回歸年,堯時已知它的長度是366日。這是陽曆。但是月份又按陰曆計算，一年之中有十二個朔望月，一朔望月在 29～30 日之間，十二個月共 354 日餘。366 日與 354 日必須加以調諧，但是古代很難辦到。堯時用確定二分二至的辦法把握住四時和四個仲月從而把握四個孟月和四個季月并且置閏，這雖然很疏闊，卻初步尋到了解決回歸年與朔望月之間矛盾的基本途徑。

《左傳》文公元年：“先王之正時也，履端於始，舉正於中，歸餘於終。”所説與《堯典》之“以殷”、“以正”意義近似。“履端於始”，是定歲首，《堯典》先説春分“以殷仲春”，顯然以孟春建寅之月爲歲首。“舉正於中”即是《堯典》説的以二分二至定四仲月。“歸餘於終”，指年終置閏。《漢書·律曆志》所説“時所以紀啓閉也，月所以紀分至也。啓閉者節也，分至者中也。節不必在其月，故時中必在正數之月”，也符合《堯典》記載的情況。四時紀節氣，四仲月紀二分二至即中氣。節氣可出月但不可出時，中氣則必在本月。沈彤《尚書小疏》：“分至時之中也，四仲月之中也。月之中與時之中雖日數不能無參差，而氣朔則必相值。故造曆者必以分至居四仲，而四仲乃不失其中。此‘以殷’、‘以正’之義也。”此説極是。

厥民析，

《爾雅·釋言》：“厥，其也。”民字須特別注意。古文獻上民字與人字意義有區別。如《皋陶謨》人字五見，民字亦五見，人有人義，民有民義。人指上層人士，有地位的人，在堯舜時代是氏族、部落酋長一類的人物。在以後的階級社會則是諸侯公卿大夫士等統治階級。民指普通的下層的勞動者，在堯舜時代是氏族的一般成員，在夏商周三代的奴隸社會則是庶民大衆，農村公社成員。《堯典》“敬授人時”的人屬於上層人士，“黎民於變時雍”和這裏“厥民析”以及下文“厥民因”、“厥民夷”、“厥民隩”的民屬於氏族一般成員。析，江聲《尚書集注音疏》引古注云："析，散也。"其疏云："析者，分析。故訓爲散。"厥民析，謂仲春二月，春分時節，勞動者們根據節氣的變化自然地從居民點走出來，分散在田野，開始春天的農事活動。這民衆的活動也被視作一種物候，用作考定春分點的根據之一。

考定春分點，"寅賓出日"、"日中星鳥"的天象變化當然是主要的，但是物候也是重要的參考依據。《吕氏春秋》仲春紀："耕者少舍。"高誘注："少舍，皆耕在野，少有在都邑者也。《尚書》'厥民析'，散佈在野。"江聲《尚書集注音疏》引古注："將治農事，散布在野。"江氏疏云："兹用其義（用高誘注義），故云'將治農事，散布在野'。"高注和江氏《音疏》對《堯典》"厥民析"的理解是對的。

"厥民析"是制曆者確定春分的一個依據，不是曆已制成，春分已定，然後驅趕民衆奔赴野外耕田。盛百二《尚書釋天》："若夫析、因、夷、隩，則氣候衰旺非驟然而移。不至而至，至而不至，有餘不足，四時有不正者矣。蓋春不分則不溫，夏不至則不暑，秋不分則不凉，冬不至則不寒，必於仲月驗之者也。"是盛氏以爲厥民析、因、夷、隩等是氣候變化的表現，是二分二至，定四仲月的依據之一。孫星衍《尚書今古文注疏》："言使民在野。"非是。經文"厥民析"，無"使"義。是民應節氣的變化自動分布於野，不是官員"使"民在野。因爲是民自動散布於野，才有物候的意義。

鳥獸孳尾。

這是仲春二月春分時節更重要的物候。孳尾，《史記·五帝本紀》録作字微。孳字古通用，尾微古亦通用。古文《尚書》作孳尾，今文《尚書》作字微。僞孔傳："乳化曰孳，交接曰尾。"《經典釋文》引《説文》云："人及鳥生子曰乳，獸曰産。"孔穎達《堯典》疏："産生爲乳，胎孕爲化，孕産必愛之，故乳化曰孳。

鳥獸皆以尾交接,故交接曰尾。"諸説是。仲春二月是鳥獸交尾孕育幼仔的時節。既鳥獸孳尾,便是仲春二月的物候。江聲《尚書集注音疏》據《説文》"尾,微也"及《説文敍》"字者言孳乳而寖多也"爲説,以爲"春時鳥獸方字乳而尚微也",亦通。

申命羲叔,

堯命羲氏與和氏兩個氏族負責曆象日月星辰,制定新曆的工作,兩氏族的酋長負總責,下由羲和兩氏族的另外四位能人即四仲叔負責具體的工作。"乃命羲和"之後接着分命四仲叔,於羲仲言"分命"而於此羲叔言"申命",雖用字不同,其實都是相對"乃命羲和"而言。命羲和是總命,以下對四仲叔都是分命,即具體的任命。《爾雅·釋詁》:"申,重也。""申命羲叔",意謂在"分命羲仲"之後緊接着又分命羲叔。

宅南交。

這一句古人訓釋分歧很大。宅或作度。是作宅作度皆訓居。説見上文"宅嵎夷"解。"宅南交",意謂命羲叔住到南交那個地方去。《史記·五帝本紀》:黄帝之地"北至於幽陵,南至於交趾。"林之奇《尚書全解》:"南交即交趾也。"劉敞以爲"本當言'宅南曰交趾',傳寫脱兩字也",劉説是。鄭玄注以爲"宅南交"下當有"曰明都"三字。"夏不言'曰明都',摩滅也"(孔穎達《堯典》疏引)。根據是下文"宅朔方曰幽都",北方有地名"幽都",與之相對,南方必有地名"明都"。其實這是鄭玄的臆想。北方有幽都,南方没有明都。"宅南交"的"南交"應如上述劉、林二家説,就是交趾,即之越南。《墨子·節用中》云:"古者堯治天下,南撫交趾,北降幽都,東西至日所出入,莫不賓服。"類似的記載亦見於《韓非子·十過》。是知堯之有"天下",北至於幽都,南止於交趾,《墨》《韓》均不以爲南方有所謂與北方幽都相對應的"明都"。偽孔傳謂"南交,言夏與春交,舉一隅以見之",把地名交釋作春夏相交,尤誤。

平秩南訛,

　　《周禮·馮相氏》鄭玄注作"辨秩南爲",《經典釋文》作"南
僞"。今俗本改鄭注作"南僞",又改《釋文》作"南訛"。《史
記·五帝本紀》作"南爲"。《漢書·王莽傳》記王莽曰:"予之
東巡勸東作,南巡勸南僞。"亦作"南僞"。王莽所引多今文《尚
書》。是古文《尚書》與今文《尚書》皆作僞。僞與爲古通用。
《荀子·性惡篇》以人爲曰僞,是其證。《史記·五帝本紀》《索
隱》:"爲依字讀。孔安國強讀爲'訛'字,雖則訓化,解釋亦甚
紆回也。"《集解》:"爲,化也。"段玉裁《古文尚書撰異》:"依小
司馬'強讀爲訛'云云,則知孔本經作'平秩南爲'。《傳》云:
'爲,化也。'古音爲、化字同在第十七部。《老子列傳》曰:'李
耳無爲自化,清静自正。'爲化一韻,静正一韻。凡爲之者,所
以化之也。"是知"南訛"本作"南爲"或"南僞",爲當訓化。"平
秩"或作"辨秩"、"辯秩",平、辨、辯皆訓分。秩訓序。説見上
文"平秩東作"。

　　"平秩南訛"全句之意,當以陳師凱《書傳旁通》和林之奇
《尚書全解》之説爲正。陳氏云:"訛,化也。謂夏月時物長盛,
所當變化之事也。"林氏云:"平秩東作、南訛、西成,平在朔易
者,陰陽四時之氣,運於天地之間,造化密移,莫不有序。平秩
者……所以候其節氣之早晚,如後世分定二十四節氣之類是
也。"陳、林二氏意謂"平秩南訛"與"平秩東作"意思相同,是説
萬物生長變化之事,是説如何通過劃分夏季萬物生長變化的
有序過程確定夏至點,進而確定仲夏之月以及夏季之其餘節
氣。堯時雖不能説已全知後世之二十四節氣,但是這種意向
不會没有。《史記·五帝本紀》《索隱》云:"夏言'南爲',皆是
耕作營爲勸農之事。"僞孔傳云:"掌夏之官平敍南方化育之
事,敬行其教,以致其功。"並誤。司馬貞與僞孔傳以爲是根據

節氣勸農致其耕作營爲之功，而實際上《堯典》這段文字講的是如何確定二分二至以制曆的事，勸農不是羲氏和氏四仲叔的任務。

敬致。

　　“敬致”相當於上文之“寅賓出日”和下文之“寅餞納日”，唯言“賓”言“餞”皆在“平秩”之前，此言“敬致”在“平秩”之後。致，江聲《尚書集注音疏》以爲是致日，云：“據《周禮·馮相氏》‘冬夏致日，春秋致月’，此亦當然。茲則春言‘寅賓’，秋言‘寅餞’，皆於‘平秩’上言之，不與此‘敬致’同。況且‘出日’是平旦，内日未至於昏，明非致月矣。冬則並無文，獨於夏言‘敬致’，蓋舉一以例三時也。”是江氏認爲“敬致”即致日，且不唯夏爲致日，春秋冬皆爲致日。江説是。

　　“致日”即致日之影。孫詒讓《周禮正義》於《典瑞》疏云：“樹八尺之表而得景，乃以土圭度其景之所至。《書·堯典》申命羲叔曰‘敬致’。致亦謂之厎。左桓十七年傳云‘日官居卿以厎日’，致厎聲義亦相近。致日即《大司徒》夏至測景之義也。”又，同書《大司徒》疏引梅鷟成云：“土圭所以致日景而辨分至定四方也。以長短之極察之，則知二至；以長短之中裁之，則知二分；以二分出入之景揆之，則知東西；以午中之景正之，則知南北。故辨分至定四方皆由此也。”江、孫、梅三説大體一致，意謂“敬致”即致日，致日不唯夏，冬亦致日，春秋亦致日，但冬夏致日與春秋意義不同。

　　土圭是什麼？《開元占經》云：“土圭者非削土爲其圭象，土訓爲度也。置圭度影謂之土圭。”至於夏季測日影以定夏至點的具體辦法，沈彤《尚書小疏》云：“致謂測影以窮致日之所在也。明都立表，乃在中國之極南，正當日道之下，必是日日中測影，影全藏表足，無分寸可見，則日躔直午位正中，而夏至可定矣。明都夏至之表無日影。”沈説是，唯以爲中國之極南

曰明都,殊誤。經上文言“宅南交”,實謂交趾,“明都”之名純
係子虛烏有,説見上。沈氏又云:“致日之時不專指夏至之一
日,須通是日前後言之,賓餞並同。蓋論曆成而考驗日影,則
正當分至之一日足矣;若論造曆則必分至前後日加考驗,然後
可以得分至之真。”沈説至確。

　　要而言之,“敬致”即致日,致日即測日影。測日影通四時
言,不唯夏一時。測夏至之日影,地點在九州之南交趾,負責
此事的是羲叔。目的是確定日躔夏至點以造曆,而非先知夏
至點而後加考驗,故測日影的工作必在夏至點前後多日進行,
測冬至春分秋分無不如此。偽孔傳云:“敬行其教,以致其
功。”謬不可從。

日永星火,

　　“敬致”是測日影,此“日永星火”是看中星,目的都是爲了
確定夏至點,進而造曆以授人時。

　　“日永”是説晝長夜短問題。永,長。夏至這一天白天最
長,夜間最短,故曰“日永”。“星火”是説中星的問題。星,中
星。“星火”,謂夏至這一天昏時,火在正南方天空出現。夏季
白晝最長的一天,昏時火在正南方天空出現,這一天便是夏至
之日。火是什麽星,説見下。

　　關於晝夜長短的問題,古代無鐘錶,而有刻漏,以刻漏計
時之短長。然而計晝夜之短長必先確定何爲晝何爲夜,即劃
分晝夜之界限。晝夜概念古有二種,一爲自然之晝夜,以日出
入爲分,日出至日入爲晝,日入至日出爲夜。二爲人爲之晝
夜,以昏明爲限,日出前二刻半爲明,日入後二刻半爲昏。胡
亶中《星譜例》:“古法每日百刻,每刻百分。”《堯典》孔穎達疏
引馬融云:“晝長六十刻,夜短四十刻。晝短四十刻,夜長六十
刻。晝中五十刻,夜亦五十刻。”馬氏此説乃以日之出入爲晝
夜。盛百二《尚書釋天》:“太史所候以昏明爲限者,乃候中星

之法，蔡邕所謂‘以星見爲夜’是也。若曆法所定晝夜，總以日出入爲分，不以昏明爲限。馬氏之言是也。但二至之晝夜長短隨方不同，而分至進退增減亦復不等。”盛説是。此“日永”即晝長六十刻，夜短四十刻之謂，以日之出入爲限。昏時看中星與此無涉。

“星火”，謂夏至之日昏時於正南方所見之星是火。火屬於東方七宿，黃鎮成《尚書通考》：“東方七宿曰角、亢、氐、房、心、尾、箕，有蒼龍之形。”然則“星火”之火究竟指東方七宿的哪一宿呢？僞孔傳：“火，蒼龍之中星，舉中則七星見。”是誤以爲中星是七宿之中，乃以爲火指東方蒼龍七宿中間一宿房。盛百二《尚書釋天》亦云：“星火，説者以爲心星，愚以爲乃大火之尾宿也。”以爲“星火”指尾宿，顯誤。經文明言“火”而不言房、尾，以爲“火”指房指尾，無據，不可從。《詩•七月》孔穎達疏引鄭玄《鄭志》答孫皓問云：“‘日永星火’謂大火之次，非心星也。”亦非是。“日永星火”之火應是指心宿而言。《春秋》昭公十七年：“冬，有星孛於大辰。”《公羊傳》：“大辰者何？大火也。”《夏小正》：“五月大火中。”《傳》曰：“大火，心也。”《經義述聞》：“凡傳之釋星名，於二十八宿則以其別名釋之，若‘參也者伐星也’，‘大火也者心也’之屬是也。”是王引之以爲大火就是心。但是，《爾雅•釋天》説：“大辰，房、心、尾也。”大火除心宿之外還包括房尾二宿。大火或大辰乃房、心、尾三宿之總名。這怎麼解釋呢？《春秋》言有星孛於大辰，《公羊傳》説大辰即大火，此大火或大辰所指顯然是房心尾三宿。《夏小正》“五月大火中”之大火則是心宿無疑。與此同例，《堯典》“日永星火”之火亦必是心宿。舉大名指稱大名中之小名，是古人行文的一種習慣。例如上文“日中星鳥”一語，表面上似説當日躔在春分點時，昏見之中星是朱鳥七宿，而實際上指稱的僅僅是朱鳥七宿中叫做“星”的那一宿。嚴格地説，言火、大火、大辰、辰,包括房心尾三宿,然而一旦用以説明星象占候的時候,就是指稱心一宿了。所以《爾雅·釋天》"大火謂之大辰"句下郭璞注説:"大火,心也。在中最明,故主時候焉。"戴震《原象》:"唐虞時,春分,日在胃、昴之間,故鳥中。夏至,日在七星,故火中,火,心也。"戴氏以爲"日永星火"之火是心宿,是對的。

以正仲夏。

　　上文"敬致"是測日影,"日永星火"是看昏時中星。測日影與看中星二者都是爲了確定日躔之夏至點。夏至必在仲月,故夏至一旦確定,仲夏之月即建午之月也就確定了。仲夏之月有定,孟夏季夏之月遂可知。這就是"以正仲夏"之意義。

　　《夏小正》傳文:"五月初昏大火中。"五月是仲夏之月,正合於《堯典》星火仲夏之文。《月令》:"季夏之月昏火中。"昏火中的日期比《堯典》、《夏小正》推後一個月,即在六月。除《月令》以外,《左傳》昭公三年:"火中寒暑乃退。"謂火中在六月,《詩·七月》:"七月流火。"既火流於七月,則昏中必在六月,與《堯典》、《夏小正》不同。《堯典》與《月令》等的差別是所反映的實際天象不同,即歲差造成的。

　　《堯典》所記,是堯爲了制陰陽曆結合的新曆而通過四中星尋找二分二至這四個中氣,從而確定春夏秋冬四季,使回歸年與十二個朔望月雖不能密合卻也不至於紊亂,可以藉助閏月調諧歲與月的差池。所以"日永星火"一旦抓準,夏季正中的那個中氣也就定了。這就是"以正仲夏"。鄭玄《周禮·馮相氏》注云:"春秋冬夏氣皆至,則是四時之敘正矣。"鄭説極是。"春秋冬夏氣皆至"之氣即指二分二至四中氣而言。《堯典》孔穎達疏引王肅云:"所'宅'爲孟月,'日中'、'日永'爲仲月,'星鳥'、'星火'爲季月,'以殷'、'以正'總三時之月,讀仲爲中,言各正三月之中氣也。"王説混亂不堪,根本不懂《堯典》記四中星"以正"、"以殷"的意義。經文明言"以正仲夏",仲夏即夏至所在之月,仲夏已定,則孟夏季夏可知。王氏卻説"以正"是正三個月中之三個中氣。經文未言夏至前後的另外兩個中氣。王説無據,不可從。

厥民因,

《爾雅·釋言》:"厥,其也。"民字與人字含義有區別。民是庶民大衆,勞動者。人是有地位的上層人物。説見上文"敬授人時"及"厥民析"解。仲夏季節,勞動者們有"因"的表現。雖説是人的活動,但實際也是一種物候現象,可以用來作爲確定夏至已到的一項依據。因爲"民"是很多的人,又是受節氣影響而自然出現的行爲,不是一兩個人的偶然舉動。問題是"其民因"的"因"字是什麽意思。

《説文》口部:"因,就也。"京部:"就,就高也。從京、尤。尤,異於凡也。"段玉裁《説文》因字注:"爲高必因丘陵,爲大必就基阯。故因從口大,就其區域而擴充之也。"是因字有因仍原地擴充爲高或擴充爲大的意思。《堯典》"厥民因"的因字意謂爲高還是爲大呢?江聲《尚書集注音疏》以爲"因"是就高,説見經上文"厥民析"解。參照《月令》"是月也,毋用火南方,可以居高明,可以遠眺望,可以升山陵,可以處臺榭"文,知釋"因"爲就高,是。仲夏暑盛而高處乾燥涼爽,民就高處,乃極自然之事。僞孔傳以爲"因謂老弱因就在田之丁壯以助農也"。孫星衍《尚書今古文注疏》:"蓋謂民相就而助成耕耨之事。"《傳》、孫二説義同,皆謂仲夏之月民相因就而助農。此説於事理不順,不可從。民相助農之事,春秋夏甚乃冬皆可行,不必仲夏。況且民衆互助純係人事,與節氣無關。

鳥獸希革。

鳥獸希革是仲夏之月、夏至之時的重要物候。確定夏至點當然少不了這一項。《説文》無希字,有稀字,禾部云:"稀,疏也。”據《漢書‧晁錯傳》“揚粵之地少陰多陽,其人疏理,鳥獸希毛”文,知希當爲稀之省借。革,《説文》革部云:“獸皮治去其毛曰革。革,更也。”是革有二義,一爲名詞,指稱治去其毛的獸皮,二爲動詞,謂更改,改易。文獻訓革爲更改,例證極多,如《雜卦傳》:“革,去故也。”鄭玄注《革》:“革,改也。”《管子‧輕重篇》:“革築室房。”注:“革,更也。”

《詩‧斯干》孔穎達疏引鄭玄《堯典》注云:“夏時鳥獸毛疏皮見。”鄭氏是用《説文》革字之第一義,即革爲皮。謂皮不言皮而稱革,就是因爲皮上之毛疏少。鄭氏此説於獸可通,於鳥則扞格窒礙,鳥之羽毛可以疏少,但不可稱革。稱“毛疏”可,稱“皮見”則失經義。

僞孔傳:“夏時鳥獸羽毛希少改易。革,改也。”傳説是。蓋“鳥獸希革”之希革二字是兩個動詞構成的復合謂語,意謂鳥獸之羽毛稀少,蜕了舊羽毛將更換新羽毛。

分命和仲,

經上文言“乃命羲和”,“曆象日月星辰”,是總括説堯委任羲氏和氏兩氏族的酋長負責造新曆,此言“分命和仲”及經上文言“分命羲仲”同義。是具體説堯分別委任羲氏的另一代表人物和和氏的另一代表人物承擔測日影考中星的任務。説見上文“分命羲仲”解。

宅西,曰昧谷。

此宅字與經上文“宅嵎夷”、“宅南交”之“宅”義同,訓居。説見上。曰字是語助詞,不爲義。全句的意思是説,堯命和仲去西方昧谷那裏住下來測日影看中星以確定秋分點。

孔穎達《堯典》疏:“此經春秋相對。春不言東,但舉昧谷曰西,則嵎夷東可知。然則東言嵎夷,則西亦有地明矣。缺其文所以互見之。”互文見義是古人行文的習慣辦法,故孔説不

無道理。《史記·五帝本紀》作"居西土曰昧谷"。《集解》引徐
廣曰："一無土字。以爲西者，今天水之西縣也。"又引鄭玄：
"西者，隴西之西，今人謂之兑山。"是鄭、徐皆以爲西是漢代之
西縣。與孔穎達"東言嵎夷，則西亦有地明矣"之説相符合。
唯孔氏説西亦有地，而不確指其地在何處。《五帝本紀》既云
"西土"，則史遷以爲經文"西"字是方位詞，而不以爲西是漢代
的西縣。蔣廷錫《尚書地理今釋》："按《史記·五帝本紀》注：
徐廣曰：'西者，今天水之西縣（漢屬隴西郡）。'非也。西縣，秦
置，在今陝西鞏昌府秦州界，非以和仲宅西而名。西之不可爲
西縣，猶朔方之不可爲朔方郡，皆不當專指一處。"黄度《尚書
説》："《禹貢》'西被流沙'，自流沙以西皆夷界，山川無紀於職
方，故稱西，以見境域之不止此也。"《五帝本紀》稱"西"爲"西
土"，蔣氏、黄氏亦以爲"西"不是地名，是泛指遥遠的西方。
"西"字這樣理解不爲錯，不過和仲去西方測日影考中星，畢竟
不可以隨便在什麽地方，總要有一個確定的地點，衹是經文没
有講，後人的任何指實的説法如徐廣、鄭玄以爲"西"是西縣、
兑山等，都是憑空臆想，不足信據。所以孔穎達疏説："東言嵎
夷，則西亦有地明矣。"是最適當的解釋。

　　"昧谷"，壁中古文本作卯谷，今文本作柳谷。《史記·五
帝本紀》今本作昧谷。僞孔本亦作昧谷。段玉裁《古文尚書撰
異》以爲作昧谷是鄭玄所改。《五帝本紀》本來作柳谷，司馬貞
本作昧谷，乃淺人依所習古文《尚書》所改。僞孔本作昧谷是
用鄭玄説，而僞孔本的作者以爲作昧谷乃出自孔安國，非鄭玄
所創。總之，段氏意謂作昧谷出於鄭玄。但是王鳴盛《尚書後
案》以爲鄭玄注《尚書》"昧谷"實作"柳谷"，所據是《周禮·天
官·縫人》"衣翣柳之材"鄭注："《書》曰'分命和仲，度西曰柳
谷'。"昧谷或柳谷、柳穀，古人多考究字形字義，而於昧谷之確
切地理位置則絶少檢討。王鳴盛《尚書後案》將柳字概括出

聚、蒙、留三義。《周禮·縫人》鄭注：“柳之言聚。”賈公彥疏：“柳者諸色所聚，日將没，其色赤，兼有餘色。”此聚之義。《爾雅·釋地》：“日所入爲大蒙。”《淮南子·天文訓》：日“至於虞淵，是謂黄昏；至於蒙谷，是謂定昏。”此蒙之義。《左傳》哀公二十七年：“乃救鄭，及留舒。”鄭玄箋《詩》引作柳舒，是柳通留。此留之義。聚，是日落時其色赤兼有餘色之象；蒙，是日落時有蒙昧之象；留，日將落時有繫留之象。僞孔傳：“日入於谷而天下冥，故曰昧谷。”古代注釋家們雖訓解有不同，其祇言字義而不及昧谷究竟在何處則千篇一律。倒是陳喬樅《今文尚書經説考》説“日入處地名”，爲着邊際。王充《論衡·説日篇》：“日旦出扶桑，暮入細柳。扶桑，東方地。細柳，西方野也。桑柳天地之際，日月常所出入之處。”王氏從宇宙宏觀角度説日之行，不承認日有出入問題。但是他承認細柳與扶桑相對言，是個地名。細柳當即《堯典》之昧谷或柳谷。《淮南子·天文訓》説“日出於暘谷”，“日入於虞淵之汜”。《太平御覽》引作“日入崦嵫經細柳入虞泉之地”。是《淮南子》所謂“日入於虞淵”，與細柳有關。然而細柳到底是什麽地方，無人説明白。牟庭《同文尚書》説“柳谷者蓋日入之處也，日入之處亦可望而不可至，故度於西而名之曰日入之柳谷也”，是無可奈何的實話。東方的嵎夷曰暘谷，古人或説在青州之東海邊或説在遼西或説在朝鮮，雖莫衷一是（當以在青州東海邊爲確），但畢竟能考出一個確切地點，這大概因爲東方瀕海的緣故。而日入之西方昧谷或柳谷，祇知在西，卻不能確指何地，這大概由於西方盡是陸地，往西無限的緣故。總之“宅西曰昧谷”一語，是説和仲居西方某地測日影看中星之處。西是什麽地區，昧谷是西的什麽地方，今已不能查實。

寅餞納日，

　　“寅餞納日”與“寅賓出日”相對言，不論字面意義怎麽講，其實質性的内容都是在那裏測日影以定秋分點。沈彤《尚書小疏》云："暘谷立表正當卯位，昧谷立表正當酉位。故必出日之影當表西，納日之影當表東，於南北皆無少攲邪！則日躔正值卯酉之中，而春秋分可定。此實餞二句確疏也。"沈說至確。居南居北測日影看影之短長，至短爲夏至點，至長爲冬至點。居東居西必在卯酉之位，測日影看影之偏正，居東而影至正則是春分點，居西而影至正則是秋分點。南北測在中午，東西測在旦夕。南北東西都是實測。是先不知二分二至之點，通過多日實測而後知。不是已知二分二至，通過一日實測而證驗。

　　測日影的具體辦法，應據《周禮·大司徒》、《土方氏》及《玉人》職爲解。即用圭表測影法，立八尺之表，用一尺半之圭測度日影之短長。鄭玄注《大司徒》引鄭衆云："景夕，謂日跌景乃中，立表處大東近日也。景朝，謂日未中而景中，立表處大西遠日也。"但是，《周禮》所載乃周制，以之解堯事，祇可做參考，不可指實。

　　"寅餞納日"四字，《尚書大傳》作"寅餞入日"，《五帝本紀》作"敬道日入"，《集韻》引作"寅淺納日"，段玉裁《古文尚書撰異》作"寅淺入日"。段氏說，古文《尚書》當作淺，今文《尚書》當作踐，《尚書大傳》作餞，乃後人所改。段氏訓淺爲踐，據《説文》"踐，履也"；"蹈，踐也"，釋"寅淺内日"爲"蹈履日入之路也"。段說迂曲不可從。説古文《尚書》作淺，亦恐不然。《經典釋文》："餞，賤衍反，馬云'滅也'。"亦不言馬本作淺。陳喬樅《今文尚書經説考》："《史記》載此經，於'寅賓'、'寅餞'皆以敬道爲訓詁，道即導字，導猶引也，兼有迎送二義。《周語》'候人爲導'，注云：'謂賓至爲先導也。'此迎來而導之使至者也。《孟子》曰'有故而去則君使人導之出疆'，此送往而導之使去者也。'寅賓'者迎日所出之意，故曰'敬道日出'。'寅餞'者送日所入之意，故曰'敬道日入'。"陳氏據《史記》釋"寅餞"爲敬導，義實明順。

平秩西成。

　　“平秩”二字説解見經上文“平秩東作”解，是劃分次序的意思。“西成”，據《儀禮·大射》鄭玄注：“西爲陰中，萬物之所成，故曰西成。”僞孔傳：“秋，西方，萬物成。”孔穎達疏：“秋，位在西，於時萬物成熟。”蔡沈《書集傳》：“西成，秋月物成之時，所當成就之事也。”知是秋天萬物成熟的意思。四家解“西成”爲秋天萬物成熟，是對的。

　　但是“平秩西成”全句意義是什麼則所云全不得要領。“平秩西成”，意思是劃分秋天萬物成熟過程的次序。進一步的意思是既“寅餞納日”，確定秋分點之後，還要根據秋天萬物成熟的自然有序的過程劃分秋季的其餘節氣。林之奇《尚書全解》：“平秩東作、南訛、西成，平在朔易者，陰陽四時之氣，運於天地之間，造化密移，莫不有序。平秩者，平均次序也。在，察也。所以候其節氣之早晚，如後世分定二十四節氣之類是也。”林氏此説除“平，均也”可商以外，其論“平秩西成”一句的意義在於“候其節氣之早晚”，至爲精卓。伏生《尚書大傳》引古傳説“西成”之義云：“趨收斂，以順天道。”僞孔傳云：“平序其政，助成物。”都不是經文本有之義，不可從。

宵中星虛，

　　《爾雅·釋言》：“宵，夜也。”《史記·五帝本紀》作“夜中星虛”。《史記》録《尚書》常以訓詁代經文，是宵即夜，與晝對言。《周禮·挈壺氏》鄭玄注云：“夜中者日不見之漏與見者齊。”蔡沈《書集傳》云：“宵中者，秋分夜之刻於夏冬爲適中也。晝夜亦各五十刻，舉夜以見日，故曰宵。”江聲《尚書集注音疏》云：“日陽而夜陰。春爲陽故言日，秋爲陰故言宵，互相備也。”是“宵中”即秋分之日，與春分之日言“日中”一樣，都是晝夜等長

的意思。晝夜等長是確定春分和秋分的一項根據。"宵中星
虚",謂秋分之日初昏時於正南方天空出現的中星是虚。

　　星,中星。中星是昏時於正南方天空出現的星。不是説
二十八宿四方各七宿之中間一宿。中星其實每天昏時都有。
《堯典》記載的四中星是當時二分二至四天昏時見於天正南方
的星,用它確定二分二至。虚是二十八宿北方七宿之一。黄
鎮成《尚書通考》:"北方七宿曰南斗、牽牛、須女、虚、危、營室、
東壁,有玄武之形。"虚,恰好是北方七宿中間一宿。但是《堯
典》所謂中星不是指此而言。僞孔傳:"虚,玄武之中星,亦言
七星皆以秋分日見。"孔穎達疏:"北方七宿則虚爲中,故虚爲
玄武之中星……舉虚中星言之,亦言七星皆以秋分之日昏時
並見。"二孔之説誤甚。

以殷仲秋。

　　殷,正也。説見經上文"以殷仲春"解。"以殷"、"以正",
是説測四中星的意義,首先是確定二分二至四個中氣。分至
既定,則接着便可確定四個仲月。四個仲月既定,則其餘四孟
四季八個月隨之亦可定。"以殷仲春",是確定仲春二月;"以
正仲夏",是確定仲夏五月;"以殷仲秋",是確定仲秋八月;"以
正仲冬",是確定仲冬十一月。仲春二月既定,則歲首爲孟春
一月不言自明。據《堯典》"以殷"、"以正"的説法,知古代確定
十二個月和歲首的辦法主要是測中星。

　　但是古代另有斗建之説,即根據北斗星之斗杓所指確定
月份。寅卯辰列東,巳午未列南,申酉戌列西,亥子丑列北,斗
杓指寅即建寅之月,指丑即建丑之月。此説始見於《汲冢周
書》之《時訓篇》。根據此説,定月份須看斗杓所指,不看中星,
與《堯典》不同。斗建説之誤,祖沖之早已指出:"月位稱建,諒
以氣之所本。名隨實著,非爲斗杓所指。近校漢時已差半次,
審斗節時,其效安在!"(《宋書志》引)梅文鼎《疑問補》云:"孟

春自是寅月,何嘗以斗杓指寅而後謂之寅月哉! 如必以斗杓
指寅而謂之寅月,則亦有寅年寅月寅時,豈亦以斗杓指寅而謂
得以謂之寅乎?"梅氏言及《堯典》"以殷"、"以正"時又説:"此
四時分配四方而以春爲歲首之證。夫既有四仲月以居卯午酉
子之四正,則自各有孟月季月以居四隅。仲春既正,東爲卯
月,其孟春必在東之北而爲寅月,何必待斗杓指寅乎? 故'日
中星鳥'、'日永星火'、'宵中星虛'、'日短星昴'並祇以晝夜刻
之永短爲憑,以昏中之星爲斷,未嘗一言及於斗杓也。"這就是
説,考中星,定四中氣,是古代定月份的基本方法。"以殷仲
秋",是根據"宵中星虛"確定秋分點,又根據秋分點確定仲秋
八月。仲秋八月既定,則孟秋七月、季秋九月自明。

厥民夷,

　　厥,其也。民,普通勞動者,群衆。説見經上文"厥民析"、
"厥民因"解。《爾雅·釋詁》夷平二字同訓易,是夷字可以訓
平。《史記·五帝本紀》作"其民夷易"。《集解》引僞孔傳:
"夷,平也。"是"厥民夷"即其民平之意。其民平又是什麽意
思? 江聲《尚書集注音疏》:"冬言'隩',春言'析',以出入言,
是謂民之居處。則夏言'因',秋言'夷',亦當以居處言。'因'
是就高。夷之言平,承上'因'而言'夷',則是謂去高居平地
也。"江氏以爲"因"、"夷"以民之居處言,仲夏濕熱,民喜居高
處;仲秋風凉,民喜居平地,甚合於事理,可從。僞孔傳説:"老
壯在田,與夏平也。"蔡沈《書集傳》説:"暑退而人氣平也。"曾
運乾《尚書正讀》説:"言其民至秋樂易也。"《堯典》言析言因言
夷言隩,皆以民之四時出入居處變化爲物候,作爲確定二至啓
閉的根據。僞孔、蔡氏、曾氏之説與物候無關或關係不直捷,
不得經文之要領,不足信據。

鳥獸毛毨。

仲春言"鳥獸孳尾"，仲夏言"鳥獸希革"，此仲秋言"鳥獸毛毨"以及經下文言"鳥獸氄毛"，都是説物候。仲春，鳥獸交尾繁殖幼仔。仲夏，鳥獸脱毛。此仲秋言"毛毨"，必也是説鳥獸羽毛的變化。是怎樣的變化呢？《玉篇》："毨，毛更生也。又，整理也。"《周禮·司裘》賈疏引鄭玄注："毨，理也。毛更生整理。"二説義同。意謂仲秋鳥獸更生新羽毛。同經上文"鳥獸希革"聯繫起來看，彼言脱毛，此言更生新毛，於事理甚合，故鄭説是。《説文》毛部："毨，選也。仲秋鳥獸毛盛，可選取以爲器。從毛先聲，讀若選。"訓毨爲選，釋"毛毨"爲毛盛可選以爲器用，殊迂回牽強，不如鄭説明通。

申命和叔，

《爾雅·釋詁》："申，重也。"分命和氏族的代表人物和仲之後，又命和氏族的另一代表人物和叔，交給他一項測日影考中星的具體任務。

宅朔方，曰幽都。

宅，居。宅朔方，居住在朔方。《史記·五帝本紀》"宅朔方"，作"居北方"。《爾雅·釋訓》："朔，北方也。"黃度《尚書説》："《禹貢》'西被流沙'，自流沙以西皆夷界，山川無紀於職方，故稱西，以見境域之不止此也。朔則北限沙漠，荒茫悠遠，山川不可見，故稱朔方，以爲大界。"蔣廷錫《尚書地理今釋》："西縣……非以和仲宅西而名。西之不可爲西縣，猶朔方之不可爲朔方郡，皆不當專指一處。"是知朔方乃泛指九州之極北處，非專指一地言，更不是後世之朔方郡。李光地《尚書七篇解義》云："朔方，九州之極北處。"極是。

"幽都"與經上文"宅南交"之"南交"對言，是和叔居北方測日影考中星之具體地點。幽都究竟是什麼地方，前人説解不同。《史記》《索隱》謂"《山海經》曰：'北海之内有山名幽都。’蓋是也”。《淮南子·墜形訓》：“西北方曰不周之山，曰幽都之門。”高誘注：“幽，闇也；都，聚也。玄冥將始用事，順陰而聚，故曰幽都之門。”江聲《尚書集注音疏》以爲《淮南子》及高注所言幽都之義與《堯典》同。《山海經》與《淮南子》並未指明幽都到底是什麼地方，但是它們認定幽都是北方某一個具體的地點，則是可取的。另一說，《史記》《正義》以爲幽都即“北方幽州，陰聚之地”。孫星衍《尚書今古文注疏》亦以幽都爲幽州。此說不確，幽州是個極廣泛的區域，說和叔“宅朔方，曰幽都”是在一個極廣泛的區域內而不能確指具體的地點，於理不合。況且“朔方”既是泛指九州之北，幽都又指幽州，則“朔方”與“幽州”二地是什麼關係，朔方即幽州抑或朔方是朔方，幽州是幽州？無論怎麼說都牴牾難通。“宅朔方，曰幽都”應與“宅嵎夷，曰暘谷”同例，是說和叔居住到九州之北叫做幽都的一個地方。

平在朔易。

　　　　平與辨、辯通用。辨訓分。《爾雅·釋詁》：“在，察也。”平在，分辨考察的意思。“朔易”是分辨考察的對象。“朔易”是什麼？僞孔傳：“易謂歲改易於北方。”孔穎達疏：“人則三時在野，冬入隩室，物則三時生長，冬入囷倉。是人之與物皆改易也。”“歲改易於北方”，即歲改易於冬之義，猶如經上文“平秩東作”之“東作”即“春作”一樣。孔疏釋作冬天人與物皆改易，不全對。此“朔易”僅僅是說物之改易，不包括人類自身，人類自身的改易是經下文“厥民隩”要說的事情。物一年之中生長的過程如《禮記·樂記》所說，是“春作夏長”、“秋斂冬藏”，冬天萬物的特點是藏。藏應理解爲自然現象，不是人爲之冬藏。“朔易”，和“東作”、“南訛”、“西成”一樣，都是一種物候。人們將此物候與測日影考中星聯繫起來，參考比照着共同作爲確定二分二至以及其餘節氣的根據。

　　林之奇《尚書全解》云："平秩東作、南訛、西成,平在朔易者,陰陽四時之氣,運於天地之間,造化密移,莫不有序。平秩者,平均次序也。在,察也。所以候其節氣之早晚,如後世分定二十四節氣之類是也。"林説是。但是林氏訓平爲均,可商。《史記・五帝本紀》作"便在伏物"。《索隱》:"使和叔察北方藏伏之物,謂人畜積聚等冬皆藏伏。《尸子》亦曰:'北方者,伏方也。'《尚書》作'平在朔易'。今案:《大傳》云:'便在伏物',太史公據之而書。"今本《尚書大傳》作"辯在朔易",段玉裁《古文尚書撰異》以爲"朔易"二字乃淺人所改。因爲《尚書大傳》是今文《尚書》,而今文《尚書》是作"伏物"的,古文《尚書》才作"朔易"。"伏物"是説冬天萬物藏伏,"朔易"也是説冬天萬物藏伏,因而改歲。兩説實不牴牾。

日短星昴,

　　日短,白晝最短,黑夜最長。孔穎達《尚書正義》引馬融云:"古制刻漏,晝夜百刻。晝長六十刻,夜短四十刻。晝短四十刻,夜長六十刻。晝中五十刻,夜亦五十刻。"孔疏云:"融之此言,據日出見爲説。"盛百二《尚書釋天》云:"馬氏之言是也。但二至之晝夜長短隨方不同。"盛説是。晝夜長短的比例要看所處地點之緯度高低。日短,是指冬至這一天白天最短,夜最長。短有多短,長有多長,要視緯度而定。這裏講"日短",其意義在於先不知日短在哪一天,通過測日影而後知哪一天日短。日短即冬至。不是已知日短在哪一天,而後通過測日影加以驗證。

　　星昴是中星,通過考中星測知冬至點。冬至這一天昏時正南方天空出現昴星。反之,於仲冬時節昏時南方天空正中出現昴星,那一天便是冬至。

　　"日短"是測日影,"星昴"是考中星。二十八宿之西方七宿是奎、婁、胃、昴、畢、觜、参。昴恰好是西方七宿之中間一

宿。但所謂中星不是這個意思。中星是指昏時南方天空正中
出現的那個星宿。"星昴"是説冬至日昏時南方天空正中出現
的星宿是昴。孔穎達《尚書正義》引馬融、鄭玄云:"星鳥、星火
謂正在南方,春分之昏七星(按,七星指南朱鳥七宿之星宿)
中,仲夏之昏心星中,秋分之昏虛星中,冬至之昏昴星中。皆
舉正中之星,不爲一方盡見。"馬、鄭説是。僞孔傳云:"昴,白
虎之中星,亦以七星並見,以正冬之三節。"僞孔傳説誤。

以正仲冬。

　　仲冬指冬之仲月,即建子之月。"以正仲冬",謂冬至既
定,便可準確地知道冬之仲月在哪裏。因爲冬至這個中氣必
在冬之仲月。冬之仲月一定,則冬之孟月、季月自然知曉。
《漢書·律曆志》:"《堯典》曰殷曰正,乃謂分至必在四仲之月
也。"沈彤《尚書小疏》:"分至時之中也,四仲月之中也。月之
中與時之中雖日數不能無參差,而氣朔則必相値。故造曆者
必以分至居四仲,而四仲乃不失其中。此'以殷'、'以正'之義
也。殷本訓中,正對偏言,要亦中也。"沈説是。"以正仲冬",
實爲根據冬至日確定仲冬之月即建子之月的意思。

　　古代制曆,自堯時起,都是以測日影考中星定分至,以分
至定四仲月,然後定一歲之十二月。

　　有人説十二月據斗柄初昏指何方而定,斗柄初昏指寅爲
建寅之月,指子爲建子之月。此説大謬,古人衹言中星,不言
斗柄,而以星象授人時。而星象各因其時有所變化,故皆以實
測爲準。測得冬至之中星,便知仲冬之月,仲冬之月就是建子
之月。斗柄所指因歲差而不同,仲冬之月建子則不可移易。
秦蕙田《觀象授時》云:"日中星鳥,日永星火,宵中星虛,日短
星昴,並衹以晝夜刻之永短爲憑,以昏中之星爲斷,未嘗一言
及於斗柄也。"秦説是。

厥民隩，

　　　厥，其。民，勞動者，群衆。隩，《文選·赭白馬賦》李善注
引鄭玄《尚書注》作奥，云：“奥，内也。”段玉裁《古文尚書撰異》
以爲此字本作奥，今本作隩，乃唐人衛包妄改。《史記·五帝
本紀》作燠，也是後世淺人妄加火旁。按段説是。《爾雅·釋
宫》：“室西南隅謂之奥。”謂室中深奥之處，故鄭玄釋奥爲内。
《論語·八佾》：“與其媚於奥。”孔安國亦訓奥爲内。“厥民
奥”，江聲《尚書集注音疏》云：“謂民避寒而入室内也。”並引
《詩·豳風·七月》“嗟我婦子，曰爲改歳，入此室處”爲證。江
説是。和經上文之“厥民析”、“厥民因”、“厥民夷”一樣，此經
“厥民隩”是講勞動者適應節氣的變化而自動調整生活環境的
情況。析、因、夷、隩，全是勞動者群衆自然而然的行爲，不是
統治者的有意安排，也不是某個人的主觀願望所決定。所以
這些人群的表現，實際上帶有物候的性質。也是當時制曆的
根據之一。

鳥獸氄毛。

　　　《史記·五帝本紀》集解引徐廣曰：“氄音茸。”《説文》毛部
引作“鳥獸毪毳”，曰：“毪，毛盛也。從毛隼聲。”段玉裁注：“毪
毛古同用。”《玉篇》：“毪，衆也，聚也。氄同。”《經典釋文》引馬
融：“氄，温柔貌。”僞孔傳：“鳥獸皆生耎毳細毛以自温焉。”毳，
《説文》毛部：“獸細毛也。從三毛。”段玉裁注：“《掌皮》注曰：
‘毳毛，毛細縟者。’毛細則叢密，故從三毛，衆意也。此芮切。”
綜合以上諸家注義，“鳥獸氄毛”一句是説鳥獸在仲冬時節必
生出衆多細軟的絨毛來，以保護體温，防備風寒。和經上文之
“鳥獸孳尾”、“希革”、“毛毨”一樣，純係一種物候現象，是確定
分至和制曆的重要根據之一。

　　　附帶談談甲骨文、《山海經》四方與四方風名同《堯典》厥
民析、因、夷、隩的關係問題。《甲骨文合集》14294 條一骨版

上記四方方名及四方風名曰："東方曰析,鳳曰劦。南方曰夾,鳳曰岁。西方曰彝,鳳曰彝。□□□丩,鳳曰殴。"鳳即風。末一行前三字殘缺。專家們參照前三句句意,補以"北方曰",當不誤。這種四方方名和四方風名,也見於武丁時代另一塊大龜腹甲。刻有某年一月辛亥所卜六條貞雨求年的卜辭。其祭祀的對象是東南西北四方和四方風。四方和四方風的專名和前舉骨版記事刻辭相同。《山海經》也有幾乎一樣的記載,其文云:"名曰折丹,東方曰折,來風曰俊,處東極以出入風。"(《大荒東經》)"有神名曰因因乎,南方曰因乎,夸風曰乎民,處南極以出入風"(《大荒南經》)。"有人名曰石夷,來風曰韋,處西北隅以司日月長短"(《大荒西經》)。"有人名曰鵷,北方曰鵷,來之風曰狻,是處東極隅以止日月,使無相間出没,司其短長"(《大荒東經》)。《堯典》所記確實與甲骨刻辭及《山海經》有相似之處。如《堯典》之"嵎夷"、"南交"、"西"、"朔方",顯然所説是東南西北四方。"厥民析"、"厥民因"、"厥民夷"、"厥民隩",也與甲骨刻辭及《山海經》之四方方名和四方風名相似。於是便發生一個問題,《堯典》、甲骨刻辭和《山海經》所記四方方名與四方風名,誰在先誰在後? 這個問題學者們已經做過很好的研究。胡厚宣先生 1941 年發表《甲骨文四方風名考》(齊魯大學《責善半月刊》二卷十九期。改訂稿收入所著《甲骨學商史論叢》初集第二册)。丁聲樹、胡厚宣 1942 年發表《甲骨文四方風名考補證》(齊魯大學《責善半月刊》二卷二十二期)。胡先生 1956 年發表重訂《四方風名考》的文章《釋殷代求年於四方和四方風的祭祀》(《復旦學報》1956 年第一期)。楊樹達先生 1945 年發表與胡文商榷的文章《甲骨文中之四方風名與神名》(收入《積微居甲文説》卷下)。楊文觀點與胡文大同而小異。胡先生用甲骨文與傳世文獻比勘研究的方法,得出我國許多古代史料都是重要的文化遺産,絶不可一筆抹殺的結論，實乃真知灼見，對我國古史研究之貢獻不容低估。
猶如胡氏在《釋殷代求年於四方和四方風的祭祀》一文結語中
所説："《山海經》一書自來學者多視爲荒誕不雅馴之言。疑古
之甚者且以大荒經爲東漢時代的作品。王國維氏雖然在大荒
東經曾發現王亥，以與甲骨文字相印合，但論者或以事出偶
然，固不信其中還保存有整套的古代史料。《堯典》者近人所
認爲秦漢時之書，甚或以爲乃出於漢武帝時，亦難以想到其所
包含的史料，或早到殷之武丁。今以與甲骨文字相參證，乃知
殷武丁時的四方和四方風名，蓋整套的全部保存於《山海經》
和《堯典》裏，三種史料所記，息息相通，幾乎完全密合。即《管
子》四時，雖然内容已屢雜上後世的東西，但就其句法看來，亦
似有極早的根據。由此乃知我們祖國有許多古代史料，都是
極重要的文化遺産，我們應該運用科學方法，去僞存真，深入
地加以研究。絶不可以因爲偶然雜有一些後世的色彩，就一
筆抹殺。"我們極贊成胡先生的結論，但也認爲有可商榷之處。

　　第一，《堯典》是記實的文字，而且開始一大段"乃命羲和"
的文字全是記堯時"曆象日月星辰"以制曆的事，其中絶無宗
教祭祀的東西。"寅賓出日"，"寅餞納日"，古人訓釋儘管歧説
頗多，但絶不見有那是祭祀日出日入的説法。胡先生以爲"日
出於東，所以在東方要舉行敬導日出的祭祀。日入於西，所以
在西方要舉行敬送日入的祭祀"，這大概不是《堯典》固有之
義。堯分命、申命羲仲叔、和仲叔四人到四方去幹什麼呢？是
測日影，考中星，以確定二分二至，制定以日月運行爲主的新
曆，實在没有祭祀的意思。又，《堯典》言"鳥獸孳尾"，"鳥獸希
革"，"鳥獸毛毨"，"鳥獸氄毛"，説的顯然是四仲月的物候，用
以配合測日影，考中星，確定二分二至。根本看不出什麼風名
在其中。胡先生首先肯定《堯典》源自甲骨文和《山海經》，所
以以爲《堯典》之"鳥獸"從甲骨文和《山海經》的鳳與風字引申

而來。胡文説："甲骨文於東南西北四方都説'鳳曰某',《山海經》則説'來風曰某'。鳳即風,甲骨文風字都讀作鳳。撰集《堯典》的人不知道這一點,把鳳字錯誤地解釋成了鳳凰,鳳凰是一種鳥,《説文》'鳳,神鳥也'。引申演變而爲鳥獸。"意謂寫定《堯典》的人不知道甲骨文的鳳字其實是風,而誤認爲鳳凰,由鳳凰而想到鳥,由鳥而引申爲鳥獸。於是《堯典》才有了"鳥獸孳尾"、"鳥獸希革"、"鳥獸毛毨"、"鳥獸氄毛"四句話。但是,我們不妨設想,假使寫定《堯典》的人没有把鳳字誤認爲鳳凰而知道那是個風字,他會怎樣呢? 難道會寫出所謂四方風名來? 不會的。因爲風與《堯典》所記制曆之事没有關係。"鳥獸"四時的生態變化是制曆所必須的,與誤認鳳字爲鳳凰没有瓜葛。

　　第二,把甲骨刻辭和《山海經》關於四方及四方風名的記載同《堯典》參照起來看,通過它們的特點重新考察它們在時間上的先後,可以肯定地説,《堯典》所記的內容要早於甲骨文和《山海經》。而不是像胡先生文章所説的那樣:"《堯典》的宅某方曰某是因襲甲骨文和《山海經》的某方曰某。厥民某是因襲甲骨文和《山海經》的四方名。鳥獸某某則由甲骨文的鳳曰某訛變,並因襲其四方之風名。是甲骨文和《山海經》裏的四方名和四方風名,也整套地保存在《堯典》裏。"《堯典》所記堯"乃命羲和,欽若昊天,曆象日月星辰,敬授人時"之事,宅某方曰某,日某星某,以殷以正,厥民某,等等,都是實際做的工作,都是當時的歷史實録,裏邊根本不見有神和神話的味道。而甲骨刻辭中的四方和四方風名,在殷人的心目中都是一種神靈,一種崇拜和祭祀的對象。《山海經》則更把四方和四方風的神靈人格化。羲和在《堯典》裏是現實社會中的人,到了《山海經》裏便變成了神。因此,事情應當是這樣的:《堯典》所記的史迹在先,文字雖不是堯時寫定,事情卻必發生在堯時。甲

骨刻辭和《山海經》所記之四方與四方風名顯然出於堯之後，
很可能是受了堯時史迹的影響而産生。先有人的古老的氏族
社會生活，然後才從人的現實生活中創造出神和神話來，這是
全世界古代歷史的共同特點。馬克思曾説過："雖然希臘人是
從神話中引申出他們的氏族的，但是這些氏族比他們自己所
造成的神話及其諸神和半神要古老些。"①，古希臘的情況也
適用於中國古代。人的氏族的羲和必在先，神的羲和必在後。
先有《堯典》的"厥民析"、"厥民因"、"厥民夷"、"厥民隩"，而後
甲骨刻辭引出具有神靈意義的四方名和四方風名，進而出現
《山海經》四方名和四方風名的人格化神。這是符合神、神話
産生規律的。但有一點要指出，《堯典》所記是堯時史事的實
録，《堯典》這書則是後世人根據歷史檔案材料寫定的，時間大
抵在周平王東遷之後，是個有學問的大家幹的。他根據的史
料是堯時留存下來的，十分可靠。看不出有參考甲骨刻辭和
《山海經》而加以改造引申的痕迹。

帝曰："咨，汝羲暨和。

　　　　《爾雅·釋詁》咨、嗟同訓嗟，暨訓與。故僞孔傳云："咨
嗟，暨與也。"蔡沈《書集傳》亦云："咨，嗟也，嗟嘆而告之也。
暨，及也。"全句謂帝堯嗟嘆一聲説："哎，你們羲、和二位。"羲
和二字隔斷而連以暨字，説明《堯典》所説的羲和的確是代表
羲與和兩個氏族的兩個人。

期三百有六旬有六日，

　　　　僞孔傳："匝四時曰期。"盛百二《尚書釋天》："期猶周也。"
有，又。帝堯告知羲、和以三百六十六日爲一個週期，週期亦
即經下文"成歲"的歲。歲即後世説的歲實，亦即回歸年。歲

① 《馬克思恩格斯選集》第 4 卷，第 97 頁。

實即日躔連續兩次春分點的時間間隔。經過長期天文實測的積累,今日已知歲實即回歸年的時間長度爲 365.2422 日,即 365 日又 5 小時又 48 分又 46 秒。古代中國人經過長時期的天文實測,逐漸接近這個數字。

《周髀算經》記載:"於是三百六十五日,南極影長,明日反短,以歲終日影反長,故知之。三百六十五日者三,三百六十六日者一,故知一歲三百六十五日四分之一,歲終也。"又,《後漢書·律曆志》記載:"日發其端,周而爲歲,然其景不復。四周千四百六十一日而景復初,是則日行之終,以周除日,得三百六十五四分度之一,爲歲之日數。"把一歲三百六十五日之後那個奇零,確定爲四分之一日,已經相當精確了,這就是四分曆産生的基礎。據張汝舟先生考證,四分曆創制於戰國初期,公元前 427 年(《二毋室古代天文曆法論叢》)。堯時當然尚不知道三百六十五日之後的奇零爲四分之一日,但是既然説出三百六十六日這個數字,就表明堯時已掌握以太陽運行爲對象的陽曆了。

以閏月定四時成歲。

後世出現的四分曆是很精確的陰陽合曆,堯時創制的曆也是陰陽合曆,但沒有四分曆那樣精確。四分曆知道歲實(即回歸年)爲 365 又 1/4 日。而《堯典》以歲實爲 366 日,前人多以爲不説 365 又 1/4 日是舉成數言之。其實是根本不知道 1/4 日這個零頭。

堯時知道歲實(儘管不準確),知道二分二至,知道四仲月和春夏秋冬四時,是屬於陽曆的知識。此處提到閏月問題,則是屬於以月相爲對象的陰曆的知識。既然知道閏月,就説明堯時已知道陽曆的一歲 366 日與陰曆十二個月的不協調的問題。陰曆以月亮圓缺週期爲一個月。後世的四分曆知道一個月爲 29 又 499/940 日。度過十二月後(大月三十日,小月二

十九日)才 354 日,小於陽曆一歲的歲實(365 又 1/4 日)11 又
1/4 日。就是月亮圓缺十二個週期後,並沒過完陽曆的一歲。
一歲剩餘 11 又 1/4 日,三年積累 33 又 3/4 日,即多出一個月
多。於是采取三年多加一月的辦法加以解決,這就是閏月。
三年一閏還有餘頭,於是五年兩閏,五年兩閏則有不足,於是
十九年七閏。這是後世四分曆達到的水平,還不能説堯時已
經做到了這一步。《堯典》本身未作具體交代,從孔子留下的
《易·繫辭傳》關於筮法有"歸奇於扐以象閏,五歲再閏,故再
扐而後挂"的記載看,堯時肯定已知道三年一閏,五年再閏。
八卦的産生不會早於堯,而筮法的産生不會比堯爲晚。堯時
知道閏月是没有問題的。

　　"以閏月定四時成歲",這話怎麼講? 這話是説通過閏月
的辦法保證一年十二個月與春夏秋冬四時保持協調不亂。假
如没有三年一閏、五年兩閏,二分二至必與四仲月發生錯位,
月份與四時將混亂不堪。這個"成歲"不是指 366 日的歲實,
是指陰曆曆年,即平年 354 日,閏月之年 384 日。陰曆曆年的
日數祇是在平均數上保持陽曆歲實 366 日的水平,而實際上
不是十二個月的 354 日便是十三個月的 384 日,永遠不會有
真正 366 日的歲。

允釐百工,庶績咸熙。"

　　這兩句話是説堯命羲和"曆象日月星辰",治曆明時的社
會效果和歷史意義。堯之前人們一直實行原始、疏闊的火曆,
即觀察二十八宿之心宿二的規律確定生産和生活,曆年、四
季、節氣的概念尚未形成。現在情況大不相同。心宿二的作
用被日月取代。日月,尤其日成爲治曆明時的主要角色。這
種陰陽合曆的新曆法的産生具有劃時代的偉大意義。"允釐
百工,庶績咸熙"兩句話把這偉大的意義概括了出來。《史
記·五帝本紀》作"信飭百官,衆功皆興",《漢書·律曆志》引

"庶績咸熙"作"衆功皆美"。僞孔傳:"允,信;釐,治;工,官;績,功;咸,皆;熙,廣也。"蔡沈《書集傳》訓釋與僞孔傳同。諸家訓釋大體一致,唯"熙"字略有不同。《史記》訓興,《漢書》訓美,僞孔傳訓廣。《爾雅·釋詁》"熙"訓興,亦訓光。段玉裁《古文尚書撰異》謂"美即光之意也"。是段從《漢書》訓美。今據經上下文意,《史記》訓熙爲興較優。

　　"允釐百工,庶績咸熙"的内容其實就是"敬授人時",亦即朔政制度。講"允釐百工",説明朔政制度施行於"百工"即上層而不及庶民。兩句話的意思是説,(由於曆法問題得到解決),能够治理好百官,各項事業興盛起來。

帝曰:"疇咨若時登庸?"

　　段玉裁《古文尚書撰異》謂壁中古文《尚書》疇本作𦥯,孔安國以今文改爲疇,訓誰。又,《説文注》以爲"疇咨,當先咨後疇,語急故爾"。按段説是。庸,《説文》用部訓用。若,《爾雅·釋言》訓順。登,《釋詁》訓升。時,或讀如字,或訓事。咨,《釋詁》訓此,訓謀,又與嗟同訓。

　　對全句話的理解古人頗有分歧。《史記·五帝本紀》以訓詁直代經文,作"誰可順此事",《正義》曰:"言將登用之嗣位也。"二者理解大不相同。《正義》是以堯的問題是選誰做接班人。馬融曰:"羲和爲卿官,堯之末年皆已老死,庶績多闕,故求賢順四時之職,欲用代羲和。"(孔穎達《尚書正義》引)鄭玄《尚書大傳》注説與馬同。馬、鄭意謂堯欲選賢取代羲和四時之官的職務。僞孔傳曰:"誰能咸熙庶績,順是事者將登用之。"是説堯想選拔能順此咸熙庶績之事的人才加以重用。與馬、鄭稍異。蔡沈《書集傳》曰:"堯言誰爲我訪問能順時爲治之人而登用之乎?"近人曾運乾《尚書正讀》云:"猶云嗟,誰可順時徵用賢才者?"蔡、曾二説大同而小異。

　　以上諸説可劃爲四類。一、"疇"(誰)是指要選拔的賢能

之人，史公、僞孔傳説是。二、"疇"（誰）是指要選拔的賢能之
人，這人選拔出來擔任過去羲和擔任的職務。馬、鄭説是。
三、"疇"（誰）是指能够替堯尋找賢能之人的人。蔡、曾説是。
四、"疇"（誰）是指堯要選拔的接班人。《史記》張守節《正義》
説是。今按自經文看，史公、僞孔傳説是，餘皆猜測之辭，不足
據。

放齊曰："胤子朱啓明。"

　　《史記·五帝本紀》作"嗣子丹朱開明"。《説文》系部絑字
下曰："《虞書》丹朱如此。"段玉裁《古文尚書撰異》："此謂壁中
故書也。故書作絑，以今文讀之乃易爲朱字。"啓字《史記》作
開，段氏《撰異》謂"或今文《尚書》本作啓而訓爲開，或今文《尚
書》本作開，與古文《尚書》作啓異，皆未可定。非必爲漢諱
也"。《史記》張守節《正義》："開，解而達也。"《正義》又引鄭玄
曰："帝堯胤嗣之子，名曰丹朱。開明也。"《汲冢紀年》："后稷
放帝子丹朱。"關於全句的解釋，蔡沈《書集傳》："胤，嗣也。胤
子朱，堯之嗣子丹朱也。啓，開也，言其性開明，可登用也。"按
蔡説是，意謂帝堯之臣放齊説，堯之嗣子丹朱這人很通達，可
以登用。

帝曰："吁，嚚訟可乎。"

　　《説文》口部："吁，驚也。"蔡沈《書集傳》："吁者，嘆其不然
之辭。"《左傳》僖公二十四年記富辰曰："心不則德義之經爲
頑，口不道忠信之言爲嚚。"《史記·五帝本紀》張守節《正義》：
"凶，訟也。言丹朱心既頑嚚，又好爭訟，不可用之。"今按張説
是。放齊薦丹朱，以爲丹朱開明。堯反駁放齊，説丹朱這個人
心術不好，又好爭訟，不可用。《史記·五帝本紀》"嚚訟"作
"頑凶"。段玉裁《古文尚書撰異》謂"頑嚚，皆姦之大者也"。
訟字馬融本作"庸"，蓋假借字。古訟通作頌，頌通作庸。

帝曰："疇咨若予采？"

　　"疇咨"，段氏《説文注》以爲當"先咨後疇"，是。《爾雅·釋詁》："疇，誰也。"《釋言》："若，順也。"采，《釋文》引馬融曰："官也。"馬注據《釋詁》。僞孔傳："采，事也。"按采字在此處訓事，於理爲順。僞孔傳釋全句云："復求誰能順我事者？"可從。《史記·五帝本紀》以義訓代經文，徑作"誰可者"，亦通。

驩兜曰："都，共工方鳩僝功。"

　　《廣韻》二十六桓韻字下曰："驩兜，四凶名。"僞孔傳："驩兜，臣名。"經下文"流共工于幽州，放驩兜于崇山"之驩兜與此驩兜爲同一人。驩兜肯定是在堯所領導的部落聯盟裏供職的一個氏族或部落的酋長，表現不好，後來與共工一起被流放。《山海經》之《海外南經》、《左傳》文公十八年服虔注"渾敦"、《博物志》、《神異經》等把驩兜説成是人面馬（或作鳥）喙的神話人物。《堯典》所載當是歷史的實録，它書所記是由史實衍申出來的神話。都，《爾雅·釋詁》："都，於也。"《爾雅》都訓於，有兩義，一、同諸，語助詞。二、烏呼之烏，嘆詞。此處都訓於，應取第二義，作嘆詞看。僞孔傳："都，於。嘆美之辭。"既訓都爲於，作嘆詞看，又取都之美義，牽合而爲"嘆美之辭"，誤。

　　共工，孔穎達《尚書正義》引鄭玄注："共工，水官名。其人名氏未聞，先祖居此官，故以官氏。"知此共工是水官共工之後，以官爲氏。其先祖爲誰，實不能確知。江聲《尚書集注音疏》以爲是《左傳》昭公二十九年少皞氏"四叔"之曰修與熙爲玄冥者。堯時之共工是四凶之一，不擔任水官。

　　"方鳩僝功"，《史記·五帝本紀》作"旁聚布功"。方作旁，是從今文《尚書》。《廣雅·釋詁》方訓大，旁亦訓大。《逸周書·世俘解》："旁生霸。"孔晁注："旁，廣也。"鳩，古文《尚書》作救，救亦作救。孔安國以今文讀之，易爲鳩字。《左傳》昭公十七年“五鳩，鳩民者也”。襄公二十五年“鳩藪澤”，杜預注：
“鳩，聚也。”又，《史記·五帝本紀》鳩字徑作聚，是鳩字訓聚，
沒有疑問。僝字《史記》作布，《説文》作僝，訓具。皆今文説。
馬融亦云“僝，具也”，與《説文》合。偽孔傳僝訓見。今從馬融
訓具。全句言驩兜薦舉共工，説：“唉，共工廣聚民衆，具有事
功。”

帝曰：“吁，静言庸違，象恭滔天。”

　　吁，訓解見上文。静字本作靖，唐人衞包改靖爲静。靖
言，《史記·五帝本紀》作“善言”，是訓靖爲善。今本《尚書·
秦誓》：“截截善諞言。”今文《尚書》作“諓諓善靖言”。《公羊
傳》文公十二年有“諓諓善竫言”語，蓋引《秦誓》文。竫與靖
通。《經典釋文》之《公羊音義》引賈逵《外傳》注曰：“諓諓，巧
言也。”《説文解字》戈部戔字下引賈逵注曰：“戔戔，巧言也。”
作戔爲本字。作諓者，言旁乃後加。《漢書·李尋傳》：“昔秦
穆公説諓諓之言，任仡仡之勇。”是靖言就是巧言。

　　庸，《説文》用部：“用也。”違與回通，《詩·大雅·大明》：
“厥德不回。”毛傳：“回，違也。”《左傳》昭公二十六年晏子云：
“厥德不回，以受方國。君無違德，方國將至。”前引《詩·大
明》“厥德不回”，後言“君無違德”，是違與回同。《詩·小雅·
鼓鍾》：“其德不回。”毛傳：“回，邪也。”《文選·西征賦》李善注
引“韓詩曰‘謀猷回遹’，薛君曰‘回，邪僻也’”。是違之義爲邪
僻。

　　《皋陶謨》：“巧言令色孔壬。”江聲《尚書集注音疏》以爲
《皋陶謨》此文“亦謂共工。巧言即静言，令色即象恭也”。

　　滔，《左傳》昭公二十六年：“官不滔。”杜預注：“滔，慢也。”
《詩·大雅·蕩》：“天降滔德。”毛傳：“天君滔慢也。”孔穎達
《毛詩正義》：“‘天，君’，《釋詁》文。以言‘女興是力’責臣，明
是人君，非上天也。虐君所下，明是慢人之德，故以滔爲慢

也。”鄭箋:“厲王施倨慢之化,女群臣又相與而力爲之,言競於惡。”是滔訓倨慢,天訓君。

　　全句的意思是,帝堯說:“哎呀,(共工這個人)說好聽的話,做起事來則邪僻不正。表面上很謙恭,實際上對上級很倨慢。”意謂共工不可用。

帝曰:“咨四岳。

　　四岳,古人說解多歧異。《漢書‧百官公卿表》:“四岳謂四方諸侯。”《周禮疏敍》引鄭玄云:“四岳,四時之官,主四岳之事。”僞孔傳:“四岳即上羲和之四子,分掌四岳之諸侯,故稱焉。”《國語‧周語下》“共之從孫四岳佐之”,韋昭注:“四岳,官名。主四岳之祭,爲諸侯伯。”蔡沈《書集傳》“四岳,官名。一人而總四岳諸侯之事也。”諸說紛紜,莫衷一是。怎樣訓釋咨字,甚關重要。咨字《史記‧五帝本紀》徑作嗟,以爲是嘆詞。《白虎通義‧號篇》作“帝曰諮四岳”。訓作諮有道理。諮,謀。“咨四岳”,是說帝堯向四岳徵求意見,詢問重大事情。那麼“四岳”肯定不是一個人,而是很多人。《漢書‧百官公卿表》的見解是正確的。“咨四岳”,其實就是原始氏族社會末期軍事民主制度下的部落酋長會議。四岳是部落酋長,與後世的諸侯不同。文獻稱諸侯,用的是後世用語。

湯湯洪水方割,

　　《詩‧氓》“淇水湯湯”,毛傳“湯湯,水盛貌”。洪亦作鴻,洪鴻字通。《爾雅‧釋詁》:“洪,大也。”《説文》水部:“洪,洚水也;洚,水不遵道。”《孟子‧告子》:“水逆行謂之洚水。洚水者,洪水也。”《孟子》以洪釋洚。《説文》以洚釋洪,是曰轉注。段玉裁《説文注》:“水不遵道,正謂逆行。唯其逆行,是以絶大。”是《孟子》、《説文》講的是本義,《釋詁》講的是引申義。

　　方當讀爲旁。方旁古今字。《説文》:“旁,溥也。”溥,普

遍。《廣雅·釋言》："害，割也。"割訓害，音同。《詩·唐譜》
《正義》引作"湯湯洪水方害"。是"方割"爲溥害，即普遍爲害。

全句意謂，大水橫流，普遍爲害。

蕩蕩懷山襄陵，

蕩即瀁之假借字。《説文》水部："瀁，水瀁瀁也。從水象
聲，讀若蕩。"瀁瀁今作蕩漾。《廣雅·釋訓》："湯湯浩浩瀁瀁，
流也。"瀁瀁即蕩蕩。流是蕩蕩的本義。僞孔傳："蕩蕩，言之
奔突有所滌除。"這是引申義。此處蕩蕩當取引申義。《漢
書·地理志》引作"襄山襄陵"。《説文》衣部："襄，俠也。"段
注："俠當作夾，轉寫之誤。"僞孔傳："懷，包。襄，上。"《爾雅·
釋言》："襄，駕也。"《文選·西京賦》"襄岸夷途"，薛綜注："襄
謂高也。"《爾雅·釋地》"大阜曰陵"。又："高平曰陸，大陸曰
阜。"是阜爲大片的高平之地，陵爲規模很大、地勢很高的高平
之地。全句意謂（洪水）奔騰滌盪，包圍了山，漫過了陵。

浩浩滔天。

《説文》水部："浩，澆也。"段注："澆當作沆，字之誤也。"
《説文》："沆，莽沆，大水也。"《淮南子·俶真訓》："浩浩瀚瀚。"
高誘注："廣大貌。"《説文》水部："滔，水漫漫大貌。"《詩·小
雅·四月》"滔滔江漢。"毛傳："滔滔，大水貌。"僞孔傳："浩浩
盛大若漫天。"全句意謂廣大無涯的洪水，像是要把天給漫上。
湯湯蕩蕩兩句話意在説明當時遭遇非常大的洪災。洪災之大
是後世人難以想象的。《吕氏春秋·愛類》："昔上古龍門未
開，吕梁未發，河出孟門，大溢逆流，無有丘陵沃衍平原高阜，
盡皆滅之，名曰鴻水。"這樣的洪水當時在世界各地都有過。
美索不達米亞的兩河流域就有關於人們如何戰勝洪水的諾亞
方舟的傳説。

下民其咨，有能俾乂？"

　　王引之《經傳釋詞》卷五："其猶乃也。《書·堯典》曰：'浩浩滔天，下民其咨。'"《廣韻》："咨，嗟也。"又："嗞，嗟，憂聲也。"《史記·五帝本紀》作"下民其憂"。是咨字於此訓憂。《爾雅·釋詁》："俾，使也。"《説文》辟部："嬖，治也。從辟乂聲。《虞書》曰'有能俾嬖'。"段注："見《堯典》。今嬖作乂。"又："《詩》作艾，《小雅·小旻》傳曰：'艾，治也。'"全句意謂洪水滔天，下民咨嗟憂苦，有誰能使之治水呢？

僉曰："於，鯀哉。"

　　《爾雅·釋詁》："僉，皆也。"《史記·五帝本紀》僉作皆。《詩·大雅·文王》"於昭于天"，毛傳："於，嘆辭。"鄭箋："於，烏聲。"《説文》烏部："孔子曰：'烏，亏呼也。'取其助氣，故以爲烏呼。"段注："此許語也。取其字之聲可以助氣，故以爲烏呼字。……古者短言於，長言烏呼。於、烏一字也。"又："亏，於也。"是知於字在此是起助氣作用的語詞，無義。

　　《五帝本紀》裴駰集解引馬融："鯀，臣名，禹父。"《大戴禮記·五帝德》記孔子答宰我問禹曰："高陽之孫，鯀之子也，曰文命。"《世本·帝系》："鯀生高密，是爲禹。"（《玉篇》引）《史記·夏本紀》："夏禹，名曰文命。禹之父曰鯀，鯀之父曰帝顓頊，顓頊之父曰昌意，昌意之父曰黃帝。"史公此説據《世本》，可以信據，唯言禹曰"夏禹"，殊誤。夏是禹子啓所建國家的名號，與禹無涉。禹是軍事民主制時代的最後一位部落聯盟酋長，啓是文明社會的第一個君主。稱夏后啓是對的，稱夏禹則不可。《堯典》下文稱禹爲"伯禹"，伯當與伯夷、伯益一例，是部落酋長的名稱。《國語·周語下》稱鯀爲"崇伯鯀"（鯀、鮌音同形異），是名實相副的。崇是鯀的部落名稱，即崇部落，伯是部落酋長的稱號。崇本是山名。鯀、禹之部落居崇山附近，故以爲名。崇即《周語上》"昔夏之興也，融降於崇山"之崇山。韋昭注："崇，崇高山也。夏居陽城，崇高所近。"又，《太平御覽》

卷三十九"崇山"條下引韋昭注:"崇、嵩字古通用。夏都陽城,
嵩山在焉。"上引諸文獻除將鯀、禹之部落與启之國家牽混而
稱夏以外,餘皆可據。陽城即今河南登封縣告成鎮。

　　《堯典》此語《五帝本紀》釋作"皆曰鯀可",甚是。

帝曰:"吁,咈哉,方命圮族。"

　　僞孔傳:"凡言吁者,皆非帝意。"《說文》口部:"吁,驚也。"
是吁爲語助詞,在此表示不贊成別人的意見。《說文》口部:
"咈,違也。"段注:"違與韋同,相背也。"又《說文》韋部:"韋,相
背也。"段注:"今字違行,而韋之本義廢矣。"是咈的意思是相
違背。韋字之皮革義乃假借而來。

　　方字義訓,今古文説不同。《經典釋文》:"馬云:'方,放
也。'"孔穎達《尚書正義》:"鄭、王以方爲放,謂放棄教命。"《漢
書・王商史丹傅喜傳》:傅太后詔曰:"同心背畔,放命圮族。"
《薛宣朱博傳》:"制曰:'今晏放命圮族。'"應劭曰:"放棄教令,
毁其族類。"張載注《魏都賦》:"方命,放棄王命也。"以上諸家
皆從今文説。《說文》土部:"圮,毁也。《虞書》曰:'方命圮
族。'"《孟子・梁惠王》引晏子"方命虐民",趙岐注:"方猶逆
也。"《史記・五帝本紀》"方命"作"負命",訓方爲負,以訓詁代
經文。負意近逆。以上諸家皆從古文説。今按,尋繹經意,方
訓逆訓負,於義爲順。

　　《爾雅・釋詁》:"圮,毁也。"《左傳》成公四年:"非我族類,
其心必異。"是族類義同。全句意謂,"你們説的與事實不副,
鯀這個人違負教命,毁敗同類,不可用"。

岳曰:"异哉,試可乃已。"

　　《說文》廾部:"异,舉也。從廾,㠯聲。《虞書》曰:'嶽曰异
哉。'"是許氏异訓舉。《經典釋文》:"徐云:鄭音異。"段玉裁
《古文尚書撰異》:"鄭音異者,蓋鄭讀'异哉'爲'異哉'。"又《説

文》异字下段注:"鄭音異,於其音求其義,謂四嶽聞堯言,驚愕而曰'異哉'也。謂异爲異之假借也。"是鄭以爲"異哉"是驚嘆之詞。僞孔傳:"异,已也,退也。言餘人盡已,唯鯀可試。"是僞孔傳异訓已訓退。自經上下文意看,鄭義爲長,可從。

　　試,《爾雅·釋言》、《說文》言部皆訓用。已,《爾雅·釋詁》:"輟,已也。"是已有輟義。《史記·五帝本紀》作"异哉,試不可用而已"。錢大昕《史記考異》:"《尚書》云:'試可乃已。'古人語急,以不可爲可也。古經簡質,得史公而義益明。"錢説甚是。

　　全句譯成今語當是,四岳們表示驚訝,説:"用他一下看看,如果證明不可用,而後就停止不用。"

帝曰:"往欽哉!"

　　《爾雅·釋詁》:"欽,敬也。"敬,做事認真。堯聽四岳的意見,乃命鯀前往治水,告誡他認真去幹,把水治好。此經文明見之義。

　　至於堯既知鯀是"方命圮族"的人,爲什麼還要委他去擔當治水的大任,堯心中究竟出於怎樣的考慮,古人有兩種解釋。《後漢書·鄭興傳》:興上疏曰:"堯知鯀不可用而用之者,是屈己之明,因人之心也。"孔穎達《尚書正義》:"馬融云:'堯以大聖,知時運當然,人力所不能治,下民其咨,亦當憂勞,屈己之是,從人之非,遂用於鯀。'李顒云:'堯雖獨明於上,衆多不達於下,故不得不副倒懸之望,以供一切之求耳。'"鄭、馬、李説一致,以爲堯之用鯀是出於不得已。衆意如此,堯不可違也。此爲一説。僞孔傳:"堯知其性很戾圮族,未明其所能,而據衆言可試,故遂用之。"以爲堯知鯀之性很戾圮族,但不知其才能如何,試用之以觀其效。此又一説。前説强調堯據衆意作出決定,後説指出堯自己覺得鯀之性不善,其才或佳,是堯之用鯀,與衆意無關。兩説比較,前説近是。堯據衆意作出決定,正説明當時是軍事民主制時代,部落聯盟酋長重大决策務必聽取酋長會議的意見,自己不可獨斷專行。

九載,績用弗成。

《爾雅·釋天》:"載,歲也。夏曰歲,商曰祀,周曰年,唐虞曰載。"《史記·五帝本紀》作"九歲,功用不成"。《正義》引孫炎云:"歲,取歲星行一次也。祀,取四時祭祀一訖也。年,取禾穀一熟也。載,取萬物終更始也。載者,年之别名,故以載爲年也。"《正義》按曰:"功用不成,水害不息,故放退也。"九載即九年。史公以訓詁代經文,作"九歲,功用不成",是。《正義》以"水害不息"解"功用不成",亦是。是鯀治水九年,未完成任務,水害的問題未得到解决。

帝曰:"咨四岳。朕在位七十載,

咨,《白虎通義·號篇》引作諮。諮,謀也。四岳,《漢書·百官公卿表》釋作"四方諸侯",諸侯是後世用語,其實是部落酋長。咨四岳,謀於部落酋長會議,即徵求部落酋長會議的意見。《爾雅·釋詁》:"朕,我也。"戴震《考工記注》:"舟之縫理曰朕。"此朕之本義。《釋詁》謂"朕,我也",乃後起之義。段玉裁《古文尚書撰異》謂"朕之爲我,於音求之耳","用音不用義也"。《史記·李斯列傳》:趙高"説二世曰:'天子所以貴者,但以聞聲,群臣莫得見其面,故號曰朕。'"是知天子專朕稱,自秦始。

據《世本·帝系》,堯是帝嚳之子,《史記》説同。據《五帝本紀》張氏《正義》引《帝王紀》,摯在位九年,讓於堯。《尚書》孔疏則以爲"摯崩乃傳位於堯"。今按前説是。關於堯何時即位,漢人無説。偽孔傳曰:"堯年十六以唐侯升爲天子,在位七十年,則時年八十六,老將求代。"孔疏説孔傳此説"未知出何書",對孔傳之説似持懷疑態度。按當時是"選賢與能"的時代，十六歲少年當上部落聯盟首長，似乎不大可能，因而堯在位七十年的説法亦須存疑。

汝能庸命，巽朕位？"

庸，用也。巽，古人訓詁不一。《史記·五帝本紀》作"踐朕位"，以踐訓巽。《經典釋文》："音遜，馬云：'讓也。'"《論語·子罕》皇侃疏："巽，恭遜也。"《史記·五帝本紀》之《集解》引鄭玄巽訓爲入。鄭訓入，蓋據《易·説卦傳》"巽，入也"。僞孔傳則訓巽爲順。按，巽有順遜讓之義，也有入義。巽與踐聲相近，訓爲踐亦可。但是巽在這裏，以訓入或訓踐爲是。《史記》裴駰集解引鄭玄釋全句之意謂："言汝諸侯之中有能順事用天命者，入處我位，統治天子之事者乎？"鄭解明通可從。

天命是自然規律，不宜理解爲主宰之天的旨意。堯所説的天是自然之天，有經上文"曆象日月星辰，敬授人時"爲證。僞孔傳釋全句云："言四岳能用帝命，故欲使順行帝位之事。"孔傳以四岳爲一人，誤。四岳實是部落酋長會議，不是一人。以命爲堯之命即堯自己的主張，亦誤。堯之意當是誰能順應施行天命即自然之規律，就用誰接班。僞孔説不可取。

岳曰："否德忝帝位。"

此句爲四岳回答堯提出的問題。岳曰，四岳即酋長會議說。忝，《爾雅·釋言》："辱也。"

否字古人訓釋主要有二説。僞孔傳："否，不也。"孔穎達疏："否，不，古今字。"此一説也。《五帝本紀》否作鄙。《論衡·問孔篇》引《論語》"予所否者"作"予所鄙者"，解爲鄙陋。《經典釋文》之《尚書音義》："否，又音鄙。"此又一説。按二説皆可通。《五帝本紀》之張氏《正義》云："四岳皆云，'鄙俚無德，若便行天子事，是辱帝位'。言己等不堪也。"張説是，意謂酋長們表示他們在德的方面修養不够，不能辱没部落聯盟首

　　　　金景芳全集

長的職位。

曰：“明明揚側陋。”

　　　此句爲堯的話。《爾雅·釋訓》：“明明，察也。”段玉裁《古文尚書撰異》：“凡經傳言‘明明’者，皆謂明之至，《釋訓》曰‘明明察也’。”《禮記·文王世子》：“或以事舉，或以言揚。”是揚訓舉。《淮南子·泰族訓》“令四岳揚側陋”，高誘注：“側，伏也。”《爾雅·釋言》：“陋，隱也。”《史記·五帝本紀》“側陋”作“隱匿”，是側陋爲隱匿。全句謂堯對四岳説，普遍察舉隱匿之人。隱匿之人即隱伏未爲人知的賢人。僞孔傳云：“明舉明人在側陋者。”訓揚爲舉，插在兩明字之間，與經文不合。《史記·五帝本紀》：“堯曰悉舉貴戚及疏遠隱匿者。”以悉舉訓“明揚”，貴戚訓“明”，疏遠隱匿訓“側陋”。是“揚”字插在二明字之間。蓋《史記》所據乃今文《尚書》，今文《尚書》作“明揚明側陋”，與古文《尚書》作“明明揚側陋”者異。僞孔傳誤以今文《尚書》説訓釋古文《尚書》，不知“明明揚”之訓釋與“明揚明”不同。

師錫帝曰：“有鰥在下，曰虞舜。”

　　　《爾雅·釋詁》：“師，衆也。”《史記·五帝本紀》師作衆。此師字訓衆，是。孔穎達《尚書正義》云“鄭以師爲諸侯之師”。此説出《周禮》鄭玄注“師，長也。言諸侯之長”。師固有長義，但《堯典》此師字訓衆爲是，訓長與經義不合。衆指四岳即酋長會議言，若以師爲長，則與堯對話的便是諸侯之長一人了，而實際上與堯對話的是四岳，顯然不是一人。錫字，曾運乾《尚書正讀》於《召誥》“乃復入錫周公曰”句下云：“錫讀如《堯典》‘師錫帝曰’之錫，合詞獻言也。先儒訓錫爲賜，大誤。”曾説是。蓋錫字於此是“獻言”的意思。《史記·五帝本紀》作“衆皆言於堯曰”，近是。若釋作“衆獻言於堯曰”，則尤切經意。

鰥字《五帝本紀》作矜。《詩·何草不黃》：“何人不矜。”
《王制》：“老而無妻者謂之矜。”是矜、鰥字通。《尚書大傳》：
“孔子對子張曰：‘男子三十而娶，女子二十而嫁。舜父頑母
嚚，不見室家之端，故謂之鰥。’”“有鰥在下”，謂有個尚未結婚
成家室的人，在下層（未被起用）。虞舜，孔穎達《尚書正義》引
鄭玄云：“虞，氏。舜，名。”鄭說是，說見經上文“曰若稽古帝
堯”句解。《經典釋文》引馬融云：“舜，謚也。舜死後賢臣錄
之，臣子爲諱，故變名言謚。”馬說非是。

虞，古人說亦紛紜，王先謙《尚書孔傳參正》引王符《氏姓
志》云：“舜姓虞。《鄭語》史伯稱舜之先曰虞幕，虞是國名，後
以封國爲姓氏也，今山西虞城縣是其地。”是以虞爲國名，以國
爲姓，地點在山西。按，所謂國名，其實應是部落或氏族之名。
虞應是氏，不應是姓。古代男子不稱姓而稱氏。況且據《左
傳》隱公八年《正義》引《世本·氏姓》云：“帝舜姚姓。”既爲姚
姓，則不應又爲虞姓。孔穎達《尚書正義》：“顓頊以來，地爲國
號，而舜有天下號曰有虞氏，是地名也。王肅云：‘虞，地名
也。’皇甫謐云：‘堯以二女妻舜，封之於虞，今河東太陽，山西
虞地是也。’然則舜居虞地，以虞爲氏，堯封之虞爲諸侯，及王
天下遂爲天子之號，故從微至著常稱虞氏。”說虞爲氏，是對
的。說虞是地名，也不錯。部落或氏族的名稱常與所居地之
名相聯繫。舜之部落稱虞，猶如“崇伯鯀”之崇，是地名也是部
落名。虞是舜所屬的部落或氏族的名稱，非自舜始，其先人已
然。皇甫謐以爲堯封舜於虞，舜才得虞爲氏，大誤。以上諸家
說雖有不同，或以虞爲姓，或以爲氏，或以爲虞是先有，或以爲
虞是後封，但地點都以爲在山西虞地。

還有另外一種說法，以爲舜之出生與活動地點在東方，根
本就不在山西。《孟子·離婁下》：“舜生於諸馮，遷於負夏，卒
於鳴條，東夷之人也。”趙岐注：“諸馮、負夏、鳴條皆地名，負海

金景芳全集

也,在東方夷服之地。"《史記·五帝本紀》:"舜,冀州之人也。
舜耕歷山,漁雷澤,陶河濱,作什器於壽丘,就時於負夏。"歷
山,《集解》引鄭玄説"在河東"。《正義》引《括地志》説歷山即
中條山。《括地志》又説越州餘姚縣也有歷山舜井。雷澤,《正
義》引《括地志》説在濮州雷澤縣。《集解》引鄭玄説:"雷夏,兗
州澤,今屬濟陰。"河濱,《集解》引皇甫謐説在濟陰定陶西南。
《正義》以爲在曹州。《括地志》强調不在定陶,在蒲州河東縣。
壽丘,《索隱》説是黄帝生處,《集解》引皇甫謐説在魯東門之
北。負夏,《集解》引鄭玄云:"負夏,衛地。"《索隱》引《尚書大
傳》:"販於頓丘,就時負夏。"以上趙岐注《孟子》以爲舜之生與
卒皆在今山東。

其餘各家説亦大同小異,唯《括地志》以爲在山西,與王符
《氏姓志》説相近。一説舜生、遷、卒於今山西,一説於東夷之
地即今山東。誰爲是,焦循《孟子正義》調和二説,以爲各有道
理。焦氏云:"凡言人地以所生爲斷,遷卒皆在後。《孟子》亦
據舜生而言東也。""若河東之虞,蓋本舜祖虞幕之封。故《書》
稱虞舜,《史》言冀州,猶後人稱祖籍標郡望耳"。焦説可資參
考。

帝曰:"俞,予聞,如何?"

《爾雅·釋言》:"俞,然也。"《釋詁》:"予,我也。"《史記·
五帝本紀》以訓詁代經文,作:"堯曰:'然。朕聞之。其何
如?'"用今語説,就是:堯説,是的,我聽説過這個人。他怎麽
樣呢?

岳曰:"瞽子。父頑母嚚象傲,克諧。

王引之《經義述聞》謂當讀"克諧"爲句,甚是。瞽子,《史
記·五帝本紀》作"盲者子"。《説文》目部:"瞽,目但有朕也。"
段注:"凡縫皆曰朕。但有朕者,才有縫而已。"《大戴禮記·帝

系》："瞽叟産重華，是爲帝舜。"是舜爲瞽叟之子。瞽叟者，盲老人也。僞孔傳："無目曰瞽。舜父有目不能分別好惡，故時人謂之瞽。"以爲舜父非盲人，因不辨是非好壞，時人稱曰瞽。王先謙《尚書孔傳參正》駁之曰："瞽瞍是名，身實無目。下文父頑即是明著其惡。若經止言盲，不及其惡，尚爲有詞，既説父頑，何取更以瞽喻？"按王説極是，僞孔説不可從。

《左傳》僖公二十四年："心不則德義之經爲頑，口不道忠信之言爲嚚。"又："與頑用嚚，姦之大者也。"《廣雅·釋詁》："頑，鈍也。"又："頑，愚也。"《説文》皿部："嚚，語聲也。"孫星衍《尚書今古文注疏》："蓋多言也。"是頑是説人愚鈍不辨是非，不能按原則辦事。嚚是説人滿口假話，講話不負責任。

"象傲"，《史記·五帝本紀》作"弟傲"。《孟子·萬章上》"象曰謨蓋都君"句下趙岐注曰："象，舜異母弟。傲，《説文》人部："倨也。"《列女傳》："舜弟曰象，敖游於嫚。"僞孔傳："象，舜弟之字，傲慢不友。"是舜之異母弟象傲慢不友。克，《爾雅·釋言》："能也。"諧，《釋詁》："和也。"全句意謂，四岳對堯説，舜是瞽者之子。父親不明事理，母親滿口假話，弟弟傲慢不友，而舜能够柔和地對待他們。

以孝烝烝，乂不格姦。"

僞孔傳以"克諧以孝"爲句，"烝烝乂"爲句，"不格姦"爲句，非。今從王引之《經義述聞》以"克諧"屬上讀，"以孝烝烝"爲句，"乂不格姦"爲句。王氏引《列女傳》"舜父頑母嚚，父號瞽叟，弟曰象，敖游於嫚，舜能諧柔之，承事瞽叟以孝"和蔡邕《九疑山碑》"逮於虞舜，聖德克明，克諧頑傲，以孝烝烝"爲證，甚的。

《廣雅·釋訓》："蒸蒸，孝也。"《詩·大雅·文王有聲》："文王烝哉。"《韓詩》曰："烝，美也。"《詩·魯頌·泮水》："烝烝皇皇。"毛傳："烝烝，厚也。皇皇，美也。"按蒸與烝通。王引之

《經義述聞》謂"經言'以孝烝烝','烝烝'即是孝德之形容"。
又謂"謂之'烝烝'者,言孝德之厚美也"。按王説是。漢魏人
大多如此理解並使用"烝烝"二字。陸賈《新語·道基篇》:"虞
舜烝烝於父母。"《後漢書·靈帝紀》:"崇有虞之孝,昭蒸蒸之
仁。"《後漢書·章帝紀》:"陛下至孝烝烝。"《馬融傳》:"陛下履
有虞烝烝之孝。"張衡《東京賦》:"蒸燕之心,感物曾思。"蔡邕
《胡公碑》:"夫蒸蒸至孝,德本也。"《藝文類聚》引魏卞蘭《讚述
太子表》:"昔舜以烝烝顯其德,周旦以不驕成其名。"等等,皆
以"烝烝"爲孝德之形容。僞孔傳據《爾雅》訓烝爲進,以"烝
烝"爲進進,與經義不合,且不成辭,不可從。

乂,《爾雅·釋詁》:"治也。"格,《釋詁》:"至也。"乂不格
姦,孫星衍《尚書今古文注疏》:"僞傳云:'使以善自治。'是謂
舜化其父母及弟。《孟子》述象日以殺舜爲事,又有捐階掩井
等事,知治爲自治之安也。"王先謙《尚書孔傳參正》:"不格姦
者,言象欲殺兄,舜唯務自克治,不至以惡意待弟也。"是僞孔
傳、孫氏、王氏皆訓乂爲舜自治。蔡沈《書集傳》説同。唯蔡沈
釋"不格姦"爲使父母弟"不至於大爲姦惡也",與王先謙以爲
"不至以惡意待弟也"説異。江聲《尚書集注音疏》據楊孟文
《石門頌》"烝烝艾寧",乂作艾且屬上讀,又據孔穎達《尚書正
義》有"上歷言三惡,此美舜能養之"語,訓艾爲養,謂"蓋父母
與弟雖俱惡,舜調處其間,使不終成其惡,故曰'不格姦'。此
舜所以爲烝烝善養也"。江氏此説不可從。王先謙解"不格
姦"爲"不至以惡意待弟",亦不爲順。

　　全句意思當是,舜以烝烝厚美之孝德對待父母,克治自
己,使他們(當包括弟象)不至於把惡行發展到更嚴重的地步。

帝曰:"我其試哉。"

　　孔穎達《尚書正義》:"馬、鄭、王本説此經皆無'帝曰',當
時庸生之徒漏之也。"江聲《尚書集注音疏》以爲孔説是,曰:

“實本有‘帝曰’，其無者，洵是漏落也。”“帝曰”二字有没有，甚關要緊。倘無此二字，則“我其試哉”便是四岳語，於經義殊不可通。

　　試，《爾雅·釋言》、《説文》言部皆訓用。《論衡·正説篇》：“堯老求禪，四岳舉舜，堯曰：‘我其試哉。’説《尚書》曰：‘試者用也。我其用之爲天子也。’”王充以爲試者試之於職。《後漢書·章帝紀》引建武詔書云：“堯試臣以職，不直以言語筆札。”與王充説同，合於經義，可從。全句謂堯對四岳説，我將試用他。試用他做部落聯盟首長，即做堯的接班者。漢人用“天子”一詞，是後世概念，堯舜時代是原始氏族社會，無“天子”之説。

女于時，觀厥刑于二女。

　　女，以女妻人之謂。以女妻人用“女”字而不用“妻”字者，義略有別也。段玉裁《古文尚書撰異》：“古文每字必有法。古凡言‘妻’者必爲其正妻，如‘以其子妻之’、‘以其兄之子妻之’是也。凡言‘女’者不必爲其正妻，如《左氏傳》‘宋雍氏女於鄭莊公’、‘驪戎男，女晉以驪姬’、《孟子》‘齊景公涕泣而女於吴’是也。《左氏》桓公十一年傳曰：‘鄭昭公之敗北戎也，齊人將妻之。’必以其未有嫡妃。又曰：‘宋雍氏女於鄭莊公，曰雍姞。’明非莊公夫人也。又僖公二十三年傳云：‘齊桓公妻之。’此謂正妻一人，不得言女之也。”段氏又云：“凡言‘妻之’，一人而已，雖有娣姪之媵從，必統於所尊也。凡言‘女之’，則不分尊卑，故曰‘二女’、曰‘納女五人’、曰‘三妃’，皆不分尊卑之詞也。”按段説是。

　　時，《爾雅·釋詁》：“是也。”是於此作代詞用，指稱舜。二女，堯之子也。《列女傳》謂“長曰娥皇，次曰女英”。刑於二女，僞孔傳：“刑，法也。堯於是以二女妻舜，觀其法度接二女，以治家觀治國。”僞孔説近是。《詩·大雅·思齊》：“刑于寡妻。”鄭箋：“文王以禮法接待其妻。”此“刑于”之義當與《思齊》同。僞孔傳“觀其法度接二女，以治家觀治國”的解釋當本於鄭箋。全句謂，堯嫁二女於舜，觀察其對待二女的法度，借此進而觀察舜的德才品行。

　　“刑，法也”，是《爾雅·釋詁》文。此法不是法律、刑法的法，而是法度、法式的法。僞孔傳以此句爲記事，甚是。觀經上下文之意，上文“我其試哉”顯然是記言，主語是帝堯。此句顯然是記事，客觀記述堯的行動。段玉裁《古文尚書撰異》以爲此句連上“我其試哉”俱爲四岳語。以爲是記言，誤，以爲是記四岳言，尤誤。

釐降二女于嬀汭，嬪于虞。

　　此句爲記事之語而非記言，毫無疑義。然而主語是堯抑或舜，古人説不一。《史記·五帝本紀》作“舜飭下二女於嬀汭”，明確以舜爲主語。僞孔傳謂“舜爲匹夫，能以義理下帝女之心於所居嬀水之汭”，亦以舜爲主語。江聲《尚書集注音疏》同此説。此爲一説。《後漢書·荀爽傳》：爽對策陳便宜曰：“《堯典》曰：‘釐降二女于嬀汭，嬪于虞。’降者下也，嬪者婦也。言雖帝堯之女，下嫁於虞，猶屈體降下，勤修婦道。”以爲二女自動屈體降下，是以二女爲主語。此又一説。蔡沈《書集傳》：“史言堯治裝下嫁二女於嬀水之北，使爲舜婦於虞氏之家也。”是以爲堯下嫁二女於嬀汭，主語是堯。段玉裁《古文尚書撰異》、曾運乾《尚書正讀》同此説。按，三説中以荀説最爲不足取。經文明言“釐降二女”，無二女自屈之義。餘二説，自經上下文義看，蔡傳以爲堯下嫁二女，主語是堯，當爲正解。

　　釐，《史記》徑作飭，是訓釐爲飭。又，鄭玄注《易》噬嗑《象傳》云：“飭猶理也。”箋《詩·周頌·臣工》云：“釐，理也。”是釐與飭同訓。降，《爾雅·釋詁》：“下也。”嬪，《釋親》：“婦也。”上引《後漢書·荀爽傳》亦言“降者，下也。嬪者，婦也”。

　　關於舜之生遷卒的地理位置，古人説多牴牾，見上文"有
鰥在下，曰虞舜"解。虞應是氏，不是姓。虞是舜所在部落或
氏族名，不是國名，因爲當時没有國。虞是部落或氏族名，同
時也是地名。這與鯀的部落生活在崇地，因而取名崇，鯀稱
"崇伯鯀"，道理相同。虞是什麼地方，古人大多以爲在山西。
但是有另一種説法如《孟子·離婁下》以爲"舜生於諸馮，遷於
負夏，卒於鳴條，東夷之人也"。趙岐注説這些地方都是負海
之地，即今日之山東一帶。這就是説，舜從出生到死都不在山
西。焦循《孟子正義》調和二説，説虞是舜的祖籍，冀州以及山
東一帶是他的郡望。焦説似乎有一定道理，但是經文此言"嬪
于虞"、"降二女于嬀汭"，顯然肯定舜所生活的地點就在虞，而
虞又與嬀汭是一個地方。據此，《孟子》、趙注、焦氏《正義》的
説法則又難以成立。因此，舜生、遷、卒的地方究竟在哪裏，仍
是個未解決的問題，目前仍不到遽下結論的時候。但是嬀汭
和虞在什麼地方，卻是可以瞭解的。古人大多數以爲在山西，
我們從衆。《水經注》："歷山有舜井，嬀汭二水出焉。南曰嬀
水，北曰汭水，異源同歸，渾流西注，入於河。"《史記》《正義》引
《地記》説同。蔣廷錫《尚書地理今釋》："今考山西平陽府蒲州
南有嬀汭二水皆南注大河，與《水經》、《地記》二書合。"孔穎達
《尚書正義》説"虞與嬀汭爲一地"，"嬀水在河東虞鄉縣歷山
西，西流至蒲坂縣南入於河，舜居其旁"，似亦據《水經注》言。
《説文》女部："虞舜居嬀汭，因以爲氏。"亦謂嬀汭爲舜之居住
地。舜之先人氏虞，舜之後人便因居嬀汭而以嬀爲氏姓了。
據許氏此説，虞與嬀汭似乎又非一地，至少二者不宜等同。孔
疏説與許氏異。又，《水經注》引馬融説："水所出曰汭。"僞孔
傳亦謂舜所居爲"嬀水之汭"。《經典釋文》曰："汭，水之内
也。"皆不以汭爲水名。舜所居之嬀汭究竟是嬀汭二水還是嬀
一水，汭是嬀之内，是個小問題，不關大局。蔣廷錫《尚書地理

今釋》云"蓋汭本訓北訓内,又爲小水入大水之名,或後人見嬀水北有一小水入嬀,遂蒙《堯典》文而加名耳。"可爲參考。

經文全句意謂,堯飭令他的兩個女兒下嫁到嬀汭去,在舜之部落或氏族虞那裏盡爲婦之道。

帝曰:"欽哉!"

欽,敬也。此爲堯告誡勸勉兩女兒的話。叫她們到虞氏之家認真地盡婦職婦責,做好舜的内助。蔡沈《書集傳》說"欽哉,堯戒二女之辭",可從。

《僞古文尚書》之《堯典》至此句爲止。割分《堯典》"慎徽五典"以下爲《舜典》。段玉裁《古文尚書撰異》云:"東晉豫章内史梅賾始得孔安國《尚書》並傳,奏之,時缺《舜典》經傳。齊建武中吳興姚方興僞稱於大航頭得《舜典》經傳,奏上。其傳則采馬、王注造之,其經比馬、王所注多'曰若稽古帝舜,曰重華,協於帝'十二字"。又云:"或十二字下更有'濬哲文明,温恭允塞,玄德升聞,乃命以位'十六字,共二十八字,既未施行,方興以罪致戮。隋開皇初,始購得之,冠於妄分《舜典》之首,盛行至今。"

慎徽五典,五典克從。

慎徽五典,是堯要舜做的事情,藉以考驗他。慎,陳奂《詩·陟岵》毛氏傳疏:"誠也。"徽,《爾雅·釋詁》:"善也。"《經典釋文》:"王云美,馬云善也。"《史記·五帝本紀》作"慎和五典",是訓徽爲和。江聲《尚書集注音疏》據《文選·文賦》注引許慎《淮南子》注"鼓琴循弦謂之徽",以爲"徽固有調和之義",因謂此經文徽字當訓和。江說是。

《爾雅·釋詁》:"典,常也。"《史記·五帝本紀》集解引鄭玄云:"五典,五教也。蓋試以司徒之職。"鄭說是。

五典即此經下文"百姓不親,五品不遜"之"五品"和"汝作司徒，敬敷五教在寬"之"五教"。五典、五品、五教實爲一事，即《左傳》文公十八年"舉八元，使布五教于四方"之"父義，母慈，兄友，弟共，子孝"五種人倫關係及其道德規範。後世孔子及其所創之儒家學派重人倫的思想蓋源乎此。《中庸》講的"天下之達道五，所以行之者三，曰君臣也，父子也，夫婦也，昆弟也，朋友之交也"和《孟子‧滕文公上》講的"契爲司徒，教以人倫，父子有親，君臣有義，夫婦有別，長幼有敘，朋友有信"，都是繼承《堯典》而來。所不同者，《堯典》的"五典"反映原始社會的情況，五品和五教都屬於血緣關係範圍，而到了《禮記》和《孟子》，所説"達道五"和"人倫"則反映階級社會的情況，在血緣關係之外加入了政治關係，君臣之義突出出來，夫婦之義也在特別強調之列。這些變化既反映歷史的發展，也説明中國傳統文化中重人倫的特點淵源有自，淵源就在堯舜。《中庸》説"仲尼祖述堯舜"，委實不虛。

　　經文"五典克從"應以《左傳》文公十八年"五典克從，無違教也"一語作解。"慎徽五典"，是堯令舜做的工作，説舜以至誠的態度協和人們的血緣關係，使爲父者義，爲母者慈，爲兄者友，爲弟者恭，爲子者孝。"五典克從"，是舜所做工作取得的效果，即人們都按照這五條要求辦事，沒有違背的。

納于百揆，百揆時敘。

　　理解此二語，"百揆"二字是關鍵。僞孔傳云："揆，度也。度百事，總百官，納舜於此官。"以"百揆"爲官名。《續漢書‧百官志》劉昭注云："《古史考》曰：'舜居百揆，總領百事。'説者以百揆堯初別置，於周更名冢宰，斯其然矣。"是譙周、劉昭亦皆以爲百揆是官名，相當於周時之冢宰。其實"百揆"不是官名。堯舜之時中國處在原始社會末期，實行軍事民主制，部落聯盟首長乃由各部落推選產生，不同於三代之君主，其下根據實際需要而設官分職，由各部落之酋長擔任，必不設所謂"總領百事"之官職。

《淮南子·齊俗訓》:"堯之治天下也,舜爲司徒,契爲司馬,禹爲司空,后稷爲大田師,奚仲爲工。"《説苑·君道篇》:"當堯之時,舜爲司徒,契爲司馬,禹爲司空,后稷爲田疇,夔爲樂正,倕爲工師,伯夷爲秩宗,皋陶爲大理,益掌毆禽。"《論衡·恢國篇》:"舜以司徒因堯授禪。"《史記·五帝本紀》集解引鄭玄注:"蓋試以司徒之職。"是諸説皆以爲堯時諸官分職,各司一事,並無百揆之官名。"百揆"不是官名,王先謙《尚書孔傳參正》有詳贍的論證,可爲參考。《史記·五帝本紀》作"乃遍入百官,百官時序",是今文《尚書》納作入,敍作序。《淮南子·泰族訓》:"堯乃妻以二女,以觀其内,任以百官,以觀其外。"《史記》與《淮南子》説同。百官是揆百事的,故二書徑以百官釋百揆。《廣雅·釋詁》:"選,入也。"孫星衍《尚書今古文注疏》:"則遍入爲遍選也。"《史記》意謂遍選百官,《淮南子》云"任以百官",意思大體一致,皆謂堯命舜處理百官的事情,以考驗他的能力。王先謙《尚書孔傳參正》:"史遷以爲'遍入百官',謂使舜入百官揆事之處。"亦謂"納于百揆"是使舜參預百官的各項事務。舜不是總領百官的冢宰,但是堯給予他很大的職權,要他處理百官之事。經上文言"慎徽五典",此言"納于百揆","五典"與"百揆"相對應,前者講人倫關係,後者講百官事務。舜都很好地完成了任務,故《史記·五帝本紀》言"堯乃試舜五典、百官,皆治"。

"百揆時敍",應從王引之《經義述聞》説,"時敍"釋爲承順。王氏云:"時敍者,承敍也。承敍者,承順也。《大戴禮·少間篇》曰'時天之氣,用地之財'。謂承天之氣也。承、時,一聲之轉。《楚策》:'仰承甘露而飲之。'《新序·雜事篇》承作時,是時與承同義。《爾雅》曰:'順,敍也。'《大戴禮·保傅篇》曰:'言語不序。'《周語》曰:'周旋序順。'是敍與順同義。合言之則曰'時敍'。'百揆時敍',謂百揆莫不承順也。文公十八年《左傳》曰'以揆百事,莫不時序'是也。若訓時爲是而云'莫不是序',則不辭矣。"王說甚是,可從。蓋"五典克從"與"百揆時敍"相對應,語意相類。"克從"是說大家都做得很好,沒有違背的。"時敍"也是說百官做得很好,都承順舜的指導。

賓于四門,四門穆穆。

這兩句今文說與古文說迥異。《史記·五帝本紀》作"賓於四門,四門穆穆,諸侯遠方賓客皆敬",是賓字釋作賓客,即遠方諸侯來朝者。穆穆,據《爾雅·釋訓》釋爲敬。此今文說。《五帝本紀》集解引馬融:"四門,四方之門。諸侯群臣朝者,舜賓迎之,皆有美德也。"孔穎達《尚書正義》引鄭玄以賓爲擯,謂"舜爲上擯,以迎諸侯"。《左傳》文公十八年:"舜臣堯,賓于四門,流四凶族。"又:"賓于四門,四門穆穆,無凶人也。"僞孔傳:"四門,四方之門。舜流四凶族,四方諸侯來朝者,舜賓迎之,皆有美德,無凶人。"此古文說。皆據《爾雅·釋詁》訓穆穆爲美。據經上下文義,賓當作謂語看,主語是舜,文中未見,因接上文省。古文說近是,可從。

"四門",明堂之四門。周制,諸侯朝天子必於明堂。諸侯尊卑不同,其於明堂所處的位置則不同。據《逸周書·明堂解》和《禮記·明堂位》,夷狄之君朝天子時要立在明堂四門之外。九夷之國在東門之外,八蠻之國在南門之外,六戎之國在西門之外,五狄之國在北門之外,堯時部落聯盟首長會見部落酋長的事情當然會有的,但不可能有周時的明堂之制。所謂"四門穆穆",係後世寫定《堯典》的人用周時的概念說明堯時的事情。所以,"四門"一詞代表來朝的各地部落酋長。

此兩句經文的意思應是,舜以儐的身份負責接待各地部落酋長。這些部落酋長一個個都是表現很好的人。

納于大麓,烈風雷雨弗迷。

　　“納于大麓,烈風雷雨弗迷”,此古文《尚書》。今文弗作不,納或作入,麓或作鹿,烈或作列。“大麓”一詞各家説解不同。《史記·五帝本紀》録《尚書》以訓詁代經文,作“堯使舜入山林川澤,暴風雷雨,舜行不迷”。《論衡·吉驗篇》:“堯使入大麓之野,虎狼不搏,蝮蛇不噬,逢烈風疾雨,行不迷惑。”《風俗通·山澤篇》:“麓,謹按《尚書》堯禪舜‘納於大麓’,麓,林屬於山者也。”釋“大麓”爲山麓。此今文家歐陽氏之説。《經典釋文》:“麓,馬、鄭云:‘山足也。’”此古文説,與今文歐陽氏説同。

　　《論衡·正説篇》引説《尚書》曰:“‘入於大麓,烈風雷雨不迷’,言大麓三公之位也。居一公之位,大總録二公之事,衆多並吉。”王充引此説是爲了駁斥,並非贊同。《漢書·于定國傳》:“上(元帝)報定國曰:‘萬方之事大録於君。’”于定國爲丞相,大録指三公丞相言。又,《王莽傳》:“張竦引《書》曰:‘納於大麓,列風雷雨不迷。’公之謂矣。”《續漢書·百官志》劉昭注引桓譚《新論》曰:“昔堯試舜於大麓者,領録尚書事,如今尚書官矣。”以“大麓”爲大録,即丞相、三公一類的大官。此今文大小夏侯説。另,《路史》引《尚書大傳》“堯推尊舜,屬諸侯焉,致天下於大麓之野”。鄭玄注云:“山足曰麓,麓者録也。”鄭注此説既云麓是山足,又説麓是録,自相牴牾。王先謙《尚書孔傳參正》以爲鄭注“麓者録也”及其以下數語爲後人所羼入,非注文。

　　除以上釋大麓爲山麓和大録兩説外,還有一説,以爲大麓可以指實,即鉅鹿縣。《水經注》濁漳水注引應劭説云:“鉅鹿,鹿者林之大者也。《尚書》曰:‘堯將禪舜,納之大麓之野,烈風雷雨不迷。’而縣取目焉。”《十三州志》云:“鉅鹿,唐虞時大麓也。”此説與今文歐陽氏之山麓説其實一致。今文歐陽氏與夏侯氏兩說比較，前說貼切經義，可從。

若依後說，釋大麓爲大録即總理萬機的三公丞相一類大官，則下句"烈風雷雨弗迷"將不可理解。恰如段玉裁《古文尚書撰異》所分析："蓋此二句亦歷試之一事，見其勤勞櫛風沐雨。俗儒必欲例上文三事而更上之，則訓爲大録萬機，烈風雷雨乃成謎語。"兩句經文的意思當是，舜進入大山林中去，或遇烈風雷雨，也不迷惑。説明舜頭腦清醒，意志堅强，不但能適應人事的複雜情況，也能承受惡劣的自然環境，禁得起任何方面的考驗。

帝曰："格，汝舜。詢事考言，乃言底可績，三載，汝陟帝位。"

這是堯在考驗舜三年之後對舜説的話。堯告知舜，他可以接班做部落聯盟首長了。《史記·五帝本紀》"格汝舜"作"召舜曰"，孫星衍《尚書今古文注疏》云："史公云'召舜'者，以格爲來也。""格汝舜"，譯成今語，當是"你來，舜!"詢字，《爾雅·釋詁》："詢，謀也。"

"乃言"，孫星衍《尚書今古文注疏》疑爲衍文，理由是古文考作丂似乃，故重出二字。又以宋本《北堂書鈔》嘆美部引作"詢事考言，乃底可績"爲證。王先謙《尚書孔傳參正》贊同此説。按，孫説可商，以爲因古文考作丂似乃而重出"乃言"二字，係猜測之辭。《北堂書鈔》引語作"乃底可績"，顯然是爲上下句排比整齊而故意省去言字，亦未可爲據。況且《皋陶謨》亦見"乃言底可績"句，孫氏疏文未以"乃言"爲衍文。同樣的句子，經文於此衍，於彼又衍，何其巧也。又，同樣的句子，孫氏何於此以爲衍，於彼未以爲衍。曾運乾《尚書正讀》："可字應在底字上，作'乃言可底績'。知者，'底績'二字，當時成語。"提出成語説，可從。王國維《與友人論詩書中成語書》一文以爲《詩》、《書》頗用成語。并且對《詩》、《書》中許多成語作了精到的釋解。是《尚書》中有成語。成語有特定之意義，不可作一般的訓釋。不過，曾氏顛倒"厎可"二字，以"厎績"爲成語，不確。其實"乃言厎可績"五字是成語。乃字，鄭玄注《周禮·小宰》："乃猶汝也。"厎字，《爾雅·釋言》："厎，致也。"《周語》注："厎，至也。"是致即至。《皋陶謨》"朕言惠可厎行？禹曰俞，乃言厎可績"。"可厎行"與"厎可績"上下接續言，意義必同。《左傳》哀公元年："復禹之績。"《經典釋文》："績本亦作迹。"《楚辭·悲回風》："見伯夷之放迹。"王逸注："迹，行也。"是績、迹通用，迹有行義。"乃言厎可績"，是一句肯定判斷的話，意謂你言論可以導致行動，即説到的便能做到，言行一致。

三載，《五帝本紀》集解引鄭玄："三年者，賓四門之後三年也。"陟，《爾雅·釋詁》："陟、登，升也。"是陟義同登。全部這一段經文的意思是，堯把舜召來，對他説，詢問你的事迹，考察你的言論，你説得到的都做得到，你工作已經三年了，現在你宜晉升"帝"位，接我的班。

舜讓于德弗嗣。

此爲記事句，記堯欲讓位於舜，而舜辭不受。"弗嗣"，《史記·五帝本紀》作"不懌"，《集解》引徐廣云："今文《尚書》作'不怡'。怡，懌也。"《索隱》："古文作'不嗣'，今文作'不怡'，怡即懌也。"又，《史記·自序》云："唐堯遜位，虞舜不台。"《索隱》："台音怡。"又，《文選·典引》李善注引"《尚書》曰：'舜讓於德不嗣。'《漢書音義》韋昭曰：'古文台爲嗣。'"是知古文作嗣，今文作台或作怡。

作台或作嗣，惠棟《九經古義》以爲古"怡、詒字皆省作台，嗣字皆省作司"，"或古司、台字相似，因亂之也"。江聲《尚書集注音疏》亦云："古《尚書》實作'不台'，其作'弗嗣者'，亂經者也。"王引之《經義述聞》則以爲"司與台篆隸皆不相似，寫者無由亂之。'不嗣'之爲'不怡'爲'不台'，嗣音之爲詒音，皆以聲相近而通，非以字相似而誤也。司與台聲相近，故從司從台之字可互通”。按王説是。

　　然而台字嗣字詁訓畢竟不同,《爾雅·釋詁》台訓樂而嗣訓繼,此經文當取何義爲是? 近人曾運乾《尚書正讀》謂“作嗣於義爲順”。按曾説是。

　　全句的意思,僞孔傳釋爲“辭讓於德不堪,不能嗣成帝位”,蔡沈《書集傳》謂“或曰謙遜自以其德不足爲嗣也”。這樣理解是對的,意謂堯欲讓位於舜,舜以自己德行修養不够,不能繼承“帝位”爲由而不受。

正月上日,受終于文祖。

　　言“正月”,涉及堯時以何月爲歲首即建正的問題,古人對此歧説不一。《史記·五帝本紀》《正義》引鄭玄云:“堯正建丑,舜正建子。此時未改,故依堯正月上日也。”《詩緯·推度災》云:“軒轅、高辛、夏后氏、漢皆以十三月爲正。少昊、有唐、有殷皆以十二月爲正。高陽、有虞、有周皆以十一月爲正。”按鄭説不可從,《詩緯》説尤爲誕妄。孔穎達《尚書正義》引王肅云:“唯殷周改正,易民視聽,自夏以上皆以建寅爲正。”王説極是。

　　舜繼堯,未改正朔。堯舜禹與夏都是建寅。堯之前施行火曆,長期不知年月日爲何物,哪裏會有所謂某月爲正之事? 堯時方制定新曆,知道了一年有十二月和春秋夏冬四時以及閏月。根據堯的陰陽曆,歲首自然在後世所謂的建寅之月,亦即現代農曆之正月。舜、禹、夏皆如此。《左傳》昭公十七年:“火出,於夏爲三月,於商爲四月,於周爲五月。夏數得天。”説明夏、商、周三代建正不同,而夏代的建正是符合天道自然的,即以孟春之月爲正,與四時交迭相一致。而商代以十二月即建丑之月爲正,周以十一月即建子之月爲正,都與陰陽曆的自然年度不合。商、周改正朔,完全出於政治的目的,實行起來當然不方便。所以孔子答顔回問爲邦説:“行夏之時,乘殷之輅,服周之冕。"(《論語·衛靈公》)以爲夏之時是最理想的。
夏代用的是堯時創立的陰陽曆,以建寅之月爲歲首,堯舜禹之
時必也以建寅之月爲歲首。

　　"上日",《史記·五帝本紀》集解引馬融云:"上日,朔日
也。"蔡沈《書集傳》:"上日,朔日也。葉氏曰:'上旬之日。'曾
氏曰:'如上戊、上辛、上丁之類。'未詳孰是。"王引之《經義述
聞》:"上日……非謂朔日也。上日,謂上旬吉日。當以葉氏、
曾氏之説爲是。"按,王説是。"正月上日",謂建寅之月上旬之
吉日。

　　"受終于文祖","受終"之主語未出現,因上文省,即舜。
舜在"正月上日"這一天接受了堯讓給他的"帝位"。所謂"帝
位",其實是部落聯盟首長的職位。"受終"的地點在"文祖"。

　　"受終",《尚書大傳》云:"受謂舜也。"江聲《尚書集注音
疏》:"云受謂舜也者,解經'受終'謂受堯之終也。"僞孔傳謂
"終謂堯終帝位之事。"諸説極是。

　　"文祖"爲何,古人衆説紛紜,僞孔傳:"文祖者,堯文德之
祖廟。"《經典釋文》引馬融云:"文祖,天也。天爲文萬物之祖,
故曰文祖。"《史記·五帝本紀》集解引鄭玄云:"文祖者,五府
之大名,猶周之明堂。"《索隱》引《尚書帝命驗》曰:"五府,五帝
之廟。蒼曰'靈府',赤曰'文祖',黃曰'神斗',白曰'顯紀',黑
曰'玄矩'。唐虞謂之五府,夏謂世室,殷謂重屋,周謂明堂,皆
祀五帝之所也。"而《史記·五帝本紀》明言"文祖者,堯太祖
也"。段玉裁《古文尚書撰異》則挑明"堯太祖蓋謂黃帝"。以
上"文德之祖廟"説、"明堂"説、"黃帝"説,都不得要領。要害
在於"文"字不知怎麽講。這個"文"字最初的意義應當是先,
而與"文"字常常連言的"武"字最初有繼嗣的意思,即"文"表
示在先,武表示繼後。"文祖"其實就是先祖之意。這在《詩》
裏可以找到證據。《詩·大雅·江漢》"告於文人",毛傳:"文

人，文德之人也。"召虎榮受王的厚賜，理當告於他的先人，才合情理，告於有文德的人，是什麼意思？鄭箋云："告其先祖諸有德美見記者。"鄭玄正確地猜到了"文人"指先祖言，但是仍在"先祖"之下加上"有德美見記者"一句，說明他不知道"文人"之"文"應訓爲先。在《詩·周頌·思文》"思文后稷"句下鄭箋云："周公思先祖有文德者后稷。"既想到思念的應是先祖，又釋"文"爲"有文德者"，犯了同樣的毛病，殊不知后稷本以播種百穀聞名，何得有"有文德者"之稱譽。其實《詩》言"思文后稷"就是思念先祖后稷。文就是先。《堯典》之"文祖"亦是先祖之意。舜的這位先祖是誰呢？據《國語·魯語上》"有虞氏禘黃帝而祖顓頊，郊堯而宗舜"之說，知舜的後人以顓頊爲祖，那麼舜本人所祖，必也是顓頊。"受終于文祖"，謂舜受堯之終的儀式在舜之先祖顓頊廟里舉行。

在璿璣玉衡，以齊七政。

　　《爾雅·釋詁》："在，察也。"璇璣，經文原字作璿璣，《經典釋文》："璿音旋。"諸家或作璇，或作旋。今字作璇。璣，今簡化作玑。段玉裁《古文尚書撰異》謂"機，唐五經已下皆作璣。此因上文璇從玉旁而誤也"，"陸德明本作機，人所共識，故不爲音也"。《史記·律書》："《書》曰七正。"段玉裁："正即政也。"按段說是。"璿璣"何指，應據《尚書大傳》爲說。《大傳》云："璿者還也，機者幾也，微也。其變幾微而所動者大，謂之璇璣。是故璇璣謂之北極。"

　　"玉衡"何指？《大傳》無解，《漢書·律曆志》所云"衡，平也。……其在天也佐助旋機斟酌建指，以齊七政"，此據魏源《書古微》說，必出自《大傳》。《說苑·辨物篇》引"《書》曰'在璿璣玉衡以齊七政'，璿璣謂北辰、勾陳、樞星也。玉衡謂斗六星也"。今本《說苑》原文無"玉衡謂斗六星也"句，今據孫星衍校補。又孫氏六星作九星，今據魏源說改。

　　"以齊七政"之"七政"何指？《尚書大傳》云："齊，中也。
七政者謂春秋冬夏天文地理人道。"餘如《周髀算經》、《甘石星
經》、《淮南子·天文訓》，《史記》之《天官書》、《律書》等，關於
《尚書》"在璿璣玉衡以齊七政"的解釋，皆同此說。蓋東漢之
前無異說。自東漢晚期馬融始創爲儀器之說，將璇機玉衡之
天象釋作渾天儀。馬融注《尚書》云："渾天儀可旋轉，故曰璣；
衡，其橫簫所以視星宿也。以璿爲璣，以玉爲衡，蓋貴天象
也。"（孔穎達《尚書正義》引）鄭玄亦從之曰："璿璣玉衡，渾天
儀也。七政，日月五星也。"蔡邕說同。（皆《史記》《正義》引）。
馬、鄭爲此說的根據是哀平緯書關於羲和立渾儀之說，遂用漢
武帝時洛下閎所創銅儀解釋《尚書》之"璿璣玉衡"，至爲荒謬，
絕不可取。其後孟康、祖沖之、沈括、徐發、雷學淇以及戴震諸
家雖不取東漢儀器之說而以天象釋璣衡，但是都不得要領。

　　對於"璿璣玉衡"之解釋最爲確切明通的，要推魏源之《書
古微》。魏氏據《尚書大傳》"璇機謂之北極"，謂璇機即北極
星。北極與北極星不是一回事。北極本身不是星，而是天之
樞紐，居所不動，也叫北辰，其出地有高下，則因人所居之地南
北不同，是故寒暑之進退，晝夜之永短，皆因之各異。北極既
是天之樞紐，那裏沒有星，其高低皆不可見不可測，乃取近於
北極，旋轉於其側的那顆星測之。那顆星便稱作北極星。北
極星在後世文獻上也具體叫做太一、帝星、天極星。《尚書》所
謂璇機，即指這顆北極星而言。由於有歲差的關係，哪顆星處
在近北極的位置，古今是有變化的。就是說，誰來充當北極
星，不是永恒不變，堯舜時代的北極星是上弼、少弼，周代的北
極星是庶子，現在的北極星是勾陳。這顆旋繞乎北極（也叫北
辰）之大星就是璇機。這是内璇機，亦即《尚書》"璿璣玉衡"之
"璿璣"。此外，旋繞於北極星之外，在常見垣内有二十餘星，
叫做紫宮，亦稱紫微垣。而垣之下有斗六星，晝夜循紫微垣以

環繞北極運行，與北極星相對而言，這叫做外璇璣，也就是《尚書》"璿璣玉衡"之"玉衡"。這斗六星，古代文獻有不同的稱謂，《莊子》謂之維斗，《爾雅》謂之斗極，《素問》謂之天綱，《史記》及《淮南子》謂之太一。《尚書緯》謂之神斗，《易緯·乾鑿度》鄭注謂之太乙，道家書謂之斗母，晉以後各《天文志》謂之黃道極。此斗六星與垣外之北斗七星完全是兩回事，不可混同。

不過，北斗七星與斗六星相對而言，叫小玉衡，斗六星叫大玉衡。小玉衡不起於堯舜之時而起於周代。周代北斗（小玉衡）每月所指恰好與斗極（即大玉衡）月建相符，故《周月解》以北斗柄定閏月，《史記·天官書》因此亦兼存二斗，以維斗（大玉衡）爲堯舜時代天象之玉衡，以北斗（小玉衡）爲周代天象之玉衡。其實《尚書》所說"璿璣玉衡"之"玉衡"，祇是大玉衡維斗，絕不是小玉衡北斗。

"七政"則應以《尚書大傳》說爲正解，即天文、地理、人事和春秋夏冬四時。

"在璿璣玉衡，以齊七政"，意思與經上文之"乃命羲和，欽若昊天，曆象日月星辰，敬授人時"之意義相一致。主要是憑天象而不是憑儀器，辦法很簡易，就是測量，測量的手段祇是表、繩、揆漏而已，根本沒有什麼渾天儀。辦法不複雜，意義卻很重大。天文以此正，地理以此分，人事以此齊，四時以此定。故曰"以齊七政"。《史記·天官書》《索隱》引馬融注《尚書》云："七政者，北斗七星各有所主，第一曰主日，法天；第二曰主月，法地；第三曰命火，謂熒惑也；第四曰煞土，謂填星也；第五曰伐水，謂辰星也；第六曰危木，謂歲星也；第七曰罰金，謂太白也。日月五星各異，故曰七政也。"《史記會注考證》引《晉志》引石氏云："命火謂熒惑也以下五謂字，皆不可通，疑法字之誤。"馬氏此說無據亦無理，不足憑信。鄭玄注《尚書大傳》

云：“七政，謂春、秋、冬、夏、天文、地理、人道，所以爲政也。道正而萬事順成，故天道，政之大者也。”鄭氏此注符合《大傳》之義，是正確的。令人困惑難解的是《史記·五帝本紀》集解引鄭玄曰：“七政，日月五星也。”鄭玄是大注釋家，何以如此自相矛盾！江聲《尚書集注音疏》説：“蓋彼（指《五帝本紀》集解）誤以馬注爲鄭注爾，必非鄭注，不可不辯。”按江説有理。

肆類于上帝，

　　《史記·五帝本紀》作“遂類于上帝”。《國語》：“肆夏繇遏渠。”《周禮·鍾師》杜子春注引吕叔玉《國語》注云：“肆，遂也。”是肆有遂義。《爾雅·釋詁》：“肆，故也。”鄭玄注《儀禮》有云：“遂，因也。”其義亦相近，蓋史遷訓肆爲遂，不誤。

　　類，《太平御覽》卷 527 引《五經異義》曰：“今《尚書》夏侯、歐陽説，類，祭天名也。以事類祭之奈何？天位在南方，就南郊祭之是也。”此今《尚書》説。《太平御覽》卷 525 引《五經異義》曰：“古《尚書》説，非時祭天謂之類，言以事類告也。肆類於上帝，時舜告攝，非常祭。”其實今古兩説並無大不同。古《尚書》説類是非時之常祭。今《尚書》説類是以事類祭之，也是以爲類不是常祭。孫星衍《尚書今古文注疏》以爲以事類祭之非常祭有兩種情況，一是攝位，一是出征打仗。舜肆類於上帝，就是因攝位而祭上帝，屬於非常祭。

　　關於上帝，古人有各種解釋。《經典釋文》引馬融：“上帝，太一神，在紫微宮，天之最尊者也。”《史記·五帝本紀》集解引鄭玄：“禮，祭上帝於圜丘。”《經典釋文》引王肅：“上帝，天也。”僞孔傳：“遂以攝告天及五帝。”王鳴盛《尚書後案》以爲馬與鄭合，其稱上帝，皆謂天得兼稱上帝，上帝不得兼稱天，即天與上帝兩個概念有大小之別，不可等同。諸説紛紜，莫衷一是。其實上帝不必確指爲誰，上帝是人帝的影子，它是人們頭腦中的超自然的、有旨意的主宰者，是屬於宗教迷信的東西。從思想淵源上説，當是“南正重司天以屬神”（《國語·楚語下》觀射父語）之遺。堯時已經創制了以“曆象日月星辰”爲根據的陰陽曆，對天有了基本上正確的認識，樹立了自然之天的天概念。這是一方面。另一方面，由於歷史的局限，他們不可能放棄對上帝與諸神的祭祀。樸素的唯物論與宗教迷信并存，是中國古代文化的一個重要特點。孔子也是如此，一方面是樸素的唯物論，一方面又重祭祀。

禋于六宗，

《爾雅·釋詁》：“禋，祭也。”《通典·吉禮》引鄭玄注《堯典》“禋于六宗”云：“禋，煙也，取其氣達升報於陽也。”又，《尚書大傳》“故書煙於六宗”，鄭玄注云：“煙，祭也，字當爲禋。”《周禮·春官·大宗伯》“以禋祀祀昊天上帝，以實柴祀日月星辰，以槱燎祀司中、司命、風師、雨師”，鄭玄注云：“禋之言煙，周人尚臭，煙，氣之臭聞者。槱，積也。《詩》曰：‘芃芃棫樸，薪之槱之。’三祀皆積柴實牲體焉，或有玉帛，燔燎而升煙，所以報陽也。”孫詒讓《周禮正義》云：“鄭注云：‘煙，祭也，字當爲禋。’蓋禋、煙聲類同，故升煙以祭謂之禋祀，對實柴槱燎言之也。散文則禋通爲祭祀。”據以上諸家説，禋是祭祀的一種形式與方法。禋之取義於煙，其道理如《周語》云：“精意以享謂之禋。”《詩·大雅·生民》孔疏引王肅云：“《周語》曰‘精意以享曰禋’，禋非燔燎之謂也。”孔疏又引袁準云：“禋者煙氣煙熅也。天之體遠不可得就，聖人思盡其心而不知所由，故因煙氣之上以致其誠，故《外傳》（指《國語·周語》）曰：‘精意以享謂之禋’，此之謂也。”《周語》“精意以享”之説與鄭玄“取其氣達升報於陽”之説其實一致。《周禮·大宗伯》提到禋、實柴、槱燎三種祭祀方法，鄭玄注云：“皆積柴實牲體焉。”是對的。意謂對昊天上帝日月星辰司中司命風師雨師的祭祀，都是用薪柴堆積起來加上牲體，然後點火燃燒，使冒出的煙上升達到祭祀的對象，帶去祭祀者的誠心。王鳴盛《尚書後案》說："此三祀本同，皆取陞煙之義，特錯舉互文耳。"王說是。

六宗指什麽？《通典·吉禮》引鄭玄注《堯典》云："六宗言禋，與祭天同名，則六者皆天神，謂星、辰、司中、司命、風伯、雨師也。星謂五緯也，辰謂日月所會十二次也，司中、司命，文昌第五第四星也，風師箕也，雨師畢也。"鄭氏根據《周禮·大宗伯》文，禋祀的對象都是昊天上帝日月星辰司中司命風師雨師等天神，故知《堯典》之"六宗"既言禋，必亦是天神無疑。鄭玄何以知"六宗"不包括日月在內呢？因爲《禮記·郊特牲》有"郊之祭也，迎長日之至也，大報天而主日也"之語，《祭義》有"郊之祭，大報天而主日，配以月"之語，是以知郊祭祭日與月，則其餘星、辰、司中、司命、風師、雨師爲六宗自明。按鄭玄對六宗的解釋是對的。司馬遷於六宗無説。《經典釋文》引馬融云："六宗，天地四時也。"又引王肅云："六宗，四時、寒暑、日、月、星、水旱也。"僞孔傳從王説。《漢書·郊祀志》孟康注："六宗，星、辰、風伯、雨師、司中、司命。一説云乾坤六子。又一説天宗三：日、月、星辰；地宗三：泰山、河、海。或曰天地間游神也。"此天地四時説、四時寒暑日月星水旱説、乾坤六子説、天宗三地宗三説、游神説，皆不足取。

"禋于六宗"這句話的意思應是舜接受堯位之後，曾對星、辰、司中、司命、風師、雨師等天上諸神進行禋祀，即積柴實牲，點火燃燒，使氣味上升達於諸神，以表達他的誠心。

望于山川，

江聲《尚書集注音疏》："《穀梁傳》僖公三十一年范寧注引鄭君曰：'望者祭山川之名'，未知所引是《尚書》注否，故用其義而不稱鄭也。《公羊傳》僖公三十一年傳曰：'三望者何？望，祭也。然則何祭？祭泰山河海。'是望爲祭山川河海之名。"江氏據鄭注釋望爲祭山川河海之名，不完全對。祭山川河海可以叫望,但望不僅僅指祭山川河海。《白虎通·封禪》云:"望,祭山川,祀群神也。"可見祀群神也叫望。陳立《公羊義疏》僖公三十一年云:"魯祭泰山河海,故止三望耳。《堯典》'望於山川,遍於群神',《詩》疏引鄭注'望者祭山川之名,遍者以尊卑秩祭群神若丘陵墳衍之屬'。彼對文,故望與遍異,其實山川之神亦以尊卑秩祭。《王制》'五岳視三公,四瀆視諸侯'之屬是也。"陳氏又云:"蓋望爲祭群神之通稱。"按陳説是。《堯典》之"望於山川,遍于群神"之望與遍是互文見義的關係。"望於山川"之山川應依《王制》"天子祭天下名山大川"和《公羊傳》僖公三十一年"天子有方望之事,無所不通"作解,是泛指天下名山大川。《公羊傳》僖公三十一年説三望是"祭泰山河海",是就魯國而言。僞孔傳云"九州名山大川五岳四瀆之屬,皆一時望祭之",是對的。《史記·五帝本紀》、《論衡·祭意篇》皆作"望於山川"。《漢書》之《郊祀志》、《王莽傳》、《續漢書·祭祀志》、《説苑·辨物篇》、《尚書大傳》鄭注等引皆作"望秩於山川"。

遍于群神。

《史記·五帝本紀》作"辯于群神"。《集解》引徐廣曰:"辯音班。"《正義》:"辯音遍,謂祭群神也。"司馬彪《續漢書·祭祀志》:"光武封泰山刻石文,望秩於山川,班於群神。"《左傳》襄公二十五年云:"男女以班。""使其眾男女別而縶以待於朝。"哀公元年:"蔡人男女以辨。"段玉裁《尚書古文撰異》:"此三事一也。班別辨,一聲之轉。今古文蓋本皆作辨。或讀爲班,或讀爲遍。《儀禮》多以辯爲遍,古文家所由易爲遍也。""遍於群神"或"辯於群神","班於群神",意思都是祭祀。其特點是强調祭祀的對象有等級差別。鄭玄注云:"遍,以尊卑次秩祭之。群神若丘陵墳衍之屬。"(《詩·周頌·時邁》序疏及《史記·五帝本紀》集解引)鄭説是。

輯五瑞，

《經典釋文》：“輯，徐音集。王云合，馬云斂。”《史記·五帝本紀》作“揖五瑞”。段玉裁《古文尚書撰異》認爲作揖是，作輯非。段云：“《釋文》當云‘揖，徐音集’，今大字作輯，當是開寶中改也。”《漢書·儒林傳》記武帝使瑕丘江公與董仲舒議，不如仲舒。“而丞相公孫弘本爲《公羊》學，比輯其議，卒用董生”。師古注：“輯，合也。輯與集同。”段氏駁師古云：“比輯猶比和也，樂其同己也。凡揖訓合，凡輯訓和，似同實別。《玉篇》、《廣韻》皆曰‘輯，和也’，不言‘聚也’。”段氏又云：“集聚可作揖，而不作輯。古人同音假借雖寬，而自有畛域。學者既能知其寬又能別其域，而小學可明矣。”按段説是，輯當爲揖。揖，集斂聚合的意思。

五瑞，《周禮·春官·典瑞》：“公執桓圭，侯執信圭，伯執躬圭，繅皆三采三就。子執穀璧，男執蒲璧，繅皆二采再就。以朝覲宗遇會同于王，諸侯相見亦如之。”《史記·五帝本紀》《正義》引孔文祥云：“宋末，會稽修禹廟，於廟庭山土中得五等圭璧百餘枚，形與《周禮》同，皆短小。此即禹會諸侯於會稽，執以禮山神而埋之。其璧今猶有在也。”《集解》引馬融云：“五瑞，公侯伯子男所執，以爲瑞信也。堯將禪舜，使群牧斂之，使舜親往班之。”是知五瑞是五等信物，或圭或璧，皆爲玉製品，相當於後世的身份證件之類。

馬融云“使群牧斂之”，是以“揖”的主語是堯，即堯把五瑞收集上來。僞孔傳説，“舜斂公侯伯子男之瑞”，以爲“揖”的主語是舜。比照經上下文意，僞孔傳説是。應當指出，“公侯伯子男”是後世用語，堯舜時代是原始社會末期，没有五等爵稱，有的是部落酋長。

既月乃日，

《史記·五帝本紀》作“擇吉月日”，《封禪書》、《漢書·郊祀志》引同。《曲禮上》："卜筮者,先聖王之所以使民信時日,敬鬼神。"鄭玄注云："日,所卜筮之吉日也。"江聲《尚書集注音疏》:"既乃擇月日。"謂"揖五瑞"之後乃擇月日,觀四岳群牧,班瑞於群后。王先謙《尚書孔傳參正》:"既月乃日,言既擇月乃卜筮吉日也。"江氏謂"揖五瑞"之事既畢而後擇月日,王氏謂擇月既畢而後卜筮吉日,二說不同,王說爲長。

觀四岳群牧,班瑞于群后。

《史記·五帝本紀》作"見四岳群牧,班瑞"。《爾雅·釋詁》:"觀,見也。"史遷於"班瑞"後省"群后",是史遷以爲四岳群牧即群后。江聲《尚書集注音疏》亦云："群后即四岳群牧。"四岳群牧其實就是四方諸侯。在堯舜時代,所謂四方諸侯,實際上是各部落酋長。全句意謂舜選擇某月吉日召見各部落酋長,把圭璧等瑞信之物依尊卑等次還給他們。

歲二月,東巡守,至于岱宗,柴。

《公羊傳》隱公八年疏引鄭玄注云："歲二月者,正歲建卯之月也。"鄭玄雖然有堯建丑正,舜建子正之謬説,但是他説"歲二月"是建卯之月,還是對的。鄭氏説的"正歲",是指與四時交替相符合的夏正而言,也是對的。段玉裁《古文尚書撰異》據乃師戴震《周禮大史正歲解》一文的觀點,説:"曰'歲二月'者,建寅之二月也。鄭以經文此云'歲二月',則上文'正月'之上不言歲者,非建寅也。'二月'繫諸'歲',則建卯之月也。"按段從鄭説"歲二月"是寅正之二月即建卯之月,是對的。而以爲經上文"正月"之上不言"歲",非建寅也,則不對。其實堯舜皆建寅正,舜無改正朔之事。言"正月",是寅正之正月。言"歲二月",是寅正之二月。

是哪一年二月呢?《五帝本紀》集解引馬融云："舜受終後五年之二月。"《春秋運斗樞》云："舜以太尉受號即位爲天子,

五年二月東巡狩。”是馬説之所本。羅泌《路史》駁之云：“歲二
月者乃次一年之二月也。世不之究，《虞夏傳》（按即《尚書大
傳》）云‘維元祀巡守四岳八伯’，馬説非也。”按，馬説舜接堯班
之後五年巡狩，非，羅説次一年二月舜巡守，亦非。實即當年
之二月。

　　“東巡守”，去東方巡守。巡守，《尚書大傳》鄭玄注云：
“巡，行也，視所守也。天子以天下爲守。”《周禮·地官·土
訓》鄭玄注云：“天子以四海爲守。”二説義同。所據是《左傳》
昭公二十三年：“古者天子守在四夷。”僞孔傳：“諸侯爲天子守
土，故稱守。”僞孔傳説與鄭説文異而義通。《孟子·梁惠王
下》云：“天子適諸侯曰巡狩。巡狩者，巡所守也。”義亦同。守
或作狩。巡守的意義，《公羊傳》隱公八年何休注“天子有事於
泰山”句云：“王者所以必巡守者，天下雖平，自不親見，猶恐遠
方獨有不得其所，故三年一使三公黜陟，五年親自巡守。巡猶
循也，守猶守也。循行守視之辭，亦不可國至人見爲煩擾，故
至四岳足以知四方之政而已。”有人説天子巡守是後世的事
情，堯舜時代祇是個部落聯盟，不可能有巡守之事。其實不
然，堯舜禹時雖談不上對全中國的有效統治，但是它們作爲華
夏族部落聯盟的首長，其影響力肯定達到四周各異族部落、氏
族。此經上文講“協和萬邦”，《禹貢》有九州之説，《左傳》哀公
七年説“禹合諸侯於塗山，執玉帛者萬國”，就是證明。“巡守”
之詞當時可能没有，但巡守之事則肯定是有的。

　　岱宗，《公羊傳》隱公八年疏引鄭玄注云：“岱宗者，東嶽名
也。”《爾雅·釋山》云：“河東岱。”又云：“泰山爲東嶽。”是岱宗
即東嶽，亦即泰山。《白虎通義·巡狩篇》：“嶽者何謂也？ 岳
之爲言捔也，捔功德也。東方爲岱宗者何？ 言萬物更相代於
東方也。”

　　柴，《説文》作祡，示部祡字下曰：“燒柴寮祭天也。從示此

聲。《虞書》曰：'至于岱宗柴。'"段玉裁《古文尚書撰異》云：
"至於岱宗柴，此孔安國所以今文讀之之《尚書》也。今本作
柴，則漢以後人所改，而非出於衛包也。"柴是祭天，其具體辦
法，《經典釋文》引馬融："祭時積柴加牲其上而燔之。"《禮記·
郊特牲》："天子適四方，先柴。"鄭玄注："所到必先燔柴，有事
於上帝也。"《公羊傳》隱公八年疏引鄭注："柴者，考績燎也。"
有一點須指出，柴是至泰山祭天，不是祭泰山。王鳴盛《尚書
後案》云："考《大宗伯》'三祀'積柴實牲燔燎升煙，皆祭天神，
與山川無涉。則柴爲祭天告至無疑。"王説足可信據，有《白虎
通義·巡狩篇》"巡狩必祭天何本？巡狩爲天，祭天所以告至
也"一説爲證。

　　此經文全句的意思是，舜在受禪之次二月即建卯之月去
東方巡守，到達泰山，在那裏積柴實牲燔燎以祭天告至。

望秩于山川，

　　望，祭山川及諸神。説見經上文"望于山川"解。秩即䄯，
《説文》豊部䄯字云："爵之次弟也。"《公羊傳》隱公八年疏引鄭
玄注云："望秩于山川者，遍以尊卑祭之。五岳視三公，四瀆視
諸侯，其餘小者或視卿大夫或視伯子男矣。秩，次也。"王先謙
《尚書孔傳參正》引鄭玄《書傳》（按即《尚書大傳》）注云："所視
者謂其牲幣粢盛籩豆爵獻之數。"是秩字表天子望祭山川諸神
有尊卑次第，並非一律對待。《詩·周頌·時邁》鄭箋云：
"《書》曰：'歲二月，東巡守，至于岱宗柴。望秩于山川，遍于群
神'，遠行也。"孔疏指出，"'遍於群神'一句於《堯典》乃在上文
'正月上日，受終於文祖'之時，云'類於上帝，禋于六宗，望於
山川，遍於群神'。於'二月巡守'，之下，唯有'柴望秩于山川'
而已，不言'遍於群神'。此一句，衍字也"。

　　鄭箋所引《書》文多出"遍于群神"一句，究竟由於疏忽而
衍抑是有意如此呢？司馬彪《續漢書·祭祀志》光武封泰山刻

石文曰：“皇帝東巡守，至於岱宗，柴，望秩於山川，班於群神。”亦有“班於群神”（按班、遍通）四字，可見鄭箋“遍于群神”句非衍。關鍵在這個“秩”字，秩的意思是尊卑次第，故段玉裁《古文尚書撰異》說：“蓋經上文不言‘秩’，故言‘遍於群神’。此言‘秩’，則包攝‘遍於群神’在內。鄭注此云遍以尊卑次秩祭之，是也。”群神指丘陵墳衍而言。就是說，“望秩于山川”一句，言所望祭之對象包括山川丘陵墳衍都在內。《詩·周頌·般》“墮山喬嶽，允猶翕河”句下鄭箋云：“望秩於山川，小山及高嶽皆信，案山川之圖而次序祭之。”此更證明鄭玄《詩·時邁》箋文引《書》加“遍于群神”四字乃出於有意。他的意思顯然是認爲“望秩于山川”這個秩字表示不但望祭大山大川，丘陵墳衍之小丘小山亦在內了。鄭說可從。

肆覲東后。

肆，遂也，說見經上文“肆類于上帝”解。《禮記·王制》“覲諸侯”，鄭玄注：“覲，見也。”孔穎達疏：“謂見東方諸侯。”《史記·五帝本紀》徑作“遂見東方君長”。《封禪書》更申之曰：“東后者，諸侯也。”按東方君長或諸侯，就是東方各部落的酋長。全句的意思是說舜登泰山祭天祭山川諸神之後就召見了各部落酋長。

協時月正日，

協，《白虎通義·巡狩篇》、《後漢書·律曆志》、《月令章句》引皆作叶。《漢書·五行志》“協用五紀”，協作叶。段玉裁《古文尚書撰異》：“叶、旪皆古文協字也。”《五行志》應劭注：“旪，合也。”師古注：“旪，讀曰叶，和也。”《史記》集解引鄭玄注：“協正四時之月數及日名，備有失誤。”江聲《尚書集注音疏》：“月數，指謂以閏月正四時。日名謂甲乙之類也。云‘備有失誤者’，備其或失閏而致四時乖誤也。”《漢書·律曆志上》

云："經（按指《春秋》）於四時，雖亡事必書時月。時所以記啓閉也，月所以紀分至也。啓閉者，節也。分至者，中也。節不必在其月，故時中必在正數之月。"中是中氣，節是節氣。二十四節氣在堯舜時代尚未全部知曉，但是據此經上文關於"曆象日月星辰，敬授人時"和四中星、四仲月以及"期三百有六旬有六日，以閏月定四時成歲"的記載，當時已采用陰陽曆的曆法，即根據太陽的運行定年定四時，定三百六十六日，根據月亮的運行定月。年、時、月於是必生乖違，乃用閏月的辦法調和之。舜在東方巡守時"協時月正日"還有一個使天下各部落齊同曆法的問題。猶如孔穎達《尚書正義》所說："《周禮·大史》云'正歲年頒告朔於邦國'，則節氣晦朔皆天子頒之，猶恐諸侯國異或不齊同，故因巡守而合和之"。

"正日"，鄭玄謂是定日之名，亦即統一用干支紀日的問題。干即甲乙丙丁等十天干，支即子丑寅卯等十二地支。十天干和十二地支配合以紀日，六十日一週期，即所謂甲子紀日法。據《世本》，"大撓作甲子"，大撓是黃帝時人。今考黃帝時代不可能產生甲子紀日的方法。道理主要在於十天干實際上是對太陽運行的稱謂，十二地支實際上是對月亮運行的稱謂。甲乙丙丁與子丑寅卯等必須是人們對於日月星辰有了一定的認識之後方可產生。黃帝時代使用原始的火曆，即根據觀察大火（心宿二）的行踪確定生產季節，對於日月的運行不能看不見，但是不理解，所以不可能產生甲子紀日的方法。甲子紀日的方法的產生當在堯時，因爲堯時才"曆象日月星辰"，認識了太陽月亮運行的關係和規律。鄭玄釋舜"正日"是"正日名"，孔疏說"正日名"即"謂甲乙之類也"，是正確的。

同律度量衡。

同字是動詞，於此作謂語，以下律、度、量、衡是四個並列的名詞，於此作賓語。《漢書·律曆志》："《虞書》曰：'乃同律

度量衡’，所以齊遠近立民信也。”王先謙《尚書孔傳參正》：“上
加‘乃’字，則‘同’謂齊等。下言律度量衡，無一語及‘同’。又
云同律、審度、嘉量、平衡、鈞權、正準、直繩，亦不以‘同’爲實
義。”按王說是。同是齊等之義。“同律度量衡”，就是把各地
本不齊等的律度量衡齊等起來。用今語表述即統一律度量
衡。《經典釋文》引王肅：“同，齊也。”王肅釋同爲齊，是。又引
鄭玄云：“陰吕陽律也。”鄭氏此注蓋釋律字，而孫星衍《尚書今
古文注疏》以爲《釋文》引鄭注有脱字，應作“同陰律吕陽律
也”。鄭玄云：“陰吕陽律也”乃釋經文“律”字，本來不誤，孫氏
逞臆穿鑿，以爲《釋文》引有脱字，而加“同”、“律”二字，結果經
文“同”成爲名詞，與“律”字並列，使“同律度量衡”成爲無謂語
的句子，於語法實不可通。皮錫瑞《經學通論》中華書局本第
67頁云：“同律度量衡，同訓齊同。鄭引《周官·典同》，以爲
同是陰吕。”正受孫氏影響而誤會了鄭玄。

　　律、度、量、衡四字應據《漢書·律曆志》作解。“律十有
二，陽六爲律，陰六爲吕”，“律以統氣類物”，“吕以旅陽宣氣”。
“度者，分、寸、尺、丈、引也，所以度長短也”。“量者，龠、合、
升、斗、斛也，所以量多少也”。“衡權者，衡平也，權重也。衡
所以任權而均物平輕重也”，“權者，銖、兩、斤、鈞、石也，所以
稱物平施，知輕重也”。此漢代之律、度、量、衡，具體的情況當
然不同於舜時。但是，舜時必也有度量衡物之長短、多少、輕
重的確定標誌和單位，不過十分原始罷了。而且華夏族與周
邊異族之間乃至同族内部各部落之間，度量衡的標誌與單位
必也各異。

　　那麽，舜時會不會有“同律度量衡”的事實呢？陳夢家《尚
書通論》中華書局本第142頁云：“《堯典》所説‘協時月正日’
及‘同律度量衡’爲秦始皇并六國後所力行。秦雖皆取諸舊
法，而實最先以此一統制度普施於天下。《堯典》此二句，或因

秦法而加。"按,陳氏之説是個人猜測,並無實據。在中國歷史上統一度量衡的事情幾乎各個朝代都有,有的一次性解決,有的逐步劃一,有的聲勢大,有的悄悄辦理。中華人民共和國建立之後四十多年也在不斷地劃一、調整度量衡。秦統一六國,六國之度量衡又極不一致,故統一之後劃一度量衡便成爲一件大事,但是不可因此就説劃一度量衡衹是秦代的事。舜時的天下早已不限於中原地區的華夏部落,東西南北四裔都有異族部落或部落聯盟與華夏族發生關係而且接受華夏族的制約。這與治水有關。大禹治水是個涉及面相當廣泛的偉大行動。所以才有十二州、九州之説,有"執玉帛者萬國"之説。既然如此,爲什麽説舜時不可能"同律度量衡"呢? 有是肯定有,衹是規範化程度要低於後世罷了。

修五禮五玉三帛二生一死贄。

　　"五禮"所指爲何,古説不一。孔穎達《尚書正義》引鄭玄注云:"五禮,公侯伯子男朝聘之禮。"《史記·五帝本紀》集解引馬融注云:"吉凶軍賓嘉也。"僞孔傳、蔡沈《書集傳》説同。《史記》《正義》:"《周禮》'以吉禮事邦國之鬼神祇,以凶禮哀邦國之憂,以賓禮親邦國,以軍禮同邦國,以嘉禮親萬民'也。《尚書·堯典》云'類于上帝',吉禮也。'如喪考妣',凶禮也。'群后四朝',賓禮也。《大禹謨》云'汝徂征',軍禮也。《堯典》云'女于時',嘉禮也。"蔡沈《書集傳》云:"五禮,吉凶軍賓嘉也,修之所以同天下之風俗。"馬鄭説不同,馬説爲長。

　　按,吉凶軍賓嘉五禮本爲平日當修之事,不待巡守之時修之。既於東巡守之時言"修五禮",其修字當亦是整齊劃一的意思。漢代人講的吉凶軍賓嘉五禮是從三部禮書尤其《周禮·大宗伯》的記載而來的,且禮這東西從理論上講,它是階級社會的產物,原始社會没有禮,然而必然有風俗習慣,叫它爲禮俗亦可,文明時代的禮不會突然冒出,它要有一定的現成材料作爲鋪墊,這鋪墊正是原始社會晚期事實上已存在的禮俗。《堯典》是後世追記的作品,在用詞方面帶有後世的色彩勢難避免,但卻不應因此説它是後世的東西,不反映堯舜時代的史實,"五禮"就是一例。對歷史上形成的任何文獻都應當取分析的、透視的亦即歷史的方法去對待,而不宜看死。

　　《史記》之《五帝本紀》、《封禪書》作"修五禮五玉",《漢書·郊祀志》作"修五禮五樂"。段玉裁《古文尚書撰異》説作"五樂"與作"五玉"都是今文《尚書》,祗是讀之者各異,因而治《尚書》者所從各異罷了。而王先謙《尚書孔傳參正》則以爲作"五玉"者古文,作"五樂"者今文。顏師古注云,五樂是琴瑟、笙竽、鼓、鐘、磬。孫星衍《尚書今古文注疏》引《尚書大傳》"樂正定樂名"之説,認爲《大傳》講的八音四會及簴以爲八,乃八伯之事也,分定於五,乃五岳之事也,就是"五樂"。今從作"五玉"。《公羊傳》隱公八年疏引鄭玄注云:"五玉,瑞節,執之曰瑞,陳列之曰玉。"其實即以爲"五玉"就是經上文"輯五瑞"之五瑞。既言"輯五瑞",又言"修五玉","五玉"何以必須修,怎樣修,古人無説,今亦難明,存疑可也。

　　對三帛的解釋,説亦不同。《公羊傳》隱公八年疏及《史記·五帝本紀》集解引鄭玄注云:"帛,所以薦玉也。必三者,高陽氏後用赤繒,高辛氏後用黑繒,其餘諸侯皆用白繒。"鄭玄説本緯書《尚書中候》所云:"高陽氏尚赤,薦玉以赤繒;高辛氏尚黑,薦玉以黑繒;陶唐氏尚白,薦玉以白繒。"(《通典》五十五引)《禮記·檀弓》孔疏云:"推鄭之意,謂堯以十二月爲正,尚白,諸侯奉堯正朔,故曰其餘皆用白繒。高辛氏以十三月爲正,尚黑,故其後用黑繒。高陽氏以十一月爲正,尚赤,故其後用赤繒。"按鄭注本緯書,緯書此説誕妄不可從。夏尚黑,殷尚白,周尚赤,是歷史事實,以此上推則不可。堯舜禹及其以前不存在尚黑尚白尚赤的問題。

　　關於用帛（繒）薦玉的方法，《周禮·典瑞》言薦玉改帛用繅，鄭玄注云：“繅有五采文，所以薦玉，木爲中幹，用韋衣而畫之。三采朱白蒼，二采朱綠也。就，成也。一匝爲一就。”《周禮》所言及鄭注所云以繅薦玉乃周時的方法，但是大體可用作理解《堯典》以帛薦玉的參考。粗疏地説，以帛薦玉，就是用一定顏色的帛把玉包裹起來。關於三帛的解釋，王肅有不同的説法。王氏云：“三帛，纁玄黃也。附庸與諸侯之嫡子、公之孤，執皮帛，其執之色未詳聞。或曰孤執玄，諸侯之嫡子執纁，附庸執黃。”（《玉海》八十七卷圭璧門引）僞孔傳説略同。又《史記·五帝本紀》集解引馬融云：“三孤所執也。”王、僞孔、馬之説皆不足信據。舜時沒有孤、嫡子、附庸之説。

　　關於二生一死贄，《史記·五帝本紀》贄作摯。《經典釋文》：“贄，音至，本又作摯。”贄的意義，《史記·五帝本紀》《正義》：“摯音至。贄，執也。鄭玄云：‘贄之言至，所以自致也。’”贄，其實是古人在與人相見時所持的一種代表自己身份的標誌。在階級社會裏它表示一個人的等級地位。它的淵源可能很久遠，據《堯典》此文，贄在原始社會就有了。當時雖然尚無後世那樣嚴格的等級界限，但是人與人之間的地位差異肯定已經存在。所謂“二生一死贄”，是説當時用作贄的動物，有兩種是活的，一種是死的。《史記·五帝本紀》《正義》：“二生，羔、雁也。鄭玄注《周禮·大宗伯》云：‘羔，小羊也，取其群不失其類也。雁，取其候時而行也。卿執羔，大夫執雁。’案，羔、雁性馴，可生爲贄。一死，雉也。馬融云：‘一死雉，士所執也。’案，不可生爲贄，故死。雉，取其守介死不失節也。”這是漢人根據禮書對《堯典》“二生一死贄”的解釋，僅可作爲參考。舜時沒有卿大夫士的等級，人們相見是否有如此嚴格的等級界限，是否一定用羔、雁、雉這些動物，都很難説。《白虎通義·瑞贄篇》就説：“卿大夫之贄，古以麑鹿，今以羔、雁何？以爲古者質取其內，謂得美草鳴相呼。今文取其外，謂羔跪乳，雁有行列也。"《儀禮・士相見禮》亦云："上大夫相見，以羔，飾之以布，四維之，結于面，左頭，如麑執之。"《白虎通・瑞贄篇》據此而曰："明古以麛鹿，今以羔也。"《白虎通》透露的這點消息很重要，說明古代人與人相見有用贄的習俗，但是作贄的具體動物與含義有個發展變化的過程，舜時可能用鹿一類的動物，用羔用雁用雉必是後世的規矩。用鹿，爲什麼有二生一死，則是有待研究的問題。

如五器，

　　"五器"之器是什麼，《史記・五帝本紀》集解引馬融云："五器，上五玉。五玉禮終則還之，三帛以下不還也。"馬氏意謂五器即五玉，五玉禮畢則返還，故經云"如五器，卒乃復"。《公羊傳》隱公八年疏引鄭玄注云："如者以物相授與之，言授贄之器有五，卿大夫上士中士下士也，器各異飾，飾未聞所用也。"僞孔傳："器謂圭璧。如五器，禮終則還之，三帛生死則否。"說與馬同。孫星衍《尚書今古文注疏》："禽止三種而器有五，蓋上中下士三等，器各異飾，並羔、雁之器爲五。"與鄭說近似。此二說於古無徵，於經文之義亦扞格難通。

　　俞樾《群經平議》之說近是。俞氏以爲此如字與經上文"同律度量衡"之同字意義相同，都可訓均。《廣雅・釋言》："如，均也。"又經上文"同律度量衡"，僞孔傳云："律法制及尺丈斛斗斤兩，皆均同。"那麼，如與同二字並有均義。律度量衡言同，五器言如，其義一也。是俞氏釋如字爲均同之義。俞氏釋器爲兵，五器爲五兵，即五種兵器。其文曰："《國語》'阜其財求而利其器用'，韋注曰：'器，兵甲也。用，末耜之屬也。'是古謂兵器爲器。《大戴記・用兵篇》：'公曰：蚩尤作兵與？子曰否。蚩尤庶人之貪者也，及利無義，不顧厥親，以喪厥身。蚩尤惛欲而無厭者也，何器之能作？'公問作兵，子言作器，此古謂兵爲器之明證。蓋器械之中以兵爲重，故得專以器名。《禮記·少儀》'不度民械'，鄭注曰：'械，兵器也。'謂兵器爲器，猶謂兵器爲械矣。"五器既爲五兵，那麼五兵何所指？俞氏又云："《司馬法》曰：'弓矢御，殳、矛守，戈、戟助，凡五兵，長以衛短，短以救長。'是古者兵器有五，故謂之五器。天子巡守所至，必均同之，故曰'如五器'也。"俞說亦有理，但古語難明，"如五器"到底應作何解釋，實難質言。

卒乃復。

　　《公羊傳》隱公八年疏引鄭玄注云："卒，已也。復，歸也。巡守禮畢乃反歸矣。"按鄭說是。俞樾《群經平議》據《周禮·天官·宰夫》"諸臣之復"鄭玄注"復之言報也，反也。反報於王，謂於朝廷奏事"，以爲"卒乃復"當從此義，謂每一方禮畢，舜輒使人反報於堯也。按俞說不可取，舜既已受堯之終而攝位視事，便沒有巡守禮畢向堯報告之必要。鄭玄既知復字有反報之義，而於《堯典》"卒乃復"注取復之反歸義，不取反報義，想他必也考慮到了這一層道理。

五月南巡守，至于南岳，如岱禮。

　　《堯典》之"南岳"究竟指哪一座山，古說不一，主要有二說，一說是衡山，一說是霍山。《史記·封禪書》："南岳，衡山也。"《漢書·郊祀志》、僞孔傳說同。衡山在哪裏，《漢書·地理志》說："長沙國湘南縣：衡山在東南。"今在湖南衡陽市北。此古文說。

　　《白虎通·巡狩篇》引《尚書大傳》云："五嶽謂岱山、霍山、華山、恒山、嵩山也。"《論衡·書虛篇》："舜巡狩東至岱宗，南至霍山，西至太華，北至恒山。"《說苑·辨物篇》："五嶽者何謂也？泰山東嶽也，霍山南嶽也，華山西嶽也，常山北嶽也，嵩高山中嶽也。"《說文》："嶽（今字爲岳）：東岱，南霍，西華，北恒，中太室。”《廣雅·釋山》：“岱宗謂之泰山，天柱謂之霍山，華山謂之太華，常山謂之恒山，外方謂之嵩高，岣嶁謂之衡山。”亦以南岳爲霍山。霍山在哪裏？《水經》第四十卷云：“霍山爲南岳，在廬江灊縣西南。”酈注：“天柱山也。”孫星衍《尚書今古文注疏》：“但安徽霍丘縣自有霍山，而《水經》所説以灊山縣天柱山當之，未知孰是。”雖未知孰是，但是霍山在今安徽則是肯定的。此今文説。

　　《爾雅·釋山》既云“江南衡”，取古文説，又曰“霍山爲南岳”，取今文説，自相矛盾。郭璞注解釋説：“漢武帝以衡山遼曠，因讖緯皆以霍山爲南岳，故移其神於此。”意謂南岳本爲衡山，是漢武帝開始改霍山爲南岳的。所以《爾雅》才出現自相牴牾的兩説。孫星衍《注疏》認爲《周禮》以衡山爲南岳，而堯舜時代南岳是霍山。理由是：“經言五月南巡守至於南岳，舜都平陽，吉行五十里，計一月可至霍山。若至衡山，遼遠且又踰江，不便以觀南方諸侯。”王先謙《尚書孔傳參正》引皮錫瑞云，“衡、霍二山皆有二名，古多謂霍爲衡，後多謂衡爲霍”。“《始皇本紀》‘乃西南渡淮水，之衡山、南郡，浮江，至湘山祠’。案由淮水至南郡，不過今之衡山，衡山又在湘山南，此云‘之衡山’，亦即霍山，與淮水近。然則《封禪書》之南岳衡山，亦是霍山。非別用古文説矣”。王先謙《尚書孔傳參正》更進一步證明古文家其實也不以衡山爲南岳。其文云：“桑欽治古文《尚書》，則《水經》爲欽撰無疑，其列衡霍二山云：‘霍山爲南岳，在廬江灊縣西南。衡山在長沙湘南縣。’是古文家不以衡山爲南岳，而屬之霍山，與今文家説無異。”按郭説可從。秦漢時之南岳可能是安徽霍山，堯舜時南岳當指湖南衡山。王、皮二氏忽略了歷史的變化。

　　“如岱禮”，南巡守之禮如同東巡守之禮。

八月西巡守，至于西岳，如初。

西岳是華山，今古文説同，迄無異義。《史記·封禪書》："西岳，華山也。"《水經》第四十卷："華山爲西岳，在弘農華陰縣西南。"按，華山在今陝西華陰縣南。

"如初"即如東巡守泰山之禮。

十有一月朔巡守，至于北岳，如西禮。

《爾雅·釋訓》："朔，北方也。"《史記·五帝本紀》作"北巡守"，直以詁訓代經文。《爾雅·釋山》云"河北恒"，又云"恒山爲北岳"。北岳爲恒山，諸説一致，無異義。恒山地望見本書第 1666 頁。

《史記》在"南巡狩"、"西巡狩"之下無"如初"，而於此"北巡狩"之下作"皆如初"，將南、西、北三次巡守之禮，以一語概括，意謂後三次巡守，其具體的內容，同初次東巡守時一樣，簡潔而明了。《經典釋文》"如西禮"下云："馬本作'如初'。"《公羊傳》隱公八年疏引鄭玄注云："五月不言初者，以其文相近，八月、十一月言初者，文相遠故也。"是"如西禮"鄭亦作"如初"。

歸，格于藝祖，用特。

《史記·五帝本紀》以詁訓代經文，直云："歸，至于祖禰廟，用特牛禮。"訓格爲至，是對的，訓藝祖爲祖禰廟，則非。經既言用特，用一牲祭祀，則所祭必是一廟，若祭祖與禰，必不可用特。藝祖究竟指何而言？《通典·巡守篇》引鄭玄注："藝祖，文祖，猶周之明堂。"以藝祖爲文祖，是對的。但文祖不是明堂。僞孔傳："巡守四岳，然後歸告至文祖之廟。藝，文也。言祖則考著。特，一牛。"訓藝祖爲文祖，訓藝爲文，是。以爲言祖也包含了考（禰），則非。文祖即先祖，舜之先祖是顓頊。說見經上文"受終于文祖"解。《尚書大傳》云："天子游不出封圻，不告祖廟。"言外之意，若游出封圻則必告祖廟。出告，反亦告。

五載一巡守,群后四朝。

　　《尚書大傳》作"五載一巡守",《史記·封禪書》作"五載一巡狩",《五帝本紀》作"五歲一巡狩"。五歲一巡守的意義,《白虎通·巡狩篇》云:"因天道時有所生,歲有所成。三歲一閏,天道小備。五歲再閏,天道大備,故五年一巡守。"《風俗通·山澤篇》、《太平御覽》引《逸禮》,説略同。

　　"群后四朝",諸家説不同。群后謂四方諸侯,這沒有歧義。問題在"四朝"是什麼意思。《經典釋文》引馬融説:"四面朝於方岳之下。"孫星衍《尚書今古文注疏》解釋馬氏説云:"言諸侯因天子巡守,四面來見於方岳之下,不復來朝京師也。"《禮記·王制》孔疏引鄭玄注云:"巡守之年,諸侯朝於方岳之下,其間四年四方諸侯分來朝於京師,歲遍是也。"孫星衍《尚書今古文注疏》解釋鄭氏説云:"云'其間四年四方諸侯分來朝於京師歲遍'者,謂四方諸侯分爲四部,每天子巡守之明年,東方朝春。明年南方朝夏。又明年西方朝秋。又明年北方朝冬。又明年則天子巡守矣。歲遍者,言凡四歲而遍,非一歲也。"是鄭説與乃師馬氏説異。《公羊傳》桓公元年"諸侯時朝乎天子"句下何休《解詁》云:"五年一朝王者,亦貴得天下之歡心,以事其先王,因助祭以述其職。故分四方諸侯爲五部,部有四輩,輩主一時。《孝經》曰:'四海之內各以其職來助祭。'《尚書》曰:'群后四朝,敷奏以言,明試以功,車服以庸。'是也。"陳喬樅《今文尚書經説考》解釋何休説云:"則五年之中四時祭祀皆有諸侯助祭,至巡守之年諸侯各就其方以四時朝於方岳之下,而所分之第五部於是年亦分四輩以四時朝於京師,因助祭而述職,故五年乃遍也。若如鄭説止分四部,四年而遍,則巡守之年四方諸侯無一來京師助祭者,於大典有缺,是不如何説爲長。"

　　關於"諸侯四朝"的理解，主要有以上馬、鄭、何三説。從經文字義看，馬説有道理。部落聯盟首長五年巡守四岳一次，這一年華夷各部落酋長以及某些氏族酋長各在所在之方就近朝覲他。這是文中應有之義。那麼其餘四年間各酋長便一直不再赴"京師"朝見部落聯盟首長了嗎？當然不能不朝見。故鄭玄説諸侯四年之間各朝京師一次，恐怕也是當有之事。何休説的確不足取，既不合經文之義，亦悖於事理。但是他强調諸侯朝見天子主要有助祭和述職兩項内容，則是對的。此三説應以馬説爲主，以鄭、何説作爲補充。

敷奏以言，明試以功，車服以庸。

　　《史記·五帝本紀》作"徧告以言"。《正義》云："徧音遍。言遍告天子治理之言也。"《漢書·宣帝紀》作"傅奏其言，考試功能"。應劭曰："敷，陳也。各自奏陳其言，然後試之以官，考其功德也。"師古曰："傅讀曰敷。"案，傅、敷古相通用。敷字史遷訓爲遍，應劭訓爲陳。遍是副詞，陳是動詞。副詞與下文動詞奏字連用，於義爲長。奏字史遷徑作告，孫星衍《尚書今古文注疏》引《尚書大傳》注云："奏猶白，白之義與告相近，言使諸侯遍以治術奏告也。"

　　《爾雅·釋言》："試，用也。"《説文》言部同。《爾雅·釋詁》："庸，勞也。"江聲《尚書集注音疏》："敷陳以言者，謂遍使諸侯進陳其平時之政教，以觀其治否而定其功罪，故曰考績也。伏生《大傳》云：'山川神祇有不舉者爲不敬，不敬者削以地。宗廟有不順者爲不孝，不孝者黜以爵。變禮易樂爲不從，不從者君流。改制度衣服爲畔，畔者君討。有功者賞之。《書》曰：'明試以功，車服以庸。'"《大傳》所説就是"敷奏以言，明試以功，車服以庸"的具體内容。即舜聽取各部落酋長的述職，藉以考察他們的功過，有罪過者罰，有功勞者賞，以車服酬勞之。

　　《公羊傳》桓公元年疏云："言'明試以功'者，國功曰功，謂明試以國事之功也。言'車服以庸'者，民功曰庸，若欲賜車服之時，以其治民之功高下矣。"據伏生《大傳》之説，《公羊傳》疏分國功民功之説，實屬不必。《白虎通·考黜篇》云："《禮説》九錫：車馬、衣服、樂則、朱户、納陛、虎賁、鈇鉞、弓矢、秬鬯。皆隨其德可行而賜。能安民者賜車馬，能富民者賜衣服。……《書》曰：'明試以功，車服以庸。'"車服在九錫中居前，是極厚重的賞賜。漢人的這些解釋對於我們理解經文有啓發意義，但是我們務必有分析地接受，他們完全用封建等級制度的觀點看待舜時之事。舜不是天子，酋長也並非諸侯，後世的三等爵、五等爵的制度當時根本不存在，所謂"九錫"也不會有。透過漢人的解釋，我們可以知道，"敷奏以言"，是舜在四岳之下會見諸部落酋長時，讓他們都彙報一下工作，即所謂述職。"明試以功"，是舜通過酋長們的實際表現看看他們的成績和錯誤，即所謂考績。"車服以庸"，是舜對那些有功有勞的酋長給予重賞。究竟賞什麼很難説。車馬衣服這些東西當時不能没有，但是不會有漢代人所説"九錫"的那種等級意義。江聲《尚書集注音疏》把"車服以庸"解釋爲《王制》的"加地進爵"即增其服命，陞其爵秩，肯定也不是事實。舜時處在原始社會的軍事民主制階段，舜祇是一位部落聯盟首長，各華夷部落的酋長們固然要接受他的制約、影響，存在着上與下、納貢與賞罰的關係，卻不會有加地進爵之事。氏族與部落是自然長成的，酋長與部落聯盟機構中的"官員"是推選的，不容有分封土地和賜命封爵那種事情存在。

肇十有二州，封十有二山，濬川。

　　《史記·五帝本紀》無"封十有二山"句，"濬川"作"決川"。《尚書大傳》肇作兆，且"兆十有二州"在"封十有二山"句後。《尚書大傳》鄭玄注云："兆，域也。"《説文》土部："垗，畔也。爲四畔昐祭其中。《周禮》曰：'祧五帝於四郊。'"段玉裁注："今《周禮》作兆。許作祧者，蓋故書今書之不同也。"又，《詩·大雅·生民》"后稷肇祀"，《禮記·表記》作"后稷兆祀"。《詩·商頌·玄鳥》"肇域彼四海"，鄭箋云："肇當作兆。"《周禮·春官·小宗伯》"兆五帝於四郊"，鄭玄注云："兆爲壇之塋域。"王先謙《尚書孔傳參正》引皮錫瑞云："祧，古文，兆乃今文省借字，肇乃今文通假字。《史記》作肇，義當與《大傳》作兆不殊。"按，皮說是。肇，兆域。偽孔傳訓肇爲始，誤。肇既是兆的通假字，而兆又是古文祧字的省借，則"十有二州"便是舊有的事，不是舜開始區劃的。江聲《尚書集注音疏》謂"十二州蓋自古有之"之說，可從。

　　十二州之形成與洪水有關，是由於堯時天下特大洪水而自然劃成十二個陸洲，不是人爲的行政區劃。王先謙《尚書孔傳參正》引皮錫瑞云："《地理志》云'堯遭洪水，懷山襄陵，天下分絕爲十二州，使禹治之。水土既平，更治九州'。又《谷永傳》'永對曰，堯遭洪水之災，天下分絕爲十二州'。《王莽傳》'《堯典》十二州後定爲九州'。據今文家說，十二州之分因洪水之故。蓋州本水平可居之名。洪水橫流，天下分絕，水中可居者十有二處，因分爲十二州。水土既平，更制九州。西漢今文無分九州爲十二州之說。"是知十二州乃堯時因洪水分割自然而成，不是舜之所爲，更非在九州之後。

　　《太平御覽》第一百五十卷州郡部引馬融云："禹平水土，置九州。舜以冀州之北廣大，分置并州。齊燕遼遠，分燕置幽州，分齊爲營州，於是爲十二州，在九州之後也。"《玉海》第十七卷地理門引鄭玄云："舜以青州越海而分齊爲營州。冀州南北太遠，分衛爲并州，燕以北爲幽州。新置三州，並舊爲十二州，更爲之定界。"（鄭此說與其《大傳》注所云："兆，域也。"自相牴牾）《太平寰宇記》第四十卷河東道引王肅云："舜爲冀州之地太廣，分置并州，至夏復爲九州，省并州合於冀州。周之九州復置并州。"僞孔傳："肇，始也。禹治水之後，舜分冀州爲幽州、并州，分青州爲營州，始置十二州。"以上馬、鄭、王、僞孔諸説大同小異，皆謂先是九州，禹治水之後，舜乃始分爲十二州。殊誤。

"肇十有二州"，應釋爲舜攝位時兆域之内共有十二州。十二州不是行政單位，而是自然的、地理的概念。十二州的名稱，據江聲《尚書集注音疏》説，是冀、兖、青、徐、揚、荆、豫、梁、雍、并、幽、營。此十二州名之由來，江氏云："《禹貢》及《爾雅·釋地》、《周禮·職方氏》皆有九州而名互異。《禹貢》之九州，冀、兖、青、徐、揚、荆、豫、梁、雍也。《爾雅》則有幽、營，無青、梁。《周禮》則有幽、并，無徐、梁。《禹貢》夏書也。《周禮》周制也。《爾雅》九州先儒皆以爲殷制，三代之制故各不同，總其異名凡十有二。其各州之命名必皆因乎前代，故知此十二州蓋兼彼三書之異名矣。"按以上諸家説衹可作爲參考。説十二州非人所爲，是洪水自然造成的，有理。但是"十二"這個數字恐怕不是實指，與九州之"九"有所不同。"十二州"，意謂州很多，很多而言"十二"，不言更大的數，這可能與古人關於數的觀念有關，《禮記·郊特牲》："祭之日，王被衮以象天。戴冕，璪十有二旒，則天數也。乘素車，貴其質也。旂十有二旒，龍章而設日月，以象天也。"是古人以十二爲最尊貴的數，與天子有關的事物常以十二爲限。《堯典》之"十二州"因與舜有關，所以用十二這個數。實際上州有很多，但不必恰是十二個。

"封十有二山"，《尚書大傳》此句在"肇十有二州"之上。江聲《尚書集注音疏》云："此文疑倒。與《大傳》違，故疑之也。"按江説可資參考。《史記·五帝本紀》作"肇十有二州，決川"，無"封十有二山"句。十二山之"十二"與十二州的情況同，亦不可確指。十二山是哪十二山，文獻無徵。祇有《周禮·夏官·職方氏》言及九州各有山鎮，揚州會稽，荊州衡山，豫州華山等等。這是周代的九州與九山。堯舜時十二州不能確指，與十二州相關的所謂十二山亦難落實。"山鎮"之鎮字，《廣雅·釋詁》："鎮，安也。"《職方氏》鄭注："鎮，名山安地德者也。"僞孔傳："每州之名山殊大者，以爲其州之鎮。"孫詒讓《職方氏》《正義》："此九州九山亦并當州重大之山，以鎮安地域者，故尊之曰鎮也。"諸家援《周禮·職方氏》九州九山之說理解《堯典》十二山與十二州的關係，是有道理的。意謂古代每州必有一鎮州之大而有名的山。

重要的問題是"封十有二山"的"封"字作何訓解。古人說法不一。《尚書大傳》鄭玄注云："祭者必封，封亦壇也。"江聲《尚書集注音疏》引《白虎通·封禪篇》文"因高告高，順其類也，故升封者，增高也"而後說："故云封，封土爲壇也。祭必封者，因高增高也，謂因山之高而增其高也。"近人曾運乾《尚書正讀》亦云："封之者，將以祭，因高增其高也。"是釋"封十有二山"的封爲因山之高而增其高，即封土爲壇以祭祀。

將"封十有二山"的"封"字釋作封土爲壇以祭祀，顯然不對。《白虎通》講的封，是專就於泰山祭天而言。祭天的意義是告天。告什麼？《白虎通》說："改制應天，天下太平功成，封禪以告太平也。"封與禪必於泰山及梁父，在其餘各山則祇望祭而不封與禪。事實上自秦始皇起，凡封禪者必在泰山及梁父，無一例外。而且一個皇帝一輩子祇應封禪一次。哪裏有"封十有二山"的道理？僞孔傳訓封爲大，亦難通，"大十有二山"，成什麼話？倒是蔡沈《書集傳》訓封爲表，謂"封十有二山者，每州封表一山，以爲一州之鎮"，頗有道理。

"濬川"，是疏通河流事。史遷作"決"。經書原字爲濬，今簡化字爲浚。《說文》谷部："睿，深通川也。"段注："深之使通也。"容或作溶,古文作濬。《爾雅·釋言》:"濬,深也。"《國語·周語》:"爲川者決之使導。"僞孔傳釋"濬川"爲"有流川則深之使通利"。蔡沈《書集傳》云:"濬川,濬導十二州之川也。"濬雖訓深,但是於此經文,就事理説,史遷訓爲決,蔡傳釋爲"濬導十二州之川也",近是。

象以典刑,

　　此句古人有不同的解釋,而以《尚書大傳》的説法最爲得實。《尚書大傳》説:"唐虞象刑而民不敢犯,苗民用刑而民興相漸。"又説:"唐虞之象刑,上刑赭衣不純,中刑雜屨,下刑墨幪,以居州里而民恥之。"又説:"唐虞象刑,犯墨者蒙皁巾,犯劓者赭其衣,犯臏者以墨幪臏處而畫之,犯大辟者,布衣無領。"這三段話的意思很明白,它把經文"象以典刑"直接簡稱爲"象刑",象刑的具體内容,簡言之就是用改變罪人衣冠服飾以及鞋的辦法代替肉刑。

　　《爾雅·釋詁》:"典,常也。"典刑,常用之刑,即所謂五刑。五刑的共同特點是戕害罪人的肉體。《易·繫辭傳》:"象也者,像此者也。"又:"象也者像也。""象以典刑"或者説"象刑"的意思就是用傚法、象徵的手段施行五種常用的刑罰,亦即用象徵肉刑的辦法代替肉刑。《尚書大傳》鄭玄注云:"純,緣也。時人尚德義,犯刑者但易之衣服,自爲大耻。屨,履也。幪,巾也。使不得冠飾。《周禮》罷民亦然。上刑易三,中刑易二,下刑易一,輕重之差。"鄭注的解釋是正確的。

　　《尚書大傳》關於象刑的説法,漢人留下的文獻大多與之相合。如《白虎通·五刑篇》:"五帝畫象者,其衣服象五刑也。犯墨者蒙巾,犯劓者以赭著其衣,犯臏者以墨蒙其臏處而畫之,犯宮者履雜扉,犯大辟者布衣無領。"《史記·孝文帝本紀》:"蓋聞有虞氏之時畫衣冠異章服以爲僇,而民不犯。"《漢書·武帝紀》:"朕聞昔在唐虞,畫象而民不犯。"《元帝紀》:"蓋聞唐虞象刑而民不犯。"

　　不僅漢人如此說，戰國時人也如此説。《太平御覽》六百四十五引《慎子》云："有虞氏之誅，以幪巾當墨，以草纓當劓，以菲履當刖，以艾韠當宮，布衣無領當大辟。"《荀子·正論》云："世俗之爲説者曰：治古無肉刑而有象刑，墨黥，慅嬰，共艾畢，菲對屨，殺赭衣而不純。"荀子本人不相信古有象刑，他引的是當時別人的說法，足證象刑説在戰國時很流行。

　　這裏有個問題務須辯白，古人常把"象刑"説成"畫象"，因而後世便有人説"象以典刑"是把五刑的形象畫到器物上，讓人們望而生畏，不敢犯罪。如曾運乾《尚書正讀》説："象，刻畫也。蓋刻畫墨、劓、剕、宮、大辟之刑於器物，使民知所懲戒。"就是有代表性的一例。這是一個很大也很重要的誤解。原因出在那個畫字上。《尚書大傳》説："犯臏者以墨幪臏處而畫之"，用了一個畫字。上引《文帝本紀》、《武帝紀》文也都講"畫衣冠"、"畫象"。其實此畫字不是繪畫的畫。古人講繪畫常用繪字，如《論語》"繪事後素"，而極少用畫字。《公羊傳》襄公二十九年"閽者何？門人也，刑人也"下何休《解詁》引孔子曰："三皇設言民不違，五帝畫象世順機，三王肉刑揆漸加，應世黠巧姦僞多。"孔子此説，何休引自《孝經説》。徐彥疏解釋説："言三皇之時天下醇粹，其若設言，民無違者，是以不勞制刑。故曰'三皇設言，民無違也'。其五帝之時黎庶已薄，故設象刑以示其恥，當世之人順而從之，疾之而機矣。故曰'五帝畫象世順機也'。畫猶設也。"徐説的當明通可從。畫訓爲設，極是。古人所説的"畫象"就是設象刑的意思，設象刑就是用改變衣冠服飾及韠屨正常式樣使與常人不同而以此羞辱犯人的辦法代替肉刑。設象刑的實質是對犯人施加精神壓力而不傷及肉體。這當然是極輕的刑罰。所以《荀子·正論》記荀子在説過世俗之爲説者言"治古無肉刑而有象刑"之後抨擊説："治古如是,是不然。以爲治邪,則人固莫觸罪,非獨不用肉刑,亦不用象刑矣。以爲人或觸罪矣,而直輕其刑,然則是殺人者不死,傷人者不刑也。罪至重而刑至輕,庸人不知惡矣,亂莫大焉。”荀子顯然認爲象刑也是一種刑,祇是太輕而已,所以才認爲不合情理,古代不可能有這種刑。假如象刑是把五刑的形象刻畫到什麼器物上,使民知所懲戒,則不過是一種教育的方法,而民如果真的犯了罪必還要施以肉刑,那麼荀子何須如此大加反對?《正論》“治古無肉刑而有象刑”下楊倞注云:“治古,古之治世也。肉刑,墨劓刖宮也。象刑,異章服,恥辱其形象,故謂之象刑也。”楊注釋象刑,準確無誤,切中肯綮。

　　還有一個問題須説明,既然三皇時代祇用言教,不用肉刑,五帝之堯舜時代何以會有“象以典刑”之説? 典刑就是五項常刑,亦即肉刑。堯舜之前迄無肉刑,怎麼會產生用象徵性刑罰去代替肉刑的説法。這可從兩方面理解。一方面,是與當時苗民實行肉刑相對照而言。意謂苗民實行肉刑,華夏族不實行肉刑,而照着“苗民”所行肉刑的樣子實行象徵性的肉刑即象刑。這有《吕刑》爲證。《吕刑》云:“苗民弗用靈,制以刑,惟作五虐之刑,曰法,殺戮無辜。爰始淫爲劓、刵、椓、黥,越兹麗刑,並制,罔差有辭。”孫星衍《尚書今古文注疏》引鄭玄注:“苗民謂九黎之君也。九黎之君於少昊氏衰而棄善道,上效蚩尤重刑。必變九黎言‘苗民’者,有苗,九黎之後。”又云:“穆王惡此族三生兇惡,故著其惡而謂之民。民者冥也,言未見仁義。”是知在舜之前有“苗民”實行過五虐之刑。故《堯典》有“象以典刑”之説。另一方面,《堯典》畢竟是後人所追記(我們認爲是周室東遷後不久作),用詞免不了帶有後世的色彩。後世至夏商周三王時期肯定有了肉刑,通常謂之“五刑”,《堯典》“典刑”即指常用的五刑而言。上文引《孝經説》引孔子所説“三皇設言”,“五帝畫象”,“三王肉刑”,是可信的。周時既有五刑,周人在寫成《堯典》時把舜時實行的象徵性刑罰加以概括而與後世的五刑聯繫對照地看,實屬自然。

另外,關於“五刑”爲哪五刑的問題,亦須略爲言及。五刑古人大體有二說,一從傷害人體部分劃分。大辟,殺頭;宫,去勢;臏,去足;劓,去鼻;黥,刺面。《白虎通·五刑》、《周禮·司刑》、《漢書·刑法志》、《尚書·吕刑》,大體同爲此說。一從傷害的不同手段劃分。《國語·魯語上》記臧文仲云:“大刑用甲兵,其次用斧鉞,中刑用刀鋸,其次用鑽笮,薄刑用鞭扑,以威民也。”即是。《周禮·司刑》賈公彦疏引鄭玄注《堯典》云:“正刑五,加之流宥、鞭、扑、贖刑,此之謂九刑者。”《左傳》文公十八年史克有周公制周禮“有常無赦,在九刑不忘”之說,其“九刑”似亦指《堯典》之五正刑加流宥、鞭、扑、贖刑。其實《堯典》鄭注說的五正刑(墨、劓、剕、宫、大辟)和臧文仲說的五刑,實不抵觸。依古人不同事實可合而數稱之的行文慣例,如果將二者統稱十刑亦未嘗不可。而且按照《魯語上》韋昭注的說法,“割劓用刀,斷截用鋸,亦有大辟”,“鑽,臏刑也;笮,黥刑也”,兩種五刑,實質一致。

最後還有一個堯舜時代何以施行象刑而不施行肉刑的問題。堯舜時代施行象刑的事實有大量文獻材料可爲確證,已如上述。《荀子·正論》用邏輯推理的方法得出古代無象刑,象刑之說是俗人編造的結論,缺乏歷史的、辯證的分析,不足置信。從理論上說,根據恩格斯《家庭、私有制和國家的起源》的論述,原始氏族社會是由氏族、胞族、部落等血緣團體構成的,它“没有軍隊、憲兵和警察,没有貴族、國王、總督、地方官和法官,没有監獄,而一切都是有條有理的。一切爭端和糾紛,都由當事人的全體即氏族或部落來解決,或者由各個氏族相互解決。血親復仇僅僅當作一種極端的、很少應用的手段”。“一切問題都由當事人自己解決,在大多數情況下,歷來的習俗就把一切調整好了"①。處在原始氏族制階段的堯舜時代施行象刑而不施行殘酷的肉刑是理所當然的事情。

流宥五刑,

經上文言"象以典刑","典刑"實際上即指五刑而言。五刑即《呂刑》和《尚書大傳》說的墨、劓、剕、宮、大辟。"象以典刑"即象刑,亦即用改變罪人衣冠服屨正常樣式使與常人異以羞辱之的辦法代替肉刑。也就是説,堯舜時代不用肉刑,而用象刑。象刑是象徵性刑罰,當然比肉刑輕得多。這裏又講"流宥五刑",怎麼理解呢? 古人因爲句中有宥字就以爲"流宥五刑"輕於"象以典刑",其實不然。"流宥五刑"與"象以典刑"應是並列的關係。就是說,"象以典刑"是堯舜時代解決五刑問題的一種辦法,"流宥五刑"是解決五刑問題的另一種辦法。無所謂輕重的問題。若論輕重,"流宥五刑"要比"象以典刑"爲重。在氏族制社會,流放乃是最重的刑罰。《尚書·洪範》:"鯀則殛死。"《經典釋文》:"殛,本或作極。"《魏志》裴松之注:"《詩》云:'致天之屆。'鄭玄云:'屆,極也。'《洪範》曰:'鯀則極死'。"孫星衍《尚書今古文注疏》案:"言極之遠方,至死不反。"是以鯀之大罪不過流放遠方而已。說明舜時實無死刑。流即放,流與放一義,今語謂"流放"是也。

宥,寬宥,與赦不同。赦是全免,宥是減輕。《周易》解卦《大象》云:"赦過宥罪。"是其證。宥字的具體解釋應從《周禮·秋官·司刺》"壹宥曰不識,再宥曰過失,三宥曰遺忘"之"三宥"說。《周禮》是東遷後不久寫定的書,《堯典》之成文亦是周人所爲,且時間幾與《周禮》同時,故此經文宥字依《周禮》"三宥"說作解,必不誤。鄭玄注"三宥"云:"識,審也,不審,若

① 《馬克思恩格斯選集》第4卷,第92頁。

今仇讎當報甲，見乙誠以爲甲而殺之者。過失，若舉刃欲斫伐而軼中人者。遺忘者，若間帷薄，忘有在焉，而以兵矢投射之。"鄭玄解釋"三宥"有一個共同點，即"三宥"都是針對誤殺人者而言而不及其他。殺人者當死，因非故意而得寬宥，這就是此經文"宥"字的意義。寬宥但不宜赦免，故流放之。如此説來，"流宥五刑"之"流宥"二字當是一個詞，表達一個意思，即流放。"流宥"二字流是主要的，宥字是次要的，僅起陪襯的作用。流放而配以宥字，反映周人的思想。其實在氏族制的堯舜時代最大最重的刑罰是流放即驅逐出本血緣團體氏族、部落之外，使在異族中生活，根本不需要有什麽"三宥"的理由。

《周禮·秋官·司刑》疏引鄭玄注云："五刑，墨、劓、剕、宮、大辟。正刑五，加之流宥、鞭、扑、贖刑，此之謂九刑。"是鄭玄以"流宥"爲一刑。又，《左傳》昭公元年："君曰：'余不女忍殺，宥女以遠。'勉速行乎，無重而罪。"女，汝。意謂"我不忍殺你，今寬宥你，放你去遠處"。是流與宥二字義相連繫而不可分。"流宥五刑"一句的實質性意義在於説明舜時除有"象刑"之外，還有流刑。"流刑"與"象刑"五種並行不悖。如《白虎通·五刑》説的以"布衣無領"象徵大辟，以外還有一種流刑。流刑代替大辟，何以云"流宥五刑"呢？這是由於古人行文習慣所致，上云"象以典刑"，下云"流宥五刑"，以使典刑與五刑相對成文。從字面上看似乎墨、劓、剕、宮、大辟五刑都可減爲流刑，其實不是。一則五刑皆可通過象刑表現，二則在氏族社會根本不存在真正的肉刑，祗有象刑，不須再寬減，況且五刑之前四刑在當時都不比流刑爲重。總而言之，"流宥五刑"不過是説舜時除象刑外，另有流刑。

鞭作官刑，

鞭，鞭子，即蔡沈《書集傳》所云"木末垂革"也。"鞭作官刑”與下文之“扑作教刑”，都是較輕的刑。鞭刑，即用鞭子抽打。《魯語》臧文仲所言五種刑罰手段，最輕的是鞭扑之刑，《魯語》所謂“薄刑用鞭扑”是也。但《魯語》所言是周代的事。舜時容或有鞭扑之刑，肯定也是有限度的，很輕的，不會像秦漢以後那樣往死裏抽打。比象刑要輕，比流刑尤輕。

　　“官刑”是說鞭刑的施行範圍。《史記·五帝本紀》集解引馬融説：“爲辨治官事者爲刑。”《三國志·明帝紀》詔曰：“鞭作官刑，所以糾慢怠也。”僞孔傳：“以作爲治官事之刑。”孔穎達《尚書正義》：“治官事之刑者，言若於官事不治則鞭之。”《魯語》韋昭注：“鞭，官刑。”蔡沈《書集傳》：“鞭作官刑者，官府之刑也。”孫星衍《尚書今古文注疏》：“庶人在官有祿者，過則加之鞭笞也。”《左傳》關於鞭刑的記載也不少。莊公八年齊侯鞭徒人費，“鞭之見血”。三十二年子般鞭圉人犖。閔公元年鄧扈樂淫於宮中，“子般執而鞭之”。僖公二十三年：“野人與之塊，公子怒，欲鞭之。”二十七年：“子玉復治兵於蒍，終日而畢，鞭七人。”襄公十四年：“公有嬖妾，使師曹誨之琴，師曹鞭之。公怒，鞭師曹三百。”《左傳》這些記載證明馬融、《三國志》、僞孔傳、孔疏、韋昭注、蔡傳、孫氏疏關於“鞭作官刑”之“官刑”的解釋是對的。“官刑”的確是官府內部上級對下級使用的一種刑罰手段，帶有很大的隨意性。但是有一個問題，鞭刑儘管比斧鉞、刀鋸、鑽笮爲輕，而且就其帶有短暫性而言，也不比象刑那樣給人長期的精神壓力爲重，然而它畢竟是肉刑，又是屬於官府範圍內的事情，尚處在氏族制時代的堯舜那裏，根本沒有脫離人民的官府和官吏，可能有鞭刑嗎？這個問題，我們現在做不出自己滿意的解釋。

扑作教刑，

　　《史記·五帝本紀》集解引鄭玄注云：“扑，櫲楚也。扑爲教官爲刑者。”《禮記·學記》：“夏楚二物，收其威也。”鄭玄注：

"夏,榎也。楚,荆也。二者所以扑撻犯禮者。收謂收斂整齊之。威,威儀也。"孔穎達疏:"'夏楚二物,收其威也',學者不勤其業,師則以夏楚二物以笞撻之。所以然者,欲令學者畏之,收斂其威儀也。"孔穎達《堯典》疏:"官刑,鞭扑俱用,教刑惟扑而已,故屬扑於教,其實官刑亦當用扑。蓋重者鞭之,輕者扑之。"蔡沈《書集傳》:"扑作教刑者,夏楚二物,學校之刑也。"是扑人用夏與楚兩種東西。楚即荆條。夏與檟古通用。夏即榎,《爾雅·釋木》:"榎,山榎。"郭注:"今之山楸是也。"山楸即山核桃樹。學生學業不勤,教師則以荆條或楸木扑之。雖不似皮鞭抽打厲害,堅硬的荆條與楸木扑撻之痛楚亦必不輕。

據"扑作教刑"一句,知舜時已有學校教育,而且采取體罰的辦法教學。但是舜時究竟有沒有學校呢?《禮記·學記》云:"古之教者,家有塾,黨有庠,术有序,國有學。"古到什麼時候,沒有說。《孟子·滕文公上》說:"設爲庠序學校以教之。庠者養也,校者教也,序者射也。夏曰校,殷曰序,周曰庠。學則三代共之。皆所以明人倫也。"肯定夏殷周三代有學校,夏之前有沒有學校,也未說。但是它指明了三代學校教育的中心内容是明人倫,而據《堯典》經下文"帝曰:契!百姓不親,五品不遜,汝作司徒,敬敷五教在寬",知舜極重視人倫教育,命司徒專管此事。據《周禮》,司徒一職恰是掌邦教的教官,有以"鄉三物"教萬民的職責。夏之前即使未有學校,而人倫教育確已存在。有了教育,施以一定的强制性手段亦不無可能。

金作贖刑。

此句存在兩個問題,一、什麼樣的罪過可以贖,二、金是什麼。

《史記·五帝本紀》集解引馬融云:"意善功惡,使出金贖罪,坐不戒慎者。"《潛夫論·述赦篇》:"'金作贖刑','赦過宥罪’，皆謂良人吉士時有過誤，不幸陷離者爾。”《國語·齊語》：
“小罪讁以金分。”韋昭注云：“小罪，不入於五刑者。以金贖
（按贖當作分），有分兩之差，今之罰金是也。《書》曰：‘金作贖
刑。’”僞孔傳：“誤而入刑。”孔疏：“過失殺傷人。”蔡沈《書集
傳》：“贖，贖其罪也。蓋罪之極輕，雖入於鞭扑之刑，而情法猶
有可議者也。”是知可以金贖之罪，須人是好人，罪是小罪，且
犯罪是出於不戒慎。孫星衍《尚書今古文注疏》據鄭玄《駁五
經異義》“贖死罪千鍰”之說，以爲死刑也可贖。鄭玄所云乃漢
代情況，不足以證舜時死刑可贖。因爲舜時實際上無死刑。
“象以典刑”中包括大辟，即大辟可以“布衣無領”代替。“流宥
五刑”說的流刑，即流放遠方，而流刑是當時最重的刑罰。

金是什麼？《史記·五帝本紀》集解引馬融云：“金，黃金
也。”僞孔傳說同。《尚書·吕刑》：“其罰百鍰。”僞孔傳：“鍰，
黃鐵也。”二者都是講贖罪，一云黃金，一云黃鐵，而且鐵明明
是黑色，卻言黃鐵，這是爲什麼？《爾雅·釋器》：“黃金謂之
璗。”又：“白金謂之銀。”是黃金白銀都叫金。《周禮·考工記》
“攻金之工”以下有“築氏爲削”，“冶氏爲殺矢”，“桃氏爲劍”，
“鳧氏爲鍾”，“栗氏爲量”，“段氏爲鎛器”。他們所攻的都是合
金青銅，卻都叫“攻金之工”，說明古代也稱銅爲金。鐵的出現
較晚，西周縱使有鐵，也絕不會大量通用。那麼，《吕刑》的鍰
字僞孔傳何以釋作“黃鐵”呢？其實他說的黃鐵是銅。鐵是黑
色的，焉有稱黃之理！故孔穎達疏云：“此傳‘黃金’，《吕刑》
‘黃鐵’，皆是今之銅也。”王鳴盛《尚書後案》：“馬云‘金，黃金
也’者，謂銅也。《禹貢》‘金三品’，鄭云‘銅三色’，是銅，赤金，
古贖罪用銅也。”按孔疏王案之說是。古人云“黃金”，所指就
是銅，馬融、僞孔說不誤。用真正的黃金贖罪是漢及漢以後
事。

更重要的問題是堯舜之時能否有贖刑，贖刑是否用銅。

梁啓超《古書真僞及其年代》言及"金作贖刑"時説："金屬貨幣是周朝才有的東西,當然不應在堯舜的書上發現。"梁氏意謂"金作贖刑"是周代的事,是周人追記《堯典》時加進去的。銅作爲交易之貨幣固然是以後的事,但是銅作爲兵器,據文獻記載,出現卻很早。《管子·地數》云："葛盧之山發而出水,金從之。蚩尤受而制之,以爲劍鎧矛戟。"又云："雍狐之山發而出水,金從之。蚩尤受而制之,以爲雍狐之戟、芮戈。"《吕氏春秋·蕩兵》:"未有蚩尤之時,民固剥林木以戰矣。"是蚩尤之時已用銅制兵器。銅雖尚未産生交換價值,不能作爲貨幣使用,卻有很大的使用價值,用它贖罪,是可能的。《管子·中匡》:"甲兵未足也,請薄刑罰,以厚甲兵。於是死罪不殺,刑罪不罰,使以甲兵贖。死罪以犀甲一戟,刑罰以脅盾一戟。過罰以金鈞。無所計而訟者,成以束矢。"《淮南子·氾論訓》説同。以兵器作贖刑,是春秋時代確有之事,那麽堯舜時代既已有銅,又有戰爭,"金作贖刑"的"金"是兵器,也並非不可能。此可解梁氏周朝以前無金屬貨幣因而不可能"金作贖刑"之疑。堯舜時代尚無明顯的私有財産,連同人本身在内的一切東西都屬於氏族、部落。贖刑,犯罪通常是個人的,而贖刑的過程應當在氏族與氏族或部落與部落之間進行。一人犯罪,要由他的氏族或部落負責贖刑。這是三代以後人難以理解的事情。

　　由此説來,堯舜時代刑罰就其手段來看,共有象刑、流刑、鞭刑、扑刑、贖刑五類,五類刑罰往往有交叉的現象,然而並行不悖。最重的當爲流刑,其次是象刑,其次是鞭、扑,其次是贖刑。受象刑的人居族人之中,爲人所不齒,等於被人視爲"非我族類"一般。這種精神上的壓力對於氏族公社的人來説,當然比鞭扑之皮肉之苦更難以忍受。

眚災肆赦,怙終賊刑。

　　這兩句話是講刑罰施行過程中的靈活掌握問題。意謂施行刑罰要有所赦，有所不赦。上句言該赦的，下句言不該赦的。蔡沈《書集傳》謂"此二句或由重而即輕，或由輕而即重，蓋用法之權衡，所謂法外意也"，很有見地。

　　對此二句的具體解釋，古人是不同的。孫星衍《尚書今古文注疏》眚災爲月食説。意謂一旦發生月食，人君就要省刑、赦罪。他據《左傳》莊公二十五年："非日月之眚不鼓。"杜注："眚猶災也。"以及《乾象通鑑》引《尚書緯》曰："當赦不赦，月爲之食。"《開元占經》引石氏曰："若月行疾則君刑緩，行遲則君刑急，故人君月有變則省刑。《書》曰：'眚災肆赦。'"等材料，相信眚災是月食，天上發生月食，地上人君就要赦罪。這一説法顯然不可信據。第一，從歷史發展上説，災異説産生於春秋戰國，興盛於漢代，堯舜時代無此思想。第二，從訓詁上説，日月之食固然可謂之眚，但是眚不僅僅是日月之食。第三，從經上下文看，下句"怙終賊刑"是講人，上句"眚災肆赦"亦應是講人。若是講災異，則不合古人行文的習慣。除此之外，各家理解亦有分歧。《史記·五帝本紀》肆字作過，鄭玄本亦如此。《集解》引鄭玄注云："眚烖，爲人作患害者也。過失，雖有害則赦之。"烖，古文災字。鄭氏説是根據《康誥》"人有小罪非眚，乃惟終，自作不典式爾，有厥罪小，乃不可不殺。乃有大罪，非終，乃惟眚災，適爾既道極厥辜，時乃不可殺"而來。《康誥》此段經文約而言之，大意謂人犯小罪，未造成災害，但他堅持不改，怙惡不悛，不能不殺。人犯大罪，但是能改正，縱使造成一定的災害，也可不殺。

　　"怙終賊刑"，《集解》引鄭玄云："怙其姦邪，終身以爲殘賊，則用刑之。"此句之解與上句一樣，都取《康誥》經義。鄭玄對這兩句話的解釋，大意是這樣的：人犯了罪，造成一定的患害，有了過失，但是他能改正，不再犯，對這樣的人應當赦免。

人犯了罪，或許並未造成太大的患害，但是他怙惡不悛，屢教不改，終身做殘賊之人，對這樣的人必用刑。上下兩句互文見義。上句有無怙終之義，下句有無眚災或小眚災之義。鄭玄的解釋是正確的。中華書局點校本《史記》斷作："眚栽過，赦；怙終賊，刑。"說明點校者也贊成鄭説。

　　另，僞孔傳説："眚，過；災，害；肆，緩；賊，殺也。過而有害，當緩赦之。怙姦自終，當刑殺之。"此與鄭玄説不同。《春秋》莊公二十二年："肆大眚。"《穀梁傳》云："肆，失也。眚，災也。"楊疏云："'肆失也，眚災也'，言'肆大眚'者謂放失大罪惡，災猶罪惡也。"又云："孔安國云：'眚過災害肆緩也，過而有害，當緩赦之。'此傳云：'肆，失也。'則亦緩之類。"按，失當作佚，放縱之意。是僞孔傳在經文訓詁上並不誤，但訓釋經義則不如鄭玄明通準確。按僞孔傳的訓釋，經文上句"眚災肆赦"是凡有罪過的皆釋放，沒有條件。如果經文僅此一句，這樣訓釋尚可，意同《周易》解卦《大象》之"赦過宥罪"，謂君子應當寬刑，小罪要赦免，大罪宜寬緩。但是《堯典》經文有下句"怙終賊刑"。依僞孔意，是"怙姦自終，當刑殺之"，刑殺是有條件的。一句説大罪小罪都無條件寬宥釋放，一句又説該殺者必殺，兩句不成對文，意義不連屬。于鬯《香草校書》卷五訓賊為則，可備一説。

欽哉，欽哉，惟刑之恤哉。

　　孔穎達《尚書正義》謂經文此二句是舜説的話，是對的。《爾雅・釋詁》："欽，敬也。"敬，做事嚴肅認真。段玉裁《古文尚書撰異》謂古文《尚書》恤皆作卹，今本作恤乃衛包所改。《史記・五帝本紀》恤作静，《集解》引徐廣曰："今文云'惟刑之謐哉'。《爾雅》曰：'謐，静也。'"段氏《撰異》云："《史記》作静者，以故訓易其字，使讀者易通。謐訓静，故易為静也。若古文作卹，亦是静慎之意。"又云："卹、恤與謐、溢皆同部相假借，皆謂慎静。蓋静、慎意得交通，未有心氣不静而可謂之慎者。未有能慎而浮妄之動不除，不貊然寧静者。卹、謐皆謂慎刑，無二義也。方興僞傳訓憂，誤矣。”段説根據是《詩·周頌·維天之命》“諡以謐我”，今毛詩作“假以溢我”，《左傳》襄公二十七年引《詩》作“何以恤我”。《爾雅·釋詁》云：“溢，慎也。”又云：“謐，静也。”《莊子·齊物論》“以言其老洫也”，《經典釋文》：“洫，本亦作溢，同音逸。”按，段説是。經文全句意謂舜告誡説，你們可要認真又認真啊！刑罰這種事情最爲重要的就是要冷静審慎。僞孔傳釋恤爲憂，恤固有憂義，然而在此訓慎、静爲長。

流共工于幽洲，

《禮記·射義》鄭玄注：“流，放也。”其實相當於今語之流放。洲，《孟子·萬章》、《大戴禮記》、《淮南子》、《禮記·射義》鄭注、《左傳》文公十八年疏引此經皆作州。幽洲，《後漢書·馮勤傳》光武賜侯霸璽書曰：“崇山、幽都何可偶。”《莊子·在宥》：“流共工於幽都。”《史記·五帝本紀》：“請流共工於幽陵。”是又作幽都、幽陵。《史記》集解引馬融云：“北裔也。”孔穎達《尚書正義》：“裔訓遠也。當在九州之外，而言於幽州者，在州境之北邊也。”《史記》《正義》引《括地志》：“故龔城，在檀州燕樂縣界。故老傳云：‘舜流共工幽州，居此城。’”王鳴盛《尚書後案》：“鄭云幽州北裔（按，與馬説同，見《詩·小雅·蓼莪》疏引）者，舜分燕以北爲幽州，是北裔也。當時必實有一地以流之，但已無考。《括地志》云‘在檀州燕樂縣’，即今密雲縣，恐臆説也。”按王説是。舜將共工流放到北方邊遠的一個什麼地方，在幽州境內或境外，故曰幽州。究竟是什麼地點，今無可考亦無須考。

關於共工，《左傳》文公十八年：“少皞氏有不才子，毀信廢忠，崇飾惡言，靖譖庸回，服讒蒐慝，以誣盛德，天下之民謂之

窮奇。”杜預注：“窮奇謂共工，其行窮，其好奇。”孔穎達疏引孔
安國云：“共工官稱也，其人爲此官，故《尚書》舉其官也。”《左
傳》謂共工是少皞之不才子。那麽少皞是什麽人呢？《左傳》
昭公十七年郯子自稱其高祖是少皞摯。謂少皞即摯。《史
記·五帝本紀》謂摯是帝嚳之子，堯是他的弟弟。《五帝本紀》
又云：“嫘祖爲黄帝正妃，生二子，其後皆有天下：其一曰玄囂，
是爲青陽，青陽降居江水；其二曰昌意，降居若水。”《索隱》：
“玄囂，帝嚳之祖。”《世本·帝系》亦云“黄帝生玄囂”，宋忠注
曰：“玄囂，青陽，是爲少皞，繼黄帝立者。”《左傳》昭公十七年
孔疏：“《世本》及《春秋緯》皆言青陽即是少皞，黄帝之子，代黄
帝而有天下，號曰金天氏。少皞氏，身號；金天氏，代號也。”這
些古代文獻記載出入甚大，既云少皞是帝嚳之子，又説是黄帝
之子，代黄帝而立者。近人吕思勉《讀史劄記》更云“少皞即蚩
尤也”。

　　關於共工的説法尤多，依《左傳》文公十八年及杜注説，共
工是少皞之不才子。而《左傳》昭公十七年“共工氏以水紀”下
杜注又説：“共工以諸侯霸有九州者，在神農前、太皞後。”《淮
南子·天文訓》：“昔者共工與顓頊争爲帝，怒而觸不周之山。”
《論衡·談天》説同。《史記·律書》：“顓頊有共工之陳，以平
水害。”此説共工與顓頊同時。據《世本·帝系》和《史記·五
帝本紀》顓頊是黄帝之孫，而舜是顓頊的六世孫。《國語·周
語》載太子晉云：“其在有虞，有崇伯鯀播其淫心，稱遂共工之
過，堯用殛之于羽山。”此説共工與鯀同時。《荀子·成相》：
“禹有功，抑下鴻，辟除民害逐共工。”此説共工與禹同時。《戰
國策·秦策》説同。

　　以上諸説共工，時間差距很大，唯一可能成立的解釋，是
文獻中所説共工非指一個人，而是先後幾個人。他們都是共
工這個氏族的代表，時間有先後，亦不必是一個父系血統的繼

嗣,他們是氏族内部推選産生的。原始氏族社會通常如此。
摩爾根《古代社會》介紹的易洛魁人的氏族就是"氏族個别成
員的名字,也就表明了他屬於哪一氏族"。"酋長必須從本氏
族成員中選出,他的職位在氏族内部世襲"①。注意,是氏族
内部世襲! 酋長的名字應當就是氏族的名字。"共工"是這種
情況的典型表現。不是一個叫共工的人活了無數世代,也不
是文獻記載混亂。共工是一個氏族,酋長屢换,而氏族常在。
"流共工于幽洲",舜將共工流放到北部幽洲一個地方去。

放驩兜于崇山,

　　《史記》作讙。驩兜的罪過,經上文有言曰:"驩兜曰:都,
共工方鳩僝功。帝曰:吁,静言庸違。"《史記·五帝本紀》以訓
詁代經文,説:"讙兜曰:'共工旁聚布功,可用。'堯曰:'共工善
言,其用僻,似恭漫天,不可。'"下文又説:"讙兜進言共工,堯
曰不可,而試之工師,共工果淫辟。"《正義》:"工師,若今大匠
鄉。"《論衡·恢國篇》亦云:"共工之行,靖言庸回,驩兜私之,
稱薦於堯。"是驩兜的罪過在於與共工陰相比姦。《左傳》文公
十八年:"昔帝鴻氏有不才子,掩義隱賊,好行凶德,醜類惡物,
頑嚚不友,是與比周,天下之民謂之渾敦。"杜預注:"帝鴻,黄
帝。渾敦謂驩兜。渾敦,不開通之貌。"《左傳》所記驩兜的罪
過與《史記》義同而文加詳。

　　《禮記·射義》鄭玄注:"流,放也。"流訓放。流與放都是
今語流放之意。流、放以及經下文之竄、殛,四字同義,實無差
别,爲了行文的需要才分别使用四個不同的字。段玉裁《古文
尚書撰異》:"經典竄、蔡、殺、鬓四字同音通用,皆謂放流之
也。"經下文殛字義同,説見下。蔡沈《書集傳》謂"流,遣之遠

---

①　引自《馬克思恩格斯選集》第 4 卷,第 81、83 頁。

去,如水之流也。放,置之於此,不得他適也。竄則驅逐禁錮之,殛則拘囚困苦之,隨其罪之輕重而異法也。"蔡氏訓釋四字,其實不錯,但不知此四字乃互文見義,所釋四字之義,全部適用於每個字。謂"隨其罪之輕重而異法"實屬無稽之談。流、放、竄、殛四字文異義不異也。

崇山,《五帝本紀》集解引馬融:"南裔也。"即南方邊遠之地。具體地點,據《太平御覽》卷四十九引盛弘之《荊州記》曰:"崇山,《書》云'放驩兜於崇山',崇山在澧陽縣南七十五里。"孔穎達《尚書正義》:"《禹貢》無崇山,不知其處,蓋在衡嶺之南也。"王鳴盛《尚書後案》謂:"其地不可的知也。杜佑云'在澧州澧陽,本漢零陵地,今爲澧州永定縣',恐臆説也。"今按,崇山地望雖不可確指,説在南裔,大江之南,當不誤。如同共工之流於幽洲,當時必有一個具體的地點,則是肯定的。

另,《史記·五帝本紀》在流、放、遷、殛四句之下,依次有"以變北狄"、"以變南蠻"、"以變西戎"、"以變東夷"四句。《大戴禮記·五帝德》亦有此四句。對於變字的解釋,古有兩説,一説,《史記》《正義》引徐廣云:"變,一作燮。"燮,和也。"以燮北狄"、"以燮南蠻",意謂流放四凶,讓他們改變狄蠻戎夷之風俗爲中國之風俗。《史記》《正義》云:"言四凶流四裔,各於四夷放共工等爲中國之風俗也。"就是此意。另一説,用夷狄之風俗改變四凶,使之同於夷狄。《史記》《索隱》云:"變謂變其形及衣服,同於夷狄也。"就是此意。兩説孰是? 皮錫瑞《今文尚書考證》以爲《索隱》之説非。今按,《索隱》之説是。流放四凶,是一種最嚴厲的懲罰,讓他們變同夷狄,符合流刑的原義,況且個別人作爲罪人落入夷狄之中,事實上衹能爲夷狄所改變。《史記》《正義》引《神異經》"南方荒中有人焉,人面鳥喙而有翼","名曰驩兜";"西荒中有人焉,面目手足皆人形,而胳下有翼不能飛,爲人饕餮,淫逸無理,名曰苗民";"東方有人焉,人形而身多毛","皆曰云是鯀也"云云,雖是神話性質的文字,但也透露出一點歷史的消息:四凶未曾將夷狄變爲中國,而是相反。

竄三苗于三危,

《孟子·萬章》、《大戴禮記·五帝德》竄皆作殺。段玉裁《古文尚書撰異》:"《孟子·萬章篇》竄作殺,殺非殺戮,即竄之假借字也。"又云:"經典竄、蔡、殺、*竄四字同音通用,皆謂放流之也。"*竄即蔡,《左傳》昭公元年:"周公殺管叔而蔡蔡叔。"《經典釋文》:"蔡,《説文》作*竄。""竄三苗于三危",即把三苗流放到三危那個地方去。

三苗因何罪惡而遭流放,《堯典》無説。《左傳》昭公元年言自古諸侯不用王命者,"虞有三苗,夏有觀、扈,商有姺、邳,周有徐、奄"。《論衡·恢國篇》:"三苗,巧佞之人,或言有罪之國。"關於三苗,《戰國策·魏策一》吳起對魏武侯曰:"昔者,三苗之居,左彭蠡之波,右有洞庭之水,文山在其南,而衡山在其北。"《史記·吳起傳》作"左洞庭,右彭蠡"。《説苑·君道篇》、《韓詩外傳》三皆同《魏策》。蓋《吳起傳》北向言之也。文山即汶山。諸祖耿《戰國策集注匯考》引張奇曰:"汶山太遠,非在南,衡山亦不得在北。蓋山爲江之訛,而南北字上下誤次也。"按,張説南北字上下誤次,是也。《括地志》云:"衡山兼跨長沙、衡州二府之境,此三苗所居也。"《史記·五帝本紀》《正義》云:"今江州、鄂州、岳州,三苗之地也。"是三苗活動範圍相當廣大,大致當今湘、鄂、贛三省。故馬融云:"三苗,國名也。"(《經典釋文》、《五帝本紀》集解引)所謂國,其實是一個部落。

又,《左傳》文公十八年:"縉雲氏有不才子,貪于飲食,冒于貨賄,侵欲崇侈,不可盈厭,聚斂積實,不知紀極,不分孤寡,不恤窮匱,天下之民以比三凶,謂之饕餮。"杜注:"縉雲,黃帝時官名。"《左傳》昭公元年杜注:"三苗,饕餮,放三危者。"是文公十八年所云之饕餮，就是《堯典》"竄三苗于三危"之三苗。《左傳》文公十八年敍述三苗罪狀時，言"以比三凶"云云，視與另"三凶"有所不同。所言三苗之罪狀重在物質上的貪慾，亦與"三凶"之在道德、精神上不良者異。是知三苗非華夏族。

　　所謂三苗，和經上文之共工、驩兜一樣，既指一個具體的人即酋長，也指一個氏族或部落。流放的究竟僅止一人還是一個氏族或部落呢，古人未曾明言，但據《左傳》文公十八年云："舜臣堯，賓于四門，流四凶族。"既言"族"，則所流者定非酋長一人。

　　三危，《史記·五帝本紀》集解引馬融云："西裔也。"《左傳》文公十八年杜注："裔，遠也。"是三危在西部遠方某地。《五帝本紀》《正義》引《括地志》云："三危山有三峰，故曰三危。俗亦名卑羽山，在沙州敦煌縣東南三十里。"又《禹貢》"三危既宅，三苗丕敍"句下孔穎達疏云："鄭玄引《地記》'《書》云三危之山在鳥鼠之西南，當岷山。則在積石之西南'。《地記》乃妄書，其言未必可信，要知三危之山必在河之南也。"《左傳》昭公九年："先王居檮杌于四裔，以禦魑魅，故允姓之姦居于瓜州。"杜注云："允姓，陰戎之祖，與三苗俱放三危者。瓜州，今敦煌。"王鳴盛《尚書後案》："三危自是西裔，但今鳥鼠之西，岷山之北，積石之南，大山亦多，不知當以何山爲鄭所指之古三危，闕疑可也。"按今甘肅敦煌東南有山名三危。是三危在漢之敦煌縣，唐之沙州，今之敦煌市，可以確指，不必闕疑。

殛鯀于羽山。

　　殛字古人訓釋不一。《説文》歺部："殛，殊也。……《虞書》曰：'殛鯀于羽山。'"段注："殊謂死也。《廣韻》曰：'殊，陟輸切。殊殺字也，從歺。歺，五割切。栽同殊。'據此知古殊殺字作殊，與誅責字作誅迥別矣。《周禮》'八曰誅，以馭其過'，禁殺戮、禁暴民氏、野廬氏皆云誅之。此誅責也。《公羊傳》

'君親無將，將而誅焉'。此殊殺也。當各因文爲訓。"段注於
許氏引《堯典》"殛鯀于羽山"句下又云："此引經言假借也。殛
本殊殺之名，故其字厠於殤、殂、殢、夢之間。《堯典》'殛鯀'，
則爲'極'之假借，非殊殺也。《左傳》曰：'流四凶族，投諸四
裔。'劉向曰：'舜有四放之罰。'屈原曰：'永遏在羽山。夫何三
年不施？'王注：'言堯長放鯀於羽山，絕在不毛之地，三年不舍
其罪也。'《鄭志》答趙商云：'鯀非誅死。鯀放居東裔，至死不
得反於朝。禹乃其子也，以有聖功，故堯興之。'尋此諸説，可
得其實矣。"按段注之説極是。

　　《説文》殛字下引《堯典》"殛鯀于羽山"，段氏疑是後人所
增入。"殛鯀"乃"極鯀"。這是有諸多文獻可證的。《洪範》
"鯀則殛死"，《多方》"我乃其大罰殛之"，《左傳》昭公七年"昔
堯殛鯀于羽山"，《經典釋文》皆云："殛本又作極。"又《周禮·
大宰》八柄："廢以馭其罪。"鄭玄注："廢猶放也。'舜極鯀于羽
山'是也。"此作"極鯀"，本葉林宗所抄宋本《經典釋文》。宋本
《釋文》作"極，紀力反"。是鄭玄所見《尚書》是作"極鯀"，不作
"殛鯀"。段氏《古文尚書撰異》："殛之所假借爲極，極，窮也。
《孟子》言'極之於所往'是也。"又云："劉向謂放、流、竄、殛爲
四放之罰。今淺學謂殛爲殺，大誤。"王先謙《尚書孔傳參正》
亦云："'殛鯀於羽山'，今文與古文同，殛與流、放、竄同義，非
誅殺也。僞孔不明殛義，並竄、放、流皆訓誅矣。"《史記·夏本
紀》云："舜登用，攝行天子之政，巡狩。行視鯀之治水無狀，乃
殛鯀於羽山以死。"亦謂鯀因殛而死，殛非死刑。鯀被舜流放
到羽山那個不毛之地，就死在那裏。訓殛爲誅殺，於事理亦不
合，處死本可隨時隨地，何須遠至東方之羽山！

　　關於鯀其人其罪，《漢書·律曆志》及《楚辭》王逸注引《世
本·帝系》云："顓頊五世而生鯀。"《玉篇》引同書云："鯀生高
密，是爲禹。"《史記·夏本紀》云："禹之父曰鯀，鯀之父曰帝顓

項，顓頊之父曰昌意，昌意之父曰黃帝。"兩説差距甚大，一説鯀是顓頊之五世孫，一説是顓頊之子。比較而言，《史記》之説恐有誤。《五帝本紀》與《夏本紀》説就不同。《夏本紀》説鯀是顓頊之子，黃帝之曾孫。而《五帝本紀》言顓頊之子祇曰生窮蟬，未及鯀。鯀與帝嚳同爲黃帝之曾孫，而堯是帝嚳之子，是鯀爲堯之父輩。這多少有一點問題。問題更大的是《五帝本紀》明言舜之父是瞽叟，瞽叟之父是橋牛，橋牛之父是句望，句望之父是敬康，敬康之父是窮蟬，窮蟬之父是顓頊，即舜是顓頊之六代孫。根據《爾雅·釋親》規定的親屬稱謂，舜是鯀的族昆孫，鯀是舜的高祖的族父。相距六代的兩個人，怎麼可能處在同時，一個人把另一個流放了呢！可見《史記》關於鯀世系的記載是混亂的。《堯典》和《左傳》文公十八年關於舜殛鯀於羽山的記載既是歷史的事實，則必須認定《夏本紀》之鯀是顓頊之子的説法爲不可信，而《世本》"顓頊五世而生鯀"和《五帝本紀》舜是顓頊之六代孫的説法爲近是。

　　最後，還有一個舜"殛鯀于羽山"發生在禹治水之前還是之後的問題。《鄭志》："答趙商云：鯀非誅死。鯀放居東裔，至死不得反於朝。禹乃其子也，以有聖功，故堯興之。若以爲殺人父用其子，舜、禹何以忍乎？"是鄭玄認爲殛鯀在禹治水之後。孔穎達《尚書正義》引王肅云："若待禹治水功成而後以鯀爲無功殛之，是爲舜用人子之功而流放其父，則禹之勤勞適足使父致殛。"是王氏以爲殛鯀當在禹治水功成之前。按王説是，有文獻可徵，《洪範》："鯀則殛死，禹乃嗣興。"《左傳》僖公三十三年："公曰：'其父有罪，可乎？'對曰：'舜之罪也殛鯀，其舉也興禹。'"襄公二十一年："鯀殛而禹興。"杜注："言不以父罪廢其子。"《史記·夏本紀》："乃殛鯀於羽山以死。天下皆以舜之誅爲是。於是舜舉鯀子禹，而使續鯀之業。"此四條材料皆言殛鯀在先而興禹在後。

四罪，而天下咸服。

　　四，指經上文所言之共工、驩兜、三苗、鯀，亦即《左傳》文公十八年所言之窮奇、渾敦、饕餮、檮杌四凶族。罪字本作辠，秦時改作罪。《説文》辠字下云："犯法也。""四罪"二字在此句經文中不是一個詞，指共工等四凶，而是兩個詞，"四"是四凶，"罪"指四凶伏罪，即受到應得的懲罰。或者説，舜給四凶治了罪，亦即經上文説的流、放、竄、殛。若釋"四罪"爲四凶即四個罪人，則這句話無謂語，讀不通。等於説四個罪人而天下咸服，不成辭。漢人對此句經文的解釋有對有不對。《漢書·鮑宣傳》："昔堯放四罪而天下服。"《漢書·息夫躬傳》贊曰："《書》放四罪。"皆以四罪當四凶，又在前另增一放字。經文無放字，《五帝本紀》前亦無放字。此增字以解經，不足取。《後漢書·楊震傳》："四凶流放，天下咸服。"《鹽鐵論·論誹篇》："堯任鯀、驩兜，得舜禹而放殛之以其罪，而天下咸服。"《論衡·儒增篇》："舜征有苗，四子服罪。"把"四"釋爲四凶、四子或具體指稱鯀、驩兜等，把"罪"釋爲流放，釋爲放殛之以其罪，釋爲服罪，是對的。

　　"天下"，中國古代文獻常用的詞，其含義因歷史時代不同而有變化。原始社會是血緣社會，在進入氏族制階段之後，人們始終以氏族爲單位，以部落爲界限。人們的活動範圍極小，氏族和部落就是他們視野中的天下，而後擴大到部落聯盟，再擴大到部落聯盟之外的其他部落聯盟。堯舜時代已進入氏族社會的最後階段，天下的範圍應包括當時即被稱爲中國的華夏族的部落聯盟及四裔的異族部落。

　　"天下咸服"的"服"字應是《孟子·公孫丑上》"中心悦而誠服也"的服，不是《論語·泰伯》"三分天下有其二，以服事殷"的服。服什麽？僞孔傳云："皆服舜用刑當其罪。"是對的。舜流放共工等四凶，是以實際的行動實行了經上文説的"眚災肆赦,怙終賊刑"和"惟刑之恤"的原則。雖有過錯且造成後果但能改正的,赦免;堅持不改,頑固不化的人則必施刑。然而不施肉刑,更不誅殺,而是流放之於四裔。故天下皆心服。

二十有八載,帝乃殂落。

《説文》歺部殂字下云:"《虞書》曰'勛乃殂'。"宋本《説文》蓋如此。至《類篇》、《集韻》乃增放字,作"放勛乃殂"。至李仁甫乃增落字,作"放勛乃殂落"。《孟子》、《春秋繁露》、《帝王世紀》皆作"放勛乃殂落"。段玉裁《古文尚書撰異》認爲今本古文《尚書》作"帝乃殂落",可能是姚方興本,未可爲據。馬、鄭、王本當無落字。又,《爾雅·釋詁》、《論衡·氣壽篇》殂皆作徂。趙岐《孟子注》曰:"放勛,堯名。徂落,死也。"《爾雅·釋詁》:"崩、薨、無禄、卒、徂、落、殪,死也。"這句話無論作勛,作放勛,作帝,也無論作殂,作殂落,作徂落,祇是字形及用詞上的差異,而句義並無實質性的不同,都是説堯死了。古人有今古文之爭,我們知道就是了,不必繼承他們的爭論。

"二十有八載",有,又。載,年。《爾雅·釋天》:"載,歲也。夏曰歲,商曰祀,周曰年,唐虞曰載,歲名。"孫炎云:"歲取歲星行一次也。祀取四時祭祀一訖也。年取禾穀一熟也。載取萬物終更始也。"《孟子·萬章上》引《堯典》此文作"二十有八載,放勛乃徂落。百姓如喪考妣,三年,四海遏密八音"。上作載,下作年。

關於二十八載的問題,《史記·五帝本紀》:"堯立七十年得舜,二十年而老,令舜攝行天子之政,薦之於天。堯辟位凡二十八年而崩。"《集解》引徐廣云:"堯在位凡九十八年。"王鳴盛《尚書後案》云:"自'釐降二女'以下至'納於大麓',皆舜徵庸事。自'受終文祖'至'四罪咸服',皆舜攝位事。徵庸二十載,攝位八載,時堯委政于舜,故總之云二十有八載。"又云:"《史記》與經合,鄭説同此,的然可據者也。"按王説是。僞孔

傳説：“堯年十六即位，七十載求禪，試舜三載，自正月上日至
崩，二十八載堯死，壽一百一十七歲。”蔡沈《書集傳》説略同。
皆不足信據。

百姓如喪考妣，三載，四海遏密八音。

　　《史記·五帝本紀》以詁訓代替經文，説：“百姓悲哀，如喪
父母。三年，四方莫舉樂，以思堯。”《史記》的訓釋是正確的。
百姓，古人多以下文“四海”對比而言，江聲《尚書集注音疏》謂
“此經下文別言‘四海’，乃謂民間，則百姓自是群臣矣”。把
“百姓”與“四海”相對照、區別而言，無疑是對的。但是以百姓
爲群臣，四海爲民間，似不妥。此“百姓”應與經上文“九族既
睦，平章百姓”的“百姓”同義，而“四海”所指亦應同於經上文
“百姓昭明，協和萬邦”的“萬邦”。堯既做到了“克明俊德，以
親九族；九族既睦，平章百姓；百姓昭明，協和萬邦”，現在他死
了，“九族”的哀痛自不待言，百姓與萬邦（四海）悲痛之情是可
以想見的。故云“如喪考妣”、“遏密八音”。

　　“百姓”何所指？所指是堯的部落聯盟以内除堯的直近親
屬即所謂九族以外的所有血緣團體中之所有的人，包括領導
者和一般成員在内。説“百姓”指百官、群臣是不對的。因爲
當時社會由血緣團體爲主；没有官員和民庶的劃分。漢魏唐
宋乃至清人釋“百姓”爲百官、群臣，是因爲他們不知人們不是
歷來就劃分爲百官和民庶的，不知道堯舜時代是與後世根本
不同的原始氏族社會。

　　“如喪考妣”的喪，就是死亡，死亡不言死或亡而言喪，有
一定的意義。《白虎通·崩薨篇》：“喪者何謂也？喪者亡也。
人死謂之喪何？言其喪亡不可復得見也。不直言死，稱喪者
何？爲孝子之心不忍言也。”此説可資參考。考妣即父母，《爾
雅·釋親》：“父爲考，母爲妣。”“如喪考妣”這句話的藴含，古
人講法不一，而以《孟子·萬章上》“如喪考妣”句下趙岐注“思

之如父母也"的解釋最爲得當。

"三載"應獨成句，上下皆斷。"三載"是説哀思時間之長久，與後世周人之父喪君喪爲子爲臣者斬衰三年，母喪而父已先卒爲子者齊衰三年的喪制是不一樣的。三年之喪的禮制，堯舜時代尚未形成。説"三年"僅僅謂人們對堯之死曾經哀痛很久，是自然之感情，不是禮制的規定。江聲《尚書集注音疏》云："周制喪考斬衰，喪妣齊衰。唐虞衰制則無文可考，此言'如喪考妣三年'，止言其哀思之久，以見堯德之入人深，不必詳其衰制。"江氏説大體得其實。但"三載"應斷，既管經上文"如喪考妣"，亦管經下文"四海遏密八音"。

"四海"，上文曾言與經上文之"萬邦"相當，相當是相當，然而不全同。《論語·顏淵》"四海之内皆兄弟也"，包咸注云："君子疏惡而友賢，九州之人皆可以禮親。"劉寶楠《論語正義》云："注以經言四海，嫌有四夷荒遠，故但舉中國以九州言之。"《爾雅·釋地》："九夷、八狄、七戎、六蠻，謂之四海。"是四海乃中國九州之外荒遠處所居之夷狄戎蠻。堯死，夷狄戎蠻尚且"遏密八音"，華夏族人如何自可以想見。

八音，《周禮·春官·大師》："皆播之以八音：金石土革絲木匏竹。"鄭玄注："金，鐘鎛也；石，磬也；土，塤也；革，鼓鼗也；絲，琴瑟也；木，柷敔也；匏，笙也；竹，管簫也。"《白虎通·禮樂篇》："八音者何謂也？《樂記》曰：土曰塤，竹曰管，皮曰鼓，匏曰笙，絲曰弦，石曰磬，金曰鐘，木曰柷敔。此謂八音也。"《白虎通》之八音説與《大師》及鄭注略同。孫星衍《尚書今古文注疏》據《周禮·春官·簫章》"掌土鼓"，鄭注引杜子春云"土鼓以瓦爲匡，以革爲兩面，可擊也"，以及《周語》伶州鳩言八音，以瓦易土等説，以爲唐虞八音，蓋鼓兼皮土二音，而無塤，塤作於周代。按孫氏之説不可從。據《中國音樂史圖鑒》（中國藝術研究院音樂研究所編，人民音樂出版社，1988年出版）提供的考古材料,河姆渡遺址出土的陶塤,是目前所知最早的塤。在西安半坡仰韶文化、山東濰坊姚官莊龍山文化、江蘇邳縣小墩子大汶口文化等遺址以及鄭州二里崗早商遺址,都有陶塤出土。證明堯舜時代確已有了塤這種樂器。

　　不論八音爲何,堯舜時夷狄戎蠻已有音樂是無可懷疑的。《白虎通·禮樂篇》:"東夷之樂曰朝離,南夷之樂曰南,西夷之樂曰昧,北夷之樂曰禁。"又:"王者制夷狄樂,不制夷狄禮。"是知古代夷狄戎蠻有樂而無禮。《爾雅·釋詁》:"密,静也。"《孟子·萬章上》"四海遏密八音"句下趙岐注云:"遏,止也。密,無聲也。八音不作,哀思甚也。"僞孔傳:"遏,絕;密,静也。"經文的意思是,堯死了,本部落聯盟内的人如同死了父母一樣地哀痛,持續很長的時間,在這段很長的時間内,荒遠的夷狄戎蠻地區也都静悄悄地聽不見樂聲。《史記·五帝本紀》:"百姓悲哀,如喪父母。三年,四方莫舉樂,以思堯",是對經文極準確明通的訓釋。

月正元日,舜格于文祖,

　　孔穎達《尚書正義》引王肅云:"'月正元日'猶言'正月上日',變文耳。"按王肅説是。月正即正月,元日即上日。

　　上日、元日是什麽日?《五帝本紀》集解引馬融云:"上日,朔日也。"僞孔傳亦云元日即上日,上日即朔日。孔疏更爲解釋説:"上日,日之最上。元日,日之最長。元日還是上日。"亦謂上日、元日即朔日。王引之《經義述聞》駁之云:"上日、元日皆非謂朔日也。上日謂上旬吉日。當以葉氏、曾氏之説爲是。(蔡沈《書集傳》引葉氏曰:'上日,上旬之日。'曾氏曰:'如上戊、上辛、上丁之類。')元日,善日也,吉日也。《王制》:'元日習射上功,習鄉上齒。'《正義》以元日爲善日。《月令》'孟春,天子乃以元日祈穀于上帝',盧植、蔡邕並曰:'元,善也。'鄭注曰:'謂以上辛郊祭天。'上辛謂上旬之辛,不必在朔也。'仲春,擇元日命民社',注曰:'祀社日用甲。'甲日亦不必在朔也。古人格廟亦不必以朔日。"又云:"《太平御覽·時序部十四》引《尚書大傳》曰:'上日,元日。'亦謂上旬之善日,非謂朔日也。自張衡《東京賦》始以元日爲朔日,而漢以前無之。"按王説是。元日即上日,上日即上旬之吉日、善日,不必是朔日。

格,段玉裁《古文尚書撰異》云:"當是本作假。"《五帝本紀》"格于文祖"作"至於文祖"。《爾雅·釋詁》:"格,至也。"

"文祖",鄭玄以爲明堂。《五帝本紀》明言"文祖者,堯大祖也"。僞孔傳亦謂"堯文德之祖廟"。段玉裁《古文尚書撰異》:"《堯本紀》曰:'文祖者,堯大祖也。'太史公特用訓詁之法爲此語。堯大祖,蓋謂黄帝。"按,諸説皆誤。文祖即先祖,舜之先祖是顓頊。説見經上文解。

經上文言"正月上日,受終于文祖",是舜從堯那裏受攝,爲受攝而告廟。在堯曰終,終結他部落聯盟首長的職務。在舜曰攝,攝行部落聯盟首長的職務。此經文言"月正上日,舜格于文祖",是説堯已死,舜爲正式接任部落聯盟首長的職務而告於祖廟。

這次告廟的時間在哪一年,是否有改元之事,這兩個問題,古人看法不同。僞孔傳以爲舜即位告廟在服堯三年喪之後。此説有兩點是成問題的,第一,蔡沈《書集傳》云:"春秋國君皆以遭喪之明年正月即位於廟而改元,孔氏云喪畢之明年,不知何所據也。"按蔡氏問之有理。第二,目前尚無充分材料證明堯舜時代有三年之喪。關於是否改元的問題,依鄭玄説,堯正建丑,舜正建子,經文言"月正"就是改正亦即改元之意。王肅則認爲"夏以上皆寅正"(孔穎達《尚書正義》引),即堯舜皆以建寅之月爲正月,與夏代相同。也就是説,舜即位沒有改元的問題。按王説是,堯、舜、禹、夏並無改元之事。鄭説不可從。

詢于四岳。

　　《爾雅·釋詁》:"詢,謀也。""四岳"一詞《堯典》多次提及,或言"咨四岳",或言"詢于四岳"。"四岳"是什麼意思,古人衆説紛紜,《漢書·百官公卿表》:"四岳謂四方諸侯。"鄭玄注:"四岳,四時之官,主四岳之事。"僞孔傳:"四岳即上羲和之四子,分掌四岳之諸侯,故稱焉。"韋昭注《國語》:"四岳,官名,主四岳之祭,爲諸侯伯。"蔡沈《書集傳》:"四岳,官名,一人而總四岳諸侯之事也。"究竟孰是,從《堯典》凡大事才"謀於四岳"或"咨四岳"來看,"四岳"非指一人,《漢書》的訓釋最得其實。"四岳"即四方之諸侯。不過"諸侯"一詞是後世用語,堯舜時代所謂諸侯其實是指四面八方的衆部落酋長而言。"咨四岳"是召開部落酋長會議,"詢于四岳"也是召開部落酋長會議,同酋長們討論、謀劃重大問題的意思。

闢四門,明四目,達四聰,

　　《説文》門部:"闢,開也。"《史記》闢作辟。達,今文《尚書》皆作通。聰,皮錫瑞《今文尚書考證》謂"古文《尚書》作聰","歐陽《尚書》亦作聰",大小夏侯《尚書》作窗。段玉裁《古文尚書撰異》謂"古文《尚書》本作囪。窗者囪之或字,窻又窗之俗體。聰又囪之同音。字作囪而或如字,或讀爲聰"。俞樾《群經平議》云:"四聰即四窗也。《釋名·釋宮室》曰:'窗,聰也。於内窺外爲聰明也。'是窗、聰聲近而義通。闢四門,所以明四目也。達四窗,所以達四聰也。"又,"達四聰",皮錫瑞《今文尚書考證》引《後漢書·郅壽傳》何敞言"闢四門,開四聰",《班昭傳》昭上疏云"闢四門而開四聰",而按之曰:"何敞、班昭引皆作'開',則三家《尚書》必有或作'開四聰'、'開四窗'者。"

　　四門何所指?《詩·鄭風·緇衣》孔疏引鄭玄《尚書》注:"卿士之職,使爲已出政教於天下。言四門者,亦因卿士之私朝在國門,魯有東門襄仲,宋有桐門右師,是後之取法於前也。"是鄭玄以四門爲國門。惠棟《明堂大道録》云:"明堂有四門,四方諸侯朝覲所入。"是惠氏以四門爲明堂之四門。

四窗何所指?俞樾《羣經平議》云:"古明堂之制,四旁爲兩夾,兩夾皆有窗。"是俞氏以四窗爲明堂之四窗。

今按,經文言闢四門,達四聰(或作窗)要在以之比喻舜廣開賢路與言路,使上下通達而不杜塞,至於四門、四窗究竟是指什麼四門什麼四窗,其實並不重要。如果一定求尋確指,那麼四目又是什麼?《左傳》文公十八年杜預注:"闢四門,達四聰,以賓禮衆賢。"《風俗通·十反篇》:"蓋人君者闢門開窗,號咷博求。"《史記·五帝本紀》以訓詁代經文,逕作"闢四門,明通四方耳目"。《漢書·梅福傳》福上書曰:"博覽兼聽,謀及疏賤,令深者不隱,遠者不塞,所謂闢四門,明四目也。"《潛夫論·明暗篇》:"夫堯舜之治,闢四門,明四目,達四聰,是以天下輻輳而聖無不昭,故共鯀之徒弗能塞也,靖言庸回弗能惑也。"古人的這些理解雖不盡相同,但是大意一致,總謂賢路廣開,言路廣開也。

咨十有二牧。

《爾雅·釋詁》咨、詢皆訓謀。有,又。十二牧,漢人皆釋爲州伯、州牧。《韓詩外傳》卷六第十七章:"王者必立牧,方三人,使窺遠牧衆也。"《説苑·君道篇》:"十二牧,方三人,出舉遠方之民。"《白虎通·封公侯篇》:"州伯何謂也? 伯,長也。選擇賢良使長一州,故謂之伯也。"又:"州有伯,唐虞謂之牧者何? 尚質,使大夫往來牧視諸侯,故謂之牧。旁立三人,凡十二人。《尚書》曰:'咨十有二牧。'何知堯時十有二州也,以《禹貢》言九州也。"《漢書·朱博傳》:"古選諸侯賢者以爲州伯,《書》曰'咨十有二牧',所以廣聰明,燭幽隱也。"《漢書·百官公卿表》敍引"十有二牧",應劭曰:"牧,州牧也。"《禮記·王制》:"州有伯。"鄭玄注:"殷之州長曰伯,虞夏及周皆曰牧。"蔡沈《書集傳》："牧，養民之官，十二牧，十二州之牧也。"清人陳喬樅《今文尚書經説考》按《禮記·王制》"州有伯"鄭注後云："是知此牧即州伯。'十有二牧'者，十有二州之伯也。"皮錫瑞《今文尚書考證》："《大傳》曰：'維元祀，巡狩四岳八伯。'疑四岳外，更置八伯。蓋四方每方立一岳，每方又立二伯以佐岳，如周制一州立一侯，一州又立二伯以佐侯之比。四岳八伯合之即十二牧。"

以上諸説實質是兩種意見，自漢宋以至於清代，多數人認爲十二牧即十二州之牧。另一種意見如皮氏所説，四岳與八伯合之爲十二牧。這兩種説法都有問題，問題主要在於他們用後世周代和兩漢的情況類比屬於原始氏族社會的堯舜時代。堯舜時代的所謂十二州是自然形成的區域概念，與當時那場巨大的洪水有關。十二州不是行政區劃，没有後世的所謂一州之牧或一州之伯。人們是按自然長成的氏族、部落等血緣團體組織起來的。對於一個人來説，氏族是唯一重要的，除了氏族之外，其他都不重要。對於一個氏族來説，部落是唯一重要的，除了部落之外，其他都不重要。部落始終是人們之間的界限，把人們區別開來的絕對不是行政區域。酋長的職務按照他們的傳統辦法在氏族、部落内部産生。酋長中的優秀者可以通過一定的民主方式選到部落聯盟中去擔任公職，而不是相反地由部落聯盟領導人向下委派部落的酋長。十二州牧之説與原始氏族社會的組織方式和民主性原則是不相容的。經文説"咨十有二牧"，不説"咨十有二州牧"，絕非出於偶然。牧這個詞顯然帶有後世階級社會的色彩，而實際上指的必是堯舜時代的部落酋長。"咨十有二牧"，是部落酋長會議的意思。十二這個數字與經上文十有二州、十有二山一樣，是泛稱，不宜確指。

曰："食哉惟時，

　　陳喬樅《今文尚書經説考》引許宗彥云:"'食哉惟時'四字不辭。考此經下文云'帝曰咨汝二十有二人,欽哉惟時亮天功',文法正與此同,'食哉'當爲'欽哉'之訛。篆文欽字偏旁與食字形近,文蝕其半,故訛作食耳。"認爲"許説以經證經,極爲精確",故徑改經文作欽。按許氏的説法不無道理,但是證據實不充分,陳氏擅改經文的做法尤不足取。此句經文漢人無説,《史記·五帝本紀》引用《堯典》亦略去此句。僞孔傳於"食"字如字作解云:"所重在於民食,惟當敬授民時。"蔡沈《書集傳》亦云:"舜言足食之道惟在於不違農時也。"近人曾運乾《尚書正讀》云:"食如艱食鮮食之食。時黎民阻飢,民食尤重,故首及焉。'惟時'者,食爲民本,而重農先在授時也。"以上三説同,曾説尤爲明通可據。孫星衍《尚書今古文注疏》據《方言》、《廣雅·釋詁》同訓食爲勸,《爾雅·釋詁》訓食爲僞,僞即爲也,以及《三國志·魏志·華佗傳》"佗恃能厭食事",食即爲也,釋經文"食哉"爲"言勸使有爲"。按孫説於訓詁雖有據,而於經義難通,可略備一説而已。

柔遠能邇,

　　理解此句,要點有二。一是能字之義訓,二是"柔遠"與"能邇"之語法關係。王引之《經義述聞》訓能爲善,以"柔遠"與"能邇"爲相對即並列的關係。全句意謂既安遠又善近。王説理據俱足,至爲精確。《詩·大雅·民勞》:"柔遠能邇。"毛傳曰:"柔,安也。"鄭箋曰:"能,猶伽也。安遠方之國,順伽其近者。"王氏云:"伽與如古字通,是能爲如順之意。"又,漢《督郵班碑》"柔遠能邇"作"渌遠而邇",《易·屯·象傳》"宜建侯而不寧",鄭本"而"作"能",注云:"能,猶安也。"《漢書·百官公卿表》"柔遠能邇",顏師古注曰:"能,善也。"王氏云:"能與而古字通。"又云:"安善二義並與順伽相近,古者謂相善爲相能。"王氏更舉諸《康誥》"亦惟君惟長,不能厥家人",《左傳》文公十六年"不能其大夫,至于君祖母以及國人",昭公十一年"蔡侯獲罪於其君而不能其民",三十一年"公在乾侯,言不能外内也",《公羊傳》僖公二十四年"不能乎母也",《穀梁傳》宣公十一年"輔人之不能民而討",《左傳》襄公二十一年范鞅"與欒盈爲公族大夫而不相能"等文獻用"能"字例,佐證"柔遠能邇"之"能"當訓爲善,確鑿可信,無可移易。用今語解釋,"柔遠能邇"是説安撫遠方的,善待近處的。蔡沈《書集傳》云:"柔者,寬而撫之也。能者,擾而習之也。"近是。王肅云:"能安遠者先能安近。"(孔穎達《尚書正義》引)僞孔傳:"言當安遠乃能安近。"二人皆訓能爲安,以"柔遠"與"能邇"爲因果關係,且有增字釋經之嫌,並誤。

惇德允元,而難任人,

　　惇,今字亦作敦。《爾雅·釋詁》惇訓厚,允訓信,任訓佞。《易·乾·文言傳》:"元者善之長也。"是元得訓善。《爾雅·釋詁》:"阻,難也。"阻有遠意,故《史記·五帝本紀》"難任人"徑作"遠佞人"。蔡沈《書集傳》謂"德,有德之人;元,仁厚之人"。依蔡意,經文全句意謂厚遇有德之人,信任仁厚之人,而遠拒姦佞小人。這樣訓釋,於理甚順,可取。《五帝本紀》釋"惇德允元"爲"行厚德",於義未妥,行義爲經文所無,而"允元"一語棄而不解,可商。

蠻夷率服。"

　　率,古文,今文作帥。經文自"食哉惟時"以下至此"蠻夷率服",凡五事,皆"咨十有二牧"即部落酋長們議論堯德所得出的結論。蔡沈《書集傳》云:"凡此五者,處之各得其宜,則不特中國順治,雖蠻夷之國,亦相率而服從矣。"甚的。唯蠻夷之"國"當爲部落。氏族社會,何"國"之有! 孫星衍《尚書今古文注疏》不知"率服"乃古文,今文作"帥服",遂據《爾雅·釋詁》

“率，循也”釋“蠻夷率服”爲“蠻夷循服”，泥甚。“循服”視“率服”更難理解。

舜曰：“咨四岳。有能奮庸熙帝之載，使宅百揆，亮采惠疇？”

此首言“舜曰”，自此以下“帝曰”都是舜講話，自此以上“帝曰”都是堯講話。咨四岳，諮詢四方諸侯，實際上是部落酋長會議，説見前。

《廣雅·釋詁》：“奮，進也。”《史記·五帝本紀》集解引馬融：“奮，明。庸，功也。”孫星衍《尚書今古文注疏》：“明，勉也，謂奮勉。”《爾雅·釋詁》：“庸，勞也。”功、勞同義。經文“庶績咸熙”，《漢書·律曆志》作“衆功皆美”。是熙訓美。《周書·謚法解》：“載，事也。”《爾雅·釋言》：“宅，居也。”《詩·大明》：“涼彼武王。”《經典釋文》：“本亦作諒。韓詩作亮，云：‘相也。’”《爾雅·釋詁》：“采，事也。”《爾雅·釋言》：“惠，順也。”《周易》否卦九四“疇離祉”，九家注：“疇者類也。”《史記·五帝本紀》以訓詁代經文，作“有能奮庸美堯之事者，使居官相事”。《夏本紀》作“有能成美堯之事者，使居官”。是史遷釋百揆爲百官，不以百揆爲官名。按史遷説可從。

經文大意謂舜在部落酋長會議上説，有能起用以光大堯之事業者，使出任百官，分管政務，俾事事有典有則，各得其所。

僉曰：“伯禹作司空。”

《爾雅·釋詁》：“僉，皆也。”《釋言》：“作，爲也。”《史記·五帝本紀》作“皆曰，伯禹爲司空，可美帝功”。意謂部落酋長會議上大家都説伯禹可作司空。禹是崇伯鯀之子，故稱伯禹。在中國原始社會，伯應是部落酋長之稱。禹，名，馬融以爲謚，誤。司空相當於《周禮》之冬官，平治水土是其職掌。

帝曰：“俞，咨禹，汝平水土。惟時懋哉。”

俞,然。《經典釋文》引王肅云:"懋,勉也。"經文意謂舜同意酋長們的意見,對禹説,你的任務是平治水土,要努力去做。

禹拜稽首,讓于稷、契暨皋陶。帝曰:"俞,汝往哉。"

拜稽首,拜然後稽首。《荀子·大略篇》:"平衡曰拜,下衡曰稽首,至地曰稽顙。"楊倞注:"平衡謂磬折,頭與腰如衡之平。"王先謙《荀子集解》引郝懿行云:"拜者必跪。拜手,頭至手也,不至地,故曰平衡。稽首亦頭至手,而手至地,故曰下衡。稽顙則頭觸地,故直曰至地矣。"《爾雅·釋詁》:"暨,與也。"讓亦作攘,《説文》手部:"攘,推也。"

稷即經下文的棄。據《詩·生民》、《詩·閟宫》和《史記·周本紀》,稷是姜嫄所生,爲周之始祖。稷即后稷,當是官名。

契、皋陶都是人名。《荀子·成相》:"契玄王,生昭明,居于砥石,遷于商。"《詩·玄鳥》:"天命玄鳥,降而生商。"《詩·長發》:"玄王桓撥。"《史記·殷本紀》:"殷契,母曰簡狄,有娀氏之女,爲帝嚳次妃。"都説契是商人之始祖。

皋陶或作咎繇。詳見經下文及《皋陶謨》篇。

舜命禹作司空,禹推讓給稷、契、皋陶,舜不許,乃命之曰:"汝往哉。"意思是説,你去幹吧。

帝曰:"棄,黎民阻飢,汝后稷。播時百穀。"

弃是后稷之名,説見前。黎民,説見經上文"黎民於變時雍"解。阻飢,《史記·五帝本紀》作"始飢"。《集解》引徐廣曰:"今文《尚書》作'祖飢'。祖,始也。"《索隱》:"古文作'阻飢'。孔氏以爲阻難也。祖、阻聲相近,未知誰得。"《爾雅·釋詁》:"祖,始也。"《史記》據以爲解。按作"祖飢",釋祖爲始,謂黎民開始飢餓,於義難通。《詩·周頌·思文》孔穎達疏引鄭玄云:"俎讀曰阻。阻,厄也。時,讀曰蒔。始者洪水時,衆民厄於飢,汝居稷官,種蒔五穀,以救活之。"段玉裁《古文尚書撰異》以爲壁中古書阻當作俎，故鄭注當爲："俎讀曰阻。阻，厄也。"後人既改經文作阻，則鄭注不可通，乃改注文爲"阻讀曰俎。阻，厄也"。按段氏贊同鄭玄注，釋阻爲厄，可從。經文意謂舜說，由於洪水，衆民困厄於饑饉，你作稷官，播種五穀，解決他們的生活問題。

帝曰："契，百姓不親，五品不遜，汝作司徒。敬敷五教，在寬。"

契，見前解。百姓，說見經上文"平章百姓"解。五品，《史記·五帝本紀》集解引鄭玄曰："五品，父母兄弟子也。"又引王肅云："五品，五常也。"按鄭說是，王說非。鄭說應據於《左傳》文公十八年"舉八元，使布五教于四方，父義母慈兄友弟共子孝"。父母兄弟子是血緣關係中的五種基本身份。而五常爲仁義禮智信，是後世的道德概念，舜的時代不存在。

遜，《史記·殷本紀》作訓，《五帝本紀》作馴。段玉裁《古文尚書撰異》謂遜、馴、訓皆訓爲順。王先謙《尚書孔傳參正》謂"今文作訓，訓通作馴，非教訓之謂也"。按段、王說是。五品不遜，謂父母兄弟子五種人之間的關係不順。作，爲。司徒，主政教之官，相當於後世《周禮》之地官大司徒。《尚書大傳》云："百姓不親，五品不遜，責之司徒。"是也。

敷，布。布五教，應依《左傳》文公十八年"使布五教于四方，父義母慈兄友弟共子孝"作解。《國語·鄭語》："商契能和合五教，以保於百姓者也。"韋昭注："五教：父義，母慈，兄友，弟恭，子孝。"亦足證明五教爲父義母慈兄友弟恭子孝。寬，寬柔。"在寬"，意在強調禮教而不重刑罰。

帝曰："皋陶，蠻夷猾夏，寇賊姦宄，汝作士。五刑有服，五服三就。五流有宅，五宅三居。惟明克允。"

蠻夷，四夷之總名。或稱夷狄，或稱蠻夷，其義一也。《禮記·明堂位》於四夷有九夷、八蠻、六戎、五狄之稱。《禮記·

王制》於四夷有"東方曰夷,被髮文身"、"南方曰蠻,雕題交趾"、"西方曰戎,被髮衣皮"、"北方曰狄,衣羽毛穴居"之説。蠻夷戎狄實際上都是古人對華夏族以外少數族的貶義稱謂。猾,亦作滑。《説文》無猾字。猾夏,通常訓釋爲侵亂中國。猾訓亂,夏指中國。"蠻夷猾夏",謂四夷攪亂或侵亂中國。

　　另一解與此不同。王先謙《尚書孔傳參正》引俞樾云:"孔宙碑:'是時東岳黔首猾夏不寧。'東岳黔首亦華夏之人,而云猾夏,不可通,疑猾夏尚有別解。"又云:"愚意夔從手,則爲擾亂字,疑夏字亦有擾亂義。"又云:"古語以猾夏二字連文同義。猾,亂也,夏亦亂也。"是以猾夏二字連文同義爲擾亂,合之爲謂語,下無賓語。

　　二説於猾字解同,於夏字解迥異。前説以夏爲華夏、中國,後説以夏爲動詞,與猾同義。將經上文之"蠻夷率服"與經此文"蠻夷猾夏"相參照,"率服"是謂語,意謂蠻夷服從,不擾亂中國。猾夏亦當是謂語,意謂蠻夷不服從,擾亂中國。俞説似有理。

　　姦,亦作奸。宄,亦作軌。《周禮·秋官·司刑》疏引鄭玄云:"强聚爲寇,殺人爲賊。由内爲姦,起外爲軌。"僞孔傳:"群行攻劫曰寇,殺人曰賊。在外曰姦,在内曰宄。"寇賊之解,無異義。姦宄外内,二説相反。按《左傳》成公十七年長魚矯曰:"臣聞亂在外爲姦,在内爲軌。"是鄭説姦宄,外内顛倒。賈公彦《周禮》疏本蓋如此。江聲《尚書集注音疏》云:"自是寫者之誤,鄭必無此誤也。"按江説是。

　　"汝作士"之士,孔穎達《尚書正義》引鄭玄注:"士,察也。主察獄訟之事。"《史記·五帝本紀》集解引馬融注:"士,獄官之長。"馬鄭二注於士字之訓詁不同,馬訓士爲官名,而鄭據《爾雅·釋詁》訓士爲察,然亦釋之爲主察獄訟之事,與馬説實無異。依經文"汝作士"之文意觀之,則馬説爲長。士既云作,則必當是名詞，主獄訟之官長也。《呂氏春秋・君守篇》高誘注、《文選》應劭注引此經文皆作“汝作士師”，多一師字，尤證馬釋士爲官名是對的。

“五刑有服”，五刑即墨、劓、剕、宮、大辟。這不成問題。問題在“有服”之服字究竟如何訓釋。孫星衍《尚書今古文注疏》謂：“五刑有服者，服謂畫衣冠。”即五刑皆用象刑的辦法表現出來，蓋不用肉刑也。據經上文“象以典刑，流宥五刑，鞭作官刑，扑作教刑”所言，堯舜禹時代實無肉刑，最大的刑罰是流刑即放至遠方，知孫説妥當可從。

關於“五服三就”，孫氏據《尚書大傳》“唐虞象刑而民不敢犯，苗民用刑而民興相漸。唐虞之象刑，上刑赭衣不純，中刑雜屨，下刑墨幪，以居州里，而民耻之，而反於禮”之説，謂“所謂五刑之服，有上中下三等，故云三就”，也是對的。《史記・五帝本紀》集解引馬融：“三就謂大罪陳諸原野，次罪於市朝，同族適甸師氏。既服五刑，當就三處。”孔穎達《尚書正義》引鄭玄：“三就，原野也，市朝也，甸師氏也。”僞孔傳：“行刑當就三處，大罪於原野，大夫於朝，士於市。”三家説大同小異，其根本之錯誤在於忽略了堯舜時代“象以典刑”，以改變正常服飾代替肉刑的事實。

“五流有宅，五宅三居”，《晉書・刑法志》云：“舜命皋陶曰：‘五刑有服，五服三就，五流有宅，五宅三居。’方乎前載，事既參倍。”孫星衍《尚書今古文注疏》云：“則謂五刑有服，即象以典刑。五流有宅，即流宥五刑。增出三就、三居，故云參倍前古也。”孫説將“五流有宅”歸諸經上文之“流宥五刑”，至確。“五流”即流刑。有宅即有一定之流放地點，不可亂來之意。“五宅三居”，即流放之地點依罪之輕重分爲遠近三個等次。《史記・五帝本紀》集解引馬融：“大罪投四裔，次九州之外，次中國之外。”《禮記・王制》疏引鄭玄：“自九州之外至於四海，三分其地,遠近若周之夷服、鎮服、蕃服也。"馬、鄭説略同。
《王制》云:司徒命鄉簡不帥教者以告。不變,命國之右鄉移之
左,國之左鄉移之右。不變,移之郊。不變,移之遂。不變,移
之遠方。説與馬、鄭不同。但是流刑依罪之輕重流諸遠近不
同之地點這一原則精神,三家是一致的,今録之以備考。

　　"惟明克允",孔穎達《尚書正義》引王肅云:"惟明其罪,能
使之信服。"意謂舜告誡皋陶,要明斷犯人的罪行,使他們信
服。

帝曰:"疇若予工?"

　　《史記・五帝本紀》作"舜曰,誰能馴予工"。《史記》以詁
訓代經文,故疇訓誰,若訓馴。馴,順也。《五帝本紀》集解引
馬融云:"謂主百工之官也。"偽孔傳:"問誰能順我百工事者。"
按若訓順,甚是。

僉曰:"垂哉。"帝曰:"俞,咨垂,汝共工。"

　　酋長們都説垂可以勝任這百工之長的職務。舜表示贊
成,對垂説,你作共工,管理百工。

　　"共工",古人解釋不一。《史記・五帝本紀》作"於是以垂
爲共工"。《漢書・百官公卿表・敍》作"垂作共工,利器用"。
皆以共工爲官名。《五帝本紀》集解引馬融云:"爲司空,共理
百工之事。"孔穎達《尚書正義》云:"要帝意,言共謂供此職
也。"偽孔傳云:"共謂供其職事。"曾運乾《尚書正讀》云:"工,
主百工之官也。"皆以共爲供,作動詞用,不以共工二字爲官
名。今從《史記》、《漢書》,以共工爲官名。馬云垂爲司空,亦
誤。司空是禹專有的官名,不得用諸他人。垂,人名。《廣雅》
注引《世本》:"垂,舜臣。"

垂拜稽首,讓于殳斨暨伯與。

　　拜稽首,説見前解。《爾雅・釋詁》:"暨,與也。"殳斨、伯

與，《漢書·古今人表》作朱斨、柏譽。王先謙《補注》："《禮·射義》注：'譽或作與，古通用字。'"又："《路史》云：'殳，一作朱。'即指此。"蔡沈《書集傳》以殳、斨、伯與爲三臣名，曾運乾《尚書正讀》從之。今從《漢書》，以殳斨、伯與爲二人。

帝曰："俞，往哉，汝諧。"

　　　俞，然。僞孔傳："汝能諧和此官。"經文意謂帝舜説，好，你去做（共工）吧，你能諧和此官，把這項工作做好。孫星衍《尚書今古文注疏》云："或説諧者偕也。俞則然其讓矣，仍使偕往治事。"以禹、益、伯夷例之，疑孫説非是。"汝往"、"汝諧"的汝應指一人，不是"你們"。

帝曰："疇若予上下草木鳥獸？"僉曰："益哉。"

　　　《爾雅·釋詁》："疇，誰也。"《史記·五帝本紀》若訓作馴。馴同順。《集解》引馬融："上謂原，下謂隰。"按馬釋上下爲原隰，是也。何謂原何謂隰？《詩·小雅·皇皇者華》毛傳云："高平曰原，下濕曰隰。"《公羊傳》昭公元年："上平曰原，下平曰隰。"

　　　"僉曰"，馬、鄭、王本皆作"禹曰"。孔穎達《尚書正義》據僞孔本作"僉曰"，云："馬、鄭、王本皆爲'禹曰，益哉'，是字相近而彼誤耳。"以爲作"僉曰"是，作"禹曰"非。閻若璩《尚書古文疏證》、段玉裁《古文尚書撰異》皆以爲作"禹曰"是，作"僉曰"非。今按，孔疏説是，作"僉曰"是，作"禹曰"非。因爲經文於禹於垂於伯夷皆作"僉曰"，不應獨於益作"禹曰"。況且舜"咨四岳"，是在召開部落酋長會議，理當是以大家的名義提出建議。經文意謂舜説，誰適合爲我主管原隰鳥獸草木的事務？酋長們都説，益適合。

帝曰："俞，咨益，汝作朕虞。"益拜稽首，讓于朱、虎、熊、羆。帝曰："俞，往哉，汝諧。"

俞,然。《史記·五帝本紀》作"於是以益爲朕虞",是以朕
虞二字爲官名。《漢書·地理志》、《百官公卿表·敍》、《後漢
書·劉陶傳》、《文選》卷二十七注引應劭、孔穎達《尚書正義》
引鄭注,説同,皆釋"朕虞"爲官名,並誤,不可從。《五帝本紀》
集解引馬融云:"虞,掌山澤之官名。"僞孔傳、蔡沈《書集傳》皆
從馬説。按馬説是。虞一字是官名,朕字是代詞,《爾雅·釋
詁》:"朕,我也。"

　　拜稽首,見前解。讓,見前解。朱虎熊羆,《左傳》文公十
八年:"高辛氏有才子八人:伯奮、仲堪、叔獻、季仲、伯虎、仲
熊、叔豹、季貍。"江聲《尚書集注音疏》:"此經虎、熊當即彼伯
虎、仲熊也。虎、熊二人合朱與羆爲四人。"《漢書·古今人表》
有伯虎、仲熊、季熊三人。師古於季熊下注曰:"即《左氏傳》所
謂季貍者也。"段玉裁:"《左氏》:'伯虎、仲熊、叔豹、季貍。'《古
今人表》作'季熊',熊疑羆之誤。即益所讓之虎、熊、羆。蓋
朱、虎、熊、羆,四人名也。"按江、段説是。僞孔傳以朱虎、熊羆
爲二人,不可從。

　　"汝諧",見前解。經文意謂舜贊同部落酋長們的意見,命
益作主管鳥獸草木的虞官。益叩頭,推讓給朱、虎、熊、羆四
人。舜説,你去做吧,你會諧和此官,幹好這項工作的。

帝曰:"咨四岳。有能典朕三禮?"僉曰:"伯夷。"
帝曰:"俞,咨伯,汝作秩宗。

　　"咨四岳",即部落酋長會議,説見前解。《説文》支部:
"敟,主也。"段注:"《廣韻》典字下曰:'主也,常也,法也,經
也。'按凡典法、典守,字皆當作敟。經傳多作典,典行而敟廢
矣。"按此經"典"字當訓主,掌管之意。

　　三禮,《史記·五帝本紀》集解引馬融:"三禮,天神、地祇、
人鬼之禮也。"引鄭玄:"天事、地事、人事之禮。"僞孔傳:"三
禮,天地人之禮。"蔡沈《書集傳》:"三禮,祀天神,享人鬼,祭地

祇之禮也。"諸説一同，皆據《周禮》爲説。《周禮·春官·大宗伯》："掌建邦之天神、人鬼、地示之禮。"是所謂三禮，係指祭禮而言。祭禮的内容不過天地人三方面。

伯夷，《漢書·古今人表》作"柏夷"，蔡邕《姜伯淮碑》作"百夷"。王符《潛夫論·志氏姓》："炎帝苗胄，四嶽伯夷，爲堯典禮，折民惟刑，以封申吕。"《史記·齊太公世家》："其先祖嘗爲四嶽，佐禹平水土，甚有功。虞夏之際封於吕，或封於申。"咨伯，《史記·五帝本紀》作"嗟！伯夷"，疑此經脱夷字。

秩宗，《五帝本紀》集解引鄭玄："主次秩尊卑。"鄭氏所説秩宗之職掌，極是。舜委任伯夷作秩宗典三禮，即主祭祀天神地祇人鬼。秩宗之職能不僅僅在於主祭祀鬼神，人間之尊卑禮儀亦當由他掌管。江聲《尚書集注音疏》云："秩宗所次秩當不但鬼神之尊卑，而鬼神亦其一隅也。"按江説是。

經文大意謂舜徵求部落酋長會議的意見，問誰能掌管三禮之事，都説伯夷可。舜同意，命伯夷作秩宗。

夙夜惟寅，直哉惟清。"

此舜之囑咐語，告誡伯夷爲秩宗，當如此。《爾雅·釋詁》："夙，早也。"寅字《史記·五帝本紀》徑作敬。寅既訓敬，則字當作夤。《説文》夕部："夤，敬惕也。"《詩·周頌·清廟》孔疏引賈逵《左傳》注云："肅然清静謂之清廟。"是清有静義。《釋名》云："清，青也。去濁遠穢，色如青也。"是清又有潔義。故《史記·五帝本紀》徑作"直哉維静絜"。絜，亦作潔。前惟字，發語詞，無義。後惟字，猶與也。經文大意謂舜告誡伯夷作秩宗宜特别注意自我修養，做到早晚都寅敬，即無時無刻不嚴於律己，一絲不苟。如此便可做到正而不邪不淫不濫不濁。

伯拜稽首，讓于夔、龍。帝曰："俞，往欽哉！"

伯，伯夷。拜稽首，跪而頭至手，手至地，敬之至也。見前

解。夔、龍，二人名。夔，一作歸。"往欽哉"，命伯夷認真從事
秩宗的職務。

帝曰："夔，命汝典樂，教胄子。

　　《説文》攴部："敟，主也。"段注："敟，經傳多作典。"樂，音
樂，但視現代之音樂一詞涵蓋爲廣泛。《漢書·禮樂志》："典
者自卿大夫師瞽以下，皆選有道德之人，朝夕習業以教國子。
國子者，卿大夫之子弟也，皆學歌九德，誦六詩，習六舞、五聲、
八音之和。故帝舜命夔曰'女典樂，教胄子'。"胄子，一作育
子。《史記·五帝本紀》作稺子。《集解》引鄭玄注："胄子，國
子也。"《經義述聞》："凡未冠者通謂之稚子，即育子，故曰'女
典樂，教育子'。"又："育胄古聲相近，作胄者假借字耳。"

　　經文大意謂舜命夔作樂官之長，主管樂教，教育部落聯盟
内所有未成年之人。

直而溫，寬而栗，剛而無虐，簡而無傲。

　　孫星衍《尚書今古文注疏》云："古教學必先治性情，法天
地四時，於《虞書》爲四德，《皋陶謨》爲九德，《洪範》爲三德，此
大學之道也。"孫云《虞書》之四德即此經之"直而溫"等四句。
直與溫，寬與栗，剛與無虐，簡與無傲，各是相反相成的對子。
雖然是四個對子，但是以第一字即直、寬、剛、簡爲主要。爲了
不使直、寬、剛、簡過度，走向極端，乃至發展爲反面，而提出四
項相應的防範措施。可見古人看問題很有一點辯證的精神。

　　直，正。孫星衍《尚書今古文注疏》："溫者，《詩傳》云'和
柔貌'。性情直者，勝之以柔。""直而溫"，教子弟正直而和柔。

　　栗，鄭玄注《禮記·表記》"寬而有辨"云："辨，別也，猶'寬
而栗'也。"寬而栗，教子弟寬厚而又能辨別是非善惡。

　　虐，高誘注《淮南子·氾論訓》"刑推則虐，虐則無親"云：
"虐，害也。喜害人，人無親之。"剛而無虐，教子弟剛强而不虐

人害物。

簡，簡易不煩。傲，傲慢、慢怠。簡而不傲，教子弟簡易而不傲人傲物。

詩言志，歌永言，聲依永，律和聲。八音克諧，無相奪倫，神人以和。”

這是舜對夔的囑咐。《五帝本紀》作“詩言意”。鄭玄注《檀弓上》“子蓋言子之志於公乎”云：“志，意也。”是志訓意。意即思想。思想在心中，表達出來才是詩，故云“詩言志”。《詩大序》：“詩者，志之所之也。在心爲志，發言爲詩。”準確地道出了詩與志的關係。

“歌永言”是古文，今文作“歌咏言”。《史記·五帝本紀》以訓詁代經文，作“歌長言”。《集解》引馬融云：“歌，所以長言詩之意也。”《爾雅·釋詁》：“永，長也。”《禮記·樂記》：“歌之爲言也，長言之也。”長言之，就是拉長聲音唱起來。這是說歌的實質。《漢書·藝文志》引此經作“哥詠言”。《禮樂志》作“歌咏言”。哥與歌、咏與詠並同。《説文》欠部：“歌，詠也。”言部：“詠，歌也。”二字轉注，故詠就是歌，歌就是詠，歌詠一也。歌，就其實質説是“永言”，即把聲音拉長。就其形式説是“詠言”，即把詩唱出來。作永作詠（咏），其實無異，故《漢書·藝文志》“哥詠言”句下顔師古注云：“詠者永也。永，長也。哥，所以長言之。”

“聲依永”，今文作“聲依咏”。聲與音統言之一也，析言之則有別。《淮南子·時則訓》：“去聲色。”高誘注：“聲，絲竹金石之聲也。”凡樂器發出之聲音皆曰聲，是聲亦含音義，聲音一也。《風俗通義·聲音篇》：“聲者宫商角徵羽也。音者，土曰塤，匏曰笙，革曰鼓，竹曰管，絲曰弦，石曰磬，金曰鐘，木曰柷。”又：“聲本音末也。”是聲音有別也。八種樂器發出的聲音，或謂之聲，或謂之音，皆統言之謂也。析言之，則聲指宫商

角徵羽言。"聲依永",《史記·五帝本紀》集解引鄭玄注云:
"聲之曲折又依長言。"長言即詠唱。聲之抑揚頓挫高下疾徐
委曲通過詠唱表現出來。《禮記·樂記》所謂"上如抗,下如
隊,曲如折,止如槁木。倨中矩,句中鈎,纍纍乎端如貫珠",就
是"聲依永"的意思。

　　"律和聲",《國語·周語下》伶州鳩云:"律,所以立均出度
也。古之神瞽考中聲而量之以制,度律均鐘,百官軌儀,紀之
以三,平之以六,成於十二,天之道也。"韋昭注:"律,謂六律、
六呂也。陽爲律,陰爲呂。六律:黃鐘、大蔟、姑洗、蕤賓、夷
則、無射也。六呂:林鐘、仲吕、夾鐘、大吕、應鐘、南吕也。均
者,均鐘木,長七尺,有絃繫之以均鐘者,度鐘大小清濁也。"
《史記·五帝本紀》集解引鄭玄注:"聲之曲折又依長言而爲,
聲中律乃爲和也。"是"律和聲",謂宫商角徵羽五聲須與六律
六吕相諧和乃成調。

　　《周禮·大師》孫詒讓《正義》引陳澧云:"蓋黃鐘之律文之
以五聲,則黃鐘爲宫,黃鐘爲商,黃鐘爲角,黃鐘爲徵,黃鐘爲
羽也。《周禮》但曰五聲,在後世言之,則謂之一均五調也。六
律六吕皆如此,則十二均六十調也。"王鳴盛《尚書後案》:"既
長言之,則有宫商角徵羽五聲清濁不同,猶恐其聲未和,乃用
律吕調和五聲,使應節奏。"按陳説具體,王説簡約,其義一也。

　　"八音克諧",《五帝本紀》作"八音能諧",是克訓能。《正
義》云:"八音,金、石、絲、竹、匏、土、革、木也。"諧,一作龤,《説
文》龠部:"龤,樂龢也。從龠皆聲。《虞書》曰:'八音克龤。'"
段注:"龤訓龢,龢訓調,調訓龢,三字爲轉注。龤龢作諧和者,
皆古今字變。"是諧者和也。"八音克諧",謂八音能够諧和而
成樂。

　　"無相奪倫"。《説文》龠字下云:"從品侖。侖,理也。"《説
文》人部:"侖,思也。"段注:"《大雅》'於論鼓鐘',毛傳曰:'論,

思也。'鄭曰:'論之言倫也。'毛鄭意一也。從侖,謂得其倫理也。"《禮記·樂記》:"樂者,通倫理者也。"這個倫理應指人倫政事而言,非一般倫次條理之謂。由此看來,"無相奪倫"一句關乎上文"詩言志"以下至"八音克諧"五句,是上五句的總括。上五句所云其實如陳澧《東塾讀書記》所言是以詩入樂一事。陳氏謂:"歌永言者,長言以歌之也。聲者,宮商角徵羽也。既歌之則有抑揚高下,依其抑揚高下記其某字爲宮,某字爲商,又定某聲用某律,則成樂章之譜,可以八音之器奏之。此以詩入樂之法,亦千古之定法也。"是"詩言志,歌永言"等五句,所言一事,無法分開。"無相奪倫",意謂詩、歌、聲、音連續配合而成樂之後,應當能夠反映人倫政事。"奪倫"謂不反映人倫政事。"無相奪倫",謂上述五個成樂之環節,無不反映人倫政事。這樣的樂是理想的。故《樂記》云:"是故審聲以知音,審音以知樂,審樂以知政,而治道備矣。"僞孔傳:"八音能諧,理不錯奪,則神人咸和。"殊誤。

　　"神人以和",樂所達到的更高一層次的社會效果。是"詩言志"以下至"無相奪倫"六句的總括。《五帝本紀》集解引鄭玄注:"'祖考來格,群后德讓',其一隅也。""祖考來格,群后德讓",《皋陶謨》文,鄭氏用以說明"神人以和",祖考是鬼,群后是人,神不止祖考,人不止群后,故言"其一隅也"。樂事辦好了,神鬼和,人亦和,即神鬼和人都表現和順安定而不出亂子。以上舜告誡夔,樂事事關重大,要他勉力爲之。

夔曰:"於,予擊石拊石,百獸率舞。"

　　於,音烏,嘆詞。"擊石拊石",一作"擊磬拊石"。據《說文》手部拊,揗也;"揗,摩也"。段注云:"《堯典》曰'擊石拊石',拊輕擊重,故分言之。"知"擊石拊石"是敲打石磬,擊者重擊,拊者輕擊。《漢書·禮樂志》:"《書》云:'擊石拊石,百獸率舞。'鳥獸且猶感應,而況於人乎,況於鬼神乎?"《論衡·感虛篇》："《尚書》曰：'擊石拊石，百獸率舞。'此雖奇怪，然尚可信。何則？鳥獸好悲聲，耳與人耳同也。"是夔說他擊石拊石，能令百獸率舞。說明他的音樂水平極高。但是，事實縱然如此，不當由他自己說。經上文言舜命禹、伯夷等人時，都表示謙讓，何以於此獨言夔自伐善？疑是他篇文字錯置於此。蘇軾《東坡書傳》云："舜方命九官，濟濟相讓，無緣夔於此獨言其功。此《益稷》之文，簡編脫誤，復見於此。"按蘇說是也。

帝曰："龍，朕墍讒說殄行，震驚朕師，命汝作納言。夙夜出納朕命，惟允。"

　　《說文》土部："墍，疾惡也。"言部："讒，譖也。"《爾雅·釋詁》："殄，絕也。"又："震，動也。"又："師，眾也。"又："朕，我也。"又："允，信也。"《史記·五帝本紀》作"朕畏忌讒說殄偽，振驚朕眾"。《集解》引徐廣云："一云'齊說殄行，振驚眾'。"段玉裁《古文尚書撰異》："畏忌者墍之訓故，齊者讒之駁文。齊，疾也，謂利口捷給也。"是讒謂能言善辯。說，《國語·楚語下》："上下說於鬼神。"韋昭注："說，媚也。"是說在此指能諂媚的人。《史記》行作偽，《潛夫論·浮侈篇》"以牢爲行"，《後漢書·王符傳》作"破牢爲偽"，是行、偽義同。《史記》《正義》："言畏惡利口讒說之人，兼殄絕姦偽人黨。"

　　納言，偽孔傳："喉舌之官。聽下言納於上，受上言宣於下。"揚雄《尚書箴》："龍爲納言，是機是密，出入朕命，王之喉舌，獻善宣美，而讒說是折。"《詩·大雅·烝民》："出納王命，王之喉舌。"鄭箋："出王命者，王口所自言，承而施之也。納王命者，時之所宜，復於王也。其行之也，皆奉順其意，如王口喉舌親所言也。"

　　經文大意謂舜對龍說，我畏懼也討厭能說善辯、諂媚奉承的人，我要絕除姦偽詐行的人，因爲這些人會震驚我的眾人。我委你作納言，你要從早到晚及時出納我的命令，要原原本本，不可有一點假。

帝曰：“咨，汝二十有二人。欽哉！惟時亮天功。”

　　二十二人爲誰，前人衆説紛紜，莫衷一是。《史記·五帝本紀》以二十二人爲禹、皋陶、契、稷、伯夷、夔、龍、倕、益、彭祖凡十人合十二牧，適合其數。不及四岳，增彭祖。《史記·五帝本紀》集解引馬融説，二十二人爲禹及垂以下皆初命者六人與上十二牧、四岳，稷、契、皋陶不在内。孔穎達《尚書正義》約引鄭玄説，謂二十二人自“咨十有二牧”至“帝曰龍”，皆“月正元日，格于文祖”所敕命也。包括殳斨、伯與、朱、虎、熊、羆，不包括四岳。僞孔傳謂二十二人包括十二牧、四岳和禹、垂、益、伯夷、夔、龍六人。蔡沈《書集傳》謂二十二人包括四岳、九官、十二牧。九官即稷、契、皋陶、禹、伯夷、垂、益、夔、龍。四岳是一人。王鳴盛《尚書後案》以爲鄭玄説不可易也。王先謙《尚書孔傳參正》説史遷之説無可疑者。王引之《經義述聞》説二十二人當作三十二人，四岳、十二牧計十六人，禹、稷、契、皋陶、垂、伯夷、益、夔、龍爲九人，殳、斨、伯與爲三人，朱、虎、熊、羆爲四人。孫星衍《尚書今古文注疏》、段玉裁《古文尚書撰異》、江聲《尚書集注音疏》並無己見。今按古説皆可商討，無一足取。首先，據《漢書·百官公卿表》，“四岳謂四方諸侯”。四岳不是四人也不是一人，四泛指四方，諸侯是後世用語，應是堯舜時代的部落酋長。“咨四岳”，字面意義是向各部落酋長諮詢，其實是召開部落酋長會議。舜所委任的二十二人都是在部落聯盟中擔任公職的人，他們都來自各自的部落，也都是参加部落酋長會議的人。其次，十二牧，即十二州牧，不能確定當時真有十二個州牧。十二州的説法很難落實。《禹貢》説“禹別九州”，九州可以確指，十二州則不能確指。縱然有十二州，也是因洪水泛濫造成的自然區域的劃分，根本不同於後世的行政區劃。堯舜時代是原始社會，由血緣團體的氏族、部落構成社會的實體,他們與地理區域的劃分没有必然的聯繫。退一步説,即使確有十二州牧,也是地方官員,不應包括在聯盟公職人員數内。二十二人應包括在部落聯盟擔任公職的禹、稷、契、皋陶、垂、弁斨、伯與、益、朱、虎、熊、羆、伯夷、夔、龍這些人。不足二十二,應付缺如。大概當時華夏族部落聯盟實有二十二個公職人員,經文並未全部記載。

"惟時亮天功",《史記·五帝本紀》作"惟時相天事"。《爾雅·釋詁》:"亮,導也。"又:"亮,右也。"功,一作工。此"亮天功"與《皋陶謨》"天工人其代之"同義。天工即天事,亦即國事。因爲舜是則天行事的,所以國事也可稱爲天事。相天事,就是輔佐舜處理部落聯盟以内的事務。

經文大意謂舜説你們二十二人要各敬其事,幫助我完成聯盟的各項任務。

三載考績,三考黜陟幽明,庶績咸熙。分北三苗。

這幾句話是記述舜對聯盟公職人員即上述二十二人實行考核制度及其效果的。載,一作歲。《説文》黑部:"黜,貶下也。"《爾雅·釋詁》:"陟,陞也。"

幽明二字或有下屬者,如《史記·五帝本紀》作"三歲一考功,三考黜陟,遠近衆功咸興"。《漢書·李尋傳》、《白虎通·考黜篇》亦幽明下屬,作"三載考績,三考黜陟"。"幽明"二字下屬上屬,意義不大相同。《尚書大傳》"幽明"上屬,它解釋説:"《書》曰'三歲考績,三考黜陟幽明'。其訓曰,三歲而小考者,正職而行事也。九歲而大考者,黜無職而賞有功也。"是以幽明爲公職人員的表現。表現好的,長期累積有善政的曰明,反之曰幽。明者陟,幽者黜。《三國志·杜恕傳》:"唐虞之君委任稷、契、夔、龍而責成功,及其罪也,殛鯀而放四凶。"説明堯舜確有考績黜陟之事。關於考績問題,古有二説。一以爲三考始黜陟,《尚書大傳》是。《路史》引《尚書大傳》云:"九歲大考，絀無職賞有功也。"《春秋繁露·考功名篇》云："天子歲試天下，三試而一考，前後三考而黜陟，命之曰計。"皆以爲黜陟須至九年。一以爲三年一考即行黜陟。《白虎通·考黜篇》云："所以三歲一考績何？三年有成，故于是賞有功，黜不肖。《尚書》曰'三載考績，三考黜陟'。"《潛夫論·三式篇》云："是故三公在三載之後，宜明考績黜刺，簡練其材。"皆以爲三年考績即行黜陟。按前説是，經文明明説"三考黜陟"，無須置疑。然而這祇是制度，實際執行如何，又當別論。任何時代制度與實行都不可能完全相合。至於"幽明"下屬上屬的問題，孰短孰長今難遽定，兩存其説可也。

庶績咸熙，《史記》作"衆功咸興"，以訓詁代經文，庶訓衆，績訓功，熙訓興。用今語表達，即各項事業都發展起來。這是説考績制度的效果。

"分北三苗"，是另一事，與上文言考績事無涉。《史記·五帝本紀》集解引鄭玄注云："所竄三苗爲西裔諸侯者猶爲惡，乃復分析流之。"《三國志·吳志·虞翻傳》裴注引虞氏奏鄭玄解《尚書》違失事目言鄭玄曰："北猶別也。"虞氏以爲鄭玄訓"北猶別也"，誠可怪。其實不怪，鄭玄云"北猶別也"，其義至精。《説文》宀部："菲，戾也。從宀北，北古文别。"陳喬樅《今文尚書經説考》："據許言北爲古文別，知今文《尚書》或但作別字。鄭云'北猶別也'，此乃以今文釋古文，本無違失，虞仲翔駁之，非是。"按陳説是。分北，即分別。分別即分析也。"分北三苗"，將三苗分析開來而流徙之。

三苗何所指，古有二説。一説此三苗即經上文"竄三苗于三危"之三苗，居於西裔，原本因爲惡而被舜竄之於西裔，今又爲惡，舜乃分析而流之。鄭玄主此説。一説舜分北之三苗非堯時已竄諸三危之三苗，此三苗在南裔荆楚一帶。《吕氏春秋·召類》云："舜卻苗氏，更易其俗。"《淮南子·修務訓》云：

"舜南征三苗，道死蒼梧。"注云："三苗之國在彭蠡，舜時不服，故往征之。"《禮記·檀弓》云："舜葬於蒼梧之野。"鄭注云："舜征有苗而死，因留葬焉。"《韓詩外傳》卷三第二十三章云："當舜之時，有苗氏不服。其不服者，衡山在南，岐山在北，左洞庭之波，右彭澤之水，由此險也。"孫星衍《尚書今古文注疏》："堯時三苗已竄三危，此有苗不服，在楚荆州之地。是舜時三苗非堯時所竄也。"按後説近是。但是另有一個問題，舜對三苗必先征伐而後分析而流之，與鄭注"舜征有苗而死，因留葬焉"説相抵觸，亦與經下文"五十載陟方乃死"不合。

舜生三十徵庸，三十在位，五十載陟方乃死。

此概括舜一生的經歷。"三十在位"之三十今文作二十。古文徵一作登。斷句亦有不同。僞孔傳本句讀如此。鄭玄則斷爲"舜生三十，徵庸三十，在位五十載陟方乃死"。陟訓陞，方訓道。孔穎達《尚書正義》引鄭玄云："舜生三十，謂生三十年也。登庸二十謂歷試二十年。在位五十載陟方乃死。"謂攝位至死爲五十年，舜年一百歲也。《史記·五帝本紀》：舜"年三十堯舉之，年五十攝行天子事，年五十八堯崩，年六十一代堯踐帝位。踐帝位三十九年，南巡狩，崩於蒼梧之野，葬於江南九疑，是爲零陵。"史遷謂舜攝位八年，居喪三年正式即位，又三十九年而死，即在位五十年。此與鄭玄説合。段玉裁《古文尚書撰異》："三十在位，今文《尚書》作二十，鄭君用今文讀古文，讀三十爲二十，可考而知也。"段氏以下舉《五帝本紀》、《論衡·氣壽篇》、《孟子·萬章篇》之説，證明鄭玄讀"三十在位"爲"二十在位"是本今文説。《孟子·萬章上》："五十而慕者，予於大舜見之矣。"趙岐注："《書》曰：'舜生三十徵庸，二十（作五十、三十者非）在位，在位時尚慕，故言五十也。'"段氏謂倘趙注同古文《尚書》作"三十在位"，則不爲"五十而慕"之證矣。因爲三十加三十，與五十之數不合。

"陟方乃死"，陟方，陟於道路之謂，即舜死於道路。死於何事，則古説不一。《史記·五帝本紀》以爲舜"南巡狩，崩於蒼梧之野"。是説舜死於南巡狩之道路上。僞孔傳説同。《白虎通·巡狩篇》："王者巡守崩於道，歸葬何？"又："即如是，舜葬蒼梧，禹葬會稽何？於時尚質，故死則止葬，不重煩擾也。"是班固亦以爲舜死於巡狩的道路上。《論衡·書虛篇》則以爲"舜南治水，死於蒼梧，禹東治水，死於會稽"。《淮南子·修務訓》以爲舜"南征三苗，道死蒼梧"。《禮記·檀弓》："舜葬於蒼梧之野。"鄭玄注："舜征有苗而死，因留葬焉。"《國語·魯語上》："舜勤民事而野死。"韋昭注："野死，謂征有苗死於蒼梧之野也。"皆以爲舜因征有苗而死。孫星衍《尚書今古文注疏》："巡狩至五岳而止，此至蒼梧者，蓋此行分北三苗，且行九歲之大考也。"皮錫瑞《今文尚書考證》："舜之'陟方'必爲考績並分北三苗而往。"孫、皮説同，以爲舜死蒼梧是由於考績和征苗之事。按《論衡》治水説不足信據。孫氏之九年大考説亦頗可疑，三考黜陟應在部落聯盟公職人員範圍内，不包括各部落酋長。部落是自然長成的，部落酋長是部落内部決定的，不同於後世的封國和諸侯，無須舜去考績黜陟他們，至於流放共工、驩兜、三苗、鯀四凶，那不是黜陟，而是刑罰。而且除三苗屬於蠻夷以外，餘三凶都是以聯盟公職人員的身份而獲罪的。舜死於蒼梧絕對不可能是去行九年大考。《史記》的巡狩説和《淮南子》、鄭玄、韋昭的征苗説各有一定道理，二説比較，征苗説近是。因爲經文"陟方乃死"是緊接着"分北三苗"一句説的，陟方與分北二事當有聯繫。

【總論】

孔子論次《尚書》獨載堯以來，堯以前不取，至司馬遷作《史記》才追溯至黃帝。司馬遷的《五帝本紀》記堯以前事，材料顯然不足，且往往自相牴牾。孔子編定的《堯典》則是信史。孔子論次《尚書》之所以自《堯典》起始，原因有二。一是《堯典》的材料確鑿，二是堯這個人物和他的事迹具有劃時代的意義。華夏民族的血緣之根在黃帝，中國人傳統思想文化的源頭卻在堯。堯（以及舜）的事迹主要保留在《堯典》裏。《堯典》是中國遠古歷史的重要文獻史料。

堯（以及舜）的時代，放到整個人類歷史的長河裏看，它處在原始社會末期的軍事民主制階段。它的許多文化現象與國家產生以後的情況不同，卻又是後世文明的淵源。而且記載它的事迹的《堯典》又寫定於平王東遷之後，許多用語帶有階級社會的色彩是不可避免的。把握住這些，無疑是讀通《堯典》的鑰匙。

《堯典》的内容最重要的有制曆、選賢、命官三事。除此還有不少問題須注意。依文章次序説，有以下各點：

"以親九族"，"平章百姓"，"協和萬邦"，"黎民於變時雍"，祇論血緣而不涉及階級，説明當時是由血緣團體構成的原始社會。"協和萬邦"反映華夏族部落聯盟已與其他部落發生緊密聯繫。

"欽若昊天，曆象日月星辰，敬授人時"至"以閏月定四時成歲，允釐百工，庶績咸熙"這一段記述以日月運行爲内容的新曆法的制定及其意義。此事影響至爲深遠。古代中國人自然之天的天概念從此形成，唯物論世界觀的基礎從此奠定，構成了以孔子學説爲主流的傳統思想文化的理論骨幹。自堯及堯以後，上層人物及知識界在天與天人關係上絕大多數人持理性的態度。對天神地祇人鬼的祭祀不過出於實用或政治的目的，不宜視爲真正的宗教信仰。魏晉玄學和宋明理學的哲學唯心論是受道家佛家影響的結果，屬於另一不同的系統。

"湯湯洪水方割，蕩蕩懷山襄陵，浩浩滔天"，是記述堯舜時代那場現代人無法想象的洪水。現在知道那場洪水是世界性的。它在中國，對歷史發展產生過巨大影響。華夏族部落聯盟的鞏固以及周邊各異族部落與它的緊密聯繫都與洪水有關。"同律度量衡”,巡狩制度,十二州、九州的區域劃分,其契機亦可歸諸洪水。

"象以典刑,流宥五刑,鞭作官刑,扑作教刑,金作贖刑,眚災肆赦,怙終賊刑。欽哉欽哉,惟刑之恤哉"和流放四凶的記載,是中國刑法史的最早文獻材料。國家出現之前,從理論上說是"謀閉而不興,盜竊亂賊而不作"(《禮運》記孔子語)的時代,不應有刑罰。但是作為國家產生後的階級統治手段之一的刑罰制度不可能一朝突然出現,原始氏族社會晚期必爲它提供一定的制度的和思想的條件。《堯典》恰好反映了這方面的情況。《堯典》的刑罰思想與制度具有明顯的原始社會的特點。它實行象刑,用象刑代替三苗的五刑(肉刑與死刑),還有流刑和贖刑。這反映當時是血緣社會的特點。同一血緣團體內的人屬於同一祖先,當然不忍刑之殺之。最大的懲罰是流放。對原始社會的人來說,被趕出氏族、部落之外,可能是難以忍受的痛苦。"金作贖刑"則反映私有制與產品交換的存在。"眚災肆赦,怙終賊刑"和"惟刑之恤",體現重在教育和慎刑的思想。周代周公旦"明德慎罰"和孔子強調的"刑罰中"的思想蓋淵源於此。

堯之讓位於舜,是衆所周知的禪讓制度。禪讓不宜視作個人品德的表現,應理解爲一種制度,一種原始軍事民主制下的選舉制度。世襲是當時人不能理解也不能接受的。幾次言及的"咨四岳",是軍事民主制下的部落酋長會議,薦賢和聯盟公職人員的委任,都由它進行。

聯盟公職人員禹、稷、契、皋陶、伯夷、夔擔任的職務表明華夏部落聯盟對於平治水土、播種穀物、人倫教育、刑罰、百工、禮、樂負有統一管理的責任。其中契掌管的人倫教育即對於血緣團體內父母兄弟子五種身份的人進行的五教尤其值得注意。"五品"的提法反映父系個體婚制的家庭已經發展到相當的程度。父義母慈兄友弟恭子孝的"五教"的提出,反映當時的社會關係問題尚僅限於血緣方面,階級與政治關係不存在,至少尚不成爲問題。戰國孟子說的"父子有親,君臣有義,夫婦有别,長幼有叙,朋友有信"的五教既源於《堯典》又不同於《堯典》。説明孟子看到的人倫關係除血緣關係以外還有政治關係,而且政治關係占有較大的比重。皋陶所任之士的職能也頗堪玩味。他這位主管聯盟司法事務的大"士",其首要任務竟是對付"蠻夷猾夏"的蠻夷。對蠻夷施刑祇能是武力討伐。可見當時對異族部落的武力行爲也屬於刑罰範圍。大"士"的對內職能則限於"五刑有服"即象刑和"五流有宅"即流刑兩方面。

《皋陶謨》新解

【序説】

　　今文《尚書》有《皋陶謨》無《益稷》，《益稷》是後世人從《皋陶謨》分出去的。《説文》言部云："《虞書》曰'咎繇謨'。"《漢書》師古注、《後漢書》李賢注、《文選》李善注俱作"咎繇"。是"皋陶"古作"咎繇"，作"皋陶"乃後人所改。謨，《爾雅·釋詁》："謀也。"《説文》言部："謨，議謀也。"又："謀，慮難曰謀。"《左傳》襄公四年："咨難爲謀。"《國語·魯語》："諮事爲謀。"《詩·皇皇者華》"周爰咨謀"，毛傳："咨事之難易爲謀。"《吕氏春秋·召類》："凡謀者疑也。疑則從義斷事。"《春秋繁露·五行五事》："聰作謀，謀者某事也。王者聰，則聞事與臣下謀之，故事無失謀也。"是謀爲有疑難不決之事與人議論謀劃之意。《史記·夏本紀》："皋陶作士以理民。帝舜朝，禹、伯夷、皋陶相與語帝前。皋陶述其謀。"是知此篇主要記載皋陶、禹在帝舜面前相互討論議謀如何治理好部落聯盟以及本部落聯盟以外事務的問題。此篇經文無"伯夷"，司馬遷言及"伯夷"，是因爲他認爲經文自"皋陶方祇厥敍"及"戛擊鳴球"至"庶尹允諧"是史臣伯夷敍事之文。

　　從篇首云"曰若稽古皋陶"看，此篇與《堯典》一樣，是後世追記成篇，不是當時人所作，而材料是當時傳下來的。寫作成篇當在周室東遷之後，出自某個大學者之手。孔子編定《尚書》從堯的事迹開始，堯之前五帝之事不取，説明孔子認爲自堯以下之史料可信。

　　《皋陶謨》全文從内容看，確實可以劃分爲前後兩部分。從"思曰贊贊襄哉"以上，都是皋陶與禹在舜面前的對話，主要講兩個問題,一是"知人",一是"安民"。這兩點都是當時舜遇到的必須妥善解決的具有決定性的問題。自"帝曰,來禹,汝亦昌言"以下,除皋陶與禹以外,插進了帝舜的言論。主要講"君"與"臣"應當如何各安其止,即各爲所當爲與不爲所不當爲的問題。《尚書大傳》載孔子關於《尚書》"七觀"的話,謂"《皋陶謨》可以觀治",是有道理的。

　　《皋陶謨》中提出的某些思想如"在知人,在安民"、"寬而栗"等"九德"、"天工人其代之"、"天聰明自我民聰明,天明畏自我民明威"等,肯定是當時人意識形態的真實記録,并且對後世産生過深遠影響。關於皋陶"方施象刑惟明"和禹"荒度土功"、"苗頑弗即工"的記載,也是極珍貴的史料。

【新解】

曰若稽古皋陶曰:"允迪厥德,謨明弼諧。"

　　"曰若"是發語辭,不爲義。稽,考。稽古,考古。説見《堯典》解。"曰若稽古皋陶曰",蔡沈《書集傳》釋云:"稽古之下即記皋陶之言者,謂考古皋陶之言如此也。"意謂考察古人皋陶如何如何説。這樣解釋是對的。偽孔傳亦以"皋陶"屬上讀,但是釋"曰若稽古"爲"順考古道"則誤。《堯典》"曰若稽古帝堯",此經"曰若稽古皋陶"一樣,所考的顯然是堯與皋陶這兩個古人。所不同的是,前者考帝堯之行事,後者考皋陶之言語。因此,前者曰"典",後者曰"謨"。孔穎達《尚書正義》引鄭玄注云"以皋陶下屬爲句",殊誤。其實"曰若稽古某某"是古語常用的定式,不唯《尚書》如此,其他古籍亦不乏其例,如《白虎通·聖人篇》:"曰若稽古皋陶。"孔穎達《毛詩正義》之《周頌譜》疏引《中候擿雒戒》云:"曰若稽古周公旦。"

　　《史記》引《尚書》文皆以訓代經,《夏本紀》云:"皋陶述其謨曰:'信其道德,謀明輔和。'"把其(厥)字移至道(迪)上,因此有人懷疑今文《尚書》作"允厥迪德"。皮錫瑞《今文尚書考證》據蔡邕《中鼎銘》"公允迪厥德"、《朱公叔墳前石碑》"允迪聖矩"、《陳留范史雲碑》"允迪德譽"、《張玄祠堂碑銘》"允迪懿德"，皆以"允迪"連文，證明今古文皆作"允迪厥德"。段玉裁《古文尚書撰異》亦云："《夏本紀》'信道其德，謀明輔和'即'允迪厥德，謨明弼諧'也。各本作'信其道德'，蓋誤。"按，皮、段說是。

　　"允迪厥德，謨明弼諧"，允、迪、謨、弼、諧，《爾雅·釋詁》釋作信、道、謀、輔、和。厥，《爾雅·釋言》釋作其。這些字作這樣的訓釋，當然是對的，所以《史記》徑引作："信道其德，謀明輔和。"但是這兩句話的實質性意義到底是什麼，仍不明白。首先，這兩句話在經文中具有總攝下文的意義，是皋陶所述之謀的總提示，下面所云都是這兩句話的具體化。所以皋陶出此語後，禹接著問道："俞，如何？"意謂你說的很對，但是如何實現呢？其次，須明瞭"允迪"與"謨明"二句之語法關係。偽孔傳、蔡傳、曾運乾《尚書正讀》諸書皆以爲是條件復句，即前句是因，後句是果。然而自經下文體會，既論及"允迪厥德"的內容，也言及"謨明弼諧"的內容，二句應是并列關係。第三，迪字的訓釋問題，《爾雅·釋詁》訓道，《夏本紀》亦訓道。《說文》辵部："迪，道也。"段注："道兼道路、引導二訓。"偽孔傳、蔡傳並訓蹈。唯獨王引之《經傳釋詞》訓用，謂"某氏《傳》於諸'迪'字，或訓爲道，或訓爲蹈，皆於文義未協"。王氏又云"迪爲不用之用，又爲語詞之用，義相因也"。按，王說可取。依王氏義，"允迪厥德"當釋爲"信用其德"。用是不用之用。引申開來，用是照辦、實行的意思。德字應取與刑相對應之義，即廣義的德。"允迪厥德"出自身份爲主管刑法的士皋陶之口，格外有意義。皋陶的意思顯然是說，辦好部落聯盟乃至全"天下"的事情，靠消極的刑法不行，要靠實實在在、誠誠懇懇地實行德政，發揮教化的作用。還有厥（其）字的問題，厥是代詞，

代誰？偽孔傳謂"其，古人也"。蔡傳以爲"厥德"是爲君者之
德，即當時在位者帝舜之德。蔡説是。

　　"允迪厥德"一語是説在位者帝舜應當如此。"謨明弼諧"
一語是説輔佐帝舜的"臣下"們應當如此。謨，謀。謨明，謀劃
事情要聰敏高明。弼，輔。諧，和。"臣下"們輔佐爲君者要
和，和是孔子説的"君子和而不同"的和。弼諧，指"君臣"關係
而言。有人解作輔臣們團結一致，不合經義。

禹曰："俞，如何？"皋陶曰："都，慎厥身修，思永，惇敍九族，庶明勵
翼，邇可遠在兹。"禹拜昌言曰："俞。"

　　禹問如何做到"允迪厥德，謨明弼諧"，皋陶作答，禹表示
贊同。俞，《夏本紀》作"然"，贊成的意思。都，《夏本紀》作
"於"，張守節《正義》："於音烏，嘆美之辭。""慎厥身修思永"，
《經典釋文》於"身修"絶句。《夏本紀》張守節《正義》以及偽孔
傳説同。《爾雅·釋詁》慎訓誠，永訓長。"慎厥身修"，言（領
導者）應當誠敬地對待自己的修養，即認真修治自身。"思
永"，謀慮長遠，非祇想到眼前。蔡傳説"思永，則非淺近之
謀"，是對的。"惇敍九族"，作"惇敍"蓋本夏侯《尚書》。《夏本
紀》本歐陽《尚書》，作"敦序"。惇，《爾雅·釋詁》訓厚。序，
《魯語下》"夕序其業"，韋昭注："序，次也。""九族"，古人説解
見仁見智，但是指稱與自己有較近血緣關係的人們，則是一致
的。説見《堯典》"以親九族"解。"惇敍九族"，敦厚九族親屬
間的有倫次的親密關係。意與《堯典》"以親九族"相似而語意
有所加重。以上"慎厥身修，思永，惇敍九族"，是説領導者首
先要解決自身的問題，其次是謀慮要深遠而不可目光短淺的
問題，然後是處理好九族關係的問題。做到這些，便可以達到
"庶明勵翼，邇可遠在兹"的效果。

　　庶，《爾雅·釋詁》訓衆。明，孔穎達《尚書正義》引鄭玄、
王肅注訓作賢明之人。"勵翼"，鄭玄勵作勵，據《爾雅·釋詁》

訓厲爲作，又釋翼爲"羽翼之臣"，釋全句爲"以衆賢明作輔翼之臣"，不可從。孔穎達《尚書正義》引王肅云："以衆賢明爲砥礪，爲羽翼。"亦不可從。勵，《説文》作勱，力部云："勉力也。"《釋名》："勵，勸也。"《左傳》哀公十一年："宗子陽與閭丘明相厲也。"杜注："相勸厲。"厲通作勵。《廣韻》："勸勉也。"《後漢書·祭肜傳》："璽書勉勵。"是勵或作勱或作厲，都是勸勉自强的意思。翼，《爾雅·釋詁》："翼，敬也。"《詩·小雅·六月》："有嚴有翼。"毛傳："翼，敬也。"敬，《釋名》："警也，恒自肅警也。"《玉篇》："恭也，慎也。"由此看來"勵翼"是兩個自動詞，不及物，是説賢明之人勸勉努力，謹謹慎慎，規規矩矩。僞孔傳解翼爲"翼戴上命"，俞樾《群經平議》釋翼爲助，謂"庶民勉厲以助上也"，都是增字解經，不足取。但是俞樾説"九族，舉至近者；庶明，舉至遠者，故曰'邇可遠在兹'。《論語》曰'君子篤於親則民興於仁'，此所以'惇敍九族，庶明勵翼'也"，卻極有見地（其釋庶明爲衆民，不足取）。處理好九族的關係問題，從而使衆賢明之人努力工作，老實服從，由解決近的問題達到解決遠的問題，就在於此。

"禹拜昌言"，《荀子·大略篇》："平衡曰拜。"王先謙《荀子集解》："平衡謂磬折，頭與腰如衡之平。"引郝懿行云："拜者必跪。拜手，頭至手也，不至地，故曰平衡。"是拜的動作第一要跪下，第二要手平伸而頭低至手上。古文《尚書》作"昌言"，今文《尚書》昌作黨或作讜。但是，今文《尚書》中的夏侯本子作黨或作讜，而歐陽本子則與古文《尚書》一樣作昌。在漢代，作昌作黨，音同義同，黨與讜亦通用。《説文》日部："昌，美言也。"《字林》："讜，美言也。"《聲類》："讜言，善言也。"《夏本紀》引徑作"美言"。俞，《夏本紀》作"然"，表示贊同的意思。全句是説，禹恭恭敬敬地接受了皋陶講的"美言"，説了一聲"是的"。

　　總之，皋陶這幾句話，意思是這樣的：作領導者的人，要誠敬認真地修治自身，要深謀遠慮，不可衹顧一時，還要處理好九族親屬間有倫次的親密關係。由自身而九族，由近而及遠，影響之下，衆賢明之人必能勸勉努力，謹慎規矩。

皋陶曰："都，在知人，在安民。"禹曰："吁，咸若時，惟帝其難之。知人則哲，能官人。安民則惠，黎民懷之。能哲而惠，何憂乎讙兜，何遷乎有苗，何畏乎巧言令色孔壬。"

　　篇首"允迪厥德，謨明弼諧"是皋陶之謨提綱挈領的兩句，意謂爲"君"的要運用、發揮他的德政、德教，爲"臣"的要謀略高明，與"君"協調，和而不同。以下"慎厥身修"諸句是實現那兩點的具體要求。但是顯然不够，所以皋陶又提出知人、安民的問題。知人、安民是皋陶所論的主要之點。禹提出詰難，並非政見不同，是爲了通過辯論使認識深入。

　　"皋陶曰：都，在知人，在安民"，都字《夏本紀》作"於"，音烏，嘆美之詞。説見前。兩個"在"承接上文而來，即做到"慎厥身修，思永，惇敍九族，庶明勵翼，邇可遠在兹"，在於知人，在於安民。人與民兩字對言，意義是有區別的。人指上層人物，在後世階級社會指統治階級裏的人，在原始社會則指氏族、部落、部落聯盟的領導人物。民指普通的勞動者。關於人、民的區別，説見《堯典》"敬授人時"解。"知人"是爲君者對官員的瞭解，不是一般的知人。知人才能善任，所以知人極難也極重要。《漢書·薛宣傳》谷永上疏云："帝王之德莫大於知人。知人則百僚任職，天工不曠……衆職修理，姦軌絕息。"説的正是皋陶所説"在知人"的意思。衹是皋陶的"知人"者指部落聯盟首長而言，不是後世的帝王。然而"知人"的意義是一致的。

　　安民，使民得安。《爾雅·釋詁》："安，定也。"《説文》、《方言》並云："安，靜也。"桂馥《説文解字義證》："靜也者，當爲

靖。"《釋詁》又云："安,止也。"郝懿行《爾雅義疏·釋詁下》:
"安者,《説文》云'静也',與止義近。下文云(指《爾雅·釋
詁》)'定也',定又訓止。"郝氏又云:"今人施物於器曰安,亦取
其止而不動矣。"《戰國策·秦策》云:"而安其兵。"高誘注:
"安,止也。"《釋名》:"安,晏也。晏晏然和喜無動懼也。"據此
可知,"安民"是使民晏然安静,和樂無有危懼。經上文言"庶
明勵翼"就是民安的寫照。這當然是領導者"允迪厥德"而不
是强暴壓抑的結果。

"禹曰:'吁,咸若時,惟帝其難之。'"吁,《説文》口部:"驚
也。"《堯典》"帝曰吁,囂訟可乎",僞孔傳云:"吁,疑怪之辭。"
禹對皋陶以上言論感到震驚,故發出驚嘆之詞。"咸若時",
《夏本紀》作"皆若是"。《爾雅·釋詁》"咸,皆也","時,是也"。
史公據《爾雅》,以詁訓代經文。若,《説文》艸部若字段注:"又
假借爲如也。""咸若時",(事情)都如此,即像你説的那樣,知
人、安民都做到,則"惟帝其難之"。惟,王引之《經傳釋詞》卷
三:"發語詞也。《書·皋陶謨》曰'惟帝其難之'是也。"又云:
"字或作唯,或作維。家大人曰'亦作雖'。"帝指帝堯。《左傳》
文公十八年魯大史克言堯時有十六族,世濟其美,"而堯不能
舉";有三族,世濟其凶,"而堯不能去"。《論語·雍也》記孔子
説博施濟衆,"堯舜其猶病諸",説明堯舜也有難以做到的事
情,堯實際上就有當舉未舉,當去未去的失誤,没做到皋陶講
的"知人"。"惟帝其難之",知人、安民之事,堯也難做到它。
意思是説,知人、安民是極難做到的。

"知人則哲,能官人。安民則惠,黎民懷之。"禹進一步論
説知人、安民之難能。蔡傳説:"知人,智之事也。安民,仁之
事也。"是説得對的。智與仁兼舉,則既哲且惠,能官人,又能
令黎民懷之。《廣雅》:"則,即也。"《爾雅·釋言》:"哲,智也。"
《漢書·五行志》引作悊,師古注:"悊,智也。能知其材,則能

官之,所以爲智也。"《夏本紀》哲徑作智。《説文》更部:"惠,仁也。"《廣雅》同。《爾雅·釋詁》:"惠,愛也。"《詩·大雅·民勞》:"惠此中國。"《大雅·瞻卬》:"則不我惠。"鄭箋並云:"惠,愛也。"賈誼《新書·道術篇》:"心存恤人謂之惠。"是惠謂對民存仁愛體恤之心。黎民,普通的氏族成員,普通的勞動者,説見《堯典》解。《爾雅·釋詁》:"懷,思也。"又云:"懷,止也。"郝懿行《爾雅義疏》:"懷者思之止也,懷訓思而尤甚於思。"這兩句話是説,知人就哲,能任用好人不任用壞人;安民就惠,普通的民衆就想安止於此而不離去。

"何憂乎驩兜,何遷乎有苗,何畏乎巧言令色孔壬"。堯時有所謂"四凶",驩兜、共工、鯀三凶曾被委任以部落聯盟的重要職務,後來都出了大問題,結果共工被流於幽州,驩兜被放於崇山,鯀被殛於羽山。有苗(三苗)是居於南方的非華夏族,即所謂蠻夷,因爲長期不服中原華夏部落聯盟的領導而被遷往西方的三危。四凶,禹在這裏祇言及三凶,未提鯀。據《夏本紀》之《集解》引鄭玄注説,是"禹爲父隱,故言不及鯀也"(孔穎達《尚書正義》以爲此語是馬融説的,未知孰是)。禹也未明言共工。僞孔傳説"巧言"就是"静言庸違","令色"就是"象恭滔天"。據《堯典》,這正是共工的表現。《論語·學而》:"巧言令色鮮矣仁。"包咸注云:"巧言,好其言語;令色,善其顔色。皆欲令人説之,少能有仁也。"孔,《爾雅·釋言》云:"甚也。"壬,《爾雅·釋詁》云:"佞也。"又,《春秋》莊公十七年:"秋,鄭詹自齊逃來。"《公羊傳》解釋説:"何以書?書甚佞也。"是知"孔壬"即"甚佞","甚佞"就是大姦。禹不明言"共工",而説"巧言令色孔壬",點出他外表言好色善,内裏卻包藏禍心的特點,目的顯然是爲了有力地證明"知人"之難。如果堯做到了"知人",壞人不用,則驩兜何須憂,共工何須畏? 如果堯做到了"安民",天下之人無不懷之,有苗何須遷? 禹之詰難如此鋒利,不容皋陶不向問題的深層講開去。

皋陶曰:"都,亦行有九德。亦言其人有德,乃言曰,載采采。"禹曰:"何?"皋陶曰:"寬而栗,柔而立,愿而恭,亂而敬,擾而毅,直而温,簡而廉,剛而塞,彊而義。彰厥有常,吉哉!

經文自此至"撫于五辰,庶績其凝",專論如何知人的問題。這裏皋陶提出"九德"作爲選擇"官員"的標準。在部落聯盟或各部落擔任各項職務的人應當具有這"九德"。同時提出了從某人之行事驗證某人是否具有"九德"的知人方法。《論衡·答佞篇》云:"唯聖賢之人,以九德檢其行,以事效考其言。行不合於九德,言不驗於事效,人非賢則佞矣。"正是皋陶之意。

都,《夏本紀》作"然,於"。於即都,音烏,嘆美之辭。然,乃史公據語意所加。"然,於",皋陶對禹的詰難表示理解和贊賞。亦,語助詞,無義,相當於"惟"或"唯"。蔡傳"亦"訓"總",未知何所據,今不取。顧野王《玉篇》據《説文》亦部釋"亦"爲人之臂,手部釋"掖"爲人之臂下,以及《詩·陳風·衡門》小序"以誘掖其君",鄭箋:"掖,扶持也。"而解"亦行有九德"爲"人掖扶其行有九德"。迂曲之至,其艱澀難通勝過經文,今亦不取。"亦行有九德",義甚明瞭,曾運乾《尚書正讀》謂"言人之行有九德",極是。下文"亦言其人有德",《夏本紀》引無"人"字。今各本皆有"人"字。段玉裁《古文尚書撰異》考證,唐石經有"人"字,後來覆定石經時刪去人字。今注疏本有人字,乃據別本而來。《夏本紀》引無人字,是今文《尚書》本無人字。今按,有"人"字於經義爲順。亦字,語助詞,無義。"言其人有德",謂説此人有德。言外之意,若薦舉一個人,不可僅説他可以勝任,還要説他有德。若無德,則不可薦舉。何以證明他有德無德呢?下文"乃言曰,載采采",就是證明的辦法。采,《爾雅·釋詁》訓事。采采,不止一事,許多事。載,古人訓釋不同。《夏本紀》訓始。《詩·周頌·載見》序：“載見，諸侯始見乎武王廟也。”其《詩》“載見辟王”句毛傳云：“載，始也。”是漢人載有始訓，但是“載見辟王”之“載”在句中做副詞，下有謂語“見”，訓始是對的。而在此經文“載采采”句中，“載”字本身是謂語，訓始則不通。僞孔傳：“載行采事也。稱其人有德，必言其所行某事某事以爲驗。”曾運乾《尚書正讀》：“載，爲也。”訓行訓爲，在此作謂語，義通文順，可從。“乃言曰，載采采”，意謂要説出他做的一些事情來。（以驗證他確實有德）。

“禹曰：‘何？’”禹問皋陶九德有哪些。“皋陶曰：‘寬而栗……’”皋陶列述“寬而栗”以下之九種德。“九德”的句式相同，那麼，上下兩字是怎樣的關係呢？孔穎達《尚書正義》引鄭玄注説：“凡人之性有異，有其上者不必有下，有其下者不必有上，上下相協乃成其德。”孔疏云：“是言上下以相對，各令以相對，兼而有之，乃爲一德。”鄭注、孔疏認爲“九德”各德之上下兩字合而爲一德，是對的。但是把上下兩字看成是對等的關係，則不妥。“九德”之每一德雖必須由上下兩字合成，然而上一字與下一字的意義顯然有別，上一字是主要的。應當説，九德主要是上面的寬、柔、愿、亂、擾、直、簡、剛、彊九個字。把下一字換到上面去，變成“栗而寬”等等，是絕對不可以的。再者，“九德”之每一德的上下二字也不是相反相成的對立關係。很明顯，剛與柔是相反相成的對立關係，可是在“九德”中剛與柔分別與塞、立合成一德；説明剛與塞、柔與立不是相反相成的對立關係。其餘七德必亦同此。曾運乾《尚書正讀》引金履祥説“九德”云：“九德凡十八字，而合爲九德者，上九字其資質，下九字則進修。”金氏此説極精，看到了上九字與下九字的不同。不過説上九字是資質，天賦的；下九字是進修，後天的，實爲美中之不足。實際上上九字也是一個人後天修養習染而成的品德。皋陶認爲擔任部落聯盟或部落一定的管理職務的

"官員"應具有這九種品德。什麼事情都有個限度,過或不及都不可。所以九種品德又各加了一定的條件限制,使不至於過火。例如寬,好;寬過了頭,就變爲不好。"寬而栗",給寬加上個栗的要求,使不過於寬,才爲最好。這裏含有中的思想。中的思想首見於《論語·堯曰》之"允執其中"(《大禹謨》亦有"允執厥中"語,但是《大禹謨》是僞託之作,不算),記的是堯舜時事,是可信的,此經之"九德"之説是一個證明。

　　"寬而栗",《夏本紀》集解引馬融注:"寬大而敬謹戰栗也。"(據俞樾《群經平議》,今《夏本紀》集解未見引馬融此語)僞孔傳:"性寬弘而能莊栗。"孔穎達《尚書正義》引鄭玄注:"寬謂度量寬弘。"三人關於寬的訓解一致,寬就是度量寬大能容。這不成爲問題,問題在栗字。馬云"敬謹戰栗",僞孔傳云"莊栗",意同,皆謂小心戒慎之意。俞樾《群經平議》説"栗與秩古通用,寬而栗猶寬而秩也。言寬大而條理秩然也"。根據是《公羊傳》哀公二年"戰于栗",《經典釋文》曰:"栗一本作秩。"俞氏同時又引《禮記·表記》"寬而有辨"鄭注:"辨,別也,猶寬而栗也。"然後説:"然則鄭君以'寬而栗'爲'寬而有辨別',得其旨矣。"條理秩然與寬而有辨別,意義一貫。寬大過了頭容易條理紊亂,是非不分,故云"寬而栗"。按俞説是。

　　"柔而立",僞孔傳:"和柔而能立事。"孔穎達《尚書正義》引鄭玄:"柔謂性行和柔。"柔是柔,和是和,義有不同,用"和柔"釋柔,不妥。柔不含和義,柔者不必和。《説文》木部:"柔,木曲直也。"段注:"《洪範》'木曰曲直',凡木曲者可直,直者可曲,曰柔。"又云:"柔之引伸爲凡軟弱之稱。"是柔謂木可曲可直,引申有弱義,故《老子》常柔弱連稱。《易·説卦》:"乾健也,坤順也。"《易·雜卦》:"乾剛坤柔。"是柔亦有順義。"柔和"、"柔弱"、"柔順"都是今之常語,可是義有不同。"柔和"是柔且和之意,不但柔,而且和。"柔弱"、"柔順"則不是柔且弱,柔且順，因爲柔就是弱，柔就是順。柔須有個限度，就是不能柔到不立的程度。故云"柔而立"。蔡傳："柔而立者，柔順而植立也。"最爲的當。孫星衍《尚書今古文注疏》："柔順近弱而能樹立。"也對。"九德"之"而"字據《吕氏春秋·士容》"柔而堅，虚而實"高誘注："而，能也。"皆當讀爲能。另外，附帶説幾句，常有人説道家貴柔而孔子與儒家尚剛，顯然不合實際。説道家貴柔是對的，説孔子與儒家尚剛則不對。孔子與儒家所貴者中也，即中庸之道。所謂貴中，是一切依時而定，當柔則柔，當剛則剛，不拘執一偏。《周易》既講乾之剛，也講坤之柔。此經亦然，"九德"中有"剛而塞"，也有"柔而立"，《洪範》更有"柔克"、"剛克"之説。《尚書》、《周易》的思想爲孔子與儒家一脈相承下來。

"愿而恭"，僞孔傳："慤愿而恭恪。"蔡傳襲用之云："謹愿而恭恪也。"《説文》心部："愿，謹也。"《廣雅》："愿。慤也。"《説文》心部："慤，謹也。"是愿訓謹訓慤。《荀子·正名》："故其民慤，慤則易使。"《左傳》襄公三十一年："愿，吾愛之，不吾叛也。"杜注："愿，謹善也。"《周禮·大司寇》"國刑上愿糾暴"鄭注："愿，慤慎也。"是愿之義是謹厚戒慎，老誠不貳。這樣的人做事不至於走到極端，應當能恭。僞孔傳釋恭爲恭恪，恭據《説文》是肅的意思，段注説肅是持事振敬。賈誼《新書》謂"接遇慎容謂之恭"。《論語·子路》"居處恭，執事敬"，《季氏》"貌思恭"，"事思敬"。是恭的意思表現在容儀上是恭肅，表現在做事上是誠敬。這樣的恭衹能助長愿的人更加愿，根本不能防止愿發展到過火的程度。所以"愿而恭"的"恭"字不應當是恭恪的意思。《夏本紀》"愿而恭"作"愿而共"。共字固然可以借作恭，但是《史記》作恭敬講的恭字皆作恭，如《堯典》，《史記》引"允恭"、"象恭"，作恭而不作共。那麼《夏本紀》"愿而共"的"共"是什麼意思呢？段玉裁《古文尚書撰異》謂《史記》

本今文《尚書》作“愿而共”，勝於古文《尚書》作“愿而恭”。段云：“謹愿人多不能供辦，能治人多不能敬慎，德與才互兼也。”按段説有道理。謹愿的人謹愿過了火便不能辦事，不能管理。愿而能共才是完滿的，即既謹愿忠厚又能辦事，善於管理。謹厚過分變成呆子以至於不會辦事，這等於廢材，不可用。

“亂而敬”，《爾雅·釋詁》：“亂，治也。”《説文》乙部：“亂，治也。從乙，乙，治之也，從𤔔。”段玉裁以爲文理不可通，改爲：“亂，不治也。從乙𤔔，乙，治之也。”并且注云：“亂，本訓不治，不治則欲其治，故其字從乙𤔔，乙以治之。”按，段氏説可商。證諸經典，亂訓治，是也。《夏本紀》“亂而敬”徑作“治而敬”。《論語·泰伯》：“予有亂臣十人。”馬融注：“亂，治也。”郭璞注《爾雅·釋詁》“亂，治也”亦引《泰伯》此句。《左傳》襄公二十八年：“武王有亂臣十人。”杜注：“亂，治也。”是知亂訓治是沒有問題的。問題是亂爲什麼訓治呢？古人有不同的解釋。郝懿行《爾雅義疏》：“《説文》‘𤔔，亂也。一曰治也。’是𤔔兼治亂二義，經典通以亂字代之，蓋亂、𤔔聲義同耳。”謂以亂代𤔔，𤔔有治義（𤔔字在《説文》言部）。朱熹《論語集注》於《泰伯》“予有亂臣十人”句下云：“亂本作乿，古治字也。”金履祥《論語集注考證》：“乿字從爪從系從乙，取以手理絲而有條理也。後人𤔔字加乙，與乿相似，故遂誤以乿爲亂。”謂亂是乿的訛誤。《爾雅·釋詁》：“徂，存也。”郭璞注：“以徂爲存，猶以亂爲治，以曩爲曏，以故爲今，此皆詁訓義有反覆旁通，美惡不嫌同名。”謂訓亂爲治乃詁訓義有反覆之常例。以上三説見仁見知，未知孰是，學者當深研之。郭説爲後世人所常取。敬，《説文》苟部：“敬，肅也。”丰部：“肅者，持事振敬也。”段注謂“與此爲轉注”。心部：“忠，敬也”，“憼，敬也”，“懿，敬也”，“恭，肅也”，“憜，不敬也”，義皆相足。《釋名》：“敬，警也，恒自肅警也。”王先謙《釋名疏證補》：“敬警二字古通用。”《詩·雞鳴》序

"夙夜警戒",《經典釋文》:"警本又作敬。"《詩·常武》鄭箋:
"敬之言警也。"賈誼《新書》:"接遇肅正謂之敬,反敬爲嫚。"
《説文》人部:"嫚(优),饒也。"段注:"引伸之爲優游,爲優柔。"
是敬有肅義,有警義,與嫚義反,與優義反。由此看來這個敬
字與《周易》乾九三"君子終日乾乾,夕惕若厲"意義相近,即時
刻戒慎警惕,做事無些許大意。一個善治即有較强管理才能
的人,極易自恃有才幹而走向粗枝大葉的一端。如果他能够
保持一個敬字,便完備可用了。所以,僞孔傳解"亂而敬"爲
"有治而能謹敬",是對的。

"擾而毅",擾今簡化作扰。《玉篇》引作"㹛而毅"。《説
文》:"㹛,牛柔謹也。"㹛隸定作㹛。《廣雅》:"㹛,柔也,善也。"
蓋許慎亦以爲此字訓爲馴、柔,當作㹛(隸定爲㹛)。然而古書
多作擾(隸定爲擾)。《説文》手部:"擾,煩也。"段注:"煩者熱
頭痛也,引申爲煩亂之稱。訓馴之字,依許作㹛,而古書多作
擾。蓋擾得訓馴,猶亂得訓治,徂得訓存,苦得訓快,皆窮則
變,變則通之理也。"《周禮·天官·大宰》"以擾萬民",注曰:
"擾猶馴也。"又《地官·司徒》"安擾邦國",鄭注:"擾亦安也。"
《説文》手部擾(隸定作擾)字段注云:"《周禮》注曰'擾猶馴
也',言'猶'者,字本不訓馴。"毅,《左傳》宣公二年:"殺敵爲
果,致果爲毅。"《皋陶謨》孔疏云:"謂能致果敢殺敵之心,是爲
强貌也。和順者失於不斷,故順而能決乃爲德也。"按,孔説是
也。馴順對於一個管理者來説是必要的,若是過了度則失於
猶豫寡斷,務必補之以果決敢斷的精神才算完足。

"直而温",《説文》乚部:"直,正見也。"謂目正視。這是直
的本義。"直而温"的"直"用的當然是引申義。《廣雅》:"直,
正也。"《周易》坤卦:"直其正也。"《左傳》襄公七年:"正直爲
正,正曲爲直。"《詩·小雅·小明》"正直是與",毛傳:"正直爲
正,能正人之曲曰直。"《禮記·郊特牲》"告之以直信",鄭注:

"直猶正也。"《説文》乚部直字段注:"見之審則必能矯其枉,故曰'正曲爲直'。"據古人的這些見解,正與直是有區別的。直雖訓正,但是在古人的語言實踐中,正指正己,直指正人。《論語·微子》記柳下惠説"直道以事人"還是"枉道以事人"的問題,討論的是直。直是直他人之曲。《論語·顔淵》記孔子説"子帥以正,孰敢不正"和《子路》記孔子説"不能正其身,如正人何",討論的是正。正可以用來表達正己,也可用來表達正人。但是凡直字則都是用來表達正人的。此經"直而温"的直即指正人之曲而言,非言正己也。因爲正人才有個温與不温的問題,若正己,何須言温!正人之曲,敢於對上提出批評,恰是爲"官"者所必當有的品德。温,《詩·小雅·小宛》:"人之齊聖,飲酒温克。"毛傳:"齊,正;克,勝。"鄭箋:"中正通知之人飲酒雖醉,猶能温藉自持以勝。"鄭訓温爲藴藉。孔疏:"藴藉者,定本及《箋》作温字。舒瑗云:苞裹曰藴,謂藴藉自持,含容之義。經中作温者,蓋古字通用。"《禮記·内則》云,"子事父母"應"柔色以温之",鄭玄注亦云:"温,藉也。"温與藴通,藴亦作蘊。《説文》艸部:"蘊,積也。"《左傳》隱公六年:"芟夷蘊崇之。"杜注:"蘊,積也。"是温字在此是包含能容的意思。敢於正他人之曲的直者,發展過了火,容易失於刻薄而缺乏包容的氣度。"直而温",既能正人之曲又能大度包容。孫星衍《尚書今古文注疏》解作"梗直不撓而能温克"。釋直爲"梗直不撓",不算錯,但不準確。温字取《小宛》"飲酒温克"之義,是極正確的。僞孔傳解"直而温"的温爲温和,淺甚。温字固然有温和之義,如《詩·小宛》:"温温恭人。"毛傳:"温温,和柔貌。"《爾雅·釋訓》:"温温,柔也。"邢疏:"寬緩和柔也。"温和與藴藉含容,意向亦一致。但是温和是表面顔色,藴藉含容是内在修養,有能含容的修養,方可顯出温和的顔色。一個敢於正人之曲的直人,祇注意態度温和並不能防止他走向刻薄的極端,祇有做到蘊藉含容才能使他的直保持在適當的限度上。

"簡而廉",《周易·繫辭傳》:"坤以簡能。"孔疏:"簡謂簡省。"《詩·邶風·簡兮》:"簡兮簡兮。"毛傳:"簡,大也。"《論語·公冶長》:"吾黨之小子狂簡。"孔安國注:"簡,大也。"又《雍也》:"仲弓曰:'居敬而行簡,以臨其民。'"孔安國注:"居身敬肅,臨下寬略。"劉寶楠《論語正義》:"《爾雅·釋詁》'簡,大也',寬大之治,有似疏略。《詩·匪風》毛傳:'亨魚煩則碎,治民煩則散。'煩與簡相反。"《堯典》:"簡而無傲。"馬融注解爲"簡約"。《皋陶謨》孔疏:"簡者,寬大率略之名也。"綜合以上古人語意,簡有簡約、寬大、疏略而不煩瑣之義。廉,《禮記·中庸》:"簡而文,溫而理。"鄭注:"猶'簡而辨,直而溫'也。"說明"簡而廉"之廉鄭讀爲辨。又,《論語·陽貨》:"古之矜也廉。"鄭注:"魯讀廉爲貶。"《禮記·玉藻》:"立容辨卑。"鄭注:"辨讀爲貶。"廉、辨聲相近,並可讀爲貶,所以鄭注讀"簡而廉"之廉爲辨。辨,分別。"簡而廉",謂雖簡約而有分別。俞樾《群經平議》云:"凡人惟過於簡約而無等威,易於無別。《書》曰'簡而廉',《禮》曰'簡而文',其義一也。"按,俞說是。《左傳》昭公元年:"宋左師簡而禮。"又爲一證。廉訓作辨,頗有道理。一個負有管理責任的人,爲政應當寬簡不煩,疏略不密,然而又容易失於禮節不講,等別無分。"簡而廉",亦即"簡而禮"、"簡而文",既簡約又能保持禮文,方可爲一德。僞孔傳:"性簡大而有廉隅。"廉的本義是堂廉即堂之邊,隅的本義是堂之角。邊亦訓棱。廉隅即邊角、棱角。《禮記·儒行》:"近文章,砥厲廉隅。"《漢書·揚雄傳》:"不修廉隅,以徼名當世。""砥厲廉隅"與"不修廉隅"意義相反。一爲修廉隅,一爲不修廉隅。是廉隅猶今語之所謂框框、規矩之類。"性簡大而有廉隅",意謂雖然簡約寬大,卻亦能保持一定的框框、規矩,不至於簡約得無所拘束。此說亦不能說完全不合經旨。又,孫星衍《尚書今古文注疏》據《釋名》"廉,斂也"、《説文》广部"廉,仄也",故釋"簡而廉"爲"簡大似放而能廉約",似亦不悖經意。三説比較,俞説爲長。

"剛而塞",剛與柔是相反的概念。《易·雜卦傳》:"乾剛坤柔。"《易·説卦傳》:"乾健也,坤順也。"乾卦《大象》:"天行健,君子以自强不息。"是剛是强健的意思,其反義是柔,柔是柔順的意思。僞孔傳解剛爲"剛斷",孔穎達《尚書正義》進一步解爲"剛而能斷",用斷字來界定剛,顯然失於偏。如果剛是剛斷,那麽柔便是寡斷了。可是柔的意思是弱,是順,並非寡斷。所以才補之以"立",謂柔弱、柔順者易於不能立。"柔而立",柔弱、柔順而能自立,才是完備的柔德。柔不是寡斷,則剛便不應是剛斷。一個人資質剛健,需要能塞。塞是什麽意思?《説文》心部:"𡨳,實也。從心,塞省聲。《虞書》曰:'剛而𡨳。'"段玉裁《古文尚書撰異》説:"作𡨳者壁中原文,作塞者蓋孔安國以今文讀之也。"是塞字《説文》訓實。《夏本紀》以詁訓代經文,"剛而塞"逕作"剛而實"。是司馬遷亦訓塞爲實。鄭玄注《禮》箋《詩》,塞字亦訓實,如《中庸》:"不變塞焉。"鄭注:"塞猶實也。"《詩·鄘風·定之方中》:"秉心塞淵。"鄭箋:"塞,充實也。"《詩·大雅·常武》:"王猶允塞。"鄭箋:"守信自實滿。"《禮記·祭義》:"而天下塞焉。"鄭注:"塞,充滿也。"塞訓實、充實、充滿,"剛而塞"的意思就易解了。剛健强勁,弄得不好,容易失去内在的涵養,或者没有一定的立場,或者没有應有的原則。總之,外强而中乾。所以需要"剛而塞",外剛而能中實。蔡傳解"剛而塞"爲"剛健而篤實也",是對的。王鳴盛《尚書後案》説"冀缺以陽處父'剛而不實'知其不免,剛健篤實,斯爲美也",取陽處父的實例自反義上解"剛而塞",尤其得要領。俞樾《群經平議》説"塞當讀爲思","今文塞字之義爲古文思字之義","思塞雙聲,故義得相通","剛而塞"者"剛而思"

也。"剛斷之人恐或不能審思,則失之於不當斷而斷者多矣。故必'剛而思'乃爲德也"。俞氏此解,其誤有二。一是取僞孔傳釋剛爲剛斷説;二是釋塞爲思,於理難通。若説思,九德之哪一德不需要思,豈止剛一德!

　　"彊而義",强與剛相連繫,但是有所不同。剛有强義,卻與柔相對應;强有剛義,卻與弱相對應。剛的意思是健,而强的意思是壯大、强盛。國有强弱,人亦有强弱,然而强國强人不一定剛,弱國弱人不一定柔。剛與强的區別可以用《周易》乾卦與大壯兩卦來考察。剛相當於乾,元亨利貞,自强不息。强相當於大壯,大壯利貞,非禮勿履。自强不息,務須自我充實,故言"剛而塞"。强大隆盛,容易凌人,務須自我克制,故《易》言大壯,"非禮弗履",《書》言"彊而義"。江聲《尚書集注音疏》引《禮記·聘義》"勇敢强有力"句釋此經文"彊"字,是對的。僞孔傳釋彊爲"無所屈撓",孔疏謂"彊謂性行堅强"(王氏《尚書後案》以爲是孔疏引鄭玄語,誤),亦不違經義。義字怎麼講? 王引之《經義述聞》釋義爲善,釋"彊而義"爲"性發强而又良善也"。王説理據充足。《詩·大雅·文王》"宣昭義問",毛傳:"義,善也。"《禮記·緇衣》"章義癉惡",皇侃疏:"義,善也。"《爾雅·釋詁》:"儀,善也。"義字古通作儀。强國强人而無善,則後果不堪設想,故云"彊而義"。《左傳》昭公元年:"不義而彊,其斃必速。"隱公元年:"多行不義必自斃",都是從反面講出了"彊而義"的道理。僞孔傳説義是"動必合義",王氏駁之曰:"若云强而合義,則九德皆當合義,非獨强也。"釋義爲善,是;釋義爲道義之義,非。

　　"彰厥有常,吉哉",此語看似簡單,古人解釋分歧卻大。鄭玄説:"人能明其德,所行使有常,則成善人矣。"王肅説:"明其有常則善也。言有德當有恒也。"僞孔傳説:"明九德之常以擇人而官之,則政之善。"(皆孔穎達《尚書正義》引)孔疏説:

"此句言用人之義,所言九德謂彼人常能然者,若暫能爲之,未成爲德,故人君取士必明其九德之常,知其人常能行之,然後以此九者之法擇人而官之,則爲政之善也。明謂人君明知之。"僞孔傳與孔疏以爲主語是人君,吉是善政,鄭玄以爲主語是人臣,吉是善人,皆有增字解經之嫌,不可從。王肅則根本没説明白。這句話的主語承上文而來應當是九德,不是人君也不是人臣。吉不是善政也不是善人,而是吉德。厥,在此是語助詞,表示停頓,無義,不能釋作代詞之或其。常,恒。有常即有恒。這不成問題。彰訓明,也不成問題,但與明略有不同。《説文》彡部:"彰,文彰也。從彡、章。"段注:"會意,謂文成章。"桂馥《説文解字義證》:"彰通作章。《説文》以彰爲文章者,謂鳥獸羽毛之文也,如夏翟虎豹之屬。"引申之則謂人之言行有序不紊,文理著明,如《左傳》襄公三十一年:"動作有文,言語有章。"蓋謂言行井然著明,語語事事皆成文章。此經彰字當亦是此義,言上述九德條條有序,著明不亂,寬必能栗,柔必能立,願必能恭,等等;又能有常,即恒久堅持,非出於一時勉强而爲,那就是吉德。言外之意,是説如果九德不彰無恒,例如簡而不能廉,剛而不能塞,彊而不能義,那是凶德了。今人言德都是正面意義,凶德不稱德,古人言德則有吉凶之分。《左傳》文公十八年言孝、敬、忠、信爲吉德,盗、賊、藏、姦爲凶德,顯然以爲德有吉凶。此經言"吉"而無"德"字,蓋因上文所言者九德,於此不必言也。蔡傳釋此經文曰:"彰,著也。成德著之於身而又始終有常,其吉士矣哉!"爲近之,而釋吉爲吉士,亦誤。

　　討論過九德之後,我們不免産生下面三點想法。第一,《皋陶謨》所謂九德,如寬,如柔,如願,如亂,如擾,如直,如簡,如剛,如彊,無非人之性格、心理以及行爲能力方面的特點,尚不具有後世如仁義禮智信忠孝等道德範疇的意義。第二,寬

而栗、彊而義的句式,反映出一種過猶不及的思想,與後來孔
子表述的中庸之道一致。第三,此經之九德與《堯典》之"直而
溫,寬而栗,剛而無虐,簡而無傲",似有淵源關係。而《洪範》
三德正是此經九德之概括。"寬而栗,柔而立,愿而恭"相當於
《洪範》的"柔克","亂而敬,擾而毅,直而溫"相當於《洪範》的
"正直","簡而廉,剛而塞,彊而義"相當於《洪範》的"剛克"。
《吕刑》亦有三德之説。這説明《尚書》各篇内容是貫通的。以
上三點共同證明《皋陶謨》"九德"的早期性和真實性。

日宣三德,夙夜浚明有家。日嚴祗敬六德,亮采有邦。翕受敷施,
九德咸事。俊乂在官,百僚師師,百工惟時。撫于五辰,庶績其凝。

　　　這段文字具體地講如何運用"九德"的標尺"官人"的問
題。"官人",譯成今語,就是任用幹部,或稱人事工作。皋陶
講的"官人"辦法是把"九德"分爲三等,一等是"有家"者所當
有,二等是"有邦"者所當有,三等是最高層所當有。後人釋
"有家"爲卿大夫,釋"有邦"爲諸侯,最高層是天子。這是後世
用語,當時是原始社會,没有天子、諸侯、卿大夫,"有家"應是
氏族酋長,"有邦"應是部落酋長,最高層應是部落聯盟首長。
　　　"日宣三德",《説文》宀部:"宣,天子宣室也。"段注:"蘇林
曰:'宣室,未央前正室也。'天子宣室,蓋禮家相傳古語,引伸
爲布也,明也,遍也,通也,緩也,散也。"《爾雅·釋言》宣、徇同
訓遍。《詩·衛風·淇奥》:"赫兮咺兮。"《經典釋文》:"咺,韓
詩作宣。宣,顯也。"宣字在此處當訓顯、明,即表現、顯示的意
思。"日宣三德",每天都把三德顯現出來。三德指經上文九
德之前三德,即"寬而栗,柔而立,愿而恭"。
　　　"夙夜浚明有家",《夏本紀》作"蚤夜翊明有家"。夙、蚤,
早也。段玉裁《古文尚書撰異》説"《夏本紀》浚作翊,是古文
《尚書》作浚,今文《尚書》作翊也。翊同翌,《爾雅》:'翌,明
也。'翌明重言之,猶《無逸》之'遑暇'也。古文作浚字,馬融

訓大，後人不知何所據，段玉裁謂浚當是俟之字誤，"馬云'浚，大也'，即《說文》人部之'俟，大也'"，王鳴盛《尚書後案》據《說文》水部澆、灖並訓浚，"澆，浚乾漬米也"，認爲浚字乃以水灖物，汰垢存精之義，精且深必大，所以馬融訓浚爲大。孫星衍《尚書今古文注疏》則說："以浚訓大者，《釋詁》云：'駿，大也。'浚與駿同。"此外，浚又訓深，如《說文》水部："浚，抒也。"段注："抒者挹也，取諸水中也。《春秋經》'浚洙'，《孟子》'使浚井'，《左傳》'浚我以生'，義皆同。浚之則深，故《小弁》傳曰：'浚，深也。'"按，大與深，義相近。浚又訓敬，如《方言》、《廣雅》並謂："浚，敬也。"錢繹《方言箋疏》云："《皋陶謨》'夙夜浚明有家'，《史記·夏本紀》作'蚤夜翊明有家'。《漢書·禮樂志》郊祀歌云：'共翊翊合所思。'顔師古注：'翊翊，敬也。'翊與浚同義，是浚爲敬也。"王念孫《廣雅疏證》："《說文》：'恔，謹也。'恔與悛通，悛亦浚也。《論語·鄉黨》篇：'恂恂如也，似不能言者。'王肅注云：'恂恂，温恭之貌。'《史記·李將軍傳》云：'悛悛如鄙人，口不能道辭。'並聲近而義同。"又《廣雅》："誠信，敬也。"王氏云："誠信者，《祭統》云：'誠信之謂盡。盡之謂敬。'"訓深訓大亦有盡義，盡則誠信，誠信亦敬也。由此看來，無論今文作翊、古文作浚，都宜訓敬。明，《爾雅·釋詁》："成也。"郝懿行《爾雅義疏》："明，古文從月從日。《史記·曆書》云：'日月成，故明也。明者孟也。'是明以日月成爲義，故明訓成。孟者長也，長大亦成就。故《淮南子·說林訓》云：'長而愈明。'高誘注：'明猶盛也。'盛成音義又同也，通作孟。"是明訓成，訓成就。家，《周禮·春官·家宗人》"掌家祭祀之禮"，鄭玄注云："大夫采地之所祀。"孔穎達疏云："大夫采地稱家。"家指大夫采地而言，經文稱"家"，顯然是周人寫定成篇時之用語。在皋陶時，"家"相當於氏族。"日宣三德，夙夜浚明有家"，意謂每天都表現出"三德"，早晨和夜裏不停地（白天自不待言)謹敬認真地成就它們(三德),這樣的人可以管理一個氏族。

"日嚴祗敬六德"。《爾雅·釋詁》:"嚴,敬也。"但是此經下文連"祗敬"二字,三字皆有敬義,於文難通。故嚴字在此不宜取敬義。《釋名》:"嚴,儼也。儼然人憚之也。"王先謙《釋名疏證補》引葉德炯曰:"嚴、儼二字古通。《論語·堯曰篇》:'儼然人望而畏之。'"《經典釋文》此經嚴字下:"馬、徐魚檢反。"又《尚書·無逸》"嚴恭寅畏",《經典釋文》引馬融作儼。是此處嚴字馬融作儼。《詩·陳風·澤陂》:"碩大且儼。"毛傳:"儼,矜莊貌。"是儼字指人的一種精神狀態,矜莊正肅,讓人望而生畏,不敢接近。此經嚴字似乎不應當是這個意思。《説文》吅部:"嚴,教命急也。"《廣韻》引作"嚴命急也"。段玉裁《説文》注:"嚴急疊韻。……敦促之意。"《孟子·公孫丑下》:"事嚴,虞不敢請。"趙岐注:"事嚴,喪事急。"焦循《孟子正義》:"嚴爲急。急者,謂不暇也。"是嚴字有急促之義。此經嚴應是此義。祗,《爾雅·釋詁》:"敬也。"《説文》同。《夏本紀》祗作振。《禮記·內則》:"祗見孺子。"鄭玄注:"祗,敬也。或作振。"段玉裁《古文尚書撰異》:"祗、振古通用。合韻最近,又爲雙聲也。"是作祗作振並訓敬。"六德",指經上文自"寬而栗"至"直而温"六德。

"亮采有邦",《爾雅·釋詁》:"亮,信也。"又:"采,事也。"馬融注此篇亦訓亮爲信。《説文》無亮字,言部:"諒,信也。"《方言》:"諒,信也。衆信曰諒。"《詩·鄘風·柏舟》:"不諒人只。"毛傳:"諒,信也。"《論語·衛靈公》:"君子貞而不諒。"孔安國注:"諒,信也。"疑亮即《説文》之諒字。邦,《夏本紀》作國。"日嚴祗敬六德,亮采有邦",語氣視經上文"日宣三德"爲重,意謂每天急切積極地敬行六德,誠信地做事,這樣的人可以管理一個部落。按,邦、國是後世用語,大抵相當於皋陶時的部落。

"翕受敷施，九德咸事"，《爾雅·釋詁》："翕，合也。"敷，《夏本紀》作普。《詩·小雅·小旻》："敷於下土。"毛傳："敷，布也。"《詩·周頌·賚》："敷時繹思。"鄭箋："敷，猶遍也。"是敷猶今語普遍。《禮記·祭統》："施于烝彝鼎。"鄭玄注："施猶著也。"《玉篇》："施，張也。"《增韻》："施，用也，加也。"孫星衍《尚書今古文注疏》據《説文》史部"事，職（今簡化字職）也"，説"咸事者，皆任職"，誤。《説文》耳部："職，記微也。"完全沒有後世任職、職務的意思。桂馥《説文解字義證》於職字下云："經典通用從言之識，以此職爲官職，又以幟代識，行之既久，遂爲借義所奪。今人不知識爲幟之正文，職爲識之本字矣。"就是説，《説文》的職字相當於後世的識，其義是記微。微者，事之微，記微亦即記事。《周禮·春官·保章氏》："掌天星以志星辰日月之變動。"鄭玄注："志，古文識。識，記也。"《説文》"事，職也"，職即識，識猶記也。孫氏釋事爲任職，不審之至。僞孔傳説"九德咸事"，是"九德之人皆用事"，蔡傳説是"九德之人咸事其事"，并悖經意。但是，此經之事字也不宜取事之本義（職，記）。《廣韻》："事，立也。"《釋名》："事，偉也。偉，立也。凡所立之功也。"是事字有立義，有所立事功之義。此經事字取此義最爲切當。曾運乾《尚書正讀》："事，立也。"是對的。可是他釋"九德咸事"全句襲用僞孔傳的謬説，言"使九德之人皆用事"，又誤。經文止言"九德"，未嘗言九德之"人"。經上文言"三德"、"六德"，顯然沒有"三德之人"、"六德之人"的意思，爲什麼唯獨"九德"突然有了"人"的含義。其實"九德"就是"九德"，更無其他。"翕受敷施，九德咸事"，主語未出現，它應當是當時的最高層領導者即部落聯盟首長。意思是最高的領導者也需要有德，而且要九德具備。（最高領導者對以上"日宣"、"日嚴"之要求）合而受之，全面施行。九德要全部在實際的事功中樹立起來。

　　前人之所以把"九德咸事"講成"使九德之人皆用事",要害在於他們不懂得原始社會與後世階級社會之不同。以爲最高層領導祇能做知人、官人的主體,而不會是對象。殊不知堯舜禹這樣的領導人是被推選出來的,堯選擇舜,舜選擇禹,無不經過長期的嚴格考察。他們既要知人、官人,又同時自身也是被知被官的人。而且要求的條件要更高,別人"日宣三德"、"日嚴祇敬六德"即可,他們則須"九德咸事"。

　　"俊乂在官,百僚師師,百工惟時",這幾句話是講上文"日宣三德","日嚴祇敬六德"和"九德咸事"的效果。意謂如果氏族酋長有"三德",部落酋長有"六德",部落聯盟首長有"九德",那麼便會出現"俊乂在官"云云的美政。

　　俊乂,古人解釋不同。一謂俊乂爲傑出的人才。孔穎達《尚書正義》云:"馬、王、鄭皆云才德過千人爲俊,百人爲乂。"馬、王、鄭關於俊的説法是有根據的。《淮南子·泰族訓》有云:"智過萬人者謂之英,千人者謂之俊,百人者謂之豪,十人者謂之傑。"《春秋繁露·爵國》説同,祇是豪與傑顛倒。《吕氏春秋·功名》:"人主賢,則豪桀歸之。"高誘注:"才過百人曰豪,千人曰桀。"《鶡冠子·博選篇》:"德萬人者謂之俊,德千人者謂之豪,德百人者謂之英。"《詩·魏風·汾沮洳》:"美如英。"毛傳:"萬人爲英。"《左傳》宣公十五年:"酆舒有三俊才。"孔疏引《辨名記》云:"倍人曰茂,十人曰選,倍選曰俊,千人曰英,倍英曰賢,萬人曰桀,倍桀曰聖。"杜預注:"俊,絶異也。"諸説對英俊豪傑的具體定義儘管不同,而認爲英俊豪傑是德才出衆的人,則是一致的。問題在"俊乂"之乂字,馬、王、鄭説才德過百人爲乂,而上引諸説言及英俊豪傑賢聖,獨不及乂。不知馬、王、鄭何據。僞孔傳解爲治能之士。《説文》丿部:"乂,芟草也。"段注:"芟草穫穀總謂之乂。"是乂是動詞。或假借作

艾。引申之，义訓治。僞孔傳的解釋當據此而來。無論如何，
“俊乂”是兩個并列字構成的名詞，是肯定的。所指爲德才傑
出人物，也不成問題。《孟子·公孫丑上》：“尊賢使能，俊傑在
位。”又，《告子下》：“養老尊賢，俊傑在位。”趙岐注云：“俊，美
才出衆者也。萬人者稱傑。”焦循《孟子正義》在列舉古人關於
俊傑含義的諸家説之後説：“均無定説，大要皆才美出衆者之
名，故典籍隨舉爲稱，或言俊傑，或言俊乂，或言豪傑，或言英
傑。趙氏雖以萬人者稱傑，而俊則不言千人，而但云美才出衆
也。”按，焦説甚是。《孟子·公孫丑上》：“賢者在位，能者在
職。”趙岐注：“使賢者居位得其人，能者居職任其事也。”《淮南
子·泰族訓》：“英俊豪傑，各以小大之材，處其位，得其宜。”用
《孟子》、趙注、《淮南子》的説法理解《皋陶謨》“俊乂在官”的含
義，是恰當的。另一種解釋，是不足取的。“俊乂在官”，夏侯
《尚書》作“俊艾在官”。《爾雅·釋詁》：“艾，長也，歷也。”郭璞
注：“艾，長者多更歷。”又，《釋詁》：“駿，大也。”駿與俊同。又，
《漢書·孔光傳》：“詔曰，誣愬大臣，令俊艾者久失其位。”又
云：“今年耆有疾，俊艾大臣，惟國之重。”孫星衍《尚書今古文
注疏》據以爲説云：“俊爲大，艾爲老也”，“俊乂，言大臣耆老
也。”依孫説，“俊乂在官”就是耆老在官。讓有功勛的資深老
人在位，這是承平已久的漢人的思想，舜之時不會有此等事
實，也不會有此等思想。如果俊乂謂耆老，則經上文所云“日
宣三德”、“日嚴祇敬六德”、“九德咸事”等全歸無用贅語。老
而資深即可在官，何須皋陶絮絮言德！

　　“百僚師師，百工惟時”是“俊乂在官”的結果。《爾雅·釋
詁》：“僚，官也。”《詩·周頌·臣工》：“嗟嗟臣工。”毛傳：“工，
官也。”僚、工皆可訓官，故《夏本紀》兩句并爲一句曰“百吏肅
謹”。孫星衍《尚書今古文注疏》説“公卿謂俊乂，大夫謂百僚，
士謂百工也”，不可從。師師，僞孔傳云：“相師法。”説據《尚書

·微子》"卿士師師非度"馬融注"卿士以下轉相師效,爲非法度"(《史記·宋微子世家》集解引)。江聲《尚書集注音疏》從之。孫星衍《尚書今古文注疏》似贊成《史記》之"百吏肅謹"説。所據是《爾雅·釋詁》"肅肅,敬也",師、肅聲相近和《楚辭》王逸注"謹,善也",而時亦訓善。史遷師訓肅,理據實不充足。俞樾《群經平議》"師師"訓衆,可以信從。俞氏説,"《爾雅·釋詁》曰:'師,衆也。'《廣雅·釋訓》曰:'師師,衆也。'猶之雍爲和,雍雍亦爲和;肅爲敬,肅肅亦爲敬,古人之詞類然。'百僚師師'乃衆盛之貌,猶《詩》言'濟濟多士'也。《微子》篇'卿士師師非度',《梓材》篇'我有師師,司徒、司馬、司空、尹旅',凡言'師師',皆言衆也。"俞説良是。《周易》師卦《象傳》亦曰:"師,衆也。"師訓衆,重言之曰"師師",尤當訓衆。師訓師法,固然未爲不可,但是師法是動詞,動詞而重文,不成辭也。僞孔傳無奈,聊加一相字,講成"相師法"。

"百工惟時"的時字,僞孔傳無説,蔡傳解作"及時以趨事",是增字解經,不足法。時就是時,何以知"及時",又何以知"以趨事"! 時字的本義是"四時"(《説文》日部),引申之義有是、伺、中、善等等。"百工惟時"之"時"字訓善是合適的。《博雅》:"時,善也。"《詩·小雅·頍弁》:"爾殽既時。"毛傳:"時,善也。"惟,語中助詞,無義。

"百僚師師,百工惟時"兩句應是互文見義,百僚衆多又都很優秀,百工都很優秀而又衆多。合言之,謂百官衆多且都很優秀。百官是後世用語,在當時,實指氏族、部落、部落聯盟的各層各類執事人員。這些人其實正是經上句"俊乂在官"的"俊乂"。因爲在官者全是英才,所以才出現百官衆多且優秀的興盛局面。

"撫于五辰,庶績其凝"。《説文》手部:"撫,安也。從手,無聲。一曰循也。"彳部:"循,行順也。"桂馥《説文解字義證》

謂"行順"當爲"順行"。"五辰"一詞最難理解，前人的説法都難令人滿意，我們須另做出結論來。僞孔傳説"五辰"是"五行之時"，孔疏説"五行之時"就是"四時"即春夏秋冬，并且説《禮運》曰：'播五行於四時。'土寄王四季，故爲'五行之時'也。所撫順者，《堯典》'敬授民時'、'平秩東作'之類是也"。蔡傳接受了僞孔傳、孔疏的説法。江聲《尚書集注音疏》也贊同這一説法，説："辰亦時也。'播五行於四時'，故謂四時爲五辰也。"又説："以五行分四時，則爲'五行之時'，故謂四時爲五辰也。"僞孔傳謂五辰爲"五行之時"即四時，從實質上説，有一定道理。第一，辰字確有時義，如《詩·齊風·東方未明》和《小雅·小弁》之辰字毛傳皆訓時。第二，自《禮運》"播五行於四時"一語來看，把四時説成五辰，是可以的。第三，四時的問題在舜之時代的確是至關重要的。説見《堯典》"敬授人時"解。但是，"播五行於四時"，把水火金木土五者納入四時，顯然是受戰國陰陽家思想的影響所致，實質上指稱四時的"五辰"這個詞不應當出現在《尚書》中。我們認爲這個"五辰"另有所指。戴震作《七政解》（今收入清華大學出版刊行的《戴震全集》[一]），説"撫于五辰"之"五辰"是天上的水火金木土五星。然而這五星在堯舜當時並不重要，人們依賴以制曆的是日月，皋陶何以把撫順水火金木土五星作爲一件大事講給禹聽？戴氏本人對五星在當時的意義也持懷疑態度。他贊成孔穎達"五星所行，下民不以爲候"的説法，并且承認"五星後代憲象，推測漸詳，唐虞時恐未必及此。即推之不失，亦非定四時成歲攸關，何以與日月並稱七政乎"？于鬯《香草校書》謂辰疑長（今簡化作长）字之誤，"五辰"實爲五長，又説五長是衆官之長，百僚、師師、百工悉撫順於五長。恣逞臆説，擅改經字，殊不足信。那麼"五辰"究竟所指爲何？"五辰"有可能是"三辰"的訛誤。"五辰"在先秦文獻中唯此一見，"三辰"一詞則數見。《國語·魯語上》:"帝嚳能序三辰以固民。"韋昭注:"三辰,日月星。謂能次序三辰,以治曆明時,教民稼穡以安也。"《魯語上》下文又説:"及天之三辰,民所以瞻仰也。"《左傳》桓公二年:"三辰旂旗,昭其明也。"杜預注:"三辰,日月星也。畫於旂旗,象天之明。"昭公十七年:"三辰有災。"三十二年:"天有三辰。"可見"三辰"是古人常用的口頭用語,而且對"三辰"至爲關切、重視。"三辰"是日、月和星,星是後來明確稱爲二十八宿的恒星。《堯典》説的"曆象日月星辰",其實就是曆象"三辰"。"三辰"的運行規律曆象明白,便可知節氣,知四時,知一歲三百六十六日,且知閏月。於是"治曆明時",於是"敬授人時",於是社會的生産、生活晏然有序,於是民得安。"三辰"的問題如此之重要,無怪古人談安民的問題總要提及它。皋陶這裏講安民的問題,告誡領導者如何安民的時候,言及"三辰"實屬自然。"撫于五辰"應該是"撫于三辰"。《魯語上》"序三辰以固民"的話以及韋昭的注解,與"撫于三辰"之意義簡直如出一轍。若説是"撫于五辰","五辰"無論釋爲四時抑或釋爲水火木金土五星,都於理難通。五星在當時人們的生活中並不重要,不能以"撫于五星"作爲安民的重大條件。四時是自然現象,人們由於曆象"三辰"才能認識四時;"三辰"與四時相比,"三辰"是本,四時是末。撫于三辰,而後四時可明。三古代作三,五古代作乂,實不易混淆,何以"三辰"訛爲"五辰",有待進一步考察。

"庶績其凝"之"庶績"與《堯典》"庶績咸熙"之"庶績"義同。庶,衆;績,功。凝字《禮記·鄉飲酒義》"天地嚴凝之氣始於西南"和《周易》鼎卦《象傳》"正位凝命",鄭玄注皆云:"成也。"其,時間副詞,將也。"撫于五辰,庶績其凝",意謂"百官"撫順於"五辰"(應爲三辰),衆功(即各項事業)必將有成。

以上言"知人"的問題。

無教逸欲有邦，兢兢業業，一日二日萬幾。無曠庶官，天工人其代之。

這段話是皋陶針對最高層領導者說的。告誡他們要爲下面領導者做出好榜樣，并且要小心勤奮地辦好衆多的事務。因爲這是代表天做事的，必須認認真真。

“無教逸欲有邦”，無通毋、勿，禁止之辭。教字，《説文》教部：“教，上所施，下所效也。”《釋名》：“教，傚也，下所法傚也。”《廣雅》：“教，效也。”《中庸》“修道之謂教”，鄭玄注云：“治而廣之，人放傚之，是曰教。”《太平御覽》引《春秋元命苞》云：“天垂文象，人行其事，謂之教。教，效也。上爲下效，道之始也。”是教字作爲一個動詞，兼有上行下傚兩層含義。“逸欲”，今文作“佚欲”。陳喬樅《今文尚書經説考》：“佚與逸同。”《玉篇》人部佚字下：“《書》曰：‘無教佚欲有邦。’佚，豫也。”《周易》豫卦鄭玄注：“豫，喜佚説樂之貌也。”《漢書·韋賢傳》諫詩曰“邦事是廢，逸游是娛”，即是引此經意。袁宏《後漢紀》記陳蕃上疏，諫曰：“皋陶戒舜曰‘無敢遊佚’。”《太平御覽》引謝承《後漢書》曰：“陳蕃諫桓帝曰：‘故皋陶戒帝無畋遊，周公戒成王無盤於遊田。虞舜、成王猶有此戒。’”皆以“逸欲”爲逸遊、田遊。亦即耽湎於遊獵娛樂。邦，《漢書·王嘉傳》嘉上封事引此經文“有邦”作“有國”。邦、國義同，指稱諸侯之國。在皋陶之時是部落。“無教逸欲有邦”，主語未出現，其實是最高層領導者，亦即部落聯盟之首長。他不要耽於遊獵娛樂，讓下面部落酋長們仿傚。理解這句話的關鍵詞是“教”。教字有上行下傚的含義，故“有邦”二字應屬上讀。俞樾《群經平議》以爲“有邦”二字屬下讀爲“有邦兢兢業業”，不可從。

“兢兢業業，一日二日萬幾”，兢兢，《爾雅·釋訓》：“戒也。”《詩·小雅·小旻》：“戰戰兢兢。”毛傳：“兢兢，戒也。”《大雅·雲漢》：“兢兢業業。”毛傳：“兢兢，恐也。業業，危也。”兢

金景芳全集

字亦作矜。《詩·雲漢》、《左傳》宣公十六年《經典釋文》並云："兢本又作矜。"《文選》韋孟諷諫詩："矜矜元王。"李善注："矜矜，戒也。"《說文》收部："戒，警也。從廾戈。持戈以戒不虞。"《方言》："戒，備也。"是兢兢是小心警戒，無事防備有事的意思。業業，《爾雅·釋訓》："危也。"《說文》危部："危，在高而懼也。"段注："引伸爲凡可懼之稱。"《釋名》："危，阢也。阢阢不固之言也。"《論語·憲問》："危言危行。"鄭玄注："危猶高也。"是業業是居高而危懼的意思。"兢兢業業"四字是形容人的一種心態，一種類似《周易》中體現的"安而不忘危，存而不忘亡"的憂患意識。可見古代中國人的憂患意識，不僅《周易》、《詩經》裏有，而且《尚書》裏也有。一日二日，孔穎達《尚書正義》引馬融注曰："猶日日也。"段玉裁《古文尚書撰異》說漢魏晉南北朝人用"萬機"字皆從木旁，如《漢書·百官公卿表》：相國、丞相"助理萬機"。班固《典引》李善注引此經作"萬機"。《周易·繫辭傳》云："幾者，動之微，吉之先見者也。"幾的意思是事情發生之前的朕兆。"萬幾"，大量的事情的朕兆。"一日二日萬幾"，言每天有大量的事情的朕兆。說"萬幾"與說萬事有所不同，"萬幾"意味着對衆多事情需有先見之明，用今語說，就是要對事情做出決策，是就領導者而言，而且是就最高領導者而言。萬事，則指已發生的衆多事情，無須做決策，祇須忙碌着做就是了。經文作"萬幾"而不作萬事，是有深刻意義的。僞孔傳解"萬幾"爲"萬事之微"，極是。但是他把"兢兢業業"和"一日二日萬幾"兩句話連起來講成"言當戒懼萬事之微"，則不合經義。這兩句話完全是兩個意思，是并列的關係，前句講最高領導者要居安思危，戒懼謹慎，屬於思想意識的問題。後句講最高領導者應善於把握變化，日理萬幾，屬於工作能力的問題。自漢以後，"萬幾"往往寫成"萬機"。機與幾二字之義略有區別，幾是微，而機是發。《說文》木部："機，主發之謂

機。”《禮記·大學》：“其機如此。”鄭玄注云：“機，發動所由
也。”《淮南子·原道訓》：“其用之也若發機。”高注：“機弩機
關，言其疾也。”許注：“機發不旋踵。”是機有始發和迅疾二層
含義。“萬機”，衆多始發的事情。幾，強調先見之明；機，強調
事發之疾。二者都可引申爲重要的事情。“兢兢業業，一日二
日萬幾”，言最高領導者要具有高度警惕性，充滿危機感，而且
要日理萬幾。

　　“無曠庶官”，無與毋、勿通，禁止之辭。王充《論衡·藝增
篇》說，“《尚書》曰‘毋曠庶官’。曠，空；庶，衆也。毋空衆官，
置非其人，與空無異，故言空也”。“《尚書》宜言‘無少衆官’，
以少言之可也，言空而無人，亦尤甚焉”。“《尚書》衆官，亦容
小材，而云‘無空’者，刺之甚也”。王說極精。偽孔傳：“曠，空
也。位非其人爲空官。”與王說同。蔡傳曠訓廢，說“言不可用
非才而使庶官曠廢厥職也”，亦通。“無曠庶官”這句話的意義
極爲深刻，它強調勿把德才不具的人選用在官職上，否則有官
無異於無官，甚乃不止不能爲民衆做事，還要壞事。治水不成
而誤大事的鯀就是顯例。

　　“天工人其代之”，工字，《尚書大傳》、《漢書·律曆志》引
此經文作“功”。《漢書》之《王莽傳》、《孔光傳》、《後漢書》之
《馬援傳》及《潛夫論·貴忠篇》引此經文則皆作“工”。《周
禮·春官·肆師》：“凡師不功。”鄭玄注云：“鄭司農工讀爲功，
古者工與功同字。”《詩·豳風·七月》“載纘武功”。毛傳：
“功，事也。”《夏本紀》“天工”徑作“天事”，亦訓工爲事。其，時
間副詞，猶將。“天工人其代之”，意謂天的事將由人來代做。
問題是天是什麼，人是什麼。天不是上帝，天是自然界的天，
在當時主要指日月星辰的運行。所謂天工，就是日月星辰運
行造成二分二至，春秋冬夏，一年十二個月，一年三百六十六
天，以及閏月現象等等。《堯典》說的“欽若昊天”的“昊天”與

此"天工人其代之"的"天"義同。也就是孔子説的"天何言哉？四時行焉，百物生焉，天何言哉"（《論語・陽貨》）的天。據《堯典》和《楚語》的記載，在堯之前，在人們的心目中天是神秘的領域，是神的世界。自堯時起，由於對於日月星辰運行有了實質性的認識，天開始成爲可以理解的客觀存在的自然物。古代中國人的樸素唯物論思想自這時起産生。説見《堯典》解。"天工人其代之"，天的日月星辰運行之事由人來代行。怎樣代行？《堯典》"曆象日月星辰，敬授人時"是也。天上日月星辰自然運行，無有差忒，人來觀察它，測算它，找出規律來，制定指示年月日四時節氣的曆法，頒發給各個部落、氏族，賴以指導生産、生活，這就是人代天行事。後來逐漸完備起來的朔政制度蓋源乎此。"天工人其代之"，不是一句空話，是有着具體的實質內容的。"曆象日月星辰，敬授人時"，朔政制度，在今日科學昌明時代的人們看來，不是問題。可是越是在古代它越是項重要的大事，歷代中央政權都十分重視它，以至於朔政之事竟成爲中央政權的標誌。堯舜禹時代的部落聯盟也如此。漢人不解此意，以爲天工人代是人之官代天之官，如《後漢書・劉玄傳》李淑上書曰："夫三公上應台宿，九卿下括河海，故'天工人其代之'。"《馬援傳》援兄子嚴上封事曰："《書》曰'無曠庶官，天工人其代之'，言王者代天官人也。"從根本上體會錯了經意。王充《論衡・紀妖篇》説"天官百二十，與地之王者無以異也。地之王者，官屬備具，法象天官，稟取制度"。《春秋説》云："立三台以爲三公，北斗九星爲九卿，二十七大夫內宿部衛之列，八十一紀以爲元士，凡百二十官焉。"此今文家法天建官之説，視諸兩《漢書》代天官人説更爲荒謬。不可用漢人的這些説法解釋《皋陶謨》"天工人其代之"一語。人字指什麼？這有兩層含義，首先，人是與天相對應的概念，是指有別於天道自然的人類、人爲。其次，此人字與民不同，不是普通的民衆，是能够"曆象日月星辰，敬授人時"的部落聯盟首長即堯舜。《論語·泰伯》"唯天爲大，唯堯則之"，亦即天工人代的意思。則天、代天的人在堯之前没有，因爲堯之前人們尚不知天爲何物；在堯之時和堯之後，除了堯舜這些部落聯盟首長以外也没有别人具有領導則天、代天這件大事的條件和能力。後來的天之子、天子的概念正是從這一思想演變而來。中國古代哲學中與西方天與人對立的思想根本不同的天人合一的觀念，其濫觴便在《尚書》"天工人其代之"。

　　還應當知道，"無曠庶官"與"天工人其代之"雖連屬，然而所言之事則是兩件。前者止言官人須任賢，後者言代天以制曆法。兩者全屬於"安民"的問題。自"無教逸欲有邦"至此，説的都是最高領導者應做之事。

天敍有典，勑我五典五惇哉。天秩有禮，自我五禮有庸哉。同寅協恭和衷哉。天命有德，五服五章哉。天討有罪，五刑五用哉。政事懋哉懋哉。

　　這段話討論五典、五禮、五服、五刑的問題。辦好這些事情也是屬於"安民"的問題。這些事情的恰當實行以及它們的緣起全在於天。此"天"字和經上文"天工人其代之"的天，意義一致，指自然之天而言，不是宗教迷信中的天。説人事而歸諸天，表明必須嚴肅對待，不得有絲毫的不敬。亦即要求按原則辦事，處理恰當，不允許徇私任意行事。

　　"天敍有典"，《爾雅·釋詁》："順，敍也。"郭璞注："謂次序。"《説文》攴部："敍，次弟也。"段注："《皋繇謨》曰：'天敍有典。'……古或假序爲之。"《説文》："弟，韋束之次弟也。"《釋名》："弟，第也。相次第而生也。"是敍字之義是次序先後。《爾雅·釋詁》："典，常也。"天，指稱自然，人爲的反義。聯繫經下文"勑我五典"看，"天敍有典"説的是人的倫常。意謂人們之間是有倫常次序的，不是像禽獸那樣混亂一團。而人之倫常次序是天然生成，非由人爲。《詩·大雅·烝民》"天生烝民，有物有則"，義與此大抵相同。孔穎達《尚書正義》説："五者（指經下文之'五典'）人之常性，自然而有，但人性有多少耳。"孔説基本正確。

　　敕，舊傳本作勑。《周易》噬嗑《象傳》"先王以明罰勑法"，《經典釋文》云："勑，耻力反。此俗字也，《字林》作勅。鄭云'勑猶理也'，一云'整也'。"張參《五經文字》云："敕，古勑字，今相承皆作勑。"古或借作飭，或作飾。如《漢書·藝文志》引《易》云："明罰飭法。"《史記·五帝本紀》："信飭百官。"《集解》引徐廣曰："飭，古勑字。"是此經文勑字先前作敕，或借作飭、飾。據王鳴盛《尚書後案》考證，自《後漢書》始作勑。勑與敕本爲二字，《説文》并有。攴部："敕，誠也。從攴束聲。"力部："勑，勞也。從力來聲。"此經文之勑字不音來，而音"耻力反"。不訓勞也不訓誠，而應從僞孔傳訓爲正，整飭的意思。《吕氏春秋·仲秋紀》："乃命司服，具飭衣裳。"高誘注"司服，主衣服之官。將飭正衣服，故命之也"。飭是敕的借字，勑是敕的俗字，故勑可訓正。我，《説文》戈部："我，施身自謂也。"這裏，皋陶對天而言我，指稱人類自身。五典，即五常，應從《堯典》"五品不遜"，"敬敷五教在寬"作解。此處説的"五典"應當就是《堯典》説的"五品"以及"五教"。"五品"與"五教"是相聯繫的。《左傳》文公十八年記大史克云："舉八元，使布五教于四方，父義，母慈，兄友，弟共，子孝。"是父、母、兄、弟、子是"五品"，義、慈、友、恭、孝是"五教"。"五品"即此經文説的"五典"，或曰"五常"。"五典"講的是原始氏族社會末期的血緣關係中的近親關係。其間己與子的關係置於己與兄弟關係之後，言及己與母的關係而不及夫妻關係。説明這"五典"尚有顯著的原始色彩。後世《孟子·滕文公上》提出的"父子有親，君臣有義，夫婦有別，長幼有敍，朋友有信"的五倫，加入了君臣、夫婦、朋友關係,父子關係在首位,去掉了母子關係和兄弟關係。顯然是階級社會的産物,與《堯典》、《皋陶謨》、《左傳》說的"五品"、"五典"大不相同。惇,《爾雅·釋詁》:"厚也。"五惇,使"五典"惇厚。相當於《堯典》和《左傳》的"五教",即義、慈、友、恭、孝。"勅我五典五惇哉",言自然造化令我人類端正父、母、兄、弟、子五種倫常關係,而且同時有義、慈、友、恭、孝五種辦法使之惇厚。孔穎達《尚書正義》說"五典即父義母慈兄友弟恭子孝是也","今此義慈友恭孝各有定分,合於事宜,此皆出天然",是對的。江聲《尚書集注音疏》、孫星衍《尚書今古文注疏》取《白虎通義·情性篇》之仁義禮智信"五常"解釋此經之"五典",殊誤,不可從。仁義禮智信之"五常"說定型於漢代。孔、孟固然仁義禮智信都講,但是未曾合言"五常",皋陶早在原始氏族社會,更不可能有仁義禮智信"五常"的觀念。

"天秩有禮",秩,《説文》作𥬭。豐部:"𥬭,爵之次弟也。"段注:"𥬭,蓋壁中古文之字如此,孔氏安國乃讀爲秩,而古文家從之。"是𥬭通作秩。段注又云:"爵者行禮之器,故從豐;有次弟,故從弟。"這是秩的本義,引申開來,一切有次序之事物或行爲皆可稱之爲秩。《廣雅》:"秩,次也。"《洛誥》:"咸秩無文。"王注:"秩,序也。"是次序爲秩。"天秩有禮",是説禮這東西,是自然而然次序而成,非由人的意志決定。禮,是表現等級差別的,例如《中庸》記孔子説:"仁者人也,親親爲大;義者宜也,尊賢爲大。親親之殺,尊賢之等,禮所生也。"禮表現血緣關係和政治關係中的等級差別。禮産生於一夫一妻的個體婚形成之時,古人對此已經有所認識,例如《禮記·昏義》說:"昏禮者,禮之本也。"《中庸》說:"君子之道,造端乎夫婦。"《周易·序卦傳》說:"有夫婦然後有父子,有父子然後有君臣,有君臣然後有上下,有上下然後禮義有所錯。"堯舜禹時代早已實行一夫一妻的個體婚制,所以必也有了禮。但是這時的禮

尚處於原始禮俗的階段,不具備國家產生之後的那種嚴格的
政治性質。因此,孔子説"殷因於夏禮","周因於殷禮",不言
夏之前。

　　"自我五禮有庸哉",僞孔本作"有庸",《經典釋文》説馬融
本作"五庸",今從馬本作解。自,《爾雅·釋詁》:"由,自也。"
義同可轉訓,故自可訓由。"自我五禮",五禮是由我們人類這
裏產生的。雖然説禮實出於自然而然,非人之主觀意志造成,
但是當客觀上出現把禮俗規定爲一定的禮制的需要的時候,
人自身便起作用了。古人認爲禮是聖人制作的,並非全無道
理。"五禮",禮而言五,説明禮已開始形成爲一定的禮制了。
"五禮"是什麼?孔穎達《尚書正義》引鄭玄注云:"五禮,天子
也,諸侯也,卿大夫也,士也,庶民也。"又引王肅注云:"五禮謂
王、公、卿、大夫、士。"僞孔傳説"五禮"是公侯伯子男五等之
禮。並無據無理,不可從。這些全是階級社會的事情,皋陶説
不出這"五禮"來。如果説"五禮"是吉凶軍賓嘉,似乎近是。
説見《堯典》"修五禮五玉"解。《説文》亯部:"亯,用也。從亯
從自,自知臭,香所食也。讀若庸同。"段注:"香當作亯,轉寫
之誤也。上説從自之意,此説從亯之意。鼻聞所食之香而食
之,是曰亯。今俗謂吃爲用是也。"吃飯曰用飯,據此。又,《説
文》用部"庸,用也"。《廣雅》同。《左傳》庸字多見,杜注皆訓
用,如隱公元年:"公曰無庸。"杜注:"言無用除之。"《詩·王
風·兔爰》"我生之初,尚無庸",《齊風·南山》"齊子庸止",毛
傳并云:"庸,用也。"是庸之訓用,沒有疑問。"自我五禮有庸
哉"(有從馬本應作五),言"五禮"是我人類根據自身的情況制
定的,它當然有五種用場。

　　"同寅協恭和衷哉",這句話説我們應如何對待經上文之
"天敍有典"、"天秩有禮"的問題。意謂五常、五禮已經產生、
出現,我們,作爲領導者,應當使人們做到"同寅協恭和衷哉"。

即通過教化的辦法使人們處理好五常、五禮的問題。《禮記·禮運》:"是謂大同。"鄭玄注:"同,猶和也。"是同有和義。《爾雅·釋詁》:"寅,敬也。"《玉篇》同,是寅有敬義。《說文》劦部:"協,衆之和同也。"《爾雅·釋詁》:"協,和也。"是協有和義。《說文》衣部:"衷,裏(里)褻衣。"段注:"褻衣有在外者,衷則在內者也。……假借爲中字。"《蒼頡篇》:"衷,別外內之詞也。"《左傳》襄公二十七年:"楚人衷甲。"杜注:"甲在衣中。"衣中即衣之內。是衷的本義是內衣,引申爲凡事物之在內者,更引申爲心之中,心之內,即內心。"同寅協恭",大家相互之間和合恭敬。這是外部表現,止於此是不够的,還要"和衷",大家由衷地這樣做。"同寅協恭和衷哉",是要求下級和民衆做到這一點,部落聯盟的最高層領導者們首先自身要這樣做,以起感發教化的作用。

"天命有德",天,自然之天。在此乃自然之謂,即《孟子·萬章上》"莫之爲而爲者"之意。命字與經下文"天討"之討字相對應,當是動詞。又從經下文"五服五章"看,此命字取《說文》口部"命,使也"爲義,即使令的意思。使令有德之人受到"五服五章"的表彰,本是領導者所爲,而言"天命"者,用意在於表明領導者是順應自然而爲之,絕無私意在內。有德是《詩·大雅·烝民》"民之秉彝,好是懿德"的德,泛稱人們的美德、吉德,未必確指經上文之"九德"、"六德"、"三德"而言。對照下文"有罪"看,凡品行良好、事功顯著的人都含蓋在"有德"者之內。

"五服五章哉",這一句不好理解,前人的解釋都不能令人十分滿意。"五服"很可能說的是衣服問題。用衣服章顯有德者的德行和功績。伏生《尚書大傳》說:"天子衣服,其文華蟲、作繢、宗彝、璪火、山龍。諸侯,作繢、宗彝、璪火、山龍。子男,宗彝、璪火、山龍。大夫,璪火、山龍。士,山龍。"謂五服是自天子、諸侯、子男、大夫至士五等人有不同文章的衣服。鄭玄注云："五服，十二也，九也，七也，五也，三也。"又於經下文"予欲觀古人之象日月星辰"句注云："此十二章天子備有，公自山而下。"（均見《周禮·春官·小宗伯》賈疏引）孫星衍《尚書今古文注疏》解釋鄭注説："以十二章爲五服者，謂日一，月二，星辰三，山四，龍五，華蟲六，宗彝七，藻火九，粉米十，黼十一，黻十二。此十二章（按，缺八，原文如此），天子備有，公自山龍而下，侯伯自華蟲而下，子男自藻火而下，卿大夫自粉米而下，則此十二章爲五等之服也。"是鄭玄謂五服是天子、公、侯伯、子男、卿大夫五等之服，各服文章多少有異。僞孔傳："五服，天子、諸侯、卿、大夫、士之服也。"孔疏："先王制爲五服，所以表貴賤也；服有等差，所以別尊卑也。"蔡傳："五服，五等之服，自九章以至一章是也。"江聲《尚書集注音疏》："五等之服，有五等之章，以章明其德。"這些説法小異而大同。皆謂五服是天子諸侯卿大夫士之五等之服，用以表貴賤，別尊卑的。不符合歷史實際，也不符合經文之旨，肯定是不可從的。第一，皋陶之時沒有天子諸侯卿大夫士之名與實，有的是部落聯盟首長、部落酋長、氏族酋長。前者出自推選，後二者其實是血緣團體的土著頭頭，必也通過原始的民主程序產生。第二，後世才有的等級制度及與之相適應的尊卑貴賤觀念，當時不存在。第三，"五服五章"與經下文之"五刑五用"，顯然是講賞罰的。有德者賞，有罪者罰。"五刑五用"無疑是罰有罪，則"五服五章"當然是賞有德。即便退一步説，當時縱有天子諸侯卿大夫士，他們的位已定，衣服必有定制，何須賞！況且天子誰賞！"五服"指稱衣服是肯定的，《周易·繫辭傳》説"黃帝、堯、舜垂衣裳而天下治，蓋取諸乾坤"，《大戴禮記·五帝德》説"黃帝黼黻衣，大帶，黼裳"，帝嚳、帝堯皆"黃黼黻衣"，就是證明。可是祇是黼黻衣及大帶、黼裳而已，並無漢人所説的五等之服。王聘珍《大戴禮記解詁》説："白與黑謂之黼,黑與青謂之黻。上曰衣,下曰裳。言衣裳始有采章也。大帶,所以申束衣。"《尸子》説："君天下者黼衣九種,而堯大布。"(《太平御覽》卷八十引)可見黃帝、帝嚳、帝堯衣服很簡單,上衣下裳有帶,黃色的大布質料,上面繪繡以黑白青的顏色。若説大布,則更加簡單,《莊子·山木》:"莊子衣大布而補之。"成玄英疏:"大布,猶粗布也。"與後世帝王的袞服無法比擬。那麼"五服"究竟是什麼呢?我們做不出結論。《論衡·語增篇》釋經下文"弼成五服"之"五服"爲"五采服","畫日月星辰",而且認爲堯舜當時不可能一方面居住茅茨采椽,一方面又服五采之服。等於否定了舜時有"五服"。否定是不對的,不過他説"五服"是"畫日月星辰"的"五采之服",卻有參考價值。"五章"的"章"字,據經上文之"五惇"、"五庸"看,應是動詞。蔡傳章訓顯,謂對有德者以五等之服彰顯之。釋"五服"爲"五等之服",不可取;説"彰顯之",是對的。

　　"天討有罪,五刑五用哉","有罪"與經上文"有德"相對成文,當然取有德的反義。"五刑"即《周語·魯語上》臧文仲説的"大刑用甲兵,其次用斧鉞,中刑用刀鋸,其次用鑽笮,薄刑用鞭扑"。依韋昭注的説法,此"五刑"與《堯典》鄭玄注説的"墨、劓、剕、宮、大辟"五刑實質上是一致的。最早實行這五種肉刑的是上古的"三苗",《呂刑》"苗民弗用靈,制以刑,惟作五虐之刑,曰法,殺戮無辜"的記載,就是證明。以堯、舜爲首的華夏族部落聯盟實行象刑和流刑。《堯典》"象以典刑,流宥五刑"所説正是此意。象刑的實質是用象徵性的手段代替五種真正的肉刑。具體地説,象刑就是用改變罪人衣冠服飾及韡履正常式樣使與常人不同而以此羞辱他的辦法象徵"三苗"實行的"五虐之刑"。華夏族實行真正的五種肉刑,是在夏朝國家建立之後。説見《堯典》"象以典刑"解。此經皋陶講的"五

金景芳全集

刑”，亦應是“象刑”。這樣理解，從經上下文的語言結構上看，也十分順理。上文“五服五章”，是説對有德的人，給穿上好看的衣服，使他光彩，這是表彰。下文“五刑五用”，是説對有罪的人，給穿上與常人不同的難看的衣服，使他感到羞辱，無地自容，這是懲罰。值得注意的是，兩者都在衣服上做文章。“五服”是好衣服，“五刑”是壞衣服，爲數究竟是不是五，并不重要。討，孔疏云：“討，治有罪，使之絶惡。”《説文》言部：“討（讨），治也。”《左傳》宣公十二年：“其君無日不討國人而訓之。”襄公五年：“楚人討陳叛故。”九年：“使華閲討右官。”杜注并云：“討，治也。”漢碑多言治《詩》治《易》，治即討，討即討論。是“討有罪”即治有罪，治有罪者之罪。治有罪者的本是人，是最高層的領導者，不言人治有罪，而言天治有罪，其意義與上文“天敍有典”、“天秩有禮”、“天命有德”同，説見上。

　　“政事懋哉懋哉”，這是一句總結上文的話。懋，亦作茂。《漢書·董仲舒傳》對策：“《書》云‘茂哉茂哉’，彊勉之謂也。”顔師古注：“《虞書·咎繇謨》之辭也。”懋茂古同音通用。《爾雅·釋詁》：“茂，勉也。”蔡傳：“蓋爵賞刑罰乃人君之政事，君主之，臣用之，當勉勉而不可怠者也。”按蔡説是。唯君臣概念是後世人用語，非皋陶所宜用。

天聰明自我民聰明，天明畏自我民明威。達于上下，敬哉有土！”

　　聰明二字應據《洪範》“視曰明，聽曰聰”、“明作哲，聰作謀”作解。視的問題爲明，聽的問題是聰。據王引之《經義述聞》考證，謀與敏聲相近，故字相通，“聰作謀”即聰作敏。“明作哲”，明則哲，不明則不哲。“聰作謀”，聰則敏，不聰則不敏。故明哲、聰敏各可以連文。《春秋繁露·五行五事篇》云：“視曰明，明者知賢不肖者，分明黑白也。聽曰聰，聰者能聞事而審其意也。”經此文孔疏云：“聰明謂聞見也。”又云：“聰明直是見聞之義，其言未有善惡也。”董、孔二説相近，謂聰明其實就是視聽聞見。《爾雅·釋詁》:"從,自也。"自亦可訓從。民,應據《周易·繫辭傳》"陽一君而二民"作解。在此經之民字指除部落聯盟最高領導層之外的部落、氏族及其廣大民衆。"天聰明自我民聰明",言天之所聞見視聽自民之所聞見視聽而來。孔疏謂"此經大意言民之所欲,天必從之。聰明謂聞見也。天之所聞見用(因)民之所聞見也",是對的。《詩·大雅·烝民》孔疏引此經文之鄭玄注云:"天之所謂聰明有德者由民也。言天所善惡與民同。"段玉裁《古文尚書撰異》以爲此疏傳寫有脱,當云:"天之所謂聰明有德者,由我民謂之聰明有德者也。"是鄭玄以爲"天聰明"不是天之聰明,而是天認爲統治者聰明,與此經孔疏之義不同。今按,鄭說有增字解經之嫌,不可從。

　　"天明畏自我民明威",《經典釋文》謂畏字馬融作威。《周禮·地官·鄉大夫》鄭玄注引經,畏字亦作威。今從僞孔本作畏。段玉裁《古文尚書撰異》謂"古威畏二字同音通用,不分平去也"。按段說是。《國語·晉語四》"見懷思威",《晉語八》"若滅欒氏,則民威矣",《晉語六》"是以内和而外威",韋昭注並云:"威,畏也。"是其證。明畏二字二義并列。明謂賞,因爲賞須明;畏謂罰,因爲罰必畏。曾運乾《尚書正讀》據《吕刑》"德威惟畏,德明惟明",釋"明畏"爲賞罰,是對的。經上文"天命"、"天討"恰是言賞罰的,此"明畏"釋爲賞罰,於文極順。全句意謂天之賞罰自民之所欲賞欲罰而來。這兩句話的兩個天字也是指稱自然而言。天是無意無言的,天之視聽聞見反映民之視聽聞見,天之賞罰反映民之所欲賞罰。

　　"達于上下",達,通。上謂天,下謂民。"敬哉有土",敬,敬懼戒慎。有土,《白虎通義·社稷篇》:"封土立社,示有土也。"有土者得封土立社。什麽人有土,《儀禮·喪服》鄭玄注:"天子諸侯及卿大夫有地者皆曰君。"是"有土"指天子諸侯卿大夫。不過,經此文之"有土"不是天子也不是諸侯卿大夫,而是部落聯盟的最高領導者。"達于上下，敬哉有土"，言聞見與賞罰，上天與下民是相通的，人間的最高領導者可要敬懼戒慎啊！自"天聰明"至"有土"這一段話，意義深刻。進一步體現了天人合一的思想，并且提出了民本主義的觀念。曾運乾《尚書正讀》説"民之所欲，天必從之。故善爲政者不必驗諸天，直驗諸民可也"，極爲中肯。《孟子》引《泰誓》曰"天視自我民視，天聽自我民聽"(《萬章上》)，義與此經同。《孟子》"得乎丘民而爲天子"(《盡心下》)的民本主義思想蓋源乎此。

以上皋陶言"安民"的問題。

皋陶曰："朕言惠可厎行？"禹曰："俞，乃言厎可績。"皋陶曰："予未有知，思曰贊贊襄哉。"

皋陶論述過知人、安民的一番道理，徵詢禹的意見。"朕言惠可厎行"，《夏本紀》作"吾言厎可行乎"？以爲是問語，是對的。朕，《爾雅·釋詁》："我也。"以"朕"作爲帝王的專用自稱，是後世之事，在更古的時候，誰人皆可稱朕。惠，《爾雅·釋詁》："順也。"厎，《爾雅·釋言》："致也。""朕言惠可厎行"，我的話順理而可以付諸實行嗎？俞，肯定、贊美之辭。乃，猶汝。績，《爾雅·釋詁》五訓：繼也，事也，業也，功也，成也。《説文》系部績字段注："《豳風》'八月載績'，《傳》曰：'載績，絲事畢而麻事起矣。'績之言積也。積短爲長，積少爲多。"《左傳》昭公元年："遠績禹功。""載績"、"遠績"皆取繼義。繼也有積義，由少到多，逐步實行。《夏本紀》"乃言厎可績"作"女言致可績行"，績似亦取繼義。"乃言厎可績"，你的話繼續不斷地做下去可以付諸實現。言外之意是，你的話是可行的。這是禹對皋陶上述言論的肯定。皋陶接着説"予未有知"，表示謙虛。予，我。知，《説文》矢部："知，詞也。從口矢。"段注："按，此'詞也'之上亦當有'識'字。……識敏，故出於口者疾如矢也。"由此看來，"予未有知"一句，表面像説我没有知識，其實是説我識見不敏。

　　“思曰贊贊襄哉”，蔡傳以爲曰字當作日，無據。孔疏曰音越，説“經云‘曰’者，謂我上之所言也”，曰音越是對的，訓曰爲言，作爲實詞看，則不足取。《夏本紀》作“思贊道哉”，無曰字，以曰爲無義之語詞。俞樾《群經平議》説：“曰者語詞，‘思曰贊贊’者，‘思贊贊’也。”按俞説可從。“贊贊”，《爾雅》、《廣雅》兩《釋訓》俱無釋。《説文》貝部：“贊，見也。”段注：“謂彼此相見必資贊者。”古代凡行禮必有贊者，不僅相見禮如此。《儀禮·士冠禮》“贊冠者”、《士昏禮》“贊者”，鄭玄注云：“贊，佐也。”《周禮·天官·大宰》諸“贊”字鄭玄注皆訓爲助。可是此經“贊”字鄭玄卻説“贊，明也”，“所思徒贊明帝德”（孔疏引）。兩訓看來牴牾，其實一致。“贊，明也”意謂因贊而明，無贊則不能明。古代士相見以及其他禮儀須有贊者佐助方得相見、完成。鄭玄注云“贊明”，是釋贊字爲佐助而使明之。“贊贊”重文，語氣加重，謂佐助而使明之事非一。鄭注之“贊明”不能理解爲前贊字爲贊，後贊訓明。襄，《説文》衣部：“襄，漢令解衣而耕謂之襄。”段注：“引伸之爲除去”，“今人用襄爲輔佐之義，古義未嘗有此”。《詩·鄘風·墙有茨》“不可襄也”，《小雅·出車》“玁狁于襄”，毛傳并云：“襄，除也。”是襄字之本義是解除衣服，引申爲除去，輔佐是後有之義。“攘地”、“攘夷狄”之攘，是襄之假借字，亦訓除去。此經之襄字應作如是解。“予未有知，思曰贊贊襄哉”，是説我沒有敏捷的識見，不過想佐助最高領導者使之明白諸多問題而加以解決（除去）。

帝曰：“來，禹，汝亦昌言。”禹拜曰：“都，帝，予何言？予思日孜孜。”皋陶曰：“吁，如何？”禹曰：“洪水滔天，浩浩懷山襄陵，下民昏墊。予乘四載，隨山刊木，暨益奏庶鮮食。予決九川距四海，濬畎澮距川，暨稷播，奏庶艱食鮮食。懋遷有無化居。烝民乃粒，萬邦作乂。”皋陶曰：“俞，師汝昌言。”

　　自此以下,僞孔本《尚書》單獨成篇,題曰《益稷》。看這段對話的語氣,正是承接上文而來,本爲一篇,分爲兩篇是不對的。

　　"帝曰:'來,禹,汝亦昌言。'"帝,舜。《説文》曰部:"昌,美言也。"今文《尚書》"昌言"作"黨言",漢人文字或作"讜言"。《字林》:"讜,美言也。"作黨或作讜,都是昌之假借字。舜聽了皋陶的美言之後,對禹説,你也講講你的美言。用今語説,就是你也談談高見。

　　"禹拜曰:'都,帝,予何言? 予思日孜孜。'"《荀子·大略》:"平衡曰拜。"《説文》足部:"跪,拜也。"是拜必跪。《説文》手部捽字段注:"既跪而拱手,而頭俯至於手與心平,是之謂頭至手。《荀子》曰'平衡曰拜'是也。頭不至於地,是以《周禮》謂之空首。空首者,對稽首、頓首之頭著地言也。詳言曰拜手,省言曰拜。"《郊特牲》:"拜,服也。"服,敬之至也。敬而折服,這是拜的意義。都,《夏本紀》作於,《正義》:"於音烏,嘆美之辭。""予思日孜孜",俞樾《群經平議》謂日當從經上文皋陶所言"予思曰贊贊襄哉"之例,作"曰",語詞,無義。孜孜,《夏本紀》作孳孳。《説文》攴部:"孜,汲汲也。從攴,子聲。《周書》曰:'孜孜無怠'。"按"孜孜無怠"是《太誓》逸文,見《詩·大雅·文王》孔疏引。又見《周本紀》,字作孳孳。《説文》子部:"孳,汲汲生也。"段注:"孜、孳二字古多通用","蕃生之義當用孳,故從兹。無怠之義當用孜,故從攴。"《廣雅·釋訓》:"孜孜、汲汲,勸也。"王念孫《疏證》説,"孜與孳通","汲與伋通"。《説文》彳部:"伋,急行也。"段注:"凡用汲汲字,乃伋伋之假借也。"《禮記·問喪》:"其往送也,望望然,汲汲然,如有追而弗及也。"是孜孜猶伋伋。伋伋或假借作汲汲。其義爲急行,引申爲做事急切緊迫而無有懈怠。經上文皋陶説他想的是如何佐助領導者弄明白一些問題而加以解決,這裏禹説"予思日孜孜孜”，是對應皋陶而言，説他想的（與皋陶不同）是自己如何急迫不怠地工作的問題。

“皋陶曰：‘吁，如何？’”吁，《説文》亏部：“吁，驚語也。”《玉篇》：“吁，疑怪之辭也。”《廣韻》：“吁，嘆也。”《夏本紀》“如何”作“何謂孳孳”。皋陶對禹説“予思日孜孜”的話感到驚訝，故有此問。問他“孜孜”何所指。

“禹曰：‘洪水滔天，浩浩懷山襄陵，下民昏墊。’”禹回答“予思日孜孜”的内容，首先説到洪水的災難。“洪水”，大水。“滔天”，漫天。“洪水滔天”，極言水之大。“浩浩”，洪水廣大無邊。“懷山襄陵”，大水包圍了山，漫過了陵。説見《堯典》解。“下民昏墊”，孔疏引鄭玄注云：“昏，没也。墊，陷也。”禹言洪水之時，人有没陷之害。江聲《尚書集注音疏》：“日没爲昏，故云昏没。《説文》土部云：‘墊，下也。’《春秋傳》曰：‘墊隘。’則墊有下陷之意，故云墊陷也。”《夏本紀》作“下民皆服於水”。是昏字《史記》作皆，釋墊爲“服於水”。《廣雅·釋詁》墊、伏俱訓藏。《文選》陸士衡《吴王郎中時從梁陳作一首》“誰謂伏事淺”句李善注云：“服與伏同，古字通。”是“服於水”亦即伏於水之意。伏於水，即藏於水。“下民昏墊”，謂下民爲洪水所淹没。但是這是説洪水在上，下民在下，爲洪水所困的一種態勢，非謂下民已全沉水底而爲魚鱉矣。

“予乘四載，隨山刊木”。這是禹述其所作所爲。“予乘四載”，《夏本紀》作“予陸行乘車，水行乘舟，泥行乘橇，山行乘檋”。《河渠書》引作“陸行載車，水行載舟，泥行蹈毳，山行即橋”。《漢書·溝洫志》“蹈毳”作“乘毳”，“即橋”作“則橇”。應劭曰：“橇或作檋。”孔穎達《尚書正義》檋作樏。《説文》木部：“樏，山行所乘者。從木纍聲。《虞書》曰：‘予乘四載。’水行乘舟，陸行乘車，山行乘樏，澤行乘輴。”四載之説，陸車水舟，迄無異義，山行澤行則説多不同。關於橇，應劭曰：“橇或作檋，

爲人所牽引也。"韋昭曰:"桐,木器也。如今轝牀,人轝以行
也。"段玉裁《古文尚書撰異》謂韋昭、應劭説皆得其正解,説:
"輂、桐、橋同字,欙與輂異字同義,一物而異名也。輂自其盛
載而言,欙自其挽引而言。纍,大索也,此聲義之皆相倚者
也。""泥行乘橇"亦作毳。《説文》作𨍬。《漢書》作毳。如淳
曰:"毳音茅蕝之蕝,謂以板置泥上以通行路也"。《史記》徐廣
注引《尸子》作楯,僞孔傳作輴。段氏《撰異》説:"毳、橇、蕝、
𨍬、輴,一聲之轉。輴,敕倫切,本訓車約𨍬,此借爲版行泥上
之字耳。"按段説可從。

　　"隨山刊木",《夏本紀》作"行山栞木",是史公訓隨爲行。
《説文》辵部:"隨,從也。"段注:"行可委曲從迹,謂之委隨。"是
隨有行義,但是隨是委曲之行。"隨山",言禹爲治水而奔波九
州,任諸山之形勢,委曲前行。《禹貢》"禹敷土,隨山刊木",孔
疏引鄭玄注云:"必隨州中之山而登之,除木爲道,以望觀所當
治者,則規其形而度其功焉。"是鄭玄釋"隨山"爲隨山而登之,
釋"刊木"爲除木開道。禹治水,登山之事必有,可是"隨山"二
字本身實無登義。鄭謂刊木爲除木,係據《左傳》襄公二十五
年"井堙木刊"爲説。本篇孔疏亦云:"刊是除木之義也。"説
"刊木"是除木即伐樹,是對的。問題在於《尚書》"刊木"字本
作栞木,刊與栞非同字,義亦有別。刊字訓剟,字從刀不從木。
《説文》木部:"栞,槎識也。……《夏書》曰'隨山栞木',讀若
刊。栞,今文《尚書》作栞。"段注云:"槎,邪斫也。槎識者,邪
斫以爲表志也"。"刊者,除去之意,與栞訓槎識不同。蓋壁中
古文作栞,今文《尚書》作栞,則未知何時改爲刊也"。按段説
是,《禹貢》"隨山刊木",《夏本紀》作"行山表木"是其證。表
木,謂斫樹以爲標誌。"隨山刊木",言禹爲治水,到處奔走,遇
山走山,邪砍樹木爲槎以作爲道路的標誌,非謂伐樹開路也。

　　"暨益奏庶鮮食",《夏本紀》作"與益予衆庶稻鮮食"。《爾

雅·釋詁》暨訓與。《詩·周頌·思文》孔疏引鄭玄注奏作授。
授即予。《説文》本部：“奏，進也。”此經奏字訓授訓進皆通。
庶，衆庶。《夏本紀》多一稻字，《索隱》云：“此禹言其與益施予
衆庶之稻糧。”以爲鮮食就是稻。《經典釋文》引馬融云：“鮮，
生也。”謂鮮爲與熟相對之生。《思文》孔疏引鄭玄注此經下文
之“艱食鮮食”云：“授以水之衆鮮食，謂魚鱉也。”王鳴盛《尚書
後案》：“下‘鮮食’鄭云‘魚鱉’，則此‘鮮食’鄭必以爲鳥獸。此
‘隨刊’所得，下‘決川’所得也。”是鄭玄以爲此“鮮食”爲鳥獸。
江聲《尚書集注音疏》：“鮮食，鳥獸魚鱉皆是。”僞孔傳云：“鳥
獸新殺曰鮮。”蔡傳謂“鮮食”爲“鳥獸魚鱉之肉”。今按，蔡、江
説是。“暨益奏庶鮮食”言禹與益給予民衆以鳥獸魚鱉之肉以
充飢。

　　“予決九川距四海”，《説文》水部：“決，行流也。”段注云：
“各本作‘行流’，《衆經音義》三引皆作‘下流’。下讀自上下下
之下。”《孟子·告子上》：“性猶湍水也，決諸東方則東流，決諸
西方則西流。”是決是引水下流之意。《太平御覽》卷六十八地
部引王肅云：“九川者，九州之川也。”王説是。九川蓋泛指天
下江河。水或小或大，凡貫穿通流之水（《説文》川部義）皆謂
之川。《廣雅·釋詁》：“距，至也。”《夏本紀》作“致四海”，是史
遷距訓爲致。至、致聲近義同。“距四海”，至於四海。四海，
據《禹貢》，或爲青州“濰、淄其道，……海濱廣斥”的東海（在今
登州）、導河“北播爲九河，……入於海”之北海（在今天津、滄
州）、導江“北江入於海”“中江入於海”之揚州之海（或即爲南
海）。《禹貢》無西海。故“四海”究竟不能確指。“予決九川距
四海”，言我引導天下江河之水下流使之流至大海。

　　“濬畎澮距川”，《夏本紀》作“浚畎澮致之川”。浚，經今文
作濬，古文作容。《説文》谷部：“容，深通川也。從谷從卣。
卣，殘也。谷，阬坎意也。《虞書》曰：容畎澮距川。”《爾雅·釋

言》："濬，深也。"《玉篇》："濬同浚。"《堯典》"濬川"，僞孔傳説："有流川則深之使通利。"是"濬畎澮距川"意謂有畎澮則深之使通利以達於川。畎澮，鄭玄注云："田間溝也。澮所以通水至川也。"(《文選》馬季長《長笛賦》李善注引)按鄭説是。或用《周禮·地官·遂人》、《考工記·匠人》溝洫之法釋此經，看似詳明，其實不必。溝洫之法與井田一致，乃後世之事，不可以比例三代之前。先決川以至於海，然後疏浚畎澮以至於川。先通下，後通上，疏導治水，勢必如此。

"暨稷播，奏庶艱食鮮食"，艱食，古人説法不一。《經典釋文》："艱，馬本作根，云：'根生之食，曰百穀。'"《釋名》云："艱，根也。如物根也。"據《説文》艱、根皆艮聲，聲同義亦近。故馬融艱作根，根食釋作根生之食百穀。《詩·周頌·思文》孔疏引鄭玄云："與稷教民種澤物菜蔬難厄之食。"是鄭玄以艱食爲菜蔬難厄之食。《夏本紀》釋艱食爲"難得之食"。俞樾《群經平議》謂艱(繁體作艱)當讀爲饎。篆文艱從艮聲，籀文饎從喜聲。饎從喜，饎亦從喜，兩字聲同，故得通用。饎，熟食也。艱食謂熟食，正與鮮食相對成義。以上四説，俞説迂曲，史遷之説籠統，鄭説亦嫌片面。馬説較允。曾運乾《尚書正讀》取馬説，釋艱食爲百穀，是也。全句言禹與稷教民播種，給民衆提供艱食百穀和鮮食水陸動物之肉作爲食物。

"懋遷有無化居"，"懋遷"，《尚書大傳》、荀悦《申鑒·時事篇》、《文選·永明策秀才文》李善注引，皆作"貿遷"。《漢書·敍傳》引作"茂遷"，《食貨志》引作"楙遷"。蓋懋、楙、茂都是貿之同音假借字。師古注云："楙，勉也。"非。《説文》貝部："貿，易財也。"《爾雅·釋言》："貿，買也。"《爾雅·釋詁》："遷，徙也。"是"懋遷"即貿易之意。"有無"應據《夏本紀》作解。有謂有餘，無謂不足。"懋遷有無"，互通有無，以我之有補人之不足，以人之有補我之不足，其實説的是貿易貨物。"化居"也是蒙"懋遷"的賓語。全句謂既"懋遷有無",又"懋遷化居"。化,江聲《尚書集注音疏》:"古貨字。嘗見古泉形如貨布,而大文曰:'齊杏化。'又有如刀形者文亦同。蓋周時齊國之物。其文爲'齊吉貨'三字。泉刀皆貨也。是古字以化爲貨之明證也。貨字從貝化聲,古文省貝爾。"居,積蓄。《漢書·食貨志》:"廢居居邑。"服虔曰:"居穀於邑也。"如淳曰:"居賤物於邑中以待貴也。"師古曰:"二說皆未盡也。此言或有所廢置,有所居蓄,而居於邑中,以乘時射利也。"是三人皆釋居爲居積。《史記·呂不韋傳》:"此奇貨可居。"亦以居字用爲居積。"化居",居貨,貨物積聚起來。"懋遷有無化居",貿易遷徙有與無(使之互通)和積聚的貨物。僞孔傳"化"訓爲易,謂"化居"爲交易其所居積,亦可備爲一說。《夏本紀》釋"化居"爲"徙居",遷徙住處,恐與經意不合。

"烝民乃粒",《爾雅·釋詁》:"烝,衆也。"《詩·大雅·烝民》毛傳同。烝民,衆民。粒,王引之《經義述聞》謂當讀爲《周頌·思文》"立我烝民"之立。作粒者,字之假借也。《説文》:"立,住也。"《廣雅》:"立,成也。"《國語·周語下》:"聽無聳,成也。"韋昭注:"成,定也。"鄭玄注《周禮·地官·小司徒》"使各登其鄉之衆寡"云:"登,成也。成,猶定也。"是立訓成,成猶定。此經"烝民乃立",是説衆民於是安定。即承上文而言。先前衆民不安定,現在由於采取了一些措施,解決了衆民的生計問題,所以他們安定了。王引之説:"'決九川濬畎澮',平土可得而居矣。'奏庶艱食',五穀可得而食矣。'奏庶鮮食',鳥獸可得而食矣。'懋遷有無化居',百貨可得而用矣。於時衆民皆有安居、和味、宜服、利用、備器。昔也昏墊,而今也安定矣。"按王説最得經意,可從。《夏本紀》作"衆民乃定",以粒爲立,訓立爲定,是對的。鄭玄注云:"粒,米也。衆民乃復粒食。"(《詩·周頌·思文》孔疏引)其箋《思文》"立我烝民"又破

立爲粒，謂立當作粒。殊誤。王引之駁之云："鄭訓粒爲米，
'烝民乃米'，爲不辭矣。《王制》曰：'有不粒食者矣'，使去食
字而曰'有不粒者矣'，其可乎？《思文》箋反破立爲米粒之粒，
'米我烝民'，愈不辭矣。"極是。

"萬邦作乂"，萬邦，《夏本紀》作"萬國"。邦即國，但是當
時實無邦國，祇有華夏族以及周邊各異族的衆多部落。所謂
"萬邦"當指這些衆多部落而言。説見《堯典》解。作，《詩·魯
頌·駉》"思馬斯作"，毛傳："作，始也。"《説文》人部："作，起
也。"段玉裁注謂"作，起也"，"作，爲也"，"作，始也"，"作，生
也"，"其義別而略同。別者所因之文不同。同者其字義一
也"。又謂"迮作二篆音義同，古文假借乍爲作"。辵部："迮，
起也。"段注説："按，《孟子》'乍見孺子將入於井'，乍者倉卒
意，即迮之假借也。"是作字有起的意思，有爲的意思，但是此
起此爲同時也有始的意思，即過去未起，現在開始起了；過去
未爲，現在開始爲了。乂，《爾雅·釋詁》："治也。"《夏本紀》
"萬邦作乂"作"萬國爲治"，不誤。"爲治"，亦謂過去未治，現
在開始治了。總之，"作乂"之作與"乃粒"的乃，相對爲文，在
句中都起時間副詞的作用。乂古與艾同，艾可訓養。故鄭玄
云："乂，養也。衆民乃復粒食，萬國作相養之禮。"鄭義不可
從，因爲乂訓養可，訓相養之禮，增字釋經，則不可。

"皋陶曰：'俞，師汝昌言。'"《夏本紀》作："然，此而美也。"
俞訓然，汝訓而，昌訓美，是對的。唯師字無"此"義，史遷所見
《尚書》字或作"斯"。江聲《尚書集注音疏》説："師與此絶不
類。斯則聲近師而義爲此。據《史記》'此'字推《尚書》當爲
'斯'，由聲近師而誤爲師。"江説是。"俞，師汝昌言"，是説：是
的，這就是你的美言。

自"帝曰：來，禹，汝亦昌言"至"師汝昌言"這段話，孫星衍
《尚書今古文注疏》總結其大意説："皋陶既問禹以何謂孳孳，

禹答以洪水爲災，下民没陷，乘四載，行山浚川，與益、稷播種，奏鮮少艱得之物，食少則資貿易儲蓄，衆民乃定，萬國始治，故皋陶稱之爲此真汝之美言也。"除釋鮮爲少和釋艱食爲艱得之物不可從之外，孫説大體正確。

禹曰："都，帝，慎乃在位。"帝曰："俞。"禹曰："安汝止，惟幾惟康，其弼直，惟動丕應。徯志以昭受上帝，天其申命用休。"

　　禹講過致治之艱難之後，接着向舜提出告誡的話。看禹説話的口氣相當隨意，毫無後世君臣對話的拘謹和尊卑分明，知道當時確實尚未形成國家，而文字的寫定不會太晚，材料大體是當時留下來的。

　　"都，帝，慎乃在位"，《夏本紀》都作於，於音烏，嘆美之辭。帝，對舜的稱呼，是部落聯盟首長的專用稱謂，不同於秦漢之皇帝。"乃在位"，可能是當時的成語，指稱部落聯盟首長以及氏族、部落酋長等負有責任的人。《盤庚上》"盤庚斅于民，由乃在位，以常舊服正法度"之"乃在位"與此經之"乃在位"義同。王引之《經義述聞》説："盤庚斅於民，民字兼臣與民言之。""由乃在位，以常舊服正法度"二句"則專指在位者言之"。今按，此數句之主語是盤庚，民兼指臣與民，則"乃在位"是指各級居領導崗位、負有責任的人無疑。此經"慎乃在位"之"乃在位"，亦當指各級居領導崗位、負有責任的人。主語是舜。《盤庚》之"由乃在位"之由字王引之訓正，動詞。此"慎乃在位"之慎字也是動詞。禹告誡舜説，你要"慎"那些居領導崗位、負有責任的人。不是説你要"慎"自己。孔穎達《尚書正義》釋"慎乃在位"句爲"謹慎汝所在之位"，可商。慎字孫星衍《尚書今古文注疏》據《爾雅·釋詁》訓靜，於此經意不順。《説文》心部慎訓謹，言部謹訓慎，謹慎二字轉注。此經慎字宜據《説文》訓謹慎。"慎乃在位"，使那些居領導崗位、負有責任的人做事謹慎。

　　"帝曰:'俞。'禹曰:'安汝止。'"《夏本紀》省"帝曰俞禹曰"
五字,其實不當省,因爲"慎乃在位"是一個意思,有"帝曰俞"
三字,表示這個意思已經結束。有"禹曰"二字,表示禹又説另
一個意思。上言"慎乃在位",是説舜對下屬應當如何,此言
"安汝止",是説舜自己應當如何。鄭玄釋"安汝止"爲"安汝之
所止,无妄動,動則擾民"(《史記》集解引),强調止於静。孫星
衍《尚書今古文注疏》更據《史記·曹相國世家》"治道貴清静
而民自定","動則擾民"爲解,皆誤。禹特別强調有爲,清静無
爲不是他的主張。"安汝止"之"止"應據《周易》艮卦作解。艮
卦《彖傳》説:"艮,止也。時止則止,時行則行,動静不失其時,
其道光明。艮其止,止其所也。"此止字含義頗深,不可簡單地
理解爲静止。止的含義是堅持,堅持做什麼或堅持不做什麼
就是止。止的反義是不止,不是動。按艮卦的意思看,止於静
是止,止於動也是止。静有止或不止的問題,動也有止或不止
的問題。止於静,即堅持不做什麼(不是什麼都不做),是止。
止於動,即堅持做什麼(不是什麼都做),也是止。止的問題,
限於動静,不涉善惡。惡固不當行,不存在止不止的問題。唯
善固當行,才有止不止的問題。爲善,止於静,即堅持不做什
麼,是止;爲善,止於動,即堅持做什麼,也是止。什麼應當堅
持做,什麼應當堅持不做,要依時而定,故艮《彖傳》説:"動静
不失其時,其道光明。"禹對舜説"安汝止",是告誡他説,安於
你應當做的,堅持而不動搖地去做;安於你不應當做的,堅持
而不動搖地不做。

　　"惟幾惟康,其弼直,惟動丕應",此三句接上句"安汝止"
而來。意謂要做到"安汝止",就應當"惟幾惟康"云云。《説
文》丝部:"幾,微也,殆也。"歺部:"殆,危也。"段玉裁注:"危與
微二義相成,故兩言之。"按段説是,幾的確有危、微二義,二義
有相成之關係。如《繫辭傳》説:"幾者動之微,吉之先見者

也。"又説:"聖人之所以極深而研幾也。"鄭玄注:"幾,微也。"
《爾雅》、《廣雅》並言"幾,危也"。《左傳》宣公十二年:"利人之
幾而安人之亂。"《荀子·堯問》:"女以魯國驕人幾矣。"杜注、
楊注并云:"幾,危也。"又,范本《老子》十四章:"視之不見名曰
幾。"傅奕注:"幾者,幽而無象也。"《周易》乾《文言傳》:"可與
幾也。"《經典釋文》:"理初始微名幾。"是知幾字表示事情要發
生尚未發生的一種先兆狀態,這時往往包含有極大的危殆因
素,因此幾字有微與危二義。使用幾字有時取微義,有時取危
義。此經文之幾字與康字對言,當取危義。雖取危義,也有微
義在内。《説文》無康字而有穅字,禾部云:"穅,穀之皮也。"段
玉裁注:"今人謂已脱於米者爲穅,古人不爾,穅之言空也,空
其中以含米也。凡康寧、康樂,皆本義空中之引伸。今字分
別,乃以本義從禾,引伸義不從禾。"《爾雅·釋詁》康字有樂、
静、安三訓。《逸周書·謚法》云:"康,安也。"又云:"淵源流通
曰康,豐年好樂曰康,安樂撫民曰康,令民安樂曰康。"《周易》
晉卦辭:"康侯用錫馬蕃庶。"《經典釋文》:"康,美之名也。馬
云:'安也。'鄭云:'尊也,廣也。'陸云:'安也,樂也。'"《淮南
子·天文訓》:"十二歲一康。"高注:"康,盛也。"《逸周書·文
政》:"五教用康經。"孔注:"康,逸也。"是知康字本義爲空中之
穀皮,引伸爲安、樂。安與樂義有不同,但卻相成。静、逸、尊、
廣、盛諸義更據安、樂二義引申而來。此經文之康字與幾字對
言,當取安義無疑。惟字,《爾雅·釋詁》訓謀訓思,《方言》、
《説文》俱本《爾雅》爲訓,曰:"惟,凡思也。"《説文》段注:"凡
思,謂浮泛之思。"《詩·大雅·生民》:"載謀載惟。"鄭箋:"惟,
思也。"《書·盤庚》:"人惟求舊。""作惟涉河以民遷。"王肅注
惟並訓爲思。是知經典中惟字有思訓。僞孔傳據以解此經
"惟幾惟康"云:"念慮幾微以保其安。"江聲《尚書集注音疏》本
之以爲説云:"言思其危殆,思所以保其安。"曾運乾《尚書正

讀》以"思危則安"釋之。屈萬里《尚書今注今譯》云:"要能注意到事情的先兆,國家才能安康。"屈説與曾氏同,曾氏與孔傳同。江説訓惟爲思與孔傳同,釋"惟幾"與"惟康"爲并列關係與孔傳釋"惟幾"與"惟康"爲條件關係則異。江氏視"惟幾"與"惟康"爲并列關係,是對的。但是釋惟爲思,則誤。惟字固可訓思,然而在此,絕無思義。"惟幾惟康"這樣的句式在《尚書》中不一見,如本篇經下文之"惟時惟幾",《康誥》之"惟君惟長","惟威惟虐",僞《古文尚書·大禹謨》之"惟精惟一",《咸有一德》之"惟和惟一",《蔡仲之命》之"惟忠惟孝"等等,皆是。這些句子構造相同,其惟字必應同訓;若訓思,在此"惟幾惟康"句似乎勉强可以,而在它句則斷不可通。是知此惟字不宜訓動詞思。祇有訓作介詞獨、僅,方可使上引各句經義順暢明通。"惟幾惟康"承上句"安汝止"而來,意謂安於你所當爲與所不當爲,(別的全不重要),惟獨幾與康要"安"好,勿有失誤,即危微與安康兩方面的事情要抓住。

"其弼直",《爾雅·釋詁》弼、輔同訓俌。《説文》人部:"俌,輔也。"弓部:"弼,輔也。"段玉裁注:"輔者,車之輔也。引申爲凡左右之稱。"又:"弓必有輔而後正,人亦然,故輔謂之弼。"是弼指左右助手言,即後世所謂宰輔之類。"弼直",《夏本紀》作"輔德"。江聲《尚書集注音疏》和孫星衍《尚書今古文注疏》並推之以爲直是惪的壞字。《説文》無德字,其心部惪字下云:"外得於人,内得於己也。"段玉裁注:"内得於己,謂身心所自得也。外得於人,謂惠澤使人得之也。俗字假德爲之。"是"其弼直"是以有德的人做輔佐的意思。

"惟動丕應",惟字是發語之詞,無義,丕字《夏本紀》逕作大。丕字固可訓大,但是此丕字應是發聲詞,但以足句,無義之可言。丕应(繁體作應),就是應。《爾雅·釋詁》、《説文》心部、《一切經音義》引《字林》應皆訓当(繁體作當)。《説文》田

部："當，田相值也。"段玉裁《説文》心部應字注："引伸爲凡相
對之稱。"田部當字注："值者持也，田與田相持也。引申之凡
相持相抵皆曰當。"值即直，《廣雅》："當，直也。"《國語·晉語
九》："臣敢煩當日。"韋昭注："當日，直日也。"是應字之義是相
當相對相持相抵相值。"惟動丕應"，意謂（除非無所行動，無
所作爲）凡有所行動，有所作爲，都（與實際）相當相值。用今
語説，就是做事符合實際情況，亦即正確而無偏差。《夏本紀》
釋作"天下大應"，江聲《尚書集注音疏》從之，云："動則天下大
應之"，今人屈萬里《尚書今注今譯》更説："祇要有所動作，大
家就會響應了。"皆有悖經意。經文講的問題是做事應不應，
不是別人反應不反應。曾運乾《尚書正讀》訓丕爲斯，應爲和，
説"惟動丕應，猶言動之斯和也"，亦不確。

　　"徯志以昭受上帝，天其申命用休"，這兩句講舜對天應取
何態度，天將對舜如何。在堯舜時代人們的天概念本是自然
之天，《堯典》説得十分清楚。這兩句話大意是説，你應正確對
待天，天也會正確對待你。反映天人合一的觀念。但是這裏
顯然帶有宗教的色彩。徯，《爾雅·釋詁》與止、𦙍同訓待。郝
懿行《爾雅義疏》："止者，息之待也。止訓至也，居也，處也，留
也。皆休息之義，休息亦待之義。"《説文》立部："𦙍，待也。"段
玉裁注："今字多作需，作須，而𦙍廢矣。……須者，𦙍之假
借。"《史記·仲尼弟子列傳》："樊須，字子遲。"《周易》歸妹：
"遲歸有時。"陸績注："遲，待也。"《周易》需卦《彖傳》："需，須
也。"《雜卦傳》："需，不進也。"徯既與止、須同訓待，則必含有
須待不進的意思。《説文》心部"志，意也"，"意，志也"，志意轉
注。意字下又云："察言而知意也。"《詩大序》："詩者志之所之
也。在心爲志，發言爲詩。"《説文》言部詞字云："意内而言外
也。"是知志即心中藏而未發的意，亦即思想。徯志二字分別
訓詁，其義易曉，可是合起來看則委實難明。僞孔傳説："順命

以待帝志。"江聲《尚書集注音疏》説:"民安其志意以待於下。"蔡沈《書集傳》説:"固有先意而俟我者。"都把俟志分開解釋,故全不得要領。"俟志以昭受上帝",主語承上應是舜,不是民也不是上帝。受,動詞,是謂語。昭是狀語。俟志也是狀語,是舜在"受上帝"時應當具有的一種思想或心理狀態。孫星衍《尚書今古文注疏》引《管子·九守篇》"虛心平意以待須"作解,近是。用今語表示,"俟志"就是:使思想、心理保持虛靜,處於一種安穩平衡的狀態。言外之意顯然是告誡不要急躁。似乎有盡人事而聽天命的味道。"上帝"是自然之天的宗教化稱謂,把實質是自然的天加以人格化。字面上説的是"上帝",真正所指還是自然之天。昭,明。"昭受上帝",人事盡畢,剩下的就是公開、明白地接受"上帝"亦即天的檢驗。下句之天即上句之"上帝"。其,將要。《爾雅·釋詁》訓申爲重,訓休爲美。

"天其申命用休",天將要反復地賜給你幸福。按照天的規律辦事,天必使你成功,這是天人合一觀念的反映。鄭玄解以"天將重命汝以美應,謂符瑞也"(《夏本紀》集解引),是漢代天人感應思想的表現,不合經意,不足取。

自"禹曰安汝止"以下這段文字記禹告誡舜,説你要"安汝止,惟幾惟康,其弼直,惟動丕應",以安靜沉穩的心態接受天的檢驗,天將反復地賜予你幸福,使你得到美好的報答。

帝曰:"吁,臣哉鄰哉,鄰哉臣哉。"禹曰:"俞。"

《説文》亏部:"吁,驚語也。"段注:"此篆重以亏會意,故不入口部。後人又於口部增吁,解云'驚也',宜删。"《詩·小雅·正月》:"洽比其鄰。"毛傳:"鄰,近。"陳奐《詩毛氏傳疏》:"鄰、近雙聲爲訓。近猶親親也。"《左傳》僖公二十二年記富辰説:"《詩》曰:'協比其鄰,昏姻孔云。'吾兄弟之不協,焉能怨諸侯之不睦!"襄公二十九年記子大叔批評晉棄諸姬説:"《詩》

曰：'協比其鄰，昏姻孔云。'晉不鄰矣。"皆以鄰謂兄弟。帝，舜。俞，然。舜（部落聯盟首長，故有帝稱）說，臣就是兄弟般親近的人，兄弟般親近的人就是臣。意謂肯定禹上文講的都是衹有兄弟般親近的人才能講的知心話。禹說是的，表示贊同。

帝曰："臣作朕股肱耳目。予欲左右有民，汝翼。予欲宣力四方，汝爲。予欲觀古人之象，日、月、星辰、山、龍、華蟲，作會；宗彝、藻、火、粉米、黼、黻，絺繡，以五采彰施于五色作服，汝明。予欲聞六律五聲八音，在治忽，以出納五言，汝聽。予違汝弼，汝無面從，退有後言，欽四鄰。

　　"臣作朕股肱耳目"，進一步強調臣即鄰，鄰即臣的意義。《詩·小雅·采菽》："赤芾在股。"鄭箋："脛本曰股。"《説文》肉部："脛，胻也。"段注："膝下踝上曰脛。"是脛即俗稱之小腿。股爲脛之本，是股即俗稱之大腿。《詩·小雅·無羊》："麾之以肱。"毛傳："肱，臂也。"肱，古文作厷。《説文》又部："厷，臂上也。"段注："臂，手上也。"是肱即俗稱之胳臂。股肱，人之四肢，或曰四體。古人常喻父子關係爲首與足的關係。父爲首，子爲足。足，該括四肢。《喪服傳》："父子一體也"，"父子首足也"，即是。此經舜所言"臣作朕股肱耳目"與上句"臣哉鄰哉，鄰哉臣哉"語意一貫，衹是更進一步用元首與股肱耳目比喻他和禹的親近關係。鄭玄注釋作"動作視聽皆由臣也"（孔穎達《尚書正義》引），不確。

　　"予欲左右有民，汝翼"，《説文》左部："左，手相左助也。"又部："右，助也。"僞孔傳："左右，助也。"是左右謂輔助。"有民"，僞孔傳釋作"所有之民"，馬融釋有爲助，孫星衍《尚書今古文注疏》據《爾雅·釋詁》釋有爲撫。都不對。有，在此是語助詞，無義。嫌一字不成詞，加有字配之。"左右有民"，實則是"左右民"，與《周易》泰卦《大象》之"輔相天地之宜，以左右民”之“左右民”同例。《文王世子》：“慎其身以輔翼之。”《夏本紀》翼作輔。是翼訓輔。馬融、僞孔傳“汝翼”並釋爲“汝翼成我”。添一成字，不足取。全句的意思是，我要扶助民衆，你要輔佐我。

“予欲宣力四方，汝爲”，《說文》宀部：“宣，天子宣室也。”段玉裁注：“天子宣室，蓋禮家相傳古語，引伸爲布也，明也，遍也，通也，緩也，散也。”《爾雅·釋言》：“宣，遍也。”宣字在此處應取布訓、遍訓。《周禮·夏官·司勳》：“治功曰力。”《晏子春秋·諫上》卷一：“昔吾先君桓公以管子爲有力，邑狐與穀。”孫詒讓《周禮正義》謂“此治功行賞稱力之證”。于鬯《續香草校書》：“力猶功也。《周禮·司勳》職云：‘治功曰力。’”《說文》力部：“力，治功曰力，能禦大災。”都以《周禮》“治功曰力”釋力。“治功曰力”是說力衹是功的一種，即治功。據《周禮》，治功之外還有王功、國功、民功、事功、戰功，皆有稱謂，都不稱力。那麼經此文之“力”是否僅指治功呢？不是。此“力”字應具有廣泛意義，凡關治理天下之功業全在內。所有的功業都須以力爲之，故稱力。“汝爲”的爲，僞孔傳釋作“爲之”，非是。《詩·大雅·鳧鷖》：“福祿來爲。”《論語·述而》：“夫子爲衛君乎。”鄭箋與鄭注並訓爲爲助。《呂氏春秋·審爲》：“不知所爲矣。”高誘注：“爲謂‘相爲’之爲。”王引之《經義述聞》據此釋云：“爲，讀如‘相爲’之爲。爲，助也。又：‘女爲’與‘女翼’同義。”按，王說是。全句意思是，我要在功業上廣泛致力於四方，你要輔助我。

“予欲觀古人之象”，象，物象，指經下文之日月星辰山龍華蟲作會諸物言。或以爲象是《易》之象，非是。觀，觀示、顯示。觀古人之象，謂以古人之象爲觀示，讓大家看，不是說他自己要觀看古人之象。古人，必指堯以前人，就下文講衣服這一點說，所謂古人，極可能指黃帝，因爲據文獻記載，衣服之制始於黃帝。《世本·作篇》記"伯余制衣裳"（《淮南子·氾論訓》高誘注引），"胡曹作冕"（《左傳》昭公二十四年孔疏引），"於則作扉履"（《初學記》二十六）。伯余、胡曹、於則並黃帝時人。《大戴禮記·五帝德》亦云："黃帝黼黻衣，大帶黼裳。"是知黃帝時不僅有了衣裳之制，而且衣裳之上還有象。舜說"予欲觀古人之象"不是說衣裳應如何，是強調衣裳上面的象——文飾。《周易·繫辭傳》說："黃帝堯舜，垂衣裳而天下治，蓋取諸乾坤。"說黃帝堯舜垂衣裳，是對的。說黃帝堯舜垂衣裳是取自乾坤之象，則大錯。"天尊地卑，乾坤定矣"，這是《周易》的思想，產生於殷周之際。商代有《歸藏》易，卦序是首坤次乾，故亦稱《坤乾》。夏代之易叫《連山》，以艮卦居首。黃帝堯舜更在夏之前，根本不會有乾尊坤卑的觀念。說《周易》乾尊坤卑觀念與上衣下裳的服制有關，是可以的，說上衣下裳之制取諸乾坤，則大不可以。《繫辭傳》此語不像出自孔子，肯定是後人竄入的。

　　"日、月、星辰、山、龍、華蟲，作會；宗彝、藻、火、粉米、黼、黻，絺繡"。星辰，據《堯典》"曆象日月星辰"孔疏，是當時尚未全部認識的恒星二十八宿（說見本書《堯典》新解）。但是二十八宿（當然是一部分）怎樣畫在衣服上，文獻無徵，無法知道。然而據《左傳》桓公二年"三辰旂旗，昭其明也"和《周禮·春官·司常》"日月爲常"的記載，知道至周代人們把日月星三辰畫到旗幟上。周代旗幟上畫的三辰是什麼呢？日月不成問題。星，孫詒讓《周禮·春官·司常》《正義》說："《穆天子傳》說葬盛姬云：'日月之旗，七星之文。'郭注云：'言旗上畫日月及北斗星也。'《書·益稷》及《左傳》桓公二年孔疏並引《穆傳》證大常畫日月北斗。江永又引《曲禮》'招搖在上'證星即畫北斗。"是周代旗幟上畫的星是北斗七星。又，《周禮·春官·司服》鄭玄注云："王者相變至周而以日月星辰畫於旌旗。"孫詒讓《周禮正義》説："鄭意虞夏時衣章有三辰,周制冕服九章則無之。而桓公二年《左傳》有'三辰旂旗'之文,明易衣章而畫之旌旗也。"這樣説來,舜時衣服上畫日月北斗,周時旗幟上畫日月北斗,而衣服上衹畫日月不畫北斗。

　　山、龍是二物,古人有袞冕首山抑或首龍之爭。鄭玄説"冕服九章,登龍於山"(《周禮·春官·司服》注),孫詒讓《周禮正義》據《荀子·大略》"天子山冕"一語謂"袞冕首山不首龍"。周代袞服首山首龍,我們這裏不計較,但知山龍非一物是無疑的。華蟲是一物抑二物,古説亦不一。鄭玄《周禮·司服》注云:"華蟲,五色之蟲。"又云:"雉謂華蟲也。"《周禮·考工記·畫繢》"鳥獸蛇"句下鄭注又云:"所謂華蟲也。在衣,蟲之毛鱗有文采者。"賈公彦疏:"言華者象草華,言蟲者是有生之總號,言鳥以其有翼,言獸以其有毛,言蛇以其有鱗。以首似鷩,亦謂之鷩冕也。"《禮記·王制》"制三公一命卷"句下孔穎達疏云:"華蟲者謂雉也,取其文采又性能耿介。必知華蟲是雉者,以《周禮》差之而當鷩冕,故爲雉也。雉是鳥類,其頸毛及尾似蛇,兼有細毛似獸,故《考工記》云:'鳥獸蛇。'"是鄭玄、賈公彦、孔穎達并謂華蟲是一物,雉。雉,今俗語謂之山雞。僞孔傳云:"華象草華,蟲雉也。"《左傳》昭公二十五年"爲九文"句下杜預注曰"謂山龍華蟲云云",又釋華云:"華若草華。"是孔與杜以爲華蟲是二物。孔穎達《益稷》疏説孔傳亦以華蟲爲一物,理會錯了孔傳的意思。古人一以爲華蟲爲一物,一以爲爲二物,今從前説。作會,孔穎達《尚書正義》引鄭玄注云:"會讀曰繢,謂畫也。"《周禮·春官·司服》鄭玄注云:"皆畫以爲繢。"《説文》糸部:"繢(缋),織餘也。一曰畫也。"又"繪(绘),會五采繡也。《虞書》曰:'山龍華蟲作繪。'《論語》曰:'繪事後素。'"段注:"會、繪叠韻,今人分《咎繇謨》繪、繡爲二事,古者二事不分,統謂之設色之工而已。"《釋名·釋書契》

云:"畫,繪也,以五色繪物象也。"是鄭玄、許慎并以爲"作會"是繪畫。按此說是,可從。伏生《尚書大傳》說"山龍青也,華蟲黄也,作繢黑也,宗彝白也,璪火赤也","天子衣服,其文華蟲、作繢、宗彝、璪火、山龍"云云,分配五色,錯亂無義,且以"作會"爲物,殊誤,不可從。

宗彝,鄭玄《尚書注》云:"宗彝,虎蜼也。謂宗廟之郁鬯尊也。宗廟彝器有虎彝、蜼彝,故以宗彝名虎蜼也。"《周禮·春官·司服》賈公彥疏云:"宗彝者,據周之彝尊有虎彝、蜼彝,因於前代,則虞時有虎彝、蜼彝可知。若然,宗彝是宗廟彝尊,非蟲獸之號,而言宗彝者,以虎蜼畫於宗彝,因號虎蜼爲宗彝,其實是虎蜼也。但虎蜼同在於彝,故此亦並爲一章也。虎取其嚴猛,蜼取其有智。以其仰鼻長尾,大雨則懸於樹,以尾塞其鼻,是其智也。"按鄭、賈釋宗彝爲虎蜼,最爲明通。《說文》虫部:"蜼,母猴,卬鼻長尾。"《爾雅》、《山海經》郭注並云:"似獼猴,尾長數尺,有歧。鼻露向上,雨即自懸樹,以尾塞鼻。"按,母猴、沐猴、獼猴一聲之轉,非謂與雄猴相對之雌猴也。是宗彝原來是指虎、猴兩種獸,非謂宗廟彝器。雷學淇《古經服緯》云:"謂之蜼者,蜼即烏蛇黑蜵,能致雲雨,乃北方螣蛇之象,故《周官》司農(鄭衆)注讀蜼爲蛇虺之虺。"是以蜼爲蛇,別爲一說,今不取。藻,《尚書大傳》作璪。《說文》玉部:"璪,玉飾,如水藻之文。……《虞書》曰:'璪火粉米。'"段注:"按《虞書》璪字,衣之文也,當從衣,而從玉者,假借也。衣文、玉文皆如水藻。聲義皆同,故相假借,非衣上爲玉文也。"《周禮·春官·司服》賈公彥疏:"藻,水草。取其有文象。"是藻是水草。此經云"藻",謂衣上繪水草文。火,《周禮·考工記·畫繢》:"火以圜。"鄭玄注云:"鄭司農(鄭衆)云:'爲圜形,似火也。'玄謂形如半環然,在裳。"《左傳》昭公二十五年:"爲九文。"杜預注:"謂山龍華蟲藻火粉米黼黻也。"並釋火云:"火,畫火也。"《續漢書·律曆志》:"陽以圓爲形。火,陽氣之尤盛者,故亦爲圓形也。"此經云"火",謂衣上畫圓形,是不成問題的。但是先鄭謂圓,後鄭謂半環,究竟孰是,今不能詳。僞孔傳謂火爲火字,不可從。鄭玄注:"粉米,白米也。"《周禮·春官·司服》賈公彦疏:"粉米共爲一章,取其潔亦取其養人。"是粉米爲白米一物。僞孔傳謂粉米爲二物,"粉若粟冰,米若聚米"。孔穎達疏云:"粉若粟冰者,粉之在粟,其狀如冰;米若聚米者,刺繡爲文,類聚米形也。"説粉米爲冰形與聚米二物,似不足取,但是孔疏謂米爲聚米形,猶可參考。黼,《爾雅·釋器》:"斧謂之黼。"孫炎云:"黼文如斧形。"孔穎達《尚書正義》:"蓋半黑半白似斧,刃白而身黑也。"《説文》黹部:"黼,白與黑相次文。"是黼字含二義,論顏色,是白黑相次;論形狀,是斧。黻,《左傳》桓公二年杜預注、《爾雅·釋言》郭璞注、《尚書》僞孔傳並謂"兩已相背"。但是,《晉書·輿服志》云"榮戟韜以黻,繡上爲亞字"。《漢書·韋賢傳》顏師古注云:"朱紱爲朱裳畫爲亞文也。亞,古弗字也,故因謂之紱,字又作黻,其音同聲。"孫詒讓《周禮·考工記·畫繢》《正義》引阮元云:"亞乃兩弓相背之形,言兩已者訛也。紱畫爲亞,亞古弗字。師古此説必有師傳。凡鐘鼎文作亞者乃輔庚二弓之象,正是古弼字,亦即是弗字,黻乃繡亞於裳,故從黻義又屬後起。"又,《考工記·畫繢》:"黑與青謂之黻。"《説文》黹部:"黻,黑與青相次文。"是黻亦含二義,論顏色,是黑青相次;論形狀,是兩弓相背形成的亞字。絺繡,孔穎達《尚書正義》引鄭玄注云:"絺讀爲黹。黹,紩也。"《經典釋文》引鄭玄注:"絺,刺也。"《説文》黹部:"黹,箴縷所紩衣也。……象刺文也。"是絺讀爲黹,以針貫綫縫衣之謂。繡,《説文》糸部:"繡(繡),五采備也。"許説蓋取自《考工記·畫繢》"五采備謂之繡。"繡字與繢義同,都訓會五采之畫繢。而把繡字與絺(黹)連稱爲"絺繡",便是刺繡的意思,與畫繢不同了。"絺繡"就是刺繡,與上文之"作會"義正相對應,"作會"是畫繢,"絺繡"是刺繡。二者都是動詞。此經文前句"日、月、星辰、山、龍、華蟲,作會",是說日、月、星辰、山、龍、華蟲六種物象采取畫的方法。後句"宗彝、藻、火、粉米、黼、黻,絺繡",是說宗彝、藻、火、粉米、黼、黻六種物象采取刺繡的方法。據鄭玄《考工記·畫繢》注"繢以爲衣","繡以爲裳"的説法,日、月等六種物象是畫在衣上的,宗彝等六種物象是刺繡在裳上的。鄭玄對這兩句話的注釋符合經意,正如孫詒讓《周禮·春官·司服》正義所説:"反復推繹,鄭義精備不可易。"僞孔傳不知絺是黹的假借字,乃依絺之本義釋爲細葛,於經義不順,不可從。

　　"以五采彰施于五色作服,汝明",以,介詞。彰通章;章,明也。施,《淮南子·修務訓》高誘注:"用也。"于,《經傳釋詞》訓爲。明,《爾雅·釋詁》訓成,《釋言》訓朗,此處之明字取成義爲順。采、色通用,采即色,色即采。如《考工記·畫繢》言"五采備謂之繡",《詩·秦風·終南》毛傳引作"五色備謂之繡"。鄭玄注經此文謂采、色有別,云:"性曰采,施曰色。"(孔疏引)意謂色未用謂之采,已用謂之色。其實不必如此區分。《考工記·畫繢》:"雜四時五色之位以章之謂之巧。"鄭玄注云:"章,明也。繢繡皆用五采鮮明之,是爲巧。"是鄭氏亦采與色通用。孫詒讓《周禮正義》亦以爲五采、五色一也。孫氏解鄭注恰好引《皋陶謨》"以五采彰施于五色作服,汝明"爲據,説:"是繢繡皆用五采錯雜章明之乃成也。"就是説,孫氏認爲鄭玄釋《畫繢》講的"繢繡皆用五采鮮明之"一語正是《皋陶謨》"以五采彰"句的確解。孫氏的理解是對的。需要指明的是,經文一句話中兩用五采、五色,意在強調無論繪於衣之日月星辰等等或繡於裳之宗彝藻火等等都必須使用五色。"以五采彰",説繪(同繢)與繡要用五采鮮明之。"施于五色",應是"五色于施"之倒句,説五色都要用之於繪繡。用一句已足夠,而用兩句，意在告誡采色必用五。五色，據《禮運》"五色六章十二衣"孔疏，謂青、赤、黃、白、黑。"作服"，雜用五色以繪繡而作成衣服。"汝明"，舜要求禹作成此事。經此文的意思僅僅是表明衣裳要繪繡日月星辰等十二章，看不出以此表示尊卑等差之意。鄭玄說"此古天子冕服十二章"，"至周而變之"（《周禮·春官·司服》鄭注，《皋陶謨》孔疏引），意思不錯，唯舜不是天子，稱"古天子"，誤。以爲舜時有冕服，亦不確。

"予欲聞六律五聲八音"，《漢書·律曆志》據劉歆之義，說"聲者，宮、商、角、徵、羽也。所以作樂者，諧八音，蕩人之邪意，全其正性，移風易俗也。八音：土曰塤，匏曰笙，皮曰鼓，竹曰管，絲曰絃，石曰磬，金曰鐘，木曰柷。五聲和，八音諧，而樂成"。"律有十二，陽六爲律，陰六爲呂。律以統氣類物，一曰黃鐘，二曰太族，三曰姑洗，四曰蕤賓，五曰夷則，六曰亡射。呂以旅陽宣氣，一曰林鐘，二曰南呂，三曰應鐘，四曰大呂，五曰夾鐘，六曰中呂"。經此文言六律不言六呂，《皋陶謨》孔疏云："六律、六呂，當有十二，惟言六律者，鄭玄云：'舉陽，陰從可知也。'"是言六律，六呂亦在內。八音（八類樂器），據《世本》記載，鐘、磬、琴瑟、簫、笙、鼓皆堯舜和堯舜之前已有。柷，不見《世本》有記載，《宋書·樂志》、《通典》俱謂"柷敔不知誰所造"。塤或作壎，《說文》土部："壎樂器也，以土作，六孔。"《宋書·樂志》云："塤，《世本》云：'暴新所造。'亦不知何代人也。周畿內有暴國，豈其時人也。"《通典》引宋均曰："爲塤久矣，此掌其官也。"又《文選·長笛賦》李善注引宋均曰："暴辛，周平王時諸侯，作塤，有三孔。"

塤是原始社會的吹奏樂器。據《中國音樂史圖鑒》（人民音樂出版社，1988年版）說，河姆渡遺址出土的一孔陶塤，是目前所知年代最早的塤。西安半坡、山西萬榮縣荊村、甘肅玉門、山東濰坊姚官莊、江蘇邳縣小墩子等遺址都有新石器時代陶塤出土。河南鄭州二里崗、河南輝縣琉璃閣等遺址出土商代陶塤。商代塤的製作已趨規格化。因此，宋均説周平王時塤有三孔，許慎説漢代塤有六孔，是可信的。

　　"在治忽"，《夏本紀》作"來始滑"。裴駰《集解》謂鄭玄本《尚書》滑作曶，音忽。引鄭玄曰："曶者臣見君所秉，書思對命者也。君亦有焉，以出内政教於五官。"鄭玄所説乃君臣朝見所用之笏板。舜時縱然有此物，其用於此經亦斷不可通。《夏本紀》司馬貞《索隱》云："《古文尚書》作'在治忽'，今文作'采政忽'，先儒各隨字解之。今此云'來始滑'，於義無所通。……今依今文音'采政忽'三字。"《漢書·律曆志》引《書》作"七始詠"。僞孔傳釋"在治忽"云："在察天下治理及忽怠者。"此三説於經義均有所未安，今不取。王引之《經義述聞》謂忽與滑古同聲，忽讀爲滑，滑訓亂。"'在治滑'，謂察治亂也"。據《樂記》，"治世之音安以樂，其政和；亂世之音怨以怒，其政乖"，"審樂以知政，而治道備矣"。政治狀況通過音樂表現出來，從音樂的狀況可觀政治之治與亂。故王氏説合乎經意，可從。"予欲聞六律五聲八音，在治忽"，意謂我想通過音樂察知治亂。

　　"以出納五言，汝聽"，此語"五言"最難理會。鄭玄注釋"五言"之"五"爲五官，"言"爲政教。"言"固然可釋爲政教，"五"則斷難釋作五官。況且五官與政教絶不可連言爲"五言"。僞孔傳謂仁義禮智信五德之言爲"五言"。《夏本紀》司馬貞《索隱》説同。舜時没有仁義禮智信五德之概念，説"五言"是五德，其不通尤甚。"五言"應當與音樂有關。《管子·地員篇》説："凡聽徵，如負猪豕覺而駭；凡聽羽，如鳴馬在野；凡聽宮，如牛鳴窌中；凡聽商，如離群羊；凡聽角，如雉登木以鳴，音疾以清。"説明徵、羽、宮、商、角五聲各表現一定的情感。如果配上言辭，所表現的情感必更加明晰。如《樂記》所説，

“審樂以知政”，領導者可據以知曉各地民情如何。因爲五聲
配上了言辭而成爲歌咏，故稱“五言”。《詩大序》説，“詩者志
之所之也。在心爲志，發言爲詩。情動於中而形於言，言之不
足故嗟嘆之，嗟嘆之不足故永歌之”，“情發於聲，聲成文謂之
音”，正可以解釋經此文之“五言”是什麽。至於“出納”，雖然
有出有納，但是“出納”在此顯然言納不言出，即把各地民間的
風詩采納過來。所以下文才説“汝聽”，聽是“審樂以知政”的
“審”的意思。舜讓禹注意審聽民間的音樂以及民間的歌永
（五言），從中知政。不會是讓他審聽上頭的“五言”以下達。
雙音成語的類似用法在經典中常見。王國維説：“古人言陟
降，猶今人言往來，不必兼陟與降二義。《周頌》‘念兹皇祖，陟
降庭止’，‘陟降厥士，日監在兹’，意以降爲主，而兼言陟也。
《大雅》‘文王陟降，在帝左右’，此以陟爲主而兼言降者也。故
陟降者，古之成語也。”①“出納”也是成語，用法與“陟降”同。
全句意謂（我要通過音樂察知政治之治亂），還要采納配在五
聲裏的詩歌，你可要審聽啊！

　　“予違汝弼，汝無面從，退有後言，欽四鄰”。違，違背。
弼，《大戴禮·保傅篇》云：“弼者，拂天子之過者也。”《説文》从
部有从字又有從字。於从字説：“相聽也。”於從字説：“隨行
也。”段注云：“从者今之從字；從行而从廢矣。”《公羊傳》莊公
十三年：“曹子手劍而從之。”何注：“從，隨也。”《左傳》昭公二
十八年：“從使之收器者。”杜注：“從，隨也。”《學記》：“又從而
庸之。”鄭注：“從，隨也。”是從訓隨。又《春秋》定公八年：“從
祀先公。”《公羊傳》：“從祀者何？順祀也。”《左傳》：“順祀先公
而祈焉。”是從又引申有順義。《詩·大雅·公劉》：“于時言
言，于時語語。”毛傳：“直言曰言，論難曰語。”《詩·鄭風·羔

①　《與友人論〈詩〉、〈書〉中成語書》，載《觀堂集林》卷第二。

袞》小序毛傳云：“言猶道也。”孔疏云：“言謂口道説。”《釋名·釋言語》：“言，宣也。宣彼此之意也。”是言字本義爲説話以表達心意。引申亦有不正當言論之意，如《周易》需、訟兩卦之“小有言”之“言”是。此經文“後言”是當面不説，背後議論的意思，當然不會是好話。《夏本紀》解全句爲：“予即辟，女匡拂予。女無面諛，退而謗予。敬輔四臣。”大體正確可從。意謂我有所違背，你要匡正我。你不要當面順從我，退下去在背後誹謗我。“欽四鄰”，古人説多不同。《史記》謂爲“四輔”，《尚書大傳》謂爲左輔右弼前疑後丞，鄭玄注説同。江聲《尚書集注音疏》云：“此承上‘臣作朕股肱耳目’云云而言，故云‘敬汝四鄰之職，以效股肱耳目之用’。”江氏説敬四鄰是舜囑咐禹要認真做好“四鄰”的工作，而不是像《史記》所説，“敬輔四臣”，要禹輔佐好四臣。按江説是，史遷説非。近人曾運乾《尚書正讀》謂“實即上文所言‘汝翼’、‘汝爲’、‘汝明’、‘汝聽’也”，補足了江説未盡之意，可從。

庶頑讒説，若不在時，侯以明之，撻以記之，書用識哉，欲並生哉。工以納言，時而颺之。格則承之庸之，否則威之。”

“庶頑讒説”，《爾雅·釋詁》：“庶，衆也。”《釋言》：“庶，侈也。”侈亦衆多之意。《説文》伙部：“衆，多也。”《經典釋文》於《雜卦傳》“大有衆也”之“衆”字下云：“荀作終。”衆今簡化作众。《士冠禮》：“緇纚廣終幅。”鄭玄注：“終，充也。”胡培翬《儀禮正義》：“終幅者，謂充其幅之闊以爲廣。”是庶訓衆，衆訓多，亦與終通，終可訓充。充者滿也，盡也。故此經文庶字可作全部、所有、一切解。《廣雅》：“頑，愚也。”《説文》頁部：“頑，梡頭也。”段注：“凡物之頭渾全者皆曰梡頭。梡頑雙聲，析者鋭，梡者鈍，故以爲愚魯之稱。”又，《左傳》僖公二十四年：“心不則德義之經爲頑。”且列頑爲四姦之一。是頑指稱愚魯渾頑不化的姦人。讒，利口捷給的人。説，諂媚奉承的人。參見《堯典》

解。全句謂所有愚魯渾頑的人，利口捷給的人，諂媚奉承的人。

　　"若不在時"，若，相當於發語詞惟，無義。在，察。時，是，指示代詞，指經上文"臣作朕股肱耳目"之義。意謂所有那些"頑讒説"者不察"作朕股肱耳目"之義。

　　"侯以明之"，言對這些人應采取的辦法。對這些人要"侯以明之"，加以教育。這方法就是"侯"。侯是射侯之侯。據《射義》孔疏，"凡天子諸侯及卿禮射有三，一爲大射，是將祭擇士之射。二爲賓射，諸侯來朝天子，入而與之射也，或諸侯相朝而與之射也。三爲燕射，謂息燕而與之射。其天子諸侯大夫三射皆具，其士無大射，其賓射、燕射士皆有之"。《鄉射禮》鄭注："侯謂所射侯也。"《小爾雅·廣器》："射有張布謂之侯。"《説文》矢部："侯，春饗所射侯也。"是射禮有三種而皆以布爲侯。射稱射侯，射之靶的稱侯，是有意義的。第一，射有考德的意義。《射義》云："射之爲言者繹也，或曰舍也。繹者各繹己之志也，故心平體正，持弓矢審固，持弓矢審固則射中矣。"楚辭《大招》王逸注云："古者選士必於鄉射，心端志正，射則能中，所以別賢不肖也。"《周禮·天官·司裘》鄭玄注云："射者可以觀德行，其容體比於禮，其節比於樂，而中多者得與於祭。"是古人認爲射中與否反映内心的修養而不反映手上的技藝。第二，由於有考德的意義，進而就有黜陟的意義。《射義》説，"古者天子以射選諸侯卿大夫士"，"射侯者，射爲諸侯也。射中則得爲諸侯，射不中則不得爲諸侯"。射也有天子威服諸侯的意義，《周禮·考工記·梓人》云："毋或若女不寧侯，不屬于王所，故抗而射女。"鄭玄《周禮·天官·司裘》注亦云："所射正謂之侯者，天子中之則能服諸侯，諸侯以下中之則得爲諸侯。"射禮是周代的事情，但是它必淵源有自。舜之時不會有如周時那樣起黜陟作用的射禮，而以考德爲目的的射活動則應當有。僞孔傳釋經此文"侯以明之"爲"當行射侯之禮,以明善惡之教",大體正確。侯,確是射侯。但是可以不稱之爲"禮"。侯字也是後世寫定成篇時之用語,非舜所能有之詞彙。釋"明之"爲"明善惡之教",亦未爲妥當。其實射活動是要考察上文説的"庶頑讒説"那些人,看他們的德行到底如何,通過射侯的辦法,挑明他們的本質。總之,"明之"是明人而不是明教。蔡沈《書集傳》"明者,欲明其果頑愚讒説與否"的説法是對的。孫星衍《尚書今古文注疏》訓侯爲君,謂"言如不能察是讒媚之人,故設有土之君以明察之",迂曲費解,殆不可通。

"撻以記之",承上句語意,當亦射侯中事。《鄉射記》有"射者有過則撻之"的説法,是古代射活動中有懲罰的内容。鄭玄注説過是射時誤傷人,因非由故意,故輕罰之以扑撻而已。孔穎達疏釋鄭注正是引此經文"侯以明之,撻以記之"爲據。射侯中可能有的過失必不止傷人一項,鄭舉傷人,意在以重賅輕。扑撻之事亦非僅用於射侯,一切過失行爲皆可施以扑撻。故鄭玄釋"射者有過則撻之",引《堯典》"扑作教刑"。説明鄭玄不以爲扑撻止用於射,是帶有普遍意義的教育手段。經此文言"撻以記之",是説那些頑愚讒説的人,通過射侯考察他們的德性,挑明他們的不良本質;這些人心不端體不正,射必有過;過則扑撻以罰之,并且加以記載。這個"記"字,孫星衍《尚書今古文注疏》讀如字,謂"記之者,謂記其過",切近事理。此句主語承上句而來,是舜和禹,賓語是那些頑愚讒説之人。故記不該是頑愚讒説者的行爲。江聲《尚書集注音疏》以爲是頑愚讒説者因受懲治而不忘,於經意未順,今不取。孫詒讓《尚書駢枝》讀記爲記,《説文》言部:"記,誠也。"故釋"撻而記之"爲扑撻而懲誠之。此解看似有理,然而自漢以來《尚書》各本此記字無作記者,故今亦不取。撻,《周禮·春官·小胥》:"撻其怠慢者。"鄭玄注:"撻猶挟也,挟以荆扑。"挟,《廣雅·釋詁》:"扶,撻擊也。"《説文》手部:"扶,筈擊也。"扑,《左傳》文公十八年:邴歜以扑扶閽職。杜預注:"扑,筈也。"《鄉射記》:"楚扑長如笴。"楚,《學記》:"夏、楚二物,收其威也。"鄭玄注:"夏,榎也;楚,荆也。二者所以扑撻犯禮者。"孫詒讓《小胥》《正義》:"以荆長三尺爲筈以扑人,因謂荆筈爲荆扑。《吕氏春秋·直諫》説'葆申束細荆五十以筈荆(楚)文王'是也。"這就是説,所謂撻,就是用荆條做成的三尺長的鞭子打人,這鞭子叫荆扑。

"書用識哉",書是比撻更重一層的懲罰。書,把犯罪者的罪狀寫在方版上,著於其背。《周禮·秋官·大司寇》:"以明刑耻之。"鄭玄注:"明刑,書其罪惡於大方版,著其背。"又,《地官·司救》:"凡民之有邪惡者,三讓而罰,三罰而士加明刑。"鄭玄注:"罰謂撻擊之也。加明刑者,去其冠飾而書其邪惡之狀著之背也。"據此可知,"書用識哉"與周代之明刑類似。明刑由來已久。罰指撻擊而言,先罰而後施明刑,是知"撻以記之,書用識哉"是由輕而重的懲罰過程。用,以,與"侯以明之,撻以記之"之"以"字同。曾運乾《尚書正讀》:"識,亦記也。哉,亦之也。"是"書用識哉"可視同"書以識之"。

"欲並生哉",此句意在總括上文之意。"侯以明之,撻以記之,書用識哉"的目的是"欲並生哉"。哉,亦之也。欲並生之,想讓他們都生。關鍵在於此生字之訓詁,江聲《尚書集注音疏》據《説文》生部義,訓進,即植物向上生長之義;以爲此生字不當作生存解。孫星衍《尚書今古文注疏》據《周禮》鄭注,生訓養。曾運乾《尚書正讀》訓生死之生,説"皆欲生之,不致之死地也"。屈萬里《尚書今注今譯》説"不使陷於殺戮之刑",與曾説同。今細考經上下文義,江説爲長。"庶頑讒説",顯然是不麗五刑之科的輕罪過,祇能采取輕罰的手段使之改悔自新而上進,談不到生死問題。他的行爲距死刑尚遠,何以言

"不致之於死地"！輕罪輕罰，乃理之當然。輕罰是爲了挽救他。不罰，他必不知改；罰了，他有可能上進，故云"欲並生哉"。《周禮·司救》職的責任正在於此。至於生訓養，於經文難通，尤不足取。

"工以納言"，工與《堯典》"允釐百工"之工義同。《五帝本紀》"百工"作"百官"，是工即後世的官。官不稱官而稱工，似與原始社會的性質有關係。言與經下文"敷納以言"之言義同，屬於一般性的言，不像經上文"以出納五言"之"五言"那樣僅限於歌咏方面。總之，此工字非特指樂官，此言字亦非特指歌咏。"工以納言"，由官員們負責聽取意見。

"時而颺之"，《爾雅·釋詁》時、寔並訓是。《説文》日部時字下段注謂是是時的本義。《説文》正部："正，是也。"宀部寔字下段注："許云'正者是也'，然則正與是互訓，寔與是音義皆同。"是時訓是訓正。時字在此句中是動詞，做謂語，即是正的意思。颺字與揚音義相近，但是義略有區別。《説文》對此二字訓釋有所不同。風部："颺，風所飛揚也。"手部："揚，飛舉也。""飛舉"，《文選·南都賦》李善注引作"高舉"。《廣雅》、《小爾雅》、《鄉射禮》"南揚弓"及《明堂位》"各揚其職"鄭注並訓揚爲舉。是揚的意思是向上舉。颺之義雖爲飛揚，但不必高舉。因爲是由於風吹而飛揚，可以向上，也可以向南北東西四方。古人行文用颺字蓋取此義，如《風賦》："激颺熛怒。"《晉書·孫綽傳》："簸之颺之，糠粃在前。"皆謂颺是飛揚至四面八方不定，不必是向上飛舉。《尚書》有時用揚字，表示舉的意思，如《堯典》之"明明揚側陋"。經此文之颺字與彼揚字意義顯然不同。此颺的意思是一般的飛揚，亦即宣揚、散佈。"時而颺之"，工對於人們提出的意見要是正之，宣揚之。既加以是正、宣揚，其中便含有引導之意。僞孔傳釋此句云："當是正其義，而颺道之。"基本正確。

　　"格則承之庸之"，格，《論語·爲政》"有恥且格"的格。《爾雅·釋詁》格訓至，《釋言》格訓來。《説文》木部："格，木長貌。"木長貌，引申開來便有至義、來義。至、來二義相近，亦有不同。《尚書》裏用格字，取義有差別，如《堯典》"格于上下"、"格于藝祖"，《多士》"惟帝降格"，《君奭》"格于皇天"，格並訓至；《堯典》"格汝舜"，《湯誓》"格爾衆庶"，《盤庚》"格汝衆"，格並訓來。訓至，由此接於彼；訓來，由彼接於此。經此文之格字，意義當由至引申而來。至有摩扢之義，不平不正之物，摩扢而使之平使之正，就是至，也就是格。《論語》"有恥且格"的格字與經此文的格字都應作如是解。何晏《論語》注云："格，正也。"是對的。蔡傳釋經此文之格字云："'有恥且格'之格，謂改過也。"也是對的。朱熹《論語集注》、江聲《尚書集注音疏》皆釋此格字爲"至於善"，未的。承，《爾雅·釋詁》訓進。庸，《廣雅》、《説文》用部，《詩》之《兔爰》、《南山》毛傳，《左傳》之隱公元年、莊公十四年、僖公二十四年、文公十八年、宣公十五年、襄公二十五年、昭公十六年杜注，並訓用。"格則承之庸之"，謂（"庶頑讒説"的那些人）若能改正自己的毛病，就進用他們。

　　"否則威之"，"否則"，人多視爲轉語，訓否爲不，言不然的話就如何如何。唯王引之《經傳釋詞》見解不同，謂否乃語詞，並無實義，"否則"猶於是，不是轉語，是承上之詞。今從王説解之。威猶畏。"否則威之"，承上句"格則承之庸之"，意謂若能改正毛病就一方面進之用之，一方面（用刑罰）畏之。

禹曰："俞哉！帝，光天之下，至于海隅蒼生，萬邦黎獻，共惟帝臣。惟帝時舉，敷納以言，明庶以功，車服以庸。誰敢不讓，敢不敬應。帝不時，敷同日奏，罔功。"

　　以上舜誡禹，以下禹慰舜。俞，《史記》訓然。贊許之詞。帝，稱舜。光，猶廣、大。《堯典》"光被四表"，漢《成陽靈台碑》

光作廣。《荀子·禮論》：“積厚者流澤廣。”《大戴禮記·禮三本》廣作光。《詩·大雅·皇矣》：“載錫之光。”《國語·周語中》：“光有天下。”《左傳》昭公二十八年：“光有天下。”毛傳、韋昭注、杜預注並謂“光，大也”。經此文之“光天之下”猶《詩·小雅·北山》之“溥天之下”。

“至于海隅蒼生”，海隅，《爾雅·釋地》列天下十藪，海隅在齊國。《禹貢》列天下九澤，無海隅。戰國秦漢人海隅亦稱海上，如《韓非子·外儲説右上》：“齊東海上有居士。”秦始皇《琅邪臺刻石》：“與議於海上。”《史記·田敬仲完世家》：“乃遷康公於海上。”據今人鄒逸麟考證，海隅是山東萊州灣沼澤（《歷史時期華北大平原湖沼變遷述略》，載《歷史地理》雜誌第5輯）。由此看來，海隅是古代一個沼澤地的專稱。但是，經此文言“海隅”，當爲泛指海之涯，以極言天下之大，非專稱齊地之沼澤也。“蒼生”，前人有兩説。僞孔傳隨文作解，釋蒼生爲“蒼蒼然生草木”。孫星衍《尚書今古文注疏》據《詩·烝民》“天生烝民”、《文選·出師頌》“蒼生更始”李善注“蒼生，猶黔首也”説蒼生猶言黎民。江聲《尚書集注音疏》、王鳴盛《尚書後案》先於孫氏而作，並據《晉書·王戎傳》山濤謂王衍“誤天下蒼生”、《世説新語·排調》“安石不肯出，將如蒼生何”論定以蒼生稱民衆乃晉人用語，古無此訓，而從僞孔傳説。按僞孔傳説是。“至于海隅蒼生”，極言舜天下之大，至於海之角及所有草木生生之處。

“萬邦黎獻”，萬邦，萬國，包括華夏族部落及與華夏族部落聯盟有納貢關係的四裔各族部落，見《堯典》“協和萬邦”解。《爾雅·釋詁》：“黎，衆也。”《論語·八佾》：“文獻不足故也。”鄭玄注：“獻猶賢也。”《讀書雜志》第六册《漢書》第十三引王引之説經此文之“黎獻”即漢《堂邑令費鳳碑》、《斥彰長田君碑》、《泰山都尉孔宙碑》三碑所説的“黎儀”。古聲儀與獻通。

“黎儀”即《漢書·翟方進傳》“民獻儀九萬夫”之“民儀”（獻字衍文）。孟康注云：“民儀，民之表儀，謂賢者。”《大誥》“民獻有十夫”，《尚書大傳》作“民儀有十夫”。《廣雅》：“儀，賢也。”據王引之説，《翟方進傳》孟康注：“民之表儀，謂賢者。”乃“民儀”即“黎獻”之確詁。按王説是。是知“黎獻”不是黎與獻，也不是黎中之獻，而是黎之獻，即民衆之表儀、賢者。用今語説，就是民衆的表率，民衆的代表人物。由《翟方進傳》説“宗室之俊有四百人，民（獻）儀九萬夫”看來，民儀（即黎獻）雖不是民衆全體，但是也不是少數俊杰，數量是比較大的。“萬邦黎獻”，天下各部落堪爲民衆表率的賢者。

“共惟帝臣”，《玉篇》：“惟，爲也。”僞孔傳：“萬國衆賢，共爲帝臣。”這樣解釋是對的。這句話又一次證明虞舜時代周邊各族部落與華夏族部落聯盟關係很密切，他們要接受華夏族部落聯盟一定程度的領導。

“惟帝時舉”，惟，發語詞，無義。時，《爾雅·釋詁》訓是。《説文》日部時字下段注謂“是”是時之本義，“言時則無有不是者也”。又宀部寁字下段注説“是與正互訓”。“是”既可訓正，故“是”又可訓善。“惟帝是舉”，言帝宜（從萬邦黎獻中）善舉賢才。

“敷納以言，明庶以功，車服以庸”，這是進一步説善舉賢才的原則與方法。基本的思想是根據言、功、用三方面考察、提拔、獎賞人才，做到是非優劣分明。見《堯典》“敷奏以言，明試以功，車服以庸”三句解。

“誰敢不讓，敢不敬應”，讓，争的反義詞。敬應，老實認真地應對上面，不像“庶頑讒説”者那樣講假話，不做實事。“誰敢不讓”，言上頭據言、功、用三方面實事求是地考察、黜陟、獎賞人才，誰還敢妄争？“敢不敬應”，誰還敢不老老實實地陳言，做事，建立功業？王符《潛夫論·考績篇》云：“辭這應對，各緣其文，以覈其實，則奉職不解，而陳言者不得誣矣。《書》

云：‘賦納以言，明試以功，車服以用，誰能不讓，誰能不敬應。’此堯舜所以養黎民而致時雍也。”按王說極確。董仲舒《春秋繁露・制度篇》云：“貴賤有等，衣服有別，朝廷有位，鄉黨有序，則民有所讓，而不敢爭，所以一之也。《書》曰：‘輿服有庸，誰敢弗讓，敢不敬應。’此之謂也。”是用漢代的實際和意識解釋虞舜之事，把經義根本弄錯。經文強調的是用人原則與工作，董氏看到的是等級制度，完全不是同日語。

　　“帝不時，敷同日奏，罔功”。《詩・大雅・文王》：“帝命不時。”毛傳：“不時，時也。時，是也。”經此文“不時”應與《文王》之“不時”同義，是肯定的語意。時訓是，引伸亦訓正訓善。敷亦作敂，《說文》攴部：“敂，敶也。”又：“敶，讀與施同。”敷訓施，是本義，引伸亦有遍義、布義。奏，《說文》本部：“進也。”段注：“《六月》傳曰：‘奏，爲也。’其引伸之義也。”罔，《爾雅・釋言》：“無也。”全句承經上文“敷納以言，明庶以功，車服以庸”三句來，意謂你（舉賢做的）正確，適當。如果（不分表現優劣）普遍同樣對待，（縱然）天天去做，也不會有效果。《夏本紀》解作“帝即不時，布同善惡則毋功”，大體是對的。或釋“同日奏”爲“善惡同日進用”，殊爲不妥。試問善惡不可同日進用，豈可先後進用乎！

“無若丹朱傲，惟慢遊是好，傲虐是作。罔晝夜頟頟，罔水行舟，朋淫于家，用殄厥世，予創若時。”

　　“無若丹朱傲”句上今古文俱有“帝曰”二字，《夏本紀》亦有。僞孔本脫此二字。禹的話經上文已經講完，這一段是舜對禹講話。若，如。丹朱，堯之子。傲，《說文》人部：“傲，倨也。”又：“倨，不遜也。”段注：“引伸之凡侈曰倨。”《一切經音義》三：“傲謂不敬也。”《廣雅・釋詁》：“傲，傷也。”王念孫《疏證》：“傷古通作易。”桂馥《說文解字義證》：“謂輕傷也，慢也。”是傲，傲慢不敬之意。舜承禹言“庶頑讒說”，說“庶頑讒說”的人没有像丹朱那樣傲慢不敬的。意謂"庶頑讒説"不好，丹朱比他們更不好。《漢書·楚元王傳》劉向奏曰："臣聞帝戒禹：'毋若丹朱傲。'"《論衡》之《譴告篇》云："舜戒禹曰：'毋若丹朱放。'毋者，禁之也。"（放是傲之訛）《問孔篇》云："《尚書》曰：'毋若丹朱敖，惟慢游是好。'謂帝舜勅禹，毋子不肖子也。"以爲此語是帝戒禹之詞，告禹不要子不肖子。這樣解釋純係臆想，經文實無子不肖子之意。"無"是没有，不是不要。如果把無字解作不要，爲禁之之詞，那麼全句應是告戒禹本人不要像丹朱那樣傲慢不敬，而這顯然講不通。故知劉向、王充的理解非是，不可從。

"惟慢遊是好，傲虐是作"，主語承經上文省略，實際是丹朱。自此以下是説丹朱傲的具體表現。惟，《夏本紀》作維。惟、維通用，並爲唯之假借。惟字在此宜訓獨。慢，《説文》心部："惰也。"游，《説文》㫃部："游，旌旗之流也。"段注："引伸爲凡垂流之稱……又引伸爲出游、嬉游。俗作遊。"好，愛好，嗜好。《爾雅·釋詁》："謔，戲謔也。"郭注："謂調戲也。"據《詩·衛風·淇奥》"善戲謔兮，不爲虐兮"毛傳云"寬緩弘大，雖則戲謔，不爲虐矣"和鄭箋云"君子之德有張有弛，故不常矜莊而時戲謔"以及陳奐疏"戲謔不爲虐，所以成戲謔之善"的説法，知戲謔是正面意義的，君子適當的戲謔，是必要的。戲謔過度便成爲虐。虐自戲謔發展而來，是恣意妄爲的意思。或以爲虐謔音近義通，釋虐爲戲謔，誤。作之本義是起，亦引申有爲義。故《爾雅·釋言》訓作爲爲。舜對禹説，丹朱唯喜好怠惰嬉游，唯做侮慢恣虐之事。

"罔晝夜頟頟，罔水行舟"，此更進一步具體説丹朱傲的表現。罔，無。罔晝夜，無晝無夜，不分晝夜。《潛夫論·斷訟篇》："晝夜鄂鄂，慢遊是好。"《釋名·釋形體》："頟，鄂也，有垠鄂也，故幽州人謂之鄂也。"鄂鄂即頟頟。頟頟，不休息貌。

罔,無。孔疏引鄭玄注云:"丹朱見洪水時人乘舟,今水已治,
猶居舟中,頷頷使人推行之。"孫星衍《尚書今古文注疏》贊同
鄭玄的注釋,說:"罔水,言洪水已退。行舟,謂丹朱乘舟行水,
非有治水之役,惟好慢遊。"說乘舟行水是對的。《夏本紀》說
禹"水行乘舟",禹爲了治水而水行,水行必乘船。說丹朱"罔
水行舟",丹朱在洪水已退的情況下仍然乘舟,顯然是爲了遊
玩。罔水,是說無洪水,非謂無水。在無水的陸地乘舟,既不
是享受,也是不可能之事。僞孔傳說:"丹朱習於無水陸地行
舟。"殊不可通。鄭玄說:"頷頷使人推行之。"也不對。舟行而
使人推,不可思議。後世人爲加快行速,有拉縴的辦法,亦未
聞有推船之事。孫星衍推演鄭玄注說:"水淺舟滯,使人人推
舉行之,此所謂慢遊也。"尤爲無根游談。經文說"罔水",或者
釋作無洪水,或者釋作無水,釋作水淺是沒根據的。全句言丹
朱在洪水已退的情況下晝夜不停地乘船遊玩。

"朋淫于家",經上文言丹朱在家外的情況,此言在家內的
表現。意謂他在外面慢游無羈,在家內則尤甚。《夏本紀》集
解引鄭玄注云:"朋淫,淫門內。"說淫於門內,是對的,因爲"于
家"二字說得明白。但是說朋訓門則不妥。朋無門訓。《白虎
通·三綱》引《禮記》曰:"同門曰朋,同志曰友。"似乎是鄭說之
根據。可是此門字指師門不指家門。朋與友稱朋友,都不是
本家之人。《詩·唐風·椒聊》"碩大無朋",毛傳:"朋,比也。"
鄭箋:"無朋,平均不朋黨。"經此朋字宜作如是解。僞孔傳訓
朋爲群,是對的。"朋淫于家",招來一群人淫於家。重要的是
淫字怎麼講。淫字於《書》中常見,如《西伯戡黎》:"惟王淫戲
用自絕。"《多士》:"誕淫厥泆。"淫與戲與泆相聯繫。別的文獻
也常見,如《穀梁傳》桓公六年:"陳侯喜獵,淫獵于蔡。"范寧
注:"淫獵,謂自放恣。"《左傳》襄公二十九年:"遷而不淫。"杜
預注:"淫,過蕩。"昭公六年:"嚴斷刑罰,以威其淫。"杜預注:

“淫，放也。”《漢書·司馬相如傳》：“封疆畫界者，非爲守禦，所以禁淫也。”郭璞注：“立境界者，欲以禁絶淫放耳。”這些淫字取義都是放、逸、蕩。《説文》淫作婬，女部云：“婬，私逸也。”《爾雅·釋言》：“逸，過也。”《方言》：“婬，愓也，游也。”是字書也釋婬（淫）爲逸爲過。凡事情做得過格，過分，過多，都可稱淫。當然男女歡情越禮過格也稱淫，不過漢和漢以前的經傳記注之婬（淫）字特指男女之事者絶少。“朋淫于家”，是説丹朱拉攏一群人放蕩無羈地遊玩於家内。僞孔傳説“群淫於家，妻妾亂用”，係望文生訓之説，不可從。

　　“用殄厥世，予創若時”。用，由。殄，《説文》歺部：“殄，盡也。”《詩·邶風·新臺》：“籧篨不殄。”毛傳：“殄，絶也。”《爾雅·釋詁》同。盡是殄的本義，絶是引申義。世，《國語·周語上》：“昔我先王世后稷。”韋昭注：“父子相繼曰世。”創，《説文》刃部：“刅，傷也。從刃從一。創，刅或從倉。”創今簡化作创。段注：“凡刀創及創瘍，字皆作此。”刀創及創瘍是創的本義。戴侗《六書故》云：“懲創，遇傷而懲也。”是創有懲之引申義。《説文》心部懲、忢二字轉注，忢或作义或作艾。《詩》凡懲字傳、箋並訓止。《詩·周頌·小毖》：“予其懲，而毖後患。”鄭箋云：“懲，艾也。……我其創艾於往時矣，畏慎後復有禍難。”孔疏云：創艾往過，戒慎將來。桂馥《説文解字義證》心部懲字下云：“改革前失曰懲也。”是創有懲義，懲是懲前創而毖後患的意思。經此文之創字或解爲嚴懲，或解爲憂傷，並誤。懲今簡化作惩。若，如。時，是。兩句經文意謂丹朱由於上述這些原因没有成爲堯的繼承人，舜説他自己懲前創而毖後患的就是這個問題。

　　“娶于塗山，辛壬癸甲。啓呱呱而泣，予弗子，惟荒度土功。弼成五服，至于五千，州十有二師。外薄四海，咸建五長，各迪有功。苗頑弗即工，帝其念哉。”

　　以上是舜對禹講話，這一段是禹對舜講話。“娶于塗山”，禹自稱在塗山結婚。塗山地望古説多歧，主要有會稽、當塗兩説。《説文》作峹，屾部：“峹，會稽山也。一曰九江當塗也，民俗以辛壬癸甲之日嫁娶。”是許氏兩説并存。《左傳》哀公七年：“禹合諸侯於塗山。”《國語·魯語下》：“禹致群神於會稽之山。”據《左傳》，塗山即會稽山。《説文》段注：“會稽山在今浙江省紹興府治東南十二里。”當塗在何處，《漢書·地理志》説：“九江郡，當塗，侯國。”應劭注云：“禹所娶塗山，侯國也。有禹虛。”《後漢書·郡國志》記九江郡有當塗、平阿。謂“故屬沛，有塗山”。《一統志》謂當塗“故城今鳳陽府懷遠縣東南”，平阿“故城今懷遠縣西南”。是漢代當塗在清代之安徽省懷遠縣附近。按清代之懷遠縣即今安徽宿縣地區之懷遠縣。總之，漢代之當塗縣不是今安徽省長江南岸之當塗，是在淮河流域懷遠附近。禹娶女之塗山有浙江會稽山和在安徽懷遠附近兩説，後説爲近事實。許慎説當塗有以辛壬癸甲之日嫁娶之民俗，《水經注》卷三十淮水下云：“淮水自莫耶山東北，徑馬頭城北，魏馬頭郡治也，故當塗縣之故城也。”又引《吕氏春秋》：“禹取塗山氏女，不以私害公，自辛至甲四日，復往治水。故江淮之俗以辛壬癸甲爲嫁娶日也。”據許、酈説，當塗與江淮間既有以辛壬癸甲日嫁娶之民俗，則禹“娶于塗山”之塗山不在浙江必矣。唯《水經注》所引語，今《吕氏春秋》無此文。

　　“辛壬癸甲”，古代以“十日”之甲乙丙丁戊己庚辛壬癸十個名稱紀日。辛壬癸甲是相連續之四日。“十日”之名漢以後叫“天干”。另有“十二辰”之子丑寅卯辰巳午未申酉戌亥十二個名稱與“十日”配合紀日。“十二辰”之名漢以後叫“地支”。禹紀日何以止稱日名不稱辰名，估計有三種可能。一、爲講話方便，省略。二、男子婚娶，屬陽，故紀日稱日名不稱辰名。三、先用“十日”之名紀日，後來才配以“十二辰”之名。第二種情況是最可能的。經此文"辛壬癸甲"是采用天干紀日的最早記載。這就證明，舜禹之時人們已用干支紀日。另據《堯典》"曆象日月星辰"、"期三百有六旬有六日"的記載，干支紀日的方法不會早於堯。《世本》黃帝時"大撓作甲子"的說法未足信據。禹說"辛壬癸甲"這四天的含義是什麽，古說不一。孔疏引鄭玄注云："登用之年始娶于塗山氏，三宿而爲帝所命治水。"僞孔傳云："辛日娶妻，至于甲日復往治水。"這是說禹以治水之公務爲重，結婚僅四天就離去。《史記·夏本紀》說："予辛壬娶塗山，癸甲生啓。"謂娶了塗山女後兩日即生子啓。此說不經之甚，不可信。鄭玄、僞孔之說當得其實。

"啓呱呱而泣，予弗子"。啓，禹之子。呱，《說文》口部："呱，小兒啼聲。"《詩·大雅·生民》："鳥乃去矣，后稷呱矣。"毛傳："后稷呱呱然而泣。"孔疏："呱音孤，泣聲也。《尚書》云：'啓呱呱而泣。'是也。"陳奐《詩毛氏傳疏》："呱猶呱呱然。"是呱呱是小兒啼叫聲。"啓呱呱而泣"，是說啓呱呱啼叫，沒有說啓呱呱落地出生的意思。弗，不。子，《中庸》："子庶民也。"鄭注："子猶愛也。"《金縢》："是有丕子之責于天。"鄭注："愛子孫曰子。"是子是父親對兒子的慈愛。禹說，我的兒子啓呱呱啼叫，我未能愛他（沒盡到父親的責任）。

"惟荒度土功"。惟，獨。荒，與芒通，芒亦忙也。《荀子·富國》："芒軔僈楛。"楊倞注："芒或讀爲荒。"《漢書·高帝紀》："高祖隱於芒碭山澤間。"蘇林注："芒音忙遽之忙。"據《孟子·滕文公上》"禹八年於外，三過其門而不入"語意，經此文之荒字宜訓急忙。度，《廣雅·釋詁》訓就，《爾雅·釋詁》訓謀。於此當取就義。就，成就。全句意謂祇忙於去成就治理水土的事情。江聲《尚書集注音疏》說"禹聞呱呱之聲，必當過門之時，以急於治水，故不皇入省"，甚得經意。經上文舜歷數丹朱之劣行，經此文禹說他勤於治理水土，結婚四天就離家，產了兒子也置於不顧。絕不會像丹朱那樣耽於嬉戲而不務正業的。《論衡·問孔篇》說舜"恐禹私其子,故引丹朱以勅戒之",禹言"予娶若時,辛壬癸甲,聞呱呱而泣,予弗子"云云,是表示"不敢私不肖子也"。《論衡》的這一解釋不符合經意。經言舜引丹朱事戒禹,意在令禹勤於事業,毋如丹朱那樣慢遊放虐,而禹所應對,強調自己不以私事害公事,恰是對舜的擔憂作回答。況且舜之時實行禪讓制度,尚不存在世繼之事,"子不肖子"問題無從談起。

"弼成五服,至于五千,州十有二師。外薄四海,咸建五長,各迪有功"。這六句話大有問題。服制是商代才有的,五服制度更至西周始有。舜禹之時周邊各異族部落與華夏族部落聯盟有納貢的關係,在治水等大事上要服從華夏族部落聯盟的調遣,但是顯然未能也不可能形成服制。五千、五長之說並不足信。按這六句話,《史記·夏本紀》全部引入,鄭玄《尚書注》見於諸書徵引者亦都有解釋,餘如《論衡》、《說文》等,亦有零星引用。是知漢人所見本有此六句。漢初伏生所傳授之今文《尚書》是否確有此六句,今無從考證。釋之無理,否之無據,姑存疑不作解。

"苗頑弗即工,帝其念哉"。苗,三苗,當時比較後進的非華夏族部落,《堯典》所謂"四凶"之一。見《堯典》解。頑,《說文》頁部:"頑,梜頭也。"段注:"凡物渾淪未破者皆得曰梜,凡物之頭渾全者皆曰梜頭。梜、頑雙聲。析者銳,梜者鈍,故以爲愚魯之稱。"是渾淪愚魯的人曰頑。苗頑,三苗渾淪愚魯不開化。弗、工,今文作不、功。其,尚,庶幾。念,《說文》心部:"念,常思也。"《方言》:"念,思也。"哉猶矣。即,《詩·衛風·氓》:"來即我謀。"鄭箋:"即,就也。"全句言三苗愚魯不化,不來參加(治理水土的)工作,您庶幾還記得吧!

帝曰:"迪朕德時乃功惟敍。"

舜對禹説話。迪,《夏本紀》訓道。《爾雅·釋詁》迪字亦有道訓。道,導也。古字導祇作道,不作導。僞孔傳迪訓蹈。王引之《經義述聞》卷三十二《語詞誤解以實義》以爲《書》中迪字許多不是實詞,是虛詞。有的相當於虛詞"用",有的爲發語詞,有的爲句中語助詞。解者或訓道或訓蹈,失之。今從王説。經此文之"迪"字應相當於虛詞"用","用"有由義。朕,舜自稱。德,《説文》彳部:"德,升也。"段注謂"升當作登","唐人詩'千水千山得得來',得即德也。登德雙聲"。《史記·項羽本紀》"吾爲君德",《漢書》作"公得"。桂馥《説文解字義證》謂"古升、登、陟、得、德五字義皆同"。是德的本義是得。經此文之德亦應訓得。時,《爾雅·釋詁》訓是。"是"是經典中"時"字常有之義,但是在此訓"是"於經義難通,王引之《經義述聞》卷三"百揆時敍"條下"時"字訓承,謂"承、時一聲之轉","《楚策》'仰承甘露而飲之',《新序·雜事篇》承作時,是時與承同義"。按經此文之"時"訓承較爲合適。乃,汝。功,事功,事業。惟,乃。敍,《爾雅·釋詁》順訓敍,順與敍又同訓緒。全句意謂由於我得承你(治水)事業的成功,(天下諸事)才順而有緒。言外之意,我怎能不記念着呢!

皋陶方祇厥敍,方施象刑惟明。

這兩句話出自誰口,古人看法不同。《史記·夏本紀》、僞孔傳都以爲是史官記述之文。孔疏引鄭玄注云:"歸美於二臣。"是鄭玄以爲此二句與上"迪朕德"句同爲帝舜語。漢以後人亦見仁見智,莫衷一是。今從僞孔傳説,以爲當時記録者之敍事語。方,讀爲旁。旁,古皆作方。旁、方古字通。《説文》二部:"旁,溥也。"《爾雅》:"溥,大也。"《廣雅》:"旁,廣也。"《詩·商頌·玄鳥》:"方命厥后。"鄭箋:"謂遍告諸侯也。"是方訓遍。方讀爲旁,旁、溥、遍乃一聲之轉。祇,《爾雅·釋詁》:"敬也。"厥,其,代詞,在經此文中指禹。敍,即經上文"時乃功惟敘"之"敘"。施，《説文》㫃部："施，旗旖施也。施者旗也。"是施的本義是旗貌。後來被用作敭的假借字，施行而敭廢。敭，《説文》支部："敷也。"又，《詩·周南·葛覃》："施于中谷。"毛傳："施，移也。"《詩·大雅·皇矣》："施于孫子。"鄭箋："施猶易也。"施又是延的假借，《詩·大雅·旱麓》："施于條枚。"《吕氏春秋》、《新序》引皆作"延於條枚"。延，《説文》延部："延，長行也。"《方言》："延，長也。"是施是移、延的同音假借字，是移易延長的意思。更引而申之則有行義，故《周易》乾《彖傳》云："雲行雨施。"象刑，古有兩個問題，一、什麼是象刑，二、象刑施行於何時。對於這兩個問題，古人有不同的意見。考察起來，《尚書大傳》的説法爲可取。它説："唐虞象刑，而民不敢犯。苗民用刑，而民興相漸。""唐虞之象刑，上刑赭衣不純，中刑雜屨，下刑墨幪，以居州里，而民恥之。"説見本書《堯典》"象以典刑"解。惟，乃。明，如《吕刑》"明于刑之中"之明，謂刑罪相當。全句意謂皋陶廣泛、誠敬地(對待)禹(建立的)功業和秩序，普遍、連續地推行象刑，於是刑罰乃明。解者或以爲皋陶施行象刑是針對三苗，其實不然。三苗是非華夏族部落，是堯時之"四凶"之一，自有自己的刑罰辦法。他們實行五虐之刑，即真正的肉刑。華夏族則實行象刑。經此文"方施象刑"，是就華夏族自身説的。對三苗用象刑是無濟於事的。

夔曰戛擊鳴球、搏拊、琴瑟，以詠。祖考來格，虞賓在位，群后德讓。下管鼗鼓，合止柷敔，笙鏞以間。鳥獸蹌蹌。簫韶九成，鳳皇來儀。夔曰："於，予擊石拊石，百獸率舞，庶尹允諧。"

　　此段亦史官記述之文字。"夔曰戛擊鳴球、搏拊、琴瑟，以詠"。曰，《爾雅·釋詁》："粤，曰也。"曰與欥同，字亦作聿、越。《爾雅·釋詁》："越，於也。"於猶今語"於是"。故"曰"亦猶"於是"。戛，本義是一種長矛。在此是扴的假借字。《説文》手部扴、搔同訓刮。《内則》："疾痛苛癢而敬抑搔之。"鄭玄注："抑，按；搔，摩也。"是戛訓搔、摩。擊（击），《説文》擊與攴轉注。攴隸變爲扑。扑，撻也。是戛、擊或輕或重，都是以手擊物的動作。鳴球，《爾雅·釋器》："璆，玉也。"璆音求，與球同。《漢書·禮樂志》："璆磬金鼓。"師古注："璆，美玉名，以爲磬也。"《皋陶謨》孔疏："鳴球謂擊球使鳴。樂器惟磬用玉，故球爲玉磬。"搏拊，亦樂器。《周禮·春官·大司樂》賈疏又引鄭注云："搏拊以韋爲之，裝之以糠，所以節樂。"又，賈疏引鄭玄注云："詠者謂歌詩也。"孫詒讓《周禮·春官·大師》《正義》引此經"戛擊鳴球、搏拊、琴瑟，以詠"句而釋之云："謂先擊特磬，次擊搏拊，而後弦歌。"按特磬，一磬。孫氏的解釋簡明切當，可從。

　　"祖考來格，虞賓在位"。《爾雅·釋詁》："格，至也。"《尚書大傳》引《書》格作假，蓋今文格作假也。《周禮·春官·大司樂》賈疏引鄭玄注云："祖考來格者，謂祖考之神來至也。"按鄭説是。何謂祖考，《祭法》："王立七廟，一壇一墠，曰考廟，曰王考廟，曰皇考廟，曰顯考廟，曰祖考廟。"孔疏云："曰祖考廟者，祖，始也。此廟爲王家之始，故云祖考也。"是祖考是始祖。舜以何人爲始祖呢？《祭法》云："有虞氏禘黃帝而郊嚳，祖顓頊而宗堯。"孔疏云："案《聖證論》以此'禘黃帝'是宗廟五年祭之名，故《小記》云：'王者禘其祖之所自出，以其祖配之。'謂虞氏之祖出自黃帝，以祖顓頊配黃帝而祭，故云'以其祖配之'。"據諸書載《世本·帝系》逸文，顓頊是黃帝之孫，顓頊以下七世有舜。舜以顓頊配黃帝而祭，即所謂禘其祖之所自出，以其祖配之。孔子編次《尚書》獨載堯以來，堯之前的史迹不取，史遷作《五帝本紀》才把堯前之事寫入，故堯之前的世系問題，禮書和《世本》的説法但可爲參考，不必據爲信史。不過禮書説的舜祖顓頊，對於理解"祖考來格"一語有幫助。可以認爲此"祖考"指顓頊而言。也可以認爲"夔曰"以下一段文字講的是較大的祭祀活動。叫不叫禘，很難説，然而祭祀的事實畢竟存在。虞賓，虞舜之賓。虞舜祭祀時以何人爲賓？《白虎通義·王者不臣》謂王者不臣二王之後，引《尚書》此文“虞賓在位”說“謂丹朱也”。《周禮·春官·大司樂》賈疏引鄭玄注云：“虞賓，謂舜以爲賓，即二王後丹朱也。”僞孔傳：“丹朱爲王者後，故稱賓。”是班固、鄭玄、僞孔俱以爲賓是堯之子丹朱，因爲是二王後，王者不得臣，故以爲賓。今按，說賓是丹朱，未爲不可，說舜視丹朱爲二王後則大成問題。古代確有二王後之說，如《公羊傳》隱公三年：“宋公和卒。”何注云：“宋稱公者，殷後也。王者封二王之後，地方百里，爵稱公，客待之而不臣也。”《左傳》僖公二十四年：“宋，先代之後也，於周爲客。”所言皆是。但是，二王後的做法和觀念是周人的事情，周之前不見有其事。虞舜之時是軍事民主制的原始氏族社會，王者尚且沒有，何論王者之後！堯、舜、禹全是傳賢的禪讓制，不是傳子的世繼制，他們的替代與後世的改朝換代根本不是一回事。當時絕對不可能有尊二王後之事。“虞賓在位”，理解爲祭祀時丹朱在場，居於賓位，已經足夠，大可不必說丹朱是什麽二王後。還有另一種解釋，說賓指舜，主人是禹。如《文選》注引《大傳》云：“舜爲賓客而禹爲主人。”注：“舜既使禹攝天子事，於祭祀避之，居賓客之位。”亦不足信據。

“群后德讓”。后，《爾雅·釋詁》與皇、王、公、侯同訓君。這是周時的概念，在舜時其實是部落酋長。德，品德。讓，禮讓，爭之反義。意謂與祭的人除丹朱居賓位爲特殊身份外，其餘諸部落酋長均以各自的品德（當是經上文所言“九德”之德）如何而就位。說明當時沒有以爵命爲標誌的尊卑等次。倘存在爵命，便沒有讓與不讓的問題了。僞孔傳說“班爵同，推先有德”，基本正確，肯定班爵，不對。孫星衍《尚書今古文注疏》取《說文》彳部“德，升也”之義，謂“德讓猶言陟讓，德陟聲相近”，以爲“德讓”是升堂揖讓。把“讓”視作“德讓”的重點，又釋讓爲揖讓，殊爲不妥。"德讓"的重點在"德"不在讓，此"德"應是《説文》心部的惪字，假借爲德。"讓"也不是主賓入門升堂揖讓的禮儀性的讓。讓字在此有更深刻的意義。"德讓"的實質性含義在於顯示身份以德不以爵。孫星衍又説此"德讓"依今文義是迎尸，亦不可從。

　　"下管鼗鼓，合止柷敔，笙鏞以間"。《周禮·春官·大司樂》賈疏引鄭玄注云："云'下管鼗鼓'已下，謂舜廟堂下之樂，故言下。云'合止柷敔'者，合樂用柷敔。柷，狀如漆筩，中有椎，搖之以節樂。合之者，投椎於其中而撞之。敔，狀如伏虎，背有刻，以物擽之，所以止樂。"按鄭玄此説是有根據的，可從。古代大的祭祀活動有歌有舞。歌在堂上，如《郊特牲》説"歌者在上"。舞在堂下庭中，如《論語·八佾》説"季氏八佾舞於庭"。下，堂下，堂下即庭。管、鼗、鼓是怎樣的三種樂器，鄭氏此注無説。應劭《風俗通義·聲音》引《禮樂記》："管，漆竹，長一尺，六孔。"（按，今《禮記·樂記》無此文）又引《尚書大傳》："舜之時，西王母來獻其白玉琯。"説"昔章帝時，零陵文學奚景於泠道舜祠下得笙，白玉管。知古以玉爲管，後乃易之以竹耳"。今按，以玉爲管，既辦不到也無必要，故不可信。《白虎通義·禮樂》引《樂記》："竹曰管。"管肯定從來以竹爲之。管究竟是怎樣的一種樂器，古説不一。《淮南子·原道訓》高誘注："管，簫也。"《孟子·梁惠王》趙岐注："管，笙也。"孫星衍《尚書今古文注疏》説管是竹樂之總名。都不對。管是一種竹制樂器，不是簫不是笙也不是竹樂器之總名。《説文》竹部："管，如篪，六孔。"鄭玄《周禮·春官·小師》注和《詩·周頌·有瞽》箋謂"管如篴而小，并兩而吹之"。郭璞《爾雅·釋樂》注説"管，長尺，圍寸，并漆之，有底"。合觀許、鄭、郭諸説，知管形甚小，兩個并一起，有底，即一頭是死的。諸家未言是兩個六孔還是一個六孔。據長一尺看，估計是兩個共六孔。鼗，今文作鞉，又作鞀。《王制》孔疏引《漢禮樂器制度》云："鞉，如小鼓，長柄，旁有耳，搖之使自擊。"《周禮·小師》鄭注説同。是鼗之形制若後世的撥浪鼓。其作用，據《釋名·釋樂器》："鞀，導也，所以導樂作也。"《儀禮·大射儀》："鼗倚于頌磬西紘。"鄭玄注云："鼗如鼓而小，有柄，賓至搖之以奏樂。"鼗之言兆也。兆，始也。知搖鼗鞀以引導作樂。鼗先動，然後樂作。又，《詩·那》："置我鼗鼓。"毛傳："鼗鼓，樂之所成也。"《吕氏春秋·仲夏紀》高誘注："鞉鞞，所以節樂也。"是鼗的作用不僅用以始樂，亦以節樂。全部奏樂的過程鼗搖不止。鼓，《釋名·釋樂器》："鼓，郭（廓）也，張皮以冒之，其中空也。"《周禮·春官·籥章》杜子春注："土鼓，以瓦爲匡，以革爲兩面。"這兩條材料是關於上古之鼓的最精確的説明。由此知道上古之鼓，其形制特點是中空，其質料主要是陶（作框架）和皮（做面）。鼓，形制、大小有不同。《周禮·地官·鼓人》有所謂六鼓：雷鼓、靈鼓、路鼓、鼖鼓、鼛鼓、晉鼓。各有不同的用途。這是周制，舜時質樸，鼓是否有六種之多，經傳無説，今不敢臆測。"下管鼗鼓"一語，管、鼗、鼓三名詞作動詞用。管，奏管；鼗，搖鼗；鼓，擊鼓。三個動作的順序應是先搖鼗，然後擊鼓；擊鼓而後奏管。《周禮·春官·大師》孫詒讓《正義》引金鶚云："奏夏先擊鐘，餘樂皆先擊鼓，登歌下管皆先擊小鼓，次擊大鼓，舞亦先擊鼓。"是擊鼓在先，奏管在後。然則何以先言下管後言鼗鼓，《大師》鄭玄注云："鼓柷，管乃作也。特言管者，貴人氣也。"意謂管是人用氣吹的，故列鼓前。《大師》孫疏又引黄以周云："《大師》、《小師》皆言下管擊小鼓，與《虞書》'下管鼗鼓'合。"依黄氏之意，"下管鼗鼓"就是堂下之樂先擊小鼓（搖鼗），再擊大鼓，然後奏管。按，奏管也包括下文的笙在内。

　　"合止柷敔"，柷敔，兩種樂器。《廣雅·釋樂》云："柷，像桶，方三尺五寸，深尺八寸，四角有升鼠。敔，像伏虎，背上有二十七刻。”《爾雅·釋樂》：“所以鼓柷謂之止。”郭璞注：“中有椎，柄連底，挏之令左右擊。止者其椎名。”是知柷乃桶狀物，方形，寬大於高。中有椎。椎動擊左復擊右，名曰止。柷與敔在奏樂過程中的作用，諸家説不同。《吕氏春秋·仲夏紀》高誘注云：“柷爲始，以節樂，敔以止樂。”《釋名·釋樂器》説“柷以作樂也，敔所以止樂也”。謂作樂以柷始以敔終也。《明堂位》鄭玄注云：“揩擊謂柷敔，皆所以節樂者也。”謂柷敔都是節樂的，不分終始。衆説牴牾，莫衷一是。孫詒讓《周禮·春官·小師》《正義》引金鶚云：“《周語》：‘革木以節之。’節樂即所以和樂，柷敔以節樂和樂，當如後世之拍版然。據《説文》、《風俗通》，柷敔皆所以節止樂，不可謂柷以作樂於始也。《書》言‘合止柷敔’，謂合其句而止之。合有和之義，止有節之義。合止皆兼柷敔，非柷合而敔止也。又止者，暫止，非終止也。先儒皆以爲終止，既與節字之義不合，而《虞書》亦不當敍於‘笙鏞以間’之先矣。”按金説是。説柷用於樂之始，敔用於樂之終，不對。柷與敔作用其實不異，都是節樂，節樂是爲了和樂。在作樂的全部過程中柷與敔都在動作，非僅用於始用於終。“合止柷敔”是既合止柷又合止敔。因爲它們在樂中起停頓每個樂句即打拍子的作用，所以用“合止”作柷敔的動詞。

　　“笙鏞以間”，這句話古有兩種根本不同的解釋。僞孔傳釋笙、鏞爲兩種樂器，訓鏞爲大鐘，訓間爲迭，謂“笙鏞以間”即吹笙擊鐘。《周禮·春官·大司樂》賈公彦疏引鄭玄注則説：“東方之樂謂之笙。笙，生也。東方生長之方，故名樂爲笙也。西方之樂謂之鏞。庸，功也。西方物熟有成，功亦謂之頌，頌亦是頌其成也。‘以間’者，堂上堂下間代而作。”段玉裁《古文尚書撰異》謂鏞，古文《尚書》皆作庸，頌、庸古通用。説“《尚書》‘笙庸’兼阼階之笙磬笙鐘、西階之頌磬頌鐘言之”。是段氏從鄭不從僞孔傳。鄭説與《儀禮·大射》合。《大射》云：“樂人宿縣于阼階東，笙磬西面，其南笙鐘，其南鏄，皆南陳。”又云：“西階之西，頌磬東面，其南鐘，其南鏄。”經此文的笙當是《大射》的笙磬笙鐘，經此文的鏄當作庸，庸即頌，當是《大射》的頌磬頌鐘。“笙鏄以間”，是説堂下鐘磬之樂與堂上的歌樂交替間作。鄭玄此説是對的。故今不取僞孔傳説。

　　“鳥獸蹌蹌”，此句是説上文所言大祭祀中升歌下管所起的作用和所達到的效果。《經典釋文》：“蹌，七羊反，舞貌。”鄭玄注《周禮·春官·大司樂》引作牄。《説文》足部有蹌字，訓動。倉部又有牄字，引《虞書》“鳥獸牄牄”，訓“鳥獸來食聲”。《詩·齊風·猗嗟》：“巧趨蹌兮。”毛傳：“蹌，巧趨貌。”《曲禮下》：“士蹌蹌。”《經典釋文》：“蹌蹌，本又作鶬，或作鏘，同七良反。”《廣雅》：“鏘鏘，走也。”趨、走都是動，“士蹌蹌”也是行動趨走之貌。故《經典釋文》釋經此文“鳥獸蹌蹌”之蹌爲舞貌，鄭玄注亦以舞釋之，説“謂飛鳥走獸蹌蹌然而舞也”。（《周禮·春官·大司樂》賈疏引）僞孔傳據鄭義亦謂“鳥獸化德，相率而舞蹌蹌然”。《夏本紀》解釋爲“鳥獸翔舞”。《尚書大傳》説“奏鐘石，論人聲，及鳥獸咸舞於前”，皆以爲蹌蹌是鳥獸舞貌。這樣解釋符合經文原意。《説文》以爲是鳥獸來食聲，意謂“鳥獸蹌蹌”形容樂聲，非真有鳥獸。《經典釋文》引馬融説：“鳥獸，筍簴也。”筍簴是支持鐘磬的框架，横曰筍竪曰簴，上面雕有鳥獸羽蟲以爲飾。是馬融不以爲“鳥獸蹌蹌”是真鳥獸。釋爲鳥獸之聲或鳥獸之形都不如釋爲真鳥獸來舞恰當。説鳥獸蹌蹌然舞，固然不無夸張的意味，但是動物的確有樂感，在原始社會自然環境未被破壞的情況下，它們受到盛大樂聲的感染因而有所表現，是可以想象的。《周禮·春官·大司樂》言大合樂的效用有“以作動物”一項，正可以作爲“鳥獸蹌蹌”的印證。

　　“簫韶九成”，簫韶，舜樂之名。《周禮·春官·大司樂》賈疏引鄭玄注："簫韶，舜所制樂也。"《左傳》襄公二十九年記吳公子札觀樂，"見舞韶箾者"。杜預注："舜樂。"孔疏："箾，簫也。《尚書》'簫韶九成'，此'韶箾'即彼'簫韶'也。"是"簫韶"是舜樂之專名。舜樂何以名曰"簫韶"，《樂記》云："韶，繼也。"宋均注《樂說》云："簫之言肅，舜時民樂其肅敬而繼堯道，故謂之簫韶。"僞孔傳說"韶"是舜樂名，而謂"言簫見細器之備"，非。成，《周禮·春官·樂師》："凡樂成則告備。"鄭玄注："成謂所奏一竟，《書》曰：'簫韶九成。'"《說文》音部："竟，樂曲盡爲竟。"《大司樂》鄭玄注："變猶更也。樂成則更奏也。"孔疏云："變猶更也者，《燕禮》云'終'，《尚書》云'成'，此云'變'。"是一曲終了，將更奏一曲，爲一成，或曰一變。九成，孔穎達《尚書》疏引鄭玄注云："成，猶終也。每曲一終必變更奏，故經言'九成'，傳言'九奏'，《周禮》謂之'九變'，其實一也。"《大司樂》有"九磬之舞"、"若樂九變"語。九磬即舜樂"簫韶"。九磬，謂"簫韶"之樂九變而終。《楚辭·遠遊》"九韶歌"，王逸注："韶，舜樂也。九，成九奏也。"《離騷》"奏九歌而舞韶"，王注："韶，九韶，舜樂也。《尚書》'簫韶九成'是也。"是"簫韶"是舜之樂，其特點是九成，亦即九終，或云九變。

"鳳皇來儀"，說"簫韶九成"引出的後果。何謂"鳳皇來儀"，古人解釋不同。《風俗通義·聲音篇》："簫，謹按《尚書》舜作'簫韶九成，鳳皇來儀'，其形參差，象鳳之翼，十管，長一尺。"是應劭以爲"簫韶"之簫指稱樂器，"鳳皇來儀"是說簫的很多竹管，長短不齊，象鳳皇的羽翼。以爲用鳳皇比喻簫之形象，非謂真鳳皇。上文我們已說過，"簫韶"之"簫"字指的是肅敬之意，非謂樂器簫。故應氏之說不可從。《大司樂》有"六變而致象物"一語。鄭玄注云："象物，有象在天，所謂四靈者，天地之神，四靈之知，非德至和則不至。"《禮運》有麒、鳳、龜、龍爲四靈之說。《大司樂》賈疏："《尚書》云：'簫韶九成，鳳皇來

儀。'九成乃致象物者,鄭以儀爲匹,謂'止巢而孕乘匹。'"鳳爲
雄性,皇爲雌性。依鄭義,"簫韶九成"引來鳳皇這個靈物雙雙
止巢而匹配孕育産仔。鄭氏之説看來反映經文的本義。至於
説當時有無鳳皇,鳳皇究竟是何物,它能否受"簫韶九成"的感
動而"來儀",那是另一個問題。由於音樂之盛而引致象物,顯
然是古人當時確實存在的一種觀念。我們應該把它作爲一種
觀念文化看待,不必斤斤計較鳳皇存在與否以及它能否"來
儀"。上文的"鳥獸蹌蹌"亦應作如是觀。

　　"夔曰:'於,予擊石拊石,百獸率舞,庶尹允諧。'"此記夔
語。於,音烏,嘆美之辭。《周禮·春官·大師》"奏擊拊",鄭
玄注引鄭衆云:"樂或當擊或當拊。"《漢書·吳王濞傳》師古
注:"拊,輕擊之。"是擊、拊并爲擊,但是有區別,擊重而拊輕。
《爾雅·釋樂》:"大磬謂之馨。"是磬有大小之不同。《爾雅·
釋詁》訓允爲信,諧爲和,率爲循。王引之《經傳釋詞》謂經此
文之率字爲虛詞,猶用。《周禮·春官·大司樂》賈疏引鄭玄
注云:"夔語舜云:'磬有大小,予擊大石磬,拊小石磬,則感百
獸相率而舞。'"又引鄭注云:"言樂之所感,使衆正之官信得其
諧和。"《公羊傳》哀公十四年"有王者則至",徐疏引鄭注云:
"擊石拊石,百獸率舞者,石,磬也。百獸,服不氏所養者。謂
音聲之道與政通焉。"鄭注基本正確。但是"百獸率舞",應從
王氏釋作"百獸用舞"。全句意謂夔對舜説,"簫韶九成"有重
要意義,連百獸都因受它的感染而起舞,則衆官允諧,政通人
和,更不成問題。

帝庸作歌,曰:"勑天之命,惟時惟幾。"乃歌曰:"股肱喜哉,元首起
哉,百工熙哉。"皋陶拜手稽首颺言曰:"念哉,率作興事,慎乃憲,欽
哉!屢省乃成,欽哉!"乃賡載歌曰:"元首明哉,股肱良哉,庶事康
哉。"又歌曰:"元首叢脞哉,股肱惰哉,萬事墮哉。"帝拜曰:"俞,往
欽哉!"

　　上文講舜舉行祭祀祖考的盛況及其反映出的政通人和的
氣氛,這一段記舜與皋陶通過唱和表達各自的心志,重點仍是
強調元首(即舜,部落聯盟首長)應當怎樣做及其重要意義。
本篇開始時講知人安民的問題,無疑是着眼在舜的身上;現在
到了結尾,更明確地概括部落聯盟最高領導人言行的決定性
意義。文義首尾一貫,前後呼應,重點甚爲突出。有趣的是他
們藉用祭祀作樂的機會,通過對唱表達思想。從内容看,這一
段文字有後世史家論贊的味道。

　　"帝庸作歌,曰:'勑天之命,惟時惟幾。'"帝,舜。庸,《説
文》用部:"庸,用也。"用,因。歌,《毛詩大序》:"情動於中,而
形於言;言之不足,故嗟嘆之;嗟嘆之不足,故永歌之。"《樂
記》:"歌之爲言也,長言之也。"《漢書·藝文志》:"誦其言謂之
詩,詠其聲謂之歌。"是永歌與長言爲一事,即唱出聲來。古代
的歌有配樂不配樂兩種。配樂而歌的叫歌樂,也叫歌(説見
《大司樂》賈公彦疏)。不配樂的叫徒歌,《爾雅》謂之謡,其實
亦得謂之歌。舜這裏的歌,配樂不配樂呢? 經傳注疏皆無明
言,未敢臆測。"帝庸作歌",舜因此唱起歌來。以下"勑天"兩
句是歌的内容。論者或以爲是作歌之前講的話,不是歌的内
容,殊誤。試想,感到言之不足,才嗟嘆之;嗟嘆之不足,才永
歌之。既已達到非永歌不足以表達心志的程度,何必在永歌
之前又説話!《説文》力部:"勑,勞也。"徐鍇本作"勑,勞勑
也"。勑通作來,《爾雅·釋詁》:"勞、來,勤也。"勞、勤一也。
郝懿行《爾雅義疏》云:"勞者謂敍其勤苦以慰勉之。""天之
命",自然之規律,不依人的意志爲轉移的客觀必然性。古代
人們認爲人的活動與自然的規律是一致的,天怎樣,人也會怎
樣。因此人不得爲所欲爲,言行務須與天保持一致。"惟時惟
幾",句式與經上文"惟幾惟康"同;"惟時"與"惟幾"爲并列關
係;惟是介詞,訓僅、獨,幾訓微訓危。説見經上文"惟幾惟康"

解。時字固然有"是"訓,但是此"時"字宜讀如字,是孟子言
"孔子聖之時者也"的時。《學記》:"當其可之謂時。"所謂可,
亦即《論語·微子》"無可無不可"的可。時可則行,時不可則
止,這就是時。舜對禹和皋陶諸人唱道,我們勸勉天命做到的
(其實是勸勉人自身),衹有兩點,一是時,二是幾。就是說,做
事最要緊者莫過於把握住時宜和看準幾微兩條。

　　"乃歌曰:'股肱喜哉,元首起哉,百工熙哉。'""乃歌",接
上文"歌",前已歌,此謂繼續歌。"股肱"云云三句是"乃歌"的
內容。股肱,人體之四肢,此喻在舜之部落聯盟中供職的禹、
皋陶諸人。說見經上文"臣作朕股肱耳目"解。首,人體之頭
部。《爾雅·釋詁》:"元,首也。"是元、首同義,元首合言,亦指
稱人體之頭部,此喻部落聯盟首長舜。《爾雅·釋詁》喜與康
同訓樂,起、熙俱訓興。工,讀爲功。功,事也。舜繼續唱道:
聯盟的供職人員康樂了,聯盟的頭頭振起了,聯盟的各項事業
興旺了。

　　"皋陶拜手稽首颺言曰:'念哉,率作興事,慎乃憲,欽哉!
屢省乃成,欽哉!'"拜手即拜。拜,先跪,然後雙手合握至胸
前,頭俯至手上與心平,身成磬折狀。稽首,在拜的基礎上更
使頭輕輕着地。這些動作連結起來,就是拜手稽首,是極恭敬
的表示。颺同揚,風吹向上。颺言,高聲講話,很激昂的樣子。
念,《說文》心部:"念,常思也。"時時記念而不忘記,猶今語牢
記。率,达的假借字,《說文》辵部:"达,先道也。"道今作導
(导)。《爾雅·釋詁》訓率爲循,乃引申義。《爾雅·釋言》作
訓爲,興訓起,屢訓亟。《釋詁》省訓察。《說文》心部慎與言部
謹二字爲轉注。段注:"未有不誠而能謹者,故其字從真。"《釋
詁》慎訓誠。《說文》心部:"憲,敏也。"段注:"敏者疾也。《諡
法》:'博聞多能爲憲。'引申之義爲法也。"《釋詁》欽訓敬,《說
文》苟部:"敬,肅也。"聿部:"肅,持事振敬也。"是欽是敬,敬是

做事認真之意。欽哉，表示丁寧。《説文》乃部："乃，曳詞之難
也。"段注："曳有矯拂之意，曳其言而轉之。若而、若乃皆是
也。乃則其曳之難者也。"又："乃、然、而、汝、若，一聲之轉，故
乃又訓汝也。"這幾句話，從皋陶拜手稽首看，是對舜説的。鄭
玄以爲是對衆臣説的，不確。皋陶説，牢記啊，帶頭興辦事業，
謹慎而捷疾，要認真啊！多多察驗才可獲成功，要認真啊！

　　"乃賡載歌曰：'元首明哉，股肱良哉，庶事康哉。'"賡，《爾
雅·釋詁》訓續。《夏本紀》訓更。續、更義近。載，《爾雅·釋
詁》訓偽，偽與爲通。《周禮·春官·大宗伯》："則攝而載果。"
鄭玄注："載，爲也。"經此文孔疏引鄭玄注云："載，始也。"訓始
於此義未爲順，今不取。明，讀如字。《尚書大傳》："明哉，非
一人之天下也。""元首明哉"當是此義。良，《詩·鄘風·鶉之
奔奔》："人之無良。"毛傳："良，善也。"康，《爾雅·釋詁》訓安。
此句主語承上文省，應是皋陶。皋陶講完話之後，猶感不足，
乃繼續唱歌道："首長光明無私，首長的輔弼者善良無邪，各項
事業安然不紊。"

　　"又歌曰：'元首叢脞哉，股肱惰哉，萬事墮哉。'"皋陶又
歌。《夏本紀》以爲舜又歌，非。《經典釋文》引馬融云："叢，總
也。脞，小也。"《説文》丵部"叢，聚也"。叢，簡體作丛。《集
韻》："脞，小也。"《尚書正義》引鄭玄注云："叢脞，總聚小小之
事以亂大政。"偽孔傳："叢脞，細碎無大略。"惰，《説文》訓爲不
敬，《玉篇》訓怠訓易，偽孔傳釋爲懈惰。這樣釋惰字的含義固
然不錯，但是經此文之惰字應另有意義。元首顧小事不顧大
事，是個大問題，而"股肱"的問題不應是懈怠與否。懈怠不懈
怠在"股肱"即輔弼之臣説來，不是大問題。此惰字應是時中
的反義，即《中庸》所謂"小人無忌憚"的無忌憚。《左傳》成公
十三年："今成子惰。"杜預注："惰則失中和之氣。"《後漢書·
單超傳》："徐卧虎，唐兩墮。"注云："兩墮謂隨意所爲不定也。

今人謂持兩端而任意爲兩墮。”墮與惰通。是惰字有持兩端而不執中的意義。持兩端不執中，才是作輔弼者的大忌。而在堯舜時代很強調這個問題。如《中庸》記孔子説舜是大知的人，“執其兩端，用其中於民”，《論語・堯曰》記“堯曰：‘咨爾舜，天之曆數在爾躬，允執其中，四海困窮，天禄永終。’舜亦以命禹”。可見堯舜禹都極重視執兩用中，視之爲治好天下的法寶。經此文講的“叢脞”、“惰”是從反面强調元首、股肱應該把握的最根本的東西。舜是大知的人，執兩用中已不是問題，所以要他注意抓大事而不陷於細碎瑣事中。舜身邊起輔弼作用的“股肱”們則完全不見得能够執兩用中，所以他們的首先一點是切切勿惰，不隨意而爲，不無忌憚，力求做到時中。否則的話，元首真的叢脞起來，股肱真的惰起來，那麼就將“萬事墮哉”。《説文》作隓，𨸏部：“隓，敗城𨸏曰隓。”段注：“隓爲古籀，……小篆隓作墮，隸變作墮，俗作隳。用墮爲崩落之義，用隳爲傾壞之義。”是墮的意思是崩落倒塌。“萬事墮哉”，所有的事業，或者説整個社會秩序，都將崩潰垮臺。極言元首叢脞與否，股肱惰與不惰的重要意義。

　　“帝拜曰：‘俞，往欽哉！’”皋陶拜，舜亦拜，可見當時部落聯盟領導層中有一種顯明的平等精神，與後世的君臣關係根本不同。俞，然，表示首肯。往，前往，行動。欽，敬。舜對大家的意見表示同意，説：是的，去認真地做吧！

【總論】

　　《皋陶謨》寫定成篇於周室東遷以後不久，保留着的史料則是舜時的。是研究原始氏族制社會晚期歷史的寶貴資料。内容極爲豐富，意識形態、社會管理、生產生活，都有反映。所有這些内容，體現出文明時代到來之前的軍事民主制時期的特色。

　　在意識形態方面，涉及天、中、九德、祭祀幾個問題。天概念産生於堯時,詳《堯典》解。本篇明確形成了天人合一思想,對天的認識比堯時更前進一步。全篇計使用 10 個天字,含義都是自然之天。當時人們看到了自然之天運行的規律性,認爲人類的活動應與天的規律一致,人事是天道的反映。人其實是代天行事,故有"天工人其代之"之語。"天聰明自我民聰明,天明畏自我民明威",又認爲天有適應人的一面,人事歸根結底具有決定性的意義。因此,人的主體意識構成全篇的主綫。雖然言及"祖考來格",言及祭祀,但是那僅僅是表示人對自身存在的現實性的一種强烈認定,與其說是對鬼神的迷信,不如說含有如同《周易》觀《象傳》所說"以神道設教"的用心。"徯志以昭受上帝"一句的"上帝",的確有宗教的主宰者的色彩,可是它是在對"安汝止,惟幾惟康"等人事努力充分肯定之後被提出的,人類自身才是主宰,"上帝"不過陪襯而已。

篇中未用"中"的概念,中的意識卻顯然存在。"惟時惟幾"是由"惟時"與"惟幾"構成的并列複句,"時"是時中,亦即《中庸》所謂"執兩用中"的意思。"股肱惰"的惰字是時中的反義,前人的注釋停留在字面意義上,解作懈怠,實未得經文的深意。僅僅懈怠,不至於"萬事墮",祇有股肱們反時中,無忌憚,才會造成最嚴重的後果。《中庸》、《論語·堯曰》及經此文的記載,足以證明舜時確有時中的思想方法,後來成爲孔子及儒家哲學的核心內容。

屬於意識形態的東西還有"九德"。"九德"是真實可信的。它從《堯典》的"直而溫,寬而栗,剛而無虐,簡而無傲"發展而來,《洪範》的"正直"、"剛克"、"柔克"三德則是它的簡化。諸篇連貫一致,不像後世人的編造。"寬而栗,柔而立,愿而恭,亂而敬,擾而毅,直而溫,簡而廉,剛而塞,彊而義",都有防止過度而導致走向反面的意義,也含有時中的意向。

《皋陶謨》在社會管理上提出"知人"、"安民"兩大問題,是至關重要的,是原始氏族社會治理經驗的基本總結,對後世階級社會的政治統治也有深遠影響。《尚書大傳》記孔子說“《皋陶謨》可以觀治”，極爲中肯。人與民二字有區別，人指在部落聯盟、部落和氏族中供職的頭面人物，民是普通的氏族成員，即後世的庶民百姓。對於人，要求他們具有九德，分清他們的善惡賢不肖。對於民，則祇是“安”的問題，使之得以生活。可見舜之時勞心勞力的劃分已經萌芽。

篇中兩次記載禹的事迹，一是治水，一是“荒度土功”。看來禹這個人物的確是真實的，並非戰國人的臆想造作。禹是治水事業的領導者，也是直接參與者。他隨山刊木，日以孜孜，辛苦的程度不會亞於普通的氏族成員。這些領導人物權威是有的，但未形成與人民大衆脫離甚乃對立的權力。

本篇多次提及刑罰問題。既講到五刑，又講到象刑，也講到“撻以記之”。“撻”，是鞭刑，《堯典》有說。“象刑”，《堯典》也有說。《荀子·正論》不承認堯舜時代有象刑，未免武斷。據《堯典》與本篇記載，“象刑”明明存在過。“象刑”的實質是給罪人穿上與常人不同的衣服鞋帽，使之感到羞辱乃至無以自容。《孝經緯》說“三皇無文，五帝畫象，三王肉刑”（《周禮·秋官·司圜》賈公彥疏引）的說法與《尚書》合。畫字訓設，不是繪畫的畫。至於本篇講的“五刑五用”，與經上文之“五服五章”對照看，實際上也是象刑，象五種肉刑，不是真正的肉刑。上句言“五服”，下句“五刑”必也是表現在衣服上的變化。施“五服”，使人光彩，施“五刑”，使人羞辱。

此外，《皋陶謨》講到九族、萬邦。講到衣服的繪繡，講到音樂、詠歌，講到車服獎賞，講到“丹朱傲”、“苗頑弗即工”，講到“艱食鮮食”，講到“巧言令色孔壬”、“庶頑讒說”等等，都是可靠的史實。說明舜的時代明確的等級制度尚未產生，但是《禮運》說的“謀閉而不興，盜竊亂賊而不作”的大同局面顯然已經開始被打破。

“弼成五服，至于五千，州十有二師。外薄四海，咸建五長”一段話是不可信的。五服制度（分五個層次的畿服制度）是西周的事情，夏商有畿服制度，具體情況因文獻記載不詳明，今不能確知，原始社會不會有畿服之制是没有疑問的。十二師、五長也是後世的事情，而"五千"尤其不知所云何物。這段話必非《皋陶謨》原有之文，當是後世人所竄入。竄入的時間當在漢以前。

《禹貢》新解

【序説】

　　《禹貢》是《尚書》中重要的一篇,也是我國最早的地理學著作。所記禹時之山川、土壤、物産、交通、區劃等皆至爲精密、完整、系統,具有相當大的科學性。有人説《禹貢》所記山川物産等自然狀況是可貴的,而大禹其人及治水其事是神話傳説,不可信。其實不然,大禹其人,治水其事,是有文獻可徵的。《書序》"禹別九州,隨山濬川,任土作貢"之説絶非無根空談。《尚書·立政》説:"以陟禹之迹。"《尚書·吕刑》説:"禹平水土,主名山川。"《詩·商頌·長發》説:"洪水芒芒,禹敷下土方。"《詩·小雅·信南山》説:"信彼南山,維禹甸之。"《國語·周語下》記太子晉言伯禹"高高下下,疏川導滯,鍾水豐物,封崇九山,決汩九川,陂障九澤……。"《左傳》襄公四年記魏絳述虞人之箴云:"芒芒禹迹,畫爲九州,經啓九道,民有寢廟,獸有茂草,各有攸處,德用不擾。"昭公元年天王使劉定公勞趙孟於潁,館於洛汭,劉子曰:"美哉禹功,明德遠矣。微禹,吾其魚乎!吾與子弁冕端委以治民,臨諸侯,禹之力也。"《論語·泰伯》記孔子説:"卑宫室而盡力乎溝洫,禹,吾無間然矣。"這些文獻材料的史料價值無容置疑,它們記大禹治水之事,言之鑿鑿,哪裏有神話傳説的痕迹!戰國秦漢的文獻諸如《墨子·兼愛中》、《孟子·告子下》、《莊子·天下篇》、《荀子·成相》、《吕氏春秋·愛類》、屈原《天問》、《淮南子·本經訓》等亦皆記載大禹治水的史實。《史記·夏本紀》更將《禹貢》全文加以訓詁而記録之。據《史記·河渠書》記載,司馬遷曾"南登廬山,觀禹疏九江,遂至于會稽太湟,上姑蘇,望

五湖;東窺洛汭、大邳,迎河,行淮、泗、濟、漯洛渠;西瞻蜀之岷山及
離碓;北自龍門至于朔方"。司馬遷治史是認真的,如果他没有根
據,不會南北東西尋禹迹而實地考察。

《禹貢》寫成於何時,也是個有爭議的問題。現在大多數人認
爲《禹貢》不是虞夏時所作。王國維《古史新證》説:"《禹貢》文字稍
平易簡潔,或係後世重編,然至少亦必爲周初人所作。"以爲《禹貢》
之成篇不會晚於周初。錢玄同《讀書雜誌》説:"《禹貢》等篇,一定
是晚周僞造的。"陳夢家《尚書通論》把《禹貢》列入戰國時代著作。
顧頡剛《禹貢注釋》序言:"我們可以猜測,《禹貢》是公元前第三世
紀前期的作品,較秦始皇統一的時代約早六十年。"蔣善國《尚書綜
述》説:"《禹貢》所記的疆域,近於戰國末季到秦始皇時的版圖。"以
爲《禹貢》寫成於戰國時代。我們認爲《禹貢》固然不可能是夏代人
所作,也不會是周初的作品,因爲《禹貢》的文風與《周書》之《大
誥》、《康誥》有很大的不同,倒是與《周禮》極相似,很可能是周室東
遷後不久某一位大家所作。倘是戰國時代的作品,孔子怎能將它
收入《尚書》!

疆域問題是主《禹貢》戰國時作説的一條重要論據。郭沫若
《中國古代社會研究》説:"中國古代的疆域衹在黄河的中部,就是
河南、直隸、山西、陝西一部分的地方。直隸、山西的北部是所謂北
狄,陝西的大部分是所謂西戎,黄河的下游是所謂東夷,長江流域
的中部都還是所謂蠻荆,所謂南蠻,淮河流域是所謂淮夷、徐夷。
而在《禹貢》裏面所謂荆州、青州、揚州、徐州等等,居然已經畫土分
貢了,這是絶對不可能的事實。"顧頡剛《禹貢注釋》序謂"九州制是
由戰國時開始醖釀的,到漢末而實現","可是古代並不曾真有這個
制度"。也是説《禹貢》既然有九州之説,便不能作於戰國以前。

郭氏、顧氏的推論,我們以爲不能成立。郭氏説中國古代的疆
域僅僅在黄河中部,其餘南北東西都是四夷,不屬於中國,而《禹
貢》竟别爲九州,畫土分貢,故《禹貢》是春秋戰國間構成。郭氏找

到的理由是疆域問題。顧氏斷定《禹貢》作於公元前3世紀早期，找到的理由在州制。九州之説出現於戰國時代，但是戰國時代實際上並不存在九州的劃分。直到漢末，"曹操執政，才依了《禹貢》而實定九州的制度"。戰國之前連九州之説也没有，而《禹貢》言九州，故《禹貢》必不會早於戰國成書。

　　郭氏所説的華夏與夷狄的界限，是春秋時代疆域的狀況。虞夏時期尚處在原始社會末期的軍事民主制時代，當時有的是氏族和部落以及部落聯盟，後世的國家尚未産生。禹是華夏族部落聯盟的首領。由於治水的需要，周邊的氏族、部落勢必與之發生聯繫，繳納一定的貢獻是情理中事。《左傳》哀公七年説："禹合諸侯於塗山，執玉帛者萬國，今其存者無數十焉。""諸侯"與"國"顯然是後世用語，實爲當時的部落。《左傳》的這條材料説明禹同"萬國"有關，"萬國"的確在向禹納貢。至於九州，在《禹貢》裏不過是個純粹的地理概念，不含後世國家産生以後才有的疆域觀念。當《禹貢》言及九州時，並不意味它認爲九州一概屬於禹代表的華夏族部落聯盟。《禹貢》爲什麽會知道冀州以外的地理狀況，這個問題不難理解。首先，治水是個牽涉廣泛的事情，促使人們不得不瞭解寰宇内一切大山大水。其次，如同柯斯文《原始文化史綱》所説："原始人的生活條件逼着他要首先完全熟悉自己的鄉土、自己求食地區和圍繞着自己的自然界。這種原始的鄉土志，在所有現代部落和部族中間，是很被重視的。每一個小地方，每一條小溪，每一丘陵，每一地方的特點，任何一堵峭壁，都有一定的名稱。原始人的知識也往往擴展到離開本部落很遠的區域。原始人能够很快地畫出可以稱之爲路綫圖的東西來，就正好證明這一點。"原始社會的人對自然環境的直觀認識能力要高過現代人。所以看見《禹貢》裏言及東西南北那麽多山名、水名、物産名以及九州的州名，絲毫不必大驚小怪。《吕刑》説"禹平水土，主名山川"，是有根據的。《爾雅》之《釋地》、《釋丘》、《釋山》、《釋水》之地、丘、山、水之名亦當爲禹所命。《禹貢》裏九州州名、山名、水名、土名、物名，都出於大禹之時，是無須懷疑的。

顧氏關於《禹貢》之九州出於戰國説，也有自相牴牾之處。既説九州説"必然到了戰國的中期才有出現的可能"，又説"這便是存在決定思維的一個例子"。戰國是七國割據的時代，周天子早已形同虛設，全中國範圍内根本没有一個中央政權存在，怎麼可能"决定"九州説這個"思維"的出現！漢代出現十二州或十三州的制度，那是因爲漢代有個强大而穩固的中央政權，它需要對全國進行分區統治。如果説禹時不存在產生九州制的條件，那麼戰國時代這個條件也不存在。據此而説《禹貢》有九州説因而祇能是成書於戰國時代，是没有道理的。須知，《禹貢》的九州純係依自然條件分區，不是行政區劃。如冀州，《禹貢》本經未言經界，《爾雅·釋地》説："兩河間曰冀州。"郭璞注："自東河至西河。"即包含今日山西、河北兩省地，祇是個自然區域的概念。這種情況後世很長時期没有改變。據《周禮·夏官·職方氏》記載，周時仍分天下爲九州，與《禹貢》略有不同者，徐州、梁州分别合并於青州、雍州，於冀州之北另闢幽、并二州。雖然設了"職方氏"一個職官，統管各州的土地、物產、人民、農牧事宜，但是九州仍然是地理概念，不具有行政的意義。《漢書·地理志》約引《職方氏》之文曰："掌天下之地，辨九州之國。"極得要領。不是國中有州，而是州中有國。《禹貢》和《職方氏》之州莫不如此。戰國時代的九州説亦與此同。《説文》川部州字云："水中可居者曰州。……昔堯遭洪水，民居水中高土，故曰九州。……一曰州疇也，各疇其土而生也。"《經典釋文》引《春秋説題辭》云："州之言殊也。"是知《禹貢》九州之州字不過是在治水過程中自然形成的一塊塊民衆居住地的意思。

總之，禹時產生九州的觀念不僅是可能的，而且是必然的。由斷言九州説不能產生於戰國之前從而得出《禹貢》之成書不會早於戰國的結論，不能成立。《禹貢》不是禹時的作品，也不是戰國時代的作品。

《禹貢》把賜部落酋長氏和姓的事情叫做"錫土姓"。錫姓之事發生在黃帝至禹那段時間内,至周初已經極少見。錫土命氏(相當於封國)的事情,西周、春秋是有的,戰國則衹有對卿大夫的命氏,絶少涉及諸侯國君。戰國唯見滅國,不見封國。戰國既無"錫土姓"之實,戰國人也想不出"錫土姓"之名。

《禹貢》文字很古樸,不似戰國人語。例如《禹貢》記九州境界,用字省得不能再省,卻又確實交代明白,不容誤解。戰國人不會做到這樣程度。《左傳》僖公四年記管仲講齊國疆界説:"東至于海,西至于河,南至于穆陵,北至于無棣。"與《禹貢》"海岱惟青州"比,何其煩瑣! 管仲尚且不能簡約,遑論戰國人!

又如《禹貢》講禹政教影響之遠之深,用一句"聲教訖于四海"概括,意思表達得深刻又全面。"聲教",説明是教化影響,不是靠威力;"四海",則華夏族與蠻夷戎狄全包括。《中庸》表達同樣的意思,所用文字就多得多了。《中庸》説:"是以聲名洋溢乎中國,施及蠻貊。"字數增加一倍。戰國人恐怕更寫不出"聲教訖于四海"這樣古樸無華的句子。《孟子》固然講過"故沛然德教溢乎四海"(《離婁上》)的話,然而畢竟加上個形容詞"沛然",露出戰國人行文的特色。"德教"一詞是戰國人著作中習見的,"聲教"則戰國人罕用。故"德教"誰都明白,而"聲教"一詞懂的人很少,以至於漢代人已經需要費口舌加以注釋了。

《禹貢》多次言及海,一次言及南海。説明寫作《禹貢》的人還没有北海、東海、西海的概念。可是戰國人這些概念是有的。墨子有"昔者傅説居北海之洲"(《墨子·尚賢下》)的話。孟子説,"太公辟紂居東海之濱"(《離婁上》、《盡心上》),"伯夷辟紂居北海之濱"(同上),"挾太山以超北海"(《梁惠王上》)。莊子説,"繞以渤海"(《説劍》),"至於北海"(《秋水》),"適遇苑風於東海之濱"(《天地》)。其實不待戰國,春秋時代這些概念已經有了。劉定公説:

"世胙大師，以表東海。"(《左傳》襄公十四年)楚成王説："君處北海。"(《左傳》僖公四年)東海、北海的概念齊桓公時已經出現，戰國甚至言及渤海，倘《禹貢》作於戰國時代，他多次講到河、江、淮、濟入海的問題，卻絕口不言東海、北海、渤海，是不可思議的。

還有一個證據能够證明《禹貢》不是戰國人作，這就是黄河下游河道問題。據譚其驤先生研究，春秋戰國時代，黄河下游以走《漢志》河爲常，也曾不止一次走《禹貢》、《山經》河。也有可能東(《漢志》河)西(《禹貢》、《山經》河)二股曾長期同時存在，迭爲幹流，而以東股爲常。約在公元前 4 世紀四十年代左右，齊、趙、魏各在當時的河道(即《漢志》河)的東西兩岸修築了綿亘數百里的堤防。此後《禹貢》、《山經》河即斷流，專走《漢志》河，一直沿襲到漢代(《西漢以前的黄河下游河道》，載《長水集》下)。如果譚先生這一結論是可信的(我們認爲可信)話，那麽顧頡剛先生關於《禹貢》作於公元前 280 年左右的論斷則大可懷疑。試想，到公元前 280 年時，由於齊、趙、魏各國築隄，黄河下游河道穩定在《漢志》河裏已近一個世紀，寫《禹貢》的人爲什麽不寫看得見的《漢志》河，偏偏寫他看不見的《禹貢》河？ 最合理的解釋祇有一個，《禹貢》不是寫作於公元前 280 年左右，而是在那時以前。

《禹貢》最後有一段講服制的問題，提出甸、侯、綏、要、荒五服的説法。什麽是服？《論語·泰伯》説文王"三分天下有其二，以服事殷"。《周禮·夏官·職方氏》鄭玄注説："服，服事天子也。"是知服是關於各地各族各國與華夏族天子(中央政權)關係的制度。這種關係的親疏、應盡義務與責任的大小，依所在地域與天子的距離遠近而劃分幾個層次。劃分九個層次的叫九服，劃分五個層次的叫五服。這種服制與後世的中央與地方的關係有所不同。郭沫若的《金文叢考·金文所無考》指出服制"並非地域之區劃"，是對的。據文獻記載，商代有服制，《尚書》中的《康誥》、《酒誥》、《召誥》、《君奭》諸篇所説的"侯甸男邦采衛"，是商代服制的孑遺。《國語·周語上》所記祭公謀父講的先王之制，甸、侯、賓、要、荒五服，是周初成王時周公旦制定的。夏代是否有服制，文獻無徵。禹時尚在國家產生之前的原始社會末期，不應當有所謂服制。《禹貢》裏講的服制當是後世人竄入的，不是《禹貢》原文。郭沫若《金文所無考》說《尚書・禹貢》和《周禮》之《大司馬》、《職方氏》、《大行人》諸職所述之服制，"乃後人所僞託"，是正確的。

古書是靠人們輾轉鈔寫而流傳的，與後世有了雕版印刷之後的書不同，在古人書中竄入一點後人的東西，是極平常的事，完全不必感到驚奇，更不該發現古人書中有後人的東西就把古書的寫作時代拖後。在《禹貢》中發現了後人僞託的東西，也是正常的，不應因此懷疑全篇的真實性。

今之學者多有斷定《禹貢》作成於戰國者，其實大可商量。司馬遷作《夏本紀》，班固作《地理志》，皆全文移錄《禹貢》，不以爲是後世人的作品。鄭玄作《尚書注》，亦不懷疑《禹貢》成於禹之時。尤當注意者，漢初伏生口頭傳授今文《尚書》29篇，其中有《禹貢》。假如《禹貢》出自戰國人之手，伏生不至於一無所知。伏生作有《尚書大傳》，完書早已不存，據清人陳壽祺《尚書大傳輯校》，伏生《大傳》有云："孔子曰，丘常悉心盡志以入其中，則前有高岸，後有大谿。填填正立而已。'六誓'可以觀義，'五誥'可以觀仁，《甫刑》可以觀誡，《洪範》可以觀度，《禹貢》可以觀事，《皋陶謨》可以觀治，《堯典》可以觀美。"陳氏按曰："《外紀》引'子夏讀書畢'一條，未舉所徵，然《文選》注、《御覽》、《困學紀聞》，分引數條，並與此合，是爲書傳文無疑。薛季宣《書古文訓序》亦有此文。"是知伏生確認有所謂《尚書》"七觀"之說；"七觀"中包括《禹貢》，而"七觀"實出於孔子之口。孔子見過《禹貢》，是不成問題的。

但是，《禹貢》是不是禹本人所記呢？漢人對此沒有一點的懷疑。後世人認識有所變化，唐人孔穎達《尚書正義》說："此篇史述時事，非是應對言語，當是水土既治，史即錄此篇。"以爲乃史官所録，非禹自記。宋代學者大多贊同此説而略有分歧。有人力主《禹貢》出自史官，如宋元之際金履祥作《尚書表注》，論定"此篇蓋夏史之追録"。南宋張九成則另有説法，他以爲首句"禹敷土，隨山刊木，奠高山大川"和末句"禹錫玄圭，告厥成功"，是史官之辭。其餘自"冀州"至"訖于四海"，"皆禹具述治水本末"，"盡載以奏於上，藏史官，史官略加删潤，敍結成書"（傅寅《禹貢説斷》引）。南宋另一學者錢時作《融堂書解》，其文曰："先儒謂首尾數語是史氏之文，自'冀州'至'訖于四海'，皆禹所自記。今以'祇台德先，不距朕行'觀之，則此書非史氏所作甚明。"

　　上述唐宋人關於《禹貢》誰作的問題，總而言之不外乎三種意見：一、虞時史官所記或夏時史官追記，孔穎達《正義》、金履祥《表注》是。二、首尾兩小段是史官所記，餘皆禹本人具述，經史官删潤成書，張九成《尚書詳説》是。三、因仍舊説，確信出禹本人之手，錢時《融堂書解》是。明人郝敬《尚書辨解》亦謂事乃禹之事，篇由史臣録而成之。清人胡渭《禹貢錐指》綜貫諸家，乃集大成之作，他認爲"《禹貢》即夏史所録，而其事則皆舜相堯時事也"。

　　以上諸家意見雖紛紜不一，但是以爲《禹貢》之作不晚於虞夏則是一致的。自今日看來，《禹貢》不可能敍結成篇於虞夏之時，更不會是禹本人手定。不過他們肯定《禹貢》所記之事是"禹別九州，隨山濬川，任土作貢"的歷史事實，是可取的。最可能的情況是虞夏之時記録留下了禹別九州，任土作貢的史料，傳至後世，到了周平王東遷之後，即春秋初期，經過一位學者的加工潤色而寫定成篇。今之學者有人斷定《禹貢》是戰國中期作品，我們實不敢苟同。

　　關於《禹貢》篇名問題，"禹貢"二字顯然表明篇中所述乃禹之事，且是從"貢"的角度談問題。《書序》用"禹別九州，隨山濬川，任土作貢"三句話概括篇意，僞孔傳以"禹制九州貢法"一語釋篇名，是正確的。禹是名是號，古人其説不一。顧炎武《日知録》卷二説："堯舜禹皆名也。古未有號，故帝王皆以名紀。"以爲古有名無號，故《禹貢》篇題不諱禹名。《禮記·曲禮上》説:"《詩》《書》不諱。"《周禮·春官·外史》:"掌達書名于四方。"鄭玄注:"謂若《堯典》、《禹貢》,達此名使知之。"孫詒讓《周禮正義》:"謂此書名即指古書之篇名。"胡渭《禹貢錐指》:"書名則垂諸簡策以詔來世,與敍述之文不同,故二典、謨、貢不嫌以名著也。"是知詩書不諱稱君名,今禹字在篇名不在敍述之文,則尤無須諱。

關於《禹貢》之貢字,古人解釋亦有所不同。貢與賦有何區別?篇中言貢亦言賦,爲什麼篇名言貢而不言賦?僞孔傳説"任其土地所有,定其貢賦之差",統言貢賦而未及貢與賦之别。孔穎達《尚書正義》謂"賦者自上税下之名","貢者從下獻上之稱","與《周禮·大宰》九貢不殊"。蔡沈《書集傳》從之。籠統地言貢賦而不加區别和以下獻上與上税下區分貢賦之不同,都不符合《禹貢》貢賦之實際。南宋朱熹同時代人王炎作《禹貢辨》,説:"九州有賦有貢。凡賦,諸侯以供其國用。凡貢,諸侯以獻於天子。"清人胡渭《禹貢錐指》贊成王炎的意見,説"賦出於百姓,貢出於諸侯","唯甸服千里之内天子所自賦,餘皆以封諸侯。諸侯取於民謂之賦,而出其國用之餘以獻於天子,則貢也而非賦矣"。"貢之爲言廣矣大矣,賦止甸服,貢盡九州;賦止中邦,貢兼四海。言賦不可以該貢,言貢則可以該賦"。胡氏見解頗精到,比宋人王炎分析更加透徹。胡氏説賦是百姓對諸侯,貢是諸侯對天子;貢涉及面廣大,九州中土,要荒四海都包括在内。賦就天子説僅止於千里畿内。《禹貢》篇名言貢不言賦,是因爲貢可以該賦,賦不可以該貢。胡説極是。《周禮·職方氏》"制其貢各以其所有"説、《周禮·大宰》之九貢(祀貢、嬪貢、器貢、幣貢、材貢、貨貢、服貢、斿貢、物貢)説與《禹貢》之貢説一致。都是天下九州四海向天子進貢。《左傳》的有關記載,可爲印證。僖公四年齊桓公伐楚,理由之一便是楚成王"爾貢包茅不入,王祭不共,無以縮酒"。楚成王自己也承認"貢之不入,寡君之罪也"。昭公十三年子産説:"昔天子班貢,輕重以列,列尊貢重,周之制也。"《左傳》這兩條記載説明諸侯向天子進貢是歷史事實。周代的貢制不是一朝一夕産生，是有歷史淵源的。《左傳》哀公七年説："禹合諸侯於塗山，執玉帛者萬國。"可見禹時已存在納貢制度。《禹貢》所述之貢制必非虛語。不過"諸侯"、"萬國"是後世用語，當時没有諸侯與萬國，有的是氏族、部落和部落聯盟。在禹的時代有納貢的制度，並不奇怪。一些部落給另一强大部落納貢，是原始氏族社會普遍存在的事實。馬克思《摩爾根〈古代社會〉一書摘要》説："阿兹忒克聯盟並没有企圖將所征服的各部落并入聯盟之内，因爲在氏族制度下，語言的分歧是阻止實現這一點的不可克服的障礙。這些被征服部落仍受他們自己的酋長管理，並可遵循自己古時的習慣。有時有一個貢物徵收者留駐於他們之中。"説明原始氏族社會被征服部落對征服者部落有納貢的關係。在中國古代，在禹之前可能已存在諸多周邊部落給華夏族部落聯盟納貢的制度。到了禹時，始任土作貢，形成一定的制度，即依土地之肥瘠多少制定貢之差等。孔穎達《尚書正義》説："貢賦之法其來久矣，治水之後更復改新。言此篇貢法是禹所制，非禹始爲貢也。"極有見地。

　　有一個問題這裏有必要指出。《禹貢》篇名所講的貢與《孟子》講的"夏后氏五十而貢，殷人七十而助，周人百畝而徹"的貢是否同義？宋代學者大多搞錯。《禹貢》的貢是中土以外各部落向華夏族部落聯盟納貢，發展下去就是《左傳》僖公四年和昭公十三年管仲和子産講的諸侯向天子進貢的貢。夏商周實行的貢助徹，相當於地租。貢是實物地租，助是勞役地租，徹是貢助兩種地租並行，與三代的土地所有制相適應，本質上是一種經濟行爲。《禹貢》的賦有一定的經濟意義，貢則純係超經濟剥奪。宋代學者的錯誤就在於把《禹貢》的貢與貢助徹的貢混同起來。如夏僎《尚書詳解》説："按孟子言夏后氏五十而貢，則貢者雖土地之所産，亦夏后氏田賦之總名，猶商助周徹之稱。"陳經《尚書詳解》説："其所貢即在九等田賦之内。《孟子》曰：'夏后氏五十而貢，商人七十而助，周人百畝而徹，其實皆什一也。'先王取民有制，豈肯於田賦之外别有貢耶？"錢時《融堂書解》説："蓋貢者，夏后氏取民之總目，五十而貢是也。"林之奇《尚書全解》説："貢者乃賦税之總稱。"又説："此貢之一字，與商之助，周之徹，皆是其一代之制，取民之總名也。"傅寅《禹貢説斷》説："三代取民之制，必以貢助徹爲名，其用心之仁可知矣。是故史官之名此書，孔子之作此序，皆於貢之一字，深致其意。"蔡沈《書集傳》説："是篇有貢有賦，而獨以貢名篇者，《孟子》曰：'夏后氏五十而貢。'貢者較數歲之中以爲常，則貢又夏后氏田賦之總名。"他們不明白《孟子》所説三代貢助徹是井田制度下的租賦，承擔者是井田制度下的庶人大衆，享受者是各級有地者，而《禹貢》的貢是實物貢獻，承擔者是諸侯（禹時是部落酋長），享受者是天子（禹時是部落聯盟首長們），與土地所有制無關。宋人的這種混淆，認識上的根源在於對《孟子》"夏后氏五十而貢"這句話的理解有誤。秦漢以後與土地所有制相聯繫的田租田賦再也不用貢字表述，而貢成爲地方給皇帝進貢的專用字。因此誰也不會誤認貢字是明代或清代田賦之總名。我們應當明白，堯舜禹時及夏代各部落各方國給華夏族部落聯盟及夏王朝奉納的實物貢獻同《孟子》所説"夏后氏五十而貢"的貢不是一回事。後者是田賦之總名，而前者不是。

【新解】

禹敷土，隨山刊木，奠高山大川。

　　"禹敷土"三字自來解釋最爲分歧。敷，《史記·夏本紀》作傅，今本《荀子·成相篇》亦作傅。古文《尚書》作敷，今文《尚書》作傅。《荀子》楊倞注："傅，讀爲敷。"是敷、傅通用。敷字義訓，諸説不一。段玉裁《古文尚書撰異》力主敷訓布，舉證詳實，不容置疑。布，《釋名·釋采帛》："布也，布列衆縷爲經，以緯横成之也。"《史記·夏本紀》裴駰集解"馬融曰：'敷，分也。’”司馬貞《索隱》亦以爲《尚書》之“敷土”，敷訓分。按分、布義近，故古人常分布連言。又蘇軾《書傳》説：“敷、道、修、載、敍、乂，皆治也。”是訓敷爲治。《漢書·地理志》顔師古注：“敷，分也，謂分別治之。”是敷既訓分又訓治，分治連訓。又，《史記·夏本紀》司馬貞《索隱》傅、敷異訓，謂《夏本紀》作“傅土”，“傅即付也，謂付功屬役之事”。謂《尚書》作“敷土”，“敷，分也，謂令人分布理九州之土地也”。胡渭《禹貢錐指》引司馬貞《索隱》此語，付作賦。按付、賦皆有付予、給予之意。人們由於對敷字訓釋不同，對“禹敷土”全句的理解也就不同。古今人主要有七種理解：一、《史記》的説法。《夏本紀》説：“禹乃遂與益、后稷奉帝命，命諸侯百姓興人徒以傅土。”意謂要各部落、部落聯盟領導人發動群衆，付功屬役，分別治理各州的土地。不是説禹親自去幹，是説禹要下邊人發動衆人去幹。二、僞孔傳、孔疏的説法。僞孔傳説：“洪水汎溢，禹布治九州之土。”孔穎達疏説：“禹必身行九州，規謀設法，乃使佐己之人分布治之。”是説禹親自走遍九州，設計方案，然後派別人到九州去治土。三、《漢書·地理志》的説法。《漢志》説：“堯遭洪水，懷山襄陵，天下分絶，爲十二州，使禹治之。水土既平，更制九州，列五服，任土作貢，曰禹敷土。”以爲“禹敷土”是水土既平之後更制九州之事。四、鄭玄的説法。鄭注《周禮·大司樂》“大夏”説：“禹治水傅土，言其德能大中國也。”鄭箋《詩·商頌·長發》“禹敷下土方”説：“禹敷下土，正四方，定諸夏，廣大其竟界。”是鄭意以敷爲大，“禹敷土”是禹擴展疆土的意思。五、宋人張九成（子韶）的説法。張氏《尚書詳説》説：“敷，分也。敷土，即別九州之義。”（傅寅《禹貢説斷》引）蔡沈《書集傳》從之，云：“分別土地以爲九州也。”這一説法影響較大。六、林之奇的説法。林氏《尚書全解》：“鯀陻洪水，以與水争勢於隄防之間，適以激其怒耳。故禹唯務敷土而散之，不與水争

勢，而水得性矣。”是以敷土爲分土，與累土築隄對言。七、呂
祖謙的説法。呂氏《書説》云：“史官作《禹貢》先言‘禹敷土’三
字，見禹有一定之規模在胸中，分布九州之土，甚處用此治，甚
處用彼治，工役計用多少，然後用工，所以終能成功。定高山
有個標準，次便看得個大川所歸。喻如築城，若尋常築功，是
數年不能得成。至李光弼築萬里城，不過數月之功，蓋先擺布
定甚處成隊，聲勢相接，故能速成。禹之治水，其規模在此而
已。”這是説“禹敷土”的意思是禹先定有規模計劃，然後實施。
清人胡渭《禹貢錐指》贊同此説，説：“書序三句總括一篇之旨，
而經文篇首三句則皆禹未施功時事，敷土又禹未出門時事
也。”

　　比較而言，以上七説中鄭玄説爲得其實。“禹敷土”是擴
大疆土的意思。具體地説，華夏族的勢力由冀州擴大到全部
九州，甚至更在九州之外。《詩·商頌·長發》説：“洪水芒芒，
禹敷下土方，外大國是疆，幅隕既長。有娀方將，帝立子生
商。”言及禹敷土時，講外大國是疆，講幅隕既長，可見敷土是
講疆土問題。疆土祇是就其影響與控制面而言，與後世疆土
意義不同。

　　“隨山刊木”，此語古人解釋大體一致而略有不同。《廣
雅·釋詁》：“隨，行也。”《淮南子·修務訓》：“隨山刊木。”高誘
注：“隨，循也。”按，行、循義近。《史記·夏本紀》作“行山表
木”，是史遷訓隨爲行。鄭玄注云：“必隨州中之山而登之，除
木爲道，以望觀所當治者，則規其形而度其功焉。”鄭訓隨爲
登，不確。隨山，是循諸山之形勢，委曲前行之意。鄭據《左
傳》襄公二十五年“井堙木刊”爲説，訓刊爲除，是對的。不過，
《尚書》“刊木”本作“栞木”（栞，今文；古文作栞），刊與栞非同
字，義亦有別。刊從刀不從木，訓剟。栞，《説文》木部謂“槎識
也”。段注云：“槎，衺斫也。槎識者，衺斫以爲表志也。”據此

知《夏本紀》訓作“行山表木”，是對的。言禹循山委曲而行，邪砍樹木爲槎以作爲道路的標誌。是爲正解。鄭玄“除木爲道”說不足取。詳見本書《臯陶謨》“隨山刊木”解。

　　“奠高山大川”，奠，各家皆訓定，確切無疑義。《史記·夏本紀》作“定高山大川”。《集解》引馬融曰：“定其差秩祀禮所視也。”是馬氏奠亦訓定。鄭玄《周禮·大司徒》“奠地守”注云：“定地守”。又《司市》“平肆展成奠賈”，鄭玄注云：“奠讀爲定。……杜子春云：‘奠當爲定。’”《漢書·地理志》顏師古注、《尚書》僞孔傳、蔡沈《書集傳》并謂“奠，定也”。高山大川包括九州之所有山水，如壺口、蒙羽、岷嶓、終南、惇物、鳥鼠、三危、積石、龍門等，都是高山；如衡漳、恒、衛、濰、淄、沂、泗、伊、洛、瀍、澗、沱、桓、沔、弱、渭、涇、漆、沮、澧等都是大川。“奠高山大川”，有兩層意思。一是禹爲九州之高山大川定名。定名之後，便可確定某山爲某州之山，某水爲某州之水。《吕刑》云：“禹平水土，主名山川。”僞孔傳：“禹治洪水，山川無名者，主名之。”孔穎達《正義》：“山川與天地并，生民應先與作名。但禹治水，萬事改新，古老既死，其名或滅。故當時無名者，禹皆主名之。”是“奠高山大川”乃是定高山大川之名。二是禹以高山大川爲九州劃界。宋人林之奇《尚書全解》：“奠高山大川者，本其風俗之異，以爲九州經界之準也。”蔡沈《書集傳》：“定高山大川以別州境也。”是“定高山大川”乃是利用高山大川定九州之邊界。胡渭《禹貢錐指》說“別九州，在‘奠高山大川’句內”，是說得對的。“奠高山大川”之含義主要在這兩方面。餘如傅寅《禹貢説斷》說：“奠高山大川，則是定其方向源委，以辨地域，以知遠近，以察衆流之所趨會，而馴以加功故也。”張九成《尚書詳説》說：“定高山如五岳者，大川如四瀆者，東西既辨，南北已明，然後導山導川可得而施功也。”吕祖謙《書説》說：“定高山大川以爲高表，凡一州之内必有高山大川，先定其

南五十里，冀州境也。"二説所指壺口山之地望一致，即在今山西吉縣西數十里處。林之奇《尚書全解》説："《地理志》謂壺口在北屈之東南，而酈道元謂孟門在北屈之西南，則壺口，孟門之東山也。"認爲壺口是山名，在河之東，屬冀州，且在今山西吉縣西，諸説是一致的。而壺口山與孟門山之地望關係，卻有不同的意見，上引林之奇説，以爲壺口是孟門之東山，則壺口與孟門是一東一西的關係。然而更有另一説，以爲孟門在北，壺口在其南。《吕氏春秋·愛類》説："昔上古龍門未開，吕梁未發，河出孟門，大溢逆流，無有丘陵沃衍、平原高阜，盡皆滅之，名曰鴻水。"據《水經注》説，河水南徑北屈縣故城西，有孟門山，即龍門之上口，實爲黄河之巨阸。《元和郡縣志》説："孟門山在慈州文城縣西南三十六里（在今山西吉縣西北），俗名石槽。今河中有山，鑿中如槽，東流懸注七十餘尺。"胡渭《禹貢錐指》説："龍門之上口爲孟門，在今吉州西，西值陝西延安府之宜川縣。其下口即今河津縣壺口山盡處，近世亦謂之龍門者也，西與韓城之龍門相對。上口至下口約一百六十餘里。"這樣説來，孟門與壺口兩山並非東西比肩的關係，而是孟門山在北，壺口山在南，相距一百六十餘里。古代這一段黄河叫做龍門，上口是孟門山，下口是壺口山。現在則祇稱壺口山爲龍門。這一説法是對的。

"治梁及岐"，首要的問題是梁山、岐山究竟在哪裏。《吕氏春秋·愛類》、《淮南子·本經訓》都有"吕梁未發"一語，高誘注並云此吕梁在彭城吕縣，就是大禹決而通之的吕梁。彭城確有吕梁山，是《列子·黄帝篇》、《莊子·達生篇》所記孔子觀於吕梁之吕梁，高誘張冠李戴，誤把彭城之吕梁當作《禹貢》之吕梁。那麽，《禹貢》之吕梁到底在什麽地方呢？《經典釋文》於《莊子·達生篇》引司馬彪説："河水有石絶處也。今西河離石西有此懸絶，世謂之黄梁。"是司馬彪以爲吕梁在今山西離石縣西。《水經注》説司馬氏的説法不符合實情,以爲吕梁在"善無縣城西南八十里","在離石北而東,可二百有餘里"。按善無縣故城在今山西雁北地區右玉縣,它的西南八十里處,即離石縣北二百多里的地方。這裏或可能有叫做吕梁的山,但是它處在孟門之北數百里之外,絶對不是《禹貢》之梁山。司馬彪之吕梁在離石西的説法也不足信據。蔡沈《書集傳》説梁山在離石縣東北,舉《爾雅》"梁山晉望"爲證,也是錯的。《禹貢》梁山的地望應以《漢書·地理志》爲説。《漢志》説:壺口在河東北屈縣東南,梁山在左馮翊夏陽縣西北,岐山在右扶風美陽縣西北。《漢志》説岐山在美陽縣,不對。説壺口在北屈縣(今吉縣)東南,梁山在夏陽縣西北,對。閻若璩説"吕梁即龍門之南山","三子(《尸子》、《吕覽》、《淮南子》)先言龍門次言吕梁,其爲夏陽之梁山無疑也"(據胡渭《禹貢錐指》引,《尚書古文疏證》未見)。胡渭《禹貢錐指》贊同閻説,謂梁、岐的確在雍州即河之西而不屬冀州。並引《魏土地記》進一步證明梁山在《漢志》所説的夏陽(今陝西韓城縣南)。胡氏認爲這與《爾雅》説"梁山晉望"並不矛盾,他説:"《爾雅》曰:'梁山晉望'。正謂夏陽之梁山。夏陽,故少梁,秦地也。《左傳》文公十年'晉人伐秦,取少梁'。梁山由是入晉。成公五年'梁山崩',晉侯所以問伯宗而行降服徹樂之禮。下逮戰國,少梁猶屬魏。故梁山雖在雍域而實爲晉望。蔡氏以爲在冀州,即離石之吕梁,何其考之不詳耳。"

　　至於岐山,蔡沈《書集傳》説"在今汾州介休縣狐岐之山"。胡渭《禹貢錐指》以爲大謬,駁之曰:"狐岐在今孝義縣(鄰介休)西,一名薛頡山,去河三百三十餘里,安得謂河水所經而治之,以開河道乎!"按,胡氏駁之甚是。《漢書·地理志》謂《禹貢》岐山在扶風美陽縣西北,周太王所邑(孫星衍《尚書今古文注疏》案:美陽在今陝西扶風縣北,山在陝西岐山縣東北十里)。鄭玄《尚書》注、《續漢書·郡國志》、蘇軾《書傳》、閻若璩《尚書古文疏證》並同此説。僞孔傳説:"壺口在冀州,梁岐在雍州。從東循山治水而西。"孔穎達《尚書正義》、顏師古《漢志》注皆發揮傳義。此説雖未明言岐山就是美陽之岐山,而其實説禹治水自東循山而西,正是以岐山在美陽爲前提。今仔細斟酌,《漢志》説岐山在美陽,於理有所不合。今陝西岐山縣與壺口、梁山相距遙遠,"既載壺口,治梁及岐"這句話無論怎樣解釋都難通。唯宋人吕祖謙《書説》説"岐梁皆是龍門左右之地也。水之所以爲患,正緣龍門狹隘,雍塞其水,故禹治之,鑿龍門使水勢通行",可能是對的。然而岐山到底在龍門左右之何處,亦不能確指,今存疑可也。"治梁及岐"一語之語意應以宋人葉夢得《書傳》、林之奇《尚書全解》之説爲解。葉氏説:"《詩》言'奕奕梁山,惟禹甸之',則梁之施功爲多,而岐因梁以及之者也。"林氏説:"於梁山之北辟龍門,而終事於梁山,而其餘功又及岐山焉。蓋壺口、梁、岐一役也,其施功皆同時,不可分言於二州,故並言於冀也。"

既修太原,至于岳陽。

　　既,已然之辭。修,《廣雅·釋詁》:"治也。"太,漢人書碑廟號如太宗,官名如太尉,地名如太原,皆作大。自唐衛包皆依俗讀改爲太。岳,《史記·夏本紀》、《漢書·地理志》皆作嶽。太原,本是泛稱,非確指某地,如《尚書大傳》:"大而高平者謂之大原。"孔穎達《尚書正義》:"太原,原之大者。"凡符合此條件的地方皆可稱之爲太原,故古代文獻中言及太原處頗多,顯非一地。《禹貢》太原係指何處,自漢以來傳統的説法是漢之太原郡,即今之山西太原市一帶。《漢書·地理志》説太原郡"在晉陽,屬并州。"師古注説《禹貢》之"太原即今之晉陽是也"。鄭玄《尚書》注説《禹貢》之太原"於《地理志》,今以爲郡名"(《周禮·職方氏》賈疏引)。僞孔傳及孔穎達《尚書正

義》、蔡沈《書集傳》以及清代諸家皆同此說。《漢志》太原郡之
太原,據杜預《春秋釋例》卷六概括,此太原有晉、大鹵、太原、
大夏、參虛、晉陽六名。此六名不虛,在《春秋》及三傳、《史記》
中可找到根據。這是關於《禹貢》太原地望的第一種説法。

　　關於《禹貢》太原地望問題還有另一種説法。《詩·小
雅·六月》"薄伐玁狁,至于太原"。朱熹説:"太原,地名。亦
曰大鹵,今在太原府陽曲縣。"(《詩集傳》)漢宋人皆謂《禹貢》
太原在晉陽,即今之太原市,而朱氏逕言太原在陽曲,則他必
以爲陽曲就是《禹貢》太原地望所在。説太原是大鹵是對的,
如《春秋》昭公元年:"晉荀吳帥師敗狄于大鹵。"《左傳》經文作
大鹵,《公羊傳》、《穀梁傳》並作大原。但是説大鹵是陽曲,恐
怕缺少根據。況且説《詩·六月》"薄伐玁狁,至于太原"在冀
州境内,就更加不對。《詩·六月》之太原以及《國語·周語
上》宣王"料民於太原"之太原,清人顧炎武《日知録》卷三"大
原"條考證,"本漢涇陽縣地,今縣西四十里涇陽故城是也",不
是大河之東晉陽之太原。據清人胡渭《禹貢錐指》説,《詩·六
月》和《國語·周語上》之太原,"或以爲即《禹貢》之太原"。如
果顧氏《日知録》的考證得其實,則《六月》太原就是《禹貢》太
原説不攻自破。

　　關於《禹貢》太原地望的第三種説法,也是最富挑戰性的
説法,出自近人王國維,王氏《觀堂集林》卷十二《周茶京考》認
爲《禹貢》太原在漢代之河東郡(不是太原郡)聞喜邑,即今山
西運城地區聞喜縣一帶。不但《禹貢》太原在此,《詩·六月》、
《周語上》太原亦在此。説太原在晉陽或在平涼,都不對。王
氏提出此説的根據有二,一是邏輯推理,"《禹貢》記禹治冀州
水,首壺口梁岐,次太原,次岳陽,次覃懷,次衡漳,而終以恒
衛。其次實自西而東,則太原一地當在壺口梁岐之東,太岳之
西,即漢之河東郡地"。二是根據《左傳》記載。《左傳》昭公元

年説:"宣汾洮,障大澤,以處大原。"汾水流經漢太原、河東二
郡地,洮水即出聞喜縣之涑水,則有汾洮二水之太原必在河
東,與《禹貢》之太原在壺口梁岐、岳陽之間者地望正合。

　　以上三説,第二説顯然不足取。傳統的晉陽説和王氏的
河東説各有理據,兩相比較,王説仍有不足處,今從傳統的晉
陽説。傳統的晉陽説是以治汾水爲前提的。如宋人傅寅《禹
貢説斷》引張九成説:"此言即治太原之水,沿流而至於太岳之
南也。太岳在太原西南,上流既治,則下流通利,而入於南河
矣。"又引曾旼(彦和)説:"太原,汾水之所出;岳陽,汾水之所
經。既修太原,至於岳陽,道汾水故也。"(按,《水經》謂汾水出
太原汾陽縣北)是"既修太原"説的是治汾水之上游。"至于岳
陽",説的是自太原至於太岳之南,整個汾水流域都加以治理。
總之,是治汾水流域,不是僅治汾水的某一點。若依王氏説,
太原在聞喜縣一帶,則汾水距聞喜尚遠,涑水是條小水,"既
修",修什麼呢! 再者,《左傳》昭公元年兩記太原,一云"晉中
行穆子敗無終及群狄于大原",二云"宣汾洮,障大澤,以處大
原"。二大原必爲一地無疑。無終,據顧炎武《日知録》卷三十
一引《魏土地記》,當在今河北玉田縣,距今山西太原近二千
里,中行穆子敗無終及群狄於玉田,不大可能。故顧氏疑無終
之戎先在雲中、代郡之境而後遷於右北平(玉田在其附近)。
無論無終在雲、代還是在玉田,《左傳》昭公元年所記中行穆子
與無終之戎作戰的大原,必是晉陽即今之太原市,絕對不可能
是聞喜縣。

　　岳陽,鄭玄《尚書》注:"岳陽,縣,太岳之南。"又:"太岳在
河東故縣堯東,名霍太山。"(《詩唐風譜》孔穎達疏引)僞孔傳:
"岳,太岳,在大原西南。"《漢書·地理志》載,河東有堯縣,縣
東有霍太山。按,此即周厲王所奔之堯,東漢順帝時改名永
安,隋文帝時又改稱霍邑。《禹貢》岳陽之地望自古迄今大致

如此，未見異説。但是，將岳陽確指爲巚即今之霍縣，未爲妥
當。當從胡渭《禹貢錐指》説。胡氏説："岳陽，凡太岳山南皆
是其地，當直抵南河。"

"既修太原，至于岳陽"，意謂禹治汾水，自太原一帶一直
治到太岳山之南。整個汾水流域全部治理。

覃懷厎績，至于衡漳。

覃懷，孔穎達疏引鄭玄注云："覃懷爲縣名，屬河内。"《漢
書·地理志》：河内郡有懷縣，在河之北。僞孔傳："覃懷，近河
地名。"孔疏："覃懷二字，共爲一地，故云近河地名。"清胡渭
《禹貢錐指》引曾氏云："覃懷平地也。當在孟津之東，太行之
西。懷襄之時，平地致功爲難，故曰厎績。"元金履祥《書經注》
云："覃，大也。懷，地名。太行爲河北脊，其山脊諸州皆山險，
至太行山盡頭始平，廣田皆腴美，俗謂小江南，古所謂覃懷也，
即今懷州。"明郝敬《尚書辨解》云："覃懷，地名，今河南懷慶府
河内等縣地多平坦，故云覃懷。先儒謂其地當在孟津之東，太
行之西，淶水出其西，淇水出其東。"清王鳴盛《尚書後案》云：
"隋罷郡置懷州。宋於此地置武陟縣。懷縣故城今在河南懷
慶府武陟縣西，即覃懷也。其地當孟津之東，少北，太行之正
南，沛水出其西，淇水出其東，爲河北沃壤。"按郝敬謂"淶水出
其西"，淶水當爲沛水之訛。沛水即濟水。據上引諸古人説，
覃懷當是今河南省黄河以北，孟津以東，武陟至沁陽一帶平原
地區，非指一個孤單的城邑。

衡漳，《考工記·玉人》職鄭注："衡，古文横，假借字。"《孟
子·梁惠王下》："一人衡行於天下。"趙注："衡，横也。"是衡與
横通。漳，水名，《漢書·地理志》上黨郡：長子"鹿谷山，濁漳
水所出，東至鄴入清漳。"沾"大黽谷，清漳水所出，東北至邑成
入大河，過郡五，行千六百八十里。"《尚書》孔疏引鄭玄注："横
漳，漳水横流。"僞孔傳："漳水横流入河。"孔疏："漳在懷北五

百餘里。"胡渭《禹貢錐指》引曾氏云："河自大伾折而北流,漳水東流注之。地形南北爲從,東西爲橫,河北流而漳東流,則河從而漳橫矣。"王先謙《漢書補注》引錢坫云："漳水過鄴縣以下稱衡漳。"是衡漳即橫漳,漳水自西向東流入河,自鄴縣清漳濁漳會合處起至入河,曰橫漳。處覃懷北五百餘里。馬融云:"衡,水名。"(《經典釋文》引)王肅云:"衡漳,二水名。"(孔疏引)以衡爲水名,誤。

底績,《夏本紀》作致功。《漢書·地理志》顏注:"底,致也。績,功也。"郝敬《尚書辨解》:"底抵通。成功曰底績。"

"覃懷底績,至于衡漳",其句意以夏僎《尚書詳解》和胡渭《禹貢錐指》之解爲最的當。夏氏云:"漳水入河,如不以道,則害於河流。故禹已修太原,至於岳陽,又自覃懷致功,逾太行而北,導漳水而使之入河也。冀州三面距河,河爲大患,故於所治,自壺口衡漳,皆所以治河之害與夫別流之入於河也。"胡氏云:"覃懷底績,則孟津洛汭之河治矣。至于衡漳,則自大伾引河北載之高地與降水會。衡漳治而中間大小諸水亦無不治矣。"

厥土惟白壤,厥賦惟上上錯,厥田惟中中。

"厥土惟白壤",《夏本紀》厥作其。壤,僞孔傳:"無塊曰壤。水去,土復其性,色白而壤。"《説文》土部:"壤,柔土也。"《經典釋文》引馬融:"壤,天性和美也。"劉熙《釋名》:"壤,瀼也,肥濡意也。"《漢書·地理志》顏注:"柔土曰壤。"惟,乃,是。夏僎《尚書詳解》云:"水害既除,則土之色性可辨。'厥土惟白壤',所謂辨其土也","辨土所宜又有二:曰白曰黑之類,辨其色也;曰墳曰壤之類,辨其性也"。全句意謂冀州之土地,其色白,其性壤。今人鄒逸麟主編的《黃淮海平原歷史地理》說,僞孔傳:"水去,土復其性,色白而壤。""這顯然是描寫鹽鹼地返鹼以後,地表一片白鹼的現象"。按鄒說可以信據。

　　"厥賦惟上上錯",僞孔傳:"賦謂土地所生以供天子。"按天子乃後世用語,當時應是部落聯盟管理機構及其首長。《漢書·地理志》顏注:"賦者發斂土地所生之物以供天子也。上上,第一也。錯,雜也。言賦第一,又雜出諸品也。"郝敬《尚書辨解》云:"冀州地當京師,費煩役重,故厥賦上上爲九州第一","錯,雜也,不皆上上,而間有上上者,故曰錯","凡言錯者,賦皆重也。"全句意謂冀州賦重,以上上爲主,雜以諸等。

　　"厥田惟中中",僞孔傳:"田之高下肥瘠,九州之中爲第五。"郝敬《尚書辨解》:"禹周歷山川,分九州之田爲上中下三壤,三壤之中又各分三壤,共爲九等。"又:"厥賦上上爲九州第一,而察其田實惟中中,是以五等之田出一等之賦也。"

恒衛既從,大陸既作。

　　恒、衛,二水名。《漢書·地理志》常山郡下云:"靈壽,中山桓公居此。《禹貢》衛水出東北,東入虖池"。"上曲陽,恒山北谷在西北,有祠,并州山。《禹貢》恒水所出,東入滱"。《水經》亦云:"滱水又東南過中山上曲陽北,恒水從西來注之",是衛水入滹沱,恒水入滱。恒、衛是恒、衛,滹沱、滱是滹沱、滱,四水各有其名,互不假借。但是酈道元《水經注》云:"滱水又東,恒水從西來注之,自下滱水兼納恒川之通稱焉。即《禹貢》所謂'恒衛既從'也。"謂《禹貢》之恒水包含滱水在內。胡渭據以爲"恒即滱,衛即滹沱"。衛水,酈注無考,胡氏説:"酈注凡二水合流言自下互受通稱者,不勝枚舉,則滹沱受衛之後,亦得通稱衛水可知也。不然,恒水出曲陽縣西北,至縣東南入滹沱(按,當爲滱水),其所歷不過數十里之地,曾謂是尋常之溪澗,而勤禹功之荒度乎哉! 雖至愚者亦知其無是理矣。"幾與胡氏同時,康熙二十三年陸隴其宰靈壽,作《衛水尋源記》,説:"靈壽縣東北十五里有良同村,衛水發源於其北,《禹貢》'恒衛既從'之衛水也。由良同村東南流四十里入滹池(按,滹池即

溥沱)。"又説:"適歲旱源竭,非但無唐虞之泛濫,比班孟堅、酈
道元之時亦迥然不侔。"又説:"今松陽淤泥慈漢諸河皆近於
衛,安知禹時不同匯於此,豈可據目前所見而遥斷數千年前之
形勢!"王鳴盛《尚書後案》、成蓉鏡《禹貢班義述》并同此説。
王氏説:"二水原流甚短,大約不過在東西數十里之間。蓋不
施功者,雖大亦略,施功者雖小必記。《禹貢》例如此。酈謂滱
水兼納恒川之通稱,此北魏人議論,非古義。然酈亦祇就恒水
言之耳。近儒因此妄援爲例,遂謂衛水亦即溥沱,憑臆衍説,
牽引閑文,皆非也。"成氏云:"《漢志》恒水衛水綴以《禹貢》,而
於滱河、溥沱河則否,尤確證。"今按,陸、王、成之説可從。

"恒衛既從",僞孔傳:"二水已治,從其故道。"夏僎《尚書
詳解》:"恒衛言既從,謂二水向焉泛濫漫衍,今治之盡從故道
也。"是"既從"是治之使從故道經流,而往日泛濫漫衍之勢得
以控制。

"大陸既作",僞孔傳:"二水已治,從其故道,大陸之地已
可耕作。"孔疏:"二水泛溢漫流已治,從其故道,故今已可耕作
也。"《漢書·地理志》顏注:"大陸,澤名。在鉅鹿北。言恒、衛
之水各從故道,大陸之澤已可耕作也。"今按,傳疏及《漢志》顏
注説是。"恒衛既從,大陸既作"二句爲因果關係,大陸澤之可
以耕作,蓋由於恒衛二水之各從故道。

大陸,《漢書·地理志》鉅鹿郡鉅鹿條下云:"《禹貢》大陸
澤在北。"王先謙《漢書補注》:"《續志》劉注:'有廣阿澤。'《吕
氏春秋》:'九藪,趙之鉅鹿'高誘注:'廣阿澤也。'《一統志》:
'澤在今任縣東北,與鉅鹿、隆平接界。'《水道提綱》云:'俗稱
寧晉北泊。'"今人鄒逸麟説:"古代在太行山東麓河流冲積扇
和西北、東南向的古大河河堤之間有許多交接窪地,形成河北
平原上一連串的湖泊,其中最著名的就是大陸澤。"又説大陸
澤處於鉅鹿縣、隆堯縣之間(《黄河下游河道變遷及其影響概

述》，載《復旦學報》1980年歷史地理專輯增刊）。是知《禹貢》
大陸是澤名，其實是一片窪地，水多時即成湖泊（地處今河北
鉅鹿、隆堯之間），今水退可以耕作。

島夷皮服，夾右碣石入于河。

　　島字原先作鳥，唐人改爲島。僞孔傳：“海曲謂之島。”《經
典釋文》：“島，當老反。馬云：‘鳥夷，北夷國。’”《釋文》意謂經
文作鳥，孔傳讀爲島，而馬融鳥讀如字，不讀爲島。孔疏云：
“孔讀鳥爲島，島是海中之山。……鄭玄云：‘鳥夷’，東方之
民，搏食鳥獸者也。’王肅云：‘鳥夷，東北夷國名也。’與孔不
同。”所謂與孔不同，是説僞孔傳易經文之鳥爲島，而鄭、王仍
舊讀如字。《大戴禮記·五帝德》、《史記·夏本紀》、《漢書·
地理志》皆作鳥夷，不作島夷。今《尚書》作島夷，自唐石經始。

　　“島夷皮服”，賈昌朝《群經音辨》鳥部云：“鳥，海曲也。當
考切。《書》‘鳥夷’。”僞孔傳：“海曲謂之島，居島之夷，還服其
皮，明水害除。”孔穎達疏引鄭玄謂“鳥夷，東方之民，搏食鳥獸
者也”。又引王肅謂“鳥夷東北夷國名也”。《漢書》顏注：“此
東北之夷，搏取鳥獸，食其肉而衣其皮也。一説居在海曲，被
服容止皆象鳥也。”宋人毛晃《禹貢指南》：“作島，謂居海島
也。”元人金履祥《書經注》：“島夷，海島之夷，冀東北邊之國，
如遼潼朝鮮之地。”明人郝敬《尚書辨解》：“島夷，東海島中
夷。”清人胡渭《禹貢錐指》：“《通典》‘三韓在海島之上，朝鮮之
東南’，蓋即此所謂島夷。”以上諸家關於“島夷”的説法可歸納
爲三種。釋鳥爲海曲，鳥夷即海曲之夷，引而申之爲東北之
夷。此其一。第二，釋鳥爲海島，鳥夷即居海島之夷，引而申
之爲朝鮮或朝鮮東南之海島。第三，既釋鳥爲海曲，又説鳥夷
被服容止皆象鳥。今按，第一説可取。海曲其實就是海邊，不
能理解爲海島。據下文言及碣石，知此海曲係指東北海邊即
山東半島迤北渤海灣以及遼東半島一帶。鄭、王、顏引申爲東

方之民、東北之夷，是對的。釋鳥夷爲搏取鳥獸或容止象鳥，都不對。東北之夷可能以搏取鳥獸爲生，但是與島夷二字無關。不然的話，經下文之"島夷卉服"又作何解？皮服，顯然是說島夷之衣着特點，不衣布帛而衣獸之皮。與島夷之貢物爲何無關。僞孔傳以爲島夷皮服是治退洪水的結果，亦誤。皮服乃島夷生活習俗之本色，有無洪水皆當如此。

"夾右碣石入于河"，此句有兩個問題古人衆説棼然：一是"夾右碣石入于河"所指何事，二是碣石今在何處。前一問題，鄭玄注説："禹由碣石山西北行盡冀州之境，還從（碣石）山東南行入河。……治水既畢，更復行之，觀地肥瘠，定貢賦上下。"（孔穎達《尚書》疏、林之奇《尚書全解》引）是鄭玄以爲入於河者禹也。禹於治水之後更巡行一次，以任土作貢。僞孔傳説："禹夾行此山之右而入河逆上。"又於經下文梁州"入于渭亂于河"句下説："越沔而北入渭，浮東渡河而還帝都，白所治。"孔穎達疏亦云禹之治水，必每州巡行，令人分布並作，乃"還都白帝所治。於時帝都近河，故於每州之下，皆言浮水達河，記禹還都之道也。"是二孔以爲入於河者禹也，禹從河道還都向舜彙報工作，與鄭説異。王肅以爲"凡每州之下説諸治水者，禹功主於治水，故詳記其所治之州往還所乘涉之水名。"（孔穎達《尚書》疏引）僅記録水名而已，無所謂誰入於河，爲什麼入於河。以上是漢魏人的説法。宋人則大多以爲"夾右碣石入于河"是貢道。但也有所不同，程大昌《禹貢山川地理圖》謂諸水如遼、濡、滹、易，皆中高不與河通，故（貢賦）必自北沿海然後能達河也。張九成《尚書詳説》説："此記島夷入貢之道耳，餘不必專自碣石入河也。"林之奇《尚書全解》説："此云'夾右碣石入于河'者，蓋在帝都之北者，遠於帝都之地，或有舟楫轉輸，則必遵海道以入於河，然後至於帝都。瀕河之地，則徑自河達於帝都矣。"

　　以上諸説誰爲切合實際呢？胡渭《禹貢錐指》以爲鄭玄説不可移易。其實鄭、王、孔傳、孔疏説並誤。宋人貢道説實爲可取，尤以林氏之説爲得其實。就是説，“夾右碣石入於河”講的是冀州北部入貢的貢道，不必專屬鳥夷，亦不必各地皆繞遠來此入河進貢。

　　碣石在何處，自古以來説者棼然，未得一是。原因在于人們忽略了對《禹貢》本文的研究，結果把碣石與碣石山混爲一談，把後世帝王們登臨的碣石與《禹貢》碣石等同起來，造成一片混亂。

　　尋找《禹貢》碣石，須先仔細推敲《禹貢》文意。《禹貢》兩言碣石，一在這一句，一在下文導山：“導岍及岐，至于荆山，逾于河；壺口、雷首至于太岳；厎柱、析城至于王屋；太行、恒山至于碣石，入于海。”這兩段文字雖未明言碣石地望在何處，卻給碣石的地理位置規定了條件。

　　第一，《禹貢》碣石在渤海灣西岸，接近河水入海處（在今天津市東南）。“至于碣石入於海”這句，才言“至于碣石”，便説“入于海”，説明碣石距海不遠，但不在海中。若在海中，“至於碣石”則已經入海，更言“入於海”爲不辭。《禹貢》行文必不至於這般糊塗。

　　“夾右碣石入于河”，説明碣石離河水入海處較近。夾，宋人或訓挾或訓旁或訓顧，其義一也。全句意謂包括鳥夷在內的居住在東北方的諸部落向中原納貢，自渤海灣北岸上船，沿海岸而西而南行，右側的碣石山進入視綫，如挾在腋下，以它爲標誌，看見它就可以進入河水入海處了。

　　第二，《禹貢》碣石是一座山，不是一塊孤石。《禹貢》説：“太行、恒山至于碣石。”太行、恒山是山，碣石必也是山。胡渭《禹貢錐指》以厎柱是石不是山爲由，否定碣石是山，其説不能成立。厎柱是孤石立河中，堵塞河水，禹必鑿之而後通。事關重大，故導山記之。碣石則不然，它若是海中孤石，於治水無涉，導山言及它實無意義。若作爲航行標誌，那麼河水入海處以北可以稱作碣石的海中孤石不止一塊，究竟指哪一塊？《禹貢》行文謹嚴，不至於用詞含糊，讓人模棱難定。

古人對碣字有解釋，如《説文》石部説："碣，特立之石也。"《漢書·武帝紀》元封元年師古注説："碣，碣然特立之貌也。"説《禹貢》碣石者常據此在渤海灣岸邊尋找碣然特立的孤石，找到了便宣佈那就是《禹貢》碣石。他們忘記了碣石與碣石山不是一回事，碣石是泛稱，而碣石山是專用名詞。《説文》在解釋完碣字之後馬上又説："東海有碣石山。"可見許慎懂得碣石是碣石，碣石山是碣石山，二者不同。《禹貢》名山爲碣石可能含義有二：一是山上有碣然特立之石，二是此山有碣然特立之貌。

第三，既認定《禹貢》碣石是一座山不是一塊孤石，便應當想到歷代帝王登臨的碣石與《禹貢》碣石沒有必然的聯繫。秦皇、漢武、魏武諸帝尋求的是海邊碣石而不必是碣石山。當他們登臨碣石的時候，想的是觀海攬勝，刻石紀功；至於那是不是《禹貢》碣石，他們並不關心。所以實際上他們登臨的碣石不是同一個，從而後世人指認碣石便見仁見智，難於一致。我們必須把帝王登臨的碣石同《禹貢》碣石分開看。

據此三條，我們可以對目前《禹貢》碣石問題的分歧做一評判。

先説一説古人的説法。

《漢書·地理志》右北平郡驪成縣下云："大揭石山在縣西南。"王先謙《漢書補注》云："揭當爲碣。依志例，'成'下當有'禹貢'二字。大字蓋衍。"依王説，《漢志》原文應是："《禹貢》碣石山在縣西南。"今按，《漢志》説《禹貢》的碣石是碣石山，是對的。説碣石山在驪成（今樂亭），不確。指出《禹貢》碣石山在驪成即在距河水入海處不遠的渤海岸邊,與《禹貢》的説法大方向相合。

《漢書·武帝紀》元封元年武帝"行自泰山,復東巡海上,至碣石"。東漢末人文穎注云:"在遼西絫縣。絫縣今罷,屬臨榆。此石著海旁。"今按,漢代絫縣在今昌黎縣地。絫縣海邊當時可能有一塊碣石,也可能是漢武帝在元封元年登臨過的。但是,既言是石,便必不是《禹貢》碣石。

北魏酈道元《水經注》於河水注(五)、濡水注、《禹貢山水澤地篇》三次言及碣石。它既引用《漢志》碣石山在驪成説,又説碣石山在遼西臨渝縣南水中;既説此碣石山是《禹貢》碣石,又説是秦皇、漢武登臨過的。今按,説《禹貢》碣石是一座山是對的,説此山已淪入海中則誤,説此山必是秦皇、漢武登臨過的尤誤。

清初胡渭《禹貢錐指》、清末楊守敬《水經注疏》并承襲酈説,也把《禹貢》碣石與帝王登臨的碣石混爲一談。

把《禹貢》碣石與帝王登臨的碣石混同一事的傳統觀點給解決《禹貢》碣石地望問題造成嚴重障礙。

現在談一談今人的説法。

譚其驤七十年代作《碣石考》(《學習與批判》1976 年第 2 期,收入《長水集》下),正確地指出今河北昌黎縣北偏西 10 里的碣石山就是《禹貢》碣石。這與《禹貢》文意極其符合,毫無疑問是對的。他終於找到了《禹貢》的碣石!

但是他仍然因襲舊説,認爲那也就是秦皇、漢武登臨過的碣石。於是麻煩就來了。八十年代以來陸續有人在別處發現了秦皇、漢武、魏武登臨過的碣石,而且證據確鑿,不容置疑,使譚説面臨不攻自破的危機。

在山海關外 15 公里,遼寧綏中縣萬家鎮海濱水中有一組自然礁石群,俗呼"姜女墳"或"姜女石",其中有一石高達 24

米，具有碣石碣然特立的特點。

　　1982 至 1985 年遼寧省考古工作者在"姜女墳"正對着的三面岸邊發現并發掘出秦漢建築遺址，接着遼寧省文物考古研究所發表了《遼寧綏中縣姜女墳秦漢建築遺址發掘簡報》。①《簡報》推斷：這一組建築群遺址很可能就是秦始皇東巡的行宮和漢武帝東臨碣石的望海臺；聳立於附近海面的巨石——姜女墳，就是秦皇、漢武、魏武登臨的碣石。

　　另據《人民日報》1986 年 9 月 25 日報導，河北省考古工作者在秦皇島市北戴河區金山嘴中部及南部發掘出古建築遺址，認爲是秦始皇父子東巡時的行宮。

　　在這北距綏中姜女墳 40 公里的地方，在北戴河海濱，有一塊高十五六米、俗稱鴿子窩的碣然特立的巨石——鷹角岩。另在北戴河海濱金山嘴半島海蝕崖下有一門狀巨石——南天門。

　　河北省有人以《碣石研究中的幾個地貌問題》爲題發表文章，②說碣石在秦皇島市沿海一帶，不在別處。鷹角崖、南天門就是曹操登臨、酈道元描述的碣石。

　　我們認爲，遼寧、河北兩省的考古發現解決了秦皇、漢武、魏武登臨的碣石的地望問題。可以說姜女墳、鴿子窩、南天門是帝王們到過的碣石。碣石本不止一塊，綏中縣、秦皇島市海濱的碣石帝王們都到過，也是可能的。譚其驤《碣石考》說今昌黎縣北碣石山是帝王們登臨的碣石，顯然難以成立。但是冀遼兩省的新發現否定不了譚氏《禹貢》碣石就是昌黎縣北碣石山的結論。姜女墳、鴿子窩、南天門，不可能是《禹貢》碣石。因爲第一，它們都是海中一塊孤石，而《禹貢》碣石是一座山，而且在海邊陸上,不在海水中;第二,它們距離《禹貢》河水入海處太遠,與"夾右碣石入于河"句意不合;第三,《禹貢》碣石衹有一個,而綏中至秦皇島市之間海邊可以稱爲碣石的巨石不止一個,帝王們登臨的碣石也並非同一個。因此,姜女墳、鴿子窩、南天門哪一個都不可能是《禹貢》碣石。

濟、河惟兗州。九河既道,雷夏既澤,灉沮會同。

"濟、河惟兗州",惟,是,爲。濟,濟水。河,河水。《史記·夏本紀》集解引鄭玄注:"言沇州之界在此兩水之間。"按沇與兗通,沇州即兗州。《詩·曹譜》孔疏引王肅注:"東南據濟,西北距河。"僞孔傳説同。孔穎達疏:"據謂跨之。距,至也。濟、河之間相去路近,兗州之境跨濟而過,東南越濟水,西北至東河也。"鄭與王、僞孔、孔疏説不同。鄭説沇州在河、濟之間,是對的。《爾雅·釋地》亦云"濟、河間曰兗州"。郭璞注:"自河東至濟。"《呂氏春秋·有始》:"河、濟之間爲兗州,衛也。"高誘注:"河出其北,濟經其南。"都以爲兗州在兩水之間而不以爲南跨濟水。清人胡渭《禹貢錐指》、王鳴盛《尚書後案》並駁孔疏兗東南境界跨濟水之説。胡氏駁之尤力。胡氏云,據訓依,跨訓踞,據、踞二字音同字異,其義實不相侔。"據之與距,《傳》似有異義而不可曉。推尋經旨,若河若濟若淮若岱若荆,皆謂二州之間以是山是水爲界,彼此所共,不得專屬一州"。是孔疏釋據爲跨,以爲兗州跨濟而南之説,不足信。

"九河既道",道字古來多訓治,不對。應從王引之《經義述聞》訓通訓達。王氏《經義述聞》卷三説:"《禹貢》'九河既道',《傳》曰:'河水分爲九道。''濰淄既道','沱潛既道',《傳》並曰:'復其故道。'家大人曰,《傳》所謂道,非經所謂道也。道,通也。《法言·問道篇》曰:'道也者通也。'襄三十一年《左傳》'大決所犯,傷人必多,不如小決使道',杜預注曰:'道,通也。'字亦作導,《周語》'爲川者決之使導',韋昭注亦曰:'導,通也。'《周語》'川氣之導也',韋注曰:'導,達也。'達亦通也。鄭玄'九河既道'注曰:'壅塞,故通利之。'"

　　按王氏父子釋"九河既道"的道字爲通爲達,至確,不可移易。鄭玄的解釋也是對的。"九河既道",意謂九河先前壅塞不通暢,禹施功疏導之,使之通達,河水可以豁然而下,入於海。僞孔傳解爲"河水分爲九道",不但未能解決問題,反使人徒生疑惑。似乎先前没有九河,九河是禹爲了泄水而人爲分成的。實則大不然,九河有而不通,禹的貢獻在於疏導九河,使不通變爲通。故"九河既道"就是九河既通。

　　後世學者看法亦有不同。閻若璩《四書釋地續》引于欽《齊乘》云:"河至大陸,趨海,勢大土平,自播爲九,禹因而疏之,非禹鑿之而爲九也。"今人譚其驤云:"九河未必同時形成,也未必同時有水,很可能是由於'大陸'以下的河水在一段時期内來回擺動而先後形成的。"(《西漢以前的黄河下游河道》,《歷史地理》雜誌創刊號,收入《長水集》下册)。這一説法符合經文"九河既道"和導水"又北播爲九河"的語意,謂九河自然形成在先,禹疏導之使通在後,是正確的。

　　還有另一種意見,以爲九河本没有,是禹人工造成的。如夏允彝《尚書合注》引桓譚《新論》云:"禹之導爲九河。"胡渭《禹貢錐指》說:"蓋河自大陸以北,禹疏爲九道,以殺其勢。"這是不符合實際的。試想,以當時的生産工具狀况和生産力水平,用人工把汹涌而至的大河劃分爲九道,怎可辦到? 再者,縱然能辦到,疏導之使通可也,何必爲九? 河本一流,至此一分爲九,而稱九河,這本身已説明它是天造地設,絕非出自人爲。

　　"九河"是泛稱多數還是實指九條河,九河在河入海處還是在距河口稍遠處,這都是古今歧説不一的問題。説見導水"又北播爲九河"解。

“雷夏既澤，灉沮會同”，僞孔傳：“雷夏，澤名。灉沮二水
會同此澤。”孔疏：“洪水之時，高原亦水，澤不爲澤。雷夏既
澤，高地水盡，此復爲澤也。於澤之下言灉沮會同，謂二水會
合而同入此澤也。”《漢書·地理志》濟陰郡成陽縣下云：“雷澤
在西北。”《元和郡縣志》云：“雷澤縣因雷夏澤爲名，在縣北郭
外。”《水經注》瓠子河注云：“雷澤藪在大成陽縣故城西北十餘
里。”成蓉鏡《禹貢班義述》云：“大成陽故城者，即漢成陽故縣
也。在今山東曹州府濮陽東南，隋開皇十六年更名雷澤。”自
今日地圖看，雷夏澤大約在山東菏澤與鄆城直綫距離的中間
位置上。灉，《史記·夏本紀》、《漢書·地理志》、《周禮·職方
氏》鄭注引並作雍。雍是雝之隸變。今古文皆不從水。今梅
本《尚書》雍作灉，致使《禹貢》之雍水與《爾雅·釋水》、《説文》
之灉相混淆，其實二者迥非一事。誠如王鳴盛《尚書後案》所
指出，《禹貢》之雍沮乃濟之別流，平地涌出，與《釋水》、《説文》
出自河的灉水無涉。關於雍沮“會同”之義，《史記·夏本紀》
集解引鄭玄云：“雍水沮水相觸而合入此澤中。”胡渭《禹貢錐
指》引閻百詩云：“下一觸字，鄭蓋以目驗知之，殆無可疑。惟
雷澤之下流未知何往。大抵不南注濟則北注濮，濮亦終歸於
濟也。”按閻説是。

桑土既蠶，是降丘宅土。

　　　孔穎達疏云：“宜桑之土，既得桑養蠶矣。”胡渭《禹貢錐
指》云：“衛之封域，東得桑土之野，楚丘、帝丘皆是也……《樂
記》云：‘桑間濮上。’桑間即桑中，其地在濮水之上也。雷夏灉
沮皆與濮州接壤，故‘桑土既蠶’相繼言之。濮州舊志云：‘兖
之桑，濮爲上。入其境，蔭蔽阡陌，當蠶而治絲帛者比鄰。’”是
知桑土係指兖州境内之雷夏灉沮即後世濮州一帶而言。其實
北方各州皆宜桑，不惟兖州，而獨於兖州言桑蠶者，秦湛（秦觀
之子）《蠶書》（見《淮海後集》）云：“九州蠶事，兖爲最。”是也。

“是降丘宅土”，其義如鄭玄注説：“此州寡於山而夾於兩大流之間，遭洪水，其民尤困。水害既除，於是下丘居土。”（孔疏引）僞孔傳、孔疏説與鄭同，而《漢書·地理志》顔師古注尤爲明通。顔氏説：“降，下也。宅，居也。言此地宜桑，先時人衆避水，皆上丘陵，今水害除，得以蠶織，故皆下丘居平土也。”

厥土黑墳，厥草惟繇，厥木惟條。

　　厥，《史記·夏本紀》作其。惟，猶乃也。《經典釋文》：“墳，馬云：‘有膏肥也。’”《國語·晉語二》韋昭注：“墳，起也。”《左傳》僖公四年：“公祭之地，地墳。”王鳴盛《尚書後案》：“有膏肥，則墳起也。”是墳謂土地肥沃而啓發高起，不爲板結。繇，《經典釋文》：“音遥，馬云：‘抽也。’”僞孔傳：“條，長也。”林之奇《尚書全解》：“九州惟此與揚徐之二州言草木者，蓋此三州比九州之勢，最居下流，其地卑濕沮洳，遭洪水之患，草木不得遂其性而生育，其已久矣。至是而或繇或條，或夭或喬，或漸包。故於逐州言之，以見水土既平，草木得遂其性也。”胡渭《禹貢錐指》引吳幼清云：“兗，水最甚。草木至是始抽始長，與徐揚不同也。”按林、吳二氏説極得經文要領。兗州處河、濟之間，地勢嚮稱低窪，水澇板結，草木難長。今土呈黑色，肥沃而宣起，草木得以抽長暢茂，説明兗州“九河既道，雷夏既澤”之後，水患已徹底解除。

厥田惟中下，厥賦貞，作十有三載乃同。

　　“厥田惟中下”，禹劃九州田爲九等，兗州田居中下，爲第六等。

　　“厥賦貞”，此語較難解釋，古人説紛紛然，難得一是。禹劃九州田爲九等，即上中下之内又各分上中下，其賦亦然。田劃九等易明，賦分九等難曉。賦是按物産比率繳納的，比率相同，物産豐者納賦必多，不豐者必少。某州物産豐與不豐即産

量高低，須取數年之平均産量予以認定，按認定的數值依比率
納賦。所謂賦分九等，必是産量高低分九等。而産量高低是
人定的，定得高則賦重，定得低則賦輕。於是便産生一個優待
與否的問題。賦之分九等，絶對不會是賦之比率分九等，比如
甲州賦什一，乙州賦什二。兗州地勢最在下流，卑濕沮洳，洪
水以來，草木難長，故必給予優待，産量定爲最低，即第九等。
既然最低，爲何經不言"厥賦下下"，而言"厥賦貞"？關鍵是這
個貞字作何理解。胡渭《禹貢錐指》據《易傳》訓貞爲一，謂"厥
賦貞"是定一個最低産量標準，然後多年不變之意。胡氏此説
極是。前人多訓貞爲正，牽强爲之解。僞孔傳："貞，正也。州
第九，賦正與九相當。"孔疏："諸州賦無下下，貞即下下，爲第
九也。"蘇軾《書傳》："州爲第九成功，其賦亦爲第九。"諸説皆
不得要領，不足信據。

　　"作十有三載乃同"，作，耕作。《禹貢》作字四見，並爲耕
作之意。或訓此作字爲治水，誤不可從。據上文"厥賦貞"句
看，此句文意顯然，即給兗州定的産量標準，耕作十三年不變，
即便産量提高，賦也按先定的最低産量繳納。這一點與其他
八州不同。十三年後則與別州一樣，産量按實情重新認定，故
云"作十有三載乃同"。

厥貢漆絲，厥篚織文。

　　此兩句記兗州貢獻給部落聯盟領導機構的特産物品。僞
孔傳："地宜漆林又宜桑蠶。織文，錦綺之屬，盛之篚，篚而貢
焉。"孔疏："綺是織繒之有文者，是綾錦之別名。故云錦綺之
屬，皆是織而有文者也。"又云："漢世陳留襄邑縣置服官，使制
作衣服。是兗州織錦美也。"林之奇《尚書全解》："有貢又有
篚，乃入貢之物盛於篚而貢焉。"又引曾彦和《尚書講義》云：
"織文，因織而有文者。錦繡之屬不一，故言織文以包之。謂
之織，則繪畫組繡而有文者不與矣。"篚，《漢書》作棐，《説文》

作匪。《漢書》應劭注："柴,竹器也,所以盛。方曰箱,隋曰柴"。顏師古曰："隋者,圜而長也。"又《儀禮·士冠禮》"有篚實勺"云云,鄭玄注："篚,竹器如笭者。"胡培翬《儀禮正義》："笭之者櫺也,言其吟眬也。然則篚蓋竹器之疏櫺而不密者。"胡氏又引《三禮圖》云："篚以竹爲之,長三尺,廣一尺,深六寸,足高三寸,如今小車笭。"

　　據上引諸説,知此兩句經文意謂兖州貢獻的特産品是漆和絲,絲是織成花文的錦繡一類的絲織品,盛在一種叫做篚的、長方形的、疏而不密的竹器裏運出。漆是貢獻漆料還是漆器,經文與注疏無説,今存疑可也。

浮于濟漯,達于河。

　　此句言兖州之主要貢路。浮,僞孔傳説："順流曰浮。"言外之意則逆流不曰浮。《漢書·地理志》顏師古注："浮,以舟渡也。"今按,顏説近是。達,《夏本紀》、《漢志》並作通。僞孔傳："因水入水曰達。"孔疏："當謂從水入水,不須舍舟而陸行也。"濟是濟水,漯是漯水。"浮于濟漯達于河",孔疏釋之爲"從漯入濟,自濟入河"。傅寅《禹貢説斷》説："禹時濟漯皆受河,貢賦之道,或自濟自漯,各隨其便入河云耳。非如穎達謂從漯入濟,自濟入河。"按傅説是。經言"浮"言"達",似乎僅記貢道而不及治水,然而據《孟子·滕文公上》"禹疏九河,瀹、濟、漯而注諸海"的説法,禹對漯、濟也是治了的。胡渭《禹貢錐指》説："經於濟、漯不言施功,以貢道見之,曰:'浮于濟漯。'則二水之治可知矣。其立文簡奥,類如此也。"是對的。

　　漯水,《説文》漯作濕。《漢書·地理志》東郡東武陽下云:"禹治(禹治當爲禹貢)漯水東北至千乘入海,過郡三,行千二十里。"又平原郡高唐下云:"桑欽言漯水所出。"《漢志》説漯水出東武陽,桑欽《水經》説漯水出高唐,都不對。據胡渭《禹貢錐指》的研究,漯水出於河而不出於山。胡氏解釋"浮于濟漯達于河”的河是“南河之尾，漯首受河處也”。“禹引河自大伾山西折而北，循大陸東畔入海，而漯首受河自黎陽宿胥口始，不起東武陽也”。又説《水經注》所敍“河水自宿胥口又東右逕滑臺城……又東北逕委粟津”云云，“皆古漯水也”。“漯水一出於武陽，再出於高唐，據成帝後言之耳”。胡氏又指出古漯水經流路綫，説：“以今輿地言之，濬縣、滑縣、開州、清豐、觀城、濮州、范縣、朝城、莘縣、堂邑、聊城、清平、博平、禹城、臨邑、濟陽、章丘、鄒平、齊東、青城、高苑諸州縣界中，皆古漯水之所經。”按胡説是。

《禹貢》之河、漯、濟三水皆入於渤海。考諸《水經注》、《元和郡縣志》、《太平寰宇記》諸書，濟水最南，漯水在中，河水在北。

濟水，在古代與江、河、淮並稱四瀆，是一條著名的河流。從經下文導水“導沇水，東流爲濟，入于河，溢爲滎，東出于陶丘北，又東至于菏，又東北會于汶，又北東入于海”云云看，《禹貢》認爲濟水發源於黃河以北，過河而東而入海。河之北一段與河之南一段爲一條水，統稱爲濟。“導沇水，東流爲濟，入于河”，僞孔傳云：“泉源爲沇，流去爲濟。”知河之北這段濟水發源時稱沇。沇與濟是一河二名。

關於沇(濟)水之源，《括地志》、《元和郡縣志》説源於王屋山，《經典釋文》之《爾雅・釋水》《音義》説“出河東垣縣王屋山，或云出河内溫西北平地”。濟出王屋山是確切無疑的。説出溫西北平地者，實爲伏地重出。

《禹貢》經文祇講濟水“入于河，溢爲滎”，究竟是怎樣入怎樣溢的，沒有講，於是引起後人的種種猜測。蔡沈《書集傳》説“濟水性下勁疾，故能入河穴地，流注顯伏”，意謂濟水是從黃河地下穿過去的。閻若璩《潛邱劄記》説“濟水入於河，非是潛伏地中，乃穿河腹中行”。理由是濟清河濁，二者不相亂。這都是毫無根據的臆説，不可信。宋人程大昌《禹貢山川地理圖》説：“濟之入河，適會河滿，溢出南岸。溢出者非濟水，因濟而溢，故禹還以原名命之。”此説比較合理，符合《禹貢》的本意。

　　但是，從現代自然地理學的科學觀點來看，《禹貢》把流入黃河的一條水與自黃河分流出的另一條水視作一條水，統稱之曰濟，是不正確的。承復旦大學歷史地理研究所鄒逸麟教授來示見告，知“河北之濟與河南之濟實爲不相干的兩條河流，一爲黃河支流，一爲黃河岔流。因爲入水口與出水口極近而相對，故被後人視爲一水截河而過。古人之所以産生這一看法，是因爲濟水與河、淮、江並爲‘四瀆’，都是獨立入海的大河。河、淮、江均有自己的源頭，唯濟水源於黃河，無自己獨立的源頭。古人心理上不平衡，就找出黃河北岸之濟水源頭王屋山作爲黃河以南之濟水的源頭，使濟水的地位與河、淮、江相稱”。這一分析的當可信，我們應當知道。

　　關於濟水之流域及入海處問題，《漢書·地理志》河東郡垣縣下云：“《禹貢》王屋山在東北，沇水所出，東南至武德入河。軼出滎陽北地中，又東至琅槐入海。過郡九，行千八百四十里。”王先謙《漢書補注》：“過河東、河内、河南、陳留、濟陰、東郡、泰山、濟南、齊郡、千乘。九當爲十。”《山海經·海内東經》：“濟水出共山南東丘，絶鉅鹿澤，注渤海，入齊琅槐東北。”按鉅鹿澤即大陸澤，在黃河北，與濟水無涉。此當作鉅野澤，即《禹貢》之大野澤。胡渭《禹貢錐指》：“自滎口至陶丘皆後世滎瀆之所經，非禹迹也。今曹州定陶界中並有濟水故道。禹時則濟水伏流，涌自陶丘之北而東注於菏澤，無上游也。”又説：“菏澤在陶丘之東北，相去不遠。濟水伏流至陶丘北，上奮馳波跳沫，東北匯於菏澤，又東北絶鉅野，至琅槐入海。”據胡氏意，濟水禹時陶丘（今山東定陶）之上具體經流已不可考。

陶丘以東則知濟水入出菏澤與鉅野澤,然後至琅槐入海。其間經流所至尚屬清楚,故胡氏説:"自東平會汶以下,東阿、平陰、長清、齊河、歷城、章丘、鄒平、長山、新城、高苑、博興、樂安諸縣中皆《禹貢》濟水入海之所經也。"閻百詩《潛丘劄記》説略同。琅槐爲《禹貢》濟水之入海處亦無疑問。琅槐,屬漢千乘郡,據王先謙《漢書補注》,西漢置縣,東漢廢,並入博昌縣。王氏引應劭云:"博昌東北八十里有琅槐鄉,故縣也。"又引《一統志》云:"琅槐故城,今樂安縣東北一百十里。"樂安在今山東博興縣北。

海、岱惟青州。嵎夷既略,濰淄其道。

"海岱惟青州",《爾雅·釋地》無青州,有營州,曰:"齊曰營州。"營州或與此青州大體相當。《史記·夏本紀》集解引鄭玄注:"東自海,西至岱。東嶽曰岱山。"按鄭注最切經意,青州就在海岱之間。僞孔傳:"東北據海,西南距岱。"説與鄭同。東稱東北,西稱西南,視鄭注尤具體、確切。從緯度上看,海略偏北,而岱略偏南。孔疏釋傳之"據"字爲越,以爲禹之青州越海而有遼東,殊誤。據字宜訓依,據海即依海,亦即靠海。説見經上文"濟河惟兗州"解。岱,《爾雅·釋山》云:"泰山爲東嶽。"是鄭説岱即泰山。海,即春秋戰國人所説的勃海。據經上文"濟河惟兗州"和經下文"海岱及淮惟徐州",知青州地域東靠勃海,西至泰山,北抵濟水,南鄰徐州,大體在山東濟南、泰安迤東以及山東半島。孔穎達疏謂青州包括遼東。杜佑《通典》更謂青州"越海分遼東、樂浪、三韓之地,西抵遼水"。宋人毛晃《禹貢指南》從孔疏,元人金履祥《書經注》説青州"東跨海而高麗",與《通典》同。清人胡渭《禹貢錐指》贊同《通典》説而以爲三韓不在其內。王鳴盛《尚書後案》則説:"今奉天、錦州等府及朝鮮國,皆青州域也。"完全贊成《通典》説。以上自孔疏開始的青州跨海諸説,於經文無據,皆不足取。遼東可在九州之内,但是應在冀州而不應在青州。至於朝鮮半島,其與中國之交通當自商周之際箕子起,正式設郡統治更是秦漢時事。大禹治水,經營九州,未聞曾到過朝鮮。況且經下文明言"厥土白墳,海濱廣斥",顯然指今山東半島一帶而言,與朝鮮無干。

"嵎夷既略",既,已然之辭。略,《廣雅·釋詁》:"略,治也。"《説文》田部:"略,經略土地也。"《左傳》昭公七年:"天子經略。"杜預注:"經營天下,略有四海。"胡渭《禹貢錐指》引王氏云:"略,爲之封畛也。"諸説大體一貫,合而觀之,此略字之義是治理。治理什麽? 治理土地。怎樣治理土地? 治理地界。是"嵎夷既略"句意謂禹將嵎夷這個地方的地界經劃清楚、明確。《夏本紀》集解引馬融云:"用功少曰略。"《漢書·地理志》顏師古注説同。説用功對,説用功少則不對。禹之治水治土,用功必全力以赴,不宜有多少問題。經文用略而不用治,其用意顯然在於指明禹治嵎夷,要在劃定地界。

嵎夷,僞孔傳、《漢志》顏注皆謂地名,即《堯典》所説"羲仲宅嵎夷,曰暘谷"之暘谷。暘谷、嵎夷一也。嵎夷在何處? 胡渭《禹貢錐指》引薛士龍云:"嵎夷,今登州。"《史記·封禪書》謂秦始皇東游海上,祠齊之八神,其"七曰日主,祠成山。成山斗入海,最居齊東北隅,以迎日出云"。《集解》引韋昭云:"成山在東萊不夜,斗入海。不夜,古縣名。"既云成山是迎日出之地,豈不正是《堯典》"寅賓出日"之暘谷(即嵎夷)! 是嵎夷指成山而言,成山即今山東榮成之成山角。不過嵎夷不必僅僅指成山角,它應包括山東半島東端之今文登、榮成一帶地。《後漢書·東夷列傳》以遼水以東之九夷(東夷)當嵎夷。胡渭《禹貢錐指》據之,更以爲嵎夷即朝鮮。今不從。

"濰淄其道",《漢書·地理志》濰作惟,淄作甾,蓋濰惟、淄甾古通用也。林之奇《尚書全解》:"嵎夷在其東,濰淄在其西。

治水從東而西也。"道字，蔡傳説："言'其道'者，泛濫既去，水得其故道也。"按蔡説誤。道字當從王引之《經義述聞》作解。王氏説，"濰淄其道"，家大人説："道，通也。《法言·問道篇》曰：'道也者，通也。'襄三十一年《左傳》'……不如小決使道。'杜預注曰：'道，通也。'字亦作導。"按依王説，"濰淄其道"即濰淄其通之意。

濰，《漢書·地理志》琅邪郡箕縣下云："《禹貢》濰水北至昌都入海，行五百二十里。"王先謙《漢書補注》："昌都係都昌誤倒。"《説文》水部："濰水出琅邪箕屋山，東入海。"謂箕國之屋山，非謂箕屋山。《水經》又叫濰山，《淮南子·地形訓》又叫覆舟山。桂馥《説文義證》云："即今清風山，在莒州莒縣北百里。"胡渭《禹貢錐指》云："濰水出莒州東北濰山，歷諸城、高密、安丘、濰縣，至昌邑東北五十里入海也。"

淄，《漢書·地理志》泰山郡萊蕪縣下云："原山，甾水所出，東至傅昌入沛。"按傅當作博。《水經》説"淄水出泰山萊蕪縣原山"。酈注説淄水"出西南原山下，世謂之原泉"。《淮南子·地形訓》説"淄出目飴"。于欽《齊乘》説："淄水出今益都縣岳陽山東麓，地名泉河，古萊蕪地。岳陽即原山也。淄多伏流，俗謂上下有十八漏。"原山、目飴山、岳陽山是一山而異名。原泉或泉河在今益都縣東南，淄博市正南。《漢志》説淄水至博昌入濟。《水經》説淄水入海。今從《漢志》。

厥土白墳，海濱廣斥。

宋人林之奇《尚書全解》云："濰淄既道，則土可以下，故卑地之土則色白而性墳，瀕海之土則斥鹵而廣。以青州近海，則有二種之土也。"按林説是。青州土地可分二類，一般地方土地色白而性墳，色白謂土有鹼性也。靠海地方則爲斥鹵之地。《夏本紀》"廣斥"作"廣潟"，《集解》引徐廣云："一作澤，又作斥。"又引鄭玄注云："斥謂地鹹鹵。"《説文》："鹵，西方鹹地也。"是"海濱廣斥"謂青州瀕海之處有一片東西很長的鹹鹵地。宋元之際金履祥《書經注》云："其海濱之地則廣大而斥鹵,可煮爲鹽,故齊有魚鹽之利。今登州千里長沙是其地。"謂"海濱廣斥"可收魚鹽之利。

厥田惟上下,厥賦中上。

青州之田在第三等,其賦在第四等。等次較高,或與其魚鹽之利有關。

厥貢鹽絺,海物惟錯,岱畎絲枲鉛松怪石。

"厥貢鹽絺",鹽爲青州主要特産,故列貢品之首。絺,細葛。

"海物惟錯",傅寅《禹貢説斷》引張九成《尚書詳説》云:"海物奇形異狀,可食者衆,非一色而已,故雜然并貢。"張説是。

"岱畎絲枲鉛松怪石",金履祥《書經注》:"岱畎,泰山之谷。"谷是兩山間流水之道。絲、枲、鉛、松、怪石五物,非必岱畎所獨有,其所以繫於岱畎之下,可能因爲以岱畎所産爲最優。枲,麻。怪石,金履祥《書經注》云:"異石也。如今萊之温石可爲器。今青州黑山紅絲石,紅黄相間,文如林木,或如月暈,如山峰,如雲霞,如花卉,即古怪石也。"胡渭《禹貢錐指》引程大昌云:"曰質狀色澤似石而非石,故命爲怪,非抑之也,所以高之也。古者用玉比後世特多,其勢不得不以似玉者充之,玖瑰璏琇之類是也。蓋貢怪石以足用。"

萊夷作牧,厥篚檿絲。

"萊夷作牧",《漢書·地理志》顏師古注以爲萊夷是萊山之夷。僞孔傳以爲萊夷是地名。説萊夷是地名,不全錯,但是它又確實是古代山東半島上一個少數民族的名稱。顏氏説萊山之夷是對的。《史記·齊世家》説:太公東就國,"萊侯來伐,與之争營丘。"《左傳》定公十年夾谷之會,齊人"使萊人以兵劫魯侯"。證明山東半島上古代確有萊夷。其活動地域,胡渭《禹貢錐指》説:"今萊州、登州二府皆《禹貢》萊夷之地。"《左傳》定公十年孔穎達疏云:"萊,東萊黃縣是也。"是《禹貢》萊夷在今山東半島東部煙臺地區。作,耕作。牧,放牧。僞孔傳以爲"作牧"一事,放牧也。胡渭《禹貢錐指》以爲"作牧"乃二事,作是耕作,牧是放牧。《禹貢》凡言作皆謂耕作。今從胡氏説。

"厥篚檿絲",篚,竹器,説見上。檿絲,蘇軾《書傳》説:"惟出東萊,以織繒,堅韌異常。萊人謂之山繭。萊夷作牧而後有此,故書篚在作牧之後。"以爲檿絲獨出於萊夷。金履祥《書經注》云:"檿,山桑也。其絲堅韌,宜絃瑟琴,故篚以貢之。"不以爲檿絲獨出於萊夷。蘇説近是。

浮于汶,達于濟。

林之奇《尚書全解》云:"謂此州將欲達於帝都,當浮於汶,以達於濟,然後由濟以達於河也。"浮,以舟渡。汶水,《漢書·地理志》泰山郡萊蕪縣下云:"《禹貢》汶水出西南入泲。汶水,桑欽所言。"《水經》:"淄水出泰山萊蕪縣原山。"是汶水與淄水同出一地。但是流經方向不同。淄水東北流入海,汶水西南流入濟。胡渭《禹貢錐指》説:"汶水自萊蕪歷泰安、肥城、寧陽至東平入濟,合流以注於海。此禹迹也。"按胡氏説是。

海岱及淮惟徐州。淮沂其乂,蒙羽其藝,大野既豬,東原底平。

"海岱及淮惟徐州",此言徐州四至。《公羊傳》莊公十年徐彦疏引鄭玄注云:"徐州界又南至淮水。"此蒙上文言。上文"海岱惟青州",鄭注云:"東自海,西至岱。"故此省東至西至不言而僅言南至。王鳴盛《尚書後案》謂鄭義不可易。今按鄭義其實不確。"海岱惟青州"之海係指渤海,此"海岱及淮惟徐州"之海則指黃海。僞孔傳:"東至海,北至岱,南及淮。"僞孔

傳説是。海，黄海。西至雖不言，亦可知之。經上文言"濟河
惟兗州"，則徐州必在濟之右無疑。徐州地域之具體涵蓋，據
胡渭《禹貢錐指》説，大體有今江蘇之徐州、淮安、泗陽、淮陰、
漣水、邳縣、宿遷、睢寧、連雲港、贛榆，安徽之鳳陽、懷遠、五
河、泗縣、宿縣、靈璧，山東之兗州、曲阜、濟寧、鄒縣、泗水、滕
縣、寧陽、金鄉、魚臺、嘉祥、汶上、東平、鉅野、郯城、臨沂、費
縣，以及平陰、泰安、新泰、蒙陰、沂水、莒縣、日照一綫之南。

　　"淮沂其乂"，乂音義，訓治。淮沂二水已治理完畢。淮水
源自豫州，何以見於徐州而豫州不記，孔疏説："淮水至此而
大，爲害尤甚，喜得其治，故於此記之。"淮水下游爲徐揚共有，
二州同受其害，何以揚不記而徐記，胡渭《禹貢錐指》説："當時
淮患孔急，不可須臾待，故禹在徐即令揚屬役與徐協力治之，
揚所以不復言治淮也。"孔、胡之説可備爲參考。

　　淮水據《漢書·地理志》記載發源於南陽郡平氏縣桐柏
山，説詳見下導水。

　　沂水不止一條。源出尼丘山，流經曲阜魯雩門，即曾點所
浴的那條水亦叫沂水。據《水經注》記載，除此之外，名叫沂的
小水還有二條。《禹貢》所記沂水是另外較大的一條。此沂水
發源於今山東沂水縣，流經臨沂、郯城，至江蘇邳縣合泗水，泗
水至清江市入淮。

　　"蒙羽其藝"，蒙、羽，二山名。蒙山在今山東蒙陰縣南四
十里，南接費縣，西北接新泰縣界。胡渭《禹貢錐指》引劉芳
《徐州記》謂"山高四十里，長六十九里"。《詩·魯頌·閟宮》
"奄有龜蒙"之龜蒙和《論語·季氏》孔子説"昔者先王以爲東
蒙主"之東蒙，即《禹貢》之蒙山。

　　羽山，《漢書·地理志》東海郡祝其縣下云："《禹貢》羽山
在南，鯀所殛。"《左傳》昭公七年："昔堯殛鯀于羽山。"杜預注：
"羽山在東海祝其縣西南。"杜注與《漢志》都説《禹貢》之羽山

即《堯典》之羽山,在東海郡祝其縣。堯殛鯀之羽山地望,古有不同説法。僞孔傳謂"羽山,東裔,在海中。"胡渭《禹貢錐指》據《寰宇記》,謂在今山東蓬萊縣東十五里。與僞孔傳説合。據此,則《堯典》之羽山與《禹貢》之羽山不是一山,相距甚遠。兩説各有所據,既不能遽定,今存疑可也。《禹貢》之羽山,《漢志》、杜注並説在東海祝其縣。祝其縣即今江蘇贛榆縣。但是,《隋書·地理志》説朐山縣有羽山,《元和郡縣志》説羽山在朐山縣西北一百里,又説臨沂縣東南一百十里,與朐山縣分界。按朐山即今江蘇東海縣。胡渭據近志説郯城縣東北亦有羽山,接贛榆界。胡渭據以上諸説斷定羽山不屬贛榆(漢祝其)一縣,實跨山東臨沂、郯城和江蘇東海、贛榆四縣之境。按胡説可從。

其,猶乃也。藝,《詩·齊風·南山》:"蓺麻如之何。"毛傳:"蓺,樹也。"鄭箋:"樹麻者必先耕治其田,然後樹之。"蓺,或作藝。又,《詩·大雅·生民》:"蓺之荏菽。"荏菽,大豆。鄭箋:"就口食之時,則有種殖之志。"是藝謂種殖,凡種殖農作物如麻、豆之類,皆可言藝。"蒙羽其藝",謂淮沂二水治好之後,蒙山一帶和羽山一帶就種殖莊稼了。

"大野既豬,東原底平",僞孔傳:"大野,澤名。水所停曰豬。東原致功而平言可耕。"以前,水泛濫漫溢不止,如今水停留在一處,形成了一個澤,澤名大野。於是汶濟下游水勢變舒緩,又疏浚東原之畎澮小水注之於汶濟,東原之土地得以平整而可耕種。

大野澤,《漢書·地理志》山陽郡鉅壄(野)縣下云:"大壄澤在北,兗州藪。"鉅即大。《周禮·職方氏》:"兗州,其澤藪曰大野。"(周無徐州,大野在兗州,故稱兗州。)《爾雅·釋地》十藪"魯有大野"。《左傳》哀公十四年:"西狩於大野,……獲麟。"杜預注:"在高平鉅野縣大澤。"這些所謂大野,所指都是

《禹貢》的大野澤。秦漢之際稱鉅野澤。後又稱鉅澤。《元和郡縣志》云："大野澤在鉅野縣東五里，南北三百里，東西百餘里。"胡渭《禹貢錐指》說"此地屢遭河患，自漢以來，冲決填淤凡四五度，高下易形，久已非禹迹之舊。及河南徙，澤遂涸爲平陸，而畔岸不可復識矣"。

東原，《夏本紀》集解引鄭玄注："東原，地名。今東平郡即東原。"孔疏承鄭亦云："東原即今之東平郡。"《夏本紀》《索隱》引張華《博物志》云："兗州東平郡即《尚書》之東原。"據胡渭《禹貢錐指》和王鳴盛《尚書後案》的說法，東原在泰安市西南，即泰山之西南，濟水之東，汶水之北。今無濟水。所謂濟水之東，即今黄河之東。是知《禹貢》東原不是一個城邑，而是一片土地。《左傳》僖公元年"公賜季友汶陽之田"，蓋指此。

厥土赤埴墳，草木漸包。

《釋名·釋地》云："土黄而細密曰埴。埴，胒也，粘胒如脂之胒也。"墳，土宣起。"埴墳"，言土既細密而粘又宣起，是矛盾的。故林之奇《尚書全解》云："此州之土，色而别之則赤，性而别之則有墳埴之二種。墳者，土膏脈起也。"傅寅《禹貢説斷》引林氏說後按曰："土之性，埴者不能墳，墳者不能埴。故林氏以爲二種，其説甚當。而張（九成）氏言赤粘而墳起，或者其未之察歟！"按林、傅二氏説可從。

偽孔傳："漸，進長；包，叢生。"包或作苞。《周易》漸卦《彖傳》："漸，進也。"《爾雅·釋言》："苞，積也。"郭璞注："今人呼物叢致者爲積。"《詩·唐風·鴇羽》："集于苞栩。"毛傳："苞，積。"鄭箋："積者，根相迫迮梱致也。"是偽孔傳釋漸爲進長，包爲叢生，不誤。傅寅《禹貢説斷》引林之奇《尚書全解》云："徐州之地，受淮之下流，其地墊溺已甚，草木不得遂茂，爲日久矣。今也洪水既平，乃至於進長叢生，胡可盡也。"林氏説是。

厥田惟上中,厥賦中中。

　　　偽孔傳:"田第二,賦第五。"偽孔説是。

厥貢惟土五色,羽畎夏翟,嶧陽孤桐,泗濱浮磬。

　　　"厥貢惟土五色,"謂徐州之貢物有五色之土。劉熙《釋名·釋地》:"徐州貢土五色,色有青黃赤白黑也。"據文獻記載,周代行分封制度,用五色之土以爲象徵。《逸周書·作雒》"諸侯受命於周。乃建大社於國中,其壝東青土,南赤土,西白土,北驪(按黑)土,中央釁以黃土。將建諸侯,鑿取其方一面之土,燾(按覆)以黃土,苴(按包裹)以白茅,以爲社之封。故曰受列土於周室。"東漢蔡邕《獨斷》卷下説:"天子太社,以五色土爲壇。皇子封爲王者,受天子之社土,以所封之方色,東方受青,南方受赤,他如其方色。苴以白茅,授之各以其所封方之色。歸國以立社,故謂受茅土。"是知貢五色土是用爲立社的。社即社稷。蔡邕講的是漢代事,其淵源來自周代的分封制度。周代以前未見有分封制度,但是社稷制度肯定是有的。

　　　中國何時有社稷呢? 據《論語·八佾》"夏后氏(之社)以松"和《淮南子·齊俗訓》"有虞氏之祀,其社用土"的記載,知舜時已經有社稷制度了。部落聯盟和各部落都應有社稷。所以,《禹貢》言"厥貢惟土五色",一點也不奇怪。

　　　"羽畎夏翟",羽即經上文"蒙羽其藝"之羽,即跨臨沂、郯城、東海、贛榆四縣境的羽山。畎,《説文》:"小流也。"是壟中小水。此羽畎連言,必是羽山之谷。翟,《爾雅·釋鳥》云:"山雉。"俗稱野鷄,其羽毛鮮豔具五色。《周禮·天官·染人》:"秋染夏。"鄭玄注:"染夏者,染五色。謂之夏者,其色以夏狄爲飾。《禹貢》曰:'羽畎夏狄。'是其總名。……其毛羽五色皆備成章,染者擬以爲深淺之度,是以放而取名焉。"是知"夏翟"就是天然五色的山雉羽毛。《周禮·春官·司常》:"全羽爲旄,析羽爲旌。"是夏翟可爲五旗旌旄之用。

"嶧陽孤桐",僞孔傳:"孤,特也。嶧山之陽特生桐,中琴瑟。"夏僎《尚書詳解》:"孤桐,特生之桐也,可中造琴瑟之用。莫非桐也,而生於嶧山者爲美;嶧山固多桐也,而生於山南者爲難得;生於山南者固難得也,而介然特生於山南者,稟氣爲尤全,故爲可貴。"金履祥《書經注》:"桐性虛,時生於山陽,則清虛特異,貢之以爲琴瑟,後世難得。"是"嶧陽孤桐"謂嶧山之陽所產的獨生特立的桐,質地優良,貢之以造琴瑟。

嶧陽,《漢書·地理志》、鄭玄注、《説文》、《續漢書·郡國志》劉昭補注、伏滔《北征記》、《水經》、《晉書·地理志》、《元和郡縣志》、《寰宇記》、《禹貢》孔疏皆以爲即漢代東海郡下邳之葛嶧山,又名距山。漢下邳在今江蘇邳縣、睢寧間之古邳鎮。蔡沈《書集傳》、胡渭《禹貢錐指》、桂馥《説文義證》、王先謙《漢書補注》均主此説,胡氏持之尤力。

自唐以後有人以今山東鄒縣之鄒嶧山爲《禹貢》之嶧山。杜佑《通典》引《禹貢》"嶧陽孤桐",注云:"嶧山在今魯郡鄒縣也。"《鄒山記》、《封氏聞見記》並同此説。按鄒嶧山即《詩·魯頌·閟宮》"保有鳧繹"之繹山。繹,魯詩作嶧。近人曾運乾《尚書正讀》、顧頡剛《禹貢注釋》主此説。今從前説。

"泗濱浮磬",僞孔傳:"泗水涯,水中見石,可以爲磬。"孔疏:"泗水旁山而過石,爲泗水之涯,石在水旁。水中見石,似若水中浮然。此石可以爲磬,故謂之浮磬也。"按二孔傳疏講得已經很明白。意謂泗水岸邊是山,水旁有石。水中亦有石露出水面,看上去像似石浮在水上。這石是作磬的好材料,故謂之浮磬。是徐州的重要貢物之一。

泗水流域很廣,不可能處處皆有"浮磬",那麽,"浮磬"在何處呢?《水經》泗水"又東南過彭城縣東北,又東南過吕縣南"下酈注云:"泗水之上有石梁焉,故曰吕梁也。"又引《晉太

康地記》曰："水出磬石,《書》所謂'泗濱浮磬'是也。"《括地志》
兗州泗水縣下云:"泗水至彭城吕梁出石磬。"《夏本紀》《正義》
引以爲"泗濱浮磬"句之解。《淮南子·本經訓》高誘注亦有
"吕梁在彭城吕縣,石生水中,禹決而通之"之説。胡渭《禹貢
錐指》俱引以上諸説證泗水出石磬處在彭城吕縣。漢吕縣當
今江蘇銅山縣北。

　　泗水源流見下文。

淮夷蠙珠暨魚,厥篚玄纖縞。

　　"淮夷蠙珠暨魚",淮夷是古代淮河下游及其近海一帶的
少數民族。古文獻中淮夷二字每每出現,並爲此義。蠙,河
蚌。蠙珠,河蚌殼内生長的珠子,名曰珍珠。其形圓如豆,晶
瑩光潔,是名貴的裝飾品,亦可入藥。

　　"蠙珠"之爲珠名,向無疑義,唯"淮夷"一詞,古人説有不
同。《經典釋文》:"鄭云:'淮水之夷民也。'馬云:'淮夷二水
名。'孔傳云:'淮夷之水。'本亦有作'淮夷二水也'。"孔疏引王
肅云:"淮夷,水名。"孔疏云:"夷蓋小水,後來竭涸,不復有其
處耳。"今按鄭玄説確當不可易。若説夷亦是水名,則不通者
有二。一、夷既是小水,以至於竭涸不見,豈可與千古滔滔不
絶的淮水并列而言! 二、夷既是徐地一水,何以先秦以來文獻
竟絶無記載!

　　"厥篚玄纖縞",徐州篚中盛的貢品是兩種絲織物,一是玄
纖,二是縞。玄,黑色。《周禮·考工記·鍾氏》:"三入爲纁,
五入爲緅,七入爲緇。"鄭玄注:"染纁者三入而成,又再染以黑
則爲緅。……凡玄色者在緅緇之間,其六入者與!"胡培翬《儀
禮正義》士冠禮疏云:"更以纁入赤汁則爲朱,若不入赤汁而入
黑汁,則爲紺矣。若更以紺入黑,則爲緅,此五入爲緅是也。
若更以此緅入黑汁,則爲玄。更以玄入黑汁,則名七入爲緇
矣。"《鍾氏》講的是染羽毛的方法,染布帛屬《染人》掌管,但方

法是相同的。這就證明：一、玄字衹表示顔色，不涉質料。二、玄是黑色，與緇相近，不含紅意。

"玄纖"是黑色的纖。纖是一種絲織物。縞也是一種絲織物。統言之皆曰繒。胡渭《禹貢錐指》説："縞薄於纖。纖用絲多，密而厚；縞用絲少，疏而薄。纖蓋今之所謂綢，縞則今之所謂絹也。曲阜出縞，故謂之魯縞。《漢書》韓安國云'强弩之末，力不能入魯縞'是也。"胡氏説於經義於事理皆爲得之。

凡縞皆白色，故經云"玄纖縞"而不云"玄纖白縞"。《詩·鄭風·出其東門》："縞衣綦巾。"毛傳："縞衣，白色男服。"孔疏："縞是薄繒，不染故色白。"黄氏《古今韻會》："縞，繒之精白者。"説明縞必白色。不是白色，不可言縞。

浮于淮泗，達于河。

此句馬融、鄭玄、王肅注今俱不見，僞孔傳、孔疏亦無説。《夏本紀》、《漢志》皆作河。顔師古《漢書》注以爲"達于河"的河就是黄河。但是《説文》水部菏字下説《禹貢》原文是"達於菏"。菏是菏澤水，在漢代山陽湖陵。王念孫《讀書雜志》第四册《漢書》第六云："河當依《説文》作菏。師古依文作解，而不知其謬也。《尚書》、《史記》皆訛作河。自《韻會擧要》（按元人熊忠撰）始正其誤，而近世閻百詩、胡朏明言之益詳，毋庸復辨。《地理志》字菏多作荷。《五經文字》云：'菏古本亦作荷。'"按王説是。

古代有菏澤也有菏水，二者是相通的。但是《禹貢》"達于菏"的菏指菏澤而言。菏水不過是菏澤的一條支流，是菏澤與泗水的通道。菏水因與泗水相通，而泗水爲中原水運要道，故菏水亦蒙泗水之名。據胡渭《禹貢錐指》説，"自乘氏以至湖陵名曰菏水，乃出自後人，禹時未有也"。禹時有菏水之實而無菏水之名，《禹貢》"達于菏"的菏指的是菏澤。

菏澤的位置，《漢書·地理志》濟陰郡下説："《禹貢》荷澤在定陶東。"王先謙《漢書補注》説："菏澤在今曹州府城東南三十里。"定陶故城在今山東定陶西北四里,曹州府城即今山東菏澤市,是知《禹貢》菏澤在今山東菏澤市與定陶之間。據《括地志》記載,唐代菏澤名龍池,亦名九卿陂。今早已淤爲平地。

　　泗水,據《元和郡縣志》記載,"出於泗水縣東陪尾山。其泉有四,四泉俱導,因以爲名"。今山東泗水縣東五十里有陪尾山。又據《水經注》記載,泗水自陪尾山發源後流經今山東曲阜、兗州、濟寧、鄒縣、魚臺、滕縣,江蘇沛縣、徐州、邳縣、宿遷、泗陽,至淮陰入淮。泗水在魚臺縣受菏水。菏水通菏澤,菏澤通濟水。因而經云"浮于淮泗,達于菏"。這是《禹貢》的情況,今日的泗水流入濟寧附近的南陽湖爲止,根本不與淮河通。

　　淮水源流見下導淮。

淮、海惟揚州。彭蠡既豬,陽鳥攸居。三江既入,震澤厎定。

　　"淮、海惟揚州",揚州境界,北至淮水,不成問題;南方到哪裏,則歷來衆説不一。僞孔傳説揚州"北據淮,南距海",杜佑《通典》改稱"北距淮,東南距海"。東南與南,從字面看,分歧不大,因爲説南距海,已包含東距海在内了。然而實質上分歧很大。關鍵性問題是揚州最南到達什麽地方。《史記·南越列傳》"略定揚越"下《集解》引三國魏人張晏説:"揚州之南越也。"南越即漢代的交趾,今之越南北部。此爲一説。杜佑《通典》以爲南越不在揚州内,揚州之南界到達今廣東潮汕一帶爲止。此又爲一説。胡渭《禹貢錐指》力主後説。今按前説可從。若依後説,則今之廣東大部、廣西全部皆不在九州之内,於理難通。況且《禹貢》經文言"淮海惟揚州",淮在北無疑,則海必自東迤南,不應到廣東潮汕爲止。經於荆州言至衡陽,於梁州言至黑水,皆不至海,那麽瀕海之今廣東大部、廣西全部何以不屬揚州? 廣西屬揚州,則越南瀕海而連廣西,亦當在“海”之内。

彭蠡，澤名。既豬，水流至此停留蓄積而成澤。彭蠡澤，據《漢書·地理志》豫章郡彭澤縣下説：“《禹貢》彭蠡澤在西。”漢代的彭澤縣包括今江西省彭澤、湖口、都昌三縣地。既言彭蠡澤在彭澤縣西，則班固以爲古彭蠡就是今日之鄱陽湖無疑。

據今人譚其驤考證，班固的説法是錯誤的，“漢武帝以前的彭蠡該在長江北岸”，“約相當於今湖北廣濟、黄梅、安徽宿松、望江、懷寧、安慶一帶濱江諸湖。其時湖面可能比今天的來得寬闊，且相互通連，與江水相吐納”[①]。

《中國自然地理》之《歷史自然地理》[②]分册説：“彭蠡澤的位置無疑在大江之北，其具體範圍當包括有今宿松、望江間的長江河段及其以北的龍感湖、大官湖、泊湖等湖沼地區。”

彭蠡，古人説在今長江之南，即鄱陽湖，今人説在今長江之北。今從今人説。

“陽鳥攸居”，《夏本紀》攸作所。陽鳥，鄭玄説是“鴻雁之屬，隨陽氣南北”（《詩·邶風·匏有苦葉》孔疏引），是對的。不説鴻雁，而説“鴻雁之屬”，尤其精審。經所謂陽鳥顯然是“隨陽氣南北”的候鳥。候鳥包括很廣，鴻雁不過是最著名的一種而已。故經言陽鳥，不言鴻雁。

林之奇《尚書全解》疑陽鳥是地名。所據是《左傳》昭公二十年“公如死鳥”，杜注：“死鳥，衛地。”春秋固有以鳥獸爲地名者，陽鳥也可以作爲地名，但是這裏既言陽鳥之“所居”，説彭蠡澤是陽鳥居住的地方，則陽鳥必不是地名。

“三江既入”，三江入於海，然後“震澤底定”。震澤即太

---

① 《鄂君啓節銘文釋地》，1962 年寫定，原載《中華文史論叢》第 2 輯，收入《長水集》下册。

② 中國科學院組織高校與科研單位編寫，1982 年，科學出版社出版。

湖。三江，據中國科學院組織編著、1982 年由科學出版社出版的《中國自然地理》之《歷史自然地理》分冊的研究，是當時由婁江、吳淞江、東江構成的水系。三江各直接入海，與長江没有關係。它們的作用是宣泄震澤水入海。三江能暢通入海，所以"震澤底定"。三江等於震澤的泄水道。震澤（太湖）的泄水道古今有變化，《禹貢》時代，三江相當寬暢，由西部山區匯聚在震澤裏的水，通過它排泄入海。三江水系逐漸淤塞後，太湖水"先由吳淞江及諸港浦入海，後由瀏河、吳淞江及諸港浦入海，再發展到由黄浦江、瀏河及諸港浦入海。""吳淞江、婁江大致和今日水道流經路綫相符。東江則穿過今澄湖、白蜆湖及淀泖地區，由今平湖縣東南入海"。"三江系統一直維持到公元 8 世紀，其後隨着婁江、東江相繼埋塞，於是出現了湖泊廣布的局面"。吳淞江幾經改道，到明朝時，先是形成瀏河，後又形成蘇州河。此書依據的文獻、考古材料十分充足，結論的當可信。

漢宋人都把三江與長江扯到一起，如鄭玄説："左合漢爲北江，會彭蠡爲南江，岷江居其中，則爲中江。"（《初學記》卷六地部引）蘇軾説："三江自彭蠡以上爲二，自夏口以上爲三。江漢合於夏口，而與豫章之江皆匯於彭蠡，則三江爲一。"（《書傳》）程大昌説："三江本不爲三，其實一江而三名爾。"（《禹貢山川地理圖》）班固説，自吳縣（蘇州）而東入海者爲南江，自蕪湖經陽羨（宜興）而東入海者爲中江，自毘陵（常州）北而東入海者爲北江（《漢志》）。等等，都是郢書燕説，不可信據。唯《吳地記》説："松江東北行七十里得三江口。東北入海爲婁江，東南入海爲東江，並松江爲三江。"是正確的。

"震澤底定"，底，《夏本紀》作致。底定，謂震澤因婁江、吳淞、東江這三江水道疏通，湖水得以順暢地入於海而至於安定。

　　震澤,即今太湖。《山海經》、《爾雅》、《漢書‧地理志》又稱具區。據《歷史自然地理》一書説,先秦“太湖周三萬六千頃”(《越絶書‧吳地傳》),漢制每頃當今 70 畝,共折合 252 萬畝(1680 平方公里),而今日太湖面積爲 337.5 萬畝(2250 平方公里)。今日太湖面積比先秦大出 570 平方公里。“太湖面積的不斷擴大及其周圍諸湖蕩的形成,是與三江系統的逐漸束狹以至淤廢同時進行的”。“促使這一演變的重要因素,是長江三角洲的不等量下沉和沿海地區泥沙的加積”。這一地貌的演變使“原來宣泄太湖水入海的三江,反而變成了海水内浸的主要通道”。“由於潮水經常倒灌,潮水所挾持的泥沙得以在河口地帶大量堆積,從而促使三江系統淤塞,堵塞了太湖水入海的去路,於是發生泛濫,太湖中部平原變成了積水區域,先後形成了大小零星的湖澤”。太湖與三江的這一演變情況,使我們從反面加深認識了《禹貢》“三江既入,震澤底定”二語的意義和分量。

　　《漢書‧地理志》於會稽郡下言“具區澤在吳西”。吳,今蘇州市。但是在無錫、陽羨(宜興)、烏程(吳興)等今近太湖諸縣下卻不言具區。《周禮‧職方氏》鄭玄注、《爾雅‧釋地》郭璞注、《水經》之《禹貢山水澤地篇》、僞孔傳都説具區在吳南。更加證明古震澤水面比今太湖小,大體在今太湖的南半部。

篠簜既敷,厥草惟夭,厥木惟喬。

　　“篠簜既敷”,篠簜,《夏本紀》作竹箭。顏師古《漢志》注:“篠,小竹也。簜,大竹也。敷謂布地而生也。”全句意思是説洪水過後,揚州普遍長出竹子。

　　“厥草惟夭”,《詩‧周南‧桃夭》:“桃之夭夭。”毛傳:“夭夭,其少壯也。”《説文》夭作枖,云:“木少盛貌。”是全句意謂洪水過後,揚州的草生長得强勁而茂盛。

　　“厥木惟喬”,顏師古《漢志》注:“喬,上竦也。”全句言揚州樹木長得高聳向上。

傅寅《禹貢説斷》引林之奇《尚書全解》云：“兗徐揚三州皆言草木，兗之繇條，徐之漸包，揚之夭喬，皆言草木之茂盛。”傅氏云：“夭喬盛於漸包，漸包盛於繇條。言之輕重如此也。”按林、傅説是。

厥土惟塗泥，厥田惟下下，厥賦下上錯。

“厥土惟塗泥”，《夏本紀》集解引馬融：“塗泥，漸洳也。”顏師古《漢志》注：“塗泥，瀸洳濕也。”傅寅《禹貢説斷》引張九成《尚書詳説》云：“土惟塗泥，謂卑濕也。”是謂揚州土地多爲低濕泥淖之處，亦即沼澤化。

“厥田惟下下”，揚州土地居第九等，最下。

“厥賦下上錯”，揚州的賦居第七等，錯雜有第六等。即總的來説是第七等，但是有時包含第六等。

厥貢惟金三品，瑤琨篠簜，齒革羽毛惟木。

所言諸物並爲揚州之貢物。金三品，孔疏引鄭玄注：“銅三色也。”又《周禮·秋官·職金》賈疏云：“古者言金，金有兩義。若相對而言，則有金、銀、銅、鐵爲異；若散而言之，總謂之金。是以《考工記》云：‘六分其金，而錫居一’之等，皆是銅。是以《禹貢》揚州云：‘貢金三品’，孔以爲金銀銅，鄭以爲銅三色，是對散有異。”孫星衍《尚書今古文注疏》云：“檢《禹貢》之文，厥貢鏐、鐵、錫、鉛、銀，獨無銅，故知金即銅也。”是知鄭説是。

“瑤、琨”，《説文》玉部：“瑤，玉之美者。”又：“琨，石之美者。”胡渭《禹貢錐指》認爲瑤當是玉之次者，不是玉之美者。并説：“要之，瑤琨不如美玉而優於怪石，則可以理斷也。”

“篠簜”，《爾雅·釋地》：“東南之美者，有會稽之竹箭焉。”郭璞注：“篠也。”邢昺疏：“篠是竹之小者，可以爲箭幹。”《竹譜》云："箭竹高者不過一丈,節間三尺,堅韌中矢。江南諸山皆有之,會稽所生最精好。"是知篠是一種可供作箭幹的細小竹子。偽孔傳:"簜,大竹。"大小是篠與簜相對而言,篠小而簜大。其實簜也有大有小,用處亦有所不同。胡渭《禹貢錐指》說:"篠中實,故中箭幹;簜中虛,故大者中節函,小者中簫管。"按胡說是。《儀禮·大射》:"簜在建鼓之間。"鄭玄注:"簜,竹也。謂笙簫之屬。"這簜就是用小竹做的笙簫。

　　"齒、革、羽、毛惟木",偽孔傳釋齒、革、羽、毛、木,各個落實,謂齒爲象牙,革爲犀皮,羽爲鳥羽,毛爲旄牛尾,木爲楩、梓、豫章。林之奇《尚書全解》則謂"不必如此拘定。《左氏》云:'鳥獸之肉不登於俎,皮革齒牙骨角毛羽不登於器,則公不射。'是此州所貢齒、革、羽、毛與木等,乃凡鳥獸之齒、革、羽、毛,可以爲器用之飾,與木之可以爲器用者,皆貢之,不必如孔氏拘定"(夏僎《尚書詳解》引,所引《左傳》文見隱公五年)。按林說爲妥當。"惟木",及木。《夏本紀》、《漢書·地理志》引《禹貢》,並無"惟木"二字。或以爲衍文。

島夷卉服,厥篚織貝,厥包橘柚錫貢。

　　"島夷卉服",島字原作鳥。鳥夷,海曲之夷。揚州之鳥夷,當指自淮水入海處迤南至今廣西全部沿海(包括近海小島)居住的夷人。說見經上文冀州下"島夷皮服"解。或言島夷是朝鮮,甚乃日本,不足信。朝鮮、日本與中國交通顯然是後世之事,禹時是不可能有的。《爾雅·釋草》:"卉,草。"《說文》艸部:"卉,草之總名也。"《方言》:"卉,草也。東越揚州之間曰卉。"是卉即草,故鄭玄注云:"此州下濕,故衣草服。"(孔疏引)全句意謂揚州東部和南部沿海之夷人衣草服。

　　"厥篚織貝",篚,竹器。《夏本紀》集解引鄭玄注云:"貝,錦名也。《詩》云:'成是貝錦。'凡織者先染其絲,織之即成文矣。""成是貝錦",《詩·小雅·巷伯》句。毛傳:"貝錦,錦文

也。”鄭箋：“錦文者，文如餘泉、餘蚳之貝文也。”是織貝即貝
錦。錦之所以稱貝錦，由於錦之文似貝文。揚州貢獻的筐中
盛着貝錦。貝錦是較高級的織物，《禮記·玉藻》“士不衣織”
是其證。僞孔傳説：“織，細紵。貝，水物。”以織貝爲二物，不
對。貝若是水物，不當與織物共筐。以爲織是細紵，也不確。
經但言織，織謂錦先染後織，不含細意。

　　“厥包橘柚錫貢”，橘、柚，揚州産水果。橘小柚大。此二
物必須打包送，故言包。“錫貢”，講法不同。僞孔傳：“錫命乃
貢，言不常。”錫，釋作錫命，謂橘柚這種東西不定期貢獻，上頭
下令叫貢便貢，否則不貢。鄭玄注云：“有錫則貢之，或時乏則
不貢。錫，所以柔金也。”(《夏本紀》集解引)以爲錫是金屬錫。
按僞孔傳説是，鄭説非。金屬錫不當與橘柚連言。

沿于江海，達于淮泗。

　　《夏本紀》沿作均。《集解》引鄭玄注：“均讀曰沿。沿，順
水行也。”鄭説是。沿是順逆之辭。傅寅《禹貢説斷》引林之奇
《尚書全解》云：“禹時江淮未通，故揚之言貢，必由江入海以達
於淮泗。至吳王夫差掘溝通水與晉會於黃池，然後江淮始
通。”沿江入海而達於淮泗的路綫，當如胡渭《禹貢錐指》説，胡
氏云：“揚之貢道自常熟縣北之大江順流而下，至太倉州北七
鴉浦入海，而東北經通州(南通)東，又北經如皋、興化、鹽城、
山陽(淮安)縣東而西入淮口，沂流而上，歷安東(漣水)縣南、
山陽縣北，又西至清河(淮陰)縣西南之清口入泗。”

　　泗水，據《水經注》，出於漢代魯國卞縣故城(在今山東泗
水、曲阜間)東南之桃墟西北陪尾山，至江蘇淮陰入淮。見徐
州“浮于淮泗，達于河”解。

荆及衡陽惟荆州。江漢朝宗于海，九江孔殷，沱潛既道，雲土夢作
乂。

　　"荆及衡陽惟荆州"，僞孔傳説："北據荆山，南及衡山之陽。"謂荆山與衡山之陽之間是荆州。荆山，即《左傳》昭公十二年右尹子革所説"昔我先王熊繹，辟在荆山，篳路藍縷，以處草莽"的荆山。《漢書·地理志》南郡臨沮縣下云："《禹貢》南條荆山在東北，漳水所出。"《元和郡縣志》云："荆山在南漳縣西北八十里。"按漢代臨沮縣故城在今湖北當陽縣北，南漳縣是由臨沮縣分置的，西魏曰重陽縣，隋改曰南漳縣。今南漳縣有荆山，漳水源於此。《漢書·地理志》長沙國湘南縣下云："《禹貢》衡山在東南，荆州山。"今湖南衡山縣有衡山，在漢代屬湘南縣地。

　　"江漢朝宗于海"，江水與漢水在荆州會合，共同奔於大海。不言東至海而言朝宗于海，是用人事關係比喻江漢與大海的關係。僞孔傳説："二水經此州而入海，有似於朝百川以海爲宗。宗，尊也。"是對的。《詩·小雅·沔水》有"沔彼流水，朝宗于海"句，可見百川以大海爲宗，是古人普遍的觀念。

　　江漢并發源於梁州而於揚州入海，爲什麼在荆州記"江漢朝宗于海"？前人有各種解釋，都不甚得要領，其實就是因爲江漢二水在荆州會合。由於下游揚州的入海問題已經解決，荆州之江漢二水會合之後得以順暢東下，"朝宗于海"的形勢宣告形成。

　　漢水至荆州夏口入於江水，實際上已經終止，入海的是江水，而不是漢水。爲什麼經文並言江漢同入於海呢，這是由於特別重視漢水的緣故。據程大昌《禹貢山川地理圖》説，"《禹貢》一書，水之以小注大，則爲入；水力稍相參配，則爲會"。又説，"岷派謂匯澤於彭蠡，而漢派謂北會於匯者，是經之特爲彭蠡立文，示與中北二江水力相敵者也"。"江漢朝宗于海"又是怎樣的筆法，程氏未及言。不言亦明，其實也是特爲漢水立文，意謂江漢不是入、會的關係，也不是匯的關係，而是勢均力敵,并駕齊驅。

"九江孔殷",此句最大的問題是指實九江爲難。古人訓釋《禹貢》詞語以九江最爲多歧。劉歆以湖漢九水同注彭蠡以入大江者爲九江。鄭玄以廬江潯陽山谿九小水入江者爲九江。僞孔傳說江於荆州分爲九道,謂九江。宋人程大昌謂九江在潯陽,但不必爲九。胡渭《禹貢錐指》解釋最詳,以爲九江在今湖南省,九條水會於洞庭湖,從而與江匯。因與江匯,故九水得九江之名。九水之名今已不可考。戰國時唯知湘、資、沅、澧等水入洞庭,而稱洞庭五渚,《韓非子》謂之五湖,九江之名遂隱。

中國科學院組織編寫的《中國自然地理》之《歷史自然地理》分册(第 127 頁)說:"當時,長江出武穴(即今湖北廣濟)之後,擺脫兩岸山地約束,形成了一個以武穴爲頂點,北至黃梅城關,南至九江市的巨大冲積扇。冲積扇的前緣,根據黃梅境內龍感湖中新石器遺址的分布情況判斷,當在鄂皖交界一綫。在《禹貢》時代,江漢合流出武穴後,滔滔江水在冲積扇上以分汊狀水系形式,東流至扇前窪地潴匯而成彭蠡澤,由於冲積扇上汊道衆多,《禹貢》概謂之'九江'。傳說禹疏九江,大體是在分汊河道上加以整治,使之通暢地匯注彭蠡澤,不致在冲積扇上泛濫成災。"

這是說,九江在鄂不在湘,在今長江之北,不在今長江之南。在鄂東南之廣濟、黃梅與江西九江市三點之間形成的冲積扇上。當時的長江至此分爲衆多汊流,《禹貢》說的九江概指此。九,衆多之謂,不必實爲九。九江往東而北,注匯於彭蠡。彭蠡也在今長江之北。彭蠡呈河流的帶狀形態,既可稱湖澤,也可視作古長江拓寬了的河段。

據今人的這一研究成果,宋人程大昌謂九江在潯陽,但不必爲九的說法近是,胡渭的結論爲不足取。但是,今人九江在廣濟以下沖積扇説如果是對的，則經文應把"九江孔殷"句列於"沱潛既道，雲土夢作乂"兩句之後，今卻列於前。此令人殊感困惑，故今人之説亦未可視爲定論。

"孔殷"一語，蔡沈《書集傳》説："孔甚殷正也。九江水道甚得其正。"意謂經治理後，九江水道各歸各位，甚爲端正，不再泛濫。這樣解釋是對的。

"沱潛既道"，道，亦作導。應據王引之《經義述聞》作解。王氏引其家大人曰："沱潛既道，《傳》並曰'復其故道'。……《傳》所謂道，非經所謂道也。道，通也。《法言·問道篇》曰：'道也者，通也。'襄三十一年《左傳》：'大決所犯，傷人必多，不如小決使道。'杜預注曰：'道，通也。'字亦作導。《周語》：'爲川者決之使導。'韋昭注亦曰：'導，通也。'《周語》：'川氣之導也。'韋注曰：'導，達也。'達亦通也。鄭玄'九河既道'注曰：'壅塞，故通利之。'"按依王氏説，"沱潛既道"就是沱潛既通的意思。先前不通，現在通了。當然是禹施功治理的結果。

據《爾雅·釋水》説，水自江出爲沱，自漢出爲潛。《禹貢》荆州言"沱潛既道"，梁州又言"沱潛既道"。可見沱、潛乃泛稱出自江或出自漢之水，非某二水之專名。此荆州之沱、潛在何處？《漢書·地理志》南郡枝江縣下云："江沱出西，東入江。"師古注："沱即江別出者也。"《清一統志》引《寰宇記》云："百里洲首派別南爲外江，北爲内江。"王先謙《漢書補注》引王悔叔云："枝江縣百里洲夾江沱二水之間，其與江分處謂之上沱，與江合處謂之下沱。蓋南江在古時爲岷江之正流。江陵縣西南二十里有虎渡口，南江從此東南流注於澧水，而北江則沱水也。其後北江漸盛，南江漸微，世反以南爲沱，北爲江矣。"胡渭《禹貢錐指》説："北江之沱，自枝江縣北起，向東流經松滋、江陵、公安、石首、監利諸縣地，至巴陵（今湖南岳陽）縣西北會洞庭之水。"此即江北之沱。今綜觀以上諸説，荆州之沱是在

今湖北境内江的一段分流。它自枝江縣之百里洲起始，東至
岳陽縣西北匯入洞庭爲止，出自江又入於江。江的主流在其
南。禹時情況如此。鄭玄注以爲"華容有夏水，首出江，尾入
沔，蓋此所謂沱也"，是不對的。胡渭駁其謬云："華容夏水自
江陵縣東南首受北江，東北流經監利、沔陽，與潛江縣分界，又
東北至京山縣東南而注於漢。此本沱水歧分而爲夏，非出於
大江。鄭以爲沱者，蓋北江久已盛大，世目爲岷江之經流，因
以其所出者爲沱耳，禹時無此沱也，不可從。"按胡説是。

又，中國科學院組織集體編著的《中國自然地理》之《歷史
自然地理》分册據《漢志》南郡枝江縣下説"江沱出西，東入
江"，斷定荆州之沱自漢代枝江縣與江分汊之後，至枝江縣東
即入於江，與胡説不同。可備爲一説。

潛，《韻會》："潛，水伏流也。"是《禹貢》之潛有二義，一者
如《釋水》所説，必出自漢，再者必有伏流。胡渭《禹貢錐指》引
《承天府志》云："漢水自鍾祥縣北三十里分流爲蘆伏河，經潛
江縣東南復入於漢，即古潛水也。"胡氏説，"必漢水伏流從平
地涌出，故謂之潛"，"此水起鍾祥縣北訖潛江縣東南，行可三
百里，以爲古之潛水，庶幾得之。蓋禹時本自伏流涌出，復入
於漢。及乎後世，通渠漢川雲夢之際，則開通上原以資舟楫之
利，禹迹遂不可考耳"。按胡説近是。

"雲土夢作乂"，"作乂"，《史記·夏本紀》作"爲治"，是乂
訓治。"雲土夢"，《漢書·地理志》作"雲夢土"。《史記》、《水
經注》皆作"雲土夢"。沈括《夢溪筆談》謂"舊《尚書·禹貢》云
'雲夢土作乂'，太宗皇帝時得古本《尚書》作'雲土夢作乂'，詔
改從古本"。段玉裁《古文尚書撰異》云："所稱舊《尚書》者，蜀
石經之類也。所稱太宗皇帝者，趙宋之太宗也（近人云唐太
宗，誤）。所稱古本《尚書》者，唐石經之類也。唐石經，名儒所
不窺，是以蜀石本及宋太宗以前本皆作'夢土'，而太宗詔從

‘土夢’，自此以後版本乃無有作‘夢土’者。”今解從段氏説，作
“夢土”。

　　“雲夢土”何所指，“作乂”怎麼講，胡渭《禹貢錐指》説：“雲
夢，澤名也。方八九百里之中有澤有湖有土，而江沱潛漢亦灌
注於其間。《職方》主藪澤，《禹貢》主土田，孔子曰：‘夫言豈一
端而已，夫各有所當也。’‘雲夢土作乂’謂江漢九江沱潛之功
畢，則水去而雲夢之土已耕治也。”“雲夢土”釋作雲夢之土，
“作乂”釋作耕治，是對的。但是以雲夢爲澤名，而澤竟有方八
九百里之廣，是有問題的。

　　今人譚其驤作《雲夢與雲夢澤》（載《長水集》下）解決了這
個問題。他説雲夢與雲夢澤是兩回事，不應混淆。古籍中的
“雲夢”，有的指雲夢澤，如《周禮·職方氏》、《爾雅·釋地》、
《吕氏春秋·有始覽》、《淮南子·地形訓》。有的指一片特定
的山林原野，如《左傳》宣公四年“棄諸夢”、昭公三年“田江南
之夢”、定公四年“入于雲中”，兩夢字一雲字都是雲夢的簡稱，
是一片林野而非水面。非雲夢澤的雲夢區是一個包括多種地
貌，範圍極爲廣闊的地方。漢水南北兩岸，東至今雲夢，南至
今沔陽，即今京山縣一帶是雲夢區的中心地帶。而雲夢澤衹
是廣闊雲夢區中的一小部分。“雲夢土作乂”，就是説這些原
屬雲夢區的土地，在疏導後已經治理得可以耕種了。譚説理
據充足可從。

厥土惟塗泥，厥田惟下中，厥賦上下。

　　“厥土惟塗泥”，與揚州同。塗泥，沮洳卑濕之地。“厥田
惟下中，厥賦上下”，僞孔傳云：“田第八，賦第三，人功修。”傅
寅《禹貢説斷》引林之奇《尚書全解》云：“此州之土雖同揚州之
塗泥，然其地稍高，故其田加於揚州一等。”又夏僎《尚書詳解》
亦引林氏云：“揚州田下下，此則下中。田雖下中，而農民衆
多，培糞灌溉之功益至，故賦又出於上下也。漢孔氏謂田第

八，賦第三，人功修。此説得之。"按林説是。

厥貢羽毛齒革，惟金三品，杶榦栝柏，礪砥砮丹，惟箘簵楛，三邦底貢厥名，包匭菁茅，厥篚玄纁璣組，九江納錫大龜。

"厥貢羽毛齒革，惟金三品"，此與揚州同，唯諸貢物之次第有異。揚州"金三品"在前，"羽毛齒革"在後。又"齒革"在"羽毛"之前。孔疏云："諸州貢物多種，其次第皆以當州貴者爲先也。"傅寅《禹貢説斷》云："所出適饒於此而且善，故先之。"

《國語·楚語下》記王孫圉聘於晉言楚之所寶者，有云："龜、珠、角、齒、皮、革、羽、毛，所以備賦，以戒不虞者也。"韋昭注："龜，所以備吉凶。珠，所以禦火災。角，所以爲弓弩。齒，象齒，所以爲珥。皮，虎豹皮也，所以爲茵鞭。革，犀兕也，所以爲甲胄。羽，鳥羽，所以爲旍。毛，氂牛尾，所以注竿首。"

《左傳》僖公二十三年記晉公子重耳對楚成王言："羽、毛、齒、革，則君地生焉。"《國語·晉語四》記此事，"羽毛齒革"作"羽旄齒革"，韋昭注云："羽，鳥羽，翡翠、孔雀之屬。旄，旄牛尾。齒，象牙。革，犀兕皮。皆生於楚。"

是羽毛齒革乃荆州之特産，後世之楚地亦然。

惟，及。"金三品"，銅之三色也。《左傳》僖公十八年："鄭伯始朝于楚，楚子賜之金，既而悔之，與之盟曰：'無以鑄兵。'故以鑄三鐘。"杜預注："楚金利故。古者以銅爲兵。"此爲"金三品"之金不是金是銅的確證，參見揚州解。

"杶榦栝柏"，四者並爲木材。杶栝柏三者都是木名。榦，是弓之榦，不是木名。可爲弓榦之木不止一種，據《考工記·弓人》，"凡取幹（同榦）之道七：柘爲上，檍次之，𣚴桑次之，橘次之，木瓜次之，荆次之，竹爲下。"僞孔傳："榦，柘也。"孔疏："柘木惟用爲弓榦，弓榦莫若柘木，故舉其用也。"是榦指柘木言，用爲弓之榦。胡三省《通鑑辨誤》云："柘木抽條勁直而長，桑木敷枝擁腫而大。柘之葉小而厚,桑之葉大而薄。"是柘乃桑屬,但與桑異。

栝,《爾雅·釋木》:"栝,柏葉松身。"《韻會》引《字説》云:"檜,柏葉松身。"李時珍《本草綱目》云:"檜,葉尖硬,亦謂之栝。"是栝即檜。《詩·衛風·竹竿》:"檜楫松舟。"《左傳》成公二年:"棺有翰檜。"是檜(即栝)可作舟楫棺槨。

杶,《説文》木部:"杶,木也。……《夏書》曰:'杶榦栝柏。'櫄,或從熏。"又:"櫄,杶也。"《左傳》襄公十八年:"孟莊子斬其橁以爲公琴。"杜預注:"橁,木名。"胡渭《禹貢錐指》:"杶、櫄、橁、椿爲一木,字異而音義並同。"又:橁,"杶也,琴材。徐鍇曰:'杶木似樗,中車轅,實不堪食。'杶又作椿。"是杶即椿而實者,與樗異。樗不可爲材,而杶可爲琴,可爲車轅。

傅寅《禹貢説斷》引曾氏云:"揚州貢木,不言其名,所貢之木,不可勝名也。此州曰'杶榦栝柏',其所貢者,止此而已。"按曾氏説是。

"礪砥砮丹",僞孔傳:"砥細於礪,皆磨石也。"孔疏引鄭玄注:"礪,磨刀刃石也。精者曰砥。"礪或作厲,不從石,義同。如《禮記·儒行》:"砥厲廉隅。"《左傳》哀公十六年:"勝自厲劍。"是礪砥是粗細兩類磨石。夏僎《尚書詳解》:"《山海經》謂荆山首自景山至琴鼓山,凡二十有三,而獲多砥礪。則荆州貢砥礪亦宜矣。"

砮,僞孔傳:"砮,石中矢鏃。"《國語·魯語下》:"肅慎氏貢楛矢、石砮。"《禹貢》孔疏引賈逵云:"砮,矢鏃之石也。"是砮即石鏃。

丹,僞孔傳:"丹,朱類。"孔疏:"丹者丹砂,故云'朱類'。王肅云:'丹可以爲采。'"《漢書·地理志》師古注:"丹,赤石也,所謂丹砂者也。"金履祥《書經注》:"丹,朱砂也。今辰錦所出光明砂,及溪洞老鴉井所出尤佳。"夏僎《尚書詳解》:"丹,唐

孔氏謂丹砂，王子雍謂可以爲采，二說皆通。按《職方》'荆州
其利丹銀'，則丹貢於荆亦宜矣。"

"惟箘簵楛"，惟，及。《漢書·地理志》師古注云："箘簵，
竹名。楛，木名也，皆可爲矢。"傅寅《禹貢説斷》引馬融云：
"楛，木名，可以爲箭。"陸璣《毛詩草木鳥獸蟲魚疏》云：楛"葉
如荆而赤，莖似蓍。"是楛是一種灌木條子，可以做箭杆。《禹
貢》言及可爲箭杆之木材有二，一爲此州之楛，一爲冀州之蒲。

箘簵是竹子，也可以做箭杆，質地堅韌。孔疏引鄭玄云：
"箘簵，聆風也。竹有二名，或大小異也。"是説箘簵是一種竹
子，因大小不同而有二名。僞孔傳、孔疏都説箘簵是兩種竹
子。今按鄭説近是。《禹貢》言及可爲箭杆之竹亦有二，一爲
揚州之篠，一爲此州之箘簵。

"三邦底貢厥名"，"三邦"、"厥名"，都費解。僞孔傳説：
"三物皆出雲夢之澤，近澤三國常致貢之，其名天下稱善。"此
説可商。三，應是泛稱多數，不宜確指爲三。邦，是後世用語，
在禹時應是部落，釋作國，不妥。厥名，就是其名，釋作"其名
天下稱善"，有增字解經之嫌。再者，"三邦底貢厥名"，實蒙上
述杶榦栝柏礪砥砮丹惟箘簵楛十物言，不止箘簵楛三物。蘇
軾《書傳》謂"三邦，大國、次國、小國也"，釋三邦爲大中小三
類，究竟多少國不定，近是。唯徑釋邦爲國，亦誤。

"厥名"二字，其義最爲難明。傅寅《禹貢説斷》引張九成
云："三物貢其尤美者。厥名，猶言尤美也。"選最好的納貢，是
當然之事，各州并當如此，何以他州不言"厥名"而獨於此州言
之！以"尤美"釋"厥名"，亦不爲妥。蘇軾《書傳》謂物重路遠，
江不達河，故使荆州之國"但致貢其名數，而準其物，易以輕
賫，致之京師，重勞人也。"傅寅《禹貢説斷》引吕氏云："惟使貢
其名。名者，列其條目而責之也。見聖人處事之精審如此。"
蘇氏以爲"厥名"是輕物易重物貢之，目的是不勞民。吕氏以

爲"厥名"是使列杶榦及楛等十物之條目以責之，實際不貢物。二説於文似通，而於理難合，皆不足信據。"厥名"難講，與其强爲之説，不如存疑。

"包匭菁茅"，菁茅，傅寅《禹貢説斷》引鄭玄注："菁茅一物也。菁茅，茅之有毛刺者。"茅供用縮祭祀之酒，此物清潔貴重，故須打包運送。《左傳》僖公四年記齊桓公責難楚國説"爾貢包茅不入，王祭不共，無以縮酒"，是其確證。孔疏引王肅云："揚州厥包橘柚，從省而可知也。"以爲包是包橘柚，不是包茅，誤不可從。金履祥《書經注》引朱熹説："古人醡酒不以絲帛，而以編茅。王室祭祀之酒，則以菁茅，取其至潔。包者，汨之；匭者，匣之也。"按朱説是。菁茅貴重，包之而外更盛之以匣。

"厥篚玄纁璣組"，荆州之篚中盛着玄纁璣組等物。篚，《漢書·地理志》作棐，《説文》作匪。師古注："棐與篚同。篚，竹器，筐屬也。"胡培翬《儀禮·士冠禮》《正義》引應劭云："棐，竹器也。方曰箱，隋曰棐。"師古曰："隋者，方而長也。"古有盛酒器之篚，有盛食物之篚，有盛幣帛之篚。盛幣帛必以篚。《禹貢》之篚所盛之物都是供做冠服用的。

玄纁，兩種顔色，這裏指玄纁兩色絲織衣料。玄色的用以製衣，纁色的用以製裳。後世天子諸侯用的冕服都是玄衣纁裳。禹時不會像後世那樣講究，但是上層領導人物穿着與一般人有所不同，是必然的。《爾雅·釋器》："一染謂之縓，再染謂之赬，三染謂之纁。"這是古代染絳之法。縓淺於赬，赬淺於纁。絳是大赤，纁是淺絳，即赤而有黄。若四染，即以纁入赤汁，則爲朱。《周禮·考工記·鍾氏》："三入爲纁，五入爲緅，七入爲緇。"這是古代染黑之法。《釋器》與《鍾氏》之染赤染黑之法相連繫，自三入爲纁之後，更入赤汁則向赤，更入黑汁則向黑，《儀禮·士冠禮》"主人玄冠朝服"句鄭玄注："凡染黑，五入爲緅，七入爲緇，玄則六入與！”玄與緇相類相近，都是黑色。

璣，《説文》玉部：“璣，珠不圜者。”圓者爲珠，不圓者爲璣，這是漢以來文獻中一致的説法。東方朔《七諫》：“貫魚眼與珠璣。”王逸注：“圓澤爲珠，廉隅爲璣。”洪興祖補注：“璣，珠不圓也。”僞孔傳：“璣，珠類，生於水。”生於水，必是河蚌所産之珍珠。《吕氏春秋·重己》：“人不愛崑山之玉、江漢之珠，而愛己之一蒼璧小璣。”可見江漢産珠是有名的。同是珍珠，而璣不若珠美，何以經文言璣不言珠，古今諸家無説。或言璣以賅珠，璣尚且可爲貢品，則珠爲貢品不言可知。

組，僞孔傳：“組，綬類。”孔疏：“組綬相類之物也。”金履祥《書經注》：“組，辮絲以貫珠，以爲冠纓，佩以貫玉，帶以爲紐約，是三者皆冕服所需。”據胡渭《禹貢錐指》説，組之三種用處（珮玉、冠纓、帶紐約）中唯珮玉之組貫珠，依尊卑等差或用珠或用璣。組既屬綬類，而綬據《漢官儀》説，“舊用赤韋，示不忘古，秦漢易之以絲”，則禹時之組質料可能是皮不是絲織物。

“九江納錫大龜”，九江，在今長江北之湖北廣濟、黄梅、江西九江市三點之間的古長江冲積扇上，是長江的衆多汊流，説見前“九江孔殷”句解。大龜，僞孔傳：“尺二寸曰大龜，出於九江水中。”《漢書·食貨志》：“元龜距冉長尺二寸。”孟康注：“冉，龜甲緣也。岠，至也。度背兩邊緣，尺二寸也。”下之貢上，爲何曰“納錫”，蘇軾《書傳》説：“國之所守，其得罕，不可以爲常貢，又不可以錫命使貢，惟使有之則納錫於上。”蘇説是。大龜非常有，故不能常貢。既非常有，則亦不可錫命使貢。祇能是有則貢，無則不貢。貢而稱納錫，金履祥《書經注》解釋最明。他説：“龜之神在甲，故可以卜。納錫，神之也。”納錫者，謂納神錫（賜）之大龜於上也。

浮于江沱潛漢，逾于洛，至于南河。

此句古人理解不一。程大昌《禹貢山川地理圖》之《雍梁荆三州貢道相因圖》敍説云："荆之貢不徑浮江漢而兼用沱潛者，隨其貢物所出之便，或由正途，或循支派，期便於事而已也。溯漢之極，無水可浮，則陸行至洛，以期達河。故曰‘浮于江沱潛漢，逾于洛，至于南河也’。"傅寅《禹貢説斷》力駁僞孔傳順流曰浮之説，極贊程氏各隨其便之義。傅氏説："荆貢所謂浮於江沱潛漢，正如程氏各隨其便之説，而逾洛則是溯漢而上無水可以通河，故舍舟陸行以入洛，由洛以至於河耳，又安可謂浮漢而順流乎！浮也者，舟行水上之謂。"按程氏説可從。但是，自漢至於洛，是否還有水道，古人説有不同。金履祥《書經注》説"荆之諸國，或從江或從沱或從潛，以入於漢"，此與程氏説同。金氏又説"自漢入丹河、白水河，即逾山路入洛，達於南河"，此與程氏説異。胡渭《禹貢錐指》不同意自漢逾洛更無水道之説，亦不同意自漢逾洛中經丹水、白水河之説。胡氏説："惟水爲自楚入秦之捷徑，水多陸少，逾洛從此無疑。"是程、金、胡三説合觀乃爲完備。

　　南河，夏僎《尚書詳解》云："即豫州之南河也。蓋河自華陰折而東流，豫州在其南，謂河曰南河。冀州在河南之北，故至河南則至帝都矣。"逾，《夏本紀》作踰。洛，《漢書·地理志》王先謙補注引王念孫説，當作雒，雒改爲洛，係衛包所爲。洛雒二水，一在雍州，《漢志》説自左馮翊懷德東南入渭，名洛，與涇渭往往連言。一在豫州，《漢志》説《禹貢》雒水出冢領山東北至鞏入河，名雒，與伊瀍澗往往連言。

荆、河惟豫州。伊洛瀍澗既入于河，滎波既豬，導菏澤，被孟豬。

　　"荆河惟豫州"，僞孔傳："西南至荆山，北距河水。"胡渭《禹貢錐指》説荆山是豫州之南界，不應言西。荆山，據《漢志》説在漢代南郡臨沮縣，即今之湖北南漳縣。參見上文荆州解。是豫州處河水與荆山之間，河水之北是冀州，荆山之南是荆州，豫州正在九州之中央。

"伊洛瀍澗既入于河"，伊瀍澗三水入洛，四水合流而入河。"既入於河"，言經禹疏導之後，不復爲害。胡渭《禹貢錐指》說，"四水洛爲大，伊次之，澗又次之，瀍最小，而其爲害，三水不減於洛"，據漢以後四水爲害之情形看，"禹當時治瀍澗之功不少於伊洛，故四水並書"。

伊洛瀍澗四水源流，古代文獻記載多有不同。伊水，《漢志》說出盧氏縣熊耳山，蔡傳以爲非。閻若璩《尚書古文疏證》卷六下引《盧氏縣志》云："今觀熊耳雖稱有伊源之名，而無流衍之迹，其實出於悶頓嶺之陽，北流過嵩縣、洛陽，東至偃師入於洛。"閻氏自謂："余欲取《括地志》補正曰：伊水出虢州盧氏縣東巒山，東北流入洛。一名悶頓嶺。巒山在今縣東南百六十里，非今縣西南五十里之熊耳山也。"按閻說是。

洛水出商州上洛縣冢領山（即今陝西洛南縣西秦嶺），流經今河南盧氏、洛寧、宜陽、洛陽諸縣地，至鞏縣入河。

瀍水，出今河南新安縣北穀城山，至洛陽東入洛，流長不過七十里。

澗水，出河南澠池縣白石山，至新安縣東與發源於澠池縣南山中穀陽谷之穀水會合（自此澗水亦或稱穀水），至洛陽西入洛水。故《洛誥》周公有"我乃卜澗水東瀍水西，惟洛食"之説。

"滎波既豬"，滎波，古人説法不同。《周禮·職方氏》豫州"其川滎雒，其浸波溠"。熒即滎。顏師古《漢志》注、林之奇《尚書全解》、蔡沈《書集傳》俱以爲滎波各爲一水，即滎澤、波水。滎自河溢，波自洛出。另有人認爲"滎波既豬"的滎波僅指滎澤言，波言滎之洪波，非謂自洛別出之波水。是滎波非二水。僞孔傳："滎澤波水已成遏豬。"孔疏釋之曰："沇水入河而溢爲滎，滎是澤名。洪水之時此澤水大動成波浪，此澤其時波水已成遏豬，言壅遏而爲豬，畜水而成澤，不濫溢也。鄭云：

'今塞爲平地，滎陽民猶謂其處爲滎澤，在其縣東。'言在滎澤縣之東也。馬、鄭、王本皆作滎播，謂此澤名滎播。"以後傅寅《禹貢説斷》、閻若璩《尚書古文疏證》、胡渭《禹貢錐指》皆力主此説，以爲滎波就是滎澤。不同者，孔疏以爲波是滎之洪波，而傅氏等以爲波是播，滎播就是滎澤。傅氏説："上文言導洛，此則專主導濟而言，不當又泛言洛之支水"。閻氏説："余嘗反復參究而覺一爲濟之溢流，一爲洛之支流，兩不相蒙而忽合而言之，與大野、彭蠡同一書法，不亦參雜乎"！今按滎波爲滎澤一水説理據俱足，可從。

"導菏澤，被孟豬"，菏，《史記·夏本紀》、《漢書·地理志》並作荷。孟豬，《左傳》、《爾雅》作孟諸，《周禮·職方氏》作望諸，《史記·夏本紀》作明都，《漢書·地理志》作盟豬，其實一也。顏師古《漢書·地理志》注："盟豬亦澤名，在荷之東北。言治荷澤之水，衍溢則使被及盟豬，不常入也。"林之奇《尚書全解》："菏澤水盛，然後覆於孟豬，亦猶弱水之餘波入于流沙也。"金履祥《書經注》："自菏澤至孟諸，凡百四十里，二水舊相通。"傅寅《禹貢説斷》引葉夢得《書傳》云："孟豬、菏澤其相去遠。被，及也。猶言西被于流沙者。導菏澤被孟豬，言水僅相及，而孟豬之蓄不以菏澤也。"傅寅云："先疏四水（伊洛瀍澗）以循故道，而滎波固可豬矣。滎波既豬，則菏澤固可無患，而猶導其流以被孟豬者，所以殺其餘溢，而亦預爲他日泄水之地也。"胡渭《禹貢錐指》云："此治陶丘復出之濟也。二澤本有相通之道，禹因而疏之，泄餘波入焉，以殺濟瀆之勢也。"合觀諸説之意，知禹爲減殺濟瀆之水勢，不使爲患，乃疏導菏澤之水入於孟豬。且疏通菏澤至孟豬之舊道，以預爲他日泄水之地。禹治水之規劃謹慎如此，大有《易》"藉用白茅"之意。

《説文》與僞孔傳俱云菏澤在胡陵，而《漢志》説在定陶。傅寅《禹貢説斷》解釋説，"蓋在定陶者其澤也，在胡陵者其流也"。按傅説是。《水經》説"濟水東過方輿縣北爲菏水",《注》云:"菏,濟別名也。"菏水就是過方輿縣而東之濟水(方輿縣是今之山東魚臺縣。胡陵故城在魚臺縣境内)。但是《禹貢》"導菏澤"之水,不是《説文》所説在胡陵(今魚臺)之菏水(此菏水東合泗水以注淮水,不入孟豬)。《禹貢》"導菏澤"之水實在定陶。《括地志》云:"菏澤在曹州濟陰縣東北九十里故定陶縣東。"古之定陶縣在今山東定陶縣西南數里處。孟豬,《水經注》説在睢陽縣東北,秦置睢陽縣,漢時爲梁孝王都,今在河南商丘市附近之虞城縣。

厥土惟壤,下土墳壚。

胡渭《禹貢錐指》引王炎説:"下土,下等之土也。壤則爲沃,墳壚則爲瘠。"意謂豫州最好的上等土是壤,最不好的下等土是墳壚。此説是。金履祥《書經注》説:"其上者無塊而柔,其下者或膏而起,或剛而疏。如輾轅之漧淖、汜關之沙陷,皆所謂下土者。"按金説甚的。壤、墳、壚是三種土壤,以其形質之不同,分爲上下兩等。《一切經音義》八:"無塊曰壤。"《漢書·地理志》顏師古注:"柔土曰壤。"《説文》土部:"壤,柔土也。"《周禮·大司徒》鄭玄注:"壤亦土也。……以萬物自生焉則言土,土猶吐也。以人所耕而樹藝焉,則言壤。壤,和緩之貌。"是知壤是業經墾闢耕耘的熟土,其外形特徵是無塊而柔和。

墳,《周禮·大司徒》:"丘陵墳衍原隰。"鄭注:"水涯曰墳。"墳亦作濆,字異而義同。《詩·大雅·常武》:"鋪敦淮濆。"毛傳:"濆,涯。"是知墳是水邊的土地,水邊之土必水分充足而高起,故金氏云:"或膏而起。"且比之以漧淖。

壚,《説文》土部:"壚,黑剛土也。"説壚是剛土,對,説是黑色則不確。《管子·地員篇》:"赤壚歷彊肥。"《淮南子·覽冥訓》:"下契黃壚。"是壚有赤有黃,不必黑色。所謂剛土,據《呂氏春秋·辯土》：“凡耕之道，必始於墟，爲其寡澤而後枯。”知是缺乏水分而表層乾枯得很厚（後通厚）的土，亦即堅硬板結的土。又據金氏“或剛而疎”和“汜關之沙陷”的説法，此土含沙量較大。

厥田惟中上，厥賦錯上中。

　　金履祥《書經注》：“田第四，賦第二，雜出第一。唐虞甸服，跨河而南，故豫之賦與冀相埒，計皆上上。冀言上上錯，豫言錯上中，特異文耳。”按金説豫之賦與冀相埒，是對的。但是説豫在甸服之内，則誤。堯舜之時未有畿服制度，無所謂甸服内外的問題。豫賦之與冀相埒，原因在於其境域近冀而已。

厥貢漆枲絺紵，厥篚纖纊，錫貢磬錯。

　　“厥貢漆枲絺紵”，漆枲，説見兗州。《太平寰宇記》：“宋州産漆。”《史記·貨殖列傳》：“陳夏千畝漆。”李肇《國史補》：“襄州人善爲漆。”宋、陳、夏、襄諸地並處豫州境域内。是豫州盛産漆。絺，葛布。葛布有絺、綌兩種。精細者謂之絺，粗疏者謂之綌。《論語·鄉黨》：“當暑袗絺綌。”孔注：“絺、綌，葛也。”《淮南子·主術訓》：“絺綌綺繡。”高誘注：“葛精曰絺，粗曰綌。”是其證。

　　紵，《詩·陳風·東門之池》：“東門之池，可以漚紵。”孔疏引陸璣疏云：“紵亦麻也……今南越紵布皆用此麻。”《左傳》襄公二十九年：“子産獻紵衣。”是紵字是麻名也是布名、衣名。那麽經此文之紵字是麻是布還是衣呢？胡渭《禹貢錐指》説：“葛成布有絺綌之名，紵成布無他名，仍謂之紵而已。紵在絺下，則亦布也。”按胡氏説是。

　　“厥篚纖纊”，篚，説見荆州。纖、纊爲二物，不是一物。纖是繒的一種，説見徐州。纊，《説文》系部：“纊，絮也。”《左傳》宣公十二年：“皆如挾纊。”杜預注：“纊，綿也。”《小爾雅·廣

服》：“纊，綿也。絮之細者曰纊。”是纊爲細綿絮。《莊子·逍
遙遊》宋人有“世世以洴澼絖爲事”者。絖或作纊。《元和郡縣
志》：“宋州出黃綿。”證明豫州的確産纊。

　　“錫貢磬錯”，錫貢，上頭需要，下達命令，就貢，否則不貢。
是錫貢者不常貢也。僞孔傳：“治玉石曰錯，治磬錯。”意謂治
玉之石曰錯。此磬錯是治玉磬之石錯。按僞孔傳説是，磬錯
是治磬之錯，是一物，不是磬與錯二物。錯是石做的，不是金
屬物。《詩·小雅·鶴鳴》説“它山之石，可以爲錯”，“它山之
石，可以攻玉”，就是證明。傅寅《禹貢説斷》引王氏云：“磬錯，
二物。”金履祥《書經注》謂錯“鑄鐵爲之”，並誤。

浮于洛，達于河。

　　此句僞孔傳無説，或以爲無須説也。夏僎《尚書詳解》引
林之奇《尚書全解》云：“豫州去帝都甚近，浮舟於洛則達於河，
河即南河也。達河即達帝都，以豫在河之南，冀在豫之北也。”
按林氏説是。蔡沈《書集傳》説“豫之東境徑自入河，豫之西境
則浮于洛而後至河也。”胡渭《禹貢錐指》舉鴻溝、滎川、濟隧皆
後世所有，並非禹迹，證豫州東境之水禹時蓋不通河。當時汝
潁亦不與河通。與河通者衹有汜水，然而源委頗短。是胡氏
以爲豫東徑自入河説不合事實。今從胡氏。

華陽、黑水惟梁州。岷嶓既藝，沱潛既道，蔡蒙旅平，和夷底績。

　　“華陽、黑水惟梁州”，華山之陽與黑水之間是梁州。華，
華山，《漢書·地理志》京兆尹華陰縣下云：“太華山在南。”《水
經注》之《禹貢山水澤地篇》謂“華山爲西岳，在弘農華陰縣西
南”，説與《漢志》同。太華山即今日著名的陝西華陰縣境内之
華山。華陽，謂華山之陽。夏僎《尚書詳解》引曾彦和云：“華
山之陰爲雍州，其陽爲梁州。則雍州之南，梁州之北，以華爲
畿（畿，限也）。”林之奇《尚書全解》謂曾氏此説極善。胡渭《禹

貢錐指》説曾氏言"梁北雍南以華爲畿,不兼言東,最得經旨"。但是,"華陽"不是問題,問題在黑水究竟是哪一條水,其地望在何處？這個問題自古迄今,其説不一。《公羊傳》莊公十年疏引鄭玄注云:"梁州界自華山之南至於黑水也。"是鄭氏認爲黑水非梁州之黑水,祇是梁州南界至於黑水。僞孔傳云:"東據華山之南,西距黑水。"以爲黑水出雍州經梁州入於南海,爲雍梁二州之西界。後世許多人據僞孔傳這一錯誤説法,到流入南海諸水中尋找黑水,都不得要領。胡渭《禹貢錐指》據薛士龍之説,認定梁州南界之黑水是今日之金沙江。禹時叫黑水,之後叫若水,漢代以後叫瀘水,唐代以後至今叫金沙江。黑水爲金沙江説是對的。據這一説法,梁州之東界當在今陜西華山之南,經商洛地區、湖北鄖西之上津一綫,與豫州接界。南至湖北竹山、四川巫山一綫,與荆州接界。這是東境。西境不可考。南境金沙江之左岸及宜賓至巫山一段大江以北,是梁州地域。《牧誓》之庸、蜀、羌、髳、微、盧、彭、濮諸國及春秋時代之庸、巴、濮、麇、褒五國皆在梁州地域。這也證明《禹貢》之九州是自然區域之劃分,不是行政區劃。

"岷嶓既藝",岷是岷山,嶓是嶓冢。《禹貢》以爲此二山是江漢之源。洪水之後,岷嶓二山地區可以樹藝種稼,故云"岷嶓既藝"。閻若璩《尚書古文疏證》卷六下引宋人王炎云:"江漢發源此州。方江漢之源未滌,水或泛濫二山下,其地有荒而不治者。今既可種藝,知二水之順治也。"兩漢魏晉時岷嶓兩地農業很發達,如《漢書·地理志》説:"巴蜀廣漢土地肥美,有江水、沃野、山林、竹木、疏食、果實之饒。"又如晉人潘岳赴長安令任作《西征賦》,謂"面終南而背雲陽,跨平原而連嶓冢"之秦地是"黃壤千里,沃野彌望,華實紛敷,桑麻條暢"的景象。禹時生産必不可與漢時同日而語,但是岷嶓二山之下宜於播種,民食仰給,則是可能的。

　　岷山是岷江之源，是不成問題的。但是岷山是一個廣大的山脈，古人稱之爲岷山的山不止一處，需要說清楚岷江究竟源自何處。據胡渭《禹貢錐指》考證，古代稱岷山者有四。一、《漢書·地理志》蜀郡記載岷山在湔氐道西徼外。按漢代之湔氐道在今四川松潘西北。二、《元和郡縣志》云：“汶山縣有汶山，即岷山，去青城山百里。”宋張栻《西岳碑》云：“岷山在茂州列鵝村。”按唐宋的茂州、汶山縣在今四川茂汶羌族自治縣。三、杜光庭《成都記》云：“岷山連峰接岫，千里不絕，灌縣青城山乃其第一峰也。”是今四川灌縣青城山古亦有岷山之名。四、《括地志》云：“岷山在岷州溢樂縣南，連綿至蜀幾二千里，皆名岷山。”《元和郡縣志》云：“山在溢樂縣南一里。”是溢樂縣亦有山叫岷山。按溢樂縣即今甘肅岷縣。胡渭以爲“大抵岷山北起於溢樂，實跨古雍州之境，而南則訖於青城，綿地千餘里，與太行伯仲，或專指在松潘亦非篤論。然大江所出則必直氐道西徼外者也”。是岷山雖古人言及四處，實則爲一個大山脈，它北起甘肅岷縣，經四川松潘、茂汶，南迄灌縣，逶迤千餘里。松潘岷山是江之源。

　　那麼，“岷嶓既藝”的岷當指今四川松潘至灌縣之岷山以東亦即岷江流域的廣大地區，包括成都平原在內。當時在梁州範圍內。洪水過後，這裏可以樹藝種稼了。

　　漢水之源，《魏書·地形志》華陽郡嶓冢縣下云：“有嶓冢山，漢水出焉。”《括地志》梁州金牛縣下云：“嶓冢山在梁州金牛縣東二十八里。”又云：“漢水源出梁州金牛縣東二十八里嶓冢山，至荊州與大江合爲夏水。”按金牛縣即今陝西勉縣。胡渭《禹貢錐指》說嶓冢山“今在陝西漢中府寧羌州北九十里。州本漢廣漢郡葭萌縣地也。”《漢書·地理志》隴西郡西縣下云：“《禹貢》嶓冢山，西漢（水）所出，南入廣漢白水，東南至江州入江。”按漢代之西縣在今甘肅天水市西南一百二十里。是嶓冢山有二：一個是《漢志》所説，西漢水（今嘉陵江之上游）所出，在今甘肅天水市附近。一個是《魏志》所説，漢水所出，在今陝西勉縣與寧强縣之間。《禹貢》之嶓冢必是後一個無疑。《漢志》以甘肅天水之嶓冢山當《禹貢》之嶓冢山，是不對的。胡渭《禹貢錐指》斷言自後魏以來言嶓冢山之所在縣，曰嶓冢（縣名），曰西縣（與漢代西縣同名異地），曰金牛，曰三泉，曰大安，曰寧羌，地名六變，而山則一，皆在古梁州之域，其爲《禹貢》之嶓冢無疑。胡氏説是。

"沱潛既道"，道訓通訓達，見荆州"沱潛既道"解。荆州有沱潛，梁州也有沱潛。梁州之沱有一而潛有二。一般以爲《禹貢》梁州之沱是自灌縣西南至成都東南與流江會合之郫江。但是此郫江起止僅三百里，不值得禹施大功治之，《禹貢》更不必大書之。據《漢書·地理志》蜀郡緜虒縣（今四川汶川縣有緜虒鎮）湔水東南至江陽（今四川瀘州）入江，行千八百九十里。《水經注》卷三十三江水（一）注云："洛水又南逕新都縣，與綿水合，又與湔水合，亦謂之郫江也。"湔水與綿洛二水會合，之後直至於瀘州入江，這一段水叫郫江，也叫洛水，又叫湔水。那麽，沱應當是自灌縣別於江，至瀘州入於江這一段水，流長約一千五百里，其下游與今日之沱江大致相當。

梁州之潛，據閻若璩《尚書古文疏證》卷六下引胡渭説，梁潛有二，"一在巴郡宕渠縣，一在廣漢郡葭萌縣"。胡氏强調："沱，分派别行者也；潛，伏流重出者也"。據此原則，他認爲《漢書·地理志》巴郡宕渠縣下："潛水西南入江。"就是《禹貢》梁州二潛之一。宕渠縣在今四川渠縣東北。據《水經注》説，宕渠縣内"有大穴，潛水入焉。通岡山下，西南潛出，謂之伏水。或以爲古之潛水"。這條水發源於今陝西南鄭縣南之巴嶺。西南流經今四川蓬安縣，東南經營山縣入渠縣界，又西南經今廣安縣至合川入嘉陵江。嘉陵江古稱西漢水，故此水得以稱潛。從今四川渠縣至合川這一段水，漢代稱宕渠水，今稱渠江，就是胡氏說的《禹貢》梁州二潛水之一。

梁州另一條潛水在漢代廣漢郡葭萌縣。葭萌唐代爲綿谷縣，魏晉亦名漢壽、晉壽。在今四川廣元縣界。《括地志》和《元和郡縣志》都說潛水出綿谷縣龍門山。龍門山當在綿谷縣（今四川廣元）北，沔縣（今陝西勉縣）南。胡氏引《廣元縣志》云："潛水出縣北一百三十餘里木寨山，流經神宣驛、龍洞口，至朝天驛北，穿穴而出，入嘉陵江（即西漢水）。"木寨山在北，龍門山在南，潛水出入於其間。此潛水最後在何處入嘉陵江，則古人無說。

"蔡蒙旅平"，蔡蒙，二山名。旅平，王引之《經義述聞》卷三引王念孫云："旅者道也。《爾雅》：'路、旅，途也。'郭璞曰：'途即道也。'《郊特牲》：'臺門而旅樹。'鄭注曰：'旅，道也。''蔡蒙旅平'者，言二山之道已平治也。"按王說是，旅平即道路已平治。僞孔傳釋旅爲旅祭，王先謙《漢書補注》釋旅爲陳列，皆不可從。

蒙山，《太平寰宇記》云："始陽山在盧山縣（今四川盧山縣）東七里。本名蒙山，唐天寶六年敕改始陽山。高八十里，東道控川，歷嚴道縣（今四川榮經縣），橫亘入邛州火井縣（今四川邛崍縣西南）界。"又云："蒙山在名山縣（今四川名山縣）西七十里，北連羅繩山，南接嚴道縣。山頂全受陽氣，其茶芳香。《茶譜》言山有五嶺，出中頂山清峰者，所謂蒙頂茶也。"是蒙山確切可以指實，它在今四川雅安地區之盧山、名山、榮經一帶，自古以産蒙頂名茶著稱。

蔡山，地望自古至今都未弄清楚。《漢書·地理志》、《水經注》避而不言，孔穎達疏、《史記》司馬貞《索隱》並言不知所在。宋人歐陽忞《輿地廣記》說蔡山在雅州嚴道縣（今四川榮經縣），忞同時人葉夢得《書傳》亦云蔡山是嚴道縣東五里之周公山。但是歐陽氏與葉氏之説於文獻無徵，不足信據。是《禹貢》之蔡山究竟是哪一座山，實在不能鑿鑿指定，今存疑可也。

　　"和夷底績"，禹治梁之江漢沱潛之後，蔡蒙諸山之道路既已平治，於是和夷也致功可藝了。和夷，古今衆説紛紜，難可一是。鄭玄注説"和夷，和上夷所居之地也。和讀曰桓。"引《地志》曰："桓水出蜀郡蜀山，西南行羌中者也。"是鄭玄認爲和爲水名，即《漢志》出蜀郡蜀山之桓水。按蜀山北與岷山相連，其在今四川理縣與汶川縣界者，桓水所出。此稱蜀山桓水。《水經注》謂梁州南至此桓水，故引《晉地道記》説："自桓水以南爲夷，《書》所謂'和夷底績'也。"王鳴盛《尚書後案》從此説。另，據《水經注》還有一桓水出自西傾，謂西傾桓水。此桓水流至漢葭萌縣（今四川廣元縣）入西漢水（即嘉陵江）。今查《中國歷史地圖集》，知譚其驤先生似乎以此桓水爲《禹貢》"和夷底績"之和（桓）水，其南爲和夷居住地區。

　　以上是兩種説法，還有第三説。胡渭《禹貢錐指》説鄭玄注云和夷是"和上夷所居之地"，是對的，但是以爲和水即桓水，則不對。胡氏説和水是《説文》的渽水。渽水出蜀汶江（在今四川茂汶縣北）徼外，東南入江。"和夷底績"之"和夷"就是渽水南之夷。渽水亦即唐以來的大渡河。

　　宋人則有另一些説法。蘇軾《書傳》説："和夷，西南夷名。"傅寅《禹貢説斷》引曾彥和《尚書講義》云："自嚴道（今四川滎經縣）而西，地名和川（今四川天全縣），夷人居之，今爲羈縻州者三十有七。則經所謂和夷者也。"傅寅《禹貢説斷》説："和夷者，近蒙蔡之夷也。"金履祥《書經注》説與曾、傅略同。

　　經文扼簡，難以指實，故越是説得具體，越難以置信。倒是鄭玄説的"和夷，和上夷所居之地也"和蘇軾説的"和夷，西南夷名"，疏而不密，爲近之。其餘諸説俱不可輕信。

厥土青黎，厥田惟下上，厥賦下中三錯。

　　"厥土青黎"，青言土色，黎言土質。《經典釋文》引馬融云："黎，小疏也。"孔疏引王肅云："青，黑色。黎，小疏也。"《漢書·地理志》顏師古注云："色青而細疏。"意謂梁州土質比較疏鬆。青，青色。王氏釋青爲黑，無據。僞孔傳説："色青黑而沃壤"，尤誤。黎字於此不宜訓黑，言沃壤更屬增字解經。金履祥《書經注》云："黎，細而疏也。梁土色青，故生物易；性疏，故散而不實。向聞吏牘，謂成都土疏，難以築城，蓋此也。"最爲得之。

　　"厥田惟下上"，梁州土地在第七等。

　　"厥賦下中三錯"，梁州的賦在第八等，而上錯第七等，下錯第九等，即在七、八、九三等之間不定。

厥貢璆鐵銀鏤砮磬，熊羆狐狸織皮，

　　璆，《爾雅·釋器》、《説文》玉部並釋爲玉。僞孔傳、顏師古《漢志》注亦並釋爲玉。或謂美玉。《經典釋文》璆字下引韋昭、郭璞云："紫磨金。"又引郭璞注《爾雅》云："璆即紫磨金。"但是，《説文》璆、鏐二字，音義皆異。鏐訓黃金之美者，從金，翏聲，讀若劉。璆，或從求，作球，玉也。是知璆是玉，釋作紫磨金，不妥。

　　鐵，據《史記·貨殖列傳》、《漢書·地理志》記載，蜀地產鐵，是毫無問題的。但是那是戰國秦漢的事情。中國鐵的出現大體不早於春秋。目前尚無足夠的文獻與地下材料證明禹時已經有鐵的生產。何以《禹貢》中竟出現鐵字，這個問題自漢迄清罕見有人追究。今人主《禹貢》爲秦統一前後作品者，視此鐵字爲《禹貢》晚出的一條鐵證。不過，《禹貢》寫成於春秋初年，非戰國作品(説見本篇解序言)，從全篇整體看是不成問題的。爲什麼於梁州出現一個鐵字，有待深入探討。有一點值得注意，倘《禹貢》是秦統一前後寫成，則戰國時代大河南北無不產鐵，且產量與技術水平實不遜於蜀地，距冀州又爲近,何以獨於梁州言貢鐵而他州竟不之及?

銀,《説文》金部、《爾雅·釋器》俱謂白金是銀。古代凡五色金屬皆有金名。鉛稱青金,銅稱赤金,銀稱白金,鐵稱黑金,金稱黄金。

鏤,鄭玄注云:"剛鐵,可以刻鏤也。"即釋爲可以刻鏤的剛鐵。僞孔傳從之。後世注疏者亦大多從之。其實鄭説大成問題。宋人曾彦和《尚書講義》説鏤爲剛鐵,鐵爲柔鐵。金履祥《書經注》説鏤是鋼鐵,尤爲離譜。鏤的本義是雕刻,雕刻金屬或玉石之類。此鏤字作爲貢品,釋作刻鏤而成或可以刻鏤的東西,是對的。但是,它是什麽質料,經文未明言,不宜指實。鄭玄説是剛鐵,純係臆想。金氏引申爲鋼鐵,更無根據。試想,禹時怎可能具有刻鏤鋼鐵的技術! 故此鏤字以不指實爲妥。是金是銀是玉是石不必一定,尤其不可釋作剛鐵或鋼鐵,因爲當時無鐵。

砮磬,爲二物。砮是可以製作箭頭即矢鏃的一種石頭。磬是石磬。此二物不惟梁州貢,別州也貢。如徐州有浮磬,荆州有砮,豫州有磬錯。又金三品,揚州貢,荆州也貢。這説明《禹貢》任土作貢,因地而宜,哪州有則哪州貢,一州有則一州貢,多州有則多州貢。鐵,戰國多處都有,若《禹貢》是戰國或秦漢作品,絶不會僅貢於梁州。再者,既然砮是珍貴貢品,就證明《禹貢》不爲晚出,因爲戰國早已盛行鐵鏃,石鏃間或有之,必不至於列爲貢品。

"熊羆狐狸織皮",四種野生動物的織皮。即貢的是出自四種動物的産品——織皮,不可能是四種動物本身。

熊,陸璣《毛詩草木鳥獸蟲魚疏》云:"熊能攀緣上高樹,見人則傾倒自投地而下,冬多入穴而蟄居,始春而出。脂謂之熊白。"

羆,《爾雅·釋獸》:"羆如熊,黄白文。"郭璞注云:"似熊而長頸高腳，猛憨多力，能拔樹木。關西呼曰貑羆。”陸璣《毛詩草木鳥獸蟲魚疏》云：“羆有黃羆有赤羆，大於熊，其脂如熊白而粗理，不如熊白美也。”《西京雜記》云：“熊羆毛有綠光，長二尺者值百金。”

　　狐，不待解釋，盡人皆知。貍，《廣韻》：“野貓。”《説文》豸部段注：“謂善伏之獸，……即俗所謂野貓。”

　　織皮，二物。顏師古《漢書·地理志》注：“織皮謂罽也。言貢四獸之皮，又貢雜罽。”蘇軾《書傳》：“以罽者曰織，以裘者曰皮。”夏僎《尚書詳解》引曾彥和《尚書講義》云：“梁州山林之熊羆狐貍四獸，其皮制之可以爲裘，其毛織之可以爲罽。”按顏、蘇、曾三家説是，織皮爲二物，織是毛織之衣，皮爲毛皮製作之裘。

西傾因桓是來。浮于潛，逾于沔，入于渭，亂于河。

　　“西傾因桓是來”，西傾，山名。西傾山又名强台山，在今青海省河南縣和甘肅省瑪曲縣一帶，即甘青二省南部交界處。桓，桓水，一名白水。據《水經注》漾水條下注，白水出臨洮縣（今甘肅岷縣）西南西傾山。水色白濁。流經今甘肅文縣、四川平武、劍閣，至昭化東入西漢水（即今之嘉陵江）。古之白水，其流經路綫與今白水有異。西傾桓水是白水，不是白龍江。又《漢書·地理志》蜀郡下云：“《禹貢》桓水出蜀山西南，行羌中，入南海。”此桓水是另一水，不是《禹貢》“西傾因桓是來”之桓水。《漢志》説誤，不可從。鄭玄注《禹貢》梁州“和夷厎績”句，破和爲桓，亦誤。彼和水是漢代之涐水，唐代之大渡河，不是“西傾因桓是來”之桓水。鄭玄釋“西傾因桓是來”的桓爲“隴阪名，其道盤桓旋曲而上”云云，亦誤。

　　關於“是來”，宋人傅寅《禹貢説斷》引葉夢得《書傳》云：“疑西傾即西戎之境，‘熊羆狐貍織皮’文當與‘西傾因桓是來’相屬。謂此四獸之皮，西傾之戎，因桓水而來貢也。”傅寅説：

"'是來'云者,是指梁州言也。"按葉説、傅説是。織皮出於西傾山區之西戎,西戎順桓水之便,經由梁州來貢。經下文"織皮崑崙、析支、渠搜,西戎即敍"是其證。

"浮于潛",浮,舟行。梁州有二潛水,一源於今陝西南鄭巴嶺,西南流經蓬安、營山、渠縣、廣安諸縣地,至合川入嘉陵江。自渠縣至合川一段,今稱渠江。一源於陝西勉縣與四川廣元間之龍門山,流入嘉陵江。詳見上文"沱潛既道"句解。"浮于潛",二潛水流域貢物舟行進入嘉陵江(西漢水),泝嘉陵江北上。

"逾于沔",由此一水入另一水,中間經過一段陸路曰逾。沔水一名沮水,出自沮縣(今陝西略陽縣東)東狼谷,東南流經今陝西勉縣西與漾水合。漾水於是亦稱沔水。更東流至漢中,則稱爲漢水。"逾于沔",是説梁州貢物自潛水達于西漢水(嘉陵江),再由西漢水達到沔水。自西漢水達于沔水,其間要走一段陸路,故曰"逾于沔"。這段陸路是:浮嘉陵江至四川廣元縣北龍門第三洞口,舍舟登陸,越岡巒而北至第一洞口,出谷乘舟至勉縣南,入南鄭縣界。

"入于渭",渭水出自隴西首陽縣(今甘肅渭源東北)鳥鼠同穴山東,東流抵華陰入河。在今陝西眉縣西南有衙領山(俗稱馬鞍山),山北口出斜水,北流至武功縣入渭水。山南口出襃水,南流至襃城入沔水。是沔渭之間隔着一個分水嶺,其間大約百餘里不可行舟,要走一段陸路。梁州貢物自沔水入襃水上溯至衙領山南,通過百餘里夾谷的陸行,至山北舍陸登舟,順斜水至于渭水。由此一水入另一水,中間經由一段陸路,應言逾不言入,經文言"入于渭"者,意思已在上文"逾于沔"中包括了。

"亂于河",《爾雅·釋水》:"正絶流曰亂。"正絶流,橫渡的意思。自水之此岸直渡過去達到彼岸,曰亂。梁州之貢物自斜水入于渭水,順流而下,至河水自北向東折曲處,渡過河去就是目的地冀州。

黑水、西河惟雍州。弱水既西,涇屬渭汭,漆沮既從,灃水攸同。

　　"黑水、西河惟雍州",謂雍州之東界在西河,西界在黑水。西河之東與冀州接界。自今內蒙古自治區托克托轉向南流至陝西華陰而折東的一段黃河,行一千七百餘里,古稱西河。自冀州中國的立場看,河在西,故曰西河。《左傳》昭公十三年"除館於西河",《禮記·檀弓上》子夏"退而老於西河之上",《史記·仲尼弟子列傳》"子夏居西河",《孫子吳起列傳》"武侯浮西河而下",皆爲《禹貢》之西河。黑水,《禹貢》三見。雍州西界之黑水與下文導水之黑水是同一水,梁州之黑水是另一條水。梁州黑水,後來叫若水、瀘水,即今之金沙江。雍州之黑水,究竟在雍西何處,自戰國以來已渺茫難知。屈原《天問》有"黑水、玄趾、三危安在"之疑,漢代治《尚書》者不知黑水之所在,班固、司馬彪於黑水亦均無說,甚至通西域的衆多使者竟無人言及見過古黑水之蹤迹。至酈道元作《水經注》才說黑水出張掖雞山,而唐初李泰作《括地志》又說黑水出伊吾縣北。唐代伊吾縣在今新疆之哈密地區,東距張掖一千五百餘里。自唐以來來往西域長安之間絲綢之路上的商旅、使臣絡繹不絕,未聞有人見過敦煌之西有可與古黑水相當之水。《水經注》與《括地志》之說均無法證實。故杜佑《通典》說"年代久遠,或至埋湮"。杜說是可信的,也是合乎情理的。禹時必有一條自北向南流的大水,構成雍州之西界,但是後來它不見了,或者改道,或者被沙漠埋沒。這又可以證明《禹貢》的成篇不會太晚,戰國秦漢人不可能想象出一條未曾目驗,不見載記,自北向南流入南海、流長僅亞於大河的黑水來。

　　胡渭作《禹貢錐指》對《禹貢》雍州之黑水問題討論至爲詳贍,對唐以來諸家之黑水說一一剖析,以爲"樊綽、程大昌、金履祥、李元陽等紛紛辯論,如繫風捕影,了無所得,徒獻笑於後人而已"。胡説極是。

　　胡渭指出雍州境内有十條黑水,均與《禹貢》雍州之黑水無涉。一、《水經注》出奢延縣黑澗,最後入河之黑水。二、《水經注》出自南山,在黑水峽入渭之黑水。三、《水經注》在秦安縣合瓦亭川入渭之黑水。四、《水經注》出定陽縣西山,合定水入河之黑水。五、《水經注》在螯屋縣與就水合而北流入渭之黑水。六、《北志》在寧夏衛會合後入河之大黑水與小黑水。七、《志》云出太白山流經環縣會九龍川,至長武縣入涇之黑水。八、《志》云合白水東流,至延川縣入河之黑水。九、弱水合張掖河出塞入居延海,俗謂之黑河之黑水。十、自沙漠南流合白水、紅水至西寧衛入西海之黑水。這是十條小水,不經三危入南海,無一可當《禹貢》之黑水。

　　《禹貢》雍州東接冀,南鄰梁,東南比豫,西至在黑水。今黑水不明在何地。北至經文無説。任何具體的説法均屬後人猜測,不足憑信。禹之九州完全根據大山大川劃定,不具有後世行政區域的性質,各州之四至不可能也不需要劃得確切、細致,恐怕大禹自己也不能或者根本不想説清楚。

　　"弱水既西",弱水既道而西流。傅寅《禹貢説斷》:"横流之時,弱水亦東侵而被於河。河不安而涇亦受其患。禹道之使西以復其故道,則河西無泛濫之水,河安涇亦安矣。"胡渭《禹貢錐指》説:"弱水在大河之西,其地雖遠而泛濫特甚,雍州之患無急於此者,故禹先治之。"此與傅説意同。胡氏又説:"河大矣,弱水之去來不足爲重輕,其爲災亦止河西耳,涇水更不相及,不可以既字連下爲義。"此與傅説意不同。按胡説是。

　　諸水言既道,而弱水言既西,是什麼道理?諸水皆東流,言導則東流可知,東不須言。弱水獨西流,因洪水泛濫而横流,今禹導之而使西,言西則導之可知,導不須言。

弱水源流,據經下文言"導弱水至于合黎"以及此言"弱水既西",知弱水之源在合黎之東。合黎,山名。合黎山地望,據《元和郡縣志》記載,在張掖縣西北二百里,俗名要塗山。又《水經》合離(即黎)山在酒泉會水縣(今甘肅高臺縣)東北。按二書所記一致。合黎即今甘肅張掖西北方向的合黎山。弱水之源有二,並在合黎山之東。《漢書·地理志》張掖郡删丹縣下云:"桑欽以爲'道弱水'自此,西至酒泉合黎。"是弱水源出漢代删丹縣(今甘肅山丹縣)南一百五十里之窮石山(今名祁連山)。這是弱水之正源。弱水之另一源是羌谷水。據《漢書·地理志》張掖郡䤈得縣記載,"羌谷水出羌中,東北至居延入海,過郡二(張掖、酒泉),行二千一百里"。漢䤈得縣故城在今張掖縣西北。《括地志》説"羌谷水一名鮮水,一名合黎水,一名覆表水,一名張掖河,自吐谷渾界北流入張掖縣"。在張掖縣北與弱水合,又西北經高臺縣北,又西北出合黎山峽口,又東北流入居延海。居延海在今甘肅北部額濟納旗北,嘎順諾爾就是古居延海的殘留。

"涇屬渭汭",僞孔傳:"屬,逮也。水北曰汭。言治涇水入於渭。"孔疏:"屬謂相連屬,故訓爲逮。逮,及也,言水相及。《詩》毛傳云:'汭,水涯也。'鄭云:'汭之言内也。'蓋以人皆南面望水,則北爲汭也。且涇水南入渭,而名爲渭汭,知水北曰汭。言治涇水使之入渭,亦是從故道也。"意謂治理涇水,使之從故道東南流,在北岸安然入渭。

涇水源委,《漢書·地理志》安定郡涇陽縣下云:"开頭山在西。《禹貢》涇水所出,東南至陽陵入渭。過郡三(按安定、扶風、馮翊),行千六十里。雍州川。"涇陽在今甘肅平涼縣西四十里。开頭山一作鷄頭山,又名崆峒山。是涇水發源於甘肅平涼縣西之崆峒山。漢代陽陵縣故城在今陝西省高陵縣西南三十里。今涇水正在高陵縣南入渭。

　　"漆沮既從"，夏僎《尚書詳解》云："涇水既屬於渭汭，其下則漆沮自北而從之，其上則灃水自南而同之，故言'漆沮既從，灃水攸同'。曰屬，曰從，曰同，其實一也，但變文耳。"按夏氏釋屬、從、同三字之義甚是。

　　漆沮，古有二說，一說漆沮乃扶風之漆水。《漢書·地理志》右扶風漆縣下云："（漆）水在縣西。"按漢代漆縣今爲陝西彬縣。《陝西通志》："有水簾河在邠州（按今彬縣）南十里，北流入涇，即漆水也。"此漆水北入涇，由涇而入渭。又闞駰《十三州志》說："漆水出漆縣西北，至岐山東入渭。"此漆水自北而南，直接入渭。二漆水同出一原，一流入涇，一流入渭。都在涇水以西。孔穎達疏認爲《禹貢》"漆沮既從"之漆沮是二水，漆水就是漢代漆縣（今彬縣）的漆水。沮水在何處，他說不知道。而漆縣其實有兩條漆水，一入涇，一入渭，孔氏未弄清楚。

　　另一說，認爲《禹貢》"漆沮既從"的漆沮水就是洛水。洛水曾有漆水、沮水注入，故洛水又可稱漆沮水。僞孔傳說："漆沮，二水名，亦曰洛水，出馮翊北。"是此一說的代表。顏師古《漢書》注、闞駰《十三州志》、曾彥和《尚書講義》、胡渭《禹貢錐指》皆主此說。他們認爲注入洛水的漆沮水出於漢代北地，與出自扶風者不同。根據是，《漢書·地理志》北地郡直路縣下云："沮水出東，西入洛。"《水經》沮水："出北地直路縣東，過馮翊祋祤縣北，東入於洛。"（王先謙《漢書補注》引王念孫說："洛在沮東，不得言西入洛。"按王說是）。入洛之漆水源委漢晉人無說，宋人始言之。樂史《太平寰宇記》說："漆水自耀州同官縣東北界來，經華原縣合沮水。"洛水，據胡渭《禹貢錐指》考證，出自安化縣（今甘肅慶陽）北百七十里處之白於山，東南流至華陰縣西北胡蘆灘入渭。此洛水就是"漆沮既從"的漆沮水。

　　以漆沮水爲洛水，是正確的。從《禹貢》經文自身可以找到證據。第一,經下文導水言"導渭自鳥鼠同穴,東會于灃,又東會于涇,又東過漆,沮入于河"。漆沮在涇與河之間,除洛水之外無他水可當之。第二,《禹貢》豫州有洛,雍州無洛,而《周禮·職方氏》言雍州之浸曰渭洛。《周語》記幽王時"三川震",韋昭注云:三川乃"涇渭洛"。洛乃雍州大川,涇水之西屬右扶風界内的漆沮是小水,故《禹貢》的漆沮不大可能是涇水以西的漆沮。

　　"灃水攸同",灃,又作酆。同,與上文的屬、從同義,都是入渭的意思。《漢書·地理志》右扶風鄠縣(按今户縣)下云:"酆水出東南,又有潏水,皆北過上林苑入渭。"胡渭《禹貢錐指》引《長安志》云:"豐水出長安縣西南五十五里終南山酆谷,其源闊一十五步,其下闊六十步,水深三尺。自鄠縣界來,終縣界由馬坊村入咸陽合渭水。昔文王作豐,武王治鎬,《詩》咏其事。鄭康成云:'豐在豐水之西,鎬在豐水之東。'相去蓋二十五里也。"《詩·大雅·文王有聲》:"豐水東注,維禹之績。"這説明周初豐水還是東注渭,不是北注渭。也説明渭南諸水,灃爲大。

荆岐既旅,終南惇物,至于鳥鼠,原隰厎績,至于豬野。

　　"荆岐既旅",荆岐,雍州二山名。既,已然之辭。旅,道路。王引之《經義述聞》卷三引王念孫云:"荆岐既旅者,言二山已成道也。"見梁州"蔡蒙旅平"解。荆山,《漢書·地理志》左馮翊褱德縣下云:"《禹貢》北條荆山在南,下有彊梁原。"是知此荆山爲北條荆山,在今陝西境内,不是荆州之荆山。褱亦作懷。漢代懷德縣地望,據《水經注》之渭水注,在渭水之北,沙苑之南,荆山又在懷德縣之南。《括地志》説,懷德故城在同州朝邑縣西南四十二里。《太平寰宇記》引《水經注》云:"洛水東南歷强梁原,俗所謂朝阪。"(按今本《水經注》無此文)王先謙《漢書補注》引《同州志》云:"華原在朝邑縣西繞北而東以絶於河,古河壖也。一名朝阪,亦謂之華原山。"清人閻若璩曾親至朝邑,知縣治在强梁原北,荆山之北麓。根據這些材料,我們知道此荆山在今大荔縣(即漢之懷德、唐之朝邑)南,渭水之北,洛水之東,河水之西,即在古河壖地。《隋書·地理志》謂富平縣有荆山,誤。荆山不在富平。

岐,山名,亦作𨙶。《漢書·地理志》右扶風美陽縣下云:"《禹貢》岐山在西北。中水鄉,周大王所邑。"《詩·大雅·緜》"周原膴膴",鄭箋:"周之原,地在岐山之南。"《儀禮·鄉射禮》"乃合樂……召南鵲巢采蘩采蘋",鄭注:"昔大王、王季、文王始居岐山之陽,躬行召南之教,以成王業。"漢代美陽在今陝西扶風縣。是岐山在今扶風縣與岐山縣之北。又《西京賦》薛綜注:"岐山在長安西美陽縣界,山有兩岐,因以名焉。"《漢書·郊祀志》顏師古注:"岐山,其山兩岐,俗呼爲箭栝嶺。"

是荆岐二山一在東一在西,都在渭水之北。"荆岐既旅",洪水退後,荆岐二山地界,道路已通。

"終南惇物,至于鳥鼠",終南、惇物、鳥鼠,三山名。此句蒙上文"既旅"言。既旅的不僅荆岐二山,還有終南、惇物、鳥鼠三山,一共五山。惇,《史記·夏本紀》作敦。《漢書·地理志》右扶風武功縣下云:"大壹山,古文以爲終南。垂山,古文以爲敦物。皆在縣東。"漢代武功縣故地當今陝西眉縣東。王先謙《漢書補注》引錢坫云:"終南亦曰太白山。在郿縣東南四十里。考山在今郿縣南者曰終南,在今西安府城南者古止稱南山,從未被以終南之名。後人以陝西省迤南一帶山並曰終南,而別太白爲終南之一峰,其說始自唐柳宗元輩,不符班旨,舛訛甚矣。"是終南指稱眉縣南之山,西安市南之山另稱南山,不稱終南。

惇物,即《漢志》之垂山。據王先謙《漢書補注》考證,垂是岳之訛,垂山當是岳山。岳山也稱武功山,在眉縣(漢代武功

縣在今眉縣境)東南,俗呼鰲山。在眉縣之南有終南山(又稱
太一山、太白山),終南山之南有岳山。岳山即惇物山。《漢
志》說終南、敦物二山"皆在縣東",東當是南之誤。是惇物山
又稱岳山,又稱武功山。在終南山(又叫太一山、太白山)之
南。終南山在眉縣之南。胡渭《禹貢錐指》說與此異。今從王
說。

鳥鼠,山名,《漢書·地理志》隴西郡首陽縣下云:"《禹貢》
鳥鼠同穴山在西南,渭水所出,東至船司空入河。"《禹貢山水
澤地篇》說同。《說文》、《水經注》說亦同,且紹介加詳。《說
文》水部:"渭水出隴西首陽渭首亭南谷,東南入河。"《水經
注》:"渭水出縣首陽山渭首亭南谷,山在鳥鼠山西北。縣有高
城嶺。嶺上有城,號渭源城,渭水出焉。三源合注,東北流逕
首陽縣西,與別源合,其水南出鳥鼠山渭水谷,《禹貢》所謂'渭
出鳥鼠'者也。"據經下文言"導渭自鳥鼠同穴"和《漢志》言"鳥
鼠同穴山在西南",知鳥鼠同穴爲一山,不是二山。鳥鼠同穴
是全稱,鳥鼠是省稱。又據《水經注》和《說文》,知渭水實非一
源,既出鳥鼠山,又出首陽山。漢代首陽縣,北魏改曰渭源縣,
至今因之。今甘肅渭源西南之山仍名鳥鼠。船司空是當時渭
水入河處,漢代縣名,在今華陰縣東北。

關於"荊岐既旅,終南惇物,至于鳥鼠"這段話的文意,如
孔疏所說:"三山空舉山名,不言治意,蒙上'既旅'之文也。"

"原隰底績",《爾雅·釋地》:"廣平曰原,下濕曰隰。"是泛
稱一般廣平、下濕之地。經此文之原隰是泛指還是實指呢?
鄭玄以爲是實指,實指周人居住過的豳地。孔疏引鄭注云:
"《詩》云'度其隰原',即此原隰是也。"鄭所引《詩》云,是《大
雅·公劉》文。《公劉》記公劉遷豳事,有"度其隰原"句,故鄭
以爲《禹貢》之原隰即此。按鄭說可商。《公劉》"度其隰原"之
隰原也是泛稱,並非專指。《禹貢》"原隰底績"則更是泛稱,而

且範圍比《公劉》更大。從字面意義看，原隰顯然不是專名，它絕對不是一個地名。從地理意義看，今陝西省境内渭水北邊各縣自古以來稱作某某原的地名多得未可勝數。"原隰厎績"，是說洪水退去，渭水北邊各地之廣平之原與低濕之隰，都相應地得到治理。

"至于豬野"，《史記·夏本紀》、《水經》、《廣雅》作都野。《漢書·地理志》作豬壄。是今文作都野，古文作豬壄。豬野，澤名，前人理解有不同。有人說豬野是一個澤的澤名，有人說是一些澤的總稱。前說如《漢書·地理志》武威郡姑臧縣下云："南山，谷水所出，北至武威入海。"又武威郡武威縣下云："休屠澤在東北，古文以爲豬壄澤。"《禹貢山水澤地篇》亦云："都野澤在武威東北。"酈注："縣在姑臧城北三百里，東北即休屠澤也。"據《一統志》，漢姑臧縣故城在"今武威縣治"，漢武威縣故城在"今鎮番縣北"。"今武威縣治"即今甘肅武威市，鎮番縣即今甘肅民勤縣。《漢志》所說的"北至武威入海"就是說水從今甘肅武威市之南山流出，北行至今民勤縣東北入海。這"海"就是豬野澤，亦叫休屠澤。成蓉鏡《禹貢班義述》說豬野澤今亦稱魚海子，《陝西行都司志》稱小闊端海子，蒙古名爲哈喇鄂模。按此說可從，因爲既言"至于"豬野，就是指明一個界限，說西至豬野爲止，這界限必是一個確切無疑的具體地點，若是一些澤，則不宜作爲界限。這道理是顯然的。

後說認爲豬野澤非指一澤，如《禹貢山水澤地篇》酈注云："馬城河自宣威來，東北徑武威縣（按今民勤縣北）故城東。《地理志》曰：'谷水出姑臧（按今武威市）南山，北至武威入海。'屆此，水流兩分，一北入休屠澤，俗謂之西海。一水又東徑百五十里入豬野，世謂之東海。通謂之都野。"是酈氏以爲細分則休屠澤與都野澤爲二，通稱則並爲都野。按此說與事實不合，成蓉鏡《禹貢班義述》駁之曰："酈元所指之西海，即今

昌寧湖(按亦稱昌寧海,在今甘肅阿拉善旗)蒙古呼爲沙喇鄂
模者也。其水源出永昌西南,名曰水磨川,又名雲川,東北流
出邊墻,徑亦不喇山西,又東北瀦爲澤,與三岔河(按即都野澤
之上流)了不相涉。"按成氏駁之是。

三危既宅,三苗丕敍。

三危,山名。其地望,據《左傳》昭公九年"先王居檮杌於
四裔以禦螭魅,故允姓之姦居于瓜州",杜預注:"允姓,陰戎之
祖,與三苗俱放三危者。瓜州,今敦煌。"又據《漢書·地理志》
敦煌郡敦煌縣下:"杜林以爲古瓜州,地生美瓜。"又據《禹貢山
水澤地篇》:"三危山在敦煌縣南。"又據《括地志》沙州燉煌縣
下:"三危山有三峰,故曰三危,俗亦名卑羽山,在沙州燉煌縣
東南三十里。"知《禹貢》之三危山在漢之敦煌縣,唐之沙州。
今甘肅敦煌東南方向亦有山名三危。

既宅,僞孔傳:"西裔之山已可居。"孔疏:"已竄三苗,水災
既除,彼得安定。"按釋宅可居、安定,是對的。

三苗,九黎之後裔,據《戰國策·魏策一》吳起説:"昔者三
苗之居,左彭蠡之波,右有洞庭之水。"(《史記·吳起列傳》、
《韓詩外傳》卷第三第二十三章、《説苑·君道篇》説略同)知三
苗即有苗氏,原居江淮荆楚間。又據《堯典》記舜懲罰四凶,三
苗被流放到三危。三苗一直表現不好,《呂刑》説"苗民弗用
靈,制以刑,惟作五虐之刑",《皋陶謨》説"苗頑弗即工"。這是
指在荆楚原居住地的三苗而言。流放到三危的三苗如何,則
祇有"三苗丕敍"一條記載。

丕敍,敍亦作序,作敍者古文,作序者今文。《史記·夏本
紀》丕敍作大序。丕,《釋詁》、《説文》一部並訓大。敍,《説文》
攴部:"次弟也。"《釋詁》敍、順同訓。是敍有順義。丕敍,大
順。三苗丕敍,三苗大爲順從。過去三苗由於有罪被流放到
西裔三危,現在洪水禍害解決,三苗生活安定,順從領導,不再

閒事。偽孔傳釋爲"大有次敍",雖不爲誤,但不算貼切。

厥土惟黃壤,厥田惟上上,厥賦中下。

　　黃壤,夏僎《尚書詳解》引林之奇《尚書全解》云:"此州之土以色言之則黃,以性言之則壤,故言'厥土惟黃壤'。黃是土之本色,凡天下之物,得其常最爲可貴,此州之土,色黃性壤,得其常性,故以爲田,則其品比九州最爲第一。"按林氏説是。自今日而言,西北地區的黃土不能算是上等,但是在禹之時,從自然生成的情況説,雍州之黃土,比起別州之鹼土、鹽土、低濕之土來,的確屬於上乘。

　　田上上,賦中下,田在第一等,而賦在第六等。田之等與賦之等相差較大,這是由於土質雖優然而人功未修,即開墾不廣,施糞不多,人力未勤的緣故。

厥貢惟球琳琅玕。

　　球,《爾雅·釋器》:"球,玉也。"樂器惟磬用玉,故知《皋陶謨》"戞擊鳴球"之鳴球是磬,是已琢治的成品。《顧命》"天球在東序",天球當是天然未經琢治的玉。是知經此文之球,是制磬之材,不是磬。球不僅可以制磬,還有別用,如《禮記·玉藻》:"笏,天子以球玉。"鄭注:"球,美玉也。"《詩·商頌·長發》:"受小球大球。"鄭箋:"受小玉謂尺二寸圭也。受大玉謂珽也,長三尺。"笏、圭、珽等也是球做的。

　　琳,也是美玉。顏色青碧,用處較廣。

　　琅玕,偽孔傳:"石而似玉。"《爾雅·釋地》郭璞注:"琅玕,狀似珠也。《山海經》曰:'崑崙山有琅玕樹。'"《淮南子·地形訓》説崑崙山有珠樹在其西,琅玕在其東,碧樹在其北。按珠樹、碧樹就是琅玕。胡渭《禹貢錐指》説:"乃石之精液凝結成樹形,人截斷其枝,刓之使圓,若珠狀。與珊瑚相類。"李時珍《本草綱目》説:"琅玕生於西北山中及海山厓間。"根據以上諸説，知琅玕其質是石而似玉，形狀像樹，類似海中珊瑚，但不是珊瑚。生於山中，不生於海里。本不爲珠形，人取以琢磨之而似珠。産於西北地區。

古代中國西北地區産玉，以于闐、藍田二地爲最著名。《爾雅·釋地》："西北之美者，有崑崙虛之璆、琳、琅玕焉。"璆亦從求作球。崑崙虛之璆、琳、琅玕，即西域于闐所産之玉。《漢書·地理志》京兆尹藍田縣下："山出美玉。"《水經注》："麗戎之山一名藍田，其陰多金，其陽多玉。"藍田之玉是雍州之貢品，實不成爲問題。成問題的是于闐玉是否也是雍州貢品。禹時雍州西境實未限定，于闐之玉輾轉進入雍州而成爲貢品並非不可能。故胡渭説："《爾雅》以璆琳繫之崑崙，則中國之玉取給於西域尚矣，禹時雍州所貢亦未必盡出藍田也。"

浮于積石，至于龍門西河，會于渭汭。

傅寅《禹貢説斷》引林之奇《尚書全解》説："此州之達於帝都有二道，其北道自後世朔方、西涼浮河者，無所因於他州，故特記其詳曰'浮于積石，至于龍門西河'。其南道自今陝西入河者，與梁之北貢所謂浮渭入河者同道，而可以會合積石之貢於河。"以爲雍州有二條貢道，一浮於積石，至於龍門西河，一會於渭汭。宋代大多數人如夏僎《尚書詳解》、傅寅《禹貢説斷》、蔡沈《書集傳》及元人金履祥《書經注》皆主此説。此説是正確的。唯林氏以爲"會渭汭"之會是會貢，不妥。傅氏糾正説："會言貢道之會，非會貢也。"極是。僞孔傳説："逆流曰會，自渭北涯逆水西上。"孔疏更釋之説："從河入渭，自渭北涯逆水西上，……更入雍州界也。"二孔氏以爲經文言"浮于積石"、"會于渭汭"云云是禹往返帝都報告工作的路綫，而且説"浮于積石"云云是還帝都，"會于渭汭"是離帝都復去。迂闊之至，斷不可從。

"浮于積石，至於龍門西河"，僞孔傳説："積石山在金城西南,河所經也。沿河順流而北,千里而東,千里而南。"就此貢道之全程而言,這樣說是對的。但是實際的貢物必不全由積石起程,把胡渭《禹貢錐指》的"雍之西北境遠近不同,各從其便,以至龍門,不盡由積石。其曰'浮于積石'者,舉遠以該近耳"一段話補充上,意思就完滿了。

　　積石,山名。積石山有兩個,一個在漢代金城郡河關縣(今甘肅臨夏)西北。在今臨夏西北至青海循化縣之間,唐宋時設有積石軍(軍相當於縣)。這裏有個積石山,羌人稱作唐述山。另一個在今青海省東南部,《元史·地理志》稱作大雪山,今又名阿尼瑪卿山。這是一個很大的山脈。《括地志》稱前一個叫小積石山,後一個叫大積石山。《禹貢》"浮于積石"的積石是小積石山還是大積石山,由於文獻記載不清楚,學者們看法不一致。

　　《漢書·地理志》金城郡河關縣下云:"積石山在西南羌中。河水行塞外,東北入塞內。"說得不甚清楚。河關縣是今甘肅臨夏。小積石山正在臨夏附近,但是從"西南"這個方向和"羌中"這個地點看,又像是大積石山。《水經注》河水篇說:"高誘稱河出崑山,伏流地中萬三千里,禹導而通之,出積石山。"又說:"河水重源,又發於西塞之外,出於積石之山。《山海經》曰:'積石之山,其下有石門,河水冒以西南流。'《禹貢》所謂導河自積石也。"從"重源"和"西南流"看,說的是大積石山。《一統志》說:"積石山即今大雪山,在西寧邊外西南五百三十餘里,黃河北岸。"說的也是大積石山。

　　胡渭《禹貢錐指》、王鳴盛《尚書後案》、王先謙《漢書補注》皆以為大積石山是《禹貢》之積石。杜佑《通典》、金履祥《書經注》、蔣廷錫《尚書地理今釋》、畢沅《山海經注》、萬斯同《群書疑辨》則主小積石山為《禹貢》積石。兩相比較,大積石山說差近事理,今從之。

龍門，山名。《漢書·地理志》左馮翊夏陽縣下云："《禹貢》……龍門山在北。"按漢代夏陽縣故城在今陝西韓城縣南。《魏土地記》云："梁山北有龍門山，大禹所鑿，通孟津，河口廣八十步，岩際鐫迹尚存。"薛瓚《龍門記》云："河津縣西門西北三十里龍門，大河自西北山峽中來，至是山斷河出，兩壁相望。東南麓穴岩構木爲棧道，盤曲而上，瀕河有禹廟。"成蓉鏡《禹貢班義述》云："今龍門山，其東在山西絳州河津縣西北，其西在陝西同州府韓城縣東北。兩岸對峙，中通河流，形如門闕。"是龍門山東在晉，西在陝，禹鑿之，大河流過其上，南距河津縣、韓城縣皆不爲遠，梁山在其南。

西河，即今陝西山、西二省之間的一段黃河，古人稱"千里而南"者，這不成爲問題，故諸家於此少有作解。但是，其實亦須作解。自句法而言，西河長千里，龍門僅一地，二者不宜並列，今並列而言"至于龍門西河"者，其用意有二：一指明是龍門所在之西河，令讀者絶對不生疑惑。僞孔傳於經上文"黑水西河惟雍州"注云："龍門之河，在冀州西。"釋西河而冠之以龍門，正是此意。二指明北船過龍門即可西轉泝汾水而上至堯都，不必更向南行。胡渭《禹貢錐指》説："北船出龍門，至榮河縣北汾水入河處，便當東轉泝汾，無緣更順流而下，至朝邑與南船會也。"此言是矣。

"會于渭汭"，此言雍州另一條貢道。渭水流域諸大小川流，入渭水而東，至渭汭處一并入河，然後泝河北上不遠處入汾水，渭汭指河之西岸，今陝西華陰、合陽、韓城一帶。

織皮崑崙、析支、渠搜，西戎即敍。

顏師古《漢書·地理志》注云："昆崙、析支、渠叟，三國名也。言此諸國皆織皮毛，各得其業。"又孔疏引鄭玄注云："衣皮之民居此崑崙、析支、渠搜三山之野者，皆西戎也。"是知崑崙、析支、渠搜是屬於西戎的三個種落（國是後世概念，禹時尚無國可言），以織皮爲生業，亦必以織皮爲貢品。禹治水之功特大，影響所及，連西戎也順從就序了。

織皮，説見梁州"熊羆狐貍織皮"解。

崑崙，《漢書·地理志》金城郡臨羌縣下云："西有……昆侖山祠。"故王肅説崑崙在臨羌西。按漢代臨羌縣在今青海西寧市西，是《漢書·趙充國傳》所記趙充國屯田之處。《漢志》説崑崙祠在臨羌西，可據此説《禹貢》之崑崙種落在此，卻不可説崑崙山在此。胡渭《禹貢錐指》謂崑崙、析支、渠搜皆在雍州之外，據《山海經》記載，在距大積石山一千七百餘里處。按胡氏説理據不足，今録之以備考，未敢苟從。

析支，《水經注》卷二引司馬彪云："西羌者，自析支以西，濱於河首在右居也。河水屈而東北流，逕於析支之地，是爲河曲矣。"又引應劭云："《禹貢》析支屬雍州，在河關之西，東去河關千餘里，羌人所居，謂之河曲羌也。"《後漢書·西羌傳》云："西羌之本，出自三苗，姜姓之別也。其國近南岳。及舜流四凶，徙之三危，河關之西南羌地是也。濱於賜支，至乎河首，緜地千里。賜支者，《禹貢》所謂析支者也。"杜佑《通典》謂"黨項羌在古析支之地"。綜觀上引諸説，知《禹貢》析支在今青海西寧、貴德西南至大積石山一帶。

渠搜，《逸周書·王會》"渠叟以鼩犬"云云，孔晁注："渠叟，西戎之別名也。"《漢書·武帝紀》："北發渠搜，氐羌徠服。"應劭注："《禹貢》析支、渠搜屬雍州，在金城河關之西，西戎也。"《史記·五帝本紀》："西戎析枝渠廋氐羌。"據此，知渠搜爲西戎一支無疑。或在今青海，或在今新疆，具體居處已難考定。《漢書·地理志》朔方郡有渠搜縣，或以此當《禹貢》之渠搜。今按，漢朔方郡在今陝北長城以外之河套地區，包括呼和浩特迤西及迤東一帶，渠搜縣在今內蒙古自治區河套以內鄂托克旗附近，與西戎之渠搜種落相去甚遠。傅寅《禹貢説斷》

謂漢代朔方郡之渠搜縣亦當是金城以西之戎，後來種落遷徙，遷到河套地帶，至漢代置縣。禹時之渠搜種落必不在此。按傅説是。

"西戎即敍"，西戎是雍州西部諸戎人種落之總稱，非一種落之名。崑崙、析支、渠搜三種落都在它的涵蓋之内。僞孔傳以崑崙、析支、渠搜、西戎爲"四國"，或以西戎單獨爲一"國"，非是。或以渠、搜各爲一"國"，亦非是。

以上逐一解九州，以下解導山。

導岍及岐，至于荆山，逾于河。壺口、雷首，至于太岳。厎柱、析城，至于王屋。太行、恒山，至于碣石，入於海。

"導岍及岐，至于荆山"，這裏導及導山是什麽意思，是關鍵問題。胡渭《禹貢錐指》訓導爲循，説："導者，循行之謂。導山猶曰隨山。"是對的。僞孔傳説："治水通山，故以山名之。"孔穎達疏説："所治之山，本以通水，舉其山相連屬，言此山之傍所有水害皆治訖也。"是二孔以爲言導山，實際上是言治水。導山固然不可理解爲治山，但是説導山是治水也不對。治水已於各州逐一完成，完成之後又治水，豈不重複！

導山是何時之事呢，胡渭説："導山祇是'予乘四載，隨山刊木'之事，其施功則分見於九州。篇首'隨山刊木'句是史辭，導山四節則禹歷敍所經，以告於上，原非重複。導者循行之謂，非通水之謂也。"以爲導山就是"隨山刊木"，不是治山也不是治水，其事在各州已做過，這裏是禹向上報告他隨山刊木的經過，是禹説的話，篇首"隨山刊木"是史官説的話。胡氏此説可從。

岍、岐、荆，並爲雍州河西渭北之山。岍，《漢書·地理志》右扶風汧下："吳山在西，古文以爲汧山，雍州山。"按《説文》有汧無岍，汧山即岍山。王先謙《漢書補注》引段玉裁説："凡云'古文以爲'者，古者五經皆謂之古文。此'古文'即謂《禹貢》，釋《禹貢》'道汧'以綴《禹貢》也。不言'《禹貢》汧山在西',而言'吳山古文以爲汧山'者,今曰吳山,古曰汧山。以今綴古,兼載之,謂之古文者,漢謂《尚書》爲古文。太史公十歲則誦古文,亦謂《尚書》也,非必孔壁出者乃爲古文矣。"是知《漢志》説的在扶風汧縣西的吳山就是《禹貢》説的汧山(即岍山)。又,《括地志》説:"故汧城在隴州汧源縣東南三里。汧山在隴州東南六十里。"段玉裁《説文》水部汧字注説:"故城當即今陝西鳳翔府隴州州治東南汧源廢縣。"按,漢代的汧縣當即唐代的汧源縣,在今陝西省隴縣附近,《禹貢》岍山在其西。岐山在今陝西扶風、岐山二縣之北,荊山在今陝西大荔縣南,渭水之北。説見經上文"荊岐既旅"解。

"逾于河",河指西河,即梁山龍門之河。"逾于河"者爲誰,或謂"逾于河"者是山,即荊山餘脈跨河而東。或謂"逾于河"者是大禹。按從"導岍及岐,至于荊山,逾于河"的句法看,後説爲長。

"壺口、雷首,至于太岳",此三山並爲冀州山,在今山西省。壺口,《漢書·地理志》河東郡北屈下説:"《禹貢》壺口山在東南。"左馮翊夏陽下説:"《禹貢》……龍門山在北。"胡渭《禹貢錐指》説:"《漢志》云壺口在北屈,龍門在夏陽,則兩山夾河而峙,東爲壺口,西爲龍門明矣。"又説:"兩山對峙,體分而勢合。東必得西而始成其爲口,西亦必得東而始成其爲門。舉此可以見彼壺口之治即龍門之治,故冀州與導山言壺口而不言龍門。至於龍門,即至於壺口,故雍州與導河言龍門而不言壺口,其文互相備也。"按胡氏説是。二山對峙,在河之西者曰龍門,在河之東者曰壺口。後世有時也稱河東之壺口爲龍門,那是因爲後魏改漢代河東皮氏縣爲龍門縣的緣故。壺口山之地望詳見經上文"冀州。既載壺口"解。

雷首山,又名首山、首陽山、蒲山、薄山、襄山、中條山、甘

棗山、獨頭山、渠豬山、堯山、陑山。或云又名歷山，未確。《元
和郡縣志》説"雷首一名中條，在河東縣南十五里，永樂縣北三
十里。"按河東縣即今山西永濟縣，永樂縣當今芮城縣。是雷
首山在今山西西南角，涑水與黃河之間。但是如果説雷首山
就是中條山的話，則中條山脈自此處起向東延伸很遠。

太岳，即霍山，亦名霍太山。在今山西霍縣東。

"厎柱、析城，至于王屋"，此三山皆冀州山，在今山西省。
厎，《史記·夏本紀》作砥。厎柱，《漢書·地理志》未載。胡渭
《禹貢錐指》説："在平陸縣東南五十里、陝州東四十里大河中，
最北有兩柱相對，距岸而立，是謂三門。……山在水中，不與
其岸相連也。"當今著名的三門峽水庫就在這裏。今屬河南
省。但是《禹貢》的三門即厎柱山則在冀州，當今山西省。因
爲二柱在河中，距北岸爲近。

析城山，胡渭《禹貢錐指》引吳幼清説："析城在王屋縣西
北七十里，山峰四面如城，有南門焉。"胡氏説："在今陽城縣西
南。"按王屋縣在今河南濟源縣西八十里，析城山又在王屋故
城西北七十里，屬山西界。清代陽城縣，今仍未變，屬山西省。

王屋山，舊《河南通志》説："山在濟源縣西八十里，形如王
者車蓋，故名。其絶頂曰天壇，蓋濟水發源之處。"《元和郡縣
志》説："山在（王屋）縣北十五里，周一百三十里，高三十里。"
按山在今河南濟源縣西，與山西之陽城、垣曲二縣接境，《禹
貢》屬冀州。

"太行、恒山，至于碣石，入于海"，太行即今之太行山。太
行山，一名五行山，《淮南子·氾論訓》"武王克殷，欲築宮於五
行之山"，高誘注："五行山，今太行山也。"《漢書·地理志》河
內郡山陽縣下云："東太行山在西北。"野王縣下又云："太行山
在西北。"又，《漢志》上黨郡之上黨關、壺口關、石研關、天井
關、壺關縣之羊腸坂，皆在太行山上。山陽，故城在今河南修

武西北三十五里。野王,今河南沁陽。上黨郡治,在今山西長子。壺關縣故城今在山西長治市東南。《金史·地理志下》:"孟州王屋有王屋山,濟源有太行山、沁水。"是知王屋山在沁水以西。太行山在沁水以東,南起河南濟源、沁陽、修武,北入山西晉東南地區之長子、壺關。更往東北延伸,至於河北之井陘、獲鹿一帶。《禹貢錐指》引《朱子語錄》云:"太行山一千里,河北諸州皆旋其趾。潞州、上黨在山脊最高處。過河便見太行在半天如黑雲然。"

恒山,又名大茂山。《漢書·地理志》常山郡上曲陽縣下云:"恒山北谷在西北,有祠。"《禹貢山水澤地篇》云:"恒山爲北岳,在上曲陽縣西北。"按上曲陽縣故城在今河北曲陽縣西。據胡渭《禹貢錐指》說,恒山(一名大茂山)在今河北曲陽、阜平之北。五代時爲後晉與契丹分界處。曲陽、阜平、唐縣皆緣其麓。今按自漢以來史志都以此爲《禹貢》之恒山。但是今天這裏是太行山之北段,並無恒山之名。今之恒山在山西省崞縣、代縣以北迤東至於渾源縣,其主峰在渾源縣。此恒山不是《禹貢》之恒山。這樣說來,《禹貢》之底柱山、析城山、王屋山、太行山、恒山,正好是自今三門峽向東,再向東北,至河北阜平、曲陽、唐縣,連成一條綫。

碣石山,在今河北省昌黎縣北偏西十里。詳見經上文冀州"夾右碣石入于河"解。

"入于海"者爲誰,前人理解不同。孔穎達疏云:"山傍之水皆入海,山不入海也。"宋人大多從孔疏說,以爲入海者諸水也。《漢書·地理志》顏師古注云:太行、恒山"二山連延,東北接碣石而入於海。"以爲入於海者山也。王鳴盛《尚書後案》云:"經言'入于海',亦是山脈盡於此,故云'入'非言水入。《傳》、《疏》皆非也。"說與顏師古同。胡渭《禹貢錐指》云:"碣石之西爲逆河,其東則海。禹導山至此,須浮海觀其形勢。此句當與'逾于河'作一例看。言山入海固非，言山傍之水入海則尤非。"入於海者有爲水爲山爲禹三説，今觀"導岍"至於"入于海"全句之語勢，主語是禹而不是山水，知胡氏禹浮海觀形勢説爲長。

西傾、朱圉、鳥鼠，至于太華。熊耳、外方、桐柏，至于陪尾。

　　　"西傾、朱圉、鳥鼠，至于太華"，夏僎《尚書詳解》引曾彦和《尚書講義》云："岍與西傾皆雍州之山，故西傾不言導，其文蒙於導岍也。"按此説是。僞孔傳云：西傾、朱圉、鳥鼠"三者，雍州之南山。'至于太華'，相首尾而東。"西傾山在今青海河南縣和甘肅瑪曲縣一帶，即甘青二省南部交界處。鳥鼠山在今甘肅渭源縣西南。説俱見前。朱圉山，《漢書·地理志》天水郡冀縣下云："《禹貢》朱圉山在縣南梧中聚。"圉、圄古通用，朱圄即朱圉。《禹貢山水澤地篇》、《渭水注》説與《漢志》同。漢代之冀縣，隋改爲冀城，唐改爲伏羌。故城在今甘肅甘谷縣南。據閻若璩《尚書古文疏證》卷六下説，閻氏曾親臨朱圉山考察，證明《漢志》所説山在冀縣南梧中聚，至確無誤。山在一村落中，故很小，與他縣無涉。《元和郡縣志》説朱圉山在伏羌縣西南，與《漢志》合。他如《通典》説天水郡上邽縣有朱圉山，《九域志》説秦州成紀縣有朱圉山，岷州大潭縣有朱圉山，俱不確。按閻氏之説得自目見，無可疑義。

　　　太華，即今陝西華陰之華山。

　　　西傾、朱圉、鳥鼠、太華四山自西而東在一條綫上。朱圉、鳥鼠、太華三山並在渭水之南。朱圉在東，鳥鼠在西，經文當列鳥鼠於朱圉之前，卻列於後，今未知何故。西傾山在甘青南部交界處，黄河流於其南。故孔疏言：西傾"在積石以東，見河所經也。"胡渭説西傾山北距金城河四五百里，東北距渭源亦六七百里，似與河渭無涉。按胡氏説不確，西傾山固然與渭水無涉，卻不能説與河水無涉。

　　"熊耳、外方、桐柏，至于陪尾"，熊耳《禹貢》中兩見，一在此導山，一在經下文導水。兩熊耳必是同一山。但是後世名熊耳的山不止一座，如《漢書·地理志》就記有兩座。弘農郡盧氏縣下云："熊耳山在東，伊水（所）出。"這一座在今河南盧氏。弘農郡上雒縣下又云："熊耳獲輿山在東北。"《括地志》也說："熊耳山在商州上洛縣西十里。"這又是一座，在今陝西商洛地區。兩熊耳究竟哪個是《禹貢》熊耳呢？前人說法不同。鄭玄注、偽孔傳、孔疏、宋人林之奇《尚書全解》、夏僎《尚書詳解》、清人王鳴盛《尚書後案》、孫星衍《尚書今古文注疏》、近人曾運乾《尚書正讀》俱以爲盧氏熊耳是《禹貢》之熊耳。宋人蔡沈《書集傳》、明人郝敬《尚書辨解》、清人王先謙《漢書補注》則以爲《禹貢》熊耳在上洛。胡渭《禹貢錐指》則說："蓋此山自上洛以至盧氏，緜亘二百餘里。洛水出上洛，伊水出盧氏，總屬《禹貢》之熊耳。"以爲熊耳山其實是一個。洛水出在今陝西商洛地區商縣，即熊耳山的西部。伊水出在今河南洛陽地區盧氏縣，即熊耳山的東部。今按胡氏的說法正確可從。熊耳山，具體地看是兩座，宏觀地看是一座。《禹貢》導山導水兩"熊耳"，後人說的上洛、盧氏兩"熊耳"，通通祇是一個熊耳。

　　外方，《漢志》潁川郡崇高縣下云："武帝置，以奉太室山，是爲中岳。……古文以崇高爲外方山也。""古文"指《尚書》言，是《漢志》以爲《禹貢》外方即中岳崇高山。《元和志》說："崇高山在告成縣西北二十三里，登封縣北八里。"按告成縣今已廢，並入登封縣。崇高山在登封縣城正北約五華里，不足八里。前人釋《禹貢》者都從《漢志》，以爲登封縣之崇高山就是外方山，唯金履祥《書經注》持異義，他說："外方，舊說嵩山，非也。崇高，世名中岳，安得反謂外方，又與江夏內方相爲內外哉！按今河南府伊陽縣伊闕鎮之西陸渾山，據《唐志》一名方山，蓋古爲外方，春秋時秦晉遷陸渾之戎居此，因以陸渾名其山。其山固嵩高之聯峰，然謂爲嵩高則非爾。”按以嵩山爲中岳之説起於後世，《禹貢》無之。即使崇高爲中岳，稱外方亦未爲不可。若論内外，則陸渾山在北，距舜都爲近，亦不得稱陸渾山爲外方，在南者反稱内方。故今從衆，不取金説。

桐柏，《漢書·地理志》南陽郡平氏縣下云：“《禹貢》桐柏、大復山在東南。淮水所出，東南至淮陵入海。”《一統志》云：“桐柏山在今桐柏縣西南三十里，大復山在縣東三十里。桐柏支峰胎簪山，縣西南桐柏旁小山也。”《水經》云：“淮水出平氏縣胎簪山，東北過桐柏山。”《水經注》云：“《山海經》曰：‘淮出餘山。’”按餘山即桐柏山。淮水或出胎簪山，但是胎簪山亦屬桐柏山，故《禹貢》統稱之曰桐柏。漢代平氏縣故城在今河南桐柏縣西。那裏有山至今仍名桐柏。

陪尾，其地望古有二説。一説在今湖北，《漢書·地理志》江夏郡安陸縣下云：“橫尾山在東北，古文以爲陪尾山。”《禹貢山水澤地篇》、酈氏《涢水注》並同。一説在今山東，《博物志》云：“泗出陪尾。”《隋書·地理志下》魯郡泗水縣下云：“有陪尾山。”《周禮·春官·保章氏》賈公彥疏云：“外方、熊耳以至泗水陪尾，屬摇星。”鄭玄注、僞孔傳、孔疏、蔡傳、孫星衍《尚書今古文注疏》、曾運乾《尚書正讀》並從前説。金履祥《書經注》、吳澄《書纂言》、閻百詩《尚書古文疏證》、胡渭《禹貢錐指》、蔣廷錫《尚書地理今釋》並從後説。今按後説可信據。理由有三：第一，僞孔傳説“淮出桐柏，經陪尾”，如果陪尾在湖北安陸，則淮與陪尾無涉。第二，《禹貢》凡言“至于”，皆謂前後相去甚遠，如鳥鼠去太華甚遠，故云“至于太華”。此言“至于陪尾”，陪尾亦當去桐柏甚遠。第三，《隋志》之泗水縣在今山東泗水。據《水經注》記載，泗水（漢代卞縣）故城東南有桃墟，桃墟附近有一片山岡，俗稱嬀亭山。那就是《博物志》、《隋書·地理志》説的陪尾山。泗水出于此。而泗之與淮，猶伊之與洛,關係密切。禹既要治淮,則至桐柏之後,理當至于此。

導嶓冢,至于荆山。内方,至于大别。

　　導訓循不訓治,導者循行之謂。嶓冢山在陝西勉縣、寧强
一帶,漢水所出。説見梁州"岷嶓既藝"解。荆山,在今湖北南
漳縣西北。説見荆州"荆及衡陽惟荆州"解。

　　内方、大别,僞孔傳説:"二山名,在荆州,漢所經。"是對
的。《漢書‧地理志》江夏郡竟陵縣下云:"章山在東北,古文
以爲内方山。"是《漢志》以爲《禹貢》内方山就是竟陵縣東北的
章山。漢竟陵縣故城在今湖北鍾祥縣界。内方山(章山)在今
荆門東北,接近鍾祥的地方。山在漢水西。

　　大别,《漢書‧地理志》六安國安豐縣下云:"《禹貢》大别
山在西南。"按漢安豐縣故城在今河南固始縣東。是《漢志》以
爲《禹貢》大别就是在今鄂豫皖三省交界處的著名的大别山。
但是古代還有另一個不大的山叫大别,它在漢水流域。《左
傳》定公四年記吳伐楚,"自豫章與楚夾漢",子常"濟漢而陳,
自小别至于大别"。杜預注:"《禹貢》漢水至大别南入江。然
則此二别在江夏界。"是杜預知道《禹貢》之大别在漢水入江
處,但未指出它究竟是哪一座山。酈道元《水經注》説:"江水
東徑魯山南,古翼際山也。"是酈氏言及魯山,卻未點明它就是
大别山。《元和郡縣志》説:"魯山一名大别山,在漢陽縣東北
一百步(按步字可疑),其山前枕蜀江,北帶漢水。"是李氏指實
魯山就是大别山。胡渭《禹貢錐指》判定漢陽東北不遠處,當
漢水西岸的這個魯山就是《禹貢》大别山,《漢志》安豐西南的
大别山不是《禹貢》大别山。王鳴盛《尚書後案》、孫星衍《尚書
今古文注疏》、王先謙《漢書補注》並主《禹貢》大别在漢代安豐
説,與胡説相左。今按《禹貢》大别即漢陽附近之魯山説爲可
信據。

岷山之陽，至于衡山。過九江，至于敷淺原。

　　“岷山之陽”，岷山是自今甘肅岷縣起，經四川松潘、茂汶至於灌縣，南北長達千里的一大山脈。説見梁州“岷嶓既藝”解。山南曰陽，“岷山之陽”，岷山之南諸山。自今甘肅岷縣起，至四川灌縣青城山止，長達千里的大山脈都叫岷山，既言“岷山之陽”，則禹導山必自岷山南端之青城山開始。

　　“至于衡山”，凡言“至于”者，前後二地必相距甚遠。衡山，即今湖南衡山縣西之衡山，後世稱爲南岳者。見“荆及衡陽惟荆州”解。衡山遠在江之南數百里，僞孔傳竟説“衡山，江所經，在荆州”。説“在荆州”，是對的，説“江所經”，則謬甚。

　　“過九江”，九江何所指，歷來認識不一。胡渭《禹貢錐指》以爲九江是湖南湘資沅澧諸水入洞庭者。戰國時人稱之爲五渚或五湖，九江之名遂隱。中國科學院組織編著的《中國自然地理》之《歷史自然地理》分册以爲在今長江以北之鄂東南廣濟、黄梅與江西九江市三點之間的沖積扇上。九江即長江流到此處形成的衆多分汊。再往東流便匯合成爲彭蠡。

　　二説今均不宜視作定論。見“九江孔殷”句解。

　　“至于敷淺原”，《漢書·地理志》豫章郡歷陵縣下云：“傅易山、傅易川在南，古文以爲傅淺原。”按，傅讀曰敷，易古陽字，陽今簡化作阳。是《禹貢》之敷淺原就是漢代歷陵縣南的傅陽山。漢代之歷陵縣故城約在今都陽湖西北的星子縣。著名的廬山在今九江市之南，星子縣之西北。而傅陽山（敷淺原）在廬山東南之麓。胡渭《禹貢錐指》説：“敷淺原在廬山東南之麓，迫近彭蠡。禹導山至此而還，故特書之。”是對的。朱熹《九江彭蠡辨》、金履祥《書經注》並以敷淺原爲廬山，乃似是而非之説。廬山高峻廣大，不可名之曰原。敷淺原本是一片高平之地，後人名之曰傅陽山。那麼，大禹導山自岷山之陽至于衡山，又過九江，至于敷淺原，何以不至于目標顯明，宜爲表識的廬山？這是因爲禹過九江之後，自巴陵沿江南岸而東，經廬山，然後南折而至於敷淺原。是先抵廬山而後至敷淺原。言"至于敷淺原"，至廬山則涵蓋其中了。或以今鄂豫皖邊界之大別山當《禹貢》之敷淺原，缺少根據，不足信據。

以上言大禹導山，概分四個層次。第一個層次，導岍、岐、荊山、壺口、雷首、太岳、底柱、析城、王屋、太行、恒山、碣石，計十二山，並在渭水、河水之北。第二個層次，導西傾、朱圉、鳥鼠、太華、熊耳、外方、桐柏、陪尾，計八山，並在河水之南。第三個層次，導嶓冢、荊山、内方、大別，計四山，並在漢水流域。第四個層次，導岷山、衡山、敷淺原，計三山，並在長江之南。

鄭玄名之曰二陰列二陽列。第一個層次，導岍爲陰列；第二個層次，導西傾爲次陰列；第三個層次，導嶓冢爲次陽列；第四個層次，導岷山爲正陽列。馬融則名之曰三條，第一個層次導岍爲北條，第二個層次導西傾爲中條，第三個層次導嶓冢爲南條。第四個層次導岷山之陽含於南條内。馬、鄭三條四列不過是一種分類方法，爲敍述方便而設，並無深意，今録之以備參考。

以下言導水。

導弱水至于合黎，餘波入于流沙。

導水之導字與導山之導義同，亦循行之謂，與豫州"導菏澤"之導訓治者不同。導水是九州水患治畢之後，禹選九條重要之水，自源至委進行總結。若以導水爲治水，則治水當自下游而上，而經文言導水皆自上而下，與經意不合。且諸水已於各州治畢，今又言治水，於事爲不可理解，於文爲重複。

"導弱水"，弱水源出今甘肅山丹縣（漢代稱删丹）南一百五十里處的祁連山（古稱窮石山）。這是弱水正源。弱水之另一源是羌谷水。羌谷水在張掖北與弱水合，西北出合黎山峽口，又東北流入居延海。弱水自東而西而北，流經張掖、酒泉二地，全長二千一百里。見雍州"弱水既西"解。

　　"至于合黎"，合黎是山名、水名抑或地名，經文未明言，後世人諸説各異。僞孔傳、杜佑《通典》、林之奇《尚書全解》（夏僎《尚書詳解》引）俱以爲水名。鄭玄注（孔疏引）、蘇軾《書傳》、蔡沈《書集傳》俱以爲山名。事實上確實有個合黎山，也有個合黎水。合黎山，據《元和郡縣志》記載，在今甘肅張掖西北二百里。《水經》説在酒泉會水縣（今甘肅高臺縣）東北。張掖西北、高臺東北，所指是一個合黎山。合黎水即羌谷水，亦名張掖河。據《史記·夏本紀》《正義》説，合黎水源自臨松山（在今張掖南）東，北流經張掖城下，又北流至縣北二十三里，與弱水合。今觀經文"導弱水至于合黎"語意，合黎絶不像指合黎水，也不像指合黎山。倒是像指合黎山所在的那個地方。

　　"餘波入于流沙，"説"餘波"，就意味這不是正流。弱水正流至合黎地方轉而北流入居延海。大禹當初治弱水至合黎地方爲止，未去居延海，也未繼續向西，因爲弱水餘波已入于流沙，禹既無西行之必要，也無西行之可能。流沙在什麼地方，它是什麼樣子，杜佑《通典》説"敦煌郡古流沙地。其沙風吹流行，在郡西八十里"。金履祥《書經注》説："嘗問西域賈人識流沙否？曰識之，非惟流沙，石亦隨之流也。"今日敦煌附近仍有流沙名鳴沙山。流沙的特點是滾動不止。體會經意，"至于合黎，餘波入于流沙"，禹時流沙或在合黎就存在，不必到得敦煌才有。胡渭《禹貢錐指》説："合黎之地即是流沙。弱水餘波從此西溢，滲入沙中，無迹可尋，而東北入居延之流，滔滔不絶。"很有道理。或云流沙就是弱水所歸宿之居延海，謬不可從。居延海附近或可能亦有流沙，但是經文之流沙在合黎，不在居延。

導黑水至于三危，入于南海。

　　"導黑水"，《禹貢》黑水三見，即："華陽、黑水惟梁州"，"黑水、西河惟雍州"與經此文之黑水。梁州南界之黑水即今金沙江,説見"華陽、黑水惟梁州"解。雍州西界之黑水與此"導黑水"之黑水,是另一條黑水。是《禹貢》之三"黑水"不是三條黑水,也不是一條黑水,而是兩條黑水。雍州西界與導水的這一條黑水,自北向南,經三危山,入南海,是肯定的。但是,由於"年代久遠,或至堙湮"(杜佑《通典》語),其具體源委已不可考。戰國屈原已不知"黑水、玄趾、三危安在",更無論秦漢及其以後。見"黑水、西河惟雍州"解。

"至于三危",三危,山名,在今甘肅敦煌東南。山有三峰,故名。見雍州"三危既宅"解。

"入于南海",經文凡言海,皆指東方之海,唯黑水所入爲南海,故特別言南。南海在何處,胡渭《禹貢錐指》説《禹貢》之南海自揭陽以西至象林皆是。揭陽即今廣東汕頭市附近之揭陽。象林,漢代日南郡屬縣,在今越南民主共和國北部。東起揭陽西迄象林之數千里海域,皆可謂南海。《禹貢》導水之黑水"入于南海"之南海即此。

樊綽《蠻書》説:"西夷之水南流於南海者凡四:曰區江,曰西洱河,曰麗水,曰瀾滄江。皆入於南海,其曰麗水者即古之黑水也。三危山臨峙其上。"按麗水即金沙江,而金沙江有二:一爲流至四川宜賓匯入岷江者,此金沙江與此黑水無涉。一爲流經緬甸國而東入南海者。此緬甸國之金沙江,非名麗水之金沙江。此金沙江源出黃河源以西。自三危山南流的黑水,爲崑崙所阻,折而西南流至緬甸與金沙江匯合,然後東入南海。這是樊綽的看法,胡渭認爲有道理。但是這僅僅是一種猜測,不可視爲定論。《禹貢》過三危山的黑水之源委,現在無論如何都查不清了。有人説今雲南之瀾滄江、怒江是黑水,也是不對的,因爲此二水雖入南海,其源卻在黃河源以東之西藏,不可能與在河源西的黑水發生關係。

導河積石，至于龍門，南至于華陰，東至于厎柱。又東至于孟津，東過洛汭，至于大伾，北過降水，至于大陸。又北播爲九河，同爲逆河，入于海。

　　導河之導訓循，循行的意思。導河是記禹自上游至下游總結治河的結果。此導字不宜訓治。若訓治，則導河是治河，與經旨不合。因爲第一，治河之事已在冀、兗、豫、雍諸州進行，此不須又治；第二，治河應自下游起始，而至于上游。若此導河是治河，則自上游起始，而至于下游，有違治水的規律；第三，既是治河，不應自積石至龍門數千里河段略而不治。

　　再者，導河這一段文字記的是禹總結報告治河的情況，實際上也指出了《禹貢》時代的大河流經路綫。

　　“導河積石”，言禹導河自積石開始。積石不是河源。導河自積石開始，説明積石以上之河，禹未曾治，也不需要治，也説明禹時尚不知河源在何處。積石，山名。積石山有二：一在今甘肅臨夏附近，曰小積石山；一在青海西寧市西南五百餘里，黃河北岸，即今稱大雪山者。此山又名阿尼瑪卿山。導河之積石應是大積石山。見雍州“浮于積石”解。

　　“至于龍門”，龍門，山名。其東在今山西河津縣西北，其西在今陝西韓城縣東北。兩岸對峙，大河流經其間，形如門闕，故曰龍門。見雍州“至于龍門西河”解。

　　“南至于華陰”，大河過龍門之後，南行二百里即達華陰而東折。華陰，華山之北。

　　“東至于厎柱”，大河東折之後，即至於厎柱。厎柱，山名。在今河南三門峽市附近之大河中，兩石柱立於河中偏北，形成三門，故亦名三門。酈道元《水經注》謂厎柱是禹所鑿，其説是也。見導山“至于太岳。厎柱、析城”解。

　　“又東至于孟津”，河既至厎柱，遂東流至于孟津。河自華陰至厎柱，其間兩岸夾山，水流湍急，未可橫渡。至孟津，水勢差緩,方可以橫舟而渡,渡者多有,遂以爲津。津在孟地,故謂之孟津。其地本在河之北,屬今河南孟縣。《左傳》隱公十一年記王與鄭田,其中有盟。杜預注:"今盟津。盟音孟。"盟古通作孟,盟津即孟津。周武王伐紂,率兵由此渡河,故後世孟津又有武濟之名。

"東過洛汭",洛汭,王先謙《漢書·地理志》《補注》:"《溝洫志》作雒內。此洛字後人所改。汭內通作"。程大昌《禹貢山川地理圖》:"其曰洛汭者,洛既北入于河,河之南洛之北,其兩間爲汭也。汭之爲言在洛水之内也。渭水入河之間亦名渭汭,正其義也。"酈道元《水經注》謂洛汭即什谷,顏師古《漢書·地理志》注:"蓋今所謂洛口也。"是洛汭指洛水入河處,洛與河二水之間。亦名什谷,又名洛口。洛水入河處,孔穎達疏:"河南鞏縣東也。"王先謙《漢書補注》引錢坫:"在今河南開封府氾水縣西北。"舊鞏縣故城在今鞏縣西南三十里,洛水北岸。舊氾水縣故城在今滎陽縣氾水鎮。説洛水入河處在鞏縣東和説在氾水西北,所指其實是同一地點。

"至于大伾",大伾,山名。大伾山在何處,舊説不一。鄭玄注:"在河内修武、武德之界。"即在河南修武、武陟一帶。張揖説在成皋縣。臣瓚説"修武、武德無此山也。成皋縣山又不一成。今黎陽縣山臨河,豈不是大伾乎"。黎陽在今河南濬縣東北。以上三説見孔穎達疏引。胡渭《禹貢錐指》引《濬縣新志》云:"大伾山周五十里,高四十丈。"胡氏取臣瓚説,以爲河水"東北至濬縣西南,古宿胥口,大伾山在其東北,其南岸則滑縣。此河水'東過洛汭,至于大伾'之所經也"。今人譚其驤撰《西漢以前的黄河下游河道》(原載《歷史地理》創刊號,上海人民出版社 1981 年 11 月版。後收入《長水集》下册,人民出版社 1987 年 7 月版)從胡氏説,説:"大伾,山名,在今河南濬縣東郊。但古代所謂大伾,應包括縣城西南今浮丘山。"關於河水自洛汭至大伾的流經路綫，譚氏説："古河水東過洛汭後，從今河南滎陽廣武山北麓起東北流，至今濬縣西南大伾山西古宿胥口。是爲'東過洛汭，至于大伾'，走的是《漢志》、《水經》、《水經注》中的河水。"今從胡、譚説。另，江聲《尚書集注音疏》以爲"諸説皆不得其實，大伾實是地名，非山也"。"沇水至河内武德入河，泆出於河南爲熒澤。大伾蓋近其泆出之處"。按江説不足取。

"北過降水"，降水即漳水。河水自大伾山折而北流，至今河北曲周縣南與自西向東來的漳水會合，故云"北過降水"。河水自大伾山至曲周這一段河道，據譚其驤的研究，主要是《水經注》中的"宿胥故瀆"和《漢書·地理志》中的鄴縣東"故大河"。漳水源流見冀州"至于衡漳"解。

"至于大陸"，大陸在古代是澤名，如《漢書·地理志》鉅鹿郡鉅鹿縣下云："《禹貢》大陸澤在北。"《一統志》："澤在今任縣東北，與鉅鹿、隆平接界。"《禹貢》冀州"大陸既作"之大陸即指此澤言。但是在古代，大陸或亦指平陸言，如《爾雅·釋地》云："廣平曰陸。"《左傳》定公元年記魏獻子"田于大陸，焚焉，還，卒於寧"。杜預注此"大陸"爲荒蕪之地，且引《爾雅》"廣平曰陸"爲證。

那麽，《禹貢》此"至于大陸"之大陸是大陸澤還是一般廣闊的平陸呢？譚其驤明言是"一片極爲廣闊的平陸"。又承復旦大學中國歷史地理研究所鄒逸麟教授見告："《左傳》魏獻子'田于大陸'的大陸當爲平野。《漢書》大陸在鉅鹿和《爾雅》十藪'晉有大陸'之大陸，則又指爲湖澤。這些湖澤必是季節性的淺平澤藪，多雨時節水聚成澤，雨少水枯時則湖底顯露。這在華北平原是常見的現象。所以《禹貢》冀州云'大陸既作'，意謂洪水排除，可以耕作了。如果是一般的内陷湖，要排除湖水以耕作，是不可能的。故《禹貢》導水'至于大陸'之大陸，應據《爾雅》‘廣平曰陸’作解，是一片寬敞的平原。河水通過這一片平陸，方能‘北播爲九河’，如果‘大陸’是一大湖泊，則河水至此必先停滯，出澤後也無力播爲九河了。”今從譚、鄒説。

這片廣平的大陸，應在今河北鉅鹿、隆堯一帶。

“又北播爲九河”，播，分，散。河水通過大陸之後又分散爲九河。《爾雅·釋水》記有九河之名稱，即：徒駭、太史、馬頰、覆鬴、胡蘇、簡、絜、鈎盤、鬲津。閻百詩《四書釋地續》引于欽《齊乘》謂許商説：“九河故道，徒駭在成平，胡蘇在東光，鬲津在鬲縣。”按，成平在今河北交河縣東，東光在河北今縣東，鬲在今山東陵縣。

“九河”的九是實指還是泛稱，古今説有不同。《爾雅·釋水》列出九河名稱，確認九河就是九條河，不多也不少，漢、宋、清學者大多據此作解。今人則大多認爲九河非實指，九祇是多的意思，九河是説很多條河，不是一條、三條、五條。禹時黃河進入華北平原，水勢散漫，無有阻擋，分爲多股入海，似今黃河口三角洲狀，是可以理解的。

雖然九河是泛稱，不必實指九條河，但是《爾雅》記下的九河的名稱是有根據的，非爲虛構。許商講的九河所在的大致範圍也不會是向壁虛造。尤其徒駭河作爲《禹貢》河水的幹流，其名稱至漢代仍保留在民間。《漢書·地理志》勃海郡成平縣下云：“虖池河，民曰徒駭河。”就是證明。但是所謂九河至西漢實際已埋没不存，故有哀帝時平當“九河今皆置滅”和王莽時王橫“九河之地已爲海所漸矣”之嘆。

“同爲逆河，入于海”，海，渤海。“同爲逆河”一語，前人理解亦不同。孔穎達疏引鄭玄注云：同，合也。“下尾合，名爲逆河，言相向逆受。”王肅注、僞孔傳、顏師古《漢書·地理志》注並同鄭説。蘇軾《書傳》發揮此説更爲明白，他説：“逆河者，既分爲九，又合爲一，以一迎八，而入於海，即勃海矣。”這一説法的要點是；第一，先分爲九河，後合爲一河。第二，入渤海的是一河而非九河。第三，九河合爲一河，故曰同，這一河迎受上邊的九河，故曰逆河。

　　另一種理解，《漢書·溝洫志》記王莽時大司空掾王橫言："往者天嘗連雨，東北風，海水溢，西南出，浸數百里，九河之地已爲海所漸矣。"以爲九河早已淪爲海，今不存矣。晉張揖、北魏酈道元、宋蔡沈、元金履祥皆信此説。禹之九河既淪爲海，則在今之陸地上是尋不到它的舊迹的。今人史念海以爲九河是"河口三角洲上形成的許多分支"，"許商舉出的三條河流（見前引），祇能説是黄河的支津，都無當於《禹貢》的九河"。很多人"在離海很遠甚至遠到百里上下去尋求九河的分支，就不免費事"①。史氏未明言九河已入海，但説九河是河口處三角洲，不在離海很遠的地方。説九河不在離海很遠的地方，這一點與王橫實際上是一致的。二説之不同在於，王未回答九河是否合而爲一後入海，而史氏明確肯定九河分別各自直接入海。

　　還有一種理解，出自今人譚其驤的研究。譚氏的觀點是：第一，肯定漢代確曾發生過王橫所説的大海浸，導致渤海灣西岸陸變海的事情，但不認爲《禹貢》之九河被這次海浸淹没。相信《禹貢》九河故道在漢代仍然見在。《禹貢》"九河未必同時形成，也未必同時有水，很可能是由於'大陸'以下的河水在一段時期内來回擺動而先後形成的"。② 是譚氏認爲九河在"大陸"以下，不是在史念海説的河口三角洲地區。第二，以爲"'同爲逆河入于海'是説九河的河口段都受到渤海潮汐的倒

---

　　① 　史念海：《論禹貢的導河與春秋戰國時期的黄河》，《陝西師大學報》1978 年第1 期。

　　② 　見《長水集》下册，第 63 頁。

灌,以逆河的形象入於海"①,從而否定了鄭玄注、僞孔傳以來的九河合爲一河而入於海的傳統説法。按以上三説比較,譚説爲可信。以海水倒灌釋"逆河",尤爲精卓。

嶓冢導漾,東流爲漢,又東爲滄浪之水,過三澨,至于大別,南入于江,東匯澤爲彭蠡,東爲北江,入于海。

《禹貢》常言某爲某,爲字之義,林之奇《尚書全解》云:"經所載導水之例,凡言爲者,皆是從此而爲彼之辭,如導漢云'嶓冢導漾,東流爲漢,又東爲滄浪之水','東匯澤爲彭蠡,東爲北江,入于海'。導江云:'東別爲沱','東爲中江,入于海。'導沇水云:'東流爲濟,入于河,溢爲滎。'則凡言爲者,皆自此而爲彼之辭也。"(夏僎《尚書詳解》引)林氏此説,可資參考。

"嶓冢導漾",嶓冢山,在今陝西漢中地區勉縣、寧强間。見梁州"岷嶓既藝"解。《元和郡縣志》云:"嶓冢山在興元府金牛縣東二十八里,漢水出焉。經南鄭縣南,去縣一百步,《禹貢》'嶓冢導漾,東流爲漢'是也。"按南鄭縣故城在今陝西漢中地區南鄭縣東二里。金牛縣故城在今漢中地區寧强縣西北。嶓冢山在今漢中地區勉縣西南,接寧强縣界。胡渭《禹貢錐指》説:"以今輿地言之,漾水出寧羌州(今寧强縣)北嶓冢山,東北流逕沔縣(今勉縣)西南合沔水,又東逕沔縣南,又東逕褒城縣(縣已廢,今有褒城鎮)南,又東逕南鄭縣南,爲漢水。經所謂'嶓冢導漾,東流爲漢'者也。"按胡氏説可從。

"東流爲漢",漢,漢水。漢水源自寧强與勉縣之間嶓冢山,初名漾水。漾水與源於沮縣(今略陽縣界)的沔水(亦名沮水)合,然後東經南鄭縣。自南鄭以下東流,稱漢水。後世人往往沔漾互稱,沔漢互稱。

① 史念海:《論禹貢的導河與春秋戰國時期的黄河》,《陝西師大學報》1978 年第1 期。

"又東爲滄浪之水"，滄浪，水名。傅寅《禹貢説斷》引林之奇《尚書全解》云："張平子《南都賦》云：'流滄浪而爲隍，廓方城而爲墉。'李善注引《左氏傳》屈完所謂'楚國方城以爲城，漢水以爲池'，則是滄浪即漢水也。蓋漢水至于楚地，則其名爲滄浪之水也。"李善注引屈完語見《左傳》僖公四年。按林氏之説至確，《禹貢》滄浪之水就是楚地漢水之又名。僞孔傳謂"別流在荆州"，以爲滄浪别是一水，不是漢水東流而爲之，大謬。酈道元《水經注》説："《禹貢》言導漾，水東流爲漢，又東爲滄浪之水。不言過而言爲者，明非他水决入也。"按酈道元之説極是。滄浪水是漢水之一段，不是漢水之外另一水。

那麽，漢水從何處始稱爲滄浪水，又到何處爲止呢？酈道元《水經注》卷二十九沔水注説："漢水又東北流，又屈東南，過武當縣東北。縣西北四十里漢水中，有洲名滄浪洲。"是漢水東流至武當縣（今湖北均縣）起始名滄浪水。這也是大家公認的，並無疑義。滄浪之名止於何處，《水經注》引《楚辭·漁父》"滄浪之水清兮，可以濯我纓；滄浪之水濁兮，可以濯我足"，證滄浪之水必近楚地。説："蓋漢沔水，自下有滄浪通稱耳。"以爲漢水自均縣以下至入于江，都有滄浪之名。這是對的。《南都賦》把滄浪水與方城對稱，顯然是視漢水最下游爲滄浪水。《禹貢》經文言"又東爲滄浪之水，過三澨，至于大別，南入于江"，正謂過三澨，入于大別，南入于江者，一直叫做滄浪水，未改另名。或説滄浪之名止于襄陽，是没有根據的。

"過三澨，至于大別，南入于江"，漢水至今湖北武漢市入江，這是不成問題的。大別山在漢水旁側，是個小山，據《元和郡縣志》記載，它是在漢陽縣北一百步，江漢之間的魯山。不是處於今鄂、豫、皖三省交界的那個著名的大別山。見導山"至于大別"解。

"三澨"是水名還是地名，它在何處，前人説有不同。《史

記·夏本紀》集解引鄭玄注說：三澨，水名，“在江夏竟陵之
界。”《水經》之《禹貢山水澤地篇》說：“三澨，地在南郡邔縣之
北。”據酈道元注說，馬融、王肅、偽孔傳咸以爲三澨是水名，與
鄭玄同，但不言在何處。服虔或謂之邑，又謂之地。杜預説是
水際及邊地名。皆不言所在。唯京相璠説南陽、淯陽二縣之
間，淯水之濱，有南澨北澨。鄭玄、劉澄之説在竟陵縣界。這
僅是酈注提供的諸家説法，另有《夏本紀》《索隱》説“今竟陵有
三參水，俗云是三澨水”，蔡沈《書集傳》説有個發源於長壽縣
磨石山的澨水，疑即三澨之一。

　　漢晉唐宋以來以至於清，衆説紛紛，誰也未能對“三澨”説
出一個令人信服的究竟來。可見是一個難以解決的問題。比
較而言，清人胡渭的解釋爲可取。《説文》水部：“澨，埤增水邊
土，人所止者。……《夏書》曰：‘過三澨。’”按埤亦訓增。是許
氏以“三澨”爲地名。胡氏《禹貢錐指》據之以爲説，謂“《説文》
‘水邊’即厓，埤增之土即大防。防大故爲人所止也”；“所可知
者，三澨爲漢水之三大防，其地當有名川來入漢，上不越滄浪，
下不踰大別而已”；“愚意三澨當在淯水入漢處。一在襄城北，
即大隄，一在樊城南，一在三洲口東，皆襄陽縣地，在邔縣之北
也。言在竟陵者，非是”。是胡氏以爲“三澨”是漢水的三個大
堤，在今湖北襄樊唐水（即淯水）入漢處。邔縣，今湖北宜城。
竟陵，在今湖北天門西北。

　　“東匯澤爲彭蠡，東爲北江，入于海”，此言漢水入江後又
東入于海的水道。程大昌《禹貢山川地理圖》之《今定三江圖
敍説》云：“通《禹貢》一書，水之以小注大則爲入，水力稍相參
配則爲會，而匯之爲義惟此有之。以其力大而相冲盪，其狀回
復宛轉，無有此受彼聽之別，故與他水合并爲一者不同也。”是
經用匯字，表示漢水入江後東流匯爲一大澤，名曰彭蠡。彭蠡
見經下文“東迤北會于匯”解。

北江，自彭蠡起，東至於海這段江稱北江。江本一條，而稱北江者，是從漢水的角度立言，以示對漢水地位的强調。漢水來自北方，故稱北，漢水早已與江水合流，故稱江。經下文導江稱"東爲中江"，是從江水的角度立言，與北江相對而稱中江。不稱南江者，江源在西不在南，且稱南不如稱中能表示江水的正流地位。北江、中江，其實一江也。古人常常把揚州"三江既入"的三江與此混作一談，爲凑足三江，又虛構出一個"南江"來，與事實不符，不可信據。

"入于海"，江水最終入于東海。

岷山導江，東別爲沱，又東至于澧，過九江，至于東陵，東迤北會于匯，東爲中江，入于海。

這一段講江水自首至尾的主要經歷。禹時以爲江之最上游是岷江，而岷江源于岷山，故以岷山爲江之源。"岷山導江"可有三層含義，即江源于岷山，禹施工于江自江源始，禹導江亦自江源始。導訓循，"導江"謂沿江而下總結江水治理狀況。岷山跨雍梁二州，是個很大的山脈，它北起今甘肅岷縣，南經四川松潘、茂汶，迄于灌縣，綿延千餘里。見梁州"岷嶓既藝"解。關于岷江之源，《漢書·地理志》蜀郡湔氐道下云："《禹貢》岷山在西徼外，江水所出，東南至江都入海。"《水經》江水（一）下云："岷山在蜀郡氐道縣，大江所出。"酈道元注引《益州記》："大江泉源，即今所聞始發羊膊嶺下。"《禹貢山水澤地篇》："岷山在蜀郡湔氐道西。"常璩《華陽國志》："岷山一名沃焦山，其跗曰羊膊，江水所出。"蔣廷錫《尚書地理今釋》："岷山跨雍梁二州，自陝西鞏昌府岷州衛（按今甘肅岷縣）以西，大山重谷，谿谷起伏，西南走蠻菁中，抵成都府西境，凡茂州雪嶺，灌縣青城，皆其支脈。而導江之處則在今松潘衛北，西番界之浪架嶺，《漢志》所云'湔氐道西徼外'也。"是諸家説同，俱以爲江源在漢代蜀郡湔氐道即今四川松潘西之岷山。禹導江自當始于此。

“東別爲沱”，僞孔傳：“江東南流，而沱東行。”以爲“東別爲沱”，是説沱向東流。其實不然，“東別爲沱”，主語是江，不是沱。意謂江自岷山發源之後大致東行，而別爲沱。胡渭《禹貢錐指》云：“‘東別爲沱’者，謂江水東流而別爲沱。以大勢言之，江自梁而荆，皆東也。《傳》云‘江東南流，沱東行’，非是。”深得經義。

梁有江之沱，荆亦有江之沱。此“東別爲沱”之沱是梁之沱抑是荆之沱？孔疏釋僞孔傳，以爲是荆之沱，蔡傳以爲是梁之沱。二説都不對。林之奇《尚書全解》：“自江水溢出別爲支派者皆名爲沱，梁荆二州皆有之也。”（《禹貢錐指》引）以爲“東別爲沱”之沱包括梁荆二州之沱，是對的。

梁州之沱，自今四川灌縣至瀘州入江，行千五百里，亦謂之郫江，與今之沱江相當。見梁州“沱潛既道”解。

荆州之沱在今湖北境内，這不成問題。但是起迄于何處，看法就不同了。胡渭《禹貢錐指》説起于枝江縣之百里洲，東流經松滋、江陵、公安、石首、監利諸縣，至湖南岳陽（巴陵）縣西北會洞庭之水爲止。中國科學院組織編著的《中國自然地理》之《歷史自然地理》分册①據《漢書·地理志》南郡枝江縣下“江沱出西，東入江”句，以爲“《漢志》體例嚴謹，‘東入江’不言至某縣，即指該縣”。“先秦漢魏時代，江沱分汊後仍在今枝江縣東一帶匯入長江，根本不存在分汊主泓南注洞庭合澧水那麼回事”（第94頁）。謂荆州之沱與江之分合皆在枝江縣範圍内。今按荆沱起于枝江縣百里洲，諸説一致。止于何處，今取胡説，《歷史自然地理》説録以備考。

“又東至于澧”，澧，鄭玄注以爲陵名，即長沙郡的醴陵，醴

陵縣或以陵得名（《史記·夏本紀》集解引）。按醴陵在長沙東南，東漢所置縣，距江數百里，説導江至于此，於事理不合。《夏本紀》集解説：“孔安國及馬融、王肅皆以醴爲水名。”以醴爲水名，是對的。經文澧本作醴，從酉。後改作澧，從水。從水從酉，都是水名。禹時澧水的歸宿問題，諸家説不同。《水經》説“東入于江”，《漢志》説“東至下雋（按今湖南安鄉）入沅”，酈道元《水經注》説“流注於洞庭湖”。中國科學院《歷史自然地理》説，“先秦漢魏時代，浩渺的洞庭湖水面尚未形成，湘、資、沅、澧四水在城陵磯（在今岳陽附近）以西一帶直接匯入長江。‘又東至于澧’指的就是江沱合流後，長江大體沿今荊江流路至城陵磯附近合洞庭四水。由於澧水在四水中首與長江相匯，故《禹貢》以澧爲四水代表而立言”。按禹時澧水直接入江説可從。

“過九江”，主要的説法有二：一是胡渭《禹貢錐指》説九江在今湖南，即流入洞庭湖的湘、資、沅、澧諸水。二是今中國科學院組織編著的《歷史自然地理》説九江在今長江之北，是古長江流到今鄂東南廣濟、黃梅與江西九江市三點之間沖積扇上形成的衆多汊流。因爲汊流衆多，故稱九江。九江是古長江本身的一段，不是長江之外另有九江。

兩説都有缺點，依胡説則經文既言“又東至于澧”，又説“過九江”，自相牴牾。雖金履祥《書經注》説：“‘東至于澧，過九江’，則禹時澧自入江，而九江始入。今則澧與九江俱匯爲洞庭而并入江矣。故説者遂以澧亦在九江之數，非也。”似乎能解除這一矛盾，然而解除不了。因爲硬把澧水與湘、資、沅諸水分開言，是不合情理的，經意必不如此。後一説也有扞格難通之處。試想，如果九江是古長江自身分汊的一段，經文則不當言“過九江”，經文既言“過九江”，那麼九江就應當在江水之外，另有所指。兩説並難圓通，今考慮到經下文“至于東陵”

句，九江姑從後説作解。

　　"至于東陵"，東陵是地名。東陵地望問題古有三説。

　　第一説，《水經注》江水（三）説："刋水出廬江郡之東陵鄉。江夏有西陵縣，故是言東矣。《尚書》云：江水'過九江，至于東陵'者也。"《漢書·地理志》廬江郡下云："金蘭西北有東陵鄉。"《水經》之《禹貢山水澤地篇》説同。是酈道元以爲東陵在漢代廬江郡金蘭之東陵鄉。金蘭在今河南固始、商城之間，南直湖北黄梅。王先謙《漢書補注》力主此説。

　　第二説，阮元《禹貢東陵考》（載《揅經室集》）據《漢志》廬江郡下"金蘭西北有東陵鄉"的記載加以發揮，把《禹貢》之東陵擴大爲舒城及其以東之滁縣、六合、天長、揚州、江都一綫的廣大丘陵地帶。

　　第三説，胡渭《禹貢錐指》引宋人曾彦和《尚書講義》云："巴陵與夷陵相爲東西，夷陵亦曰西陵，則巴陵亦爲東陵可知。"蔡沈《書集傳》、金履祥《書經注》並同。胡渭從此説。按夷陵即今湖北宜昌，巴陵即今湖南岳陽。

　　以上三説，東陵即巴陵（岳陽）説顯然難以成立。試想，如果"九江"在今鄂東南廣濟、黄梅與江西九江市三點之間，則經文先言"過九江"後説"至于東陵"，不可思議。如果九江是湘、資、沅、澧諸水，則四水入江處距巴陵極近，經文才言"過九江"，又説"至于東陵"，有嫌重複。況且曾彦和説巴陵就是東陵，僅是推測之辭，缺乏文獻根據。

　　金蘭説和舒城以東揚州、江都丘陵地帶説，無論定九江爲湘、資、沅、澧諸水還是定在鄂東南廣濟、黄梅與江西九江市三點之間，大方向都是可取的。但是也有問題。金蘭在今豫東南，南距長江有數百里之遥，導江爲什麼一定要"至于東陵"！舒城至江都一帶已在彭蠡之東，與經下文言"東迤北會于匯"不合。導江不應先言東後言西。

　　文獻不足徵，我們提不出新説，姑且從金蘭説。

　　“東迤北會于匯”，迤，斜出。東迤北，江水東流而向北斜。
誰會于匯，匯何所指，古人解釋不同。金履祥《書經注》説：“會
于匯，當特會于漢。蓋江勢迤北處，正受漢口，若至彭蠡，則東
流久矣。匯字必因上文而誤也。”以爲匯是漢之訛，“會于匯”
是江水與漢水匯。這樣理解的前提是定“九江”爲湘、資、沅、
澧諸水，東陵是岳陽。此説不足取。

　　另一種解釋，以爲匯是彭蠡。林之奇《尚書全解》説：“匯
者，彭蠡之澤也。不言會於彭蠡者，蓋蒙上‘東匯澤爲彭蠡’之
文，且見其與漢水共注此澤也。”（傅寅《禹貢説斷》引）胡渭《禹
貢錐指》説：“江水迤北由沙羨（漢縣，今武昌西南）始。漢自大
別以至彭蠡，大勢皆東。江自沙羨以至彭蠡，則東且迤北矣。
經先漢後江，東匯爲彭蠡者漢也，而江水亦至其處，故曰‘東迤
北會于匯’。言與漢所匯之彭蠡會也。”

　　按，金氏説匯爲漢之訛，會於匯即江水與漢水會，無據，今
不從。林、胡二人以爲匯是彭蠡，是。但是他們的前提是定九
江爲湘、資、沅、澧諸水，故釋東釋北皆不確。

　　彭蠡，據中國科學院組織編著，1982 年由科學出版社出
版的《中國自然地理》之《歷史自然地理》分册説，在今長江北，
不是今在長江南的鄱陽湖。該書第 127 頁説：“從當時九江分
汊水系（按説見前引）的主泓自冲積扇南緣流至今九江市後，
以‘東迤北’的方向匯注彭蠡澤。”又説，彭蠡澤的“具體範圍當
包括有今宿松、望江間的長江河段及其以北的龍感湖、大官
湖、泊湖等湖沼地區”。此説可從。

　　“東爲中江”，見經上文“東爲北江”句解。

　　“入于海”，海，東海。

導沇水，東流爲濟，入于河，溢爲滎，東出于陶丘北，又東至于菏，又
東北會于汶，又北東入于海。

這一段言禹導濟水的情況，是説禹時濟水自發源至入海的源委經歷。導字應從胡渭説，訓循。導濟即自上而下循迹總結治濟的狀況。凡導山導水之導，皆不宜訓治。諸山諸水已逐州治畢，這裏若重複再治，於情理不合。

首先，我們應當知道，從現代自然地理的科學觀點來看，黄河以北，流入黄河的濟水與黄河以南從黄河流出的濟水是兩條水，前者是黄河的支流，後者是黄河的岔流。但是《禹貢》認爲是發源於黄河北，絶河而東的一條河，名之曰濟水。後人也都這麽講，甚至在濟水如何絶河而過問題上大動腦筋。對於《禹貢》和後人的諸多解釋，我們也需要瞭解。

"導沇水"，沇水，《山海經·北山經》作灉水，郭注："灉音輦"。《水經注》作聯，不從水。段玉裁《古文尚書撰異》説，是同音假借字。按沇水、灉水實爲一水。沇水出於大河之北王屋山。王屋山在今河南濟源縣西，與山西陽城、垣曲二縣接境。詳見兖州"浮于濟漯，達于河"和導山"至于王屋"解。

"東流爲濟"，濟，濟水。《史記》作泲，《漢書》作泲，《詩》、《周禮》亦作泲。《禹貢》沇、濟爲一水，自王屋山發源之初名沇，伏流於地下，至濟源西北二里處復出地上（據《括地志》王屋縣），稱濟水。或云沇水東流至温縣西北重出爲濟水（據《水經》濟水篇）。雖然沇水重出地點問題古人説法稍異，但是沇水出王屋山，見而復伏，伏而又出，出而稱濟水，是大家公認的。宋人張九成《尚書詳説》説："沇、濟一也。發源爲沇，既流爲濟"，"沇水流爲濟，沇水既爲濟，則沇之名熄矣。故爲濟之後，不復名爲沇"（傅寅《禹貢説斷》引），是對的。

"入于河，溢爲滎"，濟水從北岸入河，又從南岸出河，都叫濟水。這在《禹貢》諸水中是獨一無二的特殊現象。濟水是怎樣截河而過的，古人有許多解釋。程大昌《禹貢山川地理圖》説濟入河而使河滿，河滿而溢出南岸，禹因而亦命名濟水。孔穎達疏謂濟水清，河水濁，南出者還清，故知濟水截河而過。閻若璩《潛邱劄記》從之。蔡沈《書集傳》以爲濟水入河穴地而行，即從地中穿過河水。蘇軾《書傳》則以爲濟、河二水味道不同，禹據之以知溢爲滎者是濟水。諸説比較，程説爲勝。詳見兗州"浮于濟漯，達于河"解。

　　關於濟水入河地點問題，前人力圖講具體，找出確實可指的入河位置。其實年代久遠，陵谷變遷，禹迹早已不存，越是説得細，越難以置信。《漢書·地理志》河東郡垣縣下云："《禹貢》王屋山在東北，沇水所出，東南至武德入河。軼出滎陽北地中，又東至琅槐入海。"按《漢志》説《禹貢》濟水在武德入河，可以信據。武德故城在今河南武陟東南。

　　"溢爲滎"之溢字應特別注意。既言溢爲滎，則説明河水適滿，溢出南岸而成滎澤。經文一個溢字把後世濟水伏流過河諸説全部否掉。程大昌《禹貢山川地理圖》説"禹之命名全在溢之一字"，真乃高見，古今治《禹貢》者不可勝計，言及於此者一人而已。

　　禹時滎澤後來逐漸淤塞不見，鄭玄注云："今塞爲平地，滎陽民猶謂其處爲滎澤，在其縣東。"（孔穎達疏引）可見至漢代滎澤有其名而無其水。這就使自漢以後言滎澤地望者論之紛紛而無從折衷。今考僞孔傳言"滎澤在敖倉東南"，甚有道理。敖倉即敖山。《史記·高祖本紀》孟康注説敖山在滎陽西北。《詩·車攻》"搏獸于敖"，陳奐《詩毛氏傳疏》亦謂敖山在滎陽西北。按滎陽有新舊二城，漢代滎陽城在今滎陽城西南十二里，故鄭玄説滎澤在滎陽縣東，而清初胡渭見到的《滎澤縣志》説滎澤在縣南。因爲城址有變化，説滎澤在東在南都是對的，反正縣城在西在北，滎澤在東在南，而絶非相反。據宋程大昌《禹貢山川地理圖》考證，濟水從成皋、汜水以下的石門口（又稱滎口）溢出二十餘里形成滎澤。滎澤幅員闊大，不止才足容水而已。敖山、滎陽縣以東的沙城、垂隴、釐城乃至於更東的郟城陂等地都在禹時滎澤範圍。沙城、垂隴在滎陽縣東二十里上下，釐城在滎陽縣東四十里，郟城陂則向東更遠些。此四地今之相應地名已難確指。

　　“東出于陶丘北”，陶丘，《墨子》以爲釜口。在今山東定陶縣西南七里。禹時濟水自陶丘一段，據胡渭考證是伏流，自陶丘之北始涌出而東入於菏澤。自陶丘以上濟水無上游。詳見兗州“浮于濟漯，達于河”解。

　　“又東至于菏”，《括地志》説：“菏澤在曹州濟陰縣東北九十里故定陶縣東。”按古之定陶在今山東定陶西南數里處。是菏澤就在今定陶附近。故胡渭《禹貢錐指》説：“菏澤在陶丘之東北，相去不遠。濟水伏流至陶丘北，上奮馳波跳沫，東北匯於菏澤。”《説文》與僞孔傳俱以爲菏澤在胡陵（按胡陵故城在今山東魚臺縣内），誤把在魚臺界内合泗水以入淮水的另一條菏水當作菏澤。見豫州“導菏澤，被孟豬”解。

　　“又東北會于汶”，據《説文》水部記載，汶水有兩條，源流皆異，各不關涉。一條“出琅邪朱虛東泰山，東入濰”，一條“出泰山萊蕪，西南入泲（濟）”。又，《漢書·地理志》泰山郡萊蕪下云：原山，“《禹貢》汶水出西南，入泲（濟）。汶水，桑欽所言。”是知源於萊蕪縣入於濟這一條汶水是《禹貢》的汶水。按原山在今山東萊蕪縣東北七十里，亦名馬耳山。

　　濟水與汶水會合的地點，據《水經》説，在壽張縣西安民亭南。又據《水經注》説，這就是《禹貢》濟水東北會於汶的地方。又説“袁宏《北征賦》曰‘背梁山，截汶波’，即此處也”。梁山，《括地志》云：“在鄆州壽張縣南二十五里。”胡渭《禹貢錐指》説：“今在東平州西南五十里，接汶上縣界。梁山濼在今壽張縣東，梁山之南。濟汶既合，東北匯而成濼。”按漢代壽張故城在今山東東平縣之西南，亦即今壽張縣之東南。濟汶會合之後而有梁山濼。

"又北東入于海",濟水在壽張、東平之南與汶水會合後,北東流經東阿、平陰、長清、齊河、歷城、章丘、鄒平、舊長山、臨淄、桓臺諸縣地,至漢代之琅槐縣入渤海。琅槐在今博興縣北一百多里處。見兖州"浮於濟漯,達于河"解。

導淮自桐柏,東會于泗、沂,東入于海。

"導淮自桐柏",禹循迹總結淮水治理的狀況,從淮水的發源開始。《漢書·地理志》南陽郡平氏縣下説淮水出自桐柏山。《水經》説淮水出自平氏縣胎簪山,東北過桐柏山。按胎簪山也屬於桐柏山。故《禹貢》導淮言桐柏不言胎簪。桐柏又有餘山、大復山之名,是後世所取,禹時祇名桐柏。漢平氏縣故城在今河南桐柏縣西,那裏有山今仍名桐柏。見導山"熊耳、外方、桐柏,至于陪尾"解。

"東會于泗、沂",淮水東流與泗水會合,而沂水先入于泗。即沂、泗會合然後入淮,猶如"江漢朝宗于海",江漢會合而後入海。

名沂水的水不止一條。從曲阜尼丘山發源,流經曲阜魯雩門,曾點所浴的那條水,叫沂水。此外,據《水經注》記載,名沂的水還有兩條。《禹貢》沂水是較大的一條,它發源於今山東沂水縣,流經臨沂、郯城,至江蘇邳縣入泗,泗在清江市入淮。

泗水,源於今山東泗水縣東陪尾山,流經今山東曲阜、兖州、濟寧、鄒縣、魚臺、滕縣,江蘇沛縣、徐州、邳縣,在邳縣與沂水會合,又經宿遷、泗陽,至淮陰入淮。淮陰,今清江市。這是禹時的情況,今日的泗水流入山東濟寧附近的南陽湖爲止,不與淮水通。見徐州"浮于淮泗達于河"解。

"東入于海",據《水經》及酈道元注記載,淮水自桐柏山發源後,向東經今河南桐柏、信陽、息縣、固始,安徽阜陽、壽縣、懷遠、鳳陽、五河，江蘇盱眙、洪澤湖水域、清江諸縣地，在清江會合泗水，又東流至漣水（漢代淮浦縣、明代安東縣）東北入海。海，黃海。

　　淮水入海地點，《水經》以爲在淮浦。《漢書·地理志》南陽郡平氏縣下云：“《禹貢》桐柏、大復山在東南，淮水所出，東南至淮陵入海，過郡四，行三千二百四十里。青州川。”是《漢志》以爲淮水在淮陵入海。按淮陵故城在今江蘇盱眙縣西北八十五里，距海很遠，說淮水在此入海，不切實際。胡渭說“淮陵乃淮陰之訛。”然而即使說淮水在淮陰入海，也不對。淮陰即清江市，距海也不近，說淮水在這裏入海，猶如說今日黃河從濟南市入海一樣，是不對的。《水經》說淮水在淮浦（今漣水）入海，是對的。從今日輿地看，漣水縣也不瀕海，但是漢代從淮浦至海濱，再無置縣，說淮水入海處祇能說到淮浦。況且據譚其驤主編的《中國歷史地圖集》，西漢時海岸綫比今要内縮得多。

　　《漢志》說淮水過四郡，三千多里長，也有誤。王先謙《漢書補注》說淮水自桐柏始，所過郡有“南陽、汝南、六安、九江、沛、泗水、臨淮，四當爲七”。金履祥《書經注》說“自桐柏至海，凡千七百里”。《禹貢錐指》引易氏說淮水“至漣水縣入海，通計一千八百里”。二說近是。

導渭自鳥鼠同穴，東會于灃，又東會于涇，又東過漆沮，入于河。

　　“導渭自鳥鼠同穴”，鳥鼠同穴，山名，略稱爲鳥鼠。渭水自鳥鼠同穴山發源，禹循迹總結渭水自源頭起始。鳥鼠同穴山位于今甘肅渭源縣西南。見雍州“終南、惇物，至于鳥鼠”解。

　　山名鳥鼠同穴，甚爲可怪。但是古人既取出此名來，必有其因。《爾雅·釋鳥》云：“鳥鼠同穴，其鳥爲䳟，其鼠爲鼵。”郭璞注：“鼵如人家鼠而短尾。䳟似鵨而小，黃黑色。穴入地三

四尺，鼠在內鳥在外。今在隴西首陽縣鳥鼠同穴山中。孔氏
《尚書傳》云：'共爲雄雌。'張氏《地理記》云：'不爲牝牡。'"胡
渭《禹貢錐指》引《甘肅鎮志》云："涼州之地有兀兒鼠者，形狀
似鼠，尾若贅疣。有鳥曰本周兒者，其形似雀，色作灰白，常與
兀兒鼠同穴而處，所謂鳥鼠同穴者也。"看來，鳥鼠同穴現象在
西北地區確有其事。但是鳥鼠異類，共爲雌雄，殊不可信。郝
懿行《爾雅義疏》引杜彥達曰："同穴止處養子，互相哺食，長大
乃止。"可見不共爲牝牡。

　　"東會于灃"，灃水在渭水之南，發源於今陝西户縣東南終
南山鄠谷，東北流經長安縣，納滈水，從咸陽東入渭。見雍州
"灃水攸同"解。

　　"又東會于涇"，涇水在渭水之北，發源於今甘肅平涼縣西
崆峒山，東南流至今陝西高陵縣南入渭。見雍州"涇屬渭汭"
解。

　　"又東過漆沮，入于河"，漆沮，水名，就是洛水。洛水曾有
漆水、沮水注入，故又可稱漆沮水。洛水源於今甘肅慶陽北百
七十里處之白於山，東南流至陝西華陰縣西北胡蘆灘入渭。
此洛水與豫州"伊洛瀍澗"的洛水，是兩條水。沮水出自漢代
的直路縣（在今陝西富縣西北）東，至祋祤縣（今耀縣東）北，東
入洛水。漆水，來歷不甚清楚，但是它在涇水之東，與在涇水
之西岐山縣的漆水不是一回事，是肯定的。此漆水會沮水而
後入於渭。見雍州"漆沮既從"解。"入于河"，是總括地說渭
水自鳥鼠山發源後，東流先後會合灃水、涇水、漆沮水，最後注
入河水。

　　渭水之源委經歷，據《水經注》記載是這樣的：自鳥鼠山發
源後，東流經今甘肅渭源北、隴西北、通渭北、武山北、秦安南、
清水西，流入陝西界，又東流經隴縣南、寶雞南、岐山南、眉縣
北、周至北、興平南、户縣北，至咸陽東，灃水從西南來會。又

經長安北,至高陵南,涇水從西北來會。又經臨潼北、渭南北、華縣北,至華陰北,洛水(漆沮水)從西北來會。又東流至船司空縣(在今華陰縣東北五十里)入河。

導洛自熊耳,東北會于澗瀍,又東會于伊,又東北入于河。

此洛水在豫州,與雍州洛水(漆沮水)不是一水。"導洛自熊耳",洛水發源於今陝西商洛地區商縣(古上洛縣)之熊耳山,故禹導洛必自熊耳山始。熊耳山自商洛地區商縣起東至河南盧氏縣,綿亘二百餘里,是個較大的山脈,與孤獨小山不同。《禹貢》導山導水兩次言及熊耳,應當都指這個較大的熊耳山脈言。見導山"熊耳、外方、桐柏,至于陪尾"解。

"東北會於澗瀍",洛水自上洛熊耳發源後東北流,與澗水、瀍水會合。瀍水出今河南新安縣北穀城山,至洛陽東入洛,流長不過七十里。澗水出今河南澠池縣白石山,至新安縣東與穀水會合(自此以下澗水或稱穀水),至洛陽西入洛水。見豫州"伊洛瀍澗既入于河"解。

"又東會于伊",伊水出自今河南盧氏縣悶頓嶺(一名巒山),悶頓嶺亦屬於熊耳山。又北流過嵩縣、洛陽,東至偃師,入於洛。

"又東北入于河",洛水東北流,至河南舊鞏縣入河。

《禹貢》洛水源委經歷可以據《漢志》和《水經注》大致描出。《漢書·地理志》弘農郡上雒縣下云:"《禹貢》雒水出冢領山,東北至鞏入河。過郡二,行千七十里。豫州川。"又,盧氏縣下云:"熊耳山在東,伊水(所)出。東北入雒,過郡一,行四百五十里。"又,新安縣下云:"《禹貢》澗水在東,南入雒。"又,河南郡穀成縣下云:"《禹貢》瀍水出晉亭北,東南入雒。"按張華《博物志》云:"洛出熊耳。"《一統志》云:"伊水出盧氏縣東南百六十里之巒山,一名悶頓嶺。"與《漢志》說雒出冢領山,伊出熊耳,看似抵觸,其實無異。胡渭《禹貢錐指》說:"禹導水唯志

　　其大端,渭水出是山,則曰'導渭自鳥鼠同穴',豈若後世地記必究其爲某嶺某谷也哉！此與言淮出胎簪不出桐柏,洛出冢嶺不出熊耳者,皆妄也。"水之發源,若求實求細,固然可以尋找出某嶺某谷來,但是不可以此說《禹貢》不對;《禹貢》記某水出自某山,是就其大端言。説雒(洛)水出自熊耳,《漢志》説出自冢領山,冢領山也在熊耳山這一大端之内。

　　洛水自上洛(今陝西商縣)熊耳山發源之後,大方向是向東北流,歷經今陝西洛南北,入河南,經盧氏南、洛寧南、宜陽北,又東入洛陽市界,在舊王城西南會澗水,東南會瀍水,又東至偃師西會伊水,然後經偃師南、舊鞏縣(在今鞏縣東北)南,又東北行二十里至洛口入河。

　　以上《禹貢》言導水。共計導弱、黑、河、漾、江、沇、淮、渭、洛九條大水。除弱、黑二水以外,其餘各水都包含一些支派。河水止言及一條降水。九河、逆河爲河水自身。雖《爾雅》有九河之名,但是《禹貢》不言,故九河究竟難以確指,或爲隨時先後形成,非同時存在,亦未可知。漾水、漢水、滄浪水,其實都是漢水。彭蠡是江漢共同形成的大澤。江水支派止言及沱、澧、九江。而九江如同九河,今已難以指實。九江到底是江水的支流還是江水的分汊,尤難確定。沇、濟是一條水,亂河而過是它的特點,與它有關的,言及滎、菏二澤和一汶水。淮水有泗、沂二水注入。言及注入渭水者有澧有涇有漆沮水(洛水),而言及注入洛(雒)水的有澗、瀍、伊三條水。

　　九條大水之支流,除九河、九江特殊和同水異名者不計而外,共言及降、沱(荆沱、梁沱)、澧、汶、泗、沂、澧、涇、漆沮(洛)、澗、瀍、伊十三條水和彭蠡、滎、菏三澤,實在不能算多。這至少説明:第一,禹的着眼點集中在河、漢、江、淮等幾條大水上,這幾條水的問題解決了,其餘諸小水便不成爲問題。第二,對於遠在荒郊的弱、黑二水所知既少,施功亦不多。

　　導水中言及的北江、中江，與揚州"三江既入"的三江不可混同。漢水自北來，故彭蠡以下之江水從漢水的角度説，可稱北江。岷江自西來，在漢水之南，故自彭蠡以下之江水從岷江的角度説，可稱中江。北江、中江，實一江也。"三江既入"的三江指婁江、吴淞江、東江而言。此三條江是震澤（太湖）的泄水道，與江水没有直接的關係。

　　導水中五次言及"入于海"。導黑水説"入于南海"，特别表明是南海，不是别的海。説明南海是當時人不曾見到也無法見到的海。一提及海，大家都知道是東方的海。河水、漢水、江水、淮水一律説"入于海"，而不加區分各入的是什麽海。這是因爲禹時人們還没有把東方的海劃分爲渤海、黄海、東海。如果讓戰國時人來整理《禹貢》（更不要説寫作《禹貢》），則不會籠統地説"入于海"了。

　　導水（導山也一樣）的導字最堪尋味。古人大多訓治，意謂導水是講禹一條一條治水的過程。這是無法説得通的。因爲山水在九州已治理完畢，於導山導水又治一遍，無此必要。況且治水必須自下游往上治，治山爲治水服務，治山治水必須同步進行，而導水是自上游而往下治，且治山治水分别辦，絶無此理。禹如果這樣治水，也就不成其爲禹了。

　　胡渭訓導爲循，循行的意思。導山是禹循序回顧總結隨山刊木的情況，導水是禹循行察看治水的情況。這樣解釋導山是可以解釋通的，所以我們接受它。但是言及導水，胡説則有缺欠。試想，在九州治水時，禹必然已親臨指導，檢查的環節早已做過，不須山水既經治畢之後又去從頭到尾一條條地檢查。在當時的條件下，恐怕他就是活兩百歲也完不成。

　　事實可能是，分州治理，任土作貢，是禹治水的實際操作過程。導山導水是對先前分州治水工作所做的總結，把分别治理過的山山水水一條條地貫穿起來，加以系統的把握。這是實踐後獲得的知識,而不是實踐本身。在這裏,導字如何訓解的問題很重要。訓治顯然不對,訓循近是。我們祇是作爲一個問題、一個想法提出來,遠遠不是結論。

　　導水一段中有這樣幾句話:"東過洛汭,至於大伾。北過降水,至于大陸。又北播爲九河,同爲逆河,入于海。"這是著名的《禹貢》河,即《禹貢》黃河下游河道。它與《漢書·地理志》、《山海經》記載的黃河下游河道不同。於是便產生了三條河道,尤其《禹貢》河與《漢志》河兩條河道誰在先誰在後的問題。這個問題很重要,關係到《禹貢》成書時代問題的解決。

　　今人譚其驤作《西漢以前的黃河下游河道》(見《長水集》下冊),根據大量確鑿無疑的材料證明:一、《漢志》河是見於記載的最早一條黃河下游河道(始見於前 7 世紀中葉記載),并且是春秋戰國時代長期存在的河道。二、春秋戰國時代以走《漢志》河道爲常,也不止一次地走《禹貢》河道。或者兩河道曾長期同時存在,迭爲幹流,而以《漢志》河爲常。三、約在前 4 世紀四十年代左右,齊、趙、魏各在《漢志》河兩岸修築了長堤,以後《禹貢》河斷流,專走《漢志》河,一直沿襲到漢代。

　　我們相信譚其驤的結論是符合歷史實際的。由此便產生這樣一個問題:既然《漢志》河自前 7 世紀中葉已見記載,是自此以後至戰國時代常走、且爲當時人言談中常常提及的黃河下游河道,那麼爲什麼,寫作《禹貢》的人言及黃河下游河道時不采取大家公認的、他自己看得見的、經常存在的《漢志》河,偏偏看中不常見的、人們極少提及的、戰國中期起斷了流的《禹貢》河?

　　寫作《禹貢》的人不生活在前 7 世紀中葉以後,即不是春秋中期以後的人。在可能做出的諸多答案中,這顯然是最佳的一個。

　　根據譚先生的結論,我們還可以想到,春秋戰國時代黃河下游河道主要表現爲《漢志》河，那麼春秋以前呢？人們現成的、無須思索的回答是，文獻無載，不知道。我們説，《禹貢》不就是記載嗎？《禹貢》河應當就是禹時的河。人們會反駁説，不對，《禹貢》是戰國人作的，他寫的河不可能是禹時的河。可是現在已證實，戰國時的河主要是《漢志》河，而不是《禹貢》河。於是《禹貢》河無處可放，被擱置起來。

自本世紀二十年代以來，人們斷定《禹貢》是戰國時代作品。逐漸形成了研究《禹貢》的思維定式：《禹貢》作於戰國，它記載戰國的史實；若發見其中有與戰國歷史不合的記載，或者不予理會，或者曲爲之説。譚其驤關於西漢以前黃河下游河道問題的研究成果表明，這一思維定式必須打破，正在被打破。

九州攸同，四隩既宅，九山刊旅，九川滌源，九澤既陂，四海會同。

此六語是對治水工作的總括性敍述。六語的關係，僞孔傳説：“‘九州攸同’，所同事在下。”胡渭《禹貢錐指》説：“此總敍水土之功，而先舉其凡曰‘九州攸同’，下文‘四隩既宅’至‘四海會同’，則其目也。”都以爲首句與下五句是綱與目的關係。唯王引之《經義述聞》卷三“九山刊旅”條下説：“‘九山刊旅’與‘九川滌源’對文，猶之‘九州攸同’與‘四隩既宅’對文也。”按王説是。

“九州攸同”，九州，實指上言冀、兗、青、徐、揚、荆、豫、梁、雍九州。攸，所。同，相同，一樣。“九州攸同”，説九州的水土、貢賦、生產、生活諸問題，都解決了。各州都一樣，沒有一州被忽略、漏掉。金履祥《書經注》説：“‘九州攸同’者，言九州之內，經理無間也。”是正確的。解釋爲統一制度，混一風俗，如蘇軾《書傳》云：“書同文，車同軌。”是不對的。

“四隩既宅”，隩，《詩·大雅·公劉》“芮鞫之即”，毛傳：“芮，水厓也。鞫，究也。”鄭箋：“芮之言內也。水之內曰隩，水之外曰鞫。”《爾雅·釋丘》“厓内爲隩，外爲鞫”，疏引李巡云：
“厓内近水爲隩，其外爲鞫。”是隩爲水之内，水之内謂二水交
會處之内側，洛汭、渭汭是也。宅，居住。既，已然之辭。四，
概言多。四隩，謂天下四方所有兩水交會處的内側。四隩既
宅，謂這些地方可以居住了。水之隩已可居住，其他水邊之地
更可居住。水邊尚且可居住，平陸與山地則無須言。昔日洪
水肆虐，懷山襄陵，人們祇可居於高處。今日洪水退去，諸水
暢達平穩，人們自然下得山來，居於平陸、水厓、水芮。故言
“四隩既宅”。

　　“九山刊旅”，九山，應以孔疏之解爲正，孔疏説：“‘九山’、
‘九川’、‘九澤’，言九州之内所有山、川、澤，無大無小，皆刊槎
決除已訖。”謂九山是指九州之内大小諸山，不是指某確定的
九座山。刊旅，則應取王引之説爲解。王引之《經義述聞》卷
三云：“余謂旅者道也。《爾雅》：‘路、旅，途也。’郭璞曰：‘途即
道也。’《郊特牲》：‘臺門而旅樹。’鄭注曰：‘旅，道也。’‘九山刊
旅’者，刊，除也（原注：襄二十五年《左傳》：‘井堙木刊。’杜注：
‘刊，除也’）。言九州名山皆已刊除成道也。”

　　“九川滌源”，九川，與九山、九澤同例，謂九州之川，非確
指也。王先謙《漢書補注》確指九川爲“弱水一，黑水二，河三，
漾四，江五，沇六，淮七，渭八，洛九也。史公弱水上增‘九川’
二字，則九川非九州泉源可知”。今不取。滌源，《史記》作滌
原。《河渠書》説：“九川既疏。”以“疏”釋“滌源”。孫星衍《尚
書今古文注疏》謂滌同條。條，達也。説：“滌源者，謂疏達其
水源也。”按孫氏釋滌爲疏達，甚是。而金履祥《書經注》釋源
字甚得，他説：“九川，凡九州之川。不曰通流而曰滌源者，此
所謂‘濬畎澮距川’，則田里無水潦壅塞之患也。”意謂滌源就
是濬畎澮。畎澮有二義：一爲《周禮·匠人》記的畎、遂、溝、
洫、澮之制，爲田間通水之道，這不是諸川之源。二爲山中澗

壑之流，即《爾雅·釋水》所說“注川曰谿，注谿曰谷”的谿、谷
之類，亦即大川所由成的諸小水。“滌源”之源所指就是這個。
“九川滌源”，是說禹治水，不但把大川治理好，注入諸大川的
衆多谿谷亦疏達之，使不壅塞。

　　“九澤既陂”，九澤，九州之澤。陂，《詩·陳風·澤陂》“彼
澤之陂”，毛傳：“陂，澤障也。”是陂是澤障。障，《國語·周語
下》“陂障九澤”，韋注：“障，防也。”是障是堤防。“九澤既陂”，
從字面看，顯然是說禹治水已爲九州之澤築了陂障，使無決
溢。故僞孔傳説：“九州之澤已陂障，無決溢矣。”前人大多據
以爲説。然而進一步思考，陂字不宜直釋爲給澤築陂障。禹
治水不外乎從兩方面做：一方面疏通大小川流使輾轉相入歸
於海，這是泄。一方面在水流廣大而急切，一時難以排泄之
處，因順地勢以爲澤，使水有所容納，這是蓄。所謂“九澤既
陂”，就是這後一方面的工作，因順水勢地勢，有意使之形成澤
浸。不一定如後世那樣修築堤防。

　　“四海會同”，向有根本不同的兩種解釋。一以水解四海，
謂四海之水各有所歸，無不會同，如蔡沈《書集傳》。一以地解
四海，謂包括蠻夷戎狄在內的天下人都可交通往來會同於京
師，如僞孔傳。以地解四海是對的。《爾雅》説“九夷八狄七戎
六蠻謂之四海”，繫於《釋地》，不繫《釋水》。劉向《説苑·辨
物》有“八荒之內有四海，四海之內有九州”之説。是以九州之
外蠻夷戎狄所居地爲四海，乃古人一貫成説，未見有釋四海爲
東海、南海、西海、北海者。宋人張九成《尚書詳説》釋“四海會
同”說：“水患既去，非特九州之民往來無阻，而蠻夷戎狄皆復
會同於京師矣。”（《禹貢錐指》引）最爲簡捷明通，可從。

　　以上六語，意義重大，未可等閑視之。它們不僅僅簡單地
記敍禹治水平土所建樹的功績，内裏還蘊含着深刻的哲理。
禹父鯀治水取壅堵的辦法，而禹則因勢利導而疏通之，“四隩

既宅,九山刊旅,九川滌源,九澤既陂"是也。鯀禹兩代人不同的治水方法代表兩種不同的思想。前者背逆自然規律,後者則務求順應自然規律。前者失敗,後者成功。成功者證明,人類應該也能夠改造所生存的自然環境,但是必須尊重它,順應它,不可恣意妄爲。

禹治水的偉大實踐及其成功,已經具有了中國人天人合一思想的早期萌芽。《禹貢》中存在這一思想,祇是不曾點破。

後來把這一思想點破的是周人。據《國語·周語下》記載,周靈王(前571—前545年在位)見穀水與洛水鬥,將要沖毀王宮,欲壅堵之。太子晉以爲不可,講了一番道理加以阻攔。他說,共工"欲壅防百川,墮高堙庳",伯鯀"稱遂共工之過",皆以失敗終。禹則"高高下下,疏川導滯,鍾水豐物,封崇九山,決汨九川,陂障九澤,豐殖九藪,汨越九原,宅居九隩,合通四海",結果是天地、陰陽、水火、神民、時物無不大順。這位太子晉委實不簡單,夠得上一位思想家,他從史實出發講出了天人合一的道理。這是孔子以前的事情,說明中國古代很早就產生了既承認天是自然,又重視人類的創造精神,主張人與天合一的唯物論思想傳統。這個傳統後來由孔子及其儒家學派繼承下來並加以發揚。

《禹貢》講"四隩既宅,九山刊旅,九州滌源,九澤既陂,四海會同",太子晉講"封崇九山,決汨九川,陂障九澤……宅居九隩,合通四海",語意和用詞極其相似,二者必有內在的聯繫,不會是偶然巧合。誰是因襲者?《禹貢》文字簡古,僅記事不論理。太子晉出語靈活透闢,修辭有所變通增飾,且因事以言理。由此看來,必是太子晉因襲《禹貢》,不會是《禹貢》抄自太子晉。這又證明,《禹貢》之成書必不在周靈王之後。

六府孔修,庶土交正,底慎財賦,咸則三壤,成賦中邦。

"六府孔修",《爾雅·釋言》:"孔,甚也。"《史記·夏本紀》

“六府孔修”作“六府甚修”。《淮南子·時則訓》“修禮樂”，高誘注：“修，治。”是“六府孔修”是六府甚治的意思。六府甚治亦即六府大治，是說六府的問題搞得非常好。

六府，僞孔傳說是“水火金木土穀”。這是對的。其實，六府就是水火金木土五行加上一個穀。所以，六府的實質性內容是五行。五行在當時是特別受重視的大問題，它是否“孔修”，關乎人們的生產與生活。禹對此問題解決得最好，所以受到贊揚。《甘誓》記啓伐有扈氏，出師的一條重要理由就是指責有扈氏“威侮五行”。

五行或六府，有個規律的問題。水火金木土穀各有自己的規律，違背它們的規律幹，例如共工、伯鯀，就失敗，生產、生活與社會管理都搞不好。順應它們的規律幹，例如禹，就成功，什麼都搞得好。人們把這幾種基本物質概括爲“五行”或“六府”，已經不是一般就事論事，而是具有理論意義了。因爲穀（糧食）這種物質不太基本，可以歸結到水火金木土中去，所以“五行”的概念大爲流行，而“六府”則逐漸不爲人知了。“五行”到後來，例如戰國秦漢時，被弄得神秘難測，而在它最初產生的時候，是再樸素、簡單不過，一說誰都懂的道理。

說僞孔傳釋“六府”爲水火金木土加上一個穀，解釋得正確，是有根據的。《左傳》文公七年記晉國郤缺引用《夏書》關於“勸之以九歌”的言論。九歌就是歌頌九功之德的歌。九功包括六府與三事。六府是水火金木土穀。三事正德、利用、厚生。郤缺引用的這段《夏書》的話，杜預注說是逸《書》，可見晉時已不存在。今《大禹謨》有這段話，衹是文字稍異。很可能是僞《古文尚書》作者從《左傳》抄來的。可以相信郤缺引用《夏書》關於六府的話是真實的。《甘誓》也言及“五行”。這就證明，《禹貢》所謂六府是五行外加穀。五行或六府確實是當時全社會都關注的大問題。

　　金履祥《書經注》説：“府，官府也。六府，水火金木土穀之府也。水土既平，故六者之利無不興，而六者之官無不舉也。”以爲六府是主管水火金木土穀的六個官府，這是不對的。金氏所依據的是《左傳》昭公二十九年蔡墨説的“故有五行之官，是謂五官”一段話。但是蔡墨言五官未言五府或六府，官與府畢竟不同。否則《禹貢》何以不徑言六官而言六府？況且當時事實上有官和官的概念卻没有官府和官府的概念。所謂官，也是分掌一部分社會責任的意思，與後世的官員根本不同。更不可用《周禮》的官府比附三代以前。三代以前的所謂“官”，由氏族的代表擔任，不與人民大衆直接對立，故有“官”而無官府。官府是國家的産物。所以《禹貢》“六府孔修”的府不可能是指言官府。

　　“庶土交正”，庶，《爾雅·釋詁》：“衆也。”《夏本紀》“庶土交正”作“衆土交正”。交，僞孔傳：“俱也。”趙岐注《孟子·梁惠王上》“上下交征利”云：“交又爲俱也。”是“庶土交正”意思是衆土俱正。衆土，廣義意義上各種不同類型的土。如川澤、墳衍、原隰、丘陵、山林等。所有能生物的與土地有關的條件都在内，不僅僅是可供稼穡的土田。衆土俱正，是禹治洪水的結果。洪水退後，川澤、墳衍、原隰、丘陵、山林等恢復原來的狀態，各自的地利都得以發揮，即各有各的出産。所謂“交正”，正是此意。正，主要是“庶土”自己正，但是也含人爲因素於其中，即人類使之正，如《周禮·大司徒》所職掌，“以土會之法，辨五地之物生”，“以土宜之法，辨十有二土之名物，以相民宅而知其利害。以阜人民，以蕃鳥獸，以毓草木，以任土事”。

　　“厎慎財賦”，厎，《爾雅·釋言》：“致也。”《史記·夏本紀》作致。慎，《説文》與謹轉注，是謹慎同義。《詩·小雅·白駒》“慎爾優游”、《詩·小雅·巧言》“予慎無辜”，毛傳並曰：“慎，誠也。”是謹慎的含義是誠。誠用今語表達，就是做事從實際出發，符合實際，不夸大也不縮小。厎慎，是一個合成詞，不宜分開講。意思是達到誠實，做到誠實，或者説由未誠實變得誠實。《孟子·離婁上》"舜盡事親之道，而瞽瞍厎豫"，焦循《正義》説："致樂者，由不樂而至於樂也。"焦氏的解釋甚得要領。此"厎慎"恰是由不誠實變得誠實的意思。厎慎財賦，在徵收財貨賦税這一問題上，過去不那麽從實際出發，不那麽符合實際，現在變得從實際出發，符合實際了。這一點也反映出禹和他的前任的不同來。夏僎《尚書詳解》説"致慎於財賦之所出"，大體貼切。

鄭玄注説："致其貢篚，慎奉其財物之税，皆法定制而入之也。"（《史記·夏本紀》集解引）鄭説根本不對。他把厎慎一詞分開講，錯。他把厎、慎當作及物動詞，説厎貢慎税，又錯。所説"法定制而入之"，也是臆想之辭。經文祗説"厎慎"，即做到誠實，所收貢賦與各地實際出産的情況符合，哪裏有什麽定制不定制的意思。

"咸則三壤"，咸，皆，都。則，傚法，根據。上文"厎慎財賦"是説收取貢賦根據實際情況進行，該收什麽就收什麽，該收多少就收多少。這"三壤"就是實際情況，就是確定貢賦品種和數量的依據。故言"咸則"三壤。三壤是土田等次。鄭玄注説："三壤，上中下各三等也。"（《史記·夏本紀》集解引）謂田壤有九等。僞孔傳："皆法壤田上中下大較三品，成九州之賦。"孔穎達疏："土壤各有肥瘠，貢賦從地而出，故分其土壤爲上中下，計其肥瘠，等級甚多，但舉其大較，定爲三品，法則地之善惡以爲貢賦之差。"按鄭與二孔説是。

"成賦中邦"，金履祥《書經注》説："中邦，中國也。古者田之可耕者，則整齊經理，謂之中國。其田不可耕者，則隘塞之地，疆以戎索。故有九州内之夷狄。蔡氏曰：'土賦或及於四夷，田賦則止於中國也。'"金氏講中邦爲中國的説法很恰當。

中國這個概念首先是與夷狄相對待，一說中國，就意味着夷狄
不在内。若把中邦釋作九州，就有問題了。九州純係地理概
念，九州之内既有華夏族，也穿插住着夷狄的部落。華夏族與
夷狄社會與文化的發展水準大不相同，對待必有區别。從《禹
貢》的記載看，華夏族貢賦並有，夷狄則祇貢而無賦。不要説
禹時，即使到了秦漢，中央政府對周邊異族部落，唯求納貢而
已，賦是得不到也不想得到的。所以，"成賦中邦"，是説在中
國（華夏）實行收取土賦、田賦的制度（對於夷狄則不）。

金氏之説也有欠妥之處。他把華夏族有賦而夷狄無賦的
原因歸結爲田之整齊可耕與隘塞不可耕上，理由顯然立不住。
他贊同蔡沈"土賦或及於四夷"的説法，證據實不充分。

錫土姓。

錫，《公羊傳》莊公元年："王使榮叔來錫桓公命。錫者何？
賜也。"是錫爲賜之假借字。《史記·夏本紀》錫土姓作賜土
姓。禹治水土，平貢賦之後，又錫土姓。錫土姓僅及華夏族各
部落而與夷狄無涉。其含義應從《左傳》、《國語》的有關記載
瞭解。《左傳》隱公八年記衆仲對魯隱公曰："天子建德，因生
以賜姓，胙之土而命之氏。"杜預注云："立有德以爲諸侯。因
其所由生以賜姓，謂若舜由嬀汭，故陳爲嬀姓。報之以土而命
氏曰陳。諸侯位卑不得賜姓，故其臣因氏其王父字。"孔穎達
疏云："報之以土，謂封之以國名，以爲之氏。諸侯之氏則國名
是也。……姓者生也，以此爲祖，令之相生，雖下及百世而此
姓不改，……子孫當共姓也。人君之賜姓、賜族，爲此姓此族
之始祖耳。其不賜者各從其父之姓、族，非復人人賜也。"《國
語·晉語四》記司空季子説，"凡黄帝之子，二十五宗，得其姓
者十四人爲十二姓"，"黄帝以姬水成，炎帝以姜水成，……故
黄帝爲姬，炎帝爲姜"。《左傳》襄公十一年記晉魯衛等七姓十
二國盟於亳，其載書曰："或間兹命，……明神殛之，俾失其民，

隊命亡氏，蹖其國家。"

　　據上述記載，知三代之前確有錫土姓的事。錫土與錫姓是兩回事。土即生存的地域，一個部落本來就有自己的生存、活動的領域，現在錫土給它，是對它已有的領域加以確認，或者加以調整，同時賜給它一個氏，如有夏氏、有呂氏、陳氏等等。氏與部落及其生存地域聯繫在一起，所以錫土其實就是命氏。到了三代之時，國家產生了，錫土命氏就與封國聯繫在一起，所謂"胙之土而命之氏"是也。周代分封的管、蔡、郕、霍、邘、晉、應、韓等，既是各該諸侯的國名，也是氏名。若氏亡，則國亦滅，"隊命亡氏，蹖其國家"正是這個意思。

　　錫姓與錫土命氏不同，錫姓的對象級別較高，而且必須是有大功德的人，如三代以前，黃帝二十五子，祇有十四人獲得錫姓，未獲錫姓的，則隨父姓不變。黃帝之後獲錫姓的，伯夷姓曰姜，禹姓曰姒，契姓曰子，稷姓曰姬，皋陶姓曰偃，等等。誰獲錫姓，誰就成爲這一姓族集團的始祖，他的後代子孫永遠姓此姓。姓祇是一個血緣集團的標誌，而這個血緣集團是虛的。氏才是一個有具體內容的實體。姓不變而氏可變。所以錫姓之事存在於三代之前，三代則極爲少見。錫土命氏之事三代之前和三代都有。

　　三代之前的錫土命氏僅限於部落，三代則除諸侯國以外，還推及到諸侯以下的卿大夫。卿大夫可以以邑爲氏，以官爲氏，以王父字爲氏，公之子可以稱公子，公子之子可以稱公孫。不可把後世階級社會的這些情況同《禹貢》的錫土命氏混爲一談。

　　禹在治水土、定貢賦成功之後，有一個"錫土姓"的舉動，是可以理解的。但是他給誰錫了土，錫了姓，文獻不足徵，今唯有存疑了。

祇台德先，不距朕行。

此二語亦爲史官記述之辭，即從客觀的角度記禹之事。或以爲是禹自言，恐怕不妥，前後文都是記述語，唯於此插入禹兩句自己的話，豈不突兀！"祗台德先"，鄭玄注訓祗台爲敬悦，僞孔傳訓台爲我，固然不爲無據，但是以之釋全句，於義似覺不順。于省吾《尚書新證》據《詩毛傳》和《左傳》訓祗爲適，據金文訓台爲以，釋"祗台德先"爲"適以德化爲先"，勝於諸説，今從之。《廣雅・釋言》："距，困也。"《國語・周語上》"其有以禦我矣"，韋昭注："禦，猶距也。"又"距今九日"，韋昭注："距，去也。"故距字可以訓作違背、背離。朕，我。"不距朕行"，不違背我禹之所行。如此解釋，合觀上下兩句，語意至爲連貫。史官記禹事而稱朕，語式與《春秋》稱魯爲我同例。

五百里甸服，百里賦納總，二百里納銍，三百里納秸服，四百里粟，五百里米。五百里侯服，百里采，二百里男邦，三百里諸侯。五百里綏服，三百里揆文教，二百里奮武衛。五百里要服，三百里夷，二百里蔡。五百里荒服，三百里蠻，二百里流。

這一大段文字十分可疑。它與上下文不連貫，讀來有一種格格不入的感覺，如果將這段文字撤出再看上下文，則極順。也不像是錯簡，因爲把這段文字放到《禹貢》的哪一段，都不見合適，最合理的解釋，應當説它是後人傳鈔時插入的，原非《禹貢》的東西。它把天下區分爲由中心向外展開的甸、侯、綏、要、荒五個層次，即所謂五服制。可是這種畿服制度禹時是不存在的。《禹貢》本身已説得非常清楚，禹時華夏族部落聯盟處理它與華夏及夷蠻戎狄諸部落的關係采取的方式是九州制，即把當時已知的人類活動空間按照純粹自然的條件劃分爲九個區域，按區域平治水土，規定貢賦標準。九州制與五服制是抵觸的，二者是不相容的關係。《禹貢》既然把一切活動都放到九州的模式中進行，就不應當再講五服制。

後世商代有畿服制度，見《康誥》、《召誥》、《酒誥》、《君爽》，周代也有畿服制度，見《周語上》。既行畿服之制，九州之分便失去實質性意義。《周禮・夏官・職方氏》既言九州之制又言九服之制，所以不可信據。即便如此，《職方氏》講的九州實際上僅限於山川澤藪與人口物產等地理狀況，而絕不涉及反映中央與地方關係的貢賦問題，仍與《禹貢》的九州有所不同。

由此看來，九州之制是《禹貢》要講的根本内容，它不應當也不可能講五服之制。它的五服之制顯然是後世好事者加入的，故今不作解。

東漸于海，西被于流沙，朔南暨。聲教訖于四海。

偽孔傳"聲教"屬上讀，爲"朔南暨聲教"，四句共成一義，謂東西南北聲教，訖于四海。《史記・夏本紀》裴駰集解，"聲教"屬下讀，爲"聲教訖于四海"，遂四句共成二義。"東漸于海，西被于流沙，朔南暨"三句爲一義，言禹時疆域擴展之廣；"聲教訖于四海"爲一義，言禹之聲教影響之遠。今從《集解》。

"東漸于海"，言禹時疆域東方漸至於海。當時人言海即知是指東方之海，亦即今日之渤海、黃海、東海。漸，《周易》漸卦《彖傳》云："漸之進也，女歸吉也。"是漸訓進，但不是一般的進，而是漸進。"東漸于海"，謂禹時疆域東方漸進到海。既謂漸進於海，就不是如後世言國家疆界那樣，一刀切兩面，裏外分明，而是極爲靈活，或贏或縮，靡可一定。

"西被于流沙"，言西部被於流沙。流沙，沙漠地帶。沙漠而稱流者，或因沙隨風流動不止的緣故。今甘肅敦煌附近有鳴沙山，或可能是古代流沙之遺迹。見導水"餘波入于流沙"解。被，《漢書・地理志》顏師古注："加也。"被訓加，則"西被于流沙"是説禹之疆界西部覆蓋流沙。既謂覆蓋流沙，就不是至流沙即止，而是包括流沙。但是這與"東漸于海"一樣，實是不確定之辭。用今語説，就是達到流沙一帶。

"朔南暨",《爾雅·釋訓》:"朔,北方也。"暨,及,朔南暨,謂北方南方亦有所止。東方言漸於海,西方言被於流沙,何以北方南方不言止於何處,祇用一個暨字? 最可能的原因是禹時疆域在北南兩方面説不清楚。此又證明《禹貢》非戰國人作。戰國人作《禹貢》,絶對不會寫出"朔南暨"的禿句來。他總會寫出北至大漠南抵五嶺或如《王制》所説南北不盡於衡恒二山之類的句子。因爲戰國人對中國南北二至是清楚的。

"聲教訖于四海",上三語言疆域,此一語言聲教。疆域是有形的,故可言海言流沙言朔南暨,聲教是無形的,故止言"訖于四海"。聲教既訖於四海,則九州内之華夏自不待言。四海,不是東西南北四海。考諸《禹貢》全文唯言海和南海,西海和北海未見,故知四海絶對不是海洋的海。四海實指蠻夷戎狄言,這有《爾雅·釋地》可證。見經上文"四海會同"釋。

《漢書·地理志》顏師古注:"訖,盡也。言……聲教盡於四海也。"什麼是聲教?《左傳》文公六年:"樹之風聲。"杜預注:"因土地風俗,爲立聲教之法。"孔穎達疏:"聲教,人之所立,故言'樹之'。今杜云'因土地風俗爲立聲教之法',如杜此言,唯樹以聲,而《傳》云'樹之風聲',而風亦樹者,其實風俗亦是人君教化。"據《左傳》及注疏,知聲教是人君根據各地不同風俗而進行的教化。古人無不如此解釋聲教,如《孝經》講的"移風易俗",司馬相如《上林賦》講的"向風而聽,隨流而化",實質都是聲教問題。前者自人君的角度講,後者自民衆的角度講。

不過,禹時是部落聯盟及其首長樹立聲教,不是人君。聲教既及於蠻夷戎狄(四海),華夏族部落則無須言。禹的影響之大之廣由此可知。

今人有將"聲教"一詞講成天子的聲威與教化二義者,是望文生義,缺乏根據,不足信。

禹錫玄圭，告厥成功。

　　是誰錫誰玄圭，古人説不同。有人説是堯錫玄圭給禹，以表彰他大功告成（如僞孔傳）；有人説是禹以玄圭告成於天，不是堯給禹，也不是禹給堯（如林之奇《尚書全解》）；有人説是禹以玄圭爲贄而告成功於舜（如蔡沈《書集傳》）。三説比較，以後一説爲近事理。此一説的障礙是下之於上不可言錫。其實這不是死板的。上文荆州"九江納錫大龜"句顯然言下對上納貢，也用錫字。況且據《周易》益六三爻辭"有孚中行，告公用圭"，知古代下對上告成功，確實用圭。至於禹是執玄圭告成功於堯還是於舜，不是重要問題，今可不辨。

　　圭，亦從玉作珪。其質料或玉或石。其形制，《説文》土部圭下云："上圜下方。公執桓圭九寸。侯執信圭，伯執躬圭，皆七寸。"段玉裁注："圭之制，上不正圜，以對下方言之，故曰上圜。上圜下方，法天地也。"玉部璋下云："剡上爲圭，半圭爲璋。"《禮記·雜記下》云：圭，"博三寸，厚半寸，剡上，左右各寸半，玉也。"《儀禮·聘禮》記云："圭與繅皆九寸，剡上寸半，厚半寸，博三寸。"《左傳》襄公十年："篳門閨竇。"杜預注云："穿壁爲户，上鋭下方，狀如圭也。"

　　據上引諸文獻記載，知圭的形制爲長方形片狀器，有長有短，但是長不過九寸，寬三寸。長寬比例爲 3∶1。厚半寸。頂部左右各斜削去一寸半，則頂部成一直角三角形。所以杜預説"上鋭下方"，段玉裁説"上不正圓"，都是可以的。近年出土的實物，如 1966 年安徽鳳臺縣大孤堆出土的商代玉圭[①]，河南平頂山市北滍村周墓出土的周代石圭[②]，圭的頂部並呈鋭角三角形，與文獻所記頂部左右各削去一寸半者不同。而

①　見《古玉精英》，中華書局，1989 年。
②　見《華夏考古》1988 年第 1 期。

漢代武梁祠堂石刻祥瑞圖之玄圭,頂部則成鈍角三角形,與文獻記載又有不同。

　　儘管文獻與實物略有差異,圭的形制則大體是一致的,證明古代存在石圭、玉圭這種東西,毫無問題。又,《史記·五帝本紀》《正義》引孔文祥云:"宋末(按劉宋末),會稽修禹廟,於廟庭山土中得五等圭璧百餘枚,形與《周禮》同,皆短小。此即禹會諸侯於會稽,執以禮山神而埋之。其璧今猶有在也。"雖不能定禹廟出土的圭璧必是禹物,但也不能定它必不是禹物。文獻與出土實物兩參照,禹時有圭,是否定不了的。

　　玄圭,玄色的圭。玄色,即黑色。古人以爲玄色是天的顔色,也是水的顔色。於是解釋《禹貢》"玄圭",就附會説,禹平治水土是天功告成,故用玄圭。或以爲禹以治水得天下,故從水尚黑,爲水德之瑞。此出於臆測之辭,皆誕妄不可信。胡渭《禹貢錐指》説:"或禹治水時得一玉,色玄而異於常玉,故琢爲圭,以獻諸上,亦未可知。玉色玄,斯謂之玄圭。'天功'、'水德',禹未嘗有意於其間也。"胡渭的分析毋意毋必,老實審慎,體現出一種科學的態度,其説可從。

【總論】

　　一、《禹貢》作爲中國最早一部地理學著作,有以下特點:

　　1. 它劃分了自然地理區域,記載了中國古代名山大川的情況,并且爲之確定了名稱。還記載了分區的物産民生以及交通狀況。後世的地理學著作如《山海經》、《水經注》、《元和郡縣志》、《括地志》、《太平寰宇記》等以及以《漢書·地理志》爲首的各正史地理志,言及自然地理狀況時無不以《禹貢》爲標的,爲參照系。《禹貢》不愧是中國地理學著作之祖。

　　2.《禹貢》從自然地理的角度出發,講山講水,各成體系,如黄河、長江、漢水、淮河、濟水等,均有源有委,有經有派,頭尾完整條貫。後世的《水經》和《水經注》充分發揮了《禹貢》的這一優點。

3.《禹貢》還記載了各地區的土壤、物產和少數民族狀況,這對後世影響很大。後世史書之地理志容納不下如此多的内容,便分立食貨志和諸少數民族列傳(如《漢書》、《後漢書》)。

4.《禹貢》有重要的歷史學意義。它劃分的九州純係自然地理區劃,劃分的標準完全是山海河川。各州之間看不見能夠指實的界限,四至尤其模糊不清,東界祇知道至於海,西界祇説出並不確切的流沙,而冀、雍之北,荆、梁之南則根本説不具體。不存在疆域的觀念。在這一點上,不要説比不了《漢書·地理志》,就是同春秋時人比,也遠遠不如。《漢書·地理志》記全國郡縣都邑的區劃清清楚楚,早於它的《水經》也有明顯的郡縣記載。從先秦諸多文獻中能夠找到關於商周及春秋戰國王畿和諸侯國的所在位置,而《禹貢》則根本不注意這些。它的九州與漢代的十三州也不可同日而語。這是什麽原因呢? 原因祇有一個,就是《禹貢》所反映的禹的時代,没有國家,祇有部落。部落是以血緣爲紐帶的團體,有氏有姓已經足够,自然形成的生存空間是有的,但是不是絶對的。尤其重要的是,當時没有後世才有的具備行政權力的天子,更没有秦漢中央集權制度下的皇帝。他們不存在也不需要行政區劃。

二、《禹貢》寫作的指導思想是理性的、現實的,它没有任何迷信和神話的色彩。大禹和大禹治水在它的筆下是活生生的人和實實在在的事。大禹其人及治水其事,在《詩經》、《國語》、《左傳》、《論語》、《孟子》、《墨子》、《荀子》、《吕氏春秋》、《淮南子》、《史記》以及《尚書》之《立政》、《吕刑》中都或多或少地以肯定的態度加以記載,我們没有理由不相信它的真實性。

然而有人就是不相信,一定要説禹治水是古代盛行的一個極富於神話成分的傳説。爲了證明這一點,便先證明《禹貢》是晚出的戰國作品。《禹貢》既晚出,便可以説關於禹治水的神話傳説在先,《禹貢》的寫作在後,删去其神話性的成分,留下人類能夠做到的平治水土的內容。歸根結底是說禹治水是神話傳說不是歷史。我們說不是這樣。事實是先有《禹貢》記載的禹治水的歷史，而後有關於禹治水的神話。世界上何時何地有過一部有科學價值的學術著作脫胎於神話傳說的事情呢！

　　三、有人說《禹貢》作者是戰國秦人，根據是《禹貢》對陝、甘、川間地理最明白，對晉、冀、豫地理也很明白，而對於東方的地理所知甚少，甚至說江漢合流後又從彭蠡澤分開，平行入海，創造了一個千古奇聞。

　　這種推測從根本上說就是荒唐的。《禹貢》這樣一篇涵蓋九州四海的地理學大作（雖然文字不多），它的作者無論是何許人，他都必須掌握足够的前人留下的歷史資料，僅僅靠自己的直接經驗寫不出。例如黃河下游河道，《禹貢》記載的與《漢志》不同，戰國時代見在的黃河下游河道主要是《漢志》河，不是《禹貢》河。如果《禹貢》作者是戰國人，又是秦人，他是根據什麼寫出《禹貢》河的呢？

　　退一步說，假如《禹貢》作者是戰國秦人，那麼他或者是秦本土人或者是後征服的蜀地人或者是更後征服的楚地人，三者必居其一，他為什麼既熟悉陝甘地理，又熟悉四川地理，又熟悉中原地理，唯獨不熟悉長江下游地理？這個問題是不好回答的。

　　《禹貢》作者談不到對長江下游地理不瞭解，他說的"三江既入，震澤厎定"的"三江"是與長江無涉的三條江，即宣泄震澤水入海的婁江、吳淞江、東江。說"三江"是長江至下游一江而三名，或者分為三支分別入海，是後人的誤解，應由後人負責。三江順暢入海，震澤就安定而不泛濫，說得合情合理。《禹貢》作者對長江下游地理不是不瞭解，而是很瞭解。說江漢合而復分的是我們，不是《禹貢》；創千古奇聞的不是《禹貢》，而是我們。試想，一個連長江最後怎樣入海都不知道的人，敢寫《禹貢》嗎？

　　寫成《禹貢》的人必須具備兩個條件：一要有看到國家歷史檔案材料的機會，二要具有豐富的歷史與地理知識。具備這兩條件的人不會是平常的人，他必是一位大學者。這位大學者不是戰國人，更不是禹本人。他應當生活在周平王東遷不久，東周歷史剛剛開始之時，在孔子之前是肯定無疑的。他寫作《禹貢》主要靠前人留下的材料和自己有的豐富知識。說他寫作《禹貢》靠自己的直接經驗，從而推測他的籍貫，既毫無意義，也永遠不會有結果。

《甘誓》新解

【序説】

　　《尚書・甘誓》記伐有扈氏事。誰伐有扈氏，經文未明言。《史記・夏本紀》説“有扈氏不服，啓伐之。”《淮南子・齊俗訓》高誘注説，“有扈，夏啓之庶兄也。以堯舜舉賢，禹獨與子，故伐啓，啓亡之”。以爲伐有扈氏者是夏啓。《墨子・明鬼下》引用《甘誓》全文，而篇名作《禹誓》，以爲伐有扈氏於甘者是禹。我們認爲前説符合歷史實際，《甘誓》所記伐有扈氏者不是禹。禹容或有伐有扈氏事，但是這次不是他。自《甘誓》本文看來，作誓者口氣嚴屬，態度決絶，誓與有扈氏作殊死戰，顯然衹有殺益奪權，用世襲制取代禪讓制，因而遭到有扈氏激烈反對的啓才能如此。

　　又，《吕氏春秋》有夏后相伐有扈説。其《先己》篇説：“夏后相與有扈戰於甘澤而不勝。”此説更不能成立。高誘注此語，但以啓事爲説，不及相。是高氏所見本《吕氏春秋》作“夏后啓”，不作“夏后相”。作“夏后相”，乃後人傳鈔之誤。再者，據《史記・夏本紀》説，《甘誓》大戰於甘的結果是“遂滅有扈氏”，不是“不勝”。可見《吕氏春秋》所言與《甘誓》所記不是同一次戰爭。

　　《甘誓》寫定成篇的時間當在西周，材料則出於夏啓時。是研究夏史的重要史料。

【新解】

大戰于甘，乃召六卿。

　　　　戰而言大，是强調夏后啓伐有扈氏的這場戰爭規模大，意義大。鄭玄説："天子之兵，故曰大。"（《尚書》孔疏引）不足據。據經下文接"乃召"云云，知"大戰于甘"句含有"大戰于甘"之前的意思。

甘在何處，據《漢書·地理志》右扶風："鄠，古扈國，有扈谷甘亭。扈，夏啓所伐。"（今本無前扈字和甘字，今據王念孫説補）知甘在漢右扶風之鄠縣。鄠縣即今陝西西安市西南之户縣。又馬融云："甘，有扈氏南郊地名。"（《史記·夏本紀》集解引）馬融又云："甘，水名，今在鄠縣西。"（《經典釋文》引）馬説與《漢志》合。馬本人是右扶風人，其説當有據。馬氏既説甘是地名又説是水名，其實不矛盾。《水經》"渭水又東合甘水"句下酈注云"水出南山甘谷，又北徑秦文王萯陽宫西，又北徑五柞宫東，又北徑甘亭西，在水東鄠縣，昔夏啓伐有扈，作誓於是亭。故馬融曰：'甘，有扈南郊地名也。'"是甘指甘水亦指甘亭。啓作誓在甘亭，戰事必發生在甘亭附近之甘水岸邊。

"乃召六卿"之"六卿"不好解釋。鄭玄云"六卿者，六軍之將"（《詩·大雅·棫樸》"六師及之"句下孔疏引），又説"《周禮》六軍皆命卿，則三代同矣"（《禮記·曲禮下》"五官致貢曰享"句下孔疏引），以爲夏代和周代一樣也有六軍，六軍有六軍將，六軍將皆命卿，故曰"六卿"。説周代天子有六軍，有根據，如《周禮·夏官·敍官》説"凡制軍，萬有二千五百人爲軍，王六軍"，"軍將皆命卿"。又如《詩·大雅·常武》："整我六師。"《小雅·瞻彼洛矣》："以作六師。"《大雅·棫樸》："六師及之。"毛傳謂六師即天子六軍。但是説夏代天子亦有六軍，則無顯據。此經之"六卿"是否西周寫定《甘誓》的人使用當時用語指稱夏代的事情，亦不得而知。今存疑可也，未可遽作結論。

經文之大意謂：啓與有扈氏大戰於甘，戰事即將開始，於是召來帶兵作戰的將領們（向他們訓話）。

王曰："嗟，六事之人，予誓告汝。

王，夏啓。《尚書》堯、舜、禹皆稱帝，而夏啓稱王。《爾雅·釋詁》帝與王同訓君，但是自今日看來，帝、王二詞之内涵根本不同。帝是原始社會的部落聯盟首長，王是階級社會的國家君主。前者是選舉産生的領袖，後者是世襲的統治者。嗟，感嘆之詞。《堯典》多見咨字。咨，有時同嗟，作嘆詞用。但是有時咨字作動詞用，訓爲詢、謀，如《堯典》"咨四岳"是詢問四岳的意思，亦即舉行部落酋長會議。故《爾雅·釋詁》咨字兩訓，一與詢、度、訪同訓謀，一與嗟同訓嗟。

經上文言"六卿"是史官記事語，又經周代人寫定，所用是周時詞語。此言"六事之人"是夏啓自語，反映的是當時的實際情況，謂在夏啓身邊的管軍事亦即帶兵作戰的人。因爲恰好是六個人，故云"六事之人"。《墨子·明鬼下》引此經作"王乃命左右六人"云云，就是證明。

《爾雅·釋詁》："予，我也。"予是夏啓自稱。《禮記·曲禮下》："約信曰誓。"《經典釋文》引馬融："軍旅曰誓，會同曰誥。"是誓是提出約束性要求令人信守的意思，且必與軍旅有關。

經文大意謂：夏啓說，六位帶兵作戰的人，我把我一定消滅有扈氏的決心和要求告訴你們。

有扈氏威侮五行，怠棄三正。

有扈氏是夏啓要征伐的對象。有扈氏，《經典釋文》引馬融云："姒姓之國，爲無道者。"孔穎達《尚書正義》引鄭玄云："有扈，與夏同姓。"高誘注《吕氏春秋·先己》云："有扈，夏同姓諸侯。"根據《左傳》昭公元年"夏有觀扈，商有姺邳"和《國語·楚語上》"堯有丹朱，舜有商均，啓有五觀，湯有太甲，文王有管蔡，是五王者皆有元德也，而有姦子"的記載，知觀是夏啓之子，而有扈與觀並言，知有扈氏的確與夏啓同姓。但是說有扈氏是個國家則大有討論的餘地。因爲夏朝剛從原始氏族社會脱胎出來，整個夏朝數百年都是由原始社會向成熟的奴隸制社會過渡的階段，以地域團體爲特點的國家固然已經出現，然而大量存在的必然還是血緣團體的部落和氏族。夏王朝剛剛建立的夏啓時代尤當如此。所謂國所謂諸侯，實在是後世周人和漢人的用語，不宜視作實錄。有扈氏是一個部落，它的頭頭是酋長，必不是西周才有的分封的諸侯。正因爲如此，它才有與創造新事物——國家的夏啓發生對抗的可能。

有扈氏部落的地理位置，説在今日陝西户縣，是可信的。《漢書·地理志》右扶風："鄠，古扈國，有扈谷甘亭。扈，夏啓所伐。"王先謙《補注》引王念孫云："吳卓信曰：'此縣夏爲扈國，殷爲崇國，周爲豐邑，秦改鄠，漢置縣。'"《説文》邑部："鄠，右扶風縣也。"又："扈，夏后同姓所封，戰于甘者，在鄠。"段注："夏之有扈，在漢之鄠縣也。鄠即扈。"諸説一致，未見有異義者。但是説"同姓所封"是不對的。夏代無周代的封建制度，有扈氏應是自然長成的部落。説"同姓"，意謂他與夏后氏是血緣近親。

"威侮五行，怠棄三正"，是夏啓提出的有扈氏之主要罪狀。威侮二字，王引之《經義述聞》以爲"義不相屬，威爲暴虐，侮爲輕慢，不得合言虐慢也。且人于天地之五行何暴虐之有乎！威，疑當作烕（猶滅，滅今簡化作灭）。烕者蔑之假借也。蔑，輕也。蔑侮五行，言輕慢五行也"。按王説可從。

五行是什麼，諸家説最爲紛歧，其實《甘誓》所説的五行就是《洪範》的五行。《洪範》記周初箕子向武王獻治國大法九項即九疇。九疇的第一項就是五行。五行是什麼，它們有什麼意義，《洪範》交代得極明瞭。它説："五行：一曰水，二曰火，三曰木，四曰金，五曰土。水曰潤下，火曰炎上，木曰曲直，金曰從革，土爰稼穡。潤下作鹹，炎上作苦，曲直作酸，從革作辛，稼穡作甘。"水、火、木、金、土，就是人們常見的、與生產生活緊密相關，不能須臾離開的五類有形的物。它們各有一定的不同特點，水的特點是潤下，火的特點是炎上，等等。人務須認識這些特點，加以正確的運用，使之爲自己服務。如果不認識這些特點，甚乃違背它們，必造成災難。這個問題對於今人來說是婦孺皆知，若提出作爲治國大法的第一項，不免可笑，然而在西周初年的確是個很大的問題，非提不可。據《洪範》記載，箕子說這洪範九疇産生于禹時。而且箕子說"在昔鯀陻洪水，汩陳其五行，帝乃震怒"。于是才有了《洪範》九疇。可見鯀治水失敗的原因就在于他不懂得水潤下的特點，水該下泄，他卻陻之使向上。他這種汩亂五行規律的做法，在當時被認爲是極大的罪行，說出來誰都明白，所以夏啓伐有扈氏首先指責他"威侮五行"。一說這個，人們馬上意識到有扈氏罪惡嚴重，非打倒他不可。至于有扈氏是否真的如此，那是另一回事。

"五行"這個詞最早見於《甘誓》，而最早作具體說明的是《洪範》。最早的"五行"指水火木金土五種物質，是不成問題的。直至春秋時代人們還說"天有三辰，地有五行"（《左傳》昭公三十二年史墨語）。天與地對言，三辰是日月星，五行則顯然是地上的水火木金土。後世之"五行"，除水火木金土以外可能還另有所指，但是《甘誓》之所謂"五行"必定是地上的水、火、木、金、土五種物質無疑。近年有人說《甘誓》的"五行"指的是天上的五星即水星、火星、木星、金星、土星，得到一些人的肯定。其實這個結論難以成立。理由是明顯的：第一，必須明確，我們討論的是《甘誓》的"五行"，不是後世任何其他文獻的"五行"。《甘誓》記的是夏啓時事，當時人們還不認識五星，無緣把五星叫做"五行"。第二，如果說《甘誓》的"五行"是五星，那麼"威侮五星"該怎樣理解？五星在天上走，自有自己的蹤迹，有扈氏威侮怎麼樣，不威侮又怎麼樣！不要說夏啓說不明白，力主"五行"爲五星說的今人恐怕也難說明白。第三，在夏啓的時代人們對天體的認識重點在日月和當時知道的一部分，後來逐漸認識全的恒星二十八宿。這有文獻記載可爲證明。《大戴禮記·五帝德》"曆日月而迎送之"，帝嚳顯然認識日月并且重視它們。《堯典》"曆象日月星辰，敬授人時"。帝堯派人觀察計算日月運行及其在二十八宿背景上相會的規律，制定陰陽合一的新曆法，向下頒佈。夏啓時當然也實行堯時以日月爲主要内容的曆法。總之，夏初天文曆法的重心是日月，其次是尚不完全的二十八宿。五星别説不認識，就是認識也排不上號。因此夏啓不會説有扈氏威侮五星的話，説了也不能激起義憤。有扈氏如果有問題，應當表現在是否執行堯時制定的以日月爲重心的曆法上，而不是對星星如何。"庶民惟星"（《洪範》），衹有平民大衆才看星星，有扈氏是部落酋長，不看星星是當然的，輕慢五星無緣構成他的罪狀。

　　"怠棄三正"的"三正"是什麽，古來説法也不少，但絶無令人信服者。馬融説"三正，建子建丑建寅之三正也"（《經典釋文》引），顯然不對。根據《左傳》昭公十七年梓慎"火出于夏爲三月，于商爲四月，于周爲五月"的説法，古代確實有三正之事，即夏代以建寅之月（今陰曆正月）爲正月，商代以建丑之月（今陰曆十二月）爲正月，周代以建子之月（今陰曆十一月）爲正月。但是這個"三正"的説法衹能由周人説出，夏啓之時商周尚是未來之事，何得有"三正"之説！又，緯書把三正説拉到夏以前，如《通典》引《尚書中候》説，軒轅、高辛、夏后氏、漢，皆以十三月爲正；少昊、有唐、有殷，皆以十二月爲正；高陽、有虞、有周，皆以十一月爲正。這純係無根謬説，堯以前施行火曆，根據大火即心宿二確定生産時節，不知道四時，不知道年月日，談不上以何月爲正的問題。堯時制定新的陰陽曆，根據自然的規律，必以孟春之月即寅月爲正月。以後商周改正朔，全是出于政治的目的。夏和夏以前既無改正朔的可能，亦無

改正朔的必要。馬氏釋《甘誓》之"三正"爲建子建丑建寅之三
正,不能成立。也有人釋"三正"爲三個或兩三個大臣,亦不
妥。正固然可以訓長,訓官,但是有扈於夏初不過是個部落,
不同於商周的方國、諸侯國,有扈氏的酋長還不是諸侯國君,
不大可能産生諸侯國君與大臣的矛盾問題。論者多引用甲骨
金文和後世文獻證明《甘誓》"三正"是兩三個大臣,殊不足信。

　　那麼,《甘誓》之"三正"作何解釋爲是呢? 正與政古可通
用,《甘誓》本篇下文之"御非其馬之正",《史記·夏本紀》"正"
作"政"。"三正",就是三方面的政治。哪三方面? 天地人。
古人一提天地人,就意味着全面、徹底,一切都包括在内。何
以知道"三"是天地人?《尚書大傳·唐傳》云:"以齊七政……
七政者謂春秋冬夏天文地理人道,所以爲政也。"《國語·楚語
下》云:"天地民及四時之務爲七事。"七政、七事義同,皆指政
治而言。《甘誓》之"三正"其實是這裏講的"七政",省去春秋
冬夏四時而已。春秋冬夏與天地人本非同類同等的概念,
"天"裏已含有春秋冬夏,不應放到一起稱"七政"、"七事"。這
是今人的邏輯,可是古人的邏輯習慣就是這樣。我們知道這
一點,就該明白《尚書大傳》和《國語》的"七政"、"七事",重點
是説天地人。人事可以稱政治,天地怎麼可以稱政治呢? 這
又是古今人觀念不同之處。在古人的觀念中,天地人是相通
的,國家的政治不僅要反映并且適應人之道即社會的規律,還
要反映并且適應天之道、地之道即自然的規律。《易·説卦
傳》就突出地强調天地人,説"立天之道曰陰與陽,立地之道曰
柔與剛,立人之道曰仁與義"。政治必須正確反映這三方面的
問題。反映并且適應天之道、地之道、人之道的政治,就是"三
正"。鄭玄説"三正"是"天地人之正道"(《尚書》孔疏引),把
"三正"之"正"釋作"正道",不對。天地人之正道是"三正"的
"三",反映并且適應天地人之道的政治才是"三正"的"正"。

　　經文大意是説：有扈氏既輕慢"五行"，違背自然規律，又忽視"三正"，搞糟了政事。這是啓的指責，有扈氏是否如此，另當別論。

天用勦絕其命，今予惟恭行天之罰。

　　《説文》刀部："勦，絕也。從刀，喿聲。《周書》(周者夏之誤)曰：'天用勦絕其命。'"又，力部："勦，勞也。從力，巢聲。《春秋傳》曰：'安用勦民。'"段玉裁刀部注謂唐天寶以前本《甘誓》勦作勦，衛包改勦作勦，宋開寶年間改作勦。"蓋衛包當日改勦爲從刀之勦猶可説也，改爲從力之勦則不可説矣"。按段説是，勦當作勦或勦，訓絕。僞孔傳："勦，截也。截絕謂滅之。"亦通。《一切經音義》引《蒼頡篇》："用，以也。"相當于今語由于、因爲。

　　天字的含義比較複雜，一句兩句話難説清楚。《尚書》自《堯典》開始，天字的意義大體一致。它的本初意義是自然之天，其基本的内容是天上的太陽，也包括月亮和後來逐漸認識的恒星二十八宿。《堯典》"欽若昊天"、《皋陶謨》"天工人其代之"以及《論語·泰伯》"唯天爲大，唯堯則之"的天都是這樣的意思。這個自然之天的天概念是堯時建立起來的。它在人們的心目中偉大無比，衹有偉大的部落聯盟首長堯可與相比，也衹有堯有資格代天行事。堯時可能已有了郊天的祭祀。郊天是因爲天給人類帶來無窮的恩惠，人類要報答它。郊天的祭祀給天蒙上一層神秘的宗教色彩。至夏啓時，國家產生了，出于政治統治的需要，夏啓宣稱他是天子即天之子，郊天于是成爲天子至高無上的權力的象徵。他的賞罰都代表天進行，因此是正確的，正義的，不可抗拒的。儘管這個天已具有宗教迷信的意義，但是它所指認的對象仍然是以日月星辰爲内容的廣闊的天體世界，不同於古希臘的宙斯和基督教的上帝。命應指有扈氏這個部落的整體命運，不似指有扈氏部落酋長個人。

　　兩句經文的大意是，夏啓說，有扈氏"威侮五行，怠棄三正"，罪大惡極，天因此要消滅它，結束它的歷史命運。今天我要嚴肅認真地代天執行對它的懲罰。

左不攻于左，汝不恭命；右不攻于右，汝不恭命；御非其馬之正，汝不恭命。

　　這幾句話是夏啓在數落完有扈氏的罪狀，指出戰爭的正義性之後對自己軍隊提出的具體作戰要求。看來用的是車戰。《史記·夏本紀》集解引鄭玄云："左，車左；右，車右。"《詩·魯頌·閟宮》"公車千乘"句下鄭玄箋云："兵車之法，左人持弓，右人持矛，中人御。"《左傳》宣公十二年樂伯曰："吾聞致師者，左射以菆。"杜預注："左，車左也。菆，矢之善者。"又，攝叔曰："吾聞致師者，右入壘折馘，執俘而還。"鄭玄注、箋說與《左傳》合。《說文》彳部："御，使馬也。"段玉裁注："《周禮》六藝：'四曰五馭。'《大宰》注曰：'凡言馭者，所以驅之內之于善。'"是知古代戰車上有左、右、御三人。左人主射，右人主擊刺，御者居中駕車使馬。這是兵卒所駕之戰車，若將帥之指揮車又當別論。本篇所言乃兵卒之戰車。

　　《說文》攴部："攻，擊也。"段注："《考工記》攻木、攻皮、攻金注曰：'攻猶治也。'此引伸之義。"是此經文攻字當訓治。恭、正，《墨子·明鬼下》、《史記·夏本紀》皆作共、政。古共恭、正政通用。《爾雅·釋詁》："恭，敬也。"《釋訓》："肅肅，恭也。"《廣雅》："恭，肅也。"是恭是嚴肅認真欽敬不苟之意。《管子·法法》："政者正也。正也者所以正定萬物之命也。是故聖人精德立中以生正，明正以治國。故正者所以止過而逮不及也。過與不及也，皆非正也。"御的職事是主馬之正，即使馬速度方向皆適中，無過無不及也。馬之正，就是御的職事。

　　經文的大意是：夏啓告誡說，戰車上的三人要各盡自己的職責,若車左不做車左的事情(主射),你不認真執行我的命令;車右不做車右的事情(主擊刺),你不認真執行我的命令;御者不做好馬的事情,使馬的速度方向適中恰當,你不認真執行我的命令(則我將如何如何)。

用命賞于祖,弗用命戮于社,予則孥戮汝。"

此句承上文而來,謂你們若用命,我就賞你們于祖;若弗用命,我就戮你們于社。

《説文》用部:"用,可施行也。"弗,《史記·夏本紀》作不。弗訓不,不誤。但弗、不二字程度有差別。《公羊傳》桓公十年"其言弗遇何",何休注:"弗者,不之深也。"《説文》丿部:"弗,矯也。"段玉裁注:"凡經傳言不者,其文直;言弗者,其文曲。"是弗不雖同義,而弗視不之義爲重。

戮,《墨子·明鬼下》、《史記·夏本紀》俱作僇。戮僇古通用。戮,《説文》戈部訓殺,《廣雅·釋詁》訓殺亦訓辱。《周禮·秋官·敍官》"掌戮"鄭玄注:"戮猶辱也。"《爾雅·釋詁》訓病。僇,《説文》人部:"癡行僇僇也。"桂馥《説文解字義證》:"癡亦病也。"是戮(通僇)有殺、辱、病三義。經此文兩戮字皆應取殺義。

孥,《史記·夏本紀》作帑。段玉裁《古文尚書撰異》説今文古文皆作奴,作帑是假借,作孥是淺人所改。《詩·小雅·常棣》"樂爾妻帑",毛傳云:"帑,子也。"孔疏云:"《左傳》曰:'秦伯歸其帑。'《書》曰:'予則帑戮汝。'皆是子也。"段玉裁《説文》女部奴字注:"毛傳曰:'帑,子也。'……其字皆當作奴,皆引伸之義也。"《説文》巾部:"帑,金幣所藏也。"段注:"《小雅·常棣》傳曰:'帑,子也。'此假帑爲奴。《周禮》曰:'其奴,男子入於罪隸,女子入於舂稾。'本謂罪人之子孫爲奴,引伸之則凡子孫皆可稱奴,又假帑爲之。"又,《漢書·文帝紀》:"盡除收帑相坐律令。"應劭云:"帑,子也。"顏師古云:"帑讀與奴同,假借字也。"是經文勠當作奴,假借爲帑。奴、帑本義絕異,而皆有子或子孫的引申義。《史記》既作帑,必取其子義,則《甘誓》勠字當釋作子或子孫,確切無疑。經文"予則孥戮汝"一句,蔡沈《書集傳》釋作"言若不用命,不但戮及汝身,將並汝妻子而戮之",是對的。唯言子而連及妻,誤。《湯誓》孔疏引鄭玄注《湯誓》"孥戮"云:"大罪不止其身,又孥戮其子孫。"鄭説是。唯孥即子孫,當言"戮其子孫",而不當言"孥戮其子孫"。

有一個問題需要説明,當時還没有滅族和連坐的刑法。如《左傳》昭公二十年引《康誥》曰:"父子兄弟罪不相及。"(按今本《康誥》無此語,蓋約引其意也)周時尚且言父子兄弟罪不相及,夏初尤其不當有父兄獲罪連及子弟之刑法。那麼,《甘誓》"予則孥戮汝"一語出自夏啓之口,豈不矛盾?其實不然。處在戰爭時期,刑罰自當嚴於平時。猶如蔡沈《書集傳》所説,"戰,危事也。不重其法,則無以整肅其衆而使赴功也","盤庚遷都尚有劓殄滅之無遺育之語,則啓之誓師,豈爲過哉"。

此三句經文的大意是:執行命令(而有功),在祖前行賞;不執行命令(而敗北),在社前殺人(這是通常的辦法。如果不執行命令而敗北,我不但殺你本人),還要殺你的子孫。另,《吴語》記勾踐説:"謂二三子歸而不歸,處而不處,進而不進,退而不退,左而不左,右而不右,身斬,妻子鬻。"鬻,賣也。謂不聽命者,除斬殺本人外,還要賣掉妻、子。今録之以備一説。

還有一個祖、社的問題需要説明。《周禮·春官·小宗伯》"若大師,則帥有司而立軍社,奉主車",鄭玄注云:"王出軍,必先有事於社及遷廟而以其主行。社主曰軍社,遷主曰祖。《春秋傳》(按《左傳》定公四年)曰:'軍行祓社釁鼓,祝奉以從。'《曾子問》曰:'天子巡守,以遷廟主行,載于齊車,言必有尊也。'《書》曰:'用命賞于祖,不用命戮于社。'"按鄭説是。鄭説據《禮記·曾子問》。《尚書大傳》説同。此經所言"賞于

祖”之祖即遷廟之主。何謂遷廟？遷廟與正廟相對而言。依
周制説，天子七廟，始祖后稷和文王、武王三廟百世不遷，其餘
高曾祖禰四廟逐代而遷。王崩，三年喪畢，新主自寢遷於廟，
是爲今王之禰廟。先前之曾祖禰廟依次升爲高曾祖廟。先前
之高廟則遷出。遷出之高廟即是遷廟。未遷之廟，與已遷之
廟相對而言可稱正廟。各廟皆有主（木質的牌位，《公羊傳》文
公二年何注云：“主狀正方，穿中央，達四方。天子長尺二寸，
諸侯長一尺。”又，《山海經‧中山經》云：“桑封者，桑主也。方
其下，銳其上，而中穿之，加金。”）據夏炘《學禮管釋‧釋祫》
説，“古人之主不常在廟中。既祭則匵而藏之。正廟之主各藏
太室西壁之中，遷廟之主于太祖太室北壁之中”（自注：高堂隆
説，見《通典》）。古代天子巡守或出征，奉遷廟之主於齊車，載
之行。所言乃周制，夏初廟制古無説，可據爲參考。“弗用命
戮于社”之社，是社稷之主。社是土神，稷是穀神，但是社與稷
同，不能分立別祭。故言社則稷必在其中。古代唯宗廟有主，
天神地祇百神皆無主，明堂雖享上帝，亦無主。概言之，有廟
方有主，無廟則無主。社稷壇而不屋，亦不當有主。有時社稷
有主，是出於軍事的需要。《左傳》襄公二十五年記鄭子展、子
產伐陳，入之，“陳侯免，擁社，使其衆男女別而纍，以待于朝”。
杜注：“免，喪服。擁社，抱社主，示服。”又定公四年云：“君以
軍行，祓社釁鼓，祝奉以從。”是知社之有主，唯軍社有之。社
稷有壇無屋，主無從立，故軍社之主或別藏他處，或臨時爲之，
有軍事則奉之以行。社主形制如何，文獻無徵，未可詳言。以
上言祖與社。

　　還有一個問題，即何以賞罰必於祖、社。這個問題應據
《墨子》爲説。《墨子‧明鬼下》云：“賞于祖者何也？言分命之
均也。僇于社者何也？言聽獄之中也。”江聲《尚書集注音
疏》：“分之均，謂頒賞于均；聽之中，謂斷罪允當也。”意謂賞罰

當着鬼神的面進行，必然公正無私，允當合理。這樣解釋是對
的。爲什麽賞必于祖而戮必于社？ 僞孔傳説，"賞祖主前，示
不專"，"戮之于社主前，社主陰，陰主殺，親祖嚴社之義"。這
兩句話互文見義，共説出兩層意思：一説賞戮於祖社之前是爲
了表示不是天子自己專行。此與《墨子》所謂頒賞平均，斷罪
允當，義同。二説祖陽社陰，賞於祖戮於社有親祖嚴社之義。
這一層意思與《墨子》的説法不但不抵觸，而且是個補充，合起
來很全面。

【總論】

　　説畢《甘誓》，我們不禁想到一些問題。《甘誓》文不足百，反映
的問題卻極深刻、重要、豐富。首先，《甘誓》反映了上古史中一個
至關重要的問題，即啓的歷史地位問題。啓是中國奴隸制國家的
創建者，原始社會末期軍事民主制度下的禪讓制轉變爲國家制度
下的世襲制，是由他完成的。啓是個劃時代的歷史人物。啓的君
位是怎樣取得的，向來是個疑問。《孟子·萬章上》和《史記·夏本
紀》強調啓賢因而受到擁護而即天子位。《竹書紀年》更説"益干啓
位"（《晉書·束皙傳》引）。《戰國策·燕策》則説"禹授益"，"啓與
支黨攻益而奪之天下"。《韓非子·外儲説右下》亦言"禹死，將傳
天下于益，啓之人相與攻益而立啓"。一個説位是啓的，益干之；一
個説位是益的，啓奪之。今尋繹《甘誓》文意，後説爲是。從《甘誓》
看，啓與有扈氏勢不兩立，這是爲什麽呢？《史記》説"有扈氏不
服"。有扈氏爲什麽不服？《淮南子·齊俗訓》道出了個中奧秘：
"有扈氏爲義而亡，知義而不知宜也。"有扈氏因堅決反對啓的政權
而致滅亡，把這叫做"爲義"，叫做"不知宜"，豈不恰好説明啓的政
權是通過"不義"的暴力手段破壞了傳統的選賢制度而從益的手中
奪得的！
　　其次，《甘誓》涉及到了夏初意識形態方面的問題。一個是"五

行”，一個是“天”。《甘誓》講的“五行”，就是水火木金土五種大地上常見的物質。按照《洪範》的解釋，“水曰潤下，火曰炎上，木曰曲直，金曰從革，土爰稼穡”，是它們各自的特性。這在今人看來簡單得很，而在當時卻事關重大，鯀因爲無視水潤下的特點而治水失敗，啓伐有扈氏也以“威侮五行”作爲藉口。《甘誓》有兩個天字。我們認爲這個天概念含義是複雜的。它的本義是自然之天，當説到“天用勦絕其命”，“恭行天之罰”的時候，便染上了宗教迷信的色彩。

第三，中國軍事史應從《甘誓》寫起。中國原始社會部落之間固然有過戰爭，但是有確鑿記載的戰爭是《甘誓》的甘之戰。《甘誓》實際上提出了戰爭的正義性問題。《甘誓》證明夏初已有戰車和車戰。

第四，《甘誓》“用命賞于祖，弗用命戮于社”兩句話，可視作夏初有社稷之祀的鐵證。同時證明《淮南子·齊俗訓》“有虞氏之祀，其社用土”之説不虛。

第五，據《周禮·秋官·司刑》鄭玄注云“夏刑大辟二百，臏辟三百，宮辟五百，劓墨各千”，夏代已有五刑。但是夏代不應有族誅和連坐之法。《甘誓》言“予則孥戮汝”，涉及罪及子孫的問題，衹能用戰時行非常之法來解釋。《湯誓》有同樣一句話，亦當作如是解。